W0309323

Herbert Blankenhorn · Verständnis und Verständigung

Herbert Blankenhorn

Verständnis und Verständigung

Blätter eines politischen Tagebuchs
1949 bis 1979

Propyläen

© 1980 by Verlag Ullstein GmbH, Frankfurt/Main · Berlin · Wien
Propyläen Verlag
Alle Rechte vorbehalten
Satz und Druck Poeschel & Schulz-Schomburgk, Eschwege
Einband May & Co, Darmstadt
Mit 53 Abbildungen und 3 Schriftdokumenten
Printed in Germany 1980
ISBN 3-549-07396-8

Inhalt

DIE BUNDESREPUBLIK UND NATO
1955 bis 1958

BOTSCHAFTER IN ROM

MEINE MISSION IN GROSSBRITANNIEN
Mai 1965 bis Januar 1970

ANHANG

Vorwort

Il faut prêcher sur la vie, non sur la mort; répandre l'espoir et non la crainte; et cultiver en commun la joie, vrai trésor humain. C'est le grand secret des sages et ce sera la lumière de demain. Les passions sont tristes. La haine est triste. La joie tuera les passions et la haine. Mais commençons par nous dire que la tristesse n'est jamais ni noble, ni belle, ni utile.

Alain, Propos sur le bonheur[1]

In unserer so schnell, ja oft so überstürzend sich verändernden Welt ist es nützlich und notwendig, unseren Standort zu bestimmen. Mein Buch dient dieser Aufgabe in zweierlei Weise. Einmal, indem ich den Versuch wage, so schwierig er ist, die gegenwärtige Situation sachlich zu analysieren und dabei negative und positive Elemente, Wege und Lösungen, die uns in eine Zukunft friedvoller Zusammenarbeit führen können und Gefahren, die uns von diesen Wegen und Lösungen abbringen, darzustellen. Zum andern, indem ich, aus meinen Erinnerungen schöpfend, Menschen und Situationen schildere, die ich in den letzten drei Jahrzehnten erlebt habe und die in mannigfacher Weise auch für unsere heutige Situation bestimmend gewesen sind. Dies wird sich nicht nur auf die ersten Jahre der Bundesrepublik beschränken, in denen ich unter Leitung des Bundeskanzlers Konrad Adenauer am Aufbau einer deutschen Außenpolitik mitgearbeitet habe.

In diesem Buch werden auch die langen Jahre in großen Zügen dargestellt werden, die ich gleichsam in Ausführung der Grundideen der Aufbaujahre in praktischer, diplomatischer Arbeit in Paris, Rom und London verbracht habe.

Ein weiterer Teil dieses Buches wird meiner sechsjährigen Tätigkeit in der Weltorganisation der Vereinten Nationen für Erziehung, Wissenschaft, Kultur und Kommunikation (UNESCO) gewidmet sein, in der ich als Mitglied und Vizepräsident des Exekutivrats an der Lösung der unzähligen, die Entwicklungsländer berührenden Probleme und dem sich anbahnenden Nord-Süd-Dialog mitgewirkt habe.

Das Buch ist fast ausschließlich auf Grund meiner eigenen Aufzeichnungen und Notizen entstanden, die ich oft abends, nach der Tagesarbeit, diktiert habe, um in der Fülle der auf mich einstürmenden Ereignisse, Verhandlungen und Gespräche die dringend notwendige Übersicht zu behalten. Diese täglichen Notizen wurden für das Buch stilistisch überarbeitet und aus meinem Gedächtnis ergänzt. Da, wo es sich für das Verständnis der Zeit als notwendig erwies, wurden einige chronologische Vorgriffe gemacht. Im Ablauf der Ereignisse bleiben manche Lücken, weil auch im Tagebuch wegen Krankheit oder aus Zeitmangel keine Aufzeichnungen bestehen. Aus diesen Gründen sind auch Kommentare zu manchen historischen Ereignissen unterblieben. Reden und Aussprüche Dritter entstammen, soweit nicht in den Anmerkungen vermerkt, meinen persönlichen Niederschriften. Die von mir gefertigten Übersetzungen aller fremdsprachlichen Texte finden sich in den Anmerkungen.

In den Blättern dieses Buches wird man – manche mögen es bedauern – keine sensationellen Enthüllungen finden, wohl aber persönliche Betrachtungen über Menschen und Dinge, die alle in ihrer Art teilhaben an den Entwicklungen, die uns mit so vielen Fortschritten und Rückschlägen zu der gegenwärtigen Lage geführt haben.

In meinen Betrachtungen habe ich mich von dem Motto leiten lassen, das diesem Buch voran steht, weil ich der Überzeugung bin, daß wir die unendlich schweren Aufgaben nur lösen können, wenn wir die Leidenschaften, den Haß und vor allem die Furcht überwinden und unsere Kraft aus dem Handeln und der Hoffnung schöpfen.

Europa und die Welt im Sommer 1977

Die Bundesrepublik · Die Europäische Gemeinschaft · Französische Probleme · Großbritannien: die Stellung der Parteien · Vereinigte Staaten von Amerika · Reise nach Washington und New York im November 1977 · Der neue Präsident der Vereinigten Staaten · Die Menschenrechte · Das Verhältnis Ost – West · Die Entspannung · Das Verhältnis Nord – Süd · Fortschritte und Rückschritte im Dialog mit den Entwicklungsländern

Die Betrachtung der gegenwärtigen politischen Verhältnisse in Europa und der Welt, die hier keinen Anspruch auf Vollständigkeit erheben kann, konfrontiert uns mit einer großen Fülle von Problemen, Interessenkonflikten und Tendenzen, die in ihrer Aktualität, ihrer Bedeutung und ihrem Gewicht oft wechseln und sich je nach den von den nationalen Wünschen und Vorstellungen gegebenen Anstößen und durch die Aktionen führender Persönlichkeiten in Richtung und Intensität verändern. Je nach der von der Natur gegebenen Anlage der Menschen führt das schwierige, oft verwirrende Bild zu Skepsis, gelegentlich zu Depressionen und Untergangsstimmungen. Der Mangel an führenden Persönlichkeiten in allen Ländern, an Menschen, die kraft ihrer Ausstrahlung, ihrer Phantasie und ihrer Überzeugungskraft neue Wege eines friedlichen Ausgleichs zeigen, ist groß. Es fehlt damit an einem wichtigen Gegengewicht gegen die allgemein herrschende Unsicherheit, Verzagtheit und Schwäche. Dies gilt auch für unser Land, die Bundesrepublik Deutschland. Zwar enthält das innerpolitische Bild wie auch die außenpolitische Situation viele positive Elemente: die relative Stabilität unserer wirtschaftlichen Situation, unserer Währung, die der Bundesregierung gelungene Eindämmung der Inflation, das hohe Lebensniveau der arbeitenden Menschen, die soziale Sicherheit. Zu den Positiva gehören die Funktionsfähigkeit der demokratischen Verfassungsorgane, die ausgeglichene, maßvolle politische Grundeinstellung der Staatsbürger, die große Freiheit, die alle gleichermaßen, allerdings oft ohne ihrer bewußt zu sein, genießen, und schließlich die Bedeutungslosigkeit kleiner extremistischer Gruppen. Diese Lage der Dinge, um die uns viele Partnerländer des Westens beneiden, enthalten aber zugleich eine Reihe von negativen Elementen, die wir nicht übersehen dürfen.

In unserem Land machen sich in den letzten Jahren mehr und mehr wirtschaftlicher Egoismus, bürokratisierende Kleinkrämerei und ein Provinzialismus fühlbar, die, wenn wir nicht wachsam sind, unser staatliches und gesellschaftliches Leben beeinträchtigen und unsere Stellung in der Gemeinschaft der Staaten schädigen können. Sicher ist ein wichtiger Grund hierfür das Fehlen einer lebendigen, geistige und politische Kraft ausstrahlenden Hauptstadt, Zentrum internationaler Begegnung.

Manchmal will es mir aber auch scheinen, als ob unsere Erziehung in Schule und Universität den jungen Menschen nicht genügend Kenntnisse von unserer Umwelt in West und Ost vermittelt und ihnen deutlich macht, daß der Bestand unseres Landes wesentlich davon abhängt, daß wir die Verpflichtungen erkennen und zu unserer Richtschnur machen, mit allen Völkern, den industrialisierten wie den in der Entwicklung stehenden, zu kooperieren. Weltoffenheit, das heißt Kenntnis der Probleme, Schwierigkeiten und Sorgen der anderen, werden wir in den Schulen nur erreichen, wenn unsere Lehrer, deren Rolle hier ausschlaggebend ist, mehr als bisher, in fremden Ländern Kenntnisse gewinnen. Eine andere Sorge ist, daß mit der großen Arbeitslosigkeit, die vor allem die jungen Menschen in Ausbildung und Lehre trifft, der Wunsch und die Initiative nachlassen, im Ausland zu lernen. Der Kampf um Beruf und Stellung ist so hart geworden, daß man aus Furcht, Chancen zu verspielen, die Heimat nur noch ungern verläßt und in den Jahren der Entwicklung sein Leben in der heimatlichen Enge verbringt.

Leider zeigen gelegentlich die Debatten unseres Bundesparlaments jenen Geist kleinlichen Egoismus und Provinzialismus. Hier wäre der Ort, wo starke Persönlichkeiten der Nation weit gesteckte Ziele im Innern und nach außen darlegen sollten, anstatt sich in kleinlichem Gerangel um Positionen und wahlpolitische Vorteile zu verbrauchen. Zuhörer und Zuschauer, unterschätzen wir das nicht, sind hellwach und wissen sehr wohl zwischen konstruktiver, ideenreicher Politik und zänkischer Konfrontation zu unterscheiden. Wenn heute das Ansehen der politischen Parteien und auch des Bundestags in vieler Hinsicht gelitten hat, so ist daran das Niveau der Debatten schuld, das sich oft nicht mit jenem der fünfziger oder sechziger Jahre messen kann. Opposition um jeden Preis und ohne wirklich konstruktive, auch in Form und Inhalt wertvolle Darlegungen, sind kein gutes Rezept für unser parlamentarisches Leben. Da das Parlament bei dem Mangel an wirklich qualifizierten Kräften Gefahr läuft, seine dominierende Stellung als Forum für die sachkundigen Auseinandersetzungen um die nationalen und internationalen Probleme zu mindern, ist es da ein Wunder, wenn das öffentliche Interesse sich auf Bürgerinitiativen verlagert?

Hinzu kommt, daß alle Parteien des Bundestages wegen innerer Auseinandersetzungen an Glaubwürdigkeit zu verlieren drohen. Nun sind Richtungskämpfe innerhalb der Parteien, vor allem, wenn sie weitgespannt die verschiedensten Bevölkerungsgruppen umfassen, durchaus gesund, ja geradezu notwendig, um die Parteien lebendig zu erhalten und nicht in sich schnell überlebende Doktrinen erstarren zu lassen. Den deutschen Parteien fehlt es manchmal an Persönlichkeiten, die dank ihrer ausgleichenden Kraft, ihrer politischen Weitsicht die Geschlossenheit ihrer Partei sichern. Man kann nur im Interesse der Erhaltung unserer parlamentarischen Demokratie hoffen, daß die Phase der Spaltungstendenzen, der nicht endenden Flügelkämpfe und auch der persönlichen Schärfen in den Auseinandersetzungen nicht andauert, sondern daß aus den jüngeren Generationen Männer erwachsen, die fest verankert in den Grundsätzen unseres freiheitlichen Rechtsstaates einen neuen, dem modernen Leben und vor allem dem Geschmack des Wählervolks angemessenen Stil der politischen Auseinandersetzung praktizieren.

Unsere hohe wirtschaftliche Leistungsfähigkeit, der Erfolg unserer Technik, die wachsende Prosperität unserer Bürger, all dies verpflichtet uns förmlich in unserer Zusammenarbeit mit anderen Partnern in Europa und der atlantischen Welt, in unseren Bemühungen um Entspannung mit Sowjetrußland und dem Ostblock, sowie mit den Staaten der in der Entwicklung begriffenen Welt unsere Aufgabe im Geist einer internationalen Solidarität immer neu zu überdenken und frei von kleinlichen Egoismen und Provinzialismus neue Initiativen zu entfalten. Unsere eigenen wirtschaftlichen Schwierigkeiten, die sicher nicht gering sind und in Zukunft vielleicht noch größer werden, dürfen uns nicht dazu verleiten, in einen neuen wirtschaftlichen Nationalismus zu verfallen, der uns und die Welt schon einmal in die Katastrophe geführt hat.

Dies gilt in erster Linie in den Beziehungen zu unseren Partnern der Europäischen Gemeinschaft. Wer wollte leugnen, daß es mit der Gemeinschaft nicht zum besten steht. Seit dem Ende der fünfziger Jahre hat die europäische Idee an Glanz verloren. Nationale Egoismen der einen, Vormachtstreben der anderen, wirtschaftliche und politische Schwäche Dritter lähmen das europäische Einigungswerk. Es bleibt die stattliche Fassade der Institutionen in Brüssel, ihrer nach Tausenden zählenden Bürokratie, die nach kraftvollen Initiativen der Partnerregierungen verlangt, um von Stillstand und Sterilität befreit zu werden. Man könnte sich folgende Fragen stellen: Ist die europäische Einigung noch eine echte, lebendige Realität? Sind die Institutionen mit ihrem Mangel an Mehrheitsentscheidungen noch lebensfähig? Zeugen nicht die Ministerkonferenzen in Brüssel, die Gipfelkonferenzen der im Europäischen Rat vereinigten Staats- und Regierungschefs, die außer ein paar wohlklingenden Communiqués nur selten politisch bedeutsame Entscheidungen treffen, von der allgemeinen Europamüdigkeit? Die Institutionen in Brüssel leben an den Völkern der Partnerstaaten vorbei. Fast noch gravierender ist die Tatsache, daß innerhalb der Bevölkerung der Partnerstaaten der Wille zur Einigung nachgelassen hat. Es hieße die Hellhörigkeit, das politische Urteil unserer europäischen Mitbürger unterschätzen, wenn wir nicht sähen, wie sehr sich unsere ältere Generation, aber vor allem unsere Jugend enttäuscht von dieser verbleibenden Fassade abwenden, auch weil sie die komplizierte Sprache der europäischen Behörden nicht mehr verstehen. Solange das Wirtschaftswachstum immer neue Steigerungen erfuhr und es sich darum handelte Überschüsse zu verteilen, war man bereit, dem Zusammenschluß der europäischen Länder Beifall zu spenden. Heute, wo Krise, Inflation und Arbeitslosigkeit die Lage kennzeichnen, macht sich der Drang nach Protektionismus und Handelsbeschränkungen fühlbar. Wirkliche Fortschritte, auf politisch-wirtschaftlichem und monetärem Gebiet scheitern an dem Widerstand der einzelnen Partnerstaaten, deren Regierung gewiß aus der Not der Stunde nur noch eng begrenzte nationale Interessen wahrnehmen. Natürlich gibt es manche Europäer, die die Gefahren sehen. So der belgische Ministerpräsident Leo Tindemans, dessen hervorragender Bericht über die ›Europäische Union‹[1], wichtiger Beitrag zu einer Fortentwicklung des europäischen Gedankens, viel zu wenig zur Kenntnis genommen wurde und in der öffentlichen Meinung der europäischen Länder ein nur geringes Echo gefunden hat. Nun wehre ich mich aber gegen den Gedanken, daß mit den wachsenden nationalen Egoismen und den erheblichen Gegensätzen der Staaten in der erweiterten Gemeinschaft die europäische Entwicklung ihr Ende findet und nur noch ein Torso verbleibt. Dazu ist die Notwendigkeit des Zusammenschlusses im Sinne unseres politischen, wirtschaftlichen, ja auch kulturellen Überlebens zu dringlich und zu ernst. Denn will dieses Resteuropa mit seinen rund zweihundertfünfzig Millionen Menschen beim ständigen Anwachsen der Supermächte nicht jede Bedeutung verlieren, muß es sich endlich bereitfinden, unter Aufbringung erheblicher Opfer an Souveränitätsrechten und Sonderwünschen, unter Überwindung weltanschaulicher Unterschiede und Gegensätze, zu einer dritten Kraft zusammenzufinden. Man kann nur hoffen, daß das im Jahre 1978 zusammentretende Europäische Parlament[2] dem Zusammenschluß neue Vitalität, neues intensives Leben geben wird. Noch sind viele Widerstände zu überwinden. Sowohl in Frankreich wie in England können sich manche, zum Teil sehr einflußreiche Gruppen, an den Gedanken eines direkt gewählten Parlaments nur schwer gewöhnen. Wenn das Parlament Motor des Zusammenschlusses und wirksame Kontrolle der bestehenden Institutionen sein soll, muß die Qualität der Abgeordneten groß sein. Europa braucht in dieser Versammlung Frauen und Männer mit Mut, Phantasie und Überzeugungskraft. Dann kann sich noch einmal eine Chance bieten, daß wir unter dem Druck der Völker endlich aus der gegenwärtigen Lethargie und Verkrampfung herauskommen und den europäischen Bau mit größerem Erfolg fortsetzen als bisher.

Frankreich steht vor weittragenden Entscheidungen, die auch für die Europäische Gemeinschaft von schwerwiegenden Folgen sein können. Dies ist der französischen öffentlichen Meinung, der Regierung und den Parteien wohl bewußt. Niemals vorher waren Wahlen zur Nationalversammlung, wie sie im März 1978 stattfinden werden, so frühzeitig mit solcher Intensität hinsichtlich ihrer Problematik und ihrer möglichen Auswirkung auf die Staats- und Gesellschaftsform Frankreichs diskutiert worden.

Manche glauben, und es sind nicht wenige, daß die Entscheidung für eine von François Mitterand geführte Volksfront bereits gefallen sei. Und in der Tat gibt es viele Indizien, die solche Meinung stützen. Die negative wirtschaftliche Entwicklung als Folge der allgemeinen Weltwirtschaftskrise, hohe Inflationsraten, Arbeitslosigkeit, erhebliche Währungsprobleme, zurückgehende Exporte werden der Regierung angelastet. Der Wunsch nach einem radikalen neuen Anfang haben breite Massen nicht nur der Arbeiterschaft, sondern auch des kleinen und mittleren Bürgertums der Union der Linken zugewandt, die mit ihrem »programme commun« Ausweg aus der Misere, Überwindung der Arbeitslosigkeit, gerechtere Verteilung der Einkommen, Verstaatlichung der Banken und großen Industrien verspricht. Nicht zuletzt personifiziert Mitterand diese Ziele und Forderungen. Er ist zwar nicht der stürmische Revolutionär, den sich auf der Linken viele erhoffen, wohl aber ein Parteiführer von Rang, der durch eine überlegene sachliche Haltung und außerordentliches taktisches Geschick die Massen fasziniert. Ihm strömen alle die vielen arbeitslosen Jugendlichen zu, die – der nationalen Phrasen überdrüssig – in der Union der Linken eine neue Lebenschance sehen. Aber auch zahlreiche andere Kreise glauben, daß Mitterand mit seiner in letzter Zeit stark gewachsenen sozialistischen Partei die zentrale Kraft einer kommenden Regierung der Linken sein wird und da, wo notwendig, auch der kommunistischen Partei, die an Führungsmangel leidet, seinen Willen aufzwingen kann.

Die der gegenwärtigen Regierungsmehrheit drohende Gefahr ist von der Führung der Gaullistischen Partei erkannt worden. Jacques Chirac versucht mit großem Aufwand an Energie der Partei, die Zeichen der

Zersetzung aufweist, neue Geschlossenheit und neues Selbstbewußtsein einzuhauchen. Mittels seines neuen »Rassemblement du Peuple français« definiert er klarer als die anderen Mitglieder der Regierungsmehrheit den Sinn der bevorstehenden Auseinandersetzungen und versucht, die breiten Massen der mittleren bürgerlichen Schichten und der Landbevölkerung, die nach wie vor konservativ sind, für die Erhaltung der freiheitlichen Lebensformen zu mobilisieren. Es ist ihm wohl bewußt, daß der alte Mythos des Gaullismus, jene Mischung von Grandeur, nationaler Sendung und Prosperität der Skepsis, Resignation und der Enttäuschung Platz gemacht hat. Er sucht, ähnlich wie vor Jahren Jacques Chaban-Delmas, mit seiner Idee einer neuen Gesellschaft mit einem Programm der Erneuerung auf allen Gebieten, vor allem durch das wohlklingende Wort der verstärkten »participation«, das heißt der Kooperation in Wirtschaft, Handel und Industrie die entstandene Leere zu füllen und auch die zum Teil arg verkrusteten Kader seiner Partei aufzufrischen. Man wird abwarten müssen, ob ihm das gelingt. Die Zeit läuft jedenfalls nicht für ihn, zumal wir uns – wie so oft in der französischen Geschichte – heute nach langen Jahren einer reichlich autoritären »napoleonischen« Phase in einer solchen des »revolutionären« Aufbruchs nach neuen, sozialistischen Ufern befinden. Wie weit die Kräfte der Veränderung jene der Beharrung, die im französischen Volk nach wie vor stark sind, überwinden, wird man erst nach den Wahlen im Frühjahr 1978 erkennen können.

Großbritannien durchläuft gegenwärtig eine Phase relativer politischer Schwäche und Bedeutungslosigkeit, die seinem wirtschaftlichen Potential und seiner internationalen Erfahrung nicht adäquat sind. Nach zwei Weltkriegen, die vom Land außergewöhnliche Opfer an Menschen und materiellen Gütern forderten, nach dem Verlust eines Weltreichs, in welchem Großbritannien eine dominierende kommerzielle Stellung besaß und nun inmitten einer Wirtschaftskrise mit ungewöhnlich hohen Inflationsraten, großer Arbeitslosigkeit, einer schwachen Regierung, die ganz vom guten Willen der Gewerkschaften abhängt, hat das Land noch nicht seinen Standort gefunden. Zwar ist es der Europäischen Gemeinschaft beigetreten, aber im Grunde ohne wirkliche Überzeugung und Begeisterung. Das, was Großbritannien als Beitrag zur europäischen Einigung geleistet hat, kann man nur bescheiden nennen. Disziplin gepaart mit Indolenz – wie es einmal ein Schriftsteller sagte – haben alles, was die Wirtschaftskrise mit sich brachte, als ein von Gott gewolltes Schicksal hinnehmen lassen. Die Herausforderung einer in Wandlung befindlichen Welt, der scharfe kommerzielle Konkurrenzkampf auf den internationalen Märkten, eine gewisse Rückständigkeit der Produktionsprozesse in der mittleren Industrie haben Phlegma und ein Sichgehenlassen nicht zu überwinden vermocht. Man pflegt gern die Schuld auf die »allmächtigen« Gewerkschaften zu schieben, deren »Allmacht« für den Sachkenner eben doch wegen ihrer oft mangelhaften inneren Organisation begrenzt ist.

Auch in Großbritannien haben die politischen Parteien ein gut Teil ihres Einflusses eingebüßt. Labour, in der bekannten finanziellen und personellen Abhängigkeit von den Gewerkschaften, hält sich mit Mühe an der Macht gegenüber dem lautstarken Einfluß seines linken Flügels, der mehr und mehr Wohlfahrtsstaat und wirtschaftlichen Dirigismus fordert. Seine Position wird durch das Bündnis mit den Liberalen nicht erleichtert, die nur geringe Konzessionen an die Reformer des linken Labourflügels erlauben. Die Konservativen, die heute im Fall allgemeiner Wahlen mit einem Sieg rechnen können, lassen in ihrer Führung noch nicht erkennen, ob sie den sehr schwierigen Problemen gewachsen sind.

Man stellt sich mit Recht die Frage, wie eine konservative Regierung nach den Erfahrungen der Vergangenheit – ich denke an das Kabinett des Premierministers Heath – mit den sozialen Problemen, vor allem mit den Gewerkschaften, fertig werden will. Auf der anderen Seite würde eine konservative Regierung aber den Kredit des Landes erneuern und der arbeitenden Bevölkerung, den Verantwortlichen in Industrie und Handel neuen Auftrieb geben.

Jeder, der in England längere Zeit gelebt hat, weiß, daß die demokratischen Institutionen, der freiheitliche Rechtsstaat intakt und funktionsfähig sind. Freiheit, Toleranz, Fairness, Respekt vor den Einzelmenschen sind Grundprinzipien, die beachtet werden, und die das Leben für alle, und besonders auch für Ausländer, lebenswert machen. Aber gerade diese glücklichen Umstände des britischen Lebens machen einen besorgt, ob bei Andauern der Krise nicht Strömungen sichtbar werden, die im Ruf nach dem sogenannten starken Mann gipfeln. Für jeden, der die britische Wirtschaft auch nur einigermaßen kennt, besteht die Hoffnung, ja die Gewißheit, daß mittels der großen wissenschaftlichen Leistungsfähigkeit und Erfindungsgabe, vor allem in der modernen Technologie, die gegenwärtigen Schwierigkeiten überwunden werden. In den Gesprächen mit unseren englischen Freunden wird als Ausweg aus der Krise gern auf das nun bald sprudelnde Nordsee-Öl hingewiesen. Gewiß wird dieses dazu beitragen, der nun schon seit Jahren dauernden Zahlungsbilanzkrise ein Ende zu bereiten. Es wäre aber ein Fehler zu glauben, daß dies genüge, um die wesentlich tiefer liegenden Ursachen der Krise zu beseitigen.

Die Bundesrepublik, die sich im Lauf der letzten Jahre immer wieder für den Eintritt Englands in die Europäische Gemeinschaft eingesetzt hat, wird eine vordringliche Aufgabe darin sehen, England bei seinem Gesundungsprozeß zu unterstützen, nicht nur, weil es einer unserer wichtigsten Bündnispartner ist, sondern weil die Erhaltung der englischen Demokratie, ihrer großen freiheitlichen Traditionen auch für uns und unsere Entwicklung in Europa von lebenswichtiger Bedeutung ist.

Es gehört zu den positiven Faktoren der gegenwärtigen Weltlage, daß die Vereinigten Staaten sich auch dank ihres neuen Präsidenten Jimmy Carter aus einer der unglücklichsten Perioden ihrer unmittelbaren Vergangenheit zu befreien suchen. Nichts dokumentiert diese Veränderung besser, als die nun folgenden persönlichen Eindrücke, die ich kurz vor Ostern 1977 auf einer mehrwöchigen Reise nach Washington und New York gewonnen habe.

In meiner Eigenschaft als Berater des Generaldirektors der UNESCO, Mahtar M'Bow, war ich volle zwei Wochen in Washington und New York, um in Fühlung mit Mitgliedern der amerikanischen Regierung und des Kongresses für eine Wiederaufnahme der amerikanischen Beitragsleistungen an die UNESCO zu werben, die im Jahre 1974 nach Beendigung der achtzehnten Generalkonferenz der UNESCO auf Verlangen des Senats eingestellt worden waren. Ich fand die Vereinigten Staaten nach Amtsübernahme des Präsidenten Carter in bemerkenswerter Veränderung. Der neue Präsident hat es in kürzester Zeit nicht ohne Erfolg versucht, dem amerikanischen Bürger das Bewußtsein einer neuen »Sendung« zu vermitteln. Seine Betonung der Menschenrechte, sein Eintreten für diese in all den Teilen der Welt, in denen sie bedroht sind oder verletzt werden, finden die volle Unterstützung der großen Mehrheit der Amerikaner. In den Regierungsämtern, im Kongreß, auch in der öffentlichen Meinung, ist eine neue Atmosphäre eines gesteigerten Selbstvertrauens spürbar. Nach einer Periode der Depression, der Inhaltslosigkeit des politischen Daseins, einer schwachen politischen Führung, sind von dem neuen Mann Wege gewiesen, die sich durch Integrität, Offenheit und Einfachheit charakterisieren. Bedeutsam ist die Rede des neuen Präsidenten vor der UNO am 17. März 1977, in der er mit Eindringlichkeit seinen Willen kund tat, die internationale Zusammenarbeit seiner Regierung im Rahmen der Vereinten Nationen zu verstärken und damit eine Welt des Friedens in die Realität umzusetzen. Er bekennt sich zu einer »more open foreign policy«, einer stärkeren Beteiligung der Amerikaner an der außenpolitischen Willensbildung der Regierung.

Im Kongreß, und zwar im Abgeordnetenhaus wie im Senat, findet man manche sich widersprechenden Tendenzen, auch hier gelegentlich recht nationalistische Töne. Manche begegnen den internationalen Organisationen, damit auch der UNESCO, mit großer Reserve, ja mit ausgesprochener Gegnerschaft. Ich fand aber auch unter jüngeren Menschen viel Bereitschaft und Verständnis. Wenn es schließlich gelungen ist, im entscheidenden Appropriation Committee des Senats die Zahlung der Rückstände der Beitragsleistungen für die UNESCO durchzusetzen, so ist das denen zu danken, die die sachliche Bedeutung der UNESCO in der Auseinandersetzung um Freiheit der Forschung, um den ungehemmten Informationsfluß der Massenmedien, den uneingeschränkten politischen Austausch zwischen Entwicklungsländern und industrialisierter Welt erkannt haben. Als eine der eindrucksvollsten amerikanischen Figuren empfand ich Sarah Power, Präsidentin der amerikanischen Nationalkommission der UNESCO, die sich, wie so manche führenden Frauen in diesem Teil der Welt, durch große Beredsamkeit, Überzeugungskraft und Ideenreichtum auszeichnet.

Ob Carter diese, seine von starker Betonung der Menschenrechte geprägte Politik mit Erfolg durchsetzen kann, wird abzuwarten sein. Ob sie im amerikanisch-sowjetischen Verhältnis zu Störungen führen wird, ist heute schwer zu übersehen. Man sollte aber nicht zu ängstlich sein, denn was sich die Russen in all den letzten Jahren an Kritik, ja auch an Abwertung und Verurteilung der westlichen Staaten, ihrer Wirtschafts- und Lebensform geleistet haben und leisten, überschreitet bei weitem kritische Worte des Präsidenten. Es ist gut, daß sich der Westen wieder einmal auf die Grundelemente seiner freiheitlichen Ordnung besinnt und daß die geistigen Gegensätze zwischen Kommunismus und freiheitlicher Demokratie deutlich werden. Dies braucht einer Politik der Verständigung, ja sogar einer wirtschaftlichen Zusammenarbeit nicht im Wege zu stehen, kann diese sogar auf die Dauer fördern.

Wir können nur feststellen, daß Carter nicht nur dem amerikanischen Volk, sondern auch der ganzen freien westlichen Welt wieder mehr Selbstsicherheit und Selbstbewußtsein geben kann. Ich glaube, wir können erwarten, daß dieser Mann, der seine Überzeugung mit so großer Festigkeit vertritt, die Verpflichtungen der Vereinigten Staaten als Vormacht der freien Welt, seine Verpflichtungen gegenüber Westeuropa und die Probleme der friedlichen Auseinandersetzung mit der Sowjetunion, im Nahen Osten und in Afrika äußerst ernst nimmt. Es ist ein positives Ergebnis der deutschen Politik, daß wir in den Vereinigten Staaten ein hohes Maß an Vertrauen besitzen. Ich freue mich, daß alle deutschen Regierungen, ohne Unterschied, so auch die von Bundeskanzler Helmut Schmidt und Außenminister Hans-Dietrich Genscher geführte Koalitionsregierung an der ständigen Vertiefung der amerikanisch-deutschen Zusammenarbeit und Freundschaft mitgewirkt haben und mitwirken.

1977 ist das Jahr der Nachfolgekonferenz von Helsinki. Diese Konferenz wird das bisher Erreichte prüfen und den Versuch machen, für die Zukunft Verbesserungen und Ergänzungen zu erzielen. Im Westen wie im Osten ist heute keine besondere Begeisterung zu verspüren, denn man ist sich bewußt, daß im Vergleich zu dem ambitiösen Wortlaut der Schlußakte von Helsinki des Jahres 1975 nur relativ wenig Positives geschah.[3] Auf sowjetischer Seite hält zwar die Befriedigung über die in Helsinki erzielte Festschreibung der Grenzen in Europa an, doch hat sich seit Helsinki im Machtbereich des Ostblocks der Ruf nach Wahrung der Menschenrechte so verstärkt, daß in Moskau einige Unsicherheit und Skepsis besteht und daß man nicht weiß, wie man der in Verbindung mit ›Korb 3‹ der Helsinki-Erklärung so überraschend stärker werdenden Dissidenz Herr werden soll, zumal diese Dissidenz durch das Eintreten des Präsidenten Carter für die Menschenrechte in allen Teilen der Welt noch zusätzlich erheblichen Auftrieb gefunden hat. Aber auch bei allen übrigen Signatarmächten der Helsinki-Erklärung macht man sich über die geringen Folgen keine Illusion und sieht mit einiger Sorge den Verhandlungen in Belgrad entgegen.

Wir leben in einer Phase der Entspannung, sind uns aber bewußt, daß Ost und West unter Entspannung Grundverschiedenes verstehen. Nach der Auffassung der Sowjetunion bedeutet Entspannung Fortsetzung der ideologischen Auseinandersetzungen mit dem Westen. Der Westen würde einen schweren Fehler begehen, wenn er sich über die Fortdauer der Gegensätze auf weltanschaulichem wie auf politischem Gebiet falsche Vorstellungen machte. Ziele und Politik des totalitären Partners haben sich nicht geändert. Selbsttäuschung in dieser Hinsicht würde den eigenen politischen Willen und die Kraft zur Selbsterhaltung nur schwächen. Diese müssen erhalten bleiben, wenn die Politik der Entspannung eine vernünftige Minderung der Konfliktstoffe mit sich bringen soll. Man kann sich berechtigterweise die Frage stellen, was sich eigentlich in der Haltung der Sowjetunion nach Helsinki verändert hat. Ist die Atmosphäre, das Klima zwischen Ost und West wirklich verbessert? Hat sich der Austausch von Menschen und Gedanken nennenswert verstärkt? Wenn wir uns gewisser Vorgänge in der Deutschen Demokratischen Republik entsinnen, gewisser Reden führender Politiker in Ost-Berlin, des Fortbestandes der Mauer mit all dem, was das für die Menschen in beiden Teilen unseres Landes an psychologischer Belastung bedeutet, wenn wir uns die außergewöhnliche Verstärkung der sowjetischen Rüstung vergegenwärtigen, die weit über die Verteidigungsbedürfnisse Rußlands hinausgeht, so sind dies alles Faktoren, die mit einer Entspannung in unserem Sinn nichts gemein haben. Trotzdem halte ich die Fortsetzung der Entspannungspolitik des

Westens, wie sie von der Bundesrepublik mitgetragen wird, für notwendig. Die Verträge von Moskau (12. August 1970), von Warschau (8. Dezember 1970), der Vertrag über die Grundlagen der Beziehungen mit der DDR (21. Dezember 1972) haben – darin sind sich heute alle deutschen Parteien einig – die Öffnung nach Osten gebracht, die angesichts der deutschen Situation zwischen Ost und West unerläßlich notwendig war, wenn wir neue Konflikte mit dem Ostblock vermeiden und uns auch die Unterstützung der Alliierten im Westen erhalten wollen. Dies richtig erkannt und daraus die notwendigen politischen Folgerungen gezogen zu haben, ist das große Verdienst des damaligen Bundeskanzlers Willy Brandt und seines Außenministers Walter Scheel. So wenig eine deutsche Außenpolitik auf die enge Zusammenarbeit mit und den Schutz durch die Vereinigten Staaten verzichten kann, so wird sie auch alles daran setzen, die Verbesserung der Beziehungen zum Ostblock zu intensivieren. Allerdings können diese Bemühungen keine Einbahnstraße sein, sondern wir müssen, wenn Entspannung überhaupt einen Sinn haben soll, erwarten, daß auch der Ostblock, und vor allem seine Führungsmacht, sich an die Forderungen der Helsinki-Erklärung in allen ihren Teilen halten.

Es ist schwer, die Politik des Kremls zu interpretieren. »Peaceful coexistence« hat die verschiedensten Schattierungen und Nuancen. Sie wechselt rasch von freundlichem Entgegenkommen zu großer Härte, je nach den wechselnden Machtverhältnissen in den höchsten Instanzen der sowjetischen Hierarchie, und je nach den Erfordernissen der sowjetischen inneren Situation. Sicher ist, daß die sowjetische Führung sich seit Jahren bemüht und diese Anstrengungen auch heute unvermindert fortsetzt, das Maß an Macht zu erreichen, und wenn möglich noch zu übertreffen, über das die andere Weltmacht, die Vereinigten Staaten verfügt. Deshalb in all den Jahren die gewaltigen Aufwendungen für die atomare Kapazität, das sowjetische Weltraumprogramm und die außerordentliche Aufrüstung auf allen Gebieten, besonders der Seestreitkräfte, die nach übereinstimmender Auffassung aller Sachverständigen die Erfordernisse der Verteidigung der Sowjetunion weit übersteigen. Nach sowjetischer Auffassung ist deshalb Entspannung mit der westlichen Welt wohl notwendig, um diesen Prozeß der Machtsteigerung abzuschirmen. Sie ist wohl auch notwendig, um sich aus der industrialisierten westlichen Welt die technologischen Mittel zu beschaffen, die die Sowjetunion zum Ausbau der eigenen, in vieler Hinsicht zurückgebliebenen Industrie, benötigt.

Ein anderes Motiv für die Entspannung mit der westlichen Welt ist das Verhältnis der Sowjetunion zu China, das Moskaus ideologische Suprematie in der kommunistischen Welt in Frage stellt. Ich glaube nicht, daß Sowjetrußland die militärische Bedrohung in Asien, heute, im Jahr 1977, besonders hoch einschätzt. Das Schwergewicht der russischen militärischen Kräfte liegt nach wie vor in Osteuropa, wo sie in erster Linie dazu dienen, die sowjetische Stellung im Ostblock zu sichern.

Entspannung im sowjetischen Sinn dient für den Augenblick der Erhaltung des Status quo. Für die Staaten der westlichen Welt wird die Entspannung aber nur dann einen wirklich positiven Inhalt gewinnen, und damit eine dauerhafte friedliche Entwicklung einleiten, wenn beide Supermächte, Sowjetunion und Vereinigte Staaten, ernsthaft gemeinsam Lösungen für Konflikte suchen, die zwischen dritten Ländern bestehen und die Gefahr in sich bergen, daß beide Supermächte in eine Konfrontation hineingezogen werden, die den Weltfrieden gefährden kann. Eines der dringendsten Beispiele hierfür sind die Konflikte in Afrika, wo die Ost-West-Entspannung ad absurdum geführt wird, wenn beide Mächte durch militärische Interventionen vorgeschobener dritter Länder friedliche Lösungen so gut wie unmöglich machen.

Der Dialog der industrialisierten Länder mit der Entwicklungswelt verlangt unsere größte Aufmerksamkeit. Die Völker dieser Welt, die seit den sechziger Jahren ihre politische Selbständigkeit erreicht haben, wollen jetzt auch – und wer könnte es ihnen verargen – ihre wirtschaftliche Selbständigkeit. Viele unter ihnen gehören zu den Ärmsten der Armen und bedürfen dringend einer substantiellen Hilfe, um zu überleben. Seit 1973/74, vor allem nach den Zwangsmaßnahmen der ölproduzierenden Entwicklungsländer, ist sich diese Welt ihrer Kraft bewußt geworden. Sie ist, wie wir immer wieder von neuem sehen, entschlossen, mittels ihrer großen Mehrheit in den Vereinten Nationen, eine neue Weltwirtschaftsordnung zu erzwingen, die die große, stets wachsende Kluft zwischen den industrialisierten und nicht industrialisierten Ländern schließen und diesen einen entsprechend höheren Anteil an der Weltwirtschaft sichern soll. Die Auseinandersetzungen um die neue Ordnung sind in den letzten Jahren das zentrale Thema einer Reihe von wirtschaftlichen Konferenzen gewesen. Die Forderungen der Entwicklungsländer unter der maßgeblichen Führung Algeriens und Mexikos konzentrieren sich dabei im wesentlichen auf folgende Schwerpunkte: Erweiterung der Absatzmärkte für ihre Rohstoffe und Fertigfabrikate, Sicherung stabiler Preise, Regelung der außerordentlichen Schuldenlast, den Transfer von Technologie und die Erhöhung der Entwicklungshilfe.

Die industrialisierte Welt hat viel Zeit gebraucht, um zu erkennen, daß diese Forderungen ernst gemeint sind und keinen Aufschub vertragen, wenn man nicht in eine Konfrontation verfallen will, die für die Wirtschaft, aber auch für den Frieden ernste Folgen haben könnte. Inflationsbekämpfung, Erhaltung der Vollbeschäftigung, Steigerung des Exports zur Erhaltung des eigenen hohen Lebensstandards haben die Probleme der Nord-Süd-Beziehungen in den meisten industrialisierten Ländern in den Hintergrund gerückt. Erst allmählich beginnt man zu sehen, daß diese mit der Zeit erhebliche Umstellungen der eigenen Wirtschaft, Überprüfung der eigenen Investitionspolitik, ja Einschränkung des eigenen Verbrauchs notwendig machen. Man weiß heute, daß eine Neuverteilung der technischen und finanziellen Mittel, die eine Steigerung der landwirtschaftlichen und industriellen Produktion der Entwicklungswelt ermöglichen, unerläßlich ist. Manche Schritte sind in letzter Zeit angekündigt; Schritte, die die Zusagen in Realitäten umsetzen, stehen aber noch aus.

Am 2. Juni 1977 ist die seit Dezember 1975 in Paris tagende Konferenz über internationale wirtschaftliche Zusammenarbeit, der große Nord-Süd-Dialog, zu Ende gegangen. Die Ergebnisse haben niemanden, weder die Entwicklungsländer noch die industrialisierten Staaten, befriedigt. Immerhin ist der Dialog nicht in einer Atmosphäre emotionaler Konfrontation geführt worden. Alle Teilnehmer dieser Konferenz waren sich der außerordentlichen Schwere der Probleme bewußt. Ihr Dialog hat viele Fragen in ihrer Komplexität geklärt und Ansätze für spätere, erneute, vielleicht erfolgreichere Verhandlungen gebracht.

Der Dialog stärkte in den auf der Konferenz vertretenen Industrieländern die Bereitschaft, an der Steigerung der landwirtschaftlichen Produktion in den Entwicklungsländern mitzuwirken und damit die Sicherheit ihrer Ernährung zu gewährleisten. Der Dialog trug dazu bei, in der industrialisierten Welt die Überzeugung zu vergrößern, an der Industrialisierung der Entwicklungsländer auch mitzuwirken, in erster Linie durch Schaffung entsprechender wissenschaftlich-technischer Kader in diesen Ländern. Zudem hat man sich mit Nachdruck dafür ausgesprochen, die Erfüllung spezieller wirtschaftlicher und sozialer Infrastrukturbedürfnisse Afrikas in Angriff zu nehmen. Man bekundete auf seiten der Industrieländer den Willen, in den multilateralen Handelsvertragsverhandlungen Fortschritte zu machen und die Sicherheit, die den Entwicklungsländern durch das allgemeine Präferenzsystem gewährt wird, zu erhöhen. Über die Errichtung eines gemeinsamen Rohstoffonds bestand zwischen allen vertretenen Ländern grundsätzlich Einigung. Fast alle auf der Konferenz vertretenen Industrieländer bekräftigten ihre Verpflichtung zu einer substantiellen und wirksamen Steigerung ihrer Entwicklungshilfe. Auf anderen wichtigen Gebieten, wie die Erhaltung der Kaufkraft der Rohstofferzeuger, die Verschuldung der Entwicklungsländer, in den zwischenstaatlichen Beratungen über Energiefragen und ein entsprechendes Konsultationsverfahren konnte man sich nicht einigen.

Der Dialog wird fortgesetzt werden. Eine Lösung der dringenden Probleme muß weiter versucht werden, denn die Zeit drängt. Hier sind Aufgaben für die westliche Welt, insbesondere Europa, des ganzen Europa, also auch der sozialistischen Staaten, die bisher der Meinung waren, daß die Forderungen der Dritten Welt sich nur an die sogenannten kapitalistischen Länder richten, die als frühere »Kolonialmächte« gleichsam zur Entschädigung für die »Ausbeutung« verpflichtet seien.

Bemühungen um einen gerechteren Ausgleich zwischen der Entwicklungswelt und den industrialisierten Ländern werden aber nur dann Fortschritte machen, wenn wir die Beziehungen zu den Völkern der Dritten Welt und vor allem die Kenntnis ihrer Probleme ganz erheblich intensivieren. Wer will bestreiten, daß in den europäischen Ländern, und ich nehme die Bundesrepublik nicht aus, nur eine relativ geringe Kenntnis der afrikanischen Welt besteht. Unsere Zeitungen bringen noch nicht genügend gute Darstellungen des Lebens der Länder der afrikanischen, südamerikanischen und asiatischen Entwicklungswelt. Der Tourismus bringt zwar viele Europäer nach Afrika. Nach meinen Eindrücken auf Reisen in Afrika möchte ich aber bezweifeln, ob dieser Tourismus wirklich eine Bereicherung der Kenntnisse bewirkt. Denn die Weißen, die da in der Abgeschlossenheit der feudalen Grand Hotels und auf Safaris ein paar Wochen verbringen, haben von der afrikanischen Wirklichkeit, dem Leben, der Not keine Ahnung. Was von solcher Touristik übrig bleibt, sind ein paar Photos und ein paar afrikanische Masken minderer Art, die als Souvenirs eingekauft werden.

Von dem Ernst wirtschaftlicher und politischer Probleme, von den vielen kulturellen Leistungen, den Bemühungen innerhalb der afrikanischen Welt, um die Erhaltung und Erneuerung alter Traditionen, oder – um nur ein Beispiel zu nennen – von den großen Kenntnissen der Afrikaner ihrer Pflanzenwelt und ihren damit verbundenen, auch für unsere Medizin interessanten Erfahrungen auf dem Gebiet der Heilkunde, in einem Wort, der Entwicklung einer eigenen afrikanischen Identität, ist den Europäern in der Regel nur wenig bekannt. Aus der kolonialen Epoche ist im östlichen wie im westlichen Afrika noch die Vorherrschaft britischer und französischer Erziehungsformen verblieben. Wir müssen uns aber bewußt sein, daß diese zur Selbständigkeit erwachte Welt diese Tatsachen als eine die eigene Identität beeinträchtigende Last empfindet.

Die schwersten Probleme stellen sich aber im südlichen Afrika, wo die Unabhängigkeit von Mozambique und Angola auf Rhodesien, Namibia und Südafrika erhebliche Auswirkungen haben. Für eine friedliche Lösung im südlichen Afrika, insbesondere in Rhodesien und Namibia, verbleibt viel weniger Zeit, als die westliche Welt im allgemeinen erwartet.

Hier stehen wir vor einer außerordentlichen Krise, die, wenn wir nicht schnell handeln, zu einer Weltkatastrophe führen kann. Alle bisherigen Versuche im westlichen Lager, die Regierung Rhodesiens und die Regierung in Südafrika davon zu überzeugen, daß sie ihre gegenwärtige negative Einstellung gründlich revidieren müssen, um den Rassenkrieg zu vermeiden, sind bisher unzulänglich gewesen und gescheitert. Eine Jahre dauernde blutige Auseinandersetzung zwischen Weißen und Schwarzafrikanern würde das Verhältnis der weißen Welt zu Afrika aufs schwerste belasten, so daß, wenn wir nicht aufpassen, ein gut Teil des Goodwill, der in den letzten Jahren aufgebaut wurde, wieder verloren geht. In einem solchen Kampf der Rassen kann auch das Verhältnis Ost-West schweren Belastungen ausgesetzt sein. Man braucht nur daran zu denken, daß der Ostblock sich ähnlich wie in Angola, durch Lieferung von Waffen oder durch Intervention kubanischer Truppen die Sache der Schwarzafrikaner zu der Seinen macht.

Heimat, Familie, Vorbereitung für den Beruf

Das Markgräflerland · Eltern und Großeltern · Weltkrieg und Kriegsende · Die Weimarer Zeit · Studien in Heidelberg und London · Aufnahme in den Auswärtigen Dienst · Gustav Stresemann · Attaché an unserer Gesandtschaft in Athen · Die Machtergreifung · Versetzung nach Washington · Die Kristallnacht und ihre Wirkung in den Vereinigten Staaten · Versetzung nach Helsinki · Bern und Berlin · Das Ende einer chaotischen Zeit

Wir stammen aus Müllheim, der kleinen Stadt des Badischen Markgräflerlandes am Fuß des Blauen. Sie liegt inmitten von Rebbergen und fruchtbaren Wiesen und Feldern. Ein altes Bauernwort sagt: »Wenn dreißig Jahre Frieden herrscht, fährt der Markgräfler Bauer mit silbernem Pflug über seinen Acker.« Was den Beschauer der Landschaft immer wieder mit Bewunderung erfüllt, ist das helle Licht, die Pracht der immer wechselnden intensiven Farben, die Klarheit der Atmosphäre, die an südliche Länder erinnert. Wer an einem Sommerabend das Farbenspiel der hinter den Vogesen untergehenden Sonne betrachtet, wird gern dem Dichter René Schickele zustimmen, wenn er von der »himmlischen Landschaft« spricht.

Diese Landschaft prägt ihre Menschen. Sie schauen weit über den Rhein hinüber zu den Vogesen nach Frankreich. Ihr Geist ist weltoffen und frei, frei von nationalen Ressentiments, bereit zu Verständigung und Freundschaft. Von alters her bestimmen liberale Anschauungen den Charakter der Menschen. Da, wo immer notwendig, suchen sie den vernünftigen Ausgleich. Bereit zur Einfügung im Dienst der Gemeinschaft, empfindlich und aufbegehrend gegenüber übertriebener Autorität, woher immer sie kommen mag.

Ursprünglich war Müllheim ein kleines verschlafenes Städtchen, dessen Einwohner Weinbauern und Weinhändler waren. Ihre Interessen galten im wesentlichen dem »Markgräfler«, von dem sie von morgens bis abends eine gehörige Menge konsumierten. Unter diesen gab es meine Familie, die Blankenhorns, die um die Zeit des Dreißigjährigen Krieges von dem nahen Sulzburg nach Müllheim zugewandert waren. Bauern, die durch Fleiß allmählich zu Ansehen und Wohlstand kamen. Mitte des 19. Jahrhunderts besaßen sie recht große Häuser; ihre Kinder gingen nach Bordeaux in die Lehre vom Weinhandel; manche besaßen interessante Bücher, lasen Rousseau und Voltaire, die deutschen liberalen Historiker Rotteck, Häusser und Schlosser. Manche blickten hinüber zum Kaiserstuhl, wo sie einen Weinberg, den Blankenhornsberg, erwarben, der heute ein staatliches Lehr- und Mustergut ist. Unter ihnen ragte mein Großvater Adolph Blankenhorn heraus, der sich der wissenschaftlichen Forschung des Weinbaus, der Önologie, widmete. Als Schüler des großen Heidelberger Gelehrten Bunsen galt seine Lebensarbeit dem Kampf gegen die Reblaus, die Philoxera, in welchem er mittels Aufpfropfen amerikanischer Reben auf deutsche Weinstöcke neue, in vieler Hinsicht revolutionierende Wege fand. Ein Mann von großer Eigenwilligkeit und Unabhängigkeit, eng verbunden mit den einfachen Menschen, deren Sprache er besser sprach als viele andere seiner bürgerlichen Welt. »Der Professor«, wie man ihn in der engeren Heimat nannte, war ein liberaler, freiheitsliebender Mann, der sich aus dem höfischen Glanz der Karlsruher Residenz nur wenig machte, dafür aber mit Gleichgesinnten, wissenschaftlichen Freunden in vielen Ländern der Welt, in regem Gedankenaustausch stand. Ich habe ihn nicht gekannt, denn er starb zwei Jahre nach meiner Geburt im Jahre 1906.

Sein zweiter Sohn war mein Vater, Erich Blankenhorn. In Natur, Lebensintensität und Arbeitskraft in vieler Hinsicht dem Großvater gleich. Er hatte eine unverwüstliche Gesundheit mit auf seinen Weg bekommen. Er war ein schlechter Schüler gewesen, hatte es in der Schule nicht zum Abitur gebracht. Seine Leidenschaft galt den Pferden, und sein ganzer Ehrgeiz war, Soldat zu werden. Man kann nicht sagen, daß er von meinem Großvater hierin unterstützt worden wäre, denn dieser hielt, aus seiner Sicht als Gelehrter, den Offiziersberuf nicht für ein erstrebenswertes Ziel. Er fand, daß das in den Offizierscorps mancher Reiterregimenter geübte »leichte und weinfreudige« Leben ein unnötiger Luxus sei, dem sich der Sproß einer Markgräfler Familie nicht hingeben sollte. Aber die Passion des Vaters setzte sich durch, und er wurde nach der üblichen Einjährigenzeit Offizier bei den Schwarzen Dragonern, den 22. Prinz-Karl-Dragonern in Mülhausen im Elsaß. Ein fröhlicher junger Mann, ein ausgezeichneter Reiter, der sonntags oft mit seinen Freunden zur geliebten Großmutter Friederike über den Rhein nach Müllheim ritt und dort im schönen Haus mit seinen geräumigen Kellern intensiv die Weinbauerzeugnisse prüfte. Es muß eine schöne Zeit gewesen sein im badischen Oberland, wo es alles in Überfülle gab: den Wein, die großen Gärten, die oft aus südlichen Ländern stammenden großen Bäume, das köstliche Obst, Pferde, Wagen, wo es morgens in Krügen kühlen Most, Brot und Wurst für alle gab, die bereits seit sechs Uhr in der Frühe im Weinberg geschafft hatten. Das war um die Jahrhundertwende, wo man in großer, wenn auch nicht übertriebener Prosperität lebte, wo im Kaiserreich Friede und Stabilität geradezu selbstverständliche Elemente des Lebens zu sein schienen. Gelegentlich am politischen Himmel aufziehende Wolken vermochten das glückliche Bild nicht erheblich zu trüben; niemand ahnte, was die kommenden Jahre an Kriegen und Umwälzungen, Erschütterungen und unbeschreiblichem Leid mit sich bringen würden.

1904 heiratete mein Vater meine Mutter, die Tochter des Polizeipräsidenten in Mülhausen im Elsaß, Heinrich Dieckhoff und seiner Frau Anna Dieckhoff geborenen Siebler. Damit trat eine Frau in das Leben meines Vaters, die kraft ihrer Persönlichkeit sein Leben und seine berufliche Entwicklung stark beeinflußte. Sie war eine hübsche Frau mit hellem Verstand und ausgeprägtem Willen. Das Blut des Vaters, der aus einer westfälisch-rheinischen Familie stammte, und das der Mutter, die ihre Wurzeln halb im Elsaß, halb im Schwarzwald hatte, war eine gesunde Mischung von Lebensfreude, Pflichtbewußtsein und unerschöpflicher Energie, von der Enkel und Urenkel eine tüchtige Portion mitbekommen haben.

Für meinen Vater, der damals in den Jahren 1904-1909 noch ganz im Leben eines Reiteroffiziers aufging, bedeutete diese Ehe bald große Veränderungen, denn die Mutter glaubte, und dies mit Recht, daß der Vater nicht im Leben einer kleinen Garnison seinen Endzweck finden sollte. So die Vorbereitung auf den großen Generalstab, zu dem er 1913 abkommandiert wurde. Durch harte Arbeit an sich selbst – denn es gab vieles nachzuholen – hat er sich in der Operationsabteilung unter dem von ihm hochverehrten General von Kuhl eine geachtete Stellung geschaffen.

Seine Laufbahn führte ihn im Weltkrieg in zahlreiche verantwortliche Stellungen. Er sah in jener Zeit mit kritischem Ernst und ohne Illusionen die Schwäche des damaligen Systems, die Allmacht einer obersten militärischen Führung, die durch keine starken politischen Kräfte gezügelt wurde. Er kannte die unsagbare Schwäche des Kaisers, die Unzulänglichkeit gewisser Berater, war ein Gegner all jener, die sich alldeutschen, sinnlosen Annexionsplänen hingaben und damit die Möglichkeiten eines rechtzeitigen Verständigungsfriedens zerstörten. Eine kurze Tätigkeit im Großen Hauptquartier hatte ihm genügt, um schnell wieder ein Frontkommando zu erbitten. Das Ende des Krieges fand ihn als Ersten Generalstabsoffizier des bayrischen Alpencorps in Abwehrschlachten in Frankreich und auf dem Balkan, wohin das Alpencorps in letzter Stunde geworfen wurde, um die zerbröckelnde Front zu halten.

In den langen Kriegsjahren lebten wir drei Kinder mit unserer Mutter in Berlin. Schwere Jahre der Großstadt vor allem für unsere Mutter, die allein für die Erziehung und die immer knapper werdende Ernährung zu sorgen hatte. Ich ging damals ins Bismarck-Gymnasium in Wilmersdorf zur Schule und war ein schlechter Schüler. Ich glaube, meine Mutter war oft verzweifelt, daß der älteste Sohn so miserabel lernte und sich mehr um politische Dinge kümmerte als um seine Leistungen in Deutsch und Latein und vor allem in der Mathematik, für die er sich total unbegabt fühlte.

Niederlage und Umsturz im Jahre 1918 brachten für meinen Vater und die Familie große Veränderungen. Großvater Dieckhoff, der Vater meiner Mutter, hatte als letzter deutscher Bezirkspräsident im Oberelsaß Colmar verlassen und sich in sein Haus in Lenzkirch im Schwarzwald zurückgezogen. In Müllheim, im Markgräflerland, hatte das Jahr 1918 alle Illusionen eines siegreichen Ausgangs des Krieges zerstört. »Les années de la vérité« hatten begonnen. Kriegslasten und Inflation hatten den Verarmungsprozeß eingeleitet, dem unsere Freunde, unsere Verwandten, wir alle ausgesetzt waren und die wir nun gezwungen waren, für das tägliche Leben Grundstücke und bewegliche Habe für sich ständig entwertendes Geld zu veräußern. Der Vater war in die neue, nach dem Versailler Frieden auf hunderttausend Mann beschränkte Reichswehr übernommen worden, hatte aber gleichzeitig von der republikanischen badischen Regierung das Angebot erhalten, die zur Aufrechterhaltung der inneren Ordnung in Baden vorgesehene Schutzpolizei aufzubauen. Ihn reizte die relativ selbständige Stellung, vor allem aber, nach all den Kriegsjahren, für die Familie und sich selbst in Karlsruhe ein weniger wechselvolles Leben zu führen. Dies war nun Heimkehr in die Heimat. Von nun an blieb er mit Baden durch seinen Beruf, der ihn immer wieder in alle Teile des Landes führte, aufs engste verbunden. Hier legte er auch die Grundlage für die spätere Arbeit am Badischen Historischen Museum, das er mit großer Liebe aufgebaut hat. Die Jugendjahre in Karlsruhe gaben meinen Geschwistern und mir trotz aller Krisen und Schwierigkeiten der Zeit nach dem Kriege die gleichmäßig ruhige Entwicklung, deren wir sehr bedurften. Ich war zeitweise dem Professor für Latein und Griechisch am Karlsruher Goethe-Gymnasium, Bernays, in Pflege gegeben. Das Jahr im Hause Bernays war für meine Entwicklung von Bedeutung. Bernays, Sohn des bedeutenden Goethe-Forschers, besaß weite literarische und philosophische Interessen und verstand es, seinen Schülern seine Kenntnisse in fesselnder Weise zu vermitteln. Meine Liebe zur griechischen und römischen Antike, die mich mein ganzes Leben hindurch begleitete, stammt aus jener Zeit.

Das Leben in Baden in den Jahren 1920 bis 1930 war frei von radikalen Gegensätzen. Sozialer Ausgleich und Verständigungsbereitschaft liegen in der Natur der Badener. Mein Vater, auch insofern ganz Kind der Heimat, genoß das Vertrauen der Regierung, besonders des ihm unmittelbar vorgesetzten Innenministers, des Sozialdemokraten Adam Remmele, mit dem ihn freundschaftliche Beziehungen verbanden, die über den Sturz der Republik, den Zweiten Weltkrieg und den Zusammenbruch des Dritten Reiches erhalten blieben.

Karlsruhe, damalige Hauptstadt Badens, war eine kleine Beamtenstadt, in mancher Hinsicht provinziell und eng. Aber es gab dort eine natürlich gewachsene Gesellschaft, in deren Häusern eine Geselligkeit gepflegt wurde, die sich auch uns Kindern öffnete. Wirtschaftlich waren die zwanziger Jahre gewiß nicht leicht. Die Geldentwertung hatte schnell die Reste früherer Vermögen vernichtet. Eine auch nur einigermaßen vernünftige Haushaltsführung war bei dem stündlich wechselnden Markkurs undenkbar. In diesen Jahren habe ich unmittelbar nach meinem Abitur im Bankhaus Strauss & Co eine Banklehre absolviert. Ich bin meinem Vater dankbar, daß er mir durch seine freundschaftlichen Beziehungen zum Chef des angesehenen Bankhauses, dem alten Meier Abraham Strauss, ermöglichte, dort die Anfangsgründe praktischer Volkswirtschaft zu lernen. Ich war bald mit der Familie, die beträchtliche künstlerische Interessen hatte, befreundet und werde die Zeit nicht vergessen, in der ich mit der reizenden und begabten Enkelin des alten Strauss am Hauptbuch die Grundbegriffe der Buchhaltung einer Bank lernte. Wie konnten wir damals ahnen, welch schweres Schicksal diesen Freunden in nicht allzu ferner Zukunft beschieden sein sollte.

1924 bezog ich die Universität Heidelberg, um Rechtswissenschaft zu studieren. Heidelberg besaß damals neben Berlin mit die beste Universität in Deutschland. Sie war relativ klein, hatte aber eine große Zahl hervorragender Gelehrter, vor allem auf den Gebieten der Rechtswissenschaft, Literatur, Volkswirtschaft und Soziologie. Männer wie Heinsheimer (Zivil- und Prozeßrecht), der Verfassungsrechtler Anschütz, die Strafrechtler Dohna und Radbruch, die Lehrer des Bürgerlichen Rechts Mitteis, des Römischen Rechts Gutzwiller, die Volkwirtschaftler und Soziologen Alfred Weber, Salin und Bergsträsser, gaben der Universität den freiheitlichen, fortschrittlichen Charakter, der fachliche Leistungen mit Weltoffenheit verband. Es war eine Stätte echter internationaler, demokratischer und liberaler Gesinnung, die auf junge Menschen aus allen Ländern große Anziehung ausübte. Das Verhältnis zwischen Lehrern und Schülern war sehr persönlich. Ich erinnere mich gern an lebendige Stunden im Hause Anschütz, an gemeinsame Ausflüge mit unseren Professoren nach Neckargmünd, wo von »autoritären Geheimräten« weiß Gott nichts zu spüren war, an leidenschaftliche Diskussionsabende mit Arnold Bergsträsser über Staat und Gesellschaft.

1925/26 war ich für drei Teilsemester an der London School of Economics in London. Das Geld hierzu war von meinem Großvater Dieckhoff gegeben worden, der mit Recht einen Studienaufenthalt in England als einen unerläßlichen Teil der Ausbildung eines jungen Menschen betrachtete. Als Westfale war er ein Mann von festen Auffassungen, hatte seinen Weg in der Verwaltung des Reichslandes Elsaß-Lothringen gemacht: Kreisdirektor in Zabern, Polizeipräsident in Mülhausen, Vortragender Rat beim Statthalter Fürst Wedel in Straßburg, schließlich Bezirkspräsident im Oberelsaß. Er war ein Mann der kaiserlichen Zeit, mit sicherem Urteil in politischen Dingen, erfüllt von seiner beruflichen Aufgabe, kritisch gegenüber dem Übergewicht, das der Kaiser im Elsaß der militärischen Hierarchie einräumte und das zu ständigen Differenzen und Konflikten mit den zivilen Behörden führte. Mit der Rückgliederung Elsaß-Lothringens an Frankreich im Jahr 1918 war seine Laufbahn beendet. Sein Sinn für Maß und seine richtige Selbsteinschätzung ließen ihn auf neue Aufgaben verzichten, zumal er mit Recht glaubte, daß die neue Zeit neue Männer benötigte.

Meine Großmutter, Anna Dieckhoff, entstammte einer Schwarzwälder Familie, ursprünglich Uhrmacher, die als »Elsaßträger« ihre Uhren ins Elsaß hinübertrugen und dort verkauften. Nach dem Kriege 1870/71 gründeten sie in Straßburg eine Eisenwarenhandlung, den »Schwobe Laden«, in der Nähe des Münsters. Dort war die Großmutter aufgewachsen, ein hübsches Mädchen, mit ausgesprochenem Willen, guter Kenntnis der französischen Sprache und umfassender Erfahrung in allen guten Dingen französischer Kochkunst. Im späteren Leben interessierte sie sich leidenschaftlich für antike französische Möbel, kannte alle Antiquariate im Elsaß und in der Rue des Saint Pères in Paris und gab für ihre Passion, oft zum Unwillen des Großvaters, eine Menge Geld aus. Sie kannte Frankreich gut und öffnete uns Jungen Verständnis, ja Liebe für die französische Sprache und Literatur und für das in vieler Hinsicht so viel gelöstere und heitere Leben der französischen Freunde.

Nach meinem Referendarexamen in Karlsruhe bewarb ich mich um Aufnahme in den deutschen Auswärtigen Dienst. Mich bestimmte hierzu mein ausgesprochenes Interesse an den Problemen der auswärtigen Politik, an fremden Ländern und Menschen; vielleicht auch ein wenig das Bedürfnis, aus der kleinen badischen Heimat in eine ferne Welt zu entrinnen, die ich mir in meinen Träumen großzügiger, weniger eng und bürokratisch vorstellte. Im April oder Mai 1929 bestand ich mit neun anderen aus einer großen Zahl von Bewerbern das Aufnahmeexamen. Um ein Haar wäre aber meine Zulassung zur Ausbildung an meinem jugendlichen Alter gescheitert, wenn nicht der damalige Außenminister

Gustav Stresemann auf Fürsprache seines Sohnes, meines Schulkameraden und Freundes Wolfgang, zu meinen Gunsten entschieden hätte. Als Junge war ich in den Kriegsjahren öfters im Hause Stresemann in Berlin in der Tauentzienstraße 12a Sonntag nachmittags zum Kaffee geladen. Ich kannte den Vater und die Mutter, die es beide in ihrer Art gut mit uns Kindern verstanden. In den zwanziger Jahren war Gustav Stresemann für alle, die ihn kannten, ein besonders eindrucksvoller Mann, sprühend von Vitalität und geistigen wie künstlerischen Interessen. Aus dem Nationalisten der Zeit des Weltkrieges war ein Europäer geworden, erfüllt von Gedanken internationaler Verständigung und Zusammenarbeit, der wie wenig andere Minister der Weimarer Zeit durch sein Maß und seinen politischen Ideenreichtum in der Welt einen ungewöhnlichen Grad von Vertrauen erworben hatte. Wir Jungen, die wir ihn nur gelegentlich trafen, und seine Reden im Reichstag oder in Wahlkämpfen erlebten, sahen in ihm mehr als den erfolgreichen Außenpolitiker. Wir empfanden ihn als Bollwerk der Demokratie in unserem Land, das in jener Zeit vom Radikalismus auf der Rechten wie auf der Linken gefährdet war. Wir waren uns – wenn auch nur oberflächlich – des zermürbenden Kampfes bewußt, den dieser Mann in der eigenen Partei, aber auch sonst im Land, gegen nationalistische Überheblichkeit, politische Kurzsichtigkeit und Arroganz führte, an dem schließlich seine Physis zerbrach. Sein früher Tod im Oktober 1929 hat uns alle tief getroffen. Ich hatte in jenen grauen Tagen in Berlin das unheimliche Gefühl, und mit mir viele meiner Freunde, daß nun ein Weg in äußerst gefahrvolle Zeiten begann. Aus den Erlebnissen jener regnerischen Oktobertage heraus schrieb ich an meine Eltern:

Berlin, den 6. Oktober 1929

Meine lieben Eltern,
die letzten Tage waren für uns alle hier in Berlin recht angreifend; sie standen völlig im Zeichen des Todes Stresemanns, dieses Todes, der alle – selbst die Familie – die doch über das fortschreitende Leiden unterrichtet war, überraschte. Der Mittwoch war für den Minister ein harter Tag gewesen, die Koalition drohte zu zerspringen und unter dem Druck seiner starken Person war es gerade noch gelungen, die Regierung zu halten und nicht ein enormes Durcheinander aufkommen zu lassen. Dieser große letzte Erfolg hatte ihn, der wegen einer starken Erkältung nachmittags zu Bett gegangen war, sehr gefreut und vom Bett aus hat er dann seine Dispositionen für den folgenden Tag getroffen, telephonisch mit allen möglichen Leuten in Verbindung gestanden, seine Kollegen empfangen.
Abends um 1/2 11 Uhr traf ihn der erste Schlag, der eine dauernde Lähmung der rechten Seite verursachte; er war bewußtlos, konnte kaum at-

men und kämpfte bis um 5 Uhr morgens Donnerstag früh, wo der zweite Schlag den Tod herbeiführte.

Der Donnerstag war ein Regentag. Ich kam um 10 Uhr ins Auswärtige Amt; gleich wußte ich, daß etwas Außergewöhnliches passiert war. Eine Putzfrau erzählte mir dann die Nachricht. Alles in Berlin war erschüttert. Die Seele der Regierung, der Mann, auf den sich alles verließ, ohne den keine Entscheidung getroffen werden konnte, der sechs Jahre die deutsche auswärtige und innere Politik fest bestimmt hatte, war nicht mehr am Leben. Und wie sehr dies der Fall war, wie unersetzlich nötig er war, das zeigten die letzten Stunden, wo in einer Frage, die seinem Ressort fern lag, der Sozialversicherung, das Kabinett ohne seinen Rat nicht weiter kam. Allgemein ist man hier der Ansicht, daß das außenpolitische Werk Stresemanns getan war. Er hat die Straße gebaut, auf der jeder künftige Außenpolitiker gehen muß. Die Bedeutung seines Verlustes liegt im wesentlichen auf innerpolitischem Gebiet. Hier war er in letzter Zeit ganz entscheidend gewesen. Seine Partei wird sehr wahrscheinlich jetzt eine Schwenkung nach rechts machen und sich dem Rechtsblock anschließen, was Stresemann nie geduldet hätte. Aber auch sonst wird er fehlen, denn auf ihn hörten sie alle, weil er größer war als sie.

Das für Freitag geplante Defilee des Auswärtigen Amtes an der Bahre Stresemanns mußte abgesetzt werden. Ich schrieb mich Freitag ins Buch der Trauergäste ein. Am Samstag bekam ich den Auftrag, mich mit einem von mir zu bestimmenden Kollegen für den Abend in Frack und schwarzer Weste bereit zu halten. Um ½ 8 Uhr mußte ich in der Villa sein. Hier traf ich meinen Freund Wolfgang. Es war ein trauriges Wiedersehen. Er führte mich durch ein Blumenmeer – die ganze Welt hatte letzte Grüße geschickt – an den Sarg des Vaters. Auch dieser bedeckt mit unglaublich schönen Blumen und der Standarte des Reichs. Hier sollte ich während der letzten Feierlichkeiten mit Hoops und zwei mittleren Beamten die Ehrenwache im Hause halten. Um 8 Uhr abends kam Frau Stresemann mit dem Geistlichen, den nächsten Verwandten und dem Staatssekretär von Schubert um Abschied zu nehmen. Eine ergreifende Stunde. Der Pfarrer sprach kurz. Noch eine stille Minute des Gebets, dann wurde er hinaus getragen. Es war eine wunderschöne Nacht. Die schwarz-rot-goldene Fahne deckten wir mit vielen Blumen über den Sarg und nahmen Aufstellung zu beiden Seiten des Sarges. Jeder das Ende des Fahnentuchs in unseren Händen. Die Tore zur Friedrich-Ebert-Straße wurden geöffnet, langsam ging der Zug zum Reichstag. Berittene Polizei leitete den Zug ein, Wolfgang und Joachim folgten mit wenigen Freunden. Wir zur Seite des Sarges ohne Hut und Mantel. Eine riesige Menschenmenge säumte die Straße und grüßte schweigend.

Im Reichstag wurde er aufgebahrt. Andere Attachés hielten die Ehrenwache. Ich stand noch einmal 7 Uhr morgens neben dem Sarg, der unterging in einem Blumenmeer.

Um 3/4 11 Uhr begann die Totenfeier. In der Präsidentenloge saß neben Frau Stresemann der alte Reichspräsident mit todernstem Gesicht. Die Botschafter und Gesandten in großer Uniform und die Unzahl der geladenen Gäste. In der Wilhelmstraße war sein Fenster schwarz bekränzt und weiße Lilien standen auf dem Sims.

Für uns Jungen, die wir besonders an ihm gehangen haben, weil er die große führende Persönlichkeit war, an der wir uns begeistern konnten, waren diese letzten Stunden ein starkes Erlebnis.

Die Frage des Nachfolgers ist noch hart umstritten; viele denken an Curtius, manche an von Hoesch, andere an Breitscheid. Es wird sehr schwer sein, denn das zarte Gleichgewicht der Koalition darf unter keinen Umständen gestört werden.

Hinter diesen großen Dingen stehen alle kleinen eigenen zurück. Man wird jetzt weiter arbeiten und abwarten was die nächsten Tage bringen.

Stets Euer

Herbert

Im Juli 1932 wurde ich an unsere Gesandtschaft in Athen versetzt. So sehr ich mich darüber freute, unter einem Mann wie dem damaligen Gesandten Eisenlohr zu lernen und die Antike, für die ich mich schon als Schüler so begeistert hatte, zu erleben, so sehr war dies von Sorge und Furcht vor der immer bedrohlicher werdenden inneren Entwicklung in Deutschland überschattet, die uns mit schier unfaßlicher Zwangsläufigkeit und Unabwendbarkeit in Umsturz und Chaos hineinriß. Rückblickend erscheinen mir die Jahre nach 1933 wie ein gräßlicher Traum. Allen jenen, die diese heute schon weit zurückliegende Zeit nicht persönlich erlebt haben, auch nur einigermaßen zu erklären, was damals Wirklichkeit war, ist sehr schwer. Können wir selbst es doch oft kaum verstehen. Zwei wesentliche politische und wirtschaftliche Tatsachen stehen an ihrem Beginn. Sie waren maßgebliche Gründe für den Sturz der Weimarer Republik:

Die Autorität von Staat, Regierung und Parlament war dank einer unzureichenden Verfassung und daraus folgender, ständiger politischer Krisen in ihren Grundlagen erschüttert. Unsere Wirtschaft als Folge der Weltkrise und einer unzulänglichen nationalen Wirtschaftspolitik war zusammengebrochen. Mit sieben Millionen Arbeitslosen in allen Bezirken unseres öffentlichen und privaten Lebens waren die Chancen vieler, ja sehr vieler Männer und Frauen in Frage gestellt, ob jung oder alt, ob sie schon im Beruf arbeiteten oder noch in der Ausbildung standen. Bei dieser Lage der Dinge zerbrachen die Fundamente der gesellschaftlichen Ordnung. Grundrechte, Begriffe von Freiheit, Unverletzlichkeit der Person, Achtung vor dem Mitmenschen, die Prinzipien des Rechtsstaates begannen ihren Inhalt zu verlieren. Wenn das Überleben der Menschen in solchem Ausmaß in Frage gestellt ist, ist ein Volk nur allzu bereit, Verführern und Scharlatanen das Ohr zu leihen, die im Gewande nationaler Retter erscheinen. Es fehlte an einer Führungsschicht, die befähigt und gewillt gewesen wäre, die Verantwortung zu übernehmen und den notwendigen Kampf für die Erhaltung unseres Staates kraftvoll zu führen.

Wem war dieses alles bewußter als meinem Vater, der in jenen Jahren vor 1933 für die Ordnung im Badischen Land verantwortlich war. Ich erinnere mich an seine Verzweiflung über die Kraftlosigkeit der Reichsregierung, die aus Unvermögen und Mangel an Vertrauen zu sich selbst die politischen Kräfte im Reich nicht zu mobilisieren verstand. Erschreckend war die schon 1931/32 einsetzende nationalsozialistische Unterwanderung der staatlichen Verwaltung und die Bereitschaft vieler Kreise, sich durch finanzielle Geschenke bei den möglichen Machthabern auf der äußersten Rechten und auf der äußersten Linken rückzuversichern. Niemand in den sogenannten bürgerlichen Kreisen war sich klar darüber, was die in falscher Legalität operierende nationalsozialistische Partei in Wahrheit bedeutete. Viele glaubten, daß man in einer Koalition mit den Nazis mäßigenden Einfluß ausüben und ihren radikalen nationalistischen und rassistischen Dynamismus einer bürgerlichen Ordnung dienstbar machen könnte.

Mit der sogenannten Machtergreifung war der beruflichen Tätigkeit meines Vaters sofort ein Ende gesetzt. Auf der Fahrt von Karlsruhe nach Müllheim, zusammen mit meiner Mutter und den Hunden, wurde er in Offenburg aus dem Zug geholt und verhaftet. Es begann für beide eine lange Zeit menschlicher Enttäuschungen. Denn wo immer sie sich zeigten, wurden sie von denen gemieden, auf deren Freundschaft und Hilfe sie glaubten zählen zu können. So wurde Badenweiler – und dort das Haus des Schriftstellers René Schickele, der nach Frankreich ausgewandert war, ihre Zuflucht.

1935 wurde ich von Athen an unsere Botschaft nach Washington versetzt. Der Abschied von Athen ist mir schwer geworden. Die Willkür, die Gewalt und Rassenpolitik des Dritten Reiches hatten die deutsch-amerikanischen Beziehungen schon damals außerordentlich verschlechtert. Die Bemühungen des Botschafters in den Vereinigten Staaten, des früheren Reichskanzlers Luther, durch recht oberflächliche, positive Interpretationen die Absichten Hitlers der amerikanischen Regierung zu erklären und die öffentliche Meinung zu beruhigen, hatten nur bei den Urteilslosen unter den Amerikanern einen bescheidenen Erfolg. Sein Nachfolger, Botschafter Dieckhoff, der Bruder meiner Mutter, der Ende 1937 die Leitung der Botschaft übernahm, konnte im wesentlichen nur tatenlos zuschauen, wie dank der Ereignisse in der Heimat die öffentliche Kritik in den Staaten, in der Presse, in der Regierung, nicht zuletzt im Weißen Haus, sich immer mehr und mehr zu größtem Mißtrauen, zu tiefem Ressentiment, ja zu Haß verdichtete.

Die Kristallnacht vom 9. zum 10. November 1938 löste einen Aufschrei in der gesamten amerikanischen öffentlichen Meinung aus. Das nationalsozialistische Deutschland hatte damit sein wirkliches Gesicht gezeigt. Es war nur eine von vielen Folgen, wenn beide Staaten ihre Botschafter abberiefen und Dieckhoff nach Berlin »zur Berichterstattung« zurückkehrte.

Wenige Wochen vor Ausbruch des Zweiten Weltkrieges im September 1939, war ich nach Helsinki versetzt worden. In diese Zeit fiel die erschütternde Preisgabe der Randstaaten Litauen, Estland und Lettland an Sowjetrußland, die Teilung Polens und der Beginn des finnisch-russischen Krieges, Folgen der Verständigung Hitlers mit Stalin. Nie ist wohl mit größerer Kälte und Gewissenlosigkeit über das Schicksal europäischer Menschen, die niemandem etwas zuleide getan hatten, hinweggegangen worden. Wenn Finnland das gleiche Schicksal erspart geblieben ist, so nur dank seiner tapferen Männer und Frauen und der Klugheit eines Staatsmannes wie Paasekivi.

Zu einem meiner stärksten Erlebnisse in jenen Monaten in Helsinki gehörte die Abreise Paasekivis nach Moskau, um mit dem Einsatz seiner Person, allerdings vergeblich, den russisch-finnischen Krieg abzuwenden und den Frieden zu wahren. Die Massen der Bürger Helsinkis hatten sich am Bahnhof eingefunden. Tausende von Menschen sangen knieend in ihrer Sprache »Ein feste Burg ist unser Gott«. Unvergeßlich diese Demonstration innerer Kraft und Stärke.

Anfang November war ich an einem schweren Gelenkrheumatismus erkrankt, der meiner Tätigkeit in Helsinki ein Ende setzte. Da eine direkte Verbindung mit Deutschland nicht mehr bestand, reiste ich durch den finnischen Winter nach Norden und wurde bei Haparanda unter erheblichen Schmerzen auf einem Schlitten über die schwedisch-finnische Grenze gezogen. Es hat viele Wochen, ja Monate gedauert, bis ich, vor allem dank der liebevollen Pflege meiner Mutter, im wahrsten Sinne des Wortes wieder auf den Beinen stand.

Von 1940 bis 1943 war ich zur Wiederherstellung meiner Gesundheit

– meine Gehfähigkeit war noch recht begrenzt – an der Gesandtschaft in Bern tätig.

1943 wurde ich von Bern nach Berlin versetzt, um im Auswärtigen Amt den Austausch diplomatischer Missionen, die infolge der zunehmenden Zahl von Kriegserklärungen aus allen Teilen der Welt in ihre Heimat zurückkehren mußten, vorzubereiten. Ich habe in jenen Jahren das Ende des Krieges, über das ich mir nie Illusionen gemacht hatte, in Berlin erlebt. Ich lebte damals in einem Hause, in dem viele nette Menschen wohnten, die berufstätig waren und sich abends zusammenfanden. Im September 1943 begannen die schweren Bombenangriffe auf die Stadt. Wir haben in diesen Jahren einen großen Teil unserer Nächte im Keller verbracht. Der Luftdruck der Minen, die in der Nähe niedergingen, fegte durch das Haus und hinterließ zerbrochene Türen und Fenster, zerstörte Dächer. In den Zimmern waren Böden und Möbel mit Kalk und Staub überschüttet. Nach all der Angst packte uns aber die Freude des Überlebens. Die knappen Rationen an Wurst und Käse wurden geteilt, und man blieb bis in die frühen Morgenstunden zusammen. In solchen Stunden griff ich zu Hebel und Hölderlin. Manche der alemannischen Gedichte, wie das ›Liedlein vom Kirschbaum‹, ›Das Gewitter‹ und andere, haben uns die Trostlosigkeit der Zerstörungen für Augenblicke vergessen lassen.

All dies mutet mich rückblickend wie ein unheimlicher Traum an. Es ist unendlich schwer, denen, die diese Zeit der totalen Zerstörung, des äußeren Lebens wie auch der inneren Werte nicht selbst erlebt haben, die Hoffnungslosigkeit begreiflich zu machen, die viele Menschen erfaßt hatte, deren einziges Interesse wirklich nur noch darin bestand, diese chaotische Zeit physisch zu überleben. Und doch fand diese erschütternde Wirklichkeit schließlich ihr Ende.

»J'ai vu l'impie adoré sur la terre.
Pareil au cèdre, il cachait dans les cieux son front audacieux
Foulait aux pieds ses ennemis vaincus.
Il semblait à son gré gouverner le tonnerre.
Je n'ai fait que passer, il n'était déjà plus.«

Racine, Ester 3. Akt[1]

Konrad Adenauer

Erstes Zusammentreffen mit Konrad Adenauer im März 1946 in Hamburg · Herkunft, Familie, Charakter · Seine Grundanschauungen über Staat und Volk · Sein Verhältnis zu Frankreich, zu Parlament und Opposition · Beziehungen zu seinen Mitarbeitern · Adenauer und Europa · Integration der Bundesrepublik in den freien Westen · Verhältnis zur Sowjetunion und Wiedervereinigung

Nach der Katastrophe des Jahres 1945 hatte ich dank der Fürsprache guter Freunde im Generalsekretariat des im März 1946 von der Britischen Militärregierung geschaffenen Zonenbeirats der Britischen Besatzungszone Arbeit gefunden. Dieser Rat, der aus den Ministerpräsidenten der Länder der Zone, aus den Führern der Parteien, der Gewerkschaften und Genossenschaften bestand, hatte lediglich beratende Funktionen und sollte der britischen Militärregierung bei der schier unendlichen Zahl von Problemen helfen, die sich aus dem Zusammenbruch der Wirtschaft, der Verwaltung, der Rechtsprechung und Gesetzgebung ergaben. Zerstörungen der Städte in einem Ausmaß, das sich heute niemand mehr vorstellen kann, die Massen der Flüchtlinge aus dem Osten – etwa vierzehn Millionen – Hunger, Not, Verzweiflung, Kampf vieler um die Erhaltung des Lebens und der wenigen Habe, die verblieben war, dazu die Vernichtung der Wertordnungen: Uns allen schien damals die Hoffnung auf einen schnellen Wiederaufbau eine trügerische Illusion.

Am 1. März 1946 hatte ich mit dem damaligen Oberbürgermeister a. D. Konrad Adenauer, der in seiner Eigenschaft als Vorsitzender der neu gegründeten Christlich Demokratischen Union in der britischen Zone dem Zonenbeirat angehörte, mein erstes Gespräch. Ich war Herrn Adenauer vorher nie in meinem Leben begegnet. Er war damals siebzig Jahre alt, eine eindrucksvolle Erscheinung, die aufrechten Ganges die Aufmerksamkeit der Menschen auf sich zog. Dieses erste Gespräch betraf im wesentlichen den Zonenbeirat. Adenauer kritisierte die machtlose Stellung des Rats; es bleibe nur, den Sorgen und Wünschen der deutschen Bevölkerung Ausdruck zu geben und soweit möglich, an den Aufbauarbeiten der Militärregierung durch konstruktive Vorschläge und Kritik mitzuwirken. Er bezweifelte, ob der Rat auch das notwendige Gehör finden würde.

In jener Zeit der deutschen totalen Machtlosigkeit ließ es sich Adenauer nicht nehmen, seinem Verantwortungsgefühl sowohl im Zonenbeirat als auch vor allem in öffentlichen Kundgebungen kraftvoll Ausdruck zu geben. Er scheute sich nicht, da wo notwendig, Kritik zu üben. Er war sich bewußt, daß er selbst und mit ihm seine Partei nur dann vom deutschen Volk als Anwalt seiner Interessen empfunden würde, wenn er sich in seinen Beziehungen zur Besatzungsmacht Unabhängigkeit und Selbständigkeit bewahrte.

Wir sprachen an jenem Märztag auch über die außenpolitischen Probleme und die sich zwischen West und Ost mehr und mehr zuspitzende Situation, die wir als besonders gefahrvoll betrachteten. Denn es bestand durchaus die Möglichkeit eines militärischen Konflikts der Westmächte mit Sowjetrußland. Aus manchen Äußerungen führender Engländer und Amerikaner mußten wir entnehmen, daß ein Abzug der Alliierten vom europäischen Kontinent nicht auszuschließen war, zu dessen Verteidigung die kriegsmüden westlichen Länder nur geringe Lust verspürten. Unser Gespräch hatte eine weitgehende Übereinstimmung unserer Auffassungen ergeben. Ich möchte sagen, es ist zum Ausgangspunkt für die spätere vertrauensvolle Zusammenarbeit geworden.

Man kann Konrad Adenauer eigentlich nur aus der rheinischen Landschaft heraus verstehen. Er war im wahrsten Sinn des Wortes Westdeutscher. Er fühlte sich als Teil der rheinisch-westlichen Kulturwelt. Spaßeshalber bezeichnete er sich gelegentlich als ein Kind der römischen Besatzungszeit. Im Gespräch hat er mir öfters davon gesprochen, daß der neu zu schaffende deutsche Staat sein Schwergewicht im Westen und Süden haben sollte. Er war überzeugt, daß manches in der deutschen und europäischen Geschichte anders verlaufen wäre, wenn die eher zu Kompromiß und Partnerschaft neigenden West- und Süddeutschen in Berlin größeren Einfluß gehabt hätten. Die großen organisatorischen und militärischen Talente des Nordens und Ostens Deutschlands hätten nach seiner Auffassung ein stärkeres Gegengewicht im Westen und Süden finden müssen. Er hat dem Untergang Preußens keine Träne nachgeweint.

Ein wichtiges Element seines politischen Weltbildes war die Verständigung und Zusammenarbeit mit Frankreich. Er sprach zwar kein französisch, war nie viel in Frankreich gereist und Paris sollte er erst als Bundeskanzler kennenlernen. Die geistige Verbindung mit diesem westeuropäischen Land war aber schon im Oberbürgermeister der Stadt Köln in der Weimarer Zeit stark und lebendig. Aus seiner kölnischen Welt schaute er nach Westen. Seine Vorstellung vom europäischen Leben gründete sich auf eine deutsch-französische Zusammenarbeit und Solidarität.

Er gehörte nicht zu den Kölner Großbürgern. Seine Familie war arm.

Sein Vater war als preußischer Unteroffizier in der Schlacht von Königgrätz schwer verletzt worden. Später war er Gerichtsschreiber am Kölner Gericht. Äußerster Fleiß, äußerste Sparsamkeit kennzeichnen das Leben dieser Familie. Er erzählte selbst, daß es Weihnachten oft nicht zum Weihnachtsbaum gereicht hätte, wenn man nicht vorher durch Vereinfachung der Küche das Geld dafür zur Seite legte. Aber der Wille etwas zu leisten, wurde, wie so oft bei den Großen, in der notwendigen Überwindung schwieriger Lebensumstände gesteigert und gestärkt.

Um sich aus den wirtschaftlich so beengten Verhältnissen zu befreien, bewarb Adenauer sich zunächst darum, Notar zu werden. Freunde öffneten ihm dann den Weg in die Verwaltung der Stadt Köln: 1906 Beigeordneter der Stadt Köln, 1917 bis 1933 Oberbürgermeister. Diese Jahre einer glanzvollen kommunalpolitischen Laufbahn haben Adenauer geformt. In diesen Jahren hat er in den ständigen Verhandlungen mit dem Stadtparlament jene politischen Erfahrungen und Weisheit gesammelt, die wir in den späteren Jahren seiner Kanzlerschaft immer wieder bewundern konnten. Ich habe ihn oft mit dem einen oder anderen großen Bürgermeister der Freien Reichsstädte des deutschen Mittelalters verglichen. Er war in seiner Grundhaltung gegenüber Menschen und Dingen reserviert, eher mißtrauisch ablehnend, distanziert, seiner selbst und seiner eigenen großen Fähigkeiten durchaus bewußt. Ein Mann, begabt mit einer nicht angelernten Klugheit, Klugheit – sit venia verbo – aus Urgestein, Klugheit nicht durch Intellektualismus verbildet. Klugheit, die spürte, was der Gesprächspartner wollte, ehe dieser überhaupt den Mund aufgetan hatte. Blitzschnell in der Repartie, blitzschnell in der Reaktion, leicht zu spöttischem Urteil geneigt. Voller rheinischem Humor, Witz und Lebensfreude. Nichts machte ihm mehr Freude als ein heiteres Mahl mit Bekannten, wo der gute Tropfen – und hier ließ er sich nicht leicht etwas vormachen – nicht fehlen durfte und wo man gelegentlich übermütig über alle spottete und sich lustig machte und dabei die eigene Person nicht schonte. Rheinländer, ungehemmt, froh, selbstsicher, ohne Pathos, ohne Überheblichkeit; immer auf der Hut, in vieler Hinsicht autoritativ, nicht autoritär. Er schätzte den wohlbegründeten Widerspruch, ja, er forderte ihn geradezu heraus, um an ihm die Stärke der eigenen Argumente zu messen.

Er hatte nur wenige wirkliche Freunde, das lag an seiner von Distanz beherrschten Natur, seiner äußerlichen Kühle. Aber er hatte Viele, die ihn mochten, die ihm zu helfen versuchten, die ihm auch viel bedeuteten. Er liebte seine Familie, die beiden Frauen, die ihm durch schwere Schicksalsschläge genommen wurden. In der Familie war er das Zentrum. Nichts geschah ohne seinen Willen. Fleiß und Sparsamkeit waren die Grundelemente seiner Erziehung; Sparsamkeit, die gelegentlich hart an Geiz grenzte. Im Kreise der Seinen fühlte er sich glücklich und sie umgaben ihn mit jener natürlichen Achtung, die nichts gewolltes oder gekünsteltes hatte. Gelegentlich um die Weihnachtszeit war ich im Rhöndorfer Haus, wo sie alle beieinander saßen, die sieben Kinder mit ihren Frauen und einige Enkel und Weihnachtslieder sangen im Anblick der großen, das ganze Wohnzimmer füllenden Krippe mit ihren Figuren aus alter Zeit, die er selbst aufgebaut hatte. Weihnachten war ein besonderer Geist im Haus, Geist der Freude, des Miteinander. Ostern zog er sich zurück. Oft sagte er mir, »ich muß mich jetzt für Ostern vorbereiten«. Ostern verlangte nach seiner Auffassung, die tief religiös war, innere Sammlung. Ja, er war religiös, nicht kirchlich. Seine Einstellung zu den Großen der Kirche war eher reserviert, kritisch. Aber der Gang zur Kirche, das Gebet, bedeuteten diesem Mann unendlich viel. Man sagte, daß er innerhalb der Familie ein Patriarch gewesen sei. Zu einem Teil stimmt das. Aber er war, was bei seinem hohen Alter verwunderlich erscheinen konnte, unendlich jung. Er konnte so gelöst, unprätentiös und natürlich sein, wie kein anderer. Und deshalb haben ihn seine Kinder sicher sehr geliebt. Sein Haus, das er nach seinem Ausscheiden als Oberbürgermeister von Köln baute, war großzügig gedacht. Es liegt erhöht über der Landschaft. Er fand den Blick hinüber zum Rolandsbogen auf der anderen Seite des Rheins weit, beruhigend und erfüllend. Der Garten mit seinen Rosen war acht Jahre hindurch, in der die Naziherrschaft ihn von jeder politischen Wirksamkeit ausschloß, zu einem geliebten Inhalt seines Daseins geworden.

Das Haus war voller Bilder. Bilder meist geistlichen Inhalts. Mittelalterliche Meister lagen ihm am meisten. Seine Erholung war die Betrachtung dieser Bilder. Er wußte viel von ihnen. Als Student in München war er unzählige Male in der Pinakothek gewesen. Er hatte besondere Kenntnis der Malerei. Bei seinen Besuchen in den großen Galerien in Paris, London, Rom, Madrid überraschte er oft die Direktoren mit seiner Detailkenntnis. Er hatte auch etwas Händlerisches. Er liebte Bilder zu kaufen und wieder gegen andere, Bessere, einzutauschen. Manchmal überschätzte er den Wert dessen, was er gekauft hatte. Ein anderes Gebiet seiner Erholung war die Musik. Er gehörte zu jenen, die nach anstrengendem Tag im Amt noch spät abends auf dem Plattenspieler Konzerte von Bach, Mozart, Beethoven hörten. Seine Lektüre war begrenzt. Wie konnte er auch bei der Fülle des gedruckten Materials, das täglich auf seinen Tisch flog, noch tiefgründige Bücher lesen. Das hat er nicht getan. Da suchte er Ablenkung und Entspannung in Kriminalromanen, die er in seinen oft schlaflosen Nächten in großer Zahl konsumierte. Er schlief nie ohne

Schlafmittel. Meist war er im Sommer schon um sechs Uhr auf, um möglichst unbekleidet und mit nackten Füßen durch das taufrische Gras zu laufen. Er konnte allein sein. Er fühlte sich nie einsam. Er zog die Kraft seiner Leistung aus sich selbst. Er konnte zuhören, besser als mancher andere. Er konnte sich freuen. Die kleinen Dinge, Blumen, Tiere, Spaziergänge im Wald waren ihm wichtig. Große Feste waren ihm nicht sehr willkommen. Er liebte das Gespräch im kleinen Kreis.

Seine Grundanschauungen über den Staat, das Volk, die einzelnen Menschen waren einfach, klar und fest verankert. Für ihn war es unumstritten, daß jeder einzelne um das Recht des anderen wissen muß, daß jeder Mensch, jede Gruppe und selbst der Staat seine Grenzen am Recht des einzelnen findet. Für ihn war die Unverletzlichkeit der Person, die Gleichheit der Menschen vor dem Gesetz und die Freiheit des Glaubens und Gewissens die Voraussetzung jeglicher freiheitlicher Ordnung. Er sah in den Auseinandersetzungen zwischen Katholiken und Protestanten und die sie im Reichstag vertretenden politischen Parteien, Zentrum und Deutschnationale, einen der wesentlichen Gründe für den Untergang der Weimarer Republik. Deshalb erschien ihm die Zusammenarbeit der Konfessionen in der von ihm geführten Christlich Demokratischen Union eine ganz wesentliche Sicherung des neuen demokratischen Staates.

Er sagte einmal: »Die Person muß dem Dasein und dem Rang nach vor dem Staat stehen. An ihrer Würde, Freiheit und Selbständigkeit findet die Macht des Staates sowohl ihre Grenzen wie ihre Orientierung. Freiheit der Person bedeutet jedoch nicht Schrankenlosigkeit und Willkür. Sie verpflichtet jeden beim Gebrauch seiner Freiheit immer der Verantwortung eingedenk zu sein, die er für seine Mitmenschen und für das ganze Volk trägt.« Mit Abscheu sprach er von der Zeit in der ein allmächtiger Staat alle Bezirke des Lebens reglementierte und die Menschen zu Funktionären des Staates erniedrigte.

»Breite Schichten des Volkes, der Bauern, des Mittelstandes, der Arbeiter und der Intellektuellen«, so führte er am 24. März 1946 in einer Rede[1] vor der Kölner Universität aus, »hatten nicht die richtige Geisteshaltung gehabt, sonst wäre der Siegeszug des Nationalsozialismus in den Jahren 1933 und folgenden im deutschen Volk nicht möglich gewesen.

Das deutsche Volk krankt seit vielen Jahrzehnten in allen seinen Schichten an einer falschen Auffassung vom Staat, von seiner Macht und der Stellung der Einzelperson. Es hat den Staat zum Götzen gemacht und auf den Altar gehoben. Die Einzelperson, ihre Würde und ihren Wert hat es diesem Götzen geopfert ...

Die großen äußeren Erfolge, die, wenn auch historisch gesehen nur für kurze Zeit dem Bismarck'schen Reich, seiner Auffassung vom Staat und der Macht beschieden waren, die schnelle Industrialisierung, die Zusammenballung großer Menschenmassen in den Städten, und die damit verbundene Entwurzelung der Menschen machten den Weg frei für das verheerende Umsichgreifen der materialistischen Weltanschauung im deutschen Volk. Die materialistische Weltanschauung hat zwangsläufig zu einer weiteren Überhöhung des Staats- und Machtbegriffs, zur Minderbewertung der ethischen Werte und der Würde des einzelnen Menschen geführt.«

Für ihn bemaß sich der Wert eines Volkes daran, wieviel Freiheit und wieviel Demokratie in ihm verwirklicht werden. Erst wenn Völker müde würden, riefen sie nach dem starken Mann. Diktaturen seien allzeit Zeichen der Schwäche gewesen und nur da möglich, wo die Menschen vor der Verantwortung flüchten, das Zutrauen zu sich selbst verloren hätten und das Heil in der Unterwerfung unter einen fremden Willen suchten.

Sein inneres Verhältnis zum eigenen Volk war oft von Skepsis und Zweifeln bestimmt. Auf Grund der Erfahrungen seines eigenen langen Lebens äußerte er sich oft über den Mangel an Maß, die Unausgeglichenheit, den Wechsel von einem Extrem zum andern, von Überheblichkeit zu tiefer Depression. Er war in ständiger Sorge vor einem aus Selbstüberschätzung neu erwachenden Nationalismus. Die feste Verankerung des neuen deutschen Staates in der Zusammenarbeit mit den freien Demokratien des Westens schien ihm die einzige wirkliche Garantie gegen Rückfälle in die unmittelbare tragische Vergangenheit.

Für ihn waren die Gemeinden, die Landesparlamente, vor allem aber der Bundestag und ihre Arbeit eine ganz entscheidende Voraussetzung für eine gesunde Entwicklung der neuen deutschen Demokratie. Er maß den Debatten über die großen innen- und außenpolitischen Fragen grundsätzliche Bedeutung bei und nahm an ihnen lebhaften Anteil. Er bedauerte gelegentlich, daß der Hader der Parteien die konstruktive Arbeit zu überwuchern drohte, hat aber in seinem Wunsch nach deutlicher, manchmal persönlich pointierter Formulierung seines Standpunktes gelegentlich zu einer, mir wollte scheinen, unnötigen Verschärfung der Gegensätze beigetragen. Er hielt Wechselwirkung zwischen Mehrheit und Opposition für notwendig. Doppelt notwendig, nachdem wir Jahre hindurch den Monolog einer allmächtigen Staatspartei anhören mußten, der zu Korruption und geistiger Verödung geführt hatte. So sehr Adenauer die Notwendigkeit einer Opposition bejahte, so hat er im politischen Tageskampf ihr nicht immer die Stellung eingeräumt, die sie beanspruchen konnte. Er hat es da gelegentlich an Sachlichkeit und Objektivität mangeln lassen. In der Hitze der parlamentarischen Debatte drängten sich hin und wieder wahltaktische Formulierungen und Absichten zum Nachteil des allgemeinen Niveaus in den Vordergrund. Er war kein bestrickender Redner. Seine Reden waren im Stil einfach, ohne jedes Pathos, vielfach äußerst nüchtern, aber in der Sache klar und oft von nicht zu überbietender Deutlichkeit und Unmittelbarkeit, vor allem in den Auseinandersetzungen mit dem Gegner. Er ließ sich ungern Reden schreiben, obwohl sich das wegen des großen Zeitdrucks nicht immer vermeiden ließ. Er zog es vor ex tempore zu sprechen, weil er, und dies nicht zu Unrecht, an die unmittelbare Wirkung des frei gesprochenen Wortes glaubte.

Er war ein unermüdlicher Arbeiter, hart gegen sich und seine Mitarbeiter. Er war kein leichter Vorgesetzter, wenn er es für nötig hielt, äußerst scharf im Tadel und nur sehr sparsam in Anerkennung und Lob. Aber er trat für seine Mitarbeiter ein, wenn sie Angriffen ausgesetzt waren. Angriffe auf die eigene Person berührten ihn nicht. Und es hat daran in den langen Jahren seiner Amtszeit wirklich nicht gefehlt. Sein Verhältnis zu seinen Ministern und den Großen seiner Partei war sachlich kühl, oft kritisch. Gegensätze zwischen den Großen hat er nicht ungern gesehen. Er war auch nicht frei von abschätzenden Urteilen an die Adressen derer, deren wachsender Einfluß ihn zu stören begann. An einen Nachfolger im Amt hat er nur sehr ungern gedacht, und wenn, nur vorübergehend und unter Druck der öffentlichen Meinung oder gewisser Parteigruppierungen. Er wirkte nicht »kristallisierend«, das heißt, er sammelte nicht um sich eine Führungsgruppe von begabten jüngeren politischen Menschen, die er an seinen Vorstellungen und Zielen hätte teilnehmen lassen und die damit zu einer tragenden Schicht in der politischen Arbeit hätten werden können.

Er hatte eine sehr persönliche, innere Beziehung zur Macht im Sinne von Einfluß und politischer Gestaltungsmöglichkeit. Es war ihm bewußt, daß er außen- und innenpolitische Ziele nur erreichen und den neuen deutschen Staat im Sinn seiner Auffassungen nur prägen konnte, wenn er im Bundestag, in den Landesparlamenten, in der gesamten öffentlichen Meinung über den erforderlichen Rückhalt verfügte. Er verfolgte deshalb mit größter Aufmerksamkeit die Entwicklung der Parteien, seiner eigenen Partei, der großen Organisationen und Interessentengruppen. Sein Tag war neben der zu bewältigenden immensen Arbeit ausgefüllt mit zahllosen Gesprächen mit Persönlichkeiten aus allen Teilen Deutschlands, aus allen Kreisen, um sich ein Urteil zu bilden. Sein Interesse galt natürlich in erster Linie der Frage, wie er die Menschen dem Aufbau des Landes dienstbar machen konnte. In solchen Gesprächen verstand er zu hören, die leisesten Töne und Nuancen zu registrieren, auch hier immer leicht zu Skepsis und Zweifeln an der Verläßlichkeit des Gesprächspartners geneigt. Ein langes Leben und manch böse Erfahrung hatten ihn gelehrt, mißtrauisch zu sein. Als wir einmal über Vertrauen und Mißtrauen sprachen, meinte er, Vernunft gebiete bei ersten Begegnungen mit Mitmenschen nicht nur reserviert, sondern mißtrauisch zu sein. Als ich ihm entgegnete, es schiene mir besser, einen gewissen Vorschuß an Vertrauen zu leisten, schrieb er das meinem jugendlichen Leichtsinn zu. Da er sein Ohr auch manchmal gern Einflüsterungen sogenannter Freunde lieh, blieben ihm Irrtümer und Täuschungen nicht erspart. War ihm der eine oder andere seiner Besucher unbekannt, so richtete er gern nach dem Gespräch an seine Umgebung die Frage: »Von was lebt der Mann eigentlich?«

Er liebte das Pressegespräch im kleinen und im großen Kreis, am meisten aber unter vier Augen. Dabei pflegte er – manchmal zur Sorge seiner Mitarbeiter – politische Überlegungen, Pläne, Ziele, schon in einem sehr frühen, manchmal etwas allzu frühen Stadium zu erörtern, um an der Reaktion seiner Gesprächspartner oder an der Wirkung in der Öffentlichkeit die Möglichkeiten ihrer Durchführung zu prüfen.

Sein primäres Interesse galt der Außenpolitik. Durch Stetigkeit, Verläßlichkeit für sein Land in der Welt Vertrauen zu gewinnen, war sein oberstes Ziel. In seinem Auftreten auf internationalen Konferenzen war er vorsichtig, zurückhaltend, sprach im Kreise der anderen nie als erster, sondern faßte oft in brillanter Weise eine Diskussion zusammen und verknüpfte dies mit dem, was er zur Lösung der Probleme vorzuschlagen hatte. Hier war er von äußerster Klarheit. Wortreiche und pathetische Ausführungen waren seinem nüchternen, auf das Wesentliche gerichteten Sinn fremd. Man hat ihm gelegentlich vorgeworfen, daß er sich für die Wiedervereinigung Deutschlands nicht, oder nicht genügend interessiert habe. Nichts ist irriger. Er war sich sehr klar darüber, daß der neue deutsche demokratische Staat sich zu einem lebendigen Gemeinwesen nur dann entwickeln konnte, wenn er sich seiner Wurzeln in der Gesamtnation bewußt blieb. Sein Sinn für die Realitäten täuschten ihn aber nicht darüber hinweg, daß die Teilung des eigenen Landes, zugleich Teilung Europas gegen den Willen der Sowjetunion nicht zu überwinden war.

Da Innen- und Außenpolitik, das heißt der innere Aufbau des neuen deutschen Staates und seine Beziehungen zur Umwelt eng verknüpft sind, so war nach seiner Auffassung der Standort der Bundesrepublik im freien Westen. Nur hier konnte sich die freiheitliche, demokratische Ordnung, wie sie im Grundgesetz festgelegt war, festigen und entwickeln. Deshalb vom ersten Tag seiner Kanzlerschaft an – programmatisch in den Jahren vorher schon häufig in Reden und Erklärungen angekündigt – sein Weg nach Europa, einem vereinigten Europa, dessen Kernstück die deutsch-französische Verständigung, die Mitwirkung Englands und das Atlantische Bündnis mit den Vereinigten Staaten sein sollte.

Unerschrockenheit, Beharrlichkeit und Geduld kennzeichneten seinen Weg. Er wußte, daß er letzten Endes nur Erfolg haben würde, wenn Deutschland nicht wieder in den Fehler der »Schaukelpolitik« zwischen West und Ost verfalle und damit sich in allseitigem Mißtrauen isoliere. Aus ähnlichen Gründen lehnte er Neutralisierung des Landes ab; ein Vakuum in Mitteleuropa würde sich nach seiner Meinung – auch mit noch so vielen Garantien – nicht in Selbständigkeit und Freiheit halten können. Auf dem von ihm geplanten Weg hat es an schweren Rückschlägen nicht gefehlt. Vielleicht der schwerste war die Nichtratifizierung des Vertrages über die Europäische Verteidigungsgemeinschaft im August 1954 in der französischen Nationalversammlung, die im ersten Augenblick das ganze Gebäude der europäischen Einigung zu erschüttern schien und ihn auch persönlich hart traf. Wie so oft im Leben des von vielen Schicksalsschlägen getroffenen Mannes hat er den eingeschlagenen Weg nicht aufgegeben. Er hat die sich im Angebot des britischen Außenministers Sir Anthony Eden bietende Chance genutzt und durch Beitritt zur Westeuropäischen Union und zur NATO den europäischen Zusammenschluß voranzutreiben und zu sichern gewußt. Er ist hier nicht stehen geblieben. Zugleich sah er mit Klarheit, daß eine friedliche Entwicklung in Europa nur dann gesichert sein würde, wenn es gelang, zu einem vernünftigen Verhältnis zur Sowjetunion zu kommen. In all den langen Jahren seiner Kanzlerschaft haben ihn die ständigen Ost-West-Krisen, die Spannungen, ja die oft drohende Gefahr eines weiteren Übergreifens Sowjetrußlands nach Westen, die Bedrohung Berlins, unablässig beschäftigt. Alle seine Bemühungen scheiterten am nahezu unüberwindbaren gegenseitigen Mißtrauen in der Zeit des Kalten Krieges. Die Rückgabe der in Rußland verbliebenen deutschen Kriegsgefangenen und die Aufnahme diplomatischer Beziehungen anläßlich seines Moskaubesuches im September 1955, waren ein wichtiger, aber nur ein teilweiser Erfolg, gemessen an den Erwartungen, die wir in der Frage der Wiedervereinigung mit diesen ersten Verhandlungen mit der sowjetischen Regierung verknüpft hatten.

Die Arbeitslast des Kanzlers war groß. Seine Stärke waren seine Ruhe und sein Maß, seine Kraft im Durchstehen schwieriger Situationen und seine Zurückhaltung im Erfolg, in welchem seine Persönlichkeit hinter seiner Leistung zurücktrat.

Man kann öfters auf gegnerischer Seite hören, Adenauers politische Aktivität trage im wesentlichen restaurative Züge. Nun, zunächst war es doch notwendig, das durch den Krieg und die Katastrophe des Jahres 1945 zerstörte deutsche Leben auf allen Gebieten wieder aufzubauen. Dazu gehörte mit an erster Stelle die Wiederherstellung einer Wertordnung, Sicherung der Menschenrechte, Aufbau des Rechtsstaats, der Begriffe von Mein und Dein, die in jener Zeit völlig unterzugehen drohten oder bereits untergegangen waren. Kann man das Restauration nennen? Die in der Adenauerschen Regierungszeit, oft unter seiner Initiative und Mitwirkung entstandene neue soziale Ordnung, der Beginn der Mitbestimmung, der Ausbau und die Anpassung der Sozialversicherung an die Erfordernisse der Gegenwart, der Lastenausgleich, die Eingliederung der Flüchtlingsmassen aus dem Osten, die völlig neue Stellung des Soldaten als Bürger in Uniform und die Eingliederung der Armee in den neuen demokratischen Staat, dies ist alles andere als Restauration, d. h. Rückgriff auf überlebte Vergangenheit.

Im Mai 1948 bat mich Adenauer, nach Köln zu kommen, um ihm dort beim Aufbau der Partei und bei den Vorbereitungen der zu erwartenden allgemeinen Wahlen zu helfen. Diesem Wunsch habe ich entsprochen. Meine Freunde in der britischen Militärregierung haben damals ihr lebhaftes Erstaunen, ja Befremden darüber zum Ausdruck gebracht, daß ich mich Adenauer, dem »Erzkatholiken«, dem »Reaktionär«, dem »Nationalisten« und »Englandfeind« zur Verfügung stellte. Man hätte wohl Verständnis, wenn ich mich dem fortschrittlichen Jakob Kaiser oder dem liberalen und international eingestellten Ministerpräsidenten von Nordrhein-Westfalen, Karl Arnold, angeschlossen hätte. Ich habe mich hierdurch nicht beirren lassen. Mich reizte die politische Aufabe und die Zusammenarbeit mit diesem außergewöhnlichen Mann. Die Zeiten in Köln vom Mai 1948 bis September 1949 waren schwierig und arbeitsreich: Aufbau einer großen Partei, die sich aus sehr heterogenen Personen zusammensetzt, Entwicklung eines Parteiprogramms, das die verschiedensten Tendenzen, Ziele, Wünsche und Gedanken in sich vereinigen sollte, Zusammenarbeit mit den durchaus nicht immer kooperationswilligen, auf ihre Selbständigkeit bestehenden Landesverbänden, Beschaffung von Geldmitteln, die angesichts der im Juni 1948 erfolgten Währungsreform äußerst knapp, oft überhaupt nicht vorhanden waren. Auseinandersetzungen mit den Organen der verschiedenen Militärregierungen über Zuständigkeiten, Probleme der ach so berüchtigten Entnazifizierung, all das waren Aufgaben, die dem Vorsitzenden und seinen Mitarbeitern gestellt waren. Der technische Apparat, der uns in jener Zeit in der Robert-Heuser-Straße in Marienburg, dem Sitz des Zonenausschusses der Christlich Demokratischen Union in der britischen Zone, zur Verfügung stand, war nur sehr spärlich.

Am 1. September 1948 begannen die Arbeiten des Parlamentarischen Rats am Grundgesetz. Ich begleitete Adenauer, der zum Präsidenten des Rats gewählt worden war, nach Bonn und hatte nun eine dreifache Funktion zu erfüllen, die des Generalsekretärs einer sich aufbauenden Partei, jene des persönlichen Referenten des Präsidenten des Parlamentarischen Rates und jene des Verbindungsmannes zu den Vertretungen der drei alliierten Militärregierungen, die auf die Arbeiten des Rates erheblichen Einfluß ausübten. Mit dem Inkrafttreten des Grundgesetzes am 23. Mai 1949 und den Bundestagswahlen vom 14. August des gleichen Jahres hatten die Bemühungen um einen neuen deutschen Staat Form und Inhalt gewonnen. Die Wahlen waren für viele, nicht zuletzt auch für Adenauer und mich, eine Überraschung gewesen. Wir hatten diesen Erfolg nicht erwartet. Die Alliierten hatten stark auf die Sozialdemokratie und ihren Vorsitzenden Kurt Schumacher gesetzt, der ihnen in jener Zeit – mehr als Adenauer – Garantien für eine demokratische Entwicklung des neuen deutschen Staates zu bieten schien.

Die ersten Monate der Bundesrepublik

September bis Dezember 1949

Konstituierung des Bundesrats, des Bundestags und der Bundesregierung · Wahl des Bundespräsidenten · Koalitionsgespräche · Erster Besuch des Kanzlers bei den Hohen Kommissaren auf dem Petersberg · Erste Regierungserklärung · Die Debatte im Bundestag · Das französische Sicherheitsbedürfnis · Hauptstadt Bonn oder Frankfurt? · Besuch des amerikanischen Außenministers Dean Acheson in Bonn · Das Petersbergabkommen und seine Aufnahme im Bundestag

Bonn, 7. September 1949

Zusammentritt des Bundesrats und des Bundestags. Nach einer Woche recht stürmischer Verhandlungen innerhalb der Parteien begann der erste Tag des Bundesrats mit einer schweren Krise. Um Bayern, dessen Landtag dem Grundgesetz die Zustimmung versagt hatte, stärker im Bund zu verankern und auch die Stellung des bayrischen Ministerpräsidenten Ehard, die durch die wachsende Opposition der Bayernpartei gefährdet schien, zu festigen, sollte Ehard den Vorsitz im Bundesrat übernehmen. Die SPD, zusammen mit einer Anzahl von Ministerpräsidenten der CDU, die in ihren Ländern in einer Koalition mit der Sozialdemokratie verbunden sind, durchkreuzte diese Pläne und forderte den nordrhein-westfälischen Ministerpräsidenten Arnold für dieses Amt. Versuche Adenauers und Jakob Kaisers, Arnold zu einem Verzicht auf diese Kandidatur zu veranlassen, scheiterten wohl in erster Linie an der von Ehrgeiz und Selbstbewußtsein erfüllten Persönlichkeit Arnolds. So trat der Bundesrat unter ungünstigen Zeichen zusammen. Arnold wurde bei Stimmenthaltung der Bayern gewählt. In seiner Annahmerede betonte er, daß auswärtige Beziehungen niemals zum Gegenstand parteipolitischer Auseinandersetzungen gemacht werden dürften. Opposition und Regierung müßten angesichts der bedeutungsvollen kommenden Aufgaben alle Fragen der auswärtigen Beziehungen vertrauensvoll miteinander besprechen. Die Bayern, die an diesem Tag nicht mehr sichtbar waren, drohten mit Abreise und Ablehnung jeder Mitwirkung auf Bundesebene. Bemühungen des Staatsrats Schäffer und des Staatsministers Pfeiffer um die Beruhigung der aufgeregten Gemüter hatten jedoch Erfolg.

Nachmittags vier Uhr versammelte sich der Bundestag im neuen, in aller Eile fertiggestellten Plenarsaal am Rhein. Die Sitzung verlief würdig. Der bisherige Präsident des Wirtschaftsrats in Frankfurt und Abgeordneter der stärksten Fraktion im neuen Parlament, Erich Köhler, wurde mit großer Mehrheit zum Präsidenten gewählt. Die Hohe Kommission, ihre Stäbe, zahlreiche Persönlichkeiten des In- und Auslandes waren anwesend. Die SPD stellte zum Schluß der an sich rein formalen Konstituierung einige Anträge zur Demontage, die bei den Hohen Kommissaren Befremden auslösten. Schumacher, der in den Saal getragen wurde, machte den Eindruck eines schwer leidenden Mannes. Der Tag wurde durch einen Empfang in den überaus engen Räumen des Überbleibsels des völlig zerstörten Hotel Königshof abgeschlossen.

Ich traf unter manchen bekannten Gesichtern Armand Bérard, bisheriger Minister Councillor an der französischen Botschaft in Washington, jetzt stellvertretender französischer Hoher Kommissar. Er zeigte sich recht verärgert über die Anträge der SPD zur Demontage. Die konstituierende Sitzung des Bundestags hätte einen würdigen Verlauf genommen – und dann diese Anträge, die in einen anderen sachlichen Zusammenhang gehörten. Wir sollten froh sein, daß in Paris Herr Schuman Außenminister sei, der die Dinge nicht allzu tragisch nehmen werde.

Abends versuchte ich mit Adenauer die Bayern zu erreichen, um noch einmal auf sie versöhnend einzuwirken. Ehard war nicht anzutreffen. Schäffer, den wir im Bürgerverein trafen, sagte seine guten Dienste zu.

8. September 1949

Die Besprechungen in der CDU-Fraktion über die Kandidatur Professor Heuss für den Bundespräsidenten und die Fragen einer großen oder kleinen Koalition gehen fort. Vormittags Aussprache Adenauers mit Ministerpräsident Ehard. Der persönliche Referent Ehards, Ministerialdirektor Schwend, teilt mir mit, daß Ehard bei einer Kandidatur für den Bundespräsidenten leicht die CSU, CDU, FDP, DP und auch die Bayernpartei auf sich vereinigen könnte. Adenauer dagegen hält nach wie vor an der Kandidatur Heuss für das Amt des Bundespräsidenten fest und auch an dem Gedanken der kleinen Koalition. Es gibt manche innerhalb der CDU und auch in anderen Parteien, die meinen, man sollte mit einem Kanzler Schlange-Schöningen eine große Koalition CDU, CSU, FDP und SPD bilden. Dies, sei es aus Ressentiment gegen Adenauer, sei es aus ehrlicher

Überzeugung, daß die großen Aufgaben besser von einer auf breiter Basis ruhenden Bundesregierung gelöst werden können. Adenauer lehnt diese Gedanken ab. Er hält den Aufbau einer leistungsfähigen parlamentarischen Demokratie nur dann für realistisch, wenn klare Fronten – Regierung und Opposition – gebildet werden. Er weist immer wieder auf die Erfahrung hin, die man in der Weimarer Republik gemacht hatte, wo eine große Koalition die Verantwortung verwischt, wo der Mangel an einer »demokratisch« orientierten Opposition die Bürger in extreme Rechts- und Linksparteien abwandern ließen, die schließlich zur Vernichtung der demokratischen Ordnung führten. CDU und FDP hätten im Frankfurter Wirtschaftsrat die freie Marktwirtschaft durchgesetzt, der ganze Wahlkampf sei um die Frage Planwirtschaft oder freie Marktwirtschaft geführt worden. Nun aber, so Adenauer, könne man den Wähler nicht durch eine große Koalition enttäuschen.

Was die Regierungsbildung so erschwert, ist die Tatsache, daß man Wünschen der Regionen, der Länder, der Konfessionen Rechnung tragen muß. Ein schier nicht endender Reigen von Personen, ein Gemisch aus sachlichen Elementen und persönlichen Ambitionen, die das ganze taktische Geschick des kommenden Bundeskanzlers in Anspruch nehmen.

9. September 1949

Vormittags werden die Koalitionsgespräche mit den Freien Demokraten und der Deutschen Partei fortgesetzt. An diesen Gesprächen nehmen Blücher, Euler, Schäffer und von Merkatz teil. Die Eröterungen betreffen in erster Linie das Finanzministerium, auf das die Freien Demokraten für Höpker-Aschoff und Blücher Anspruch erheben. Blücher ist über ein Angebot Adenauers, ein ERP-Ministerium (European Recovery Program = Marshallplan) zu übernehmen, erfreut. Andere Fragen waren die Besetzung des Landwirtschaftsministeriums und der Vorschlag Adenauers, Arbeits- und Sozialministerium zu trennen.

Nachmittags Aussprache Adenauer–Arnold über die große oder kleine Koalition, zu der Jakob Kaiser und ich später hinzugezogen wurden. Adenauer spricht sich mit Nachdruck gegen die große Koalition aus. Anläßlich der Rhöndorfer Vorbesprechungen im Kreise prominenter CDU- und CSU-Persönlichkeiten, hätten Strauß, Pfeiffer und Schäffer namens der CSU erklärt, daß sie sich im Falle einer großen Koalition von der CDU trennen würden. Die CDU wäre dann gegenüber der SPD in Minderheit. In einer solchen Koalition würde die SPD als stärkste Partei die Führung besitzen. Eine Argumentation, die ihren Eindruck auf Arnold nicht verfehlte.

Von der Alliierten Hohen Kommission geht ein Brief ein, der von dem Prozedere nach Bildung der Bundesregierung handelt. Adenauer lehnt den Wunsch der Alliierten, sich mit seinem Kabinett und einem legitimierenden Schreiben des Bundespräsidenten bei den Alliierten auf dem Petersberg einzufinden, ab. Dies würde in der Bundesrepublik als Befehlsempfang bewertet werden.

Anschließend im Auftrag Adenauers Besprechung mit Carlo Schmid über die Zusammenkunft einer jeweils von zwei Vertretern der CDU, CSU und SPD gebildeten Gruppe, die sich mit der Kandidatur für den Bundespräsidenten befassen soll. Lange Unterhaltung mit diesem interessanten, rhetorisch so sehr begabten Mann über den hinter uns liegenden Wahlkampf, die Erklärung des SPD-Vorsitzenden Schumacher zum Saarproblem und die Beteiligung der Bundesrepublik an einer europäischen Föderation. Wenn Frankreich – so Carlo Schmid – beabsichtige, das Saarproblem in der Weise zu lösen, daß die Saar als selbständige Einheit in den Europarat aufgenommen werde, werde die SPD sich dagegen aussprechen. Dies habe er Robert Schuman in aller Offenheit gesagt. Schuman habe Verständnis gezeigt, stehe aber in dieser Frage unter starkem Druck der französischen öffentlichen Meinung. Bei einer Tasse Tee und einem guten Wurstbrot – damals noch eine Seltenheit – bekam ich eine Menge Vorwürfe wegen der Führung unseres Wahlkampfes zu hören. Das Schlimmste sei die Heidelberger Rede Adenauers gewesen, mit der er den Wahlkampf eröffnet habe. Dies habe ihn – Carlo Schmid – veranlaßt, alle Rücksicht fallen zu lassen. Ich entgegnete, die Rede sei in den Augen Adenauers eine Antwort auf den Wahlaufruf der SPD gewesen, in der die CDU als – gelinde gesagt – national unverläßlich charakterisiert worden sei. Andere Kritik Carlo Schmids bezog sich auf die Koalitionsverhandlungen und ihre Verbindung mit der Kandidatur für den Bundespräsidenten. Auch sprach er von der Gefahr der schwarz-weiß-roten Parteien in Norddeutschland. Gewisse Figuren in der DRP (Deutsche Rechtspartei), in der WAV (Wirtschaftliche Aufbauvereinigung) und in der Bayernpartei machten ihm Sorge. Er würde mit seinen Freunden den Kampf gegen diese Herren mit Entschiedenheit führen. Sollten sie in den Auseinandersetzungen die Grenzen des parlamentarischen Anstandes überschreiten, so sei wohl eine »action directe« nicht zu vermeiden.

12. September 1949

Vormittags langes Gespräch mit einer Vertreterin des ›Figaro‹. Nach ihren Worten glaubte François-Poncet, die Wahl Arnolds zum Präsidenten des Bundesrats beruhe auf Abmachungen mit Adenauer. Dies entspricht nun wirklich nicht den Tatsachen. Denn Arnold hat mit seiner plötzlich angekündigten Kandidatur sowohl Adenauer als auch die Bayern völlig überrascht. In den Augen Adenauers ist die Wahl Arnolds zum Bundesratspräsidenten nichts anderes als ein Versuch, die CDU zu spalten, um schließlich doch noch zur großen Koalition zu kommen.

Vormittags elf Uhr Sitzung der Fraktion der CDU/CSU des Bundestags im Plenarsaal. Die Angriffe gegen Theodor Heuss sind stiller geworden, werden aber von Leuten wie Joseph Müller, Günther Gerecke und anderen im Hintergrund fortgesetzt.

Nachmittags ist Adenauer bei McCloy auf dem Petersberg. Die Aussprache ist kühl, wird aber, als man von persönlichen Dingen spricht, etwas wärmer. Die Themen: Demontage und der Besuch Adenauers und der künftigen Bundesregierung bei den drei Hohen Kommissaren auf dem Petersberg.

McCloy macht den Eindruck eines amerikanischen Geschäftsmannes, sachlich bemüht, sich in die deutschen Verhältnisse einzuleben. Die beiden Männer schauen aus den Fenstern des Petersberg ins Rheintal. Sie erinnern sich des Besuchs Neville Chamberlains bei Hitler. Adenauer sagte, an dem Tag jenes Besuchs sei er über die Schwäche der Engländer verzweifelt gewesen.

Nachmittags vier Uhr tritt die Bundesversammlung zur Wahl des Bundespräsidenten zusammen. Herr Heuss erreicht im ersten Wahlgang mit nur dreihundertsiebenundsiebzig Stimmen nicht die erforderliche Mehrheit. Im zweiten Wahlgang, der um sechs Uhr stattfindet, wird Heuss gegen die Kandidatur von Schumacher und Amelunxen mit vierhundertsechzehn von achthundert Stimmen zum Bundespräsidenten gewählt. Er hält nach seiner Vereidigung eine eindrucksvolle, die Zuhörer bewegende Rede. Aus ihr die folgenden Worte:

»Deutschland braucht Europa, aber Europa braucht auch Deutschland. Wir wissen es im Geistigen: Wir sind in der Hitlerzeit ärmer geworden, als uns die Macht des Staates von dem Leben der Völker absperrte. Aber wir wissen auch dies: Die anderen würden ärmer werden ohne das, was Deutschland bedeutet. Wir stehen vor der großen Aufgabe, ein neues Nationalgefühl zu bilden. Eine sehr schwere erzieherische und erlebnismäßige Aufgabe, daß wir nicht versinken und steckenbleiben in dem Ressentiment, in das das Unglück des Staates viele gestürzt hat, und daß wir nicht ausweichen in hochfahrende Hybris, wie es ja nun bei den Deutschen oft genug der Fall war. Seltsames deutsches Volk, voll der größten Spannungen, wo das Subalterne neben dem genial spekulativ Schweifenden, das Spießerhafte neben der großen Romantik steht. Wir haben die Aufgabe im politischen Raum, uns zum Maß, zum Gemäßen zurückzufinden und in ihm unsere Würde neu zu bilden, die wir im Innern der Seele nie verloren.«[1]

Abends ist ganz Bonn auf den Beinen. Tausende haben sich auf dem Marktplatz eingefunden. Die Menschen empfanden es als ein gutes Zeichen, diesen Mann, der so ganz frei von Pose und Pathos ist und ruhige, väterliche Sorge und Hilfsbereitschaft ausstrahlt, an der Spitze des neuen Staates zu sehen.

14. September 1949

Vor der Fraktionssitzung der CDU Besprechung mit Staatsrat Schäffer über die Möglichkeit der Erweiterung der Koalition durch Einbeziehung der Bayernpartei. Im Verlauf des Tages erklärt diese, daß man bei der Wahl des Kanzlers sich im ersten Wahlgang der Stimme enthalten und im neuen Wahlgang zusätzliche Bedingungen für die Mitwirkung stellen werde. Anschließend Aussprache Adenauers mit der protestantischen Gruppe unter Führung von Ehlers, Gerstenmaier und Buccerius über die Kandidatur Heinemanns zum Innenminister. Adenauer knüpft hieran die Bedingung, Heinemann möchte sich von seinen sämtlichen Ämtern frei machen. Insbesondere sei zu prüfen, ob der Union dadurch Schaden erwachse, daß Heinemann seine so bedeutenden Ämter in der evangelischen Kirche aufgebe.

In der Fraktionssitzung der CDU heftige Vorwürfe an die Adresse Adenauers wegen Art und Weise seiner Regierungsbildung. Es fallen Schlagworte wie »Ermächtigungsgesetz«, »autoritärer Stil«, »mangelnde Unterrichtung«. Adenauer weist Angriffe mit dem Hinweis auf die Vertraulichkeit der Koalitionsverhandlungen zurück.

Bis in die Nacht gehen die Verhandlungen weiter. Sie sind durch die Verbindung mit der Klärung der sachlichen Programme besonders erschwert. Die CSU besteht mit Nachdruck auf dem Finanzministerium. Viele Fragen bleiben noch offen. So auch die Trennung von Arbeits- und Sozialministerium. Adenauer beendet die manchmal uferlose Debatte mit der Forderung, daß die Parteien der kleinen Koalition ihn am kommenden Tag zum Kanzler wählen, auch ohne daß bereits völlige Einigung über die Verteilung der Ressorts und das Regierungsprogramm erzielt worden sei.

15. September 1949

Der Tag beginnt mit einer Fraktionssitzung der CDU. Der FDP-Vorsitzende Euler versucht noch einmal, die Wahlentscheidung seiner Fraktion von der Zuweisung des Finanzministeriums abhängig zu machen. Adenauer geht hierauf nicht ein. Die CDU versucht Klarheit zu gewinnen, ob die Stimmen für die Kanzlerwahl reichen. Drei Fraktionsmitglieder fehlen. Ziemliche Nervosität. Elf Uhr: Der Bundestag versammelt sich. Man schreitet sofort zur Wahl. Adenauer ist mit zweihundertzwei Stimmen gewählt. Eine Stimme – seine Stimme – bringt die erforderliche absolute Mehrheit. In der CDU haben offensichtlich vier oder fünf Mitglieder dagegen gestimmt oder sich der Stimme enthalten. Adenauer hat nun die Möglichkeit, die Regierungsbildung schnell zu Ende zu führen.

Zum Mittagessen ist er im Kreis seiner zehnköpfigen Familie. Ein großer Tag für diesen Mann, dem mit siebzig Jahren, in einem Alter, in welchem viele im sogenannten gesegneten Ruhestand leben, die schwere Aufgabe gestellt wird, sein Land aus Unfreiheit, Unsicherheit und Not einer besseren Zukunft entgegenzuführen.

16. September 1949

Morgens kommt der Bundeskanzler auf die Viktorshöhe, der provisorischen Residenz des Bundespräsidenten, um seine Ernennungsurkunde zum Bundeskanzler entgegenzunehmen. Anschließend Fahrt zum provisorischen Sitz des Bundeskanzleramts im Naturhistorischen Museum König, wo die ausgestopften Affen und Ichthyosaurier hinter Glas und blaugrauen Vorhängen verschwunden sind. Das Ganze ist eine gute Leistung der Baustäbe.

Die Koalitionsgespräche laufen weiter: Immer noch schwierig die Besetzung des Finanz-, des Innen- und des Arbeitsministeriums.

17. September 1949

Am Vormittag bei mir zahlreiche Besuche von Leuten, die Minister werden wollen und solchen, die es nicht werden können. – Eine wichtige Frage ist entschieden: Staatsrat Schäffer wird Bundesfinanzminister, der frühere Oberpräsident Lukaschek erhält das Flüchtlingsministerium. Inzwischen laufen die Vorbereitungen für die Regierungserklärung an. Erhard, Storch, Karl Müller übernehmen Teile des Entwurfs. Abends bin ich bei Theo Kordt, um dort zusammen mit Herwarth den außenpolitischen Teil zu überlegen.

18. September 1949

Es ist Sonntag. Die Besprechungen über die Kabinettsbildung gehen weiter. Adenauer hatte sich für Herrn Lehr als Bundesinnenminister entschieden und ist nunmehr bemüht, Herrn Heinemann, der bereits fest mit diesem Posten rechnet, zu versöhnen. Zu diesem Zweck wird Direktor Kunze noch heute abend von Bethel nach Essen reisen. Arbeitsminister soll Blank werden. Dies wird Adenauer nicht leicht durchsetzen können, da die christlichen Gewerkschaften sich bereits für Storch entschieden haben. Die Arbeit an der Regierungserklärung wird einstweilen zurückgestellt. Adenauer will sie erst in den Morgenstunden des Dienstag, also wenige Stunden vor der Bundestagssitzung schreiben, auf der sie abgegeben werden soll. Er meinte zu mir, nur unter Zeitdruck falle ihm etwas ein. Länger als eine Stunde solle die Erklärung nicht dauern.

19. September 1949

Nun hat sich die Fraktion doch einmütig für Heinemann als Innenminister erklärt. Adenauer möchte diese Entscheidung zugunsten Lehrs rückgängig machen. Vergeblich. Herr Heinemann wird zum Bundesinnenminister vorgeschlagen werden. Lehr zieht sich enttäuscht und grollend aus der Schlacht zurück.

Dienstag, 20. September 1949

Im Vordergrund die Regierungserklärung, die der Kanzler in der Nacht und in den frühen Morgenstunden formuliert hatte. Die letzten Koalitionsverhandlungen sind um zehn Uhr abgeschlossen. Die Ministerliste wird in aller Eile getippt. Der Kanzler begibt sich um halb elf Uhr zum Bundespräsidenten, damit die Ernennungen ausgesprochen werden können.

Um zwölf Uhr findet die erste Sitzung des Bundeskabinetts statt, an der alle dreizehn Bundesminister teilnehmen: Besprechung der Regierungserklärung in großen Zügen. Nun handelt es sich darum, die fünfundzwanzig Seiten in Reinschrift zu schreiben. Sieben Sekretärinnen hetzen mit ihren Maschinen; zehn Minuten nach zwei Uhr sind die letzten Worte geschrieben – und nun rasch zum Bundestag, wo der Kanzler mit den ersten Seiten seines Vortrags schon begonnen hat. Die ruhige, sachliche Art, mit der er seine erste Regierungserklärung vorträgt, verfehlt ihren Eindruck auf die Abgeordneten nicht. Es gab oft Beifall, auch gelegentlich von seiten der Opposition. Die Erklärung war kein großer Wurf, es fehlte ihr jegliche rhetorische Brillanz. Es war die Rede eines Mannes, der in nüchternen Worten die Probleme und Aufgaben aneinanderreihte, vor der sich die soeben konstituierte Bundesregierung gestellt sieht. Schwerpunkte der Rede waren das Problem »kleine oder große Koalition« und die Gründe, die den Kanzler veranlaßt hatten, sich im Interesse des Aufbaus gesunder, demokratischer Verhältnisse für die kleine Koalition zu entscheiden. Andere Schwerpunkte: Der Aufbau der Wirtschaft, die Beendigung der Demontage der deutschen Industriewerke, die Neuordnung der Beziehungen zwischen Arbeitgebern und Arbeitnehmern im Sinn eines verständigen Ausgleichs sozialer Gegensätze; schließlich die außenpolitischen Beziehungen, die zwar noch der Kompetenz der Alliierten Hohen Kommission vorbehalten sind, die aber mit der Tagesarbeit der Bundesregierung in einem ständigen, lebendigen Zusammenhang stehen. Hier erklärt der Kanzler mit großem Nachdruck, mit der Sowjetunion und Polen in Frieden leben zu wollen; er bekennt sich zu einer engen Verbindung der Bundesrepublik mit den Ländern Westeuropas. Der deutsch-französische Gegensatz, der Hunderte von Jahren die europäische Welt belastet habe, müsse endgültig aus der Welt geschafft werden. Die Bundesrepublik wünsche möglichst bald in die Europäische Union aufgenommen zu werden. In diesem Zusammenhang wies Adenauer auf den Artikel 24 des Grundgesetzes hin, nach welchem die Bundesrepublik Hoheitsrechte auf zwischenstaatliche Einrichtungen mit einfacher Mehrheit des Bundestages übertragen und sich zur Wahrung des Friedens in ein

System gegenseitiger kollektiver Sicherheit einordnen kann. Von allen Seiten, auch von der SPD, wurde der Dank des Kanzlers an die Vereinigten Staaten von Nordamerika begrüßt. Er glaube nicht, daß jemals in der Geschichte ein siegreiches Land es versucht habe, dem besiegten Land in der Weise zu helfen und zu seinem Wiederaufbau beizutragen, wie das die Vereinigten Staaten gegenüber Deutschland getan haben und tun. – »Wir glauben«, so fuhr der Kanzler fort, »daß eine spätere Geschichtsschreibung dieses Verhalten der Vereinigten Staaten als eine größere Tat bezeichnen wird als ihre Anstrengungen im Kriege.«[2]

21. September 1949

Zehn Uhr Fahrt des Bundeskanzlers zum Petersberg zum Besuch bei den Hohen Kommissaren. Der Kanzler hatte abgelehnt, sich den Wünschen der Alliierten entsprechend vom gesamten Kabinett begleiten zu lassen. So folgten ihm lediglich die Minister Blücher, Jakob Kaiser, Dehler, Schäffer und Erhard. Der Kanzler hielt eine kurze Ansprache, aus der ich hier nur folgende Sätze übernehme: Es sei der eindeutige Wille der neuen Bundesregierung, in erster Linie die großen sozialen Probleme in Angriff zu nehmen. Sie sei überzeugt, daß ein gesunder Staat sich nur dann entwickeln könne, wenn den einzelnen ein Minimum wirtschaftlicher Existenzfähigkeit garantiert sei. Ehe es nicht gelänge, den Triebsand der Millionen von Flüchtlingen durch ausreichenden Wohnungsbau und Schaffung entsprechender Arbeitsmöglichkeiten in festen Grund zu verwandeln, sei eine stabile innere Ordnung in Deutschland nicht gewährleistet. Unordnung und Krise in diesem Teil Europas bedeuteten aber auch eine ernste Gefährdung der Sicherheit des gesamten Kontinents. Das soziale Programm der Bundesregierung solle deshalb gleichzeitig auch der Sicherheit einer friedlichen Entwicklung Europas dienen.

Wenn wir eine Friedensordnung in Europa herstellen wollten, so könne das nach Auffassung der Bundesregierung nur dadurch geschehen, daß grundsätzlich neue Wege eingeschlagen werden. Wir sehen solche Wege in den Bestrebungen, die eine europäische Föderation zum Ziel haben, wie sie in Straßburg in ersten Ansätzen nunmehr verwirklicht worden sei. Wir glaubten aber, daß eine solche Föderation nur dann Lebenskraft besitze, wenn sie auf einer engen wirtschaftlichen Zusammenarbeit der Völker beruhe. Die auf Grund des Marshallplanes ins Leben gerufene Organisation weise einen guten Weg. Deutschland sei bereit, hier in eigener Verantwortung mitzuwirken. Wir sehen einen weiteren Weg, der günstige Voraussetzungen für eine wirkliche lebensfähige europäische Föderation schaffen könnte auch darin, daß man die Regelung der Verhältnisse an der Ruhr aus ihrer Einseitigkeit löse und sie allmählich zu einer Keimzelle einer Ordnung werden lasse, die auch die Grundstoffindustrien der anderen europäischen Länder umfasse. Wir seien gewiß, daß die enge nationalstaatliche Idee des 19. und des beginnenden 20. Jahrhunderts heute als überwunden gelten müsse. Aus ihr sei der Nationalismus erwachsen mit seiner Zersplitterung des europäischen Lebens. Wenn wir zurückfänden zu den Quellen unserer europäischen Kultur, die aus dem Christentum entspringen, müsse es uns gelingen, die Einheit des europäischen Lebens auf allen Gebieten wieder herzustellen. Dies sei die allein wirksame Garantie für die Erhaltung des Friedens.

Ursprünglich sollte diese Veranstaltung dazu dienen, den Mitgliedern der neuen Bundesregierung das Besatzungsstatut »auf Pergament« in feierlicher Form zu überreichen. Auf die deutlichen Vorstellungen des Kanzlers hatte man schließlich davon abgesehen. Da es nun aber einmal geschrieben, wenn auch ohne Unterschrift vorlag, so drückte man es mir beim Weggehen stillschweigend in die Hand.

Nachmittags beginnt im Bundestag die Aussprache der Parteien über die Regierungserklärung[3]: Wie zu erwarten, lag der Schwerpunkt der Rede des sozialdemokratischen Parteiführers auf sozialem Gebiet. Er findet, daß mit der Zusammensetzung der Regierung und der Erklärung des Bundeskanzlers die erste Periode von Weimar übersprungen, und eine zweite Periode der absoluten Restauration mit vorweimaranischen Zügen begonnen habe. Das bringe die Gefahr der Entfremdung der arbeitenden Menschen vom Staat. Der gegenwärtige Machtzustand dürfe sich nicht stabilisieren. Es sei Aufgabe der Opposition, die Dinge im Sinn einer Entwicklung zum Demokratischen und Sozialen im Fluß zu halten. Bemerkenswert war der Satz, daß die Opposition sich nicht in der bloßen Verneinung der Regierungsvorschläge erschöpfen könne. Das Wesen der Opposition sei der permanente Versuch, an konkreten Tatbeständen mit konkreten Vorschlägen der Regierung und den Parteien den positiven Gestaltungswillen der Opposition aufzuzwingen. Aus dem Wesen und der Zusammensetzung dieser Regierung bestehe die große Gefahr, daß dieser neue Staat ein autoritärer Besitzverteidigungsstaat werde. Bemerkenswert auch der Satz: Wenn wir einen Beitrag für die deutsche Einheit leisten wollen, dann sollten wir auf der Linie der sozialen Geltung und der ökonomischen Mitbestimmung der arbeitenden Massen operieren. »Wenn Sie für die deutsche Einheit sind, dann machen Sie den deutschen Westen auch sozial und hinsichtlich der Geltung des arbeitenden Menschen zum Magneten.« Im außenpolitischen Teil seiner Rede sind manche

Übereinstimmungen im Grundsätzlichen, so, wenn er sich dazu bekennt, daß die Sozialdemokratie Europa wolle, aber Divergenzen im Taktischen, wenn er sagt, daß eine deutsch-französische Verständigung, die notwendig sei, nicht durch pathetische Schwüre, sondern nur durch sachlich demokratischen Austrag in der Diskussion der Probleme erreicht werde.

Die Antwort des Fraktionsführers der Christlich-Demokratischen Union, von Brentano, war maßvoll und ruhig. In der Entkräftung der Vorwürfe einer restaurativen Sozial- und Wirtschaftspolitik schien er mir eher schwach. Auf außenpolitischem Gebiet stellte er völlige Übereinstimmung in der Grundhaltung fest. Man könne Fragen der Außenpolitik ebensowenig wie die der deutschen Einheit und das Problem der Vertriebenen und Heimatlosen gegeneinander, sondern nur miteinander lösen.

22. und 23. September 1949

Die Generaldebatte wird fortgesetzt. Aus der Fülle der Reden finde ich lediglich die des Abgeordneten Theo Blank von den Christlichen Gewerkschaften eindrucksvoll. Sie war im wesentlichen eine Auseinandersetzung mit den Vorwürfen Schumachers, die Bundesregierung sei letzten Endes von restaurativen wirtschaftlichen und sozialen Vorstellungen geleitet. So legte Blank besonderen Nachdruck auf die Neuordnung der Besitzverhältnisse in den Grundstoffindustrien. Die Regierungserklärung decke sich, so Blank, mit den Forderungen der Gewerkschaften, den Bergbau, die Eisen- und Stahl schaffende Industrie, sowie die Großchemie in Gemeineigentum zu überführen. Überführung in Gemeineigentum – so die Forderung der Gewerkschaften – könne nie und nimmer Verstaatlichung bedeuten. »Wir kennen«, so fährt Blank fort, »die Gefahren. Wir wünschen nicht einen ›geliebten Führer‹, einen Einheitsstaat, ein Einheitsgericht, eine Einheitsübererfüllung der Übernormen. Wir wünschen, daß dem Arbeiter, dem Menschen seine persönliche Freiheit erhalten bleibt und er nicht zum Sklaven eines totalitären Staates werde.« Er verweist auf die Regierungserklärung und die in ihr ausgesprochene Forderung, daß die Rechtsbeziehungen zwischen Arbeitnehmern und Arbeitgebern zeitgemäß neu geordnet werden und die Selbstverwaltung der Sozialpartner an die Stelle staatlicher Bevormundung trete. Eine wichtige Garantie für eine fortschrittliche Sozialpolitik liege in der Tatsache, daß zwei führende christliche Gewerkschaftler der Regierung angehören.

29. September 1949

Vormittags Besprechungen des Bundeskanzlers mit den Hohen Kommissaren auf dem Petersberg. Tagesordnung: Neufestsetzung des Kurses der Deutschen Mark. Auf deutscher Seite anwesend die Minister Blücher, Schäffer, Erhard, der Präsident der Bank deutscher Länder Vocke und der Direktor der Wiederaufbaubank Abs. Der Bundeskanzler wendet sich energisch gegen einseitige Festsetzung des Umrechnungskurses der D-Mark durch die Hohe Kommission auf 23,8 Dollar-cents. Er protestiert ferner in unzweideutigen Worten gegen die mit der Abwertung der D-Mark geforderten Maßnahme zur Erhöhung des deutschen Kohlenpreises, um die Interessen der deutsche Kohle importierenden Länder nicht zu schädigen, sprich England, das gerade das Pfund abgewertet hatte, sprich Frankreich, das aus Außenhandelsgründen an der Preiserhöhung der deutschen Kohle interessiert war. Was habe die Erhöhung der Kohlepreise mit dem Besatzungszweck zu tun? Wenn die Abwertung der Währung anderer Länder in den Wirtschaftsbeziehungen zwischen Deutschland und diesen Ländern Schwierigkeiten machte, dann sollten auf dem Weg der Verhandlung dieser Länder mit dem deutschen Wirtschaftsministerium eine Beseitigung der nachteiligen Folgen erstrebt werden. Er bitte darum, eine Neuregelung nicht in einen Beschluß der Hohen Kommission zu kleiden. Die gegenwärtige Bundesregierung habe den entschiedenen Willen, Deutschland aufzubauen und in die Gemeinschaft der Völker zurückzuführen. Die Autorität der Regierung sei aber schon allein infolge der Besatzung und des Besatzungsstatuts in den Augen der Bevölkerung nicht allzu groß. Er bitte die Hohe Kommission, die Autorität der Regierung durch solche Entscheidungen nicht weiter zu beeinträchtigen.

Nachmittags Fortsetzung der Aussprache über die Regierungserklärung im Bundestag. Carlo Schmid hält eine bemerkenswerte Rede. Er ist ein glänzender, gedankenreicher Rhetor, der seine Zuhörer durch Inhalt und Form fesselt. Als Kind einer französischen Mutter trägt er gleichsam zwei Seelen in seiner Brust, und sein romanischer Charakter wird in Stil und Präsentation seiner Ausführungen immer wieder deutlich. In der Rede scheinen mir drei Schwerpunkte besonders eindrucksvoll: die Ablehnung des Paternalismus, die Forderung nach einer strukturellen Wandlung unserer Gesellschafts- und Sozialverfassung. Wirtschaftsgesetze seien nicht ewig, auch der Marxismus sei nicht ewig. Wer glaube, es genüge, sozial im sozialkonservativen Sinn zu sein, der mißverstehe die Impulse, die seit hundert Jahren die Arbeiterbewegung tragen. Und dann im Zusammenhang mit Fragen der Außenpolitik: Es sei keine wirksame Außenpolitik möglich, ohne das rechte Verhältnis eines Volkes zu sich selbst. Dem deutschen Volk sei es aufgegeben, sich im Kampf um die Verwirklichung einer lebendigen Demokratie zu integrieren – Demokratie sei die politische Form des Willens eines Volkes zur Selbstbehauptung, zur Selbstbestimmung und Selbstachtung. Nur wenn die Menschen sich in Deutschland bewußt seien, daß man in unserm Land richtig, nach den Gesetzen der Zeit lebe, werde es möglich sein, eine echte eigenständige Außenpolitik zu treiben, die gleichermaßen fern sei von Surrogaten der Selbstachtung, die Nationalismus heißen, wie vor der Flucht in die Unterwerfung. Und schließlich sein Bekenntnis, daß die deutsche Politik europäisch sein müsse, und das bedeute auch – und mit in erster Linie – eine Bereinigung des von vielen Hypotheken belasteten Verhältnisses zu Frankreich.

6. Oktober 1949

Zweistündiger Vortrag beim Kanzler, der zeitweise recht heftige Formen annimmt. Solange die beiden Staatssekretäre (Außen und Inneres) im Bundeskanzleramt nicht ernannt sind, kann die Arbeit beim besten Willen nicht das Tempo annehmen, das erforderlich ist. Die Kandidatur Staatsminister Pfeiffers für den Staatssekretär des Äußeren im Bundeskanzleramt muß aufgegeben werden, da der Fraktionsvorstand der CDU sich einstimmig dagegen ausgesprochen hat.

Die deutschen Vorschläge zur Frage des Kohlepreises werden fertiggestellt und nachmittags auf den Petersberg gebracht.

Abendessen auf Schloß Röttgen, dem Wohnsitz des britischen Hohen Kommissars. Anschließend einstündige Aussprache des Kanzlers mit General Robertson und seinem Stellvertreter Sir Christopher Steel, bei der ich, wie so oft, dolmetsche. Themata: Die soeben neu geschaffene Ost-Regierung und unsere Haltung dazu. Eindringliche Bitte des Kanzlers, die Autorität der Bundesrepublik nicht durch einseitige deutsche Interessen übergehende Beschlüsse zu beeinträchtigen, wie etwa beim einseitigen Beschluß über die Änderung des Umrechnungskurses der D-Mark, oder auf dem Gebiet der Demontagen. In der Frage der Erhaltung der August-Thyssen-Hütte scheinen die Engländer sich nicht umstimmen zu lassen. Robertson habe alles versucht, die Londoner Zentrale sei aber nach wie vor ablehnend. Dagegen würde die Demontage der Hattinger Werke nicht aufrecht erhalten. Der Ton der Aussprache war freundlich. Robertson, der über große Sachkenntnis verfügt, ist deutlich bemüht, uns in dieser so schweren Zeit durch guten Willen zu helfen.

8. Oktober 1949

Früh neun Uhr besucht mich der Direktor der Wiederaufbaubank Abs. Er erzählt mir von einer Unterhaltung mit McCloy. Dieser habe ihm die Frage gestellt, ob die Bundesregierung der OEEC (Organization for European Economic Cooperation) beitreten könne, ohne daß es eines besonderen Beschlusses des Bundestags bedürfe. McCloy habe ihn ferner gefragt, ob die Bundesrepublik der Ruhrbehörde ohne besonderen Beschluß des Bundestags beitreten könne. Beide Fragen sollten sofort geprüft werden. Außerdem habe McCloy gefragt, wie wir uns die Lösung des Flüchtlingsproblems vorstellen würden. Er, Abs, habe ihm gesagt, daß dies nur mittels Ausgabe von etwa zweiundzwanzig Milliarden D-Mark möglich sei. Auf eine weitere Frage, was die Bundesrepublik tun werde, wenn im Jahre 1952 die Marshallplanhilfe eingestellt würde, habe er, Abs, gesagt, die dann eintretenden wirtschaftlichen und finanziellen Schwierigkeiten könnten nur überwunden werden durch eine erhebliche Steigerung der Produktion, durch Kapitalinvestitionen zum Wiederaufbau und Erneuerung der Betriebe, erhebliche Steigerung des Exports und erfolgreiche Überwindung der Auslandskonkurrenz, die Wiederherstellung des Ost-West-Handels und Steigerung der landwirtschaftlichen Erzeugung.

Es sei äußerst fraglich, ob diese Voraussetzungen im Jahre 1952 schon erfüllt werden könnten. Neue amerikanische Hilfsmaßnahmen würden wohl notwendig werden.

McCloy habe auch über die Entstehung des berüchtigten Morgenthau-Plans gesprochen. Dieser sei nicht von Morgenthau, sondern von dem damaligen amerikanischen Außenminister Cordell Hull und Churchill formuliert worden. Bei den Überlegungen sei man von den alten englischen Rechtsvorstellungen ausgegangen, bei welcher bei Ermordung eines Menschen die Waffe, die vom Mörder benutzt worden sei, den Hinterbliebenen übereignet werden müsse. Die Waffe des Mörders sei in diesem Fall die deutsche Industrie im allgemeinen und die Kriegsindustrie im besonderen. Nähere Ausführungen hierüber fänden sich in den Memoiren des amerikanischen Staatssekretärs für Verteidigung, Henry L. Stimson.

McCloy habe sich kritisch über die Art und Weise ausgelassen, wie die Neufestsetzung des D-Mark-Kurses durchgeführt worden sei. Man sei da den Franzosen zu stark entgegengekommen. Auf eine Frage McCloy's, wie sich die deutsche Regierung zur Gründung des Oststaates stellen werde, habe er, Abs, geantwortet, daß es nicht so sehr auf die deutsche Regierung, sondern vielmehr darauf ankomme, daß die Alliierten der Bundesregierung möglichst weitgehende Freiheit ließen. Je größer die

Freiheiten, desto größer die Autorität der Bundesrepublik, desto stärker ihr Gewicht und ihr internationales Ansehen auch im Vergleich zur Ostzone.

Abs ist eine der wenigen großen internationalen Figuren, die wir in der Bundesrepublik gegenwärtig besitzen. Ein großer Kenner der wirtschaftlichen Probleme und Zusammenhänge, von umfassendem politischen Urteil, von großem Geschick in internationalen Verhandlungen und einer ausgesprochenen Einfühlungsgabe in die Mentalität ausländischer Persönlichkeiten. Er hatte von jeher eine besondere Vertrauensstellung beim Kanzler, der sich seines Rates in wirtschaftlichen und monetären Fragen gern bediente.

14. Oktober 1949

Besprechung des Bundeskanzlers mit den Hohen Kommissaren auf dem Petersberg, die sich über den ganzen Tag hinziehen und im wesentlichen die Demontagen, das deutsch-französische Verhältnis, die Hilfe für Berlin und die Einbeziehung Berlins in den Bund als zwölftes Land zum Inhalt haben.

Was das deutsch-französische Verhältnis angeht, so anerkennt Adenauer die französische Sorge um Sicherheit, die immer wieder laut werde und die gegenwärtige Politik Frankreichs bestimme, als eine Realität. Er hoffe, der Beitritt der Bundesrepublik zur Ruhrbehörde stärke in Frankreich die Überzeugung, daß die Bundesregierung Frieden und Zusammenarbeit erstrebe. Gutgemeinte Reden und gute kulturelle Beziehungen seien nichts Dauerhaftes. Nur die Gemeinsamkeit der wirtschaftlichen Interessen sei eine Grundlage für Verständigung und Frieden. Er sei viele Jahre hindurch für eine enge Verflechtung der Industrien beider Länder eingetreten. Solche Ideen seien in den zwanziger Jahren im Mayrisch-Komitee erörtert worden. Auch heute wieder könne man sich solche Lösungen vorstellen. Die deutsche Industrie brauche Kapital für den Wiederaufbau. Frankreich habe kein Kapital. Er schlage vor, daß die Vereinigten Staaten Kapital zur Verfügung stellten, wobei ein Teil des Kapitals über französische Firmen laufe, die dafür an deutschen Industriewerken beteiligt würden. Damit wäre einmal die Verflechtung deutscher und französischer Interessen erreicht, zum andern könne Frankreich im Wege über französische Anleihen eine gewisse Kontrolle ausüben und damit die Sicherheit erhalten, auf die es Anspruch habe. Es stehe nichts im Wege, daß England sich anschließe, vorausgesetzt, daß die britische

Regierung nicht grundsätzliche Bedenken habe. Die Vereinigten Staaten hätten auf Grund ihrer wirtschaftlichen Macht die Möglichkeit, die europäischen Völker zum Zusammenschluß zu zwingen. Er fürchte, daß ohne einen solchen Druck der Vereinigten Staaten die europäischen Völker nur schwer den Weg zur Einigung finden würden. Frankreich habe nach 1918 eine Chance gehabt, eine deutsch-französische Verständigung zustande zu bringen. Diese sei leider nicht genutzt worden. Heute biete sich die Chance erneut. Wenn es hier gelänge, die Verhältnisse vernünftig zu ordnen, dann sei für Europa Entscheidendes gewonnen.

Hier griff McCloy ein. Auch nach seiner Auffassung seien die Beziehungen Frankreich-Deutschland das Kernstück eines europäischen Zusammenschlusses. Niemand würde es mehr bedauern als er, wenn dieser Zusammenschluß nicht zustande komme; er glaube aber, daß der amerikanische Dollar das nicht erreichen könne. Hier sei eine umfassende Verständigung beider Völker notwendig. Die Vereinigten Staaten hätten ein wirtschaftliches Zusammenwirken der europäischen Länder über den Marshallplan versucht. Hauptziel dieser Hilfe sei der europäische Zusammenschluß. Er müsse jedoch feststellen, daß die amerikanische Hilfe oft falsch verstanden worden sei, auch oft Ressentiments ausgelöst habe. François-Poncet glaubte, die Schwierigkeiten im deutsch-französischen Verhältnis in gewissen negativen Reaktionen der deutschen öffentlichen Meinung, der Parteien, ja der Bundesregierung zu sehen. Auch sein Ziel sei, wie das der anderen Mitglieder der Hohen Kommission, Europa zu befrieden und im Rahmen dieser Bemühungen vernünftige Beziehungen zwischen Deutschland und Frankreich zu schaffen.

15. Oktober 1949

Der Bundeskanzler empfängt die Herren Schumacher, Ollenhauer und Carlo Schmid zu einer Aussprache über außenpolitische Themen: Zu den Themen gehören die Besprechungen auf dem Petersberg, Berlin-Hilfe, Verhältnis zur neugeschaffenen Ostzonenrepublik und Demontageprobleme.

20. Oktober 1949

Wirtschaftshilfe für Berlin und die Beziehung Berlins zum Bund waren heute Gegenstände der Besprechung zwischen dem Bundeskanzler und den Hohen Kommissaren. Es bestand Übereinstimmung aller, Berlin in seiner ernsten Wirtschafts- und Finanzlage zu helfen. In der Frage der Einbeziehung Berlins in die Bundesrepublik als zwölftes Land herrscht Übereinstimmung, daß es eine Schwächung, ja Gefährdung Berlins bedeuten würde, wenn man an das gegebene Viermächtestatut rühre.

31. Oktober 1949

Abendessen bei Sir Christopher Steel. Der Bundeskanzler und General Robertson sprechen länger über die Demontagefrage. Robertson, der in London Besprechungen mit Außenminister Bevin geführt hatte, regt an, das französische Sicherheitsbedürfnis durch entsprechendes deutsches Entgegenkommen bei der Demontage gewisser Industrien zu beruhigen. Man erörtert eine Note folgenden Inhalts:

Bereitschaft der Bundesrepublik in allen Institutionen mitzuwirken, die der Sicherheit und der friedlichen Zusammenarbeit dienen sollen (Ruhrbehörde); Einsetzung einer aus deutschen und alliierten Sachverständigen bestehenden Studienkommission, die das deutsche Kriegspotential (Stahlkapazität) untersuchen soll; als Gegenleistung die Einstellung der Demontagen.

3. November 1949

Das wochenlange Tauziehen um die Entscheidung des vorläufigen Sitzes der Bundesorgane in Frankfurt und Bonn ist heute durch eine Mehrheitsentscheidung des Bundestags beendet worden. Hundertneunundsiebzig Abgeordnete haben sich für Frankfurt, zweihundert für Bonn ausgesprochen. Damit hat der Bundeskanzler seinen mit großer Zähigkeit verfolgten und aus einer Mischung von politischen und persönlichen Interessen motivierten Wunsch durchgesetzt. Für ihn war sicher wesentlich bestimmend, die Hauptstadt in einer Landschaft zu haben, deren Bevölkerung überwiegend seinen eigenen politischen Überzeugungen nahesteht. Auch hat bei ihm stark mitgespielt, daß die Bundesorgane in einer Stadt arbeiten, in der sie frei von allzu großen Einflüssen der Besatzungsmächte die notwendige Unabhängigkeit und Handlungsfreiheit besitzen. Aber wie so oft in der Geschichte, wichtige Entscheidungen finden ihre Erklärung auch in persönlichen Gründen. So war für ihn – wenn er es auch nie ausgesprochen hat – recht maßgeblich, daß sein Haus in Rhöndorf in unmittelbarer, leicht erreichbarer Nähe seines Amtssitzes liegt.

Die Frage, Bonn oder Frankfurt, die wochenlang eine Flut von Denkschriften und Gegendenkschriften ausgelöst hatte, mit all dem Hin und Her der Parteien und sonstiger Gruppeninteressen, war damit endlich geregelt. Die Dynamik mancher Übereifriger konnte sich nun anderen Problemen zuwenden. Ob diese Entscheidung eine glückliche ist, ob vor allem die Bürger der Stadt bereit sind, aus Bonn eine wirkliche Hauptstadt zu machen, die die erforderliche Ausstrahlungskraft auf geistigem und künstlerischem Gebiet besitzt, bezweifeln auch manche, die ihre Stimme für Bonn abgegeben haben.

3. November 1949

Gespräch Dr. Ernst Friedländers von der Redaktion der ›Zeit‹ mit dem Bundeskanzler über das deutsch-französische Verhältnis. Das Gespräch[4] ist ein wichtiges Dokument, das für die politischen Ziele des Kanzlers, aber auch für die Methode seiner außenpolitischen Arbeit charakteristisch ist. Im Mittelpunkt des Interviews steht seine Entschlossenheit, die deutsch-französischen Beziehungen zu einem Angelpunkt seiner Politik zu machen. Eine solche Politik dürfe aber nicht dahin mißdeutet werden, daß sie pro-französisch und anti-britisch wäre. Die Freundschaft mit England sei ebenso wesentlich wie die mit Frankreich. Eine Freundschaft mit Frankreich bedürfe größerer Anstrengungen, weil geschichtlich bedingte große Widerstände überwunden werden müßten. Für den Kanzler ist ein Kernproblem des deutsch-französischen Verhältnisses die Sicherheitsfrage, das heißt das französische Bedürfnis eines wirksamen Schutzes gegen mögliche Aggression. Man könne in Deutschland diese Frage weder rundweg leugnen noch bagatellisieren. Ob uns das heutige französische Sicherheitsbedürfnis überholt vorkomme, ob es tatsächlich überholt sei, das sei nicht entscheidend. Auch wenn Frankreich sich im Irrtum befinde, so sei sein Verlangen nach Sicherheit doch psychologisch vorhanden und eine politische Tatsache, mit der wir Deutsche zu rechnen haben. Wir würden gut daran tun, wenn wir auch uns überflüssig erscheinende Sicherheiten in Kauf nehmen, sofern unsere Existenz hierdurch nicht ernstlich gefährdet werde. Wir sollten nicht überall ein »Kaudinisches Joch« wittern. Je weniger wir dies tun, je weniger wir in unseren Reaktionen eine nationale Überempfindlichkeit zeigten, um so eher werde sich Frankreich dazu verstehen, seine Forderungen nicht zu überspannen. Der Bundeskanzler sieht im Ruhrstatut den ersten Schritt zu einer Kontrolle der gesamten westeuropäischen Schwerindustrie; in der Ruhrbehörde soll die Bundesrepublik durch vollberechtigte Delegierte vertreten sein, die unsere lebenswichtigen Interessen an der Ruhr innerhalb der Behörde wirksam zur Geltung bringen. Unsere Bereitschaft zur Mitarbeit dort werde wahrscheinlich zu einem Prüfstein unseres guten Willens in der Sicherheitsfrage werden. Deutschland müsse gleicherweise im eigenen wie im europäischen Interesse vorbehaltlos bereit sein, im Europarat mitzuarbeiten. Daran sollte uns auch unser Status als »assoziiertes Mitglied« nicht hindern. Solange wir keine eigene Außenpolitik und keinen eigenen Außenminister haben, werde die Bundesrepublik nicht im Ministerausschuß des Europarats vertreten sein. Dies aber biete zu nationaler Empfindlichkeit keinen Anlaß. Und dann zum Schluß: Als alter Mann habe er die Tugend der Geduld gelernt. Man dürfe nicht zu viel von heute auf morgen erwarten, nicht zu schnell enttäuscht werden.

Das Interview, das vom Kanzler in allen Einzelheiten überlegt worden war, zeigt, wie stark er sich der Realitäten der Lage bewußt ist, wie er in sein politisches Kalkül die psychologischen Hemmungen und Schwierigkeiten der anderen Seite einbezieht. Er weiß Wesentliches von weniger Wesentlichem zu trennen. Er ist sich klar, daß die politische Entwicklung in Europa über manche provisorische Lösung hinwegschreiten wird, wenn es der Bundesregierung gelingt, eine Atmosphäre des Vertrauens zu schaffen. Es fällt uns Deutschen gelegentlich schwer, uns in die Lage der anderen zu versetzen, auch ihre Interessen, Gefühle, Ressentiments und Stimmungen in Rechnung zu stellen. Nichts zeigt besser als dieses Gespräch mit Friedländer, wie sehr sich der Kanzler in seiner außenpolitischen Arbeit von der Berücksichtigung solcher Realitäten leiten läßt.

7. November 1949

Vormittags bei Bérard, der dringend um eine Präzisierung der deutschen Vorschläge zur Lösung des Demontageproblems bittet. Es wäre nützlich, wenn die Außenminister Frankreichs, Englands und der Vereinigten Staaten anläßlich ihres Treffens in Paris in diesen Tagen etwas Konkreteres über die Absichten der deutschen Regierung in Händen hätten. Das

Interview, das der Bundeskanzler in der ›Zeit‹ über das deutsch-französische Verhältnis gegeben habe, habe in Paris Aufsehen erregt. Es sei in ›Le Monde‹ in einer von der französischen Hohen Kommission gefertigten Übersetzung erschienen und sei allgemein in der französischen Presse ausführlich besprochen worden. Habe schon dieser Schritt des Bundeskanzlers die psychologische Situation in Paris günstig beeinflußt, so würde eine Präzisierung der deutschen Gedanken die Voraussetzungen für eine günstige Entscheidung auf der Konferenz verstärken.

Nachmittags Beratung zwischen dem Bundeskanzler und Finanzminister Schäffer, Wirtschaftsminister Professor Erhard und Dr. Pferdmenges. Thema: Beteiligung ausländischen Kapitals an deutschen Industriewerken als Garantie für die Sicherheit Frankreichs. Pferdmenges legt zu diesem Zweck einen von den Vereinigten Stahlwerken vorbereiteten Modellentwurf für eine Beteiligung der französischen Industrie an den Stahlwerken vor. Das Ergebnis der Aussprache findet seinen Niederschlag in einem Aide-Mémoire, in welchem die Bundesregierung ihre Bereitschaft erklärt, mit Sachverständigen folgende Fragen zu erörtern:

Beitritt Deutschlands zum Ruhrstatut; enge Zusammenarbeit mit der sogenannten Sicherheitskommission, die sich mit der Entmilitarisierung Deutschlands befaßt; Beteiligung ausländischen Kapitals an deutschen Werken; möglichst frühzeitige Beteiligung Deutschlands an der engeren wirtschaftlichen Verbindung zwischen Frankreich, Italien und Benelux; Beendigung des Kriegszustandes.

Als Gegenleistung sichtbare Verlangsamung der bereits eingeleiteten Demontagen und Verzicht auf den Beginn neuer Demontagen. Dem Aide-mémoire wird der von den Vereinigten Stahlwerken ausgearbeitete Entwurf einer Neuordnung der Kapitalverhältnisse dieser Industrie unter Heranziehung ausländischen Kapitals beigefügt. Beide Dokumente, Aide-mémoire wie Modellentwurf der Vereinigten Stahlwerke, werden noch abends von mir Herrn Bérard mit entsprechenden Erläuterungen übergeben.

Abendessen mit meinem Freund Michael Thomas, der als Verbindungsoffizier der britischen Militärregierung uns oft in wertvoller und weitsichtiger Weise beraten hat, Herrn Bourdin, der vom Kanzler als Pressechef in Aussicht genommen ist, und dem vitalen und einfallsreichen Mitglied des britischen Pressestabes, Lance Pope und seiner aus Wien stammenden heiteren Frau.

8. November 1949

Nachmittags gebe ich Herrn Pabsch, Mitglied des amerikanischen Verbindungsstabes zur Hohen Kommission, Kenntnis von dem am Vorabend den Franzosen übergebenen Aide-Mémoire. Anschließend unterrichte ich Sir Christopher Steel, der sich vom Aide-Mémoire positive Wirkung auf die Pariser Konferenz verspricht.

9. November 1949

Vormittags übermittelt mir Riddleberger, Direktor der politischen Abteilung der amerikanischen Hohen Kommission, aus Paris die Nachricht, daß der amerikanische Außenminister Acheson Sonntag, den 13. November, zum Besuch der Bundesregierung in Bonn eintreffen werde. Wir empfinden diesen ersten Besuch eines auswärtigen Staatsmannes in der Bundesrepublik als einen Erfolg der Adenauerschen außenpolitischen Bemühungen.

Nachmittags Unterrichtung der Herren Schumacher, Ollenhauer und Carlo Schmid durch den Bundeskanzler über außenpolitische Ereignisse der letzten Tage. Die Herren äußern heftige Kritik an der Haltung der Bundesregierung gegenüber Frankreich, die sie als ein zu weit gehendes Entgegenkommen ohne entsprechende Gegenleistung empfinden. Sie äußern sich kritisch zum Interview Adenauers in der ›Zeit‹ und dem am 3. November erfolgten Schritt in der Demontagefrage. Sie wollen im kommenden Plenum eine außenpolitische Debatte erzwingen und damit auf die Außenministerkonferenz in Paris einwirken. Adenauer will jedoch erst die Ergebnisse der Pariser Konferenz abwarten, um sich dann zur Frage einer außenpolitischen Debatte zu äußern. Die ersten Nachrichten aus Paris klingen nicht sehr ermutigend. Offenbar können wir in der Demontagefrage keine unseren Hoffnungen entsprechende Entscheidung erwarten.

13. November 1949

Gegen Mittag trifft der amerikanische Außenminister mit dem Sonderzug des amerikanischen Hohen Kommissars von Bad Homburg kommend in Bonn ein. In seiner Begleitung befinden sich neben McCloy, der Assistant

Secretary of State George Perkins, der Stellvertreter McCloys, Generalmajor George P. Hays, der Direktor des Büros für deutsche Angelegenheiten im State Department Henry Byroade und der politische Berater des Hohen Kommissars James W. Riddleberger. Der Kanzler, die Minister Blücher und Seebohm, Ministerialdirektor Klaiber und der Oberbürgermeister der Stadt Bonn, Herwarth und ich begrüßen den Gast. Nach einem kurzen Besuch beim Bundespräsidenten auf der Viktorshöhe, findet im Hotel Königshof ein Mittagessen statt, an das sich im Bundeskanzleramt eine Aussprache mit dem Kanzler anschließt. Der Kanzler eröffnet das Gespräch mit einer Darstellung der psychologischen Situation des deutschen Volkes, die er historisch und geographisch begründet. Er sprach den Dank der Bundesregierung aus für die große materielle Hilfe, die die Vereinigten Staaten leisten und die in vielen Menschen die Hoffnung auf eine bessere Zeit gestärkt habe. Sich den Tagesproblemen zuwendend, sagte der Kanzler, daß die Ernennung des sowjetischen Marschalls Rokossowski zum Oberbefehlshaber der polnischen Armee ihn mit Sorge erfülle. Das deute darauf hin, daß die Sowjets sich unter Umständen aus der Ostzone zurückziehen wollten. Sollte dies den Tatsachen entsprechen, so könne man daraus schließen, daß die Russen wohl damit rechneten, mittels der SED und der Volkspolizei den Versuch zu machen, sich dem Rest Deutschlands anzuschließen. Bei einer solchen Lage der Dinge sei es höchst erwünscht, daß die Präsenz der amerikanischen Truppen in der Bundesrepublik aufrecht erhalten werde, denn sonst stünden die westdeutschen Gebiete, in denen man nur über schwache kommunale Polizeikräfte verfüge, dem Zugriff der Sowjets offen.

Acheson leitete seine Ausführungen mit einem Wort des Dankes für die Aufnahme ein. Er müsse anerkennen, daß die Bundesrepublik große Fortschritte mache. Die Pariser Konferenz der Außenminister der Vereinigten Staaten, Englands und Frankreichs sei im allgemeinen zufriedenstellend verlaufen. Die Hohe Kommission habe weitgehende Vollmachten erhalten, um in Verbindung mit der Bundesregierung die Dinge weiterzuentwickeln. Er wolle der in den nächsten Tagen zu erwartenden Aussprache mit den Hohen Kommissaren nicht vorgreifen. Vor der Außenministerkonferenz in Paris sei von deutscher Seite verschiedentlich der Wunsch geäußert worden, die Vereinigten Staaten möchten den Kriegszustand beenden. Selbstverständlich sei man im Prinzip durchaus einverstanden. Andererseits habe der amerikanische Kongreß auf Grund des Kriegszustandes im Gesetzgebungswege der Regierung eine Anzahl von Vollmachten erteilt, auf Grund deren sie allein in der Lage sei, die Besatzung, die Hohe Kommission aufrecht zu halten und andere wichtige Maßnahmen zu treffen. Beendigung des Kriegszustandes würde die Aufgabe dieser Vollmachten bedeuten. Neue Vollmachten müßten geschaffen werden, für die der Kongreß allein zuständig sei. Der ganze Fragenkomplex würde auf die Ebene der inneren amerikanischen Politik verlagert. Er brauche nicht auszuführen, welche Erschwerung dies für die Deutschlandpolitik der amerikanischen Regierung bedeute. In ein paar Randbemerkungen wies Acheson darauf hin, die Parteien in der Bundesrepublik sollten sich nicht in zu lauter Kritik an den Besatzungsmächten überbieten. Die Zusammenarbeit mit der Hohen Kommission dürfe sich nicht in Spannungen vollziehen. In Amerika sei die öffentliche Meinung heute durchaus bereit, Europa, und besonders der Bundesrepublik, die notwendige wirtschaftliche und politische Hilfe zu leisten. Er stelle immer wieder mit Zufriedenheit fest, daß im Kongreß, aber auch sonst im Land, die Überzeugung verbreitet sei, daß sich Europa in einer Union zusammenschließen müsse, und daß eine solche Entwicklung von Amerika nach Kräften zu fördern sei. Sollten nun die Parteien und die öffentliche Meinung in der Bundesrepublik in einer zunehmend negativen Haltung gegenüber den Besatzungsmächten verharren, so könne diese Stimmung plötzlich umschlagen. Es würde dann die Auffassung Platz greifen, daß man Europa einfach nicht helfen könne, daß es sich nicht verlohne, weitere Millionen oder gar Milliarden in Europa zu investieren. Selbstverständlich würde davon auch das Schicksal der Regierung Robert Schumans in Paris abhängen, die unter großen inneren Schwierigkeiten alles daransetze, um zu einer Verständigung und einer allmählichen Einbeziehung der Bundesrepublik in die Europäische Gemeinschaft zu kommen. Acheson beeindruckte seine Zuhörer. Sein Äußeres, seine Kleidung, seine Manieren, seine Sprache sind alles andere als amerikanisch. Ich hatte das Gefühl, einen prominenten englischen Kronanwalt vor mir zu haben. Er gehört zu den Menschen, die gut zuhören können, eine unter den Staatsmännern – nach meiner Erfahrung – recht seltene Gabe. Nach einem Empfang in der Redoute verabschiedet der Kanzler seinen Gast am Bahnhof zur Rückreise nach Bad Homburg, von wo er am kommenden Tag mit dem Flugzeug nach Berlin starten wird.

15. November 1949

Vormittags beginnen auf dem Petersberg die Besprechungen des Bundeskanzlers mit den Hohen Kommissaren über die Ergebnisse der Pariser Außenministerkonferenz vom 10. und 11. November und ihre Auswirkungen auf die Stellung der Bundesrepublik. Die Aussprache, erste in einer Kette von weiteren Verhandlungen, findet in einem aufgeschlossenen, fast freundschaftlichen Geist statt. Der britische Hohe Kommissar, Sir Brian Robertson, leitet die zum Teil schwierigen Verhandlungen mit Sachkenntnis und Geschick.

Nach den Beschlüssen der Außenminister – so Sir Brian Robertson – seien die Hohen Kommissare angewiesen, mit dem Bundeskanzler in Verhandlungen einzutreten, die in mancher Hinsicht ihre bisherige Politik gegenüber Deutschland verändern würden. Ziel sei die Eingliederung Deutschlands in die Gemeinschaft der europäischen Völker; das engere Ziel, die Verhältnisse in Deutschland und auch die Beziehungen der Bundesrepublik zu ihren Nachbarn zu normalisieren. Die im Besatzungsstatut aufgeführten Gebiete, so vor allem Fragen, die mit den Problemen der Sicherheit zusammenhängen, blieben den Alliierten vorbehalten. Änderungen des Besatzungsstatuts könnten in diesem Augenblick noch nicht erfolgen. Das in Paris festgelegte Programm sollte aber den Weg zur Änderung des Statuts ebnen.

Die Pariser Konferenz habe folgende Richtlinien festgelegt: Zulassung Deutschlands zum Europarat als assoziiertes Mitglied, Modalitäten und Vorbereitung einer entsprechenden Entscheidung des Ministerrats des Europarats blieben weiteren Besprechungen vorbehalten; Mitgliedschaft Deutschlands in einer Anzahl von internationalen Organisationen; Beseitigung des Kriegszustandes, hierüber seien noch eingehendere Besprechungen zur Lösung der damit verbundenen komplizierten juristischen und technischen Probleme erforderlich; teilweise Aufhebungen der Beschränkung des deutschen Schiffbaues; Genehmigung der Entsendung deutscher konsularischer und wirtschaftlicher Vertretungen ins Ausland, zur Organisation dieser Missionen und der Koordinierung der ihnen zu erteilenden Weisungen, könne »ein Büro« eingerichtet werden.

Auf alliierter Seite hoffe man, daß die Bundesregierung entsprechend der früheren Zusagen ihre Bereitschaft erneut bestätige, dem Ruhrstatut als Vollmitglied beizutreten und mit dem militärischen Sicherheitsamt eng und vertrauensvoll zusammenzuarbeiten. Was die Demontage deutscher Industriewerke angehe, so müßte diese, soweit sie Kriegsindustrie betreffe, aufrecht erhalten werden. Bereits begonnene Demontagen anderer Industriewerke könnten nicht eingestellt werden. In einigen Schlüsselindustrien, wie Borsig Berlin, Gelsenberg-Benzin, August-Thyssen-Hütte Hamborn und andere, solle die Demontage so verlangsamt werden, daß während der nun bevorstehenden Verhandlungen nichts geschehe, was das Endergebnis der Verhandlungen zum Nachteil der Werke präjudiziere.

Nach Abschluß der eingehenden Besprechung rasch ins Bundeshaus, wo der Kanzler während eines frugalen Mittagessens auf seinem Zimmer die Regierungserklärung entwirft und dann in einstündiger Sitzung das Bundeskabinett, die Vertreter der Koalitionsparteien und die von diesen für die bevorstehende Debatte bestimmten Redner unterrichtet. Die Erklärung des Kanzlers war vom Bundestag mit Spannung erwartet worden. Die sachliche, in gewohnt nüchterner Weise vorgetragene Darstellung der deutschen Schritte zur Vorbereitung der Pariser Außenministerkonferenz und der Bericht über die am Vormittag erfolgte Aussprache mit den Hohen Kommissaren auf dem Petersberg über die Beschlüsse der Konferenz wurden vom Plenum positiv aufgenommen. Der Führer der Opposition enthielt sich in seinen Ausführungen der Schärfe, mit der er in den Vortagen den Kanzler angegriffen hatte. Die Debatte zog sich bis tief in die Nacht hin. Es wurde deutlich, daß die große Mehrheit des Hauses, also nicht nur die Koalitionsparteien, sondern auch die Bayernpartei und weiter rechts stehende Gruppen ohne Vorbehalt dem vom Kanzler vertretenen Konzept zustimmten, das in einer Anerkennung der Sicherheitsansprüche des Westens und einem Ausgleich mit Frankreich die Grundlagen für eine auf gegenseitiges Vertrauen gegründete Gleichberechtigung Deutschlands sieht. Erst gegen Schluß der Debatte kam es zu unerwartet leidenschaftlichen Auseinandersetzungen, als Carlo Schmid in seiner Zusammenfassung der Debatte die Besorgnis aussprach, man solle nicht in den Fehler der Weimarer Republik verfallen und Verpflichtungen, die man schließlich doch nicht halten könne, in einem »Dolus eventualis« eingehen. Wohl bewußt, daß solche Äußerungen kurz vor der großen Debatte in der französischen Kammer und im britischen Unterhaus den Gegnern einer liberaleren Deutschlandpolitik Auftrieb geben, reagierte der Kanzler mit ungewöhnlicher Schärfe. Es lag ihm wohl auch daran, diesen Anlaß zu benutzen, der Weltöffentlichkeit die Widerstände gegenüber seiner Politik im eigenen Haus besonders deutlich werden zu lassen, um die Konzessionsbereitschaft der alliierten Regierungen zu stärken. Spät nachts fuhr der Kanzler nach Rhöndorf in dem Bewußtsein, an diesem Tag auf dem steinigen Weg zu Unabhängigkeit und Selbständigkeit der Bundesrepublik einen ersten, bedeutsamen Schritt vorwärtsgekommen zu sein.

17. November 1949

Die Verhandlungen auf dem Petersberg gehen heute nachmittag weiter. Der Bundeskanzler berichtet kurz über den Verlauf der Bundestagsdebatte. Sir Brian Robertson regt an, das Ergebnis der Verhandlungen nach ihrem Abschluß gemeinsam in einer Niederschrift festzulegen. Die vom Kanzler erwähnten mit dem Artikel 31 des Ruhrstatuts zusammenhängenden Probleme seien ausgeräumt. Das Instrument des Beitritts der Bundesrepublik werde keine weiteren Verpflichtungen der Bundesrepublik mit sich bringen als die im vorliegenden Text enthaltenen. Die Frage einer etwaigen Änderung des Statuts wurde von Robertson nicht grundsätzlich verneint. Eine unmittelbare Zusage könne er nicht geben. Der Bundeskanzler erneuerte hierauf die Erklärung seiner Bereitschaft, dem Ruhrstatut beizutreten. Er sei überzeugt, daß im Laufe der praktischen Zusammenarbeit gewisse Bestimmungen des Statuts sich als überflüssig erweisen werden.

Im weiteren Verlauf der Besprechungen betont Robertson die liberale Haltung der Alliierten hinsichtlich der deutschen synthetischen Öl- und Gummiproduktion. Dagegen könne die Jahresproduktionsziffer von 11,2 Milliarden Tonnen Stahl nicht erhöht werden. In der vom Kanzler angeregten Beteiligung ausländischen Kapitals an der deutschen Stahlindustrie sei eine Entscheidung der alliierten Regierungen noch nicht ergangen. Die Frage werde unter voller Würdigung der Motive des Bundeskanzlers mit Sorgfalt geprüft. Könne er annehmen, daß die Bundesregierung bereit sei, mit dem alliierten militärischen Sicherheitsamt, das sich mit der Demilitarisierung Deutschlands zu befassen habe, zusammenzuarbeiten?

McCloy betont die Notwendigkeit einer Demokratisierung des Lebens in Deutschland durch Förderung und Entwicklung größerer Verantwortung im öffentlichen Leben, eine Reform des Beamtenwesens und des gesamten Erziehungswesens. Auf eine entsprechende Frage der Hohen Kommissare erklärt der Bundeskanzler sich bereit, die Stellung der Beamten neu zu ordnen. Er halte es für notwendig, die Beamtenschaft etwa nach britischem Vorbild zu entpolitisieren. Eine Besprechung über den in Arbeit befindlichen Entwurf eines Beamtengesetzes mit den zuständigen Mitgliedern der Alliierten Hohen Kommission sei in seinen Augen nützlich. Die Einrichtung eines »politischen Sicherheitsdienstes« sei besonders schwierig. Die Bundesregierung suche nach Wegen und Möglichkeiten, die mit der Sicherheit im Innern verknüpften Probleme in einer Weise zu lösen, die den Bestimmungen des Grundgesetzes entsprächen. Den mit der Dekartellisierung zusammenhängenden Fragen messe er, der Bundeskanzler, große Bedeutung bei. Hier sei er bereit, in inoffizieller Weise den Rat und die Vorschläge der zuständigen Sachverständigen der Alliierten Hohen Kommission entgegenzunehmen.

Robertson übergibt dann dem Bundeskanzler die Liste der von der Demontage freizugebenden Werke. Darunter so bedeutende Industrien wie: Gelsenberg Benzin, Chemische Werke Hüls, August-Thyssen-Hütte Hamborn, Ruhrstahl Hattingen, Charlottenhütte und Borsig Berlin.

Alle Demontagen in Berlin würden sofort eingestellt. Der Kanzler stellt die Frage nach den Reichs-Werken in Salzgitter. Sir Brian Robertson begründet die negative Haltung der alliierten Regierungen mit der Rüstungsproduktion der Reichswerke. Adenauer bat dringend darum, Salzgitter mit seiner Bevölkerung von über hunderttausend Menschen zu erhalten. Robertson antwortete darauf, daß ein wichtiger Teil der Werke, nämlich die Kraftanlagen, die Werke für die Aufbereitung von Erzen, das Kokshochofenwerk für die Gasproduktion und eine Anzahl Hochöfen weiter in Betrieb bleiben. Ihm sei die Bedeutung der großen Anlagen für die Bevölkerung dieses Gebiets durchaus bewußt. Man müsse versuchen, die Produktion auf andere Zweige umzustellen.

19. November 1949

Der Bundeskanzler genehmigt nach mancherlei Schwierigkeiten, daß der Leiter der Senatskanzlei in Bremen, Staatsrat Haas, die Vorbereitung der von den Alliierten zugesagten Entsendung deutscher konsularischer und wirtschaftlicher Vertretungen ins Ausland übernimmt.

21. November 1949

Mittags ein Uhr Frühstück bei dem Stellvertretenden britischen Hohen Kommissar Sir Christopher Steel in seinem Haus, der Maison Blanche, in Honnef. Anwesend sind Riddleberger, Handley Darry, Guiringaud und ich.

Nach dem Essen Besprechung des von Steel verfaßten ersten Entwurfs einer Aufzeichnung über das Ergebnis der Verhandlungen auf dem Petersberg.

Es schließt sich mein Vortrag beim Bundeskanzler an. Dann Übersetzung des britischen Entwurfs ins Deutsche und seine Überarbeitung zusammen mit Dittmann, Pfeiffer, Bourdin und Pauls, die sich tief in die Nacht hineinzieht.

Der Kanzler empfängt den Führer der Gewerkschaften Böckler und seine Mitarbeiter, unter ihnen Agartz. Das Thema der Unterredung: Inhalt der Verhandlungen auf dem Petersberg und der deutsche Beitritt zur Ruhrbehörde. Die Gewerkschaften erheben gegen den Beitritt zur Ruhrbehörde keine sonderlichen Bedenken, wünschen aber, die Vertretung der deutschen Interessen dort in den Händen eines deutschen Gewerkschaftlers zu sehen. Ihre Kritik richtet sich hauptsächlich gegen den im deutschen Aide-mémoire vom 7. November enthaltenen Vorschlag einer Beteiligung ausländischen Kapitals an deutschen Industrien. Sie sehen in ihm die Bestrebung gewisser Industriekreise, die Uhr zurückzustellen und den Einfluß der Arbeiterschaft auszuschalten. Sie wünschen, daß ausländische Investitionen, von deren Notwendigkeit sie durchaus überzeugt sind, im Wege über die öffentliche Hand, den Staat, erfolgen. Im übrigen findet die Aussprache in einem sehr freundschaftlichen Geist statt. Böckler und Adenauer kennen sich seit vielen Jahren und hegen füreinander große Achtung. Wenn es überhaupt eines Beweises dafür bedürfte, daß der Bundeskanzler modernen sozialen Vorstellungen gegenüber offen ist, so ist es das enge, freundschaftliche Verhältnis zwischen diesen beiden Männern.

22. November 1949

Vormittags mit dem Bundeskanzler zur Schlußverhandlung auf dem Petersberg. Diese dauert von neun Uhr morgens bis zehn Uhr in der Nacht. Die Verhandlungen erfolgen in einem Geist guter Zusammenarbeit. Sir Brian Robertson, der den Vorsitz führt, leitet die Verhandlungen in vorbildlicher Weise. Gewisse Schwierigkeiten machen noch das Problem des Beitritts Deutschlands zur Ruhrbehörde und die deutschen Wünsche hinsichtlich einer Revisionsmöglichkeit, die vom Bundeskanzler mehrfach erhoben, von den Alliierten aber, offensichtlich unter französischem Druck, abgelehnt werden. Der Bundeskanzler wurde lediglich ermächtigt, in seiner vor dem Bundestag abzugebenden Erklärung darauf hinzuweisen, daß seine Forderung nach Revision an die alliierten Regierungen weitergeleitet worden sei. Mittags werden die Verhandlungen unterbrochen. Bei dem Essen, das in gelöster Stimmung vor sich geht, sind außer dem Kanzler Robertson, McCloy, François-Poncet, Bérard und Riddleberger anwesend. McCloy erzählt von dem am Abend vorher stattgefundenen Gespräch mit den Führern der SPD, das sich über sechs Stunden erstreckt hätte.

Nach dem Essen tritt die aus Steel, Riddleberger, Bérard und mir bestehende Redaktionskommission zur Angleichung der Texte zusammen. Der Bundeskanzler zog sich inzwischen zur Ruhe in sein Zimmer zurück, vor dem »zwei Polizisten in deutscher Uniform« Aufstellung genommen hatten.

Während des Essens war François-Poncet besonders heiter aufgelegt.

Er erzählte die Geschichte vom alten Juden, der seine Söhne am Totenbett versammelte und ihnen das größte Geheimnis anvertraute, nämlich, daß man auch aus Trauben Wein machen könne. Eine alte Geschichte, die, wie François-Poncet betonte, von Aristide Briand oft erzählt worden sei. Um fünf Uhr geht die Plenarkonferenz weiter. Hierbei wird auch das Thema der Demokratisierung Deutschlands besprochen. Adenauer erklärt, daß er gern bereit sei, alles in seinen Kräften Stehende zu tun, er erwarte aber, daß von alliierter Seite psychologisch falsche Maßnahmen unterblieben. Es gehe nun einmal nicht an, daß Leute wie der ehemalige Leiter der Gestapo Diels sein Memoirenwerk unter großem Propagandaaufwand vertreibe, daß derselbe Diels als Gast der amerikanischen Militärregierung an Festen und Jagdveranstaltungen teilnehme. Während dieser Bemerkungen Adenauers schreibt François-Poncet eifrig auf einen Zettel, den er mir schließlich unter dem Tisch zusteckt. Der Zettel hat folgenden Wortlaut:

»Les Mémoires de Eisenhower 30,– DM
Les Mémoires de Diels 26,– DM
Les Mémoires de Churchill 12,– DM
Les Mémoires de François-Poncet 7,50 DM«

Dies mit entsprechendem Augenaufschlag.

Bei den Verhandlungen über die Freigabe der Borsig-Werke schreibt François-Poncet einen anderen Zettel, in dem er auf seine großen Leistungen im Zusammenhang mit der Freigabe dieser Werke hinweist: »Si je n'avais pas retenu les machines, si je n'avais pas insisté de toutes mes forces, rien serait resté. Je suis le Roland de Berlin.«[5]

Um zehn Uhr ist endlich das Abkommen soweit. Ein erster »endgültiger« Text liegt vor. Die Hohen Kommissare und Adenauer entschließen sich zu paraphieren. François-Poncet, der auch hier sich nicht enthalten kann, dem Ganzen eine etwas humoristische Note zu geben, deutet durch entsprechende Laute Salutschüsse an, die den Akt begleiten sollen. Besondere Schwierigkeiten macht die Schlußformel, für die von allen Seiten verschiedene Wünsche vorgebracht werden. Auch General Robertson bittet, ihm eine Minute Zeit zu geben, damit er sich eine Formulierung überlegen könne. Nachdem nun bereits der fünfte Entwurf über die Bühne gegangen und abgelehnt worden war, fand François-Poncet diese Bemühungen überflüssig. Als nun General Robertson nach einiger Konzentration die Niederschrift seines Vorschlages beendet hatte, sagte François-Poncet so laut, daß es keinem der Anwesenden im Saal verborgen bleibt: »Man kann es nicht langsamer machen.« Nach der Paraphierung allgemeines Händeschütteln. François-Poncet steht resigniert in einer Ecke und sagt: »So verbringe ich meine Nächte. Bald sitze ich stundenlang in einem Sitzungssaal in Paris, bald in Frankfurt, bald in Mainz, bald in Berlin und heute zwölf Stunden in diesem Heizofen, wenn doch nicht alles so langweilig wäre!« Kurz darauf rauschen die Limousinen der Hohen Kommissare mit zahllosen Vor- und Nachkommandos, Begleitautos und anderem Gefolge den Petersberg hinunter in die Nacht hinein. Adenauer ist in gehobener Stimmung. Es ist in der Tat auch ein wichtiger Moment. Die Bundesrepublik hat eine bedeutsame Etappe in ihrer Entwicklung zur Souveräntität, Selbständigkeit und Zusammenarbeit mit dem freien Westen erreicht.

24. November 1949

Wenn es überhaupt eine Rede gibt, die für den Stil und Charakter Adenauers bezeichnend ist, so ist dies seine heutige Rede vor dem Bundestag, in welcher er über das soeben mit den Hohen Kommissaren auf dem Petersberg gezeichnete Abkommen berichtet. Einleitend schildert er in knappen Zügen die psychologische Situation der Welt, die aus dem Chaos des Zweiten Weltkrieges und all dem Unglück und Leid hervorgegangen ist, das die nationalsozialistische Herrschaft über Völker und Menschen gebracht hat. Er warnt das deutsche Volk – das oft so schnell vergißt –, etwa davon auszugehen, daß ein plötzlicher Stimmungsumschwung unter Deutschlands Nachbarn eingetreten sei. Vertrauen müsse langsam, Schritt für Schritt, erworben werden. Und nun zu den Ergebnissen seiner Verhandlungen:

Vorbereitung der Aufnahme der Bundesrepublik in internationale Organisationen, in denen sie durch Sachkenntnis und praktische Mitarbeit zum allgemeinen Wohl beitragen kann, so vor allem im Europarat;

der Beitritt zur Ruhrbehörde;

schrittweise Aufnahme konsularischer Beziehungen;

Lockerung der dem deutschen Schiffsbau auferlegten Beschränkungen;

Einstellung der Demontagen für eine große Zahl in der Bundesrepublik lebenswichtiger Werke;

Einstellung aller Demontagen in Berlin;

vorbereitende Arbeiten für die Beendigung des Kriegszustandes.

In diesen Verhandlungen sei, wie nicht anders zu erwarten, nicht alles erreicht worden, was erwartet werden konnte. Er bewertet aber mit Recht die Tatsache hoch, daß zum ersten Mal seit Kriegsende ein deutscher Regierungschef mit Vertretern anderer Staaten auf gleicher Basis und in einer Atmosphäre vernünftiger Zusammenarbeit verhandelt hatte. Adenauer rechnet dieses Abkommen zu einem seiner wichtigsten außenpolitischen Erfolge, wesentlicher Schritt aus der Isolierung und Einfügung in die freie Welt, die bereit ist, am deutschen Wiederaufbau mitzuwirken.

Leider hat dieses Ergebnis im Bundestag nicht die einheitliche positive Resonanz gefunden, die sie verdient hätte. In der Debatte, die die ganze Nacht über dauerte, hat es heftige Auseinandersetzungen gegeben, die auf sozialdemokratischer Seite dadurch verschärft wurden, daß der deutsche Gewerkschaftsbund in einer telegraphischen Stellungnahme zum Petersbergabkommen seine Zustimmung zur Mitarbeit der Bundesrepublik in der internationalen Ruhrbehörde erklärte, an den Beitritt aber die Erwartung knüpfte, daß in der Folge auch die Schwerindustrie Europas in den Arbeitsbereich der Ruhrbehörde einbezogen werde.

Die internationale Presse äußerte sich überwiegend positiv zum Abkommen und anerkannte die Bemühungen Adenauers als eine staatsmännische Leistung.

Eigenhändiger Entwurf Adenauers für seine Rede vor dem Bundestag über das Petersberger Abkommen vom 22. November 1949

vom Gesichtspunkte
der Anderen aus be-
trachtet haben,
3.) daß wir infolge
des absoluten Zu-
sammenbruchs
ohne jede Macht und
völlig in der Hand
der Sieger sind.

~~Man muß~~
Man muß sich darüber
klar sein, daß dieser
bei Verhandlungen

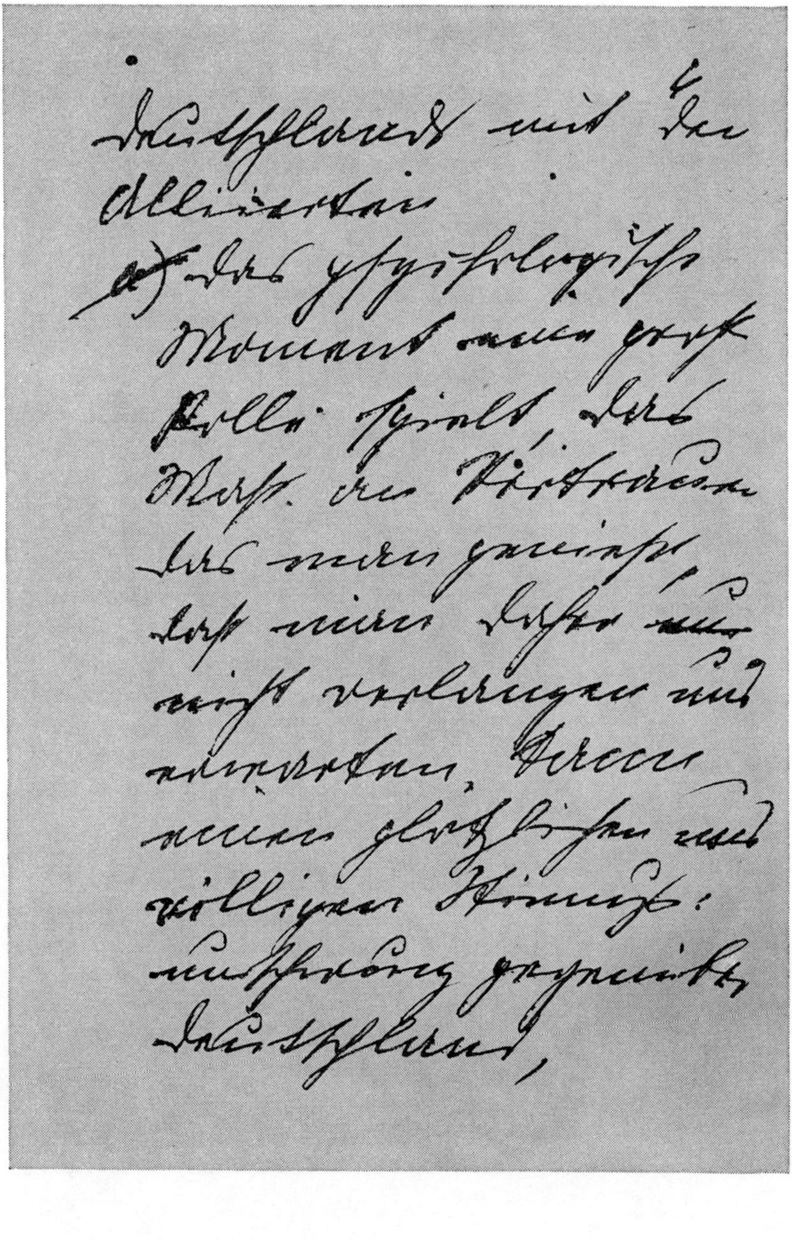
Deutschland mit der
Alliierten
a) der psychologische
Moment eine große
Rolle spielt, das
Maß des Vertrauens
das man [illegible]
daß einem [illegible] [illegible]
nicht verlangen und
erwarten. Daraus
einen plötzlichen und
völligen [illegible]:
Umschwung gegenüber
Deutschland,

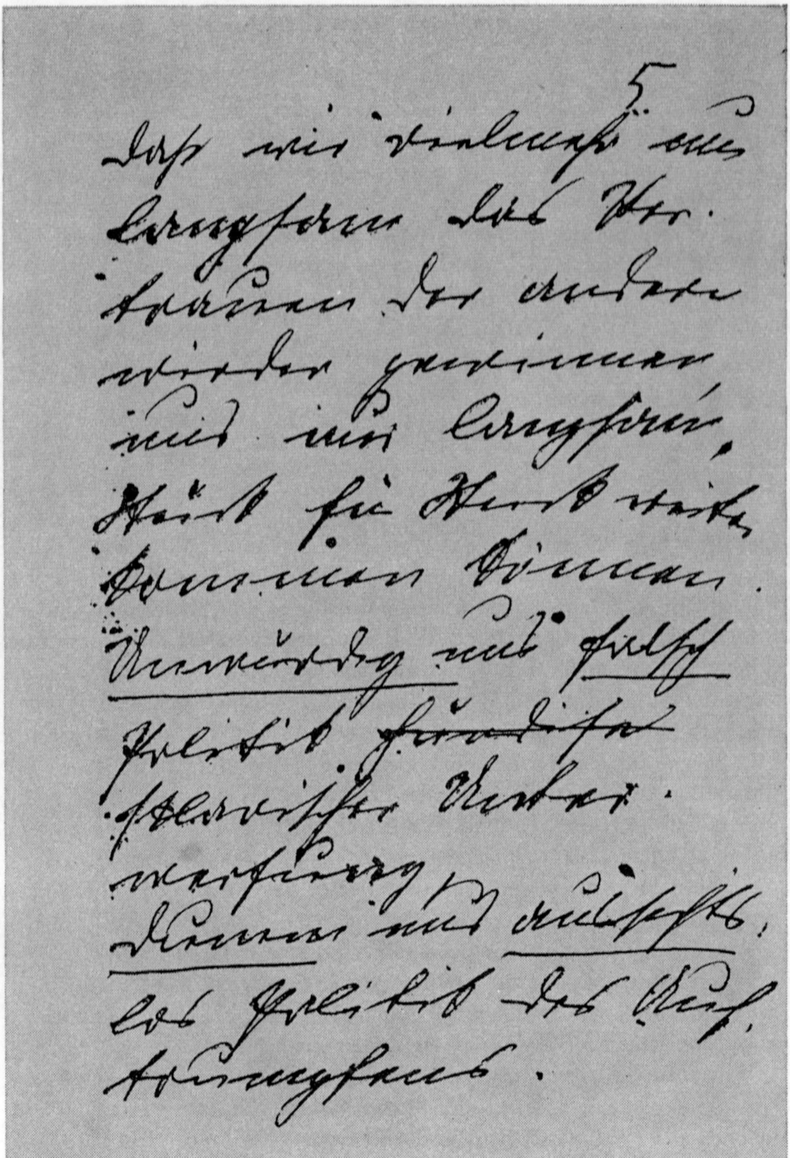

5

daß wir vielleicht alle
Kriegsziele des Ver-
trauen der andern
wieder gewinnen
und mit Kriegsziele,
[illegible] sie [illegible]
bekommen können.
Unwürdig und falsch
Politik ~~feindlicher~~
sklavischer Unter-
werfung
Dumm und aussichts-
los Politik des Ver-
ständigens.

Aus dem Jahre 1950

Besuch des französischen Außenministers Robert Schuman in Bonn · Erster offizieller Besuch des Kanzlers in Berlin · Rede im Titania Palast · Dritte Strophe des Deutschlandliedes · Meine Reise nach London zum Studium organisatorischer Fragen im Foreign Office · Beitritt der Bundesrepublik zum Europarat · Der Schumanplan · Erste Begegnung des Kanzlers mit Jean Monnet · Jean Monnet: Laufbahn, Ziele, Charakter · Die Schumanplan-Verhandlungen in Paris · Sicherheit der Bundesrepublik – Sicherheit Europas · Feierliche Übergabe der Freiheitsglocke an die Stadt Berlin durch General Lucius Clay · Der Plevenplan

Bonn, den 1. Januar 1950

Das neue Jahr bringt viele neue Aufgaben. Auf innerpolitischem Gebiet: die Lösung des Wohnungsbauproblems; Knappheit an Geldmitteln und bürokratische Hemmungen in den Ministerien und Behörden machen Schwierigkeiten. Ob es gelingt, die Privatinitiative wieder voll zum Zug kommen zu lassen, ist nicht sicher. Ein anderes Problem, das nur langsam vorankommt, ist die Neuordnung der Verhältnisse zwischen Arbeitgebern und Arbeitnehmern, wo es auf beiden Seiten Vorurteile zu überwinden gilt. Sorgen bereitet ferner die notwendige Steigerung der deutschen industriellen und landwirtschaftlichen Produktion. Wir müssen damit rechnen, daß ab 1951 die Marshallplanhilfe eingestellt wird. Wir müssen also auf dem Agrargebiet mehr erzeugen und auf dem der industriellen Produktion mehr exportieren, wenn wir unseren gegenwärtigen Lebensstandard halten wollen.

Auf außenpolitischem Gebiet bleibt eine ernste Sorge das Verhältnis der Vereinigten Staaten zur Sowjetunion. In Amerika schwanken zur Zeit die Meinungen, und wir können nur hoffen, daß bald eine endgültige, klare, von Illusionen freie Linie gefunden wird.

Eine andere Sorge ist unser Verhältnis zu Frankreich. Hier liegen Nachrichten vor, daß Frankreich die Saargruben für fünfzig Jahre in Pacht nehmen will. Trifft die französische Regierung hier eine einseitige Entscheidung, so ist des Kanzlers Verständigungspolitik ernsthaft in Frage gestellt. Adenauer wird mit Herrn Schuman ein ernstes Wort reden müssen, wenn dieser in der Zeit vom 13. bis 15. Januar seinen ersten offiziellen Besuch der Bundesrepublik in Bonn abstattet.

Innerhalb der CDU gibt es Tendenzen, die das Verhältnis zwischen Katholiken und Protestanten belasten. Von protestantischer Seite hört man Klagen, das katholische Element überwiege. Es gibt einige führende Persönlichkeiten, die die Zusammenarbeit der Konfessionen – die aus dem Widerstand gegen Hitler geboren war – durch neue, gegensätzliche Gruppierungen ersetzen möchten.

7. Januar 1950

Vormittags erscheinen die ersten Vertreter der bei der Alliierten Hohen Kommission akkreditierten ausländischen diplomatischen Missionen. Sie wollen mit uns unmittelbar in Verbindung treten, nicht im Weg über die Hohe Kommission. Es wird recht viel Arbeit geben, wenn die bereits in der Bundesrepublik bestehenden dreißig ausländischen Missionen unseren noch recht dürftigen Apparat für auswärtige Angelegenheiten mit Fragen, Problemen und Wünschen bestürmen.

Der Mitarbeiter des französischen Hohen Kommissars Cheysson erscheint mit einer großen Zahl von Fragen und Problemen, die sich auf den Besuch seines Außenministers beziehen. Schuman will wohl dem Bundespräsidenten, aber nicht dem Bundeskanzler seinen Besuch abstatten. Man löst dieses »schwerwiegende« Problem dadurch, daß man den Sonderzug, der den Außenminister ursprünglich nach Remagen bringen sollte, wo er von François-Poncet empfangen würde, nach Bonn leitet, damit der Bundeskanzler und sein Gefolge ihn dort begrüßen können.

11. Januar 1950

Nachmittags einstündige Aussprache mit Carlo Schmid über einige außenpolitische Probleme. Die Saarfrage und die seit Beginn des Jahres angekündigten französischen Pläne zur Pacht der Kohlengruben stehen im Mittelpunkt. Wir sind uns darüber einig, daß die Bundesregierung einen fait accompli hinsichtlich der Saargruben, der Autonomie des Saargebietes und der Eisenbahnen nicht hinnehmen kann und daß hierdurch unser Eintritt in den Europarat unmöglich gemacht würde. Hier bietet sich, wie ich bemerkte, die Möglichkeit für eine von beiden Parteien gemeinsam zu praktizierende Politik. Professor Carlo Schmid sagte zu, Schumacher und Ollenhauer zu verständigen und im Sinne der gemeinsamen Interessen ausgleichend zu wirken.

13. Januar 1950

Im Palais Schaumburg, das von nun an Haus des Bundeskanzlers heißen soll, und in dem der französische Außenminister empfangen werden wird, wird fieberhaft gearbeitet. Noch in der Frühe sieht das ganze Haus wie ein Baugerüst aus. Das Silber, das von der Stadt Köln für das Mittagessen geliehen wird, trifft in letzter Minute ein. Zwischen dem Bundeskanzler und dem Leiter der baulichen Veränderungen lange Erörterungen, ob das Silber geschmackvoll genug sei, um dem hohen französischen Gast präsentiert zu werden.

Schließlich ist gegen Mittag alles bereit. Zum Essen sind die führenden Persönlichkeiten des Staates, Mitglieder des Bundeskabinetts, die Vorsitzenden der Parteien, der Kardinalerzbischof Frings von Köln geladen. Kurt Schumacher wird mühsam die Treppe zum ersten Stock herauf gestützt. Im Gegensatz zum Besuch Achesons ist die Atmosphäre nicht so gelöst wie sie sein könnte, da über allem die zunehmende deutsch-französische Spannung in der Saarfrage lastet. Schuman hält eine freundliche Rede in deutscher Sprache, in der er seiner Bonner Studienjahre gedenkt. Der Kanzler, entgegen seiner sonstigen Gewohnheit, antwortet in schriftlich formulierter Form.

Das Diner, das abends am Sitz der französischen Hohen Kommission auf Schloß Ernich von François-Poncet gegeben wird, ist wie alles, was die Franzosen bei solchen Anlässen machen, geschickt und hübsch aufgezogen. Adenauer und Schuman, die nebeneinander sitzen, sind in tiefes Gespräch versunken.

15. Januar 1950

Vormittags beim Bundeskanzler in Rhöndorf. Er ist über den bisherigen Verlauf seines Gesprächs mit Schuman nicht glücklich. Er glaubt – ich möchte annehmen mit Recht –, daß der Sinn des Besuchs Schumans ist, in der deutsch-französischen Beziehung eine günstige Atmosphäre zu schaffen, um so die Verträge mit der Saarregierung, deren Abschluß für den 8. und 9. Februar vorgesehen ist, leichter unter Dach zu bringen. Er glaubt zu wissen, daß zwischen Schuman und Bidault hinsichtlich dieser Verträge große Meinungsverschiedenheiten bestehen.

Nachmittags vier Uhr findet unter vier Augen die Aussprache zwischen Außenminister Schuman und Adenauer auf Schloß Ernich statt.

Inzwischen versammeln sich im Salon des Schlosses um den Hausherrn

François-Poncet der Kabinettchef Schumans Bourbon-Busset, der Chef des französischen Protokolls Dumaine und ich. Wir genießen bei zahllosen Tassen Tee den weiten Blick über den Rhein, der allerdings durch schwere Wolken und Regenschauer getrübt ist. François-Poncet ist wie immer unermüdlich in der Unterhaltung seiner Gäste. Er ist etwas verärgert darüber, daß er von der Unterhaltung der beiden Staatsmänner im Nebenzimmer ausgeschlossen ist und das, wie er mir zu verstehen gab, auf Wunsch des Bundeskanzlers, mit dem er »nun einmal nur schwer zu harmonieren vermöchte«. Er werde in spätestens einer Stunde mit Eimer und Besen in das Nebenzimmer eilen, um den Redefluß der beiden Herren zu unterbrechen und die auf dem Boden liegenden Scherben einzusammeln. Er verbreitete sich dann über den deutschen Charakter, den er als »unselbständig« und »unterwürfig« hinstellte. Die Deutschen hätten niemals eine wirkliche Revolution erlebt. Deshalb sei die Demokratie in diesem Land keine Angelegenheit des Herzens. Er erinnere sich noch an die Aufzüge der großen Massen im Tiergarten im Jahre 1918, die von Charlottenburg zum Schloß strebten. Er habe als besonders typisch empfunden, daß neben den Massen Polizisten und Zivilisten einherliefen, die ständig schrien ›Weitergehen! Nicht den Rasen betreten!‹ – Wie könne man von Revolution sprechen, wenn man darauf achten müsse, den Rasen des Parks nicht zu zertrampeln.

Um achtzehn Uhr war die Unterhaltung der beiden Staatsmänner beendet. Auf der Rückfahrt nach Bonn sagte mir der Kanzler, daß das Gespräch trotz aller seiner Bemühungen kein positives Ergebnis gehabt habe. Schuman sei erstaunt gewesen, daß die Saarfrage in den Überlegungen der Bundesregierung eine solche Rolle spiele.

Die Verabschiedung auf dem Bahnhof war kühl. Herr Schuman begab sich mit seinem Gefolge nach Berlin, um von dort nach Paris zurückzukehren.

Bonn, den 13. April 1950

Auf Einladung McCloys begab sich der Kanzler mit mir gestern Nachmittag nach Frankfurt. Wir trafen gegen acht Uhr abends im Hause McCloys ein und begannen noch während des Abendessens die Aussprache über die laufenden politischen Angelegenheiten. McCloy berichtete über seinen Aufenthalt in Washington, Rom und London. In Washington habe er an deutschen Dingen großes Interesse gefunden. Im Haushaltsausschuß des Senats habe es von republikanischer Seite manche Kritik gegeben. Die Konferenz der amerikanischen Botschafter in Rom habe der gegenseitigen Information und Aussprache gedient. Im Mittelpunkt seines Londoner Aufenthaltes habe seine Rede beim »Pilgrim-Dinner« gestanden. Diese Rede, in der er sich stark für den Gedanken des europäischen Zusammenschlusses eingesetzt habe, sei von der einen Hälfte seiner Zuhörer mit Beifall, von der anderen mit ziemlicher Kritik aufgenommen worden. In einer längeren Besprechung mit Churchill habe dieser ihn gebeten, dem Kanzler den baldigen Beitritt der Bundesrepublik zum Europarat nahezulegen. Man solle den Beitritt nicht mit untergeordneten Fragen, wie die Saarfrage, verknüpfen oder von sonstigen Bedingungen abhängig machen.

In seinem Bericht betonte der Kanzler, daß sich die Situation in Europa in letzter Zeit verschlechtert habe. Er bezog sich dabei auf die Haltung der französischen Regierung in der Saarfrage. Auch England habe nur wenig dazu beigetragen, um die Lage zu bessern. Die gegenwärtig in Washington herrschende Unsicherheit auf außenpolitischem Gebiet verstärke das negative Bild. Seine Haltung gegenüber dem europäischen Zusammenschluß, er sprach von europäischer Föderation, sei unverändert positiv. Der Beitritt der Bundesrepublik zum Europarat bedeute Risiken und Pflichten. Die Pflichten könnten nur erfüllt werden, wenn Deutschland mehr Rechte erhalte. Er bedauere, daß seinem Wunsch, einen Beobachter in das Ministerkomitee zu entsenden, nicht entsprochen werde. Eine solche Geste hätte ihm die Möglichkeit gegeben, im Bundestag eine größere Mehrheit für den Beitritt zu gewinnen. Man dürfe nicht vergessen, daß die Haltung des deutschen Volkes in dieser Frage verknüpft sei mit der Frage des Verhältnisses zu Sowjetrußland. Für den durchschnittlichen Deutschen stelle sich das Problem so dar: Auf der einen Seite ein zerstörtes, ungerüstetes, schwaches Westeuropa, in sich uneins und durch Krisen geschwächt – auf der anderen Seite der gewaltige Block Rußland mit seinen Satellitenstaaten, eines Rußlands, das in wachsendem Maß aufrüste und das eine geschlossene, klare Haltung zeige. Es gebe heute schon nicht wenige, vor allem auch in der Industrie, die zu Resignation neigten und sagten, daß es keinen Sinn habe, sich für den Westen zu entscheiden, da es vorteilhafter wäre, die Verbindung zum Osten zu suchen. Man spreche in letzter Zeit wieder von einem neuen deutschen Nationalismus. Dieser sei heute noch keine Gefahr. Er könne es aber leicht werden. Da ein solcher Nationalismus sich nicht wie 1933 auf ein eigenes Potential stützen könne, würde er Unterstützung bei einer fremden Macht suchen. Diese sei in den Augen mancher Radikaler Sowjetrußland. Es bedürfe also von westlicher, von amerikanischer Seite, einer ganz anderen Anstrengung, um die Situation in der Bundesrepublik aufrecht zu erhalten. Dies bedeute, die europäischen Kräfte wesentlich stärker zusammenzufassen, ihre Rüstungen zu vervollständigen und die nötigen alliierten Truppenverbände in Westeuropa bereitzustellen.

McCloy stimmte im wesentlichen mit diesem Bild der Lage überein. Es dürfe aber nicht der Eindruck entstehen, daß die Bundesregierung ihre Entscheidung über den Beitritt zum Europarat verschieben wolle. Ein Zögern würde in den alliierten Ländern so ausgelegt, als ob sie, die Bundesrepublik, diese Frage von so grundsätzlicher Bedeutung zum Anlaß eines Handelsgeschäftes machen wolle. Sicher sei die Entscheidung schwer. Aber was verbleibe sonst? Die Idee, Deutschland zu neutralisieren, von der man in Artikeln von Walter Lippmann und auch in der französischen und englischen Presse lesen könne, gebe Deutschland nicht die Sicherheit, denn Rußland würde eine Neutralisierung Deutschlands kaum respektieren, sondern sie mit der Zeit zum Anlaß nehmen, um sich mit Mitteln der subversiven Auseinandersetzung Westdeutschland anzuschließen. Es sei sicher, daß das Gewicht der Bundesrepublik im Europarat schnell wachse und man mit ihrer Aufnahme in den Ministerrat nicht lange werde zögern können. Es bestehe die Gefahr, daß, wenn der Beitritt nicht bald erfolge, die Vereinigten Staaten sich an der Bundesrepublik und Westeuropa desinteressierten, denn es gebe einflußreiche amerikanische politische Kreise, die eine Verlegung der Verteidigungsgrenze der Vereinigten Staaten näher an den amerikanischen Kontinent heran für wünschenswert erachteten.

Das Gespräch, das noch eine Reihe von gesetzgeberischen Fragen betraf, in denen McCloy Bedenken und Einwände der amerikanischen Regierung zur Sprache brachte, endete ein Uhr in der Nacht. Ich hatte fünf Stunden hindurch gedolmetscht. Wir verbrachten die Nacht im Hause McCloys und fuhren am folgenden Morgen im Sonderzug McCloys nach Bonn zurück. Im Zug Fortsetzung der Gespräche. Mrs. McCloy, die mit uns fuhr, berichtete dem Kanzler über ihre Tätigkeit in der Flüchtlingsfürsorge. Sie plädierte dafür, daß einige deutsche Frauen von Rang und Sachkunde in die Vereinigten Staaten eingeladen werden sollten, um dort über das Schicksal der Menschen in Deutschland aufklärend zu wirken. Sie nannte Baronin Knigge, die mir aus der Sozialarbeit als vortreffliche Frau bekannt ist, Marie-Luise Sarre, genannt »Puppi Sarre« und Ingeborg Scholl. In den Vereinigten Staaten, so Mrs. McCloy, lebte zwar heute noch eine größere Schicht von Menschen, die das Deutschland aus der Weimarer Zeit kannten und schätzten. Die heranwachsende junge Generation, die im Haß gegen das Dritte Reich aufgewachsen ist, bringe heute nur schwer Sympathien für das neue Deutschland und seine Bewohner auf. Hier stelle sich eine Aufgabe der Förderung besseren Verständnisses, die man nicht ernst genug nehmen könne.

14. April 1950

Heute Nachmittag suchte ich Dr. Schumacher auf, um ihn im Auftrag des Bundeskanzlers über die gestrige Aussprache mit McCloy zu unterrichten. Schumacher zeigte sich befriedigt darüber, daß der Bundeskanzler auch dieses Mal ihn über die wichtigen Probleme auf dem Laufenden hält. Er betonte, daß er nach wie vor eine eindeutige Ablehnung der McCloy'schen Anregungen empfehle, da drei Voraussetzungen für den Beitritt der Bundesrepublik zum Europarat nicht gegeben seien. Einmal habe Frankreich nichts zur Lösung der Saarfrage beigetragen. Zum anderen biete der Europarat keinen Schutz gegen den Osten. Auf seiten Englands und Frankreichs zeichne sich kein Wille ab, den Europarat zu einer lebendigen Organisation zu entwickeln. Auf militärischem Gebiet stehe es um Europa geradezu trostlos. Drittens vertiefe ein Beitritt der Bundesrepublik die Kluft zur Ostzone.

Berlin, Sonntag, den 16. April 1950

Nachmittags Abflug des Bundeskanzlers von Wahn zum ersten offiziellen Besuch in Berlin. Die Reisegesellschaft besteht aus dem Kanzler, den Bundesministern Erhard und Dehler, zu denen sich in Berlin noch Jakob Kaiser gesellt. In der Begleitung Wirmer, von Herwarth, der Pressechef Böx und ich. Der Flug wird in einer fünfzig Personen fassenden Skymaster-Maschine unternommen. Nach eineinhalb Stunden befinden wir uns bereits auf dem Flugplatz Tempelhof, wo sich eine große Menschenmenge um Oberbürgermeister Reuter und den Bundesbevollmächtigten Vockel und zahlreiche andere Honoratioren der Stadt versammelt haben. Wir sind im Gästehaus der Stadt Berlin am Kleinen Wannsee untergebracht. Abends gibt Reuter dem Bundeskanzler im Gästehaus ein Essen im kleinen Kreis. Das Programm des Aufenthalts wird noch einmal eingehend besprochen. Reuter trägt die Sorgen der Stadt Berlin vor.

Montag, den 17. April 1950

Neun Uhr Eintreffen im Rathaus Schöneberg, wo dem Bundeskanzler die Mitglieder des Magistrats vorgestellt werden. Anschließend Aussprache zwischen Bundeskanzler und Magistrat über die Lage der Stadt. Reuter gibt eine Darstellung der Verhältnisse und bittet dringend um eine stärkere Unterstützung Berlins durch den Westen. Sein eindringlichstes Argument ist, daß Berlin eine Kraftquelle der Ostzone ist und als solche wirtschaftlich möglichst stark gehalten werden muß. Im Anschluß an die Ausführungen Reuters spricht der Bundeskanzler. Anschließend gibt Stadtkämmerer Haas einen ausführlichen Finanzbericht, der die ernste Situation zum Ausdruck bringt.

Nach der einstündigen Beratung Empfang der Stadtkommandanten durch den Bundeskanzler. Anschließend Besichtigungsfahrt im Omnibus unter starker Anteilnahme der Bevölkerung, die den Bundeskanzler in herzlicher Weise begrüßt.

Zwölf Uhr Besichtigung des Turbinenwerkes der AEG in Moabit, wo sich etwa drei- bis viertausend Arbeiter in der großen Maschinenhalle versammelt haben und den Bundeskanzler lebhaft begrüßen. Ansprache Reuters, Ansprache des Bundeskanzlers, die jeweils begeistert aufgenommen werden. Die Rundfahrt durch Berlin, vor allem den alten Westen, bringt das Ausmaß der Zerstörungen wieder zum Bewußtsein. Der völlig zerstörte, in ein Sandfeld verwandelte Tiergarten wird wieder mit Bäumen bepflanzt. Der Bundeskanzler hält auf seiner Rückfahrt von der AEG am Großen Stern und begrüßt dort die Gartenbauarbeiter.

Mittags Frühstück im Ratskeller des Rathauses Schöneberg, an dem weit über hundert Menschen teilnehmen.

Um fünf Uhr nachmittags übernimmt der Bundeskanzler das Bundeshaus in der Kaiserallee 216, die vom heutigen Tage an in »Bundesallee« umgetauft worden ist. Anläßlich dieses Aktes präsentieren sich zahlreiche Deputationen mit ihren Wünschen: Vertreter der Flüchtlingsorganisationen, der Kirchen, der Frauen Berlins, der Beamten, Angestellten und Parteien in bunter Folge. Von dort geht es zu der von der Stadt gegebenen Opernaufführung in der Städtischen Oper: 3. Akt »Tannhäuser«. Anschließend daran in den Räumen der Städtischen Oper ein Empfang von sechshundert Personen durch den Bundeskanzler. Alles in allem ein festliches Bild. Unter den vielen Gästen alle in Berlin akkreditierten Missionschefs mit ihren Damen. Gegen zweiundzwanzig Uhr Rückkehr ins Gästehaus. Der Bundeskanzler zieht sich sofort zurück, um sich mit seiner für den folgenden Tag vorgesehenen Rede zu befassen.

Dienstag, den 18. April 1950

Ich bin schon früh auf, weil ich mich um die technische Vorbereitung der Rede des Kanzlers kümmern möchte. Der Bundeskanzler beginnt erst zehn Minuten nach acht Uhr seine Rede zu diktieren, für deren Aufnahme vier Schreibkräfte zur Verfügung stehen.

Auf der Fahrt zum Titania-Palast wird der Bundeskanzler von der Bevölkerung stürmisch begrüßt. Der Titania-Palast, der etwa zweitausend Menschen faßt, ist bis auf den letzten Platz besetzt. Der Raum mit den Fahnen sämtlicher deutscher Länder – wobei die Flaggen der Länder der Ostzone mit schwarzen Schleifen geschmückt sind – macht einen würdigen Eindruck.

Nach kurzer Begrüßung des Bundeskanzlers durch den Stadtverordneten Suhr spricht der Bundeskanzler etwa eine Stunde über außenpolitische Probleme. Das zentrale Thema der Rede war die Stellung Deutschlands in Europa. Anknüpfend an die Rede McCloys, die dieser kürzlich in London anläßlich des Pilgrim-Dinners gehalten hatte, unterstreicht der Kanzler, daß die Europafrage und die Deutschlandfrage untrennbar miteinander verbunden seien. Im weiteren Verlauf der Rede bezieht er sich auf die in einem Artikel der ›Welt‹ vom 17. April enthaltene Bemerkung, im Lager der Westalliierten beständen zwei Richtungen, die eine trete für die sofortige Einordnung Deutschlands in die europäische Föderation ein, die andere wünsche, daß Deutschland erst einmal Beweise liefere, seinen Neigungen zur Sowjetunion entsagt zu haben. Was solle Deutschland denn noch tun, um die Westalliierten von seiner Einstellung zu überzeugen? Seien denn das Grundgesetz und sein Artikel 24, das Petersbergabkommen, die Haltung der Berliner Bevölkerung, die von der Bundesregierung ständig erhobenen Forderungen nach einem föderierten Europa nicht genug der Beweise? Es war dem Bundeskanzler offenbar darum zu tun, in Berlin zu zeigen, daß die deutsche Bundesregierung eine selbständige Haltung besitzt, die in erster Linie deutschen Interessen und zwar den Interessen West- und Ostdeutschlands zugleich dient. Deshalb erneut kritische Bemerkungen an die Adresse der Westmächte hinsichtlich ihrer Europapolitik, die eindeutige Ablehnung Sowjetrußlands und zugleich ein Bekenntnis zur europäischen Einigung. Der Kanzler schloß seine Rede mit der dritten Strophe des Deutschlandliedes.

Der Berliner SPD-Führer Neumann und einige seiner Begleiter verließen den Raum, offensichtlich, weil sie die Initiative des Bundeskanzlers bei der Verkündung dieses Liedes als Nationalhymne nicht hinnehmen wollten. Die Menge im Titania-Palast sang das Lied mit Begeisterung. Alle hatten sich erhoben, mit Ausnahme der drei Stadtkommandanten, die sitzen blieben und ihr Mißvergnügen deutlich zur Schau trugen. Reuter, der sich auch hier wieder als Persönlichkeit von Rang erwies, die in diesen Zeiten für Berlin und damit für Deutschland Großes leistet, schloß die Versammlung mit packenden Worten, in denen er auch seinerseits auf die Worte »Einigkeit und Recht und Freiheit« hinwies. Auf der Rückfahrt des Bundeskanzlers durch die unterdessen noch stärker menschenumsäumten Straßen, gab es stürmische Begeisterung.

Um achtzehn Uhr Abendessen bei Spennrath in der Pücklerallee in Dahlem, der im wirtschaftlichen Leben der Stadt eine große Rolle spielt. Dann Kundgebung der CDU in den Rundfunkhallen. Es waren etwa siebentausend Menschen erschienen, die den Ausführungen Jakob Kaisers, Erhards und schließlich des Kanzlers mit wachsendem Beifall folgten. An der Versammlung nahm auch Oberbürgermeister Reuter teil.

London, den 26. April 1950

Auf Einladung der britischen Regierung flog ich heute mit dem Leiter der Ausbildung der Anwärter für den Auswärtigen Dienst Peter Pfeiffer nach London. Zweck der Reise – eine Fühlungnahme mit den im Foreign Office mit Deutschlandfragen befaßten Herren, Studium des britischen Civil Service und der Auswahl des Nachwuchses für den britischen Auswärtigen Dienst. Der Flug über den Kanal war stürmisch.

Am Nachmittag gaben der Sekretär der Civil Service Commission und der Leiter der Prüfungen einen Überblick über den Aufbau der Civil Service Commission, die nun schon hundert Jahre besteht. Aufgabe dieser Institution: die Auswahl der Beamten und Angestellten für alle Zweige der Verwaltung, also auch für den Auswärtigen Dienst. Die Kommission ist unabhängig von der Verwaltung, untersteht nur hinsichtlich ihrer Finanzierung der Treasury; an ihrer Spitze ein vom König ernannter Beamter, unabsetzbar und völlig frei in seinen Entscheidungen.

27. April 1950

Vormittags Teilnahme an einer Prüfung der Civil Service Commission, die sich sehr von unseren kontinentalen Methoden unterscheidet. Sechs Kandidaten versammeln sich in einem Zimmer in bequemen Stühlen. Die Prüfenden bleiben im Hintergrund. »Vor- und Nachteile einer Koalitionsregierung« ist das heute gestellte Diskussionsthema, über das sich die Kandidaten im Wechselgespräch aussprechen sollen. Das Wesentliche dieser Prüfungsmethode: nicht so sehr Kenntnis von Tatsachen, also Wissen, als allgemeine Haltung, Ausdrucksmöglichkeit, Denkfähigkeit, Benehmen gegenüber den Mitmenschen und Charakter. Die Diskussion dauert zwei Stunden, dann ziehen sich die Examinatoren zurück und besprechen in unserer Gegenwart jeden einzelnen der sechs Kandidaten. Ich halte diese Methode der Auswahl für nützlich, weil in der Wertung die allgemeinen menschlichen Eigenschaften der Anwärter stärker berücksichtigt werden, als hochgezüchtete Kenntnis von Tatsachen.

Nachmittags längere Aussprache mit dem Unterstaatssekretär und Leiter der Deutschlandabteilung Sir Ivone Kirkpatrick, der im Sommer als britischer Hochkommissar in Bonn die Nachfolge Sir Brian Robertson's antreten wird. Ein interessanter, kluger Mann, der sich schon lange – im Krieg als Leiter des Europadienstes des britischen Rundfunks – mit deutschen Problemen beschäftigt hat und für uns und unsere schwierige Lage Verständnis zeigt. Sir Ivone bemühte sich, kritische Bemerkungen zu vermeiden, betonte aber, daß die deutsche Haltung in den letzten Monaten gelegentlich Mangel an Kenntnis der Tatsachen und ausländischen Stimmungen verrate.

Die Bundesrepublik müsse unter allen Umständen vermeiden, in der gegenwärtigen Lage weder eine Entscheidung für den Osten noch eine Entscheidung für den Westen zu treffen. Ein Stehenbleiben zwischen den beiden Welten lasse im Ausland die Befürchtung aufkommen, daß Deutschland, ähnlich wie zu Zeiten Hitlers, Überraschungen in der einen oder anderen Weise plane. Die Vertrauensschicht, die Deutschland sich seit 1945 erworben habe, sei noch sehr dünn. Unvorsichtige Kritik würde diese Schicht zerstören. Deshalb müsse Deutschland auch bald hinsichtlich seines Beitritts zum Europarat eine klare Entscheidung treffen. Die englische Regierung beabsichtige nicht, Druck auszuüben. Wenn ich aber einen Rat entgegennehmen wolle, so sei es der, daß die Entscheidung für den Europarat ein Bekenntnis zu Westeuropa bedeute und daß eine solche Haltung zweifellos neue Konzessionen der Alliierten auf den verschiedensten Gebieten mit sich bringen werde. Man dürfe nicht den vorsichtigen Hinweis des britischen Außenministers Bevin überhören, der sich erst kürzlich in einer Rede im House of Commons mit dem deutschen Beitritt zum Europarat befaßt und die Möglichkeiten einer Übertragung der Führung der Außenpolitik an die Bundesrepublik angedeutet habe. Daraus folge zwangsläufig die volle Mitgliedschaft im Europarat, auch die Teilnahme an den Arbeiten des Ministerrats. Es gebe für ihn keinen Zweifel, daß im Fall des Beitritts die Bundesrepublik in der Gestaltung ihrer

Außenpolitik freier würde. Dann sei die volle Mitgliedschaft nur noch eine Frage der Zeit. Die Frage nach der Sicherheit Deutschlands, die der Bundeskanzler verschiedentlich angeschnitten habe, könne von England weder positiv noch negativ beantwortet werden, denn auch für England gebe es eine Garantie seiner Sicherheit nicht.

Im weiteren Verlauf des Gesprächs erklärte Kirkpatrick, daß er sich freue, im Juni nach Deutschland überzusiedeln. Er sehe seine Aufgabe darin, in ständiger Aussprache mit dem Bundeskanzler mehr Verständnis für die Haltung der Westmächte, besonders die englische Haltung, zu schaffen und die deutsche Regierung intensiver als bisher über Vorgänge auf dem außenpolitischen Gebiet zu unterrichten.

Es folgte ein Gespräch mit dem parlamentarischen Unterstaatssekretär für Auswärtige Angelegenheiten Lord Henderson. Auch hier das hauptsächliche Thema: Deutschlands Verhältnis zum Westen und sein Eintritt in den Europarat. Die Frage der vollen Mitgliedschaft Deutschlands im Europarat werde in kürzester Zeit sicher positiv entschieden werden, es sei aber hierzu notwendig, daß die deutsche Regierung einmal vorleiste, damit das Mißtrauen, das sich in letzter Zeit angesammelt habe, beseitigt werde. Sei einmal Deutschland in der Assemblée, so würde dort sein Gewicht wesentlich zur Aktivierung des Rats und seiner Institutionen beitragen.

Abends war ich zusammmen mit Pfeiffer Gast Lord Hendersons im House of Commons. Unter den Gästen befand sich das prominente Mitglied der Liberalen Partei Lord Layton, der Staatssekretär im Verteidigungsministerium Michael Stewart, der Privatsekretär Lord Hendersons und der Abgeordnete Crossman vom linken Flügel der Labour Partei. Bei Tisch lebhafte Unterhaltung über das Verhältnis Deutschlands zu Ost und West. Anschließend kurzer Besuch im Sitzungssaal des Parlaments, der frühere Sitzungssaal des Oberhauses, da der zerstörte Sitzungssaal des House of Commons noch nicht wieder hergestellt ist. Das Abgeordnetenhaus war noch versammelt und behandelte wirtschaftspolitische Fragen. Wir hörten die Rede der ebenso hübschen wie gescheiten Lady Tweedsmuir. Anschließend Fahrt durch das nächtliche London und Besuch der St. Paul's Cathedral.

28. April 1950

Besuch bei dem Assistant Editor der Londoner ›Times‹ J. MacDonald. Die Unterhaltung kreiste um die gleichen Probleme. MacDonald schnitt die Frage einer »Atlantischen Union« an, wie sie vor kurzem von den Amerikanern vorgeschlagen worden sei. Ich sagte, daß auf deutscher Seite im gegenwärtigen Zeitpunkt einige Bedenken beständen. Es sei in unseren Augen zunächst vordringlich, Europa zu organisieren und es zu einer eigenständigen Kraft zu machen. Wir seien uns bewußt, daß der Aufbau dieses neuen Europa ohne wirtschaftliche Hilfe und ohne militärischen Schutz durch die Vereinigten Staaten nicht durchführbar sei. Ob allerdings der Zeitpunkt für eine »Atlantische Union«, eine enge politische Verbindung mit Amerika, gekommen sei, bleibe fraglich. Ich vermöchte keine besonderen Vorteile darin zu sehen, daß unsere Entwicklung in Europa in eine deutliche Abhängigkeit von den Stimmungswechseln der amerikanischen Politik gerate.

Sonntag, den 30. April 1950

Heute vormittag überbrachte mir ein Sekretär Churchills die folgende Botschaft für den Bundeskanzler: Eine negative Entscheidung der deutschen Regierung hinsichtlich des Europarats würde für ihn, Churchill, eine schwere Enttäuschung bedeuten. Er verweise auf seine Rede im House of Commons am 28. März, in welcher er die Aufnahme Deutschlands als dringend notwendig begrüßt habe. Er werde beim nächsten Zusammentritt des Europarats in Straßburg eine Rede halten. In dieser werde er mit aller Deutlichkeit darauf hinweisen, daß es im Europarat keinen Raum für Nationen minderen Rechts geben dürfe. Alle Mitglieder des Rats müßten auf einer Grundlage der Gleichberechtigung zusammenarbeiten.

Bonn, Montag, den 8. Mai 1950

Vormittags zwölf Uhr trifft der Mitarbeiter des französischen Außenministers Schuman Herr Michlin bei mir ein, um ein persönliches Schreiben seines Ministers an den Bundeskanzler zu übergeben. Das Schreiben enthält den sensationellen Vorschlag der französischen Regierung, einer Zusammenlegung der deutschen und französischen Kohle- und Stahlproduktion.

Schuman kündigt für den 9. Mai eine Erklärung der französischen Regierung an, die, wie er sagt, für die Zukunft der deutsch-französischen Beziehungen, für Europa und den Frieden von Bedeutung sei. Europa – so sagt der Brief – werde nicht mit einem Schlage entstehen, auch nicht durch eine einfache Koordination. Es werde entstehen, wenn die Verwirklichung konkreter Tatsachen zu einer praktischen Solidarität, zu einer Solidarität der Tat führe. Die französische Regierung halte den Zeitpunkt für gekommen, diesen Weg einzuschlagen. Sie schlage deshalb vor, die Gesamtheit der französischen und deutschen Kohle- und Stahlproduktion einer gemeinsamen Hohen Behörde zu unterstellen, einer Organisation, die den anderen europäischen Ländern offen stehe. Diese Grundgedanken würden Gegenstand eines Abkommens zwischen den Regierungen sein. Die Errichtung der Hohen Behörde solle in keiner Weise die Eigentumsrechte der Unternehmen beeinträchtigen.

Ein auf solchen Grundgedanken basierendes System werde die Wirtschaftsbeziehungen zwischen Deutschland und Frankreich völlig verändern und sie endlich zu einer friedlichen Zusammenarbeit führen. Dafür würden gleichzeitig die konkreten Grundlagen für einen europäischen Wirtschaftsorganismus geschaffen, dem alle Länder beitreten können, die ein freiheitliches Regime haben und sich ihrer Solidarität bewußt sind. Diese Grundgedanken müßten in technischer Hinsicht noch eingehend geprüft werden. Er wünsche lebhaft, daß sich die deutsche Regierung bereit finde, an dieser Prüfung teilzunehmen.

Welche bedeutende Wendung in den deutsch-französischen Beziehungen! Der Kanzler sieht hier mit Recht einen neuen Weg, die deutsch-französischen Beziehungen aus der sterilen, ressentimentgeladenen Phase der letzten Wochen herauszuführen, sie zu normalisieren und darüber hinaus mit einem positiven, konstruktiven Inhalt zu erfüllen. In einem offiziellen und in einem persönlichen Schreiben an Herrn Schuman erklärt er sich bereit, an dem Studium des Plans und an der Vorbereitung der in Zukunft erforderlichen Maßnahmen teilzunehmen. Nachmittags sechs Uhr Empfang des Herrn Michlin beim Kanzler: Übergabe der beiden Antwortschreiben. Man vereinbart die Veröffentlichung des französischen Schritts für Dienstagabend, den 9. Mai, sobald Schuman in einer von ihm geplanten Pressekonferenz die große Neuigkeit der Weltöffentlichkeit mitgeteilt habe.

Dienstag, den 9. Mai 1950

Im Bundeskabinett vormittags Beratung des deutschen Beitritts zum Europarat auf der Grundlage der vom Bundeskanzler vorbereiteten Denkschrift. Der Kanzler gibt ein ausführliches Bild der Lage: Europa könne dem Frieden nur dann wirksam dienen, wenn es zu einem politischen und wirtschaftlichen Zusammenschluß gelange, der ihm Eigengewicht und innere Stabilität gebe. Nur so könne es sich zwischen den in tiefen Gegensätzen verstrickten Weltmächten behaupten. Europa werde dieses Ziel nicht erreichen, wenn Deutschland fern bleibe. Deutschland könne nicht zwischen den Welten im Niemandsland stehen bleiben.

Nach längerem Gedankenaustausch einigt sich das Kabinett auf folgenden Beschluß:

»Der Zusammenschluß Europas unter Einbeziehung der Bundesrepublik Deutschland ist ein notwendiger Weg zur Erhaltung des Friedens und zur Wiederherstellung der deutschen Einheit. In der Absicht, diesen Zielen zu dienen, empfiehlt die Bundesregierung, die an die Bundesrepublik ergangene Einladung zum Eintritt in den Europarat anzunehmen.«

Mittags erhalte ich die Nachricht, daß das französische Kabinett den Vorschlägen Schumans über die Zusammenlegung der deutschen und französischen Kohle- und Stahlproduktion zustimmt.

Nachmittags außenpolitischer Ausschuß, der sich darüber beklagt, daß der Bundeskanzler nicht erscheint, um die Europaratfrage zu besprechen. Da die Mißstimmung im Ausschuß heftig wird, telephoniere ich mit dem Kanzler, der sich schließlich trotz seiner starken Belastung bereit findet, im Ausschuß zu sprechen.

Zwanzig Uhr Pressekonferenz im Bundesratssaal, an der dreihundert Personen teilnehmen. Der Bundeskanzler gibt den Beschluß des Kabinetts über den Beitritt zum Europarat und den Plan der französischen Regierung über die Zusammenlegung von Kohle und Stahl bekannt, der inzwischen in einem vollständigen Wortlaut vorliegt. Folgende Grundgedanken des Plans werden von ihm hervorgehoben:

»Die Zusammenlegung der Produktion von Kohle und Stahl – erste Etappe einer europäischen Föderation – soll die Grundlagen einer gemeinsamen wirtschaftlichen Entwicklung sichern. Sie soll Bestimmung und Charakter jener industriellen Gebiete ändern, die lange Zeit der Herstellung von Waffen dienten. Die so zu schaffende Produktionsgemeinschaft soll einen Krieg zwischen Frankreich und Deutschland nicht nur gedanklich ausschließen, sondern auch materiell unmöglich machen. Diese Gemeinschaft, die allen Ländern offensteht und allen Ländern, die an ihr teilhaben, die notwendigen Grundstoffe für ihre industrielle Produktion zu gleichen Bedingungen liefern soll, wird damit reale Fundamente zu ihrer wirtschaftlichen Vereinigung legen.

Diese Produktion wird der gesamten Welt ohne Unterschied und Ausnahme zur Verfügung gestellt werden, um zur Hebung des Lebensstandards und zur Förderung der Werke des Friedens beizutragen. Europa wird dann mit vermehrten Mitteln die Verwirklichung einer seiner wesentlichsten Aufgaben verfolgen können: Die Entwicklung des afrikanischen Kontinents.

Durch die Zusammenlegung der Grundindustrien und die Errichtung einer Hohen Behörde, deren Entscheidungen für Frankreich, Deutschland und die anderen teilnehmenden Länder bindend sein werden, wird dieser Vorschlag den ersten Grundstein einer europäischen Föderation bilden, die zur Wahrung des Friedens unerläßlich ist.

Der in Verhandlungen zu schaffenden gemeinsamen Hohen Behörde werden die Modernisierung der Produktion, ihre Verbesserung, die Lieferung von Kohle und Stahl auf dem französischen und deutschen Markt, die Entwicklung einer gemeinsamen Ausfuhr in dritte Länder und eine Verbesserung der Lebensbedingungen der Arbeiterschaft als wesentliche Aufgaben obliegen.

Sie wird sich aus unabhängigen Persönlichkeiten zusammensetzen, die auf einer paritätischen Grundlage von den Regierungen ernannt werden.

Von den Regierungen der Partnerstaaten wird ein Präsident gewählt, dessen Entscheidungen in Frankreich, Deutschland und den anderen teilnehmenden Ländern bindend sind. All dies soll Gegenstand eines Vertrages sein, der von den Regierungen unterzeichnet und durch die Parlamente ratifiziert werden wird.«

Der Bundeskanzler sieht in der Initiative Robert Schumans einen entscheidenden Schritt auf dem Wege der Einfügung der Bundesrepublik in den freien Westen. In seinen Augen bietet sich hier eine entscheidende Möglichkeit, das bestehende Mißtrauen zu überwinden und damit die Sicherheitswünsche Frankreichs zu erfüllen. Er sieht aber auch in dem sich hier abzeichnenden Vertragswerk ein wichtiges Mittel zur Sicherung der freiheitlichen Ordnung in der Bundesrepublik.

Dienstag, den 23. Mai 1950

Am Nachmittag fand die erste Aussprache zwischen Jean Monnet und dem Bundeskanzler über den Schumanplan statt. An der Unterredung nahmen außer den Genannten Bérard, der französische Stellvertretende

Hohe Kommissar und Clappier, der Kabinettschef des französischen Außenministers, teil.

Monnet begann seine Ausführungen mit einer Schilderung der Aufnahme des Schumanplans in der öffentlichen Meinung der verschiedenen Länder des freien Westens. Die Aufnahme in den Vereinigten Staaten sei zustimmend gewesen. Er erinnere nur an die Stellungnahme des Präsidenten Truman. Aber auch in den anderen Ländern, vor allem in England, habe man sich zunehmend für die dem Plan zugrunde liegenden Ideen ausgesprochen. Das Entscheidende sei nicht so sehr die Lösung der technischen Probleme, als vielmehr die Schaffung einer grundsätzlich neuen geistigen Haltung, aus der heraus allein sich die Verwirklichung des Planes ermöglichen lasse. Europa müsse wieder zu einer vitalen Kraft werden, die die Gegensätze zwischen den verschiedenen europäischen Nationen überwinde und damit einen positiven Beitrag zur Fortentwicklung der Welt leiste. Er habe heute seine Gedanken zunächst der Hohen Kommission vorgetragen. Diese habe den Wunsch ausgesprochen, daß die Bundesregierung in einem besonderen Schreiben die Genehmigung zu den bevorstehenden Verhandlungen beantrage. Man habe gleichzeitig auch die Frage erörtert, ob die Hohe Kommission durch einen Beobachter an diesen Verhandlungen beteiligt sein sollte. Die Hohe Kommission habe sich negativ entschieden.

Frankreich und die Bundesrepublik müßten bald Delegierte ernennen, die eine Charta für die zu schaffende Hohe Behörde ausarbeiten. Hier handele es sich in erster Linie um konstitutionelle Fragen. Alle wirtschaftlichen Teilprobleme würden später zu lösen sein. Der französische Delegierte solle nach Auffassung Schumans kein Industrieller und eine von den politischen Parteien unabhängige Persönlichkeit sein. Die französische Regierung schlage vor, das folgende gemeinsame Kommuniqué in der kommenden Woche herauszugeben:

»Die Regierungen Frankreichs, der Bundesrepublik Deutschland, Italiens und der Beneluxstaaten sind entschlossen, an einem gemeinsamen Werk mitzuwirken, das dem Frieden, der europäischen Solidarität und dem wirtschaftlichen und sozialen Fortschritt dient, setzen sich zum unmittelbaren Ziel die Zusammenfassung ihrer Kohle- und Stahlerzeugung und die Errichtung einer Hohen Behörde, deren Entscheidungen diese Staaten und die in Zukunft noch beitretenden Länder binden sollen. Gemäß den Grundlinien des französischen Vorschlags vom 9. Mai werden zu einem von der französischen Regierung unverzüglich vorzuschlagenden Zeitpunkt Verhandlungen aufgenommen, um zum Abschluß eines Vertrages zu kommen, der den Parlamenten zur Ratifizierung vorgelegt wird.

Zu diesem Kommuniqué werde man, so fährt Monnet fort, versuchen, außer der Zustimmung Deutschlands, die Zustimmung der Beneluxstaaten und die Zustimmung Englands zu erwirken. Mit den Beneluxstaaten werde am Mittwoch, den 24. Mai, in Paris verhandelt. Gleichzeitig würden Besprechungen mit der britischen Regierung in London stattfinden. Er glaube, daß die Beneluxstaaten keine besonderen Schwierigkeiten machten. Anders werde vielleicht die Lage in England sein, wo das Commonwealth, das Präferenzsystem und last not least die britische, traditionelle Abneigung gegen jeglichen Wechsel voraussichtlich Schwierigkeiten verursachten. Die Engländer hätten aber die gute Eigenschaft, sich schnell anzupassen, wenn sie einmal Tatsachen in ihrer Tragweite erkannt hätten. Er sei überzeugt, daß, wenn England jetzt gewisse Schwierigkeiten mache, es später sicher an der Verwirklichung des Planes mitwirken werde.

Clappier teilte mit, daß Robert Schuman Jean Monnet zum französischen Unterhändler bestimmt habe. Im übrigen mache er in Ergänzung der Ausführungen Monnets auf den letzten Teil des Schumanplans vom 9. Mai aufmerksam, der die Regelung der Eigentumsverhältnisse der Unternehmen von der Errichtung der Hohen Behörde unberührt lasse.

Der Bundeskanzler sagte, er sei kein Techniker. Auch er sei der Auffassung, daß der Schumanplan große politische Bedeutung habe. Die verantwortlichen deutschen und französischen Staatsmänner seien verpflichtet, aus ihrer Verantwortung gegenüber ihren Völkern, diesen Plan in Gang zu setzen. Er sei in Deutschland mit großer Zustimmung aufgenommen worden. Es gebe auch kritische Stimmen, vor allem in Kreisen der Opposition. Schon seit fünfundzwanzig Jahren arbeite er an diesen Plänen, Eisen und Kohle zur Grundlage einer friedlichen Lösung zwischen Frankreich und Deutschland zu machen. Europa schulde, so fuhr Monnet fort, der Welt einen geistigen Beitrag. Wenn es gelinge, die materiellen Ursachen der Kriege zu beseitigen, so sei damit schon ein wesentlicher Schritt getan. Es komme aber darauf an, Europas Charakter, der von der »Diversité« bestimmt sei, zu erhalten.

Adenauer gab der Hoffnung Ausdruck, daß auch England sich bald zur Mitarbeit bereitfinde. Italien und die Beneluxstaaten würden mit Sicherheit teilnehmen. Gewisse Schwierigkeiten ergäben sich für ihn, eine geeignete Persönlichkeit für die Verhandlungen in Paris zu finden.

Mit diesem Plan könne – so beendete Monnet das Gespräch – unter den europäischen Völkern die Furcht überwunden werden, die ein Zeichen der Zeit sei. Es gebe ein altes englisches Sprichwort: »The only thing to fear is fear itself.« Das einzige, was man fürchten müsse, sei die Furcht selbst.

Jean Monnet

Jean Monnet hat einmal von sich gesagt: Sein Leben sei ständige Bemühung gewesen, die Menschen zu einigen, Probleme zu lösen, die sie trennen, und sie dahin zu bringen, ihre gemeinsamen Interessen zu erkennen. In der Tat ist dieser Satz der Schlüssel zu seinem Leben, das im Dienst der Idee stand, die Menschen zur Lösung großer Aufgaben zusammenzuführen, sie zur Überwindung rein egoistischer Interessen zu bewegen und in gemeinsamer Anstrengung den Erfolg zu erzielen.

Das gilt schon für den jungen Mann aus Cognac in der Charente, der für die Firma des Vaters die ganze Welt bereist, und als der Erste Weltkrieg ausbrach – er war damals sechsundzwanzig Jahre alt – die Zusammenfassung der wirtschaftlichen Anstrengungen den Alliierten vorschlug und durchsetzte, um das höchst gefährliche Gegeneinander der verschiedenen Länder und Behörden in ein Miteinander zu wandeln. So entstanden die interalliierten Institutionen wie das Weizen Exekutiv, das Komitee für Überseetransporte und andere, die für die Versorgung der Alliierten notwendigen Rohstoffe zu erfassen, auf den Bedarf zu verteilen und für einen Ausgleich der finanziellen Lasten zu sorgen hatten.

Die Zeit zwischen den beiden Weltkriegen sieht ihn im Völkerbund, wo Clemenceau und Balfour ihn auf den Posten eines wirtschaftlichen Beraters des Generalsekretärs berufen hatten. In einer Denkschrift aus dieser Zeit finden sich die folgenden Sätze, die für seine Gedankenwelt bezeichnend sind:

»Il importe donc de faire se mieux connaître et les gouvernements et les peuples afin qu'ils en arrivent à envisager les problèmes qui se posent à eux, non plus sous l'angle de leur propre intérêt général. Il n'est pas douteux que l'égoïsme de l'homme et des nations trouve le plus souvent sa cause dans les connaissances imparfaites du problème qui se pose, chacun n'étant enclin à ne voir que l'aspect de son intérêt immédiat.«[1]

Im Zweiten Weltkrieg hat er, an seine Erfolge im Ersten Weltkrieg anknüpfend, zusammen mit britischen Freunden neue Initiativen zur Überwindung des Gegeneinander und zur Zusammenfassung der entscheidenden kriegswirtschaftlichen Anstrengungen Großbritanniens und Frankreichs unternommen. Die Folgen waren fünf Exekutivausschüsse für Versorgung, Bewaffnung, Treibstoffe, Luftfahrt und Seetransporte, die erfolgreich arbeiteten.

Am Ende des Zweiten Weltkrieges, als er mit den Mitgliedern des französischen Nationalkomitees in Algier an den Plänen für den Wiederaufbau Frankreichs und Europas arbeitete, lesen wir in einer Denkschrift die folgenden Sätze:

»Il n'y aura pas de paix en Europe, si les États se reconstituent sur une base de souveraineté nationale, avec ce que cela entraîne de politique de prestige et de protection économique. Si les pays d'Europe se protègent à nouveau les uns contre les autres, la constitution de vastes armées sera à nouveau nécessaire. Certains pays, de par le traité de paix futur, le pourront; à d'autres, cela sera interdit. Nous avons fait l'expérience de cette discrimination en 1919 et nous en connaissons les conséquences. Des alliances intereuropéennes seront conclues: nous en connaissons la valeur. Les réformes sociales seront empêchées ou retardées par le poids des budgets militaires. L'Europe se recréera une fois de plus dans la crainte.

Les pays d'Europe sont trop étroits pour assurer à leurs peuples la prospérité que les conditions rendent possible et par conséquent nécessaire. Il leur faut des marchés plus larges ... Cette prospérité et les développements sociaux indispensables supposent que les États d'Europe se forment en une unité économique commune.«[2]

Nach Beendigung des Krieges wird er von General de Gaulle zum Leiter der französischen Planungsbehörde (Commissaire du Plan) ernannt, die für den Wiederaufbau und die Modernisierung Frankreichs Bedeutendes geleistet hat.

Diesem Mann übertrug nun die französische Regierung die Verhandlungen über den Schumanplan, an dessen gedanklicher Konzeption und Formulierung er mit Clappier, dem Kabinettchef von Schuman, und seinen erfahrenen Mitarbeitern Etienne Hirsch und Pierre Uri großen, wenn nicht entscheidenden Anteil hatte.

Jean Monnet ist in seinem Äußeren sehr französisch. Ein Mann der Charente, mit tiefer Verwurzelung im Land, fast möchte ich sagen, im »Bäuerlichen«, mit all der Gewissenhaftigkeit, dem Fleiß, der Pfiffigkeit und dem Humor, die den Menschen dieser Landschaft eigen sind. Von umfassendem Wissen um Menschen und Dinge, weltmännischer Erfahrung, aber ohne Äußerlichkeit, ohne politische Ambitionen, ohne den kleinen Ehrgeiz sogenannter großer Karriere. Ein Mann, der die Menschen zu überzeugen und zu gewinnen versteht wie wenig andere, und der viele Freunde besitzt, überall, vor allem auch in der angelsächsischen Welt, in England und Amerika, Ländern, die er – selten bei Franzosen – gründlich kennt und deren Sprache er völlig beherrscht. Seine Arbeit ist in der Stille, der Konzentration und ruhigen Überlegung, geprägt von Geduld, Zähigkeit in der Verfolgung seiner Ziele, unerschöpflich im Suchen und Finden von Lösungsmöglichkeiten und – vielleicht das Wichtigste – unbeirrbar optimistisch, auch wenn gelegentlich schwere Rückschläge sein Werk behindern.

Bonn, Sonntag, den 4. Juni 1950

Nachmittags beim Bundeskanzler in Rhöndorf. Professor Röpke ist sein Gesprächspartner. Röpke: Das Schwergewicht des Schumanplans liege auf politischem Gebiet. Eine Zusammenlegung der Eisen- und Kohleproduktion der beiden Haupterzeugungsländer Deutschland und Frankreich bedeute eine Lösung des Sicherheitsproblems, wie es eine zweite, bessere nicht gebe. Hinsichtlich der wirtschaftlichen Bedeutung des Planes müsse er allerdings feststellen, daß ihm schon die großen Industriekonglomerate an der Ruhr und in Lothringen nicht behagten. Eine Vergrößerung dieser »Klumpen« durch einen »Klumpen« überstaatlicher Art mache die Sache nicht besser. Man dürfe auch nicht übersehen, daß im Monnetplan die Gefahr einer Sozialisierung enthalten sei. Es sei nicht umsonst, daß der Plan besonders bei den französischen Sozialisten, aber auch bei den sozialistischen Parteien der anderen Länder – mit Ausnahme Deutschlands – Anklang gefunden habe. Wirtschaftlich gebe es verschiedene Möglichkeiten der Lösung:

Ein Zwangssyndikat, in welchem Abreden festgelegt seien hinsichtlich der Aufteilung der Märkte, Produktionsquoten, Preise und anderes mehr; eine Kontrolle der Produktionen in Form etwa der bereits bestehenden Ruhrbehörde.

Er habe Bedenken, daß von verschiedenster Seite heute schon die Ausdehnung der Grundidee des Schumanplans auch auf andere wirtschaftliche Gebiete, wie die Stromerzeugung oder die Verkehrswirtschaft, gefordert werde. Man müsse sich hüten, die europäische Wirtschaft unter die Herrschaft einer umfassenden Planung zu stellen. Die europäische Wirtschaft müsse vom Markt her, zum Beispiel auf dem Wege der Befreiung der nationalen Wirtschaften von der Devisenbewirtschaftung, zusammengefaßt werden. Durch die Befreiung der Wirtschaft von Kontingenten, Quoten und Zöllen müsse man zu jenem großen Markt gelangen, der allein für eine natürliche, gesunde, freiheitliche Gestaltung des europäischen wirtschaftlichen Lebens die Gewähr biete. Man müsse also bei der Führung der Verhandlungen über den Schumanplan davon ausgehen, daß man die Zusammenlegung nur auf wenige Produktionsgebiete beschränke und damit schon den politischen Zweck des Planes erreiche, daß man sich aber davor hüte, diese Idee nun auf alle Gebiete des wirtschaftlichen Lebens auszudehnen.

Als Leiter der deutschen Delegation schlage er Professor Walter Hallstein vor, der über hervorragende wirtschaftliche und wirtschaftsrechtliche Kenntnisse und eine große psychologische Begabung in der Behandlung ausländischer Personen verfüge.

Freitag, den 16. Juni 1950

Der Bundeskanzler hat heute Professor Walter Hallstein mit der Leitung der deutschen Delegation für die Schumanplanverhandlungen in Paris betraut. Er hat damit, wie wir alle bald erkannten, eine gute Entscheidung getroffen, denn Hallstein verbindet ausgezeichneten juristischen Sachverstand, unermüdliche Arbeitskraft und die so wichtige Fähigkeit, sich in die psychologische Lage des Verhandlungspartners einzufühlen und damit Vertrauen zu schaffen. Jean Monnet und Walter Hallstein haben sich rasch zu einer wirklich fruchtbaren, loyalen Zusammenarbeit gefunden. Beide ergänzen sich in glücklicher Weise: Der von seinen Ideen, seiner Passion für das neue Europa, seinen großen Kenntnissen und Erfahrungen auf internationalem Gebiet erfüllte Franzose, der manchmal dahin tendierte, politische Schwierigkeiten zu unterschätzen, und der kühlere Deutsche, mit seinen großen Kenntnissen von Recht und Wirtschaft, seiner juristischen Formulierungsgabe, seiner Zähigkeit in der Verfolgung eines Zieles, seiner verhaltenen Leidenschaft, wenn es galt, Freunde zu gewinnen und Gegner zu überzeugen. Jeder in seiner Art ein charakteristischer Repräsentant seiner Nation.

Paris, Dienstag, den 20. Juni 1950

Nachmittags vier Uhr eröffnet der französische Außenminister Schuman die Schumanplanverhandlungen im historischen Uhrensaal im Quai d'Orsay. In einer ohne Pathos vorgetragenen, wohlabgewogenen Rede betont er den Willen, zwei Nationen auf ein gemeinsames, dauerhaftes Werk des Friedens zu verpflichten, zwei Nationen, die sich während Jahrhunderten in blutigen Auseinandersetzungen gegenüber standen. Dies sei der Weg, aus der europäischen Staatengemeinschaft ständige Ursachen von Unruhe, Mißtrauen und Angst auszumerzen. Er unterstrich die Hoffnung, auf der von ihm geplanten friedlichen Zusammenarbeit einen soliden Bau aufzuführen, der allen Nationen guten Willens offen stehe. Er bedauerte, daß Großbritannien an den Verhandlungen nicht teilnehme. Man könne sich ein Europa ohne England nicht vorstellen. Man hoffe, die britischen Zweifel und Hemmungen schwänden, wenn einmal konkrete Ergebnisse vorliegen.

Die Verhandlungen haben rasche Fortschritte gemacht. Maßgeblich hierfür war der Stil der Monnetschen Verhandlungsführung. Ihr Schwergewicht lag in unförmlichen Besprechungen der Delegationsführer, in denen die oft sehr komplizierten institutionellen Fragen, wie die Stellung der Hohen Behörde, die Kompetenzen des Ministerrats, des Gerichtshofs und nicht zuletzt der Parlamentarischen Versammlung geregelt wurden. Es hat dabei an Gegensätzen und Auseinandersetzungen nicht gefehlt. Es gelang aber Monnet mit der ihm angeborenen großen Geduld, die Delegationen und durch sie die Regierungen zu überzeugen, daß der Gedanke der Gemeinschaft vor engen nationalen Interessen Vorrang habe. Hierin wurde er von Hallstein wirksam unterstützt. Es gelang, zwischen nationalstaatlichem Willen und den überstaatlichen Gemeinschaftsorganen ein Gleichgewicht herzustellen, das den Interessen und Zielen beider gerecht wurde. Für alle, die an den Gesprächen in der Rue Martignac, dem Amtssitz Monnets, teilnahmen, wird die sachliche, ruhige Atmosphäre, der sich rasch entwickelnde und ständig wachsende Geist der Solidarität und Verständigung ein unvergeßliches Erlebnis bleiben.

Sicherheit der Bundesrepublik – Sicherheit Europas

Über dem Neuaufbau der Bundesrepublik und den ersten Schritten auf dem Weg zu einem gemeinsamen Europa lasteten ständig die schweren Wolken der zunehmenden Konfrontation der westlichen und östlichen Welt. Auf die Unterstützung des kommunistischen Aufstandes in Griechenland, auf Androhungen von Gewaltmaßnahmen gegen Persien und die Türkei, war im Februar 1948 die Einbeziehung der Tschechoslowakei in den sowjetischen Machtbereich erfolgt. Zu gleicher Zeit hatte die Blokkade Berlins begonnen. Alte historische, russische, imperialistische Ausdehnungspolitik vermischte sich mit weltrevolutionären Zielen. Wo immer sich dank der Schwäche der Staaten und Völker eine Gelegenheit bot, erleben wir Versuche, durch direkte oder indirekte Aktionen diese dem neuen kommunistischen Weltimperium anzuschließen. Die Reaktion der westlichen Welt auf diese bedrohliche Entwicklung war die Unterzeichnung des Atlantikpakts in Washington am 4. April 1949 und der unter amerikanischer Führung nunmehr im Rahmen des NATO-Bündnisses langsam erfolgende Aufbau einer westlichen Verteidigung. Der wachsende Widerstand des Westens veranlaßte die Sowjetunion, am 12. Mai 1949 die Berlinblockade aufzuheben und wenig später die Unterstützung der griechischen Insurgenten einzustellen. Der Einmarsch nordkoreanischer Truppen in Südkorea im Juni 1950 zeigte aber, daß die Sowjetunion ihre Politik der Expansion nicht aufgegeben hatte. Offensichtlich glaubte sie, in Ostasien eher erfolgversprechende Ziele zu finden.

Der Bundeskanzler hat als verantwortlicher Regierungschef alle Fragen, die sich auf die Sicherung des Bundesgebiets bezogen, mit größter Sorgfalt beobachtet. Schon in den ersten Monaten seiner Regierung hat er in Gesprächen mit alliierten Persönlichkeiten und in Interviews mit ausländischen Zeitungen seinen Sorgen über die aus dem Osten drohenden Gefahren und die mangelhafte Verteidigung Westeuropas Ausdruck gegeben. Er war alles andere als ein militärisch interessierter oder soldatisch eingestellter Mensch. Er hatte nie gedient und hatte – vorsichtig ausgedrückt – allem Militärischen gegenüber eher eine reservierte, skeptisch kritische Einstellung. Er war sich aber bewußt, daß ein Volk wie das deutsche, die Verteidigung seines Lebens und seines Landes nicht Dritten, also den Alliierten, allein überlassen könne. Er war sich auch darüber klar, daß bis zur Stunde keiner der Alliierten bereit war, den Aufbau einer nationalen deutschen Armee zu gestatten. Er hat aber nicht geruht, die Alliierten an eine Verstärkung ihrer Verteidigungskräfte in Europa zu erinnern und gleichzeitig einen deutschen Beitrag innerhalb einer europäischen Verteidigungskraft zur Diskussion zu stellen.

Der rasche Aufbau der Volkspolizei in der Ostzone und die aus Pankow schallenden haßerfüllten Angriffe auf die Bundesrepublik veranlaßten ihn, zwischen dem Konflikt in Ostasien und der Situation in Westeuropa gewisse Parallelen zu ziehen. Er war zwar mit den alliierten Regierungen der Überzeugung, daß mit einer unmittelbaren Invasion sowjetischer Truppen in Westeuropa nicht zu rechnen sei. Er konnte aber, wie er oft sagte, die Möglichkeit nicht ausschließen, daß Aktionen der Volkspolizei, verbunden mit einer fünften Kolonne, unter dem Motto »Einheit Deutschlands«, einen Bürgerkrieg in Westdeutschland zu entfesseln suche. Das koreanische Beispiel gebe zu denken. Man könne sich vorstellen, daß aktivistische Kreise in Moskau sich veranlaßt sehen könnten, es in Deutschland nachzuahmen. Eine Volkspolizeiarmee von zweihunderttausend bis dreihunderttausend Mann, mit modernen Waffen ausgerüstet und gestützt auf die in der Sowjetzone stehenden sowjetischen Panzerdivisionen, könnten zweieinhalb amerikanische, zwei britische und einige wenige französische Divisionen nicht aufhalten. Nach seiner Auffassung könne man Westeuropa und sein industrielles Potential nur erhalten, wenn eine gut ausgerüstete amerikanisch-britisch-französische Verteidigungskraft von zwölf Panzerdivisionen an der Elbe stehe, die allein durch ihre Präsenz ein Übergreifen sowjetzonaler und sowjetischer Kräfte nach dem Westen ausschließe. Nur so könne sich der wirtschaftliche und politische Aufbau und Zusammenschluß Europas in Ruhe und Sicherheit vollziehen.

Innerhalb der alliierten Regierungen hat mit der Invasion in Südkorea und den dortigen ersten Rückschlägen für die amerikanischen Streitkräfte die Diskussion über einen deutschen Beitrag zur Verteidigung Westeuropas an Intensität zugenommen. Im Pentagon der Vereinigten Staaten forderte man schon früh die Aufstellung deutscher militärischer Verbände. Die amerikanische Regierung zögerte, vor allem aus Rücksicht auf England und Frankreich, wo der Gedanke an eine deutsche Aufrüstung noch von vielen bis in die Mitte der fünfziger Jahre als unerträglich empfunden wurde. Dafür war das, was man im Zweiten Weltkrieg erlebt hatte, noch zu frisch im Gedächtnis der Menschen. Auch glaubte man, mit solchen Aufrüstungsmaßnahmen die Sowjetunion zu provozieren. Vordringlich schien die Ausstattung der französischen Streitkräfte mit modernen Waffen, die sie dringend benötigten. Denn, und das war allgemeine Überzeugung, ohne eine leistungsfähige französische Armee würden weder Frankreich noch alle übrigen Länder der westlichen Allianz bereit sein, die Aufstellung von deutschen militärischen Verbänden, gleichgültig in welcher Form, zu gestatten.

Inzwischen verstärkte sich in der westlichen Welt die Furcht vor der Auswirkung des Koreakonflikts. Mit Schrecken war man sich plötzlich bewußt geworden, wie schlecht es um die Verteidigung des Westens bestellt war. Ausdruck dieser Erkenntnis war die Rede Churchills auf der Versammlung des Europarats in Straßburg am 11. August 1950 und sein Antrag zur Bildung einer europäischen Armee unter der Autorität eines europäischen Verteidigungsministers, die einer angemessenen gemeinsamen demokratischen Kontrolle unterworfen sein und in voller Zusammenarbeit mit den Vereinigten Staaten und Kanada handeln solle. In seiner Begründung wies Churchill darauf hin, daß man genug Zeit verloren habe, die gegebene Atempause nutzen und die Lücke in der Verteidigung Westeuropas schließen müsse. An dieser gemeinsamen europäischen Armee sollte auch Westdeutschland teilnehmen. Der Antrag war von der Versammlung mit neunundachtzig gegen fünf Stimmen bei siebenundzwanzig Enthaltungen angenommen worden.

In Vorbereitung der im September in New York stattfindenden Außenministerkonferenz der drei alliierten Mächte hatte der Bundeskanzler in mündlichen Erörterungen mit den Hohen Kommissaren, in Presseinterviews und schließlich in Memoranden zu der Frage der inneren und äußeren Sicherheit Stellung genommen. Hinsichtlich der äußeren Sicherheit forderte er wiederholt die Verstärkung der auf dem Gebiet der Bundesrepublik stationierten Truppen. Für den Fall der Bildung einer internationalen europäischen Armee erklärte er seine Bereitschaft, einen Beitrag in Form eines deutschen Kontingents zu leisten. Die Aufstellung eigener nationaler militärischer Verbände lehnte er ab. Zur Stärkung der inneren Sicherheit schlug er die Aufstellung einer Schutzpolizei auf Bundesebene vor. Gleichzeitig forderte er – notwendiges Korrelat einer deutschen Mitwirkung in einer europäischen Verteidigungskraft – für die Bundesrepublik in ihren Beziehungen zu den Besatzungsmächten größere Handlungsfreiheit und somit eine Revision des Besatzungsstatuts; im einzelnen: Beendigung des Kriegszustandes, Neugestaltung der Beziehungen zwischen Besatzungsmächten und der Bundesrepublik durch ein System vertraglicher Abmachungen.

Auf der Konferenz der alliierten Außenminister in New York am 18. September 1950 wurden Ergebnisse erzielt, die den deutschen Wünschen in vieler Hinsicht entgegenkamen: Erklärung einer Garantie, jeden Angriff auf das Gebiet der Bundesrepublik mit alliierten Truppen abzuwehren, nennenswerte Verstärkung der alliierten Truppen, Beendigung des Kriegszustandes mit gewissen Einschränkungen und Änderungen des Besatzungszweckes im Sinn einer Sicherung der Bundesrepublik. Große Schwierigkeiten ergaben sich bei der Erörterung der Frage einer Beteiligung der Bundesrepublik an der westeuropäischen Verteidigung. Hier hat man sich nicht einigen können. Im wesentlichen war dies am Widerstand Frankreichs gescheitert, das damals, mit seinen hauptsächlichen militärischen Kräften im Indochinakrieg gebunden, die Aufstellung deutscher Verbände, in welcher Form auch immer, als unerträglich empfand. Die Vereinigten Staaten wie die britische Regierung, die im Prinzip für einen deutschen Beitrag waren, wollten auf Frankreich keinen Druck ausüben, um französische negative Reaktionen auf dem Gebiet der gemeinsamen Verteidigung zu vermeiden.

Man war sich aber in Paris bewußt, daß man in einer negativen Haltung nicht verharren konnte. Es war Monnet, der seiner Regierung empfahl, eine europäische Lösung der Probleme im Geist des Schumanplans zu suchen, das heißt, eine europäische Armee mit einheitlichem Kommando, einheitlicher Organisation, Ausrüstung und Finanzierung und unter der obersten Leitung einer supranationalen Autorität.

In der Regierungserklärung, die der französische Ministerpräsident Pleven am 24. Oktober 1950 vor der Nationalversammlung verlas, wurde in Frankreich zum ersten Mal öffentlich von einem europäischen Verteidigungsminister, einem Ministerrat, einer gemeinsamen Versammlung und einem gemeinsamen europäischen Verteidigungsbudget gesprochen.

Berlin, Montag, den 23. Oktober 1950

Nachmittags Abflug des Bundeskanzlers mit den Ministern Wildermuth, Lehr, Kaiser und Storch nach Berlin zur feierlichen Übergabe der Freiheitsglocke an die Stadt durch General Lucius Clay. Oberbürgermeister Reuter empfängt den Kanzler in Tempelhof. Fahrt ins Gästehaus Wannsee durch die Straßen Berlins, in denen eine freudig gestimmte Menge den Kanzler begrüßt.

Dienstag, den 24. Oktober 1950

Es ist erheblich kalt. Vor dem Schöneberger Rathaus und in den Nebenstraßen drängen sich zweihunderttausend bis dreihunderttausend Menschen. Der Festakt beginnt mit Reden des amerikanischen Stadtkommandanten, Oberbürgermeister Reuters und McCloys. General Clay übergibt die Glocke mit folgender eindrucksvoller Ansprache:

»Our greatest task today is to build a world of free nations and free men, living and working together at peace. The people of the free world are dedicated to this task. The responsibility falls upon each one of us.

It gives me great pride, therefore, to be able to tell you that millions of my fellow countrymen ... men, women and children from all over America ... have accepted this responsibility and are taking part in a great moral crusade for freedom. They have placed their names on a declaration of freedom and have sent it here, together with the Freedom Bell, as a testimony of their belief. The words of this declaration express what is in all our hearts:

›I believe in the sacredness and dignity of the individual. I believe that all men derive the right to freedom equally from God. I pledge to resist aggression and tyranny wherever they appear on earth, that this world, under God, shall have a new birth of freedom.‹

It is in a spirit of deep reverence that we dedicate the World Freedom Bell today. We dedicate it to the eternal honor of all those who have given their lives in the cause of freedom.

May its voice lift the hearts of freedom – loving people everywhere. From this day forward, as it rings, may it strike a note of warning to all oppressors, a sound of confidence and sympathy to those who are enslaved.

Though parts of the world are barricaded against it, its voice cannot be kept out. It will be heard. It will be heard wherever there are human beings who yearn to live, and work, and worship as free men.

In a moment, I will throw the switch that will ring the Freedom Bell. As it sends forth its message of freedom and faith, let all of us – wherever we may be – rededicate ourselves, and join together in a silent prayer ›that this world, under God, shall be free‹.«[3]

Um zwölf Uhr erklingt die Glocke zum ersten Mal. Tausende ziehen ihre Hüte und lauschen schweigend dem schönen Klang dieser in England gegossenen Glocke.

Abends gab der Bundeskanzler zu Ehren General Clays und der Alliierten Hohen Kommission im Schloßhotel ein Essen. Unter der Leitung von Frau Pappritz war alles sehr hübsch hergerichtet. Ich saß neben dem Gouverneur von Minnesota, der, wie er mir freimütig erzählte, lediglich nach Berlin gekommen war, um seine Anwesenheit bei der Übergabe der Freiheitsglocke für seine bevorstehende Wiederwahl in Minnesota zu benutzen. Er sei beeindruckt und freue sich, wenn er in einigen Tagen vor sein Radio trete, um der Bevölkerung von Minnesota – und insbesondere den dort zahlreich lebenden Deutschen – ein Wort von der Freiheit zu sagen, wie sie in Berlin zu neuem Leben erstanden sei.

Im weiteren Verlauf des Essens geriet er in wachsende Verzückung über mein weibliches Gegenüber, die Stadtverordnete X, die infolge eines besonders tiefen Décolletés seine Phantasie so angeregt hatte, daß er seinen Mitgästen vorschlug, gemeinsam das Lied »O Tannenbaum, o Tannenbaum« zu singen. Ich fühlte mich durch diese allzu freudige Seelenbewegung meines Tischnachbarn etwas gestört, die sich etwas später zu recht zudringlichen Fragen an die genannte Dame steigerte. Fragen wie »... warum sind Sie nicht verheiratet – und wenn Sie nicht verheiratet sind, hat man wenigstens schon einmal um Sie angehalten? Sollte das Schwierigkeiten machen, so wäre ich gern bereit, in Minnesota einen geeigneten Ehepartner zu organisieren«.

Bonn, Mittwoch, den 25. Oktober 1950

Rückflug nach Bonn. Hallstein überbringt dem Kanzler die Rede des französischen Ministerpräsidenten Pleven zur Europaarmee. Die erste Reaktion des Kanzlers ist negativ. Ihn stört die enge Verknüpfung des Planes mit den Schumanplanverhandlungen, die Verschiebung der Realisierung des Ganzen auf einen Zeitpunkt nach der Unterzeichnung des Schumanplans. Völlig unannehmbar erscheint ihm der Gedanke, daß die von den Teilnehmerstaaten an der europäischen Armee zur Verfügung gestellten Truppenkontingente auf der Stufe der kleinsten Einheit in die Armee eingegliedert werden sollen. Einmal glaubt er, daß die Verteidigungskraft einer so zusammengewürfelten Armee völlig unzulänglich ist. Zum andern sieht er hierin eine Diskriminierung des deutschen Kontingents.

Mittags gibt der Kanzler im Palais Schaumburg ein größeres Essen für General Clay, der seinen Aufenthalt in Deutschland für den Besuch in Bonn um einen Tag verlängert. General Clay, McCloy, General Hays und auch die englischen Herren Sir Ivone Kirkpatrick und Con O'Neill teilen die kritischen Auffassungen des Kanzlers. Die Amerikaner sind in ihrer Ablehnung besonders scharf; Sir Ivone Kirkpatrick um eine Nuance milder.

Nach dem Essen bespricht der Kanzler die Plevenerklärung mit Hallstein und mir. Er will zunächst weder offiziell noch inoffiziell Stellung nehmen. Hallstein erhält die Weisung, Schuman von den Besorgnissen und der Enttäuschung des Kanzlers zu verständigen.

Sonnabend, den 28. Oktober 1950

McCloy rief heute vormittag bei mir an und berichtete von einer im Hause Monnet stattgefundenen Aussprache mit Pleven und Schuman über die europäischen Verteidigungsfragen. McCloy habe dabei mit Nachdruck zum Ausdruck gebracht, daß die Formulierungen der Erklärung Plevens unglücklich seien und zu Zweifeln Anlaß geben. Schuman habe zugegeben, daß die Erklärung in manchem der näheren Erläuterung und Ergänzung bedürfe. Es sei aber nicht die Absicht, die Vorbereitung einer europäischen Verteidigung zu verzögern. Das Entscheidende sei, daß Garantien gegen die Errichtung einer nationalen deutschen Armee geschaffen würden. Frankreich könne einen deutschen Generalstab nicht zulassen. Es sei aber selbstverständlich, daß eine deutsche Beteiligung an der Verteidigung Westeuropas vorgesehen werde und daß dieses auf der Basis der Gleichberechtigung ohne jegliche Diskriminierung erfolge; nationale Armeen sollten nur noch den Ländern verbleiben, in denen Verpflichtungen in Übersee bestehen.

24. November 1950

Unvollständigkeit und Unklarheiten sowie falsche Interpretationen in der Presse veranlassen Minister Schuman vor der Konsultativversammlung des Europarats eine bemerkenswerte Rede über den Plevenplan zu halten. Hier einige Zitate, die mir wert erscheinen, festgehalten zu werden:

»Die Ereignisse im Fernen Osten haben eine besorgniserregende Ähnlichkeit mit der Lage Deutschlands: Hier wie in Korea haben wir ein Land, das durch eine Demarkationslinie in zwei Teile geteilt ist. Hier wie dort bestehen in den zwei Zonen politische Regierungsformen, die in heftigem Gegensatz zueinander unter der Kontrolle und dem Schutz von Mächten stehen, die ihren Bestand garantieren. Unsere Befürchtungen sind um so berechtigter, als diese Mächte die einander feindlichen Zonen besetzt halten und sich damit im Falle der Invasion einer dieser Zonen unmittelbar und automatisch in einen Konflikt hineingezogen sehen würden. Jeder ist sich des Problems bewußt geworden, das sich in Deutschland in seinem ganzen Ausmaß stellt. Es handelt sich nicht nur darum, alliierte Interessen gegen jeden Angriff von außen zu verteidigen, wie es ursprünglich der Sinn des Atlantikpakts war. Die Verteidigung deutschen Gebietes und der deutschen Bevölkerung, für die wir ja die Verantwortung übernommen haben, müssen sichergestellt werden ...

Der amerikanische Vorschlag sucht die Lösung in einer direkten Beteiligung autonomer deutscher militärischer Verbände an der Atlantischen Verteidigung. Die französische Regierung ist dagegen der Ansicht, daß entsprechend der Empfehlung des Europarats vom August 1950 die Lösung in der Schaffung einer europäischen Armee gesucht werden muß. Diese Wahl entsprang für uns nicht aus dem Wunsch nach einem Notbehelf, sondern aus einer weitgesteckten politischen Zielsetzung ...

Die Zersplitterung Europas ist eine ständige und immer noch zunehmende Ursache von Schwäche auf allen Gebieten, dem politischen, dem wirtschaftlichen und dem militärischen. Dagegen wären uns Wohlstand, Macht und Frieden sicher, wenn wir unsere Hilfsquellen zu einer organischen Einheit verschmelzen könnten. Wenn meine Regierung diese Überzeugung zum Ausdruck bringt, denkt sie dabei zur Zeit noch nicht an irgendeine politische Struktur, sei sie nun föderalistisch oder anders. Damit werden wir uns später befassen müssen ...

Dieses Verfahren bedingt nicht die Schaffung eines Überstaates, sondern beschränkt sich auf die Errichtung einzelner Institutionen auf einem bestimmten Gebiet. Wir haben es bereits bei unserem Plan für eine gemeinschaftliche Bewirtschaftung der Kohle- und Stahlproduktion angewandt. Ein solches Verfahren ist frei von jeder ideologischen Bindung, es ist im wesentlichen praktisch in seinen Zielen und empirisch in der Methode.

Wir sehen uns also jetzt veranlaßt, dieselbe Methode auf das militärische Problem anzuwenden, das sich früher oder später auf jeden Fall stellen mußte. Nun ist es eher aufgetaucht, als wir gedacht und gewünscht hätten. Wir hätten gern erst den wirtschaftlichen und politischen Unterbau weiterentwickelt, ehe wir mit der Errichtung der militärischen Struktur beginnen. Aber wir können uns unsere Aufgaben nicht auswählen, sie stellen sich uns und wir müssen sie ausführen, wie sie sich uns in den Weg stellen...

Es muß unbedingt erkannt und verstanden werden, daß die Europaarmee nicht eine zusammengewürfelte Masse nationaler Einheiten sein darf, die bei der ersten Erschütterung auseinanderzufallen droht. Sie muß eine Dauereinrichtung werden, die man nicht nach Belieben in einer Anwandlung von nationalem Egoismus oder wegen vorübergehender Mißverständnisse verlassen kann.

Ihre Grundlage ist nicht eine einfache vertragliche Verpflichtung, die man aufkündigen oder negieren kann, ein vergängliches Bündnis, wie sie die Geschichte in solcher Vielfalt aufweist.

Darum müssen sich die Staaten damit abfinden, einen Teil ihrer Autonomie zugunsten einer kollektiven Autorität aufzugeben, an der sie selbst beteiligt sind, der sie sich von vornherein unterstellen. Hier würde es sich um einen europäischen Minister oder einen Hohen Kommissar für die Verteidigung handeln, der der Kontrolle eines die Vertreter aller beteiligten Mächte umfassenden Ministerausschusses unterstellt wäre...

Es sollte anerkannt werden, daß Frankreich mit seinem Vorschlag ein Beispiel der Selbstverleugnung gegeben hat. Frankreich, das überlieferungsgemäß so stark mit seiner Armee verbunden ist, das so stolz ist auf diese Armee, Werkzeug seiner Einheit und Unverletzlichkeit und so oft Vorkämpfer für Idealismus und Freiheit. Frankreich ist bereit, diese Armee den Erfordernissen Europas unterzuordnen, sie ohne Privilegien oder Vorbehalte in einer übernationalen Organisation aufgehen zu lassen.«[4]

Aus dem Jahre 1951

Beginn der Verhandlungen über die Europäische Verteidigungsgemeinschaft · Theodor Blank · Erster Kanzlerbesuch in Paris · Unterzeichnung des Schumanplanvertrages · Kanzlerbesuch in Rom · De Gasperi · Papst Pius XII. · Das Problem der Gesamtdeutschen Wahlen · Meine Reise zur Generalversammlung der Vereinten Nationen in Paris · Bei Monnet in Houjarray · Der Bundeskanzler in London bei Churchill · Kanzlerrede in Chatham House

Paris, den 15. Februar 1951

Beginn der Verhandlungen über die Europäische Verteidigungsgemeinschaft unter dem Vorsitz des französischen Botschafters Hervé Alphand in Paris. Deutscher Verhandlungsführer ist kurze Zeit Walter Hallstein, später der Bundestagsabgeordnete und christliche Gewerkschaftler Theodor Blank. Ich schätze Theodor Blank wegen seiner geraden und aufrechten Art. In der Welt der Gewerkschaften und der Arbeiter bekannt, hat er mit Vorurteilen nicht zu kämpfen. Sein Sinn für das Wesentliche und sein Realismus haben es ihm ermöglicht, sich rasch in den außerordentlich schwierigen und umfangreichen Verhandlungsstoff einzuarbeiten.

Zusammen mit dem ideenreichen Sachverständigen für europäische Fragen Carl Friedrich Ophüls und dem so geschickten und versierten militärischen Sachverständigen Graf Kielmannsegg sind in Zusammenarbeit mit den anderen Delegationen relativ rasch Lösungen erarbeitet worden, die dem deutschen Standpunkt gerecht werden.

Paris, den 11. bis 19. April 1951

Der Bundeskanzler fliegt mit Botschafter François-Poncet, Hallstein und mir in einer kleinen französischen Sondermaschine nach Paris zur Schlußkonferenz der Schumanplanverhandlungen. Der Kanzler ist im Hotel Crillon in dem Zimmer untergebracht, in dem der amerikanische Präsident Woodrow Wilson während der Versailler Friedensvertragsverhandlungen im Jahre 1919 wohnte. Aus seinem Fenster ein wundervoller Blick über den Place de la Concorde hinüber zum Palais Bourbon, dem Sitz der französischen Nationalversammlung. Für den Kanzler ist diese Reise ein wichtiges Ereignis. Einmal wegen der Unterzeichnung des Schumanplanvertrages und zum andern auch, weil er zum ersten Mal in seinem Leben Paris besucht. Und dies hat ihn sehr stark beeindruckt. Die Franzosen waren sehr bemüht – und hier sind sie immer großzügig und geschickt –, dem Kanzler einen allgemeinen Eindruck von der Schönheit der Stadt zu vermitteln. François-Poncet ließ es sich nicht nehmen, den Kanzler selbst zu führen, und Hausenstein, unser Generalkonsul in Paris, war der vorbildliche künstlerische Berater im Louvre, in der Notre-Dame, in Chartres und seiner herrlichen Kathedrale, in Versailles, Trianon, Rambouillet und Maintenon. Der Kanzler war unermüdlich im Sammeln von Eindrücken. Aufnahmefähig wie ein viel jüngerer Mann, der sich an den Schönheiten der Stadt nicht satt sehen konnte. Natürlich wurde die Gastronomie auch nicht vernachlässigt. Es begann am ersten Tag mit einem Mittagessen in dem berühmten Restaurant Lucas-Carton an der Place Madeleine, das François-Poncet dem Kanzler gab. Als wir das Restaurant betraten, fragte Poncet den Ober: »Haben Sie etwas für uns zum Essen?« Antwort: »Monsieur l'Ambassadeur, vous aurez un déjeuner, simple mais correct«, – womit er die Güte und Reichhaltigkeit der vorbereiteten Speisen ankündigte. Als der Kanzler das hörte, stieß er mich an und sagte: »Simpel, aber korrekt, wäre das nicht eine Inschrift für unser Auswärtiges Amt?« Daß seine Übersetzung der Worte »simple, mais correct« etwas arg frei war, hat ihn nicht gestört.

Die Tage in Paris waren natürlich nicht nur den Besichtigungen der Stadt und ihrer Umgebung gewidmet. Es hat endlose Sitzungen gegeben, in denen Entscheidungen über den endgültigen Wortlaut des Vertrages getroffen wurden. Am 18. April konnte schließlich die Unterzeichnung erfolgen. Für die Bundesrepublik bedeutete dies, wie Außenminister Schuman in einem Brief vom gleichen Tage an den Kanzler feststellte, daß die Funktionen der Ruhrbehörde endeten, daß die alliierten Beschränkungen der deutschen Stahlproduktion und die Kontrollen der Alliierten Hohen Kommission auf dem Gebiet von Kohle und Stahl ihr Ende fanden. Der Vertrag war in den Augen des Bundeskanzlers ein entscheidender Beitrag zur Lösung des deutsch-französischen Sicherheitsproblems. Er war Ausdruck eines gemeinsamen europäischen Willens, die Bestätigung, daß Europa in der Lage ist, auf dem Weg zur Einigung praktische Fortschritte zu erzielen. Er stärkte, wie es der Kanzler sah, in allen Ländern der Welt, vor allem auch in den Vereinigten Staaten, die Überzeugung, daß Europa auf dem Wege ist, ein lebendiger Faktor von wirtschaftlicher und politischer Bedeutung zu werden, ein Faktor, mit dem sich eine Zusammenarbeit in der Zukunft auf allen Gebieten verlohnte. Selbst in der sowjetisch kontrollierten östlichen Welt gewann das bisher so uneinige und schwache Europa ein anderes Gewicht. In Deutschland fand der Vertrag in der öffentlichen Meinung weitgehend Zustimmung. Man sah in ihm einen neuen wichtigen Schritt aus der Isolierung heraus, man erkannte die sich bietenden wirtschaftlichen Möglichkeiten eines einheitlichen großen Marktes. Das Nein der Opposition konnte hieran nichts ändern. Auch in Frankreich und den übrigen Vertragsstaaten war die Aufnahme der Unterzeichnung positiv. Die Kritik des Generals de Gaulle, der den Vertrag ablehnte, konnte die neue europäische Entwicklung nicht aufhalten.

Rom, den 14. bis 23. Juni 1951

Unter den Besuchen, die der Kanzler sich für das Jahr 1951 vorgenommen hatte, nahm die Einladung der italienischen Regierung zu einem Besuch in Rom einen wichtigen Platz ein: Einmal lag es dem Kanzler daran, den Gedankenaustausch mit dem Ministerpräsidenten de Gasperi und dem Außenminister Graf Sforza, der schon mehrmals in Paris und Straßburg stattgefunden hatte, zu vertiefen. Zum anderen schien es ihm notwendig, dem italienischen Volk und seiner öffentlichen Meinung die Präsenz des neuen demokratischen Deutschlands bewußt zu machen. Daß der Aufenthalt in Rom mit einem Besuch im Vatikan bei Papst Pius XII. verbunden wurde, war dem Kanzler, der für den Papst besondere Achtung empfand, ein echtes Bedürfnis.

Die Tage in Rom waren heiße Sommertage. Der Kanzler und seine Tochter Lotte, von Herwarth, von Twardowski, als Verbindungsmann zur Presse, und ich waren im altmodischen und nicht gerade lautlosen Grand Hotel am Bahnhof untergebracht. Adenauer war zum ersten Mal in seinem Leben in Rom; wie immer bei solchen Reisen voller Aufnahmebereitschaft und Bewunderung für all das Schöne, was ihm geboten wurde. Die italienische Regierung hatte alles getan, um dem europäischen Freund aus dem Norden möglichst viel Zeit für die Besichtigung der Stadt und ihrer Umgebung zu lassen. Rom hat wie wenige Städte eine Fülle prachtvoller Bauten vergangener Zeit mit großer Geschichte, die sich für offizielle Veranstaltungen besonders eignen. So waren die Essen und Empfänge in der Villa Madama, der Farnesina, der Villa d'Este in Tivoli mit ihren Kunstwerken und einzigartigen Gärten Erlebnisse, die man nicht leicht vergißt. Alles trug aber, entsprechend der Zurückhaltung und Bescheidenheit des Hausherrn de Gasperi, einen schlichten, aber darum nicht minder intimen und freundschaftlichen Charakter. Man hatte auch dafür gesorgt, daß der Gast etwas vom italienischen Leben sah, und so gab es Abende wie jenen in Rocca di Papa, einem kleinen Dorf in den Albaner Bergen, wo uns ein kleines Wirtshaus mit italienischen Gerichten aller Art und Landwein in Fülle aufnahm. Die Sommernacht, der Gang durch das kleine Dorf mit seinen alten Häusern, die heiteren Gespräche mit unseren italienischen Freunden hatten den Kanzler so beschwingt, daß er auf der Rückfahrt nach Rom unter allen Umständen einen der an der Via Appia Antiqua gelegenen alten Grabhügel besteigen mußte, um den Blick über die vom Sternhimmel bestrahlte Campagna hinüber nach dem beleuchteten Rom zu genießen.

In den politischen Gesprächen, die sich im wesentlichen auf die allgemeine Weltlage und den europäischen Zusammenschluß bezogen, bestand weitgehend Übereinstimmung in den Auffassungen.

Alcide de Gasperi und Konrad Adenauer, beides Männer in den siebziger Jahren, gehörten der gleichen Generation an, beide verbanden starke religiöse, politische und weltanschauliche Grundauffassungen. Der Italiener aus der Provinz Trient, in den Jahren 1911 bis 1918 Mitglied des Österreichischen Reichsrats, Mitbegründer der Democrazia Cristiana, seit 1945 Ministerpräsident seines Landes. Es war ihm in zähen Friedensverhandlungen gelungen, für Italien gegen viele Widerstände die volle Souveränität zu erringen; er hatte – eine große historische Leistung – 1946 jenes berühmte Abkommen mit Österreich über die Autonomie Südtirols geschlossen und war nun einer der entschiedensten Vorkämpfer für den europäischen Zusammenschluß, Schumanplan und Europäische Verteidigungsgemeinschaft und nicht zuletzt für eine europäische Organisation eines gemeinsamen politischen Willens. Seine Schwierigkeiten im Innern waren nicht gering. Es verlangte sein ganzes taktisches Geschick, um die Krisen in der eigenen Partei zu überwinden. Manchmal schien es mir, als ob dieser realistische, illusionsfreie Mann, der nicht über die gleiche, schier unbeschränkte physische Kraft Adenauers verfügt, von Zweifeln, ja von sorgenvollen Stimmungen ob der Zukunft seines Landes erfüllt ist.

Am Dienstag, den 19. Juni, empfing Pius XII. den Kanzler im Vatikan. Der feierliche Aufzug, begleitet von der Schweizer Garde, die großen Treppen hinauf, wobei in jedem Stockwerk zahlreiche geistliche Würdenträger sich anschlossen, entsprach ganz dem feierlichen Protokoll, das mit zum Charakter dieses großen, politischen Papstes gehörte. Die Audienz, die ohne Zeugen stattfand, dauerte eine knappe Stunde. Der Kanzler war, wie er mir sagte, von den leidenschaftlich vorgetragenen Überzeugungen des Papstes, von seiner Bereitschaft, alles von sich aus, auch für die Erhaltung von Freiheit und Recht in unserer Welt zu tun, stark beeindruckt. Am Ende der Audienz wurde ich hereingerufen und dem Papst vorgestellt. Ein denkwürdiges Erlebnis, aus dem die Haltung dieses Mannes, die großen, dunklen, lebendigen Augen und die feingeschnittenen Züge seines Gesichts in meinem Gedächtnis haften geblieben sind. Ich hatte Pacelli als Nuntius in Berlin erlebt. Wir jungen Attachés – es war das Jahr 1929 – hatten einmal die Aufgabe, bei einem großen Bankett des sogenannten »Reklamekongresses« uns der Betreuung der geladenen Botschafter zu widmen. Mir war der Nuntius Pacelli anvertraut worden, und so wartete ich – natürlich im Frack – auf die Ankunft des bedeutenden Mannes. Ich geleitete ihn hinauf zu seinem Platz. Nach dem Essen half ich ihm in seinen Umhang und führte ihn hinunter zu seinem Wagen. Aber – wer beschreibt mein Erstaunen – als der Nuntius tief in seinen Umhang griff und mir ein Zweimarkstück gab. Eine Freundlichkeit? Ein kleines Trinkgeld? Wer weiß es, wahrscheinlich sah ich wie ein Kellner aus.

Als ich nun zwanzig Jahre später im Vatikan mich vor dem Papst verbeugte und er einige freundliche Worte sagte, griff er hinter sich und gab mir wieder eine Münze: diesmal die Gedenkmünze seines Jubiläums mit seinem Bildnis, die ich noch heute als ein kostbares Erinnerungsstück besitze.

Der letzte Tag in Rom war dem Besuch der antiken Stätten unter Führung des an Wissen unerschöpflichen und menschlich so gewinnenden Professors Ludwig Curtius gewidmet. Der Ponte Milvio, das Forum Romanum, die Katakomben an der Via Appia, San Sebastiano, die Stanzen von Raphael, das Appartemento Borghese, die Sixtinische Kapelle, die Loggia des Raphael, St. Paul vor der Mauer und die Lateran Basilika – eine unübersehbare Fülle bleibender herrlicher Eindrücke.

Bonn, den 24. Juli 1951

Die Ergebnisse der Verhandlungen über den Plevenplan wurden heute in einem ausführlichen Zwischenbericht der Delgationen an die Regierungen der Partnerstaaten weitergeleitet. Umstritten blieb der Charakter der europäischen Verteidigungsbehörde, die Frage Einmann-Behörde oder Kollegium, die Stimmenverteilung im Ministerrat, die Sitzverteilung in der Versammlung, die Größen der in die Gemeinschaft integrierten militärischen Formationen und die Beteiligung der Teilnehmerstaaten am europäischen Verteidigungsbudget. Alles äußerst schwierige Probleme, die noch langwierige Verhandlungen erfordern werden.

Samstag, den 3. November 1951

Seit Oktober ist die Bundesregierung mit dem Problem gesamtdeutscher Wahlen befaßt. In der Diskussion mit den Machthabern der Sowjetzone hatte die Bundesregierung in einer Note an die Hohe Kommission mit der Bitte um Weiterleitung an die Vereinten Nationen ihren schon früher geäußerten Wunsch wiederholt, alle vier Besatzungsmächte möchten so schnell wie möglich Voraussetzungen für freie Wahlen schaffen. Diese sollten nach Auffassung der Bundesregierung unter internationaler Aufsicht erfolgen. Vorher aber sollte die UNO einen Untersuchungsausschuß einsetzen, der die Voraussetzungen für die Abhaltung freier Wahlen in Ost- und Westdeutschland prüfen solle. Inzwischen hatte die Alliierte Hohe Kommission über die drei alliierten Regierungen das Generalsekretariat der UNO mit dieser Frage befaßt. Sie sollte als besonderer Punkt auf die Tagesordnung der sechsten UNO-Vollversammlung gesetzt werden, die in Paris tagte.

Adenauer beauftragte mich heute, als Beobachter der Bundesrepublik nach Paris zu reisen, um in Fühlungnahme mit dem Generalsekretär der Vereinten Nationen und den uns nahestehenden Staaten der freien Welt den Fortgang der Angelegenheit zu beobachten. Das Generalsekretariat der UNO hatte mir und meinem Mitarbeiter Alexander Böker den Status als Beobachter zuerkannt.

Ich fand den Bundeskanzler heute voller Sorgen. Ihn quälte die Möglichkeit, daß auf französischer oder auch auf britischer Seite Wünsche bestehen könnten, in Verhandlungen mit der Sowjetunion die Bundesrepublik zu neutralisieren. Deutschland dürfe aber, so betonte er immer wieder, unter keinen Umständen Handelsobjekt einer Einigung der vier Mächte werden. In diesem Sinne sollte ich mit allen Persönlichkeiten von politischem Gewicht Fühlung nehmen und für eine Beschleunigung der Pläne des europäischen Zusammenschlusses werben. Von unseren Bemühungen um die Vorbereitung wirklich freier, gesamtdeutscher Wahlen und einer Einschaltung der Vereinten Nationen zur Prüfung der entsprechenden Voraussetzungen in Ost- und Westdeutschland versprach er sich nur wenig Erfolg.

Paris, Montag, den 5. November 1951

In Paris Besprechung mit James W. Riddleberger, Mitglied der amerikanischen Hohen Kommission, der uns in all den letzten Jahren immer mit so viel Verständnis, ja Sympathie geholfen hat. Er versichert mir, daß die amerikanische Politik an ihrer Unterstützung der Einordnung der Bundesrepublik in die Europäische Gemeinschaft festhält. Hier seien keinerlei Tendenzen spürbar, die auf eine Änderung hinwirken könnten. Hierfür sei sowohl die eindeutige Haltung Trumans, als auch seines Außenministers Acheson eine unbestreitbare Garantie. Auch Churchill werde – selbst wenn er es wollte – keinen Kurs einschlagen, der ihn in Gegensatz zu Washington bringen könnte. Was ihm – Riddleberger – aber Sorgen bereite, sei das Zögern der französischen Regierung; die Ratifikation des Schumanplans werde immer wieder verschoben, innerpolitische Auseinandersetzungen beanspruchten die ganze Energie der Franzosen, auch die so dringend erforderlichen Maßnahmen zur Verbesserung der französischen Rüstung ließen immer wieder auf sich warten.

Dienstag, den 6. November 1951

Die Eröffnung der Vollversammlung der Vereinten Nationen, die heute nachmittag erfolgte, bot ein farbiges Bild. Die sechzig Mitgliedstaaten waren durchweg durch ihre Außenminister vertreten. Acheson, Eden und Wyschinskij waren Mittelpunkt der Aufmerksamkeit. Die Eröffnungsrede des französischen Staatspräsidenten Auriol enthielt einen kurzen Passus, in welchem der Präsident an Stalin, Truman und Churchill – ohne ihre Namen zu nennen – den Appell richtete, sich in Paris über die Weltprobleme auszusprechen. Die Presse hat hier und da dies als einen offiziellen französischen Versuch interpretiert, Besprechungen der großen Drei wieder einmal in Gang zu setzen. Gegenwärtig glaubt aber wohl niemand, daß bei so vielen Konfliktstoffen in der Welt – der Koreakrieg ist immer noch nicht abgeschlossen – eine Konferenz der großen Drei zustande kommen könne.

Die Geste Auriols liegt auf der gleichen Linie wie die für heute erwartete Rundfunkrede Trumans und das Memorandum der drei Außenminister über eine neue umfassende Inangriffnahme des Abrüstungsproblems. Man will den Propagandaaktionen der Sowjets auf westlicher Seite eigene, sachlich fundierte Aktionen entgegensetzen, die ernst gemeint sind. Die Initiative, die der freie Westen mit der Friedenskonferenz mit Japan in San Franzisko, die soeben beendet worden ist, im Sinne einer friedlichen und gewaltlosen Regelung der Weltprobleme ergriffen hat, soll nun nicht mehr preisgegeben werden.

Das Interesse an der gesamtdeutschen Frage und auch der Antrag der alliierten Regierungen zur Einsetzung der bewußten UNO-Kommission ist groß. Man erwartet, daß das Steuerungskomitee (Steering Committee) der Vollversammlung den Punkt auf die Tagesordnung der Vollversammlung setzen wird, und daß der Antrag von einer Mehrheit der Mitgliedstaaten angenommen werden wird.

Ich habe in diesen Tagen natürlich eine Menge Gespräche mit meinen französischen Freunden geführt. Sie vertraten mit Nachdruck die Auffassung, daß die französische Regierung sich nach dem großen Zeitverlust der letzten Monate nunmehr mit äußerster Energie für die Ratifizierung des Schumanplans und den Abschluß der Verhandlungen über die Europäische Verteidigungsgemeinschaft einsetzen werde. Meine Freunde waren davon überzeugt, daß trotz harter Auseinandersetzungen mit der französischen Industrie, die die Konkurrenz des »Kolosses aus dem Norden« fürchte, der Schumanplan ratifiziert werde und daß auch die europäische Armee im Parlament Zustimmung finden könnte. Weitere Pläne Schumans, wie die Schaffung einer obersten politischen Behörde, seien noch nicht genügend konkretisiert und bedürften noch einer eingehenden Erörterung mit den Partnerstaaten.

Vom Kanzler befürchtete Pläne einer französisch-russischen Verständigung, wurden mir gegenüber als nicht aktuell abgelehnt. Sicher gebe es in der öffentlichen Meinung Kräfte, die unter allen Umständen und zu mancherlei Preisen den Frieden mit der Sowjetunion erkaufen möchten. Die gegenwärtige Regierung, deren Stabilität zur Zeit nicht in Frage stehe, habe jedoch keinerlei Absichten dieser Art. Dagegen habe man in Regierungskreisen Sorgen wegen der politischen Entwicklung in der Bundesrepublik, denn man fürchte, daß die Gegner eines europäischen Zusammenschlusses an Einfluß zunehmen könnten. Man denke hierbei an die Haltung der Opposition, auch an die negative Einstellung gewisser industrieller Kreise, nicht zuletzt auch nationalistischer Gruppen, deren Bedeutung man allerdings stark überschätzt. Unter all diesen Gesichtspunkten sei nach Auffassung der französischen Freunde Eile geboten.

Houjarray, Donnerstag, den 8. November 1951

Abends bin ich wieder einmal bei Jean Monnet in Houjarray. Das alte Bauernhaus mit dem Strohdach liegt heute in herbstlicher Landschaft. Die Blätter der alten, riesigen Bäume, in deren Schatten wir im Sommer so oft über den Schumanplan beraten haben, sind gold, braun und rot gefärbt. Der Blick über das Land der Isle de France hinüber nach Montfort-l'Amaury schöner denn je. Im Haus empfing uns heute Frau Monnet, die mitten in Vorbereitungen für einen doppelten Geburtstag steckte, denn am 9. November sollten Jean Monnet dreiundsechzig und seine Tochter zehn Jahre alt werden. Wie immer ein einfaches, aber ausgezeichnet gekochtes Abendessen, dann dreistündiges Gespräch am Kamin. Zunächst ist Frau Monnet noch anwesend und unterbricht den weisen Mann durch tausend Kleinigkeiten alltäglichen Inhalts. »Ecoutez, Jean, quand est-ce que le chauffeur viendra demain matin?« – »Ecoutez, Jean, où est-ce que vous avez laissé ce document d'assurance?« Jean Monnet unterbricht höflich irgendeine tiefsinnige Überlegung über die europäische Integration – »bon« – und dann fährt er fort. Frau Monnet hat sich inzwischen ins Schlafzimmer zurückgezogen und auch aus diesem tönt es immer wieder: »Jean?« – »oui« – und er erhebt sich etwas – nein, gar nicht ungeduldig, immer freundlich, denn er liebt diese Frau, die er, wie manche erzählen, vor dreißig Jahren in Shanghai einem Italiener, mit dem sie verheiratet war, entführt hatte. Damals jagten sie um die halbe Welt, um vor dem unwilligen Italiener zu flüchten, bis dieser schließlich das Rennen aufgab. Dreißig Jahre sind verflossen. Er ist der große Monnet geworden, einer der drei Weisen, von denen das Schicksal der westlichen Welt mit abhängt. Sie, Silvia Monnet, ist nicht stehengeblieben. Sie ist eine kluge, künstlerisch begabte Frau, die sehr gut malt, und sie malt viel. Davon zeugen die Wände des Hauses. Sie ist vor allen Dingen energisch. Sie weiß, was sie will, und sie nimmt teil an den Gedanken dieses Mannes, der sich in dreißig Jahren Ehe daran gewöhnt hat, auch die wirklich wichtigen Dinge seiner Arbeit mit ihr zu besprechen. Und wenn sie gar zu energisch wird und ihre Auffassungen, die nicht immer ganz durchdacht sind, in der Art eines eigenwilligen jungen Mädchens immer wieder ausspricht, dann wird dies mit einer leichten Handbewegung – »Ah non, mais voyons –« zur Seite geschoben.

London, den 3. bis 8. Dezember 1951

Der Besuch, den der Bundeskanzler in diesen Tagen der britischen Regierung, insbesondere Churchill und Eden abstattete, entsprach einem seit längerem gehegten Wunsch des Kanzlers, die Beziehungen der Bundesrepublik zu Großbritannien zu intensivieren und in persönlichen Gesprächen die innere Situation der Bundesrepublik und ihre außenpolitischen Ziele zu erklären. Dabei wollte der Kanzler persönlich ein Bild von der Lage Englands, seiner Einstellung zu den europäischen Einigungsbestrebungen, zur west-östlichen Konfrontation und nicht zuletzt zur Bundesrepublik selbst gewinnen. Er war einmal in der Weimarer Zeit kurz in London gewesen, kannte es nur oberflächlich und war nun begierig, es näher kennenzulernen. Das Programm war dementsprechend mit einer großen Zahl von Besichtigungen – in der Kathedrale von Westminster, in der National Gallery, sogar auch in Oxford – gefüllt, das der Kanzler mit nie ermüdender Aufnahmefähigkeit in sich aufnahm.

Im Zentrum standen die Gespräche mit Churchill und Eden, die beide die europäische Politik des Kanzlers begrüßten, weil durch den europäischen Zusammenschluß, wie sie sagten, der deutsch-französische Gegensatz endgültig bereinigt und eine friedliche Entwicklung gesichert werden könne. Man hoffe, daß der Schumanplan bald ratifiziert werde, und daß die Verhandlungen über die Europäische Verteidigungsgemeinschaft schnell zu einem positiven Ergebnis führten. Die britischen Gesprächspartner machten aber auch klar, daß Großbritannien bei aller Bereitschaft zur Unterstützung dieser Gemeinschaften, ja gegebenenfalls zur Assoziierung einem Aufgehen in einer europäischen Föderation nicht zustimmen könnte. Das ließen die britischen Verpflichtungen gegenüber dem Commonwealth nicht zu. Man könne sich vorstellen, daß die drei großen Gemeinschaften, die Europäische Föderation, das Commonwealth und die Atlantische Gemeinschaft allmählich zu einer großen Weltorganisation zusammenwachsen würden. Einen solchen Prozeß, der weit in die Zukunft führe, würde Großbritannien nach Kräften fördern.

Was das west-östliche Verhältnis angehe, so unterschätze man auf britischer Seite die Gefahren nicht. Es sei unumgänglich notwendig, einen wirksamen Schutz aufzubauen. Gleichzeitig müsse man aber versuchen, die Spannungsprobleme in Verhandlungen zu lösen. Die sowjetische Haltung sei von der Sorge, ja Furcht bestimmt, daß das sowjetische System einem engeren Kontakt mit der freien Welt nicht standhalten könne. Das Mißtrauen müsse überwunden werden. Wenn es zu Verhandlungen mit der Sowjetunion komme, so könne die Bundesrepublik versichert sein, daß Deutschland nicht zum Handelsobjekt eines Ausgleichs zwischen West und

1. Müllheim am Fuße des Blauen im Badischen Markgräflerland, Aquarell von Hannelore Much, 1976.

2. Haus der Familie Blankenhorn in Müllheim, erbaut von Architekt Professor Friedrich Eisenlohr im Jahr 1847, Zeichnung von Karl Rauch.

3. Nachdem sich der erste Deutsche Bundestag und der Bundesrat konstituiert hat, tritt am 12. September 1949 die Bundesversammlung zusammen und wählt Theodor Heuss zum Präsidenten der Bundesrepublik Deutschland: Heuss während der Ansprache nach seiner Vereidigung mit Bundestagspräsident Erich Köhler (links) und Bundesratspräsident Karl Arnold (rechts).

4. Im Bundestag, Bonn: mit Adenauer auf dem Weg zu einer Ausschußsitzung; rechts: Ernst Ostermann von Roth.

5. Erster offizieller Besuch Adenauers als Bundeskanzler in Berlin: Rede im Titania Palast am 18. April 1950; in der ersten Reihe von links: Ludwig Erhard, Wilhelm Vocke, Jakob Kaiser, Ernst Reuter, Thomas Dehler.

6. Eröffnung der Schumanplan-Verhandlungen im historischen Uhrensaal des Quai d'Orsay 20. Juni 1950; links die deutsche Delegation unter Führung von Walter Hallstein, rechts die französische Delegation mit Außenminister Robert Schuman (stehend), links neben ihm: Jean Monnet.

7. Robert Schuman im Gespräch mit Jean Monnet, dem Präsidenten der Pariser Schumanplan-Konferenz, Juni 1950.

8. Am 21. Juli 1950 besucht Heuss den Bundeskanzler auf dem Bürgenstock am Vierwaldstättersee.

9.-12. Im April 1951 reist Adenauer zu seinem ersten Besuch nach Paris, um gemeinsam mit den Außenministern Frankreichs, Italiens und der Benelux-Staaten den Vertrag für eine Europäische Gemeinschaft für Kohle und Stahl zu unterzeichnen

9. Am 11. April im Flugzeug nach Paris mit Hochkommissar André François-Poncet, Hallstein und dem Autor.

10. Adenauer und François-Poncet während eines Spaziergangs in den Straßen von Paris.

11. Besprechung beim Bundeskanzler: Fritz von Twardowski, Hans von Herwarth, der Verfasser und Walter Hallstein.

12. Der allen Besuchern des Quai d'Orsay bekannte Amtsdiener, der die Tür zum Büro des Außenministers öffnet und für Ruhe sorgt.

13.-16. Im Juni 1951 weilt Adenauer zu seinem ersten Staatsbesuch in Rom:

13. Adenauer nach einem Gespräch mit Außenminister Carlo Graf Sforza; im Hintergrund: von Twardowski und der Autor, 15. Juni 1951.

14. Adenauer mit der Tochter de Gasperis, seiner Tochter Lotte und Begleitung in Tivoli bei Rom.

15. Ruhepause bei Tivoli: Lotte Adenauer, von Herwarth, der Verfasser und Adenauer beim Schreiben von Postkarten.

16. Gespräch Adenauers mit dem italienischen Ministerpräsidenten Alcide de Gasperi in Rom.

17. Während des Staatsbesuchs in Rom stattet der Bundeskanzler auch dem Vatikan einen offiziellen Besuch ab: am 19. Juni 1951 auf dem Weg zur Audienz bei Papst Pius XII.: Adenauer in Begleitung von Prälat Ludwig Kaas, Tochter Lotte und Pater Robert Leiber.

Ost gemacht werde. Deutschland sei Partner der freien Welt. Etwaige Versuche, es zu demilitarisieren, zu neutralisieren und damit ein Vakuum in Mitteleuropa zu schaffen, werde von der britischen Regierung entschieden abgelehnt werden.

Ein besonderes Thema, auf das der Kanzler – und er hatte es erwartet – wiederholt angesprochen wurde, war die Stabilität der Demokratie in der Bundesrepublik. Es ist ihm gelungen, mit der Darstellung der letzten Wahlen in den Ländern seine Gesprächspartner zu überzeugen, daß die überwiegende Mehrheit der Deutschen sich zur Demokratie bekennen und daß extreme Gruppen sowohl auf der äußersten Rechten, wie auf der äußersten Linken keine Chancen besäßen, Einfluß zu gewinnen. Außerdem sei die Bundesregierung entschlossen, die Demokratie mit den von der Verfassung gegebenen Mitteln kraftvoll zu verteidigen.

Dienstag, den 4. Dezember 1951

Premierminister Churchill gab dem Bundeskanzler in Downingstreet 10, seinem Amts- und Wohnsitz, ein Frühstück, an dem auf englischer Seite der Außenminister Sir Anthony Eden, der Earl of Rosebery, Macmillan, der Oppositionsführer Attlee, der Speaker des House of Commons Herbert Morrison, Sir Ivone Kirkpatrick und auf deutscher Seite der deutsche Geschäftsträger Schlange-Schöningen und die Begleitung des Kanzlers teilnahmen.

Das Eßzimmer mit seinen antiken Möbeln und seinen schönen Porträts bedeutender Persönlichkeiten der britischen Geschichte besaß eine eindrucksvolle Atmosphäre. Churchill ist so, wie wir ihn von zahllosen Bildern kennen. Er ist wohl physisch etwas kleiner geworden. Sein stolzer Kopf scheint noch etwas mehr in die Schultern versunken. Er trägt seine siebenundsiebzig Jahre sicherlich nicht mit der Leichtigkeit, mit der der Kanzler seine fünfundsiebzig Jahre trägt. Manchmal scheint er in Gedanken abwesend; dann kommen sie zögernd, ruckweise, jedes Wort wägend und schließlich sich förmlich übersprudelnd in vier oder fünf Sätzen, die wie Quadersteine eines großen Gebäudes anmuten. Er ist ein Künstler der Sprachformung. Ein Mann aus eigener Kraft, aber eine Persönlichkeit, die bei aller Leidenschaft nie das Maß, den common sense verliert. In seinem Trinkspruch auf den Kanzler spricht er vom eigenen Leben und von der Zukunft der Nationen des freien Westens:

»Es wird gesagt, ich hätte mein ganzes Leben gegen Deutschland gekämpft. In Wirklichkeit waren es nur fünf Jahre. Ich habe mein ganzes

Leben eine tiefe Zuneigung für Frankreich empfunden. Wie herrlich wäre es, wenn Deutschland darin einbezogen würde, wenn ein großes Band der gegenseitigen Loyalität Großbritannien, Frankreich und Deutschland verbände und unsere Völker in einem breiten Strom einer lichtvollen Zukunft entgegenführen würde. Wenn wir alle unsere Anstrengungen, Möglichkeiten und Kräfte vereinten, um eine nicht zu erschütternde freie Demokratie zu schaffen, in der die Völker das Recht besäßen, über ihr eigenes Schicksal frei zu entscheiden, so würden wir dem Verhängnis eines neuen Krieges entgehen und in einer allumfassenden Harmonie des Friedens zusammen weiterleben.«

In der sich anschließenden Aussprache, die im Kabinettssaal des Hauses stattfand, war eines der zahlreichen Themen die europäische Zusammenarbeit. Hier betonte Churchill erneut die so oft von ihm in öffentlichen Reden ausgesprochene Überzeugung von der Notwendigkeit eines vereinigten Europas. Deutschland und Frankreich müßten Freunde sein. England werde mit zu dieser Freundschaft beitragen. Deutschland sei stärker als Frankreich. Das Gleichgewicht werde mit Englands Hilfe hergestellt. Auf die Gedanken des Bundeskanzlers zum Aufbau einer Europäischen Verteidigungsgemeinschaft, in welcher die Bundesregierung mitwirke, und die gewisse supranationale Charakterzüge trage, sagte Churchill: »I am looking forward to the times, when German soldiers and French are marching together the one singing the Marseillaise and the others the Wacht am Rhein.«[1] Hier schien mir ein Konsensus der beiden Staatsmänner nicht ganz vorzuliegen.

Mittwoch, den 5. Dezember 1951

Der Kanzler in Oxford: Besuche in All Souls und New College, Oriel und Corpus Christi. Frühstück im Wadham College, gegeben von Vice Chancellor Sir Maurice Bowra, den ich gut kannte. Verfasser bedeutender, auch ins deutsche übersetzter Werke über die griechische Antike, glänzender Causeur, voller amüsanter Geschichten. Adenauer kam sehr beeindruckt zurück, nicht zuletzt auch von dem herzlichen Empfang der Studenten, den er nicht erwartet hatte.

Abends großes Dinner des britischen Außenministers für den Kanzler, zu dem so gut wie alle prominenten politischen Persönlichkeiten des britischen Lebens geladen waren. Eden hat eine gewinnende Art, manchmal etwas allzu routiniert. Ein guter Außenminister, dem man die Last des schwierigen Geschäfts anmerkt. Dem Kanzler gegenüber zeigt er Wärme und Herzlichkeit. Ich habe Anthony Eden schon im Frühjahr 1932 in Genf bei einer Sitzung des Völkerbundrates erlebt. Damals war der junge Unterstaatssekretär des Foreign Office noch ganz erfüllt vom Glanz seiner großen und schnellen Karriere. Ein dankbares Objekt der Pressefotografen, manchmal etwas allzu gut gekleidet. Heute ist er ergraut, zweifellos noch vital, in der Konservativen Partei unumstritten, einflußreich, der designierte Nachfolger des Premiers. Das Essen schloß mit vielen Einzelgesprächen, bei denen ich als Dolmetscher diente. Ich erinnere mich besonders gern an ein Gespräch des Kanzlers mit dem Headmaster von Eton Robert Birley über die Verstärkung des deutsch-englischen Studentenaustausches. Birley gehört zu jenen prominenten Engländern, die auf kulturellem und akademischem Gebiet, vor allem auch auf dem Gebiet der Erziehung viel taten, um in England und Deutschland Vorurteile abzubauen und Verständnis und Verständigung zu vertiefen.

Donnerstag, den 6. Dezember 1951

Abends im Chatham House, dem Royal Institute of International Affairs, eindrucksvolle Rede des Bundeskanzlers: »Deutschland in den Problemen unserer Zeit«. Sämtliche Räume dieses für internationale Politik und Wirtschaft so bedeutenden Instituts sind übervoll besetzt. Mehrere hundert Personen haben keinen Einlaß finden können. Adenauer legt in ruhiger, sachlicher Form die historische Entwicklung seines Landes und die gegebene politische und wirtschaftliche Lage dar.

»... die Bundesregierung betrachte die Lösung der brennenden sozialen Probleme als einen entscheidenden Beitrag zur Sicherung des Westens. Denn nur wenn es uns gelingt, Deutschland, dieses wichtige Grenzgebiet der atlantischen Welt, gegen den nicht nachlassenden Druck des Ostens auch auf sozialem Gebiet immun zu machen, seien Verteidigung und Sicherheit Europas gewährleistet. Soldaten und Waffen allein reichen zur Sicherheit nicht aus.«

Bei der Darstellung seiner Bemühungen um einen europäischen Zusammenschluß unterstreicht er die Möglichkeiten einer Stützung und Förderung des Einigungswerks durch Großbritannien:

»Großbritannien ist Partner im Europarat, ein Partner im Commonwealth und ein Partner in der Verteidigungsgemeinschaft, die den Atlantik überspannt. Es kann deshalb Rolle Großbritanniens sein, diese drei Gemeinschaften durch seine gleichzeitige Partnerschaft in ihnen zu einer höheren Einheit zu verbinden.«[2]

Aus dem Jahre 1952

Die sowjetische Note vom 10. März · Abschied von McCloy: Persönlichkeit und Charakter · Außenministerkonferenz in Paris · Inkraftsetzung der Montanunion · Tod Kurt Schumachers · Wiedergutmachungsvertrag mit Israel · Seine Vorgeschichte · Verhandlungen des Bundeskanzlers mit Nahum Goldmann · Unterzeichnung des Vertrages im Rathaus der Stadt Luxemburg · Israelischer Außenminister Sharett · Nahum Goldmann: Persönlichkeit und politische Ziele · Verhältnis Israels zur arabischen Welt

Bonn, den 10. März 1952

Die Note, die die sowjetische Regierung an die Regierungen der Vereinigten Staaten, Großbritanniens und Frankreichs in der Frage eines Friedensvertrages mit Deutschland gerichtet hat, ist vom Bundeskanzler mit Sorgfalt geprüft worden. Ein bestimmender Eindruck der Note war, daß die Sowjetregierung kurz vor der Unterzeichnung des Generalvertrages und des Vertrages über die Europäische Verteidigungsgemeinschaft alles daransetzte, um den Zusammenschluß einer nunmehr souveränen Bundesrepublik mit dem europäischen Westen aufzuhalten. Für den Kanzler waren für seine negative Beurteilung der Note folgende Fragen entscheidend: Wie wird eine gesamtdeutsche Regierung, die an einem Friedensvertrag mitwirken soll, zustande kommen? Durch freie Wahlen im ganzen Deutschland? Was versteht man aber unter freien Wahlen? Wahlen, wie wir sie im freien Teil Deutschlands gewohnt sind? Die Vereinten Nationen hatten mit großer Mehrheit eine internationale Kommission beschlossen, die in beiden Teilen Deutschlands, also in der Bundesrepublik und in der sowjetisch besetzten Zone, untersuchen sollte, ob die für freie Wahlen notwendigen rechtlichen und politischen Voraussetzungen gegeben sind. Wird eine solche Kommission auch von sowjetischer Seite zugelassen werden? Was bedeutet die in dem sowjetischen Vorschlag enthaltende Bestimmung, daß die kommende gesamtdeutsche Regierung auf jede »Koalition« verzichten müsse, »die sich gegen irgendeinen Staat richte, der mit seinen Streitkräften am Krieg gegen Deutschland teilgenommen hat«? Bedeutet dies, daß es Deutschland verboten wird, am Zusammenschluß Europas weiter mitzuwirken? Bedeutet dies eine Neutralisierung unseres Landes? Was bedeutet das in der sowjetischen Note enthaltene Angebot einer deutschen nationalen Armee? Ist ein auf sich gestelltes, neutralisiertes Deutschland überhaupt in der Lage, eine moderne, den wirksamen Schutz des Landes garantierende Verteidigungskraft aufzustellen?

Man sollte nach der Meinung des Kanzlers sorgfältig zwischen den Zeilen lesen und sich darüber klar sein, daß wesentliche Begriffe in der sowjetischen Sprache eine erheblich andere Bedeutung haben, als in der unseren. Er war nicht grundsätzlich gegen eine Viermächtekonferenz. Nach den schlechten Erfahrungen, die man in der Österreichfrage, mit Korea, in den Verhandlungen um eine Tagesordnung einer früheren Konferenz im Palais Rose in Paris gemacht habe, müsse man sich in den fundamentalen Fragen im klaren sein, wenn man sich an einer solchen Konferenz beteilige. Für ihn blieb dabei ganz entscheidend, daß an einer solchen Konferenz von Anfang an eine aus freien Wahlen entstandene gesamtdeutsche Regierung mitwirke.

Dienstag, den 15. Juli 1952

Abends Abschiedsempfang des Bundeskanzlers für McCloy, dessen Tätigkeit als amerikanischer Hoher Kommissar beendet ist. Über vierhundert Personen sind geladen. Herzliche Ansprache des Bundeskanzlers und freundschaftliche Erwiderung McCloys.

Sein Scheiden wird allgemein bedauert, denn er gehört zu den seltenen Menschen, die große Willenskraft, Sinn für praktische Lösungen und hohe menschliche, sympathische Qualitäten in sich verbinden. Wir alle haben diesen Mann, der so frei von diplomatischer Konvenienz ist, gern. Die Zusammenarbeit mit dem Bundeskanzler war am Anfang schwierig. Ich erinnere mich wohl, daß dem Kanzler diese etwas robuste, manchmal vielleicht als etwas oberflächlich anmutende amerikanische Art McCloys nicht behagte. Andererseits war McCloy im Anfang seiner Tätigkeit in der Bundesrepublik recht eigentlich von Mißtrauen erfüllt, und es hat Jahre gebraucht, bis dies einem ständig wachsenden Vertrauen und schließlich einer offenherzigen Freundschaft Platz machte. Wie so viele amerikanische führende Persönlichkeiten, stammte er weder aus der Beamtenlaufbahn noch aus dem Kongreß. Er gehört zu jenen, die als erfolgreiche Anwälte oder Industrielle dem Appell ihrer Regierung Folge leisten und sich dem Staat für gewisse Zeit, zu bestimmten dringenden Aufgaben in Krieg und Frieden zur Verfügung stellen. So war er im Zweiten Weltkrieg Assistant Secretary of War, von 1947 bis 1949 Präsident der Weltbank. In diesen wichtigen Ämtern hat sich dieser Mann durch hervorragende Sachkenntnis, großen Mut und sicheres politisches Urteil bewährt.

McCloy hat aber nicht nur Verdienste am Wiederaufbau Deutschlands, wo er auf allen Gebieten tätig zupackte. Ich erinnere in diesem Zusammenhang nur an das große praktische Interesse, das er allen Erziehungsfragen und den Studenten der Hochschulen entgegenbrachte, an den von ihm verwalteten McCloy-Fond, mit dem er wertvolle deutsche Vorhaben auf dem Gebiet des Sozialwesens, des kulturellen Lebens und der Erziehung, rund zweihundert an der Zahl, mit Erfolg förderte. Sein Verdienst geht aber weit über Deutschland hinaus. Er hat an allen Fragen des europäischen Wiederaufbaus, des europäischen Zusammenschlusses, Schumanplan und Verteidigungsgemeinschaft, in höchstem Maß aktiv mitgewirkt und immer wieder auftretende Schwierigkeiten mit Energie und Phantasie überwunden.

Der Bundeskanzler hatte recht, wenn er in seiner Rede auf McCloy besonders betonte, daß sein Erfolg ohne Frau McCloy nur halb gewesen wäre. Diese Frau hat hervorragende Eigenschaften. Sie besitzt eine umfassende Bildung und zeigte ein nie versagendes Interesse an allen Aspekten des deutschen Lebens. Sie hat sich stark dafür eingesetzt, die Not zu lindern, wo auch immer sie ihr begegnete. Flüchtlings- und Erziehungsprobleme beherrschte sie im wahrsten Sinne des Worts. Sie war in der Lage, in Versammlungen über diese Dinge zu sprechen und praktische Anregungen zu geben, die oft sehr wertvoll gewesen sind. Sie hat auf ihren Mann einen starken Einfluß. Beide wollen jetzt zunächst nach Amerika zurückreisen. Er, um sich wieder der Anwaltspraxis zu widmen, sie, um sich der Erziehung der Kinder anzunehmen. Wenn man über McCloy näheres wissen will, muß man das Buch des amerikanischen Staatssekretär Stimson lesen, in dem die Rolle deutlich wird, die McCloy während des Zweiten Weltkrieges gespielt hat. Besonders bedeutsam ist, daß McCloy einer der wenigen aktiven amerikanischen Politiker gewesen ist, die sich von vornherein gegen den Morgenthauplan ausgesprochen haben.

Paris, den 23. Juli 1952

Außenministerkonferenz in Paris, an der der Bundeskanzler, Hallstein, Eckardt und ich teilnehmen. Mit dieser Konferenz sollte der Schumanplan, die Montanunion, in Kraft gesetzt werden. Ich habe die Konferenz in besonders schlechter Erinnerung. Es handelte sich darum, eine Fülle von

Detailfragen zu regeln, wie zum Beispiel die Sprachenfrage, Verteilung der Sitze der Erzeuger und der Verbraucher im Beratenden Ausschuß, den Status der Mitglieder der Hohen Behörde, des Gerichtshofes und schließlich auch den Sitz der Organe. Alle diese Probleme waren immer wieder mit Einzelwünschen der Partnerländer verknüpft. Hallstein würde sagen, »wie immer steckt der Teufel im Detail«. Alles wurde überschattet durch eine überraschende Erklärung des französischen Außenministers, auf Grund derer für das Saargebiet ein europäisches Statut geschaffen und Saarbrücken Sitz der Organe der Montanunion werden soll. Über die Einzelheiten des Planes bestanden offensichtlich auf französischer Seite noch keine präzisen Vorstellungen. Im Kreis der Minister schien dieser Gedanke Zustimmung zu finden. Der Bundeskanzler, der sich zunächst äußerst zurückhielt, versuchte mit gezielten Fragen hinsichtlich der neu zu schaffenden Verhältnisse an der Saar etwas Klarheit zu gewinnen.

Donnerstag, den 24. Juli 1952

Die Tagung der Außenminister geht bei glühender Hitze weiter. Sie dauert den ganzen Tag und die ganze Nacht. Mühsam schleppen sich die Verhandlungen dahin. Ihre Leitung läßt viel zu wünschen übrig. Gegen Abend hält es der Kanzler, der sonst immer so geduldig ausharrt, nicht mehr aus und fährt mit Eckardt und mir in den herrlichen Park von Bagatelle am Rand des Bois de Boulogne. Wir leben förmlich auf in der frischen Luft und beim Anblick der Wiesen und der Blumen. Dabei entwickelt der Kanzler im Gespräch seine Gedanken zu einer europäischen Lösung der Saarfrage, etwa auf der folgenden Linie: Grundsätzlich sei er nicht ablehnend. Er lege aber entscheidenden Wert auf eine grundlegende Veränderung der politischen Verhältnisse an der Saar. Unabdingbar sei die Zulassung der Parteien, unerläßlich unbeeinflußte Wahlen zu einem Landtag. Das europäische Territorium, das nach den französischen Ideen Sitz der Organe der Montanunion werden soll, müsse Selbstverwaltung besitzen und der Aufsicht einer supranationalen, von den Mitgliedstaaten der Montanunion gebildeten Organisation, unterstehen. Die französisch-saarländischen Konventionen müßten selbstverständlich fallen. Jeder Regelung müßten sowohl Frankreich wie die Bundesrepublik und vor allem auch der freigewählte saarländische Landtag zustimmen.

Zurück in die Konferenz, die nun alle in entsprechender Müdigkeit bis in die Morgenstunden des Freitags, zum Teil am Konferenztisch, zum Teil in den Vorzimmern des Konferenzsaals, festhält. Endlich, fünf Uhr morgens, ist das Schwierigste überwunden. Der Schumanplan tritt in Kraft. Man hat sich aber über den Sitz nicht einigen können. Hohe Behörde und Gerichtshof beginnen nun ihre Tätigkeit in Luxemburg, die Versammlung wird ihre erste Sitzung in Straßburg halten.

Es wird gewiß noch viel Wasser den Rhein herunterfließen, ehe die oft recht kleinlichen nationalen Egoismen der einzelnen Staaten einem Geist großzügiger Zusammenarbeit und Solidarität weichen.

Bonn, den 12. August 1952

Joseph und Stewart Alsop veröffentlichten in der ›New York Herald Tribune‹ ein interessantes Gespräch mit dem italienischen Sozialistenführer Pietro Nenni, das auf die sowjetische Haltung in der Deutschlandfrage interessante Rückschlüsse zuläßt. Stalin habe kürzlich Nenni gegenüber an die Tatsache angeknüpft, daß die Bonner Verträge vom amerikanischen Senat gebilligt worden seien. Nach seiner Auffassung sei jeder weitere diplomatische Notenwechsel mit dem Block der Westmächte über Deutschland lediglich ein »propagandistic and marginal expedient«, dem man keine wirkliche Bedeutung beimessen solle. Er, Stalin, habe ferner die Auffassung vertreten, daß es unmöglich sei, die dauernde Trennung Deutschlands in zwei Teile (on a permanent basis) zu verhindern. Es sei deshalb notwendig, die Formulierung »Vereinigtes und neutrales Deutschland« durch eine andere zu ersetzen. Die Schaffung von zwei voneinander getrennten Deutschland sei notwendig »which would be military and ideological counterweights to each other«, die untereinander und zueinander militärisch und ideologisch Gegengewichte bildeten. Unter diesen Gesichtspunkten müsse nun, nach sowjetischer Auffassung, die Unabhängigkeit und Sicherheit Ostdeutschlands verstärkt werden.

Donnerstag, den 21. August 1952

Der Führer der Sozialdemokratie Kurt Schumacher ist gestorben. Eine spätere Geschichtsschreibung wird die menschliche und politische Leistung dieses Mannes erst ganz würdigen können. Eines ist heute schon sicher: An der Aufrichtigkeit seiner Überzeugungen kann nicht gezweifelt werden. Er glaubte, aus dem Versagen der deutschen Demokratie der Weimarer Zeit den Schluß ziehen zu müssen, daß die Sozialdemokratie im neuen deutschen Staat eine vom Ausland unabhängige, in erster Linie von nationalen Interessen bestimmte Politik führen solle. Seine Persönlichkeit charakterisierte sich durch Eintreten für ein betontes deutsches Selbstbewußtsein, kritische Einstellung gegenüber einer zu engen Bindung an den freien Westen. Ein ausgesprochenes Mißtrauen gegenüber christlich-konservativen Tendenzen, die er gelegentlich als Deckmantel recht substanzieller wirtschaftlicher Interessen betrachtete, machte ihn zum Gegner der Adenauerschen Bemühungen um die Einigung Europas. Er war aber auch, und das darf nicht vergessen werden, von äußerster Klarheit in seiner Ablehnung des Kommunismus und irgendwelcher Volksfrontbestrebungen.

Unter dem Einfluß seiner körperlichen Leiden wurden in der letzten Zeit seine Haltung im politischen Tageskampf so bitter, seine Formulierungen gelegentlich so überspitzt, daß dadurch die politischen Auseinandersetzungen sehr verschärft wurden. Wenn es auf außenpolitischem Gebiet zu einer besseren Zusammenarbeit der Koalitionsparteien und der Opposition nicht gekommen ist, was im Interesse Europas und der Entwicklung einer gesunden Demokratie in Deutschland erforderlich gewesen wäre, so lag dies auch – wenn sicher auch nicht allein – an dem Führer der Sozialdemokratie, dessen Antipathien die sachliche Argumentation erschwerten.

Sonntag, den 24. August 1952

TASS veröffentlicht den Text einer erneuten Note der Sowjetregierung, in der eine Viermächtekonferenz über die Vorbereitung eines Friedensvertrages mit Deutschland, der Bildung einer gesamtdeutschen Regierung, die Durchführung gesamtdeutscher »freier Wahlen« und über eine Viermächtekommission zur Prüfung des Bestehens der Voraussetzungen, für die Durchführung solcher Wahlen vorgeschlagen wird. Der Sinn der Note ist ganz offenbar, den Gang des europäischen Zusammenschlusses zu stören, vor allem die Ratifikation des Deutschlandvertrages und der Europäischen Verteidigungsgemeinschaft zu verhindern. Auf den deutschen Bundestag wird diese Note keinen besonderen Eindruck machen, wohl aber auf die französische öffentliche Meinung, die dieses Mal noch stärker die Ausnutzung auch der letzten Möglichkeiten einer Diskussion mit den Sowjets fordern wird. Werden aber Viererbesprechungen erst einmal eingeleitet, sehe ich nicht recht, wie man sie wieder abbrechen will. Wie dem auch sei, ich fürchte, daß die französische Ratifikation auf lange, vielleicht auf immer verschoben werden wird. Ob es den Vereinigten Staaten gelingt, diese Situation zu ändern, scheint in einem Wahljahr, in dem die Bewegungsfähigkeit der amerikanischen Regierung an sich schon beeinträchtigt ist, äußerst fraglich.

Der Wiedergutmachungsvertrag mit Israel

Schon in den ersten Wochen des Bestehens der Bundesregierung im Oktober und November 1949 haben zwischen dem Bundeskanzler und seinen Mitarbeitern, besonders auch mit mir selbst, Gespräche darüber stattgefunden, in welcher Weise es möglich sein würde, das Verhältnis des deutschen Volkes zum Judentum und zum Staat Israel auf eine neue Grundlage zu stellen. In diesen Gesprächen ist immer wieder der Gedanke vertreten worden, daß der neue deutsche Staat in der Welt Vertrauen, Ansehen und Glaubwürdigkeit nur wiedergewinnen werde, wenn die Bundesregierung und das Bundesparlament durch einen in freier Entscheidung getroffenen Willensakt sich von der Vergangenheit distanziere und durch eine eindrucksvolle materielle Wiedergutmachungsleistung dazu beitrage, das unglaubliche Ausmaß erlittener seelischer und materieller Not zu erleichtern und denen, die alles verloren hatten, beim Aufbau einer neuen Existenz zu helfen. Wir waren uns darüber klar, daß ein solcher Willensakt die in der Vergangenheit im Namen des deutschen Volkes begangenen, unsagbaren Grausamkeiten und das unendliche Leid nicht ungeschehen machen könnte. Ein solcher Akt echter Wiedergutmachung sollte der Überwindung der großen Bitterkeit dienen, die die nationalsozialistischen Verbrechen bei den Juden in aller Welt und auch bei allen Gutgesinnten hervorgerufen hatten. Er sollte aber auch den Sinn haben, dem deutschen Volk die furchtbare Vergangenheit und die Notwendigkeit einer radikalen Umkehr bewußt zu machen.

In diesen Gesprächen entstand der Gedanke, zunächst einmal in Kontakten mit den berufenen Vertretern des Weltjudentums zu prüfen, inwieweit das Judentum und auch der Staat Israel überhaupt an einem solchen Akt echter Wiedergutmachung interessiert seien. So kam es zu Fühlungnahmen in Bonn und auch in London mit einer Anzahl von jüdischen Persönlichkeiten, unter denen sich der Engländer Noah Barou, Vorsitzender der jüdischen Weltorganisation in England, besonders bereit zeigte, an einer Lösung der schweren Probleme mitzuwirken. In den zahlreichen Gesprächen, die ich im Auftrag des Bundeskanzlers in jenen Monaten führte, kristallisierte sich mehr und mehr der Gedanke einer Erklärung der Bundesregierung vor dem Bundestag, in welcher die Verbrechen der Vergangenheit verurteilt, die im Grundgesetz niedergelegten Prinzipien der gegenseitigen Achtung und rassischen Nichtdiskriminierung bekräftigt und zugleich das Angebot ausgesprochen werden sollte, mit Vertretern des Judentums und des Staates Israel über eine Lösung der Wiedergutmachungsprobleme zu verhandeln.

Der Bundeskanzler gab diese Erklärung am 27. September 1951 vor dem Bundestag ab.[1] Alle, die an dieser Sitzung des Bundestags teilnahmen, waren sich des Ernstes der Stunde bewußt. Der Bundestag hatte sich nach Abgabe der Erklärung geschlossen von seinen Sitzen erhoben und ihren Inhalt einstimmig angenommen. In Verfolg dieser Erklärung, die in der internationalen Welt ein positives Echo fand, trafen sich am 6. Dezember 1951 der Bundeskanzler und der Vorsitzende der Conference on Jewish Claims against Germany Dr. Nahum Goldmann zu einer ersten Aussprache in London.

In dem von beiden Seiten mit großer innerer Bereitschaft geführten sehr eindrucksvollen Gespräch machte der Kanzler ein Verhandlungsangebot, das zur Grundlage aller weiteren Verhandlungen mit Israel und der Jewish Claims Conference und schließlich auch der am 10. September 1952 in Luxemburg geschlossenen Verträge wurde. In diesem Angebot, das der Bundeskanzler schriftlich fixierte, betonte er die moralische Verpflichtung des deutschen Volkes, das möglichste zu tun, um das am jüdischen Volk begangene Unrecht wieder gutzumachen. Die Wiedergutmachung sollte in der Form von Warenlieferungen dem Aufbau Israels dienen, die Leistungen sich nach den Forderungen bemessen, die die Regierung des Staates Israel in einer Note an die Regierungen der Vereinigten Staaten, Großbritanniens, Frankreichs und der Sowjetunion vom 12. März 1951 in einer Größenordnung von anderthalb Milliarden Dollar erhoben hatte.

Dieses Verhandlungsangebot wurde von der israelischen Regierung und von der Jewish Claims Conference angenommen. Die Verhandlungen eröffneten sich im März 1952 in Den Haag. Sie haben manche Krise durchlaufen. Widerstände gab es innerhalb der Bundesregierung selbst, in der die Ansichten über die Leistungsfähigkeit der Bundesrepublik weit differierten, und in der auch das Verhandlungsangebot des Bundeskanzlers in London – das ohne vorherige Fühlungnahme mit dem Kabinett erfolgte – beträchtlich kritisiert wurde. Manche Gegensätze entzündeten sich im deutschen Lager auch daran, daß einige die Wiedergutmachungsverhandlungen lediglich als Regelung kommerzieller Schulden – ähnlich den gleichzeitig in London mit den Gläubigerländern Deutschlands geführten Verhandlungen – behandelt wissen wollten. Dies war keineswegs im Sinn des Kanzlers, der die geplanten Wiedergutmachungsleistungen an den Staat Israel und das Weltjudentum als eine moralische Verpflichtung, als eine Ehrenschuld betrachtete.

In allen Phasen der Verhandlungen, von der Regierungserklärung im Bundestag von September 1951 an bis hin zur Ratifikation der Verträge, hat die sozialdemokratische Partei, und besonders ihr Vorsitzender Kurt Schumacher, die Bemühungen der Regierung in- und außerhalb des Parlaments wirkungsvoll unterstützt. Die Unterzeichnung der Verträge erfolgte am 10. September 1952 im Rathaus der Stadt Luxemburg.

In meinem Tagebuch aus jener Zeit findet sich unter diesem Tag folgende Eintragung: »Morgens acht Uhr Unterzeichnung des Israel-Vertrages und der Protokolle mit der Jewish Claims Conference im Rathaus der Stadt Luxemburg. Die Delegationen, die deutsche unter Führung des Bundeskanzlers und Staatssekretär Hallsteins, die israelische unter Führung des israelischen Außenministers Moshe Sharett, die der Jewish Claims Conference unter Führung von Nahum Goldmann. Die Delegationen begrüßten sich in höflich reservierter Form. Man nahm an einem großen Tisch Platz. Die Unterzeichnung ging schweigend vor sich. Reden wurden nicht gehalten. Die Anwesenden waren von der Bedeutung der Stunde sehr bewegt. Anschließend an die Unterzeichnung fand in kleinem Kreis eine vertrauliche Aussprache zwischen Sharett und dem Bundeskanzler statt, an der unter anderen Goldmann, Hallstein, Shinnar und ich teilnahmen. Sharett machte auf alle einen starken Eindruck. Er ist eine verhaltene, kraftvolle Persönlichkeit, die Autorität, Zielsicherheit und eine starke innere Verbundenheit mit den schweren Problemen und ihrem leidvollen historischen Hintergrund zeigt. Seine Worte sind ruhig, wohlüberlegt und frei von jeder Phrase: Das, was geschehen sei, könne nicht vergessen werden. Das jüdische Volk sei mit einem allzu guten Gedächtnis begabt. Dies gelte aber auch hinsichtlich des Guten, das es erfahre. In diesem Sinn begrüße er den Schritt der Bundesregierung, der von ihr völlig frei und ohne Druck in der Erkenntnis des Gebotes einer moralischen Verantwortung unternommen worden sei. Es sei ein Schritt von historischer Bedeutung, der der Initiative des Bundeskanzlers zu danken sei. Er hoffe, daß auf deutscher Seite alles geschehe, den Geist des Rassenhasses aus der Seele des Volkes auszumerzen.

Der Bundeskanzler entgegnete: Er sehe den Sinn dieses Werkes in erster Linie darin, daß es beitragen solle, Recht und Gerechtigkeit den ihnen gebührenden Platz in der menschlichen Ordnung zu schaffen. Goldmann fand anerkennende Worte für die Leistung des Kanzlers, der trotz aller entgegenstehenden Schwierigkeiten das Werk zum Abschluß gebracht habe.

Mit der Unterzeichnung dieses Vertrages – so fährt eine Tagebucheintragung vom 10. September 1952 fort – finden Bemühungen ihren vorläufigen Abschluß, die uns über ein Jahr beschäftigt haben. Hohe Anerkennung gebührt den beiden deutschen Delegationsführern, dem Nationalökonomen und Juristen Professor Franz Böhm und dem Vortragenden Legationsrat von Trützschler. Professor Böhm empfand seine Aufgabe als eine innere Verpflichtung. Er war ein Mann wahrhaft freier demokratischer Gesinnung, der sich nicht scheute, im Lauf der Verhandlungen Widerstände und mangelnden guten Willen im eigenen deutschen Lager dadurch zu überwinden, daß er seinen Rücktritt ankündigte und damit das ganze Gewicht seiner Person zugunsten vernünftiger und gerechter Lösungen in die Waagschale warf. Ich glaube auch, daß wir das Werk nicht so rasch und nicht so gut beendigt hätten, wenn in den entscheidenden Momenten Staatssekretär Hallstein die Sache nicht zu der Seinen gemacht und in den Besprechungen mit dem Bundeskanzler und vor allem im Bundeskabinett die Annahme des Vertrages durchgesetzt hätte.

Auf israelischer Seite waren Josephsthal und Felix Shinnar die verantwortlichen Verhandlungsleiter. Beide haben Vorbildliches geleistet. Der in Berlin geborene und aufgewachsene Shinnar war ein guter Verhandlungspartner, weil er die Sprache seiner deutschen »Landsleute« sprach und ihre Probleme, soweit er sie nicht schon kannte, schnell erfaßte. Große Arbeitskraft und ein nicht versagender Humor haben Shinnar seine gelegentlich schwierige Stellung erleichtert. Er war später ein uns allen willkommener Leiter der israelischen Ständigen Delegation, die die Ausführung des Abkommens in Zusammenarbeit mit den zuständigen deutschen Stellen überwachte. Er hat in dieser Eigenschaft sehr viel dazu beigetragen, die sich zwischen Israel und der Bundesrepublik anbahnenden Beziehungen im Sinne der Verständigung zu vertiefen.

Auf jüdischer Seite war Nahum Goldmann die dominierende Figur, die in allen schwierigen Verhandlungssituationen Auswege fand und sich durch seine Ruhe und durch seinen Optimismus die Herzen seiner Verhandlungspartner erschloß. Dies galt vor allem für den Bundeskanzler, der sich dem Charme dieses hochgebildeten, vielseitigen Mannes und seiner fesselnden, heiteren Unterhaltungsgabe nicht entziehen konnte. In Litauen geboren, Sohn zionistischer Eltern, die ihren Wohnsitz früh nach Frankfurt am Main verlegten, hat er seine Jugend im Deutschland der Weimarer Zeit verbracht. Wie wenig andere ist er mit der deutschen Geisteswissenschaft vertraut. Wie er selbst in seinen Erinnerungen sagt, waren Kant, Nietzsche und Spinoza seine Lehrer. Bei aller Zähigkeit und Ausdauer ist Dr. Goldmann kein Mann der harten Auseinandersetzungen, eher ein Mann der Verständigung, der klugen Taktik und des vernünftigen Kompromisses. Von den Ideen und Zielen des Zionismus erfüllt, hat er an allen Phasen der Entwicklung des israelischen Staates teilgenommen und sich immer wieder bemüht, unter seinen Mitbürgern Verständnis für eine richtige Einschätzung der arabischen Nachbarn zu schaffen. Vor allem in den letzten Jahren unmittelbar nach dem für Israel so unerwartet großen Sieg im Sechstagekrieg des Jahres 1971 hat er in Tel Aviv wiederholt darauf gedrängt, durch entsprechend große Konzessionen möglichst rasch einen friedlichen Ausgleich herbeizuführen. Seine Bemühungen sind erfolglos geblieben, was nicht ausschließlich der mangelnden Bereitschaft der Israelis, sondern im wesentlichen dem Spiel der Weltmächte zuzuschreiben ist, die an einer schnellen Bereinigung dieses so gefährlichen nahöstlichen Konfliktherdes nicht das Interesse und den Willen zeigten, die hierfür notwendig gewesen wären. In vielen Gesprächen, die ich mit diesem politisch so erfahrenen und wohlunterrichteten Mann geführt habe, hat Dr. Goldmann mir oft seine Sorge zum Ausdruck gebracht, daß die nach dem Jom-Kippur Krieg im Jahre 1973 stark einsetzende Isolierung Israels den Weg zu einer echten Araber wie Israelis befriedigenden Lösung erschweren, ja unmöglich machen könnte. In seinem bemerkenswerten Buch ›Où va Israel‹[2] aus dem Jahre 1975 hat er seine Landsleute eindringlich vor weiterer Selbstisolierung gewarnt und in beredten Worten der Hoffnung einer friedlichen Entwicklung im Nahen Osten Ausdruck gegeben: »Erst wenn die Israelis nach einem Frieden mit und Anerkennung durch die arabischen Staaten lernen, mit ihnen zu leben, in dem sie jedes Gefühl der Überlegenheit fallen lassen und sich als authentische Mitglieder der Familie der Länder des Nahen Ostens betrachten, wird der Friede gesichert sein. In dem Maß, in dem ein Friede gesichert werden kann, könnten uns heute noch unrealistisch erscheinende Entwicklungen möglich sein, nämlich die Schaffung einer Wirtschaftsgemeinschaft der Länder des Nahen Ostens und andere politische Strukturen, die die Beziehungen der Kooperation und guten Nachbarschaft zwischen Israel und den arabischen Ländern zementieren werden, und die gemeinsam das Ziel haben würden, den Nahen Osten wieder zu dem zu machen, was er jahrhundertelang war, eines der großen Zentren menschlicher Zivilisation.«

Aus dem Jahre 1953

Nach dem Tode Stalins Änderung der sowjetischen Politik? · Reise des Bundeskanzlers in die Vereinigten Staaten · Konferenz der sechs europäischen Partnerstaaten über die Europäische Politische Gemeinschaft · Meinungsaustausch des Bundeskanzlers mit Churchill in London · Weitgehende Übereinstimmung der Meinungen und Ziele · Der Kanzler entsendet mich nach Washington (1. bis 5. Juni) · Bei Foster Dulles · Treffen mit Jean Monnet in Washington · Bei Präsident Eisenhower · Rückkehr über London · Der Aufstand der Arbeiter in der DDR · Außenministerkonferenz der drei Westmächte in Washington · Der Kanzler entsendet mich erneut nach Washington · Rückkehr am 17. Juli nach Bühlerhöhe · Konferenz der sechs europäischen Partnerstaaten in Baden-Baden · Geringer Erfolg · Abschied von Sir Ivone Kirkpatrick · Der Kanzler im Wahlkampf · Der Tag nach der Bundestagswahl (7. September) · Der Kanzler schickt mich zu Bidault · Vertiefung der deutsch-französischen Beziehungen · Tod Ernst Reuters · Verzögerung der Ratifizierung der EVG · Betrachtungen zum Jahresende

Bonn im April 1953

Die sowjetische Politik hat in einer ersten Phase nach dem am 5. März erfolgten Tod Stalins in allen Ländern des freien Westens Unsicherheit ausgelöst. Gewisse sowjetische Gesten und Äußerungen führender sowjetischer Persönlichkeiten schienen den Schluß zuzulassen, daß man mit einer gewissen Änderung des bisherigen harten stalinistischen Kurses rechnen könne. Unklar war nur, ob es sich in Moskau um einen grundlegenden Wandel, um eine dauerhafte, neue, auf echter friedlicher Koexistenz basierende Politik handelte. Oder aber, was den Sachkennern wesentlich wahrscheinlicher schien, ob gewisse Anzeichen der Entspannung nur eine Änderung der sowjetischen politischen Taktik bedeuteten, weil man in Moskau erkannt hatte, daß die sowjetischen Aktionen in Griechenland, in Berlin oder in Korea, mit einem Wort, der harte Kurs Stalins, anstatt zur Schwächung des Westens eher zur Stärkung seiner Widerstandskraft geführt hat. Anstatt kriegerischer Aktionen und drohender Posaunenstöße hoffte man nun durch die Schalmeien der Entspannung, das westliche Lager zu verunsichern, zu veruneinigen und vor allem den europäischen Zusammenschluß und die unerwünschte Europäische Verteidigungsgemeinschaft zu verhindern.

Der Klärung der sowjetischen Absichten und Ziele sollte die Rede dienen, die der amerikanische Präsident Eisenhower am 16. April in Washington vor dem Verband der amerikanischen Zeitungsverleger gehalten hat. In dieser Rede forderte er die neuen Machthaber im Kreml auf, Farbe zu bekennen und ihre Friedensbereitschaft durch Taten zu erhärten: Einstellung der Feindseligkeiten in Korea, Abschluß des Staatsvertrages mit Österreich, freie und geheime Wahlen in Deutschland und die Aufnahme umfassender Abrüstungsverhandlungen, insbesondere auch Begrenzung und Verbot von Waffen mit besonderer Zerstörungskraft in einem System der Kontrolle durch die Vereinten Nationen. Dies könnten Prüfsteine einer echten Friedensbereitschaft sein. Die aus der Abrüstung freiwerdenden Mittel sollten der Hilfe für die in der Entwicklung befindlichen Völker der Welt dienen.

In diesen Apriltagen hatte ich eine Unterhaltung mit Sir Frank Roberts, führende Persönlichkeit im Foreign Office und hervorragender Kenner sowjetischer Verhältnisse. Sir Frank sagte mir, man habe noch kein klares Urteil, ob es sich in Moskau um einen grundsätzlichen Wandel oder lediglich um taktische Maßnahmen handle, die für das Regime innen- und außenpolitisch gut Wetter machen sollten. Zur Erhaltung der Macht und zur Festigung der eigenen Position seien die neuen Machthaber daran interessiert, international an Reputation und Ansehen zu gewinnen. Von Bedeutung sei, daß man aufgegeben habe, einen der Machthaber zur führenden Figur zu machen und ihn mit dem Nimbus der Allmacht auszustatten. Malenkow habe man zwei oder drei andere einflußreiche Personen beigeordnet. Von der Diktatur eines einzelnen sei man zur Willensbildung in Komitees der drei oder vier Machthaber übergegangen. Ob dies sich auf die Dauer in einem Land wie Sowjetrußland werde aufrecht erhalten lassen oder ob nicht in neuen Machtkämpfen eine Person das Übergewicht gewinnen werde, müsse abgewartet werden. Die Äußerungen der sowjetischen Regierung hinsichtlich Ostasiens, insbesondere Koreas, deuteten immerhin auf recht ernste Absichten und verlangten sorgfältige Prüfung. Daraus dürfe man aber nicht schließen, daß die Sowjetunion etwa einen Frieden in Korea mit Konzessionen des Westens in Mitteleuropa mit dem Ziel einer Neutralisierung Deutschlands verbinden würde. Die Sowjets packten gewöhnlich Probleme dieser Größenordnung getrennt an. Es sei auch höchst fraglich, ob die Sowjets zu einer neuen Deutschlandpolitik im Sinne einer Wiedervereinigung bereit seien. Ein Abzug der Sowjets aus der Ostzone unter der Bedingung, daß ein vereinigtes Deutschland, aus dem europäischen Zusammenschluß gelöst, neutralisiert und unter eine internationale Kontrolle gestellt werde, sei nicht aktuell. Dazu sei das Mißtrauen der Sowjets zu groß, daß ein wiedervereinigtes, ja sogar neutralisiertes, unter internationaler Kontrolle stehendes Deutschland, schließlich doch in das westliche Lager abrutschen könne. Sowjetrußland werde die Ostzone als wichtige Glacisstellung behalten.

Der Kurs des europäischen Zusammenschlusses, so fuhr Frank Roberts fort, wie er im Schumanplan und Verteidigungsgemeinschaft vorgezeichnet sei, müsse eingehalten werden. Große Fortschritte seien gemacht worden. Er persönlich, der noch vor einem Jahr die Entwicklung der Europäischen Verteidigungsgemeinschaft skeptisch beurteilt habe, gebe zu, daß sie zu einem lebensfähigen Instrument werden könne. Für Großbritannien sei die Möglichkeit einer Assoziation gegeben. Er glaube auch, daß die Ratifizierung der Verträge, insbesondere des EVG-Vertrages, in Frankreich möglich sei. Äußerungen Pinays, Marschall Juins, René Mayers, Plevens, aber auch Bidaults zeigten, daß man mit einer Ratifizierung im Sommer dieses Jahres rechnen könne. Von britischer Seite werde diese Entwicklung nach Kräften gefördert, auch und gerade angesichts der neuerlich etwas friedfertigeren Tendenzen im heutigen nachstalinistischen Rußland. Denn eine Verzögerung des europäischen Zusammenschlusses könnte auf die neuen, einer Entspannung zuneigenden Tendenzen, eher hemmend wirken. Größte Zweifel äußerte Frank Roberts über das europäische Verfassungswerk. Man halte dies in London für reine Professorenarbeit ohne Wirklichkeitswert. Großbritannien werde sich niemals bereit finden, ein solches Werk zu akzeptieren, denn wenn es auch nicht unmittelbar an den Dingen teilnehme, so habe es doch durch seine Assoziation mit dem Schumanplan und der engen Mitwirkung an der Europäischen Verteidigungsgemeinschaft ein Recht darauf, daß auch die geplante Europäische Politische Gemeinschaft, die doch in Zukunft die beiden Institutionen kontrollieren solle, ein lebensfähiges Gebilde werde, das nicht die britische Mitwirkung erschwere oder gar unmöglich mache.

Bonn, den 18. April 1953

Die Besprechungen, die der Bundeskanzler in Begleitung von Staatssekretär Hallstein in der Zeit vom 6. bis 18. April mit dem Präsidenten Eisenhower und Außenminister John Foster Dulles in Washington führte, dienten einem mehrfachen Zweck. Vorrang hatte dabei, sich über die politischen Auswirkungen der Veränderungen in Moskau Klarheit zu verschaffen und die Reaktion der amerikanischen Regierung sowie die Pläne der Vereinigten Staaten hinsichtlich der weiteren Entwicklung des Ost-West-Verhältnisses kennenzulernen. Zugleich kam es dem Kanzler darauf an, den Amerikanern nahezulegen, in ihrer Unterstützung der europäischen Einigungsbestrebungen nicht nachzulassen. Wohl mit das wichtigste Ziel dieser amerikanischen Reise war aber, ein für allemal sicherzustellen, daß ein Ausgleich zwischen Ost und West nicht auf Kosten Deutschlands erfolgte, mit anderen Worten, daß der in den Verhandlungen mit den westlichen Alliierten erzielte Status der Bundesrepublik nicht beeinträchtigt, daß Deutschland nicht in neue Isolierung zurückfalle. Seine Sorgen, die er offen aussprach, waren in dieser Hinsicht besonders groß. Die versöhnlichen Gesten der neuen sowjetischen Politik hatten sie zudem erheblich verstärkt. Es kam ihm auch darauf an, in der amerikanischen öffentlichen Meinung die Überzeugung zu festigen, daß man in der Bundesrepublik einen Partner habe, auf den man sich verlassen könne. Dies um so mehr, als ihm wohl bewußt war, daß in den Vereinigten Staaten, wie auch sonst in der Welt, der Bundesrepublik gegenüber noch starkes Mißtrauen und Antipathie bestanden.

Sicherlich haben die Tage in den Vereinigten Staaten und die wachsenden, von Tag zu Tag zunehmend positiven Reaktionen der öffentlichen Meinung auf seinen Besuch dazu beigetragen, diese Sorgen zu mildern. Vor allem aber die Gespräche mit der amerikanischen Regierung in Washington, in denen mit großem Freimut schwierige Probleme erörtert wurden und die schließlich zu einer nahezu vollen Übereinstimmung in der Beurteilung der Weltlage führten, bedeuteten für den Kanzler nicht nur Bestätigung seiner politischen Auffassung, sondern auch eine erhebliche Stärkung seiner eigenen Haltung.

Höhepunkte dieses Aufenthaltes in Washington waren seine Reden und die sich daran anschließenden Diskussionen im amerikanischen Presseclub und vor dem außenpolitischen Ausschuß des Senats. Bei beiden Anlässen hatte das, was der Kanzler zur Lage und über seine Ziele zu sagen hatte, lebhafte Zustimmung gefunden. Die Diskussion mit den Senatoren wurde, was im allgemeinen nicht üblich ist, in vollem Wortlaut veröffentlicht.

Die weitere Reise führte ihn nach San Francisco, Chicago, New York, Harvard und Ottawa. Überall war ein Interesse aller Beteiligten spürbar, das über die allgemeinen, eher oberflächlichen Sensationsbedürfnisse hinausging und zeigte, daß man begann, in dem deutschen Kanzler einen gleichgesinnten Partner zu sehen. Der große psychologische Erfolg Adenauers auf dieser Reise durch die Vereinigten Staaten und Kanada hatte ein starkes Echo in der deutschen öffentlichen Meinung gefunden. Die Berichte aus Amerika in der deutschen Presse vermittelten den Menschen in der Heimat den Eindruck, daß die Bundesrepublik in ihrem wichtigsten Partnerland ganz erheblich an Ansehen und Geltung gewonnen hatte. Dementsprechend wurde der Kanzler bei seiner Rückkehr in der Nacht vom 19. auf 20. April in Hamburg von einer nach Tausenden zählenden Menge stürmisch begrüßt. Sein Erscheinen auf dem Parteitag der Christlich Demokratischen Union am darauffolgenden Tag war sicher der größte persönliche Erfolg, den er seit Übernahme der Regierung im Jahre 1949 davongetragen hatte.

24. April 1953

Ich erhielt heute den folgenden Brief meines Freundes Albrecht von Kessel, Vertreter des Auswärtigen Amts im Interimsausschuß für die Organisation der Europäischen Verteidigungsgemeinschaft. Seine Darlegungen sind beachtenswert. Gelegentlich vergessen wir bei unseren Bemühungen um die europäische Einigung, daß Regierungen, Parteien und öffentliche Meinungen der Partnerländer mit dem allzu raschen Tempo der europäischen Planer nicht Schritt halten können. Europa braucht nun einmal, wenn es werden soll, mehr Zeit:

»Lieber Blankenhorn!

Da man den Tatsachen ins Auge schauen muß, kann ich nicht umhin, Dir meine Sorgen um die Zukunft der Europapolitik mitzuteilen. Das ewige Hin und Her der Franzosen und ihre Verschleppungstaktik in bezug auf die EVG fangen allmählich an, der Allgemeinheit nicht nur auf die Nerven zu fallen, sondern auch die europäische Idee als solche zu kompromittieren. Daß eine solche Kompromittierung des europäischen Gedankens ein großes Unglück für uns alle wäre, braucht nicht betont zu werden. Es kann sich für uns lediglich darum handeln, den besten Weg zu finden, um eine weitere Verschlechterung der Situation zu vermeiden. Aus meinen hiesigen Gesprächen habe ich nun den Eindruck gewonnen, daß es *nicht* der richtige Weg ist, die europäische Idee zu einer immer komplizierteren Doktrin auszubauen und immer neue Projekte in Angriff zu nehmen, bevor die EVG in Kraft gesetzt ist. Das soll nicht heißen, daß ein unauffälliges Weiterarbeiten an der Politischen Gemeinschaft, der Agrarunion, dem Verkehrspool von Übel wäre, aber diese Arbeit sollte in aller Stille vor sich gehen. Die politisch interessierten Kreise sind, soweit man das von hier aus beurteilen kann, nicht mehr bereit, an das

Zustandekommen von anderen supranationalen Institutionen zu glauben, solange die EVG in der Schwebe ist; sie empfinden im Gegenteil die Propaganda für diese anderen Institutionen eben als ›Propaganda‹. Darüber hinaus scheint mir die Zeit, wo man für die europäische Idee als Doktrin werben konnte, abzuklingen. Jede Doktrin hat die Gefahr, eine Gegendoktrin auf den Plan zu rufen, und die verkappten Gegner Europas hier in diesem Lande, die im übrigen ja immer mit Zuzug aus anderen Ländern wie England oder Belgien rechnen können, sind dabei, eine Gegendoktrin mit nationalem Vorzeichen zu schaffen. Diese Gegendoktrin kann für uns, wenn sie sich mit der sogenannten Friedensoffensive der Sowjets zusammentut, tödlich werden.

Der langen Rede kurzer Sinn ist, daß wir den Hauptteil unserer Anstrengungen und unserer Werbung auf die EVG konzentrieren und die anderen Projekte mehr in den Hintergrund treten lassen sollten. Nach wie vor glaube ich, daß es irgendwann – vielleicht im Herbst – möglich sein wird, die EVG in Kraft zu setzen, wenn wir die doch noch sehr schwache europäische Barke nicht mit zu viel ideologischem oder doktrinärem Gepäck belasten. Wir sollten darin vielleicht etwas von den Engländern lernen, die ihre Ideale immer in sehr undoktrinärer, empirischer und pragmatischer Form zu verwirklichen suchen.«

Paris, Dienstag, den 12. Mai 1953

Die Konferenz der sechs europäischen Partnerstaaten über den Entwurf der Europäischen Politischen Gemeinschaft hat in Paris begonnen, an der auch der Bundeskanzler mit Hallstein, von Eckardt, Hausenstein und mir teilnehmen. Der erste Konferenztag wird durch die bedeutsame Rede Churchills im Unterhaus vom Vortage überschattet, die innerhalb und außerhalb der Delegationen zu bewegten, teilweise äußerst kritischen Erörterungen führt. Ausgehend von bestimmten Gesten der Sowjetregierung, die Churchill als eine Änderung der internationalen Atmosphäre empfand, hatte er eine dem Locarnovertrag ähnliche Lösung für die Bereinigung des deutsch-russischen Verhältnisses in Erwägung gezogen, die einem Sicherheitsbedürfnis der Sowjetunion entgegenkommen und damit den Frieden in Europa konsolidieren sollte. Zugleich hatte er eine Konferenz auf höchster Ebene vorgeschlagen, die nicht durch eine zu gewichtige und rigorose Tagesordnung belastet, auf die kleinstmögliche Zahl von Mächten und Personen begrenzt, und in Geheimhaltung und Abgeschiedenheit abgehalten werden sollte.

Die Reaktion der Vereinigten Staaten ist negativ. Ich glaube, es ist nicht nützlich, diese Rede von unserer, der deutschen Seite zu kritisch zu behandeln. In der englischen öffentlichen Meinung, aber auch in anderen Ländern des europäischen Kontinents, ist die Rede positiv aufgenommen worden, denn sie gibt den Völkern doch etwas Hoffnung, aus der erstarrten Situation der stalinistischen Epoche herauszukommen und auf dem Weg zu einer friedlicheren Welt langsame Fortschritte zu machen. Ich glaube nicht, daß der britische Vorschlag mit einem Schlag die großen Probleme lösen kann. Er könnte aber zu Verhandlungen führen, die die Lage entspannen, immer vorausgesetzt, daß wir an einer wirksamen Verteidigung und an der europäischen Einigung festhalten und diese weiterentwickeln.

Die Reaktion des amerikanischen Botschafters Bruce, den ich heute sprach, ist ablehnend. Er befürchtet eine Annahme der Churschillschen Vorschläge durch die Sowjets und dann eine Phase langwieriger, fruchtloser Erörterungen, die sich im Endergebnis auf die europäische Einigung nachteilig auswirken.

Mittwoch, den 13. Mai 1953

Die Konferenz der sechs Außenminister über die von der ad hoc-Versammlung erarbeiteten Vorschläge für eine Europäische Politische Gemeinschaft ist heute zu Ende gegangen. Folgendes sind wesentliche Ergebnisse:

Die Mehrzahl der sechs Länder erklärt sich für direkte Wahl zum Europäischen Parlament. Eine revolutionäre Entscheidung, denn damit sind die europäischen Völker aufgerufen, selbst an der Entwicklung des europäischen Einigungswerks mitzuwirken. Der Bundeskanzler, der ursprünglich die indirekte Wahl durch die Parlamente der Partnerstaaten vorzog, hatte sich in Bonn durch das Bundeskabinett und Mitglieder der Koalitionsparteien bewegen lassen, den Gedanken der indirekten Wahl zugunsten der direkten aufzugeben.

Die Zuständigkeiten der politischen Organisation sollen auf Schumanplan und Europäische Verteidigungsgemeinschaft beschränkt bleiben. Jede Ausdehnung ihrer Kompetenzen bedarf der einstimmigen Zustimmung der sechs Regierungen.

Übereinstimmung der sechs Länder hinsichtlich des weiteren Verfahrens: Zunächst Regierungskonferenz in Rom, später erneute Konferenz der Außenminister im Haag, unter Hinzuziehung der Autoren des Entwurfs zu den Beratungen. Man hofft, daß damit die Arbeiten nicht in der bürokratischen Maschinerie der Staaten versacken, sondern von den politischen Kräften rasch einem positiven Ergebnis entgegengeführt werden.

Der Bundeskanzler sieht in diesem Ergebnis einen positiven Schritt auf dem Weg zu einem vereinigten Europa. Nicht unerheblich hat auf die Konferenz der Sechs die Entschließung des Europarats vom 11. Mai eingewirkt, in der sich dieser für den Plan einer Europäischen Politischen Gemeinschaft ausgesprochen hatte. Damit ist der Widerstand der übrigen europäischen Völker gegenüber der Bildung eines »Kerneuropas« überwunden.

London, Donnerstag, den 14. Mai 1953

Der Kanzler fliegt am Morgen mit Hallstein, von Herwarth, von Eckardt und mir nach London zu einem kurzen Meinungsaustausch mit Churchill und anderen Mitgliedern der britischen Regierung.

Freitag, den 15. Mai 1953

Die Besprechungen mit Churchill in kleinem Kreis in Downing Street konzentrieren sich im wesentlichen auf die großen europäischen Fragen: Demokratische Kontrolle der Montanunion, Probleme und Schwierigkeiten der Ratifikation der Verträge über die Europäische Verteidigungsgemeinschaft, die Fortschritte der ad hoc-Versammlung, die sich mit der Ausarbeitung einer europäischen politischen Verfassung befaßt, insbesondere aber auch die Frage der direkten Wahlen zu einem Europäischen Parlament.

Der Kanzler berichtete ausführlich über seine amerikanische Reise und seine in den Gesprächen mit dem neuen amerikanischen Präsidenten gewonnenen positiven Eindrücke. Die letzte große Rede Eisenhowers vom 16. April 1953 stimme in vielen grundsätzlichen Fragen mit den Ausführungen Churchills vor dem House of Commons vom 11. Mai überein, wenn er dafür eintrete, alle Anstrengungen zu unternehmen, mit der Sowjetunion zu einer Verständigung zu kommen, selbst wenn es sich dabei herausstellen sollte, daß positive Ergebnisse nicht zu erreichen seien.

Churchill ist recht gealtert, er macht oft einen abwesenden Eindruck. Wenn er dann aus seinen Träumen aufwacht und Fragen stellt, so gehen diese manchmal am Thema vorbei. Der alte Mann sitzt schwerfällig in seinem Stuhl, und wenn er sich zu einer zusammenhängenden Darstellung aufrafft – etwa zu einem Bekenntnis, daß Großbritannien alles daransetze, den Frieden zu erhalten –, scheint er, wie das bei alten Menschen gelegentlich der Fall ist, den Tränen nahe. Der Bundeskanzler ist von dem Kräfteverfall seines großen Gesprächspartners voller Sorge beeindruckt.

Am Ende des Gesprächs übergab der Kanzler dem Premierminister eine große Packung Zigarren. Er hatte die deutsche Zigarrenindustrie gebeten, für Churchill das Beste vom Besten zu produzieren. Churchill nahm das große Paket mit beiden Händen, führte es an seine Nase, schnupperte ein wenig daran und sagte: »Well, Chancellor, the last time I got some cigars from a German was, I believe, from the Kaiser.«[1]

Anschließend Mittagessen in kleinstem Kreis in Gegenwart der reizenden und klugen Lady Churchill, mit der sich der Kanzler besonders gut verstand. Er empfand, daß sie auf Churchill einen großen Einfluß besaß.[2]

Abends acht Uhr großes Diner der Anglo-German Association im Dorchester Hotel. Etwa zweihundertfünfzig Gäste aus englischen und deutschen Kreisen unter der Präsidentschaft des früheren Ministers und Labourabgeordneten Bellenger. Feldmarschall Lord Alexander hält eine Rede, in der er die Verdienste des Kanzlers in besonders herzlichen Worten würdigt. Sir Harold Nicolson, der Verfasser ungezählter geistreicher Bücher über historische, politische, literarische und kulturelle Themen, hält eine brillante Rede, in der er den Bundeskanzler an seine Tätigkeit als Oberbürgermeister in Köln erinnert. Vor etwa zwanzig Jahren sei er – damals als junger Botschaftsrat der englischen Botschaft in Berlin – auf einer Reise nach Köln gekommen. Sein damaliger französischer Kollege Botschaftsrat de Margerie hätte ihm geraten, ja nicht zu versäumen, dem Oberbürgermeister von Köln seine Aufwartung zu machen. Dies habe er getan. Er müsse offen zugeben, daß der Bundeskanzler ihm heute zwanzig Jahre jünger vorkomme. Kaum habe er damals in Köln Gelegenheit gehabt, seine Begrüßung anzubringen, und schon habe Adenauer, völlig erfüllt von der Durchführung seiner Pläne zur Gestaltung des Kölner Grüngürtels, ihn einem Beigeordneten der Stadt übergeben, der ihn in die Geheimnisse der Rieselfelder der Stadt eingeweiht habe.

Samstag, den 16. Mai 1953

Für den historischen Betrachter, der die vielen mißglückten Versuche in den Zeiten Bismarcks, Wilhelm II. und der Weimarer Republik kennt, eine dauerhafte Verständigung und Zusammenarbeit zwischen Deutschland und Großbritannien zustande zu bringen, ist es eine Freude, am Ende dieser Tage in London festzustellen, daß es Adenauer auf Grund seiner maßvollen, dem Ausgleich dienenden, folgerichtigen Politik gelungen ist, einen solchen Grad an Übereinstimmung der Auffassungen zwischen den beiden Regierungen herbeizuführen, daß man in der Tat heute schon von einer britisch-deutschen Bündnisgemeinschaft sprechen könnte. Damit wird auch eine allzu starke Abhängigkeit der deutschen Politik von den Vereinigten Staaten vermieden, die selbstredend nach wie vor die führende Schutzmacht der Bundesrepublik und damit Europas bleibt und bleiben muß.

Bonn, 1. Juni 1953

Der Bundeskanzler ist über die Unsicherheit im Lager der westlichen Alliierten ernsthaft besorgt. Die unklare Situation in Frankreich, die Verzögerung der Ratifikation der Verträge, gewisse britisch-amerikanische Meinungsverschiedenheiten in der Beurteilung der neuen sowjetischen außenpolitischen Tendenzen, insbesondere hinsichtlich des Gedankens einer etwaigen Viermächtekonferenz, schließlich aber auch die Stimmung in den Vereinigten Staaten selbst, die auf die Verzögerung des europäischen Einigungswerks zunehmend nervös und ungeduldig reagiert, lassen es ihm dringend notwendig erscheinen, seine Auffassungen und Wünsche in Washington klar zum Ausdruck zu bringen. Wie ein Schock wirkte auf ihn die Rede des Führers der Republikanischen Partei im Senat Robert A. Taft auf der Konferenz der Juden und Christen am 27. Mai, in der dieser in kühlen Worten die Verteidigung Europas ausschließlich den Europäern überlassen wollte.

Um sich nun Klarheit zu verschaffen und um erneut sicherzustellen, daß auf den kommenden Konferenzen keine Entscheidung in bezug auf Gesamtdeutschland ohne Abstimmung mit der Bundesregierung getroffen werde, gab er mir den Auftrag, nach Washington zu fliegen, um dort mit dem amerikanischen Präsidenten und dem amerikanischen Außenminister die erforderlichen Gespräche zu führen. Als Einführung gab er mir Briefe an den Präsidenten mit, in denen in sehr großen Zügen seine Wünsche und Auffassungen dargestellt waren.

Washington, Dienstag, den 2. Juni 1953

Vormittags Besprechung mit unserem Geschäftsträger Krekeler, den ich über meine Mission unterrichte. Dann Aussprachen mit Riddleberger, den ich wie immer voller kluger Information und großem Verständnis für unsere Sorgen finde. Sein Bild der Lage in Washington enthält Licht und Schatten. Die neue Administration hat ihre politische Willensbildung offensichtlich noch nicht abgeschlossen. Das State Department wird neu organisiert. McCarthy hat eine ganze Reihe von Untersuchungen gegen Mitglieder des State Department in Gang gesetzt, was zu beträchtlicher Unruhe führt. Hinsichtlich einer Viermächtekonferenz mit der Sowjetunion ist man skeptisch. Man glaubt einer solchen nicht ausweichen zu können, möchte sie aber nur auf der Grundlage einer klaren, mit den anderen Westmächten abgestimmten Planung beginnen. Man reagiert mit Sorge auf die eigenwilligen Wünsche Churchills.

Ich habe Herrn Riddleberger die Briefe des Kanzlers an den Präsidenten zu lesen gegeben, aus denen hervorgeht, daß wir eine Viererkonferenz wünschen, daß wir dabei gewisse deutsche unabdingbare Forderungen berücksichtigt sehen möchten. Riddleberger begrüßt den Schritt des Kanzlers. Der Zeitpunkt meiner Mission sei richtig gewählt, da man infolge der Verzögerung der Ratifikation der Verträge begänne, am Erfolg des europäischen Einigungswerks zu zweifeln.

Nachmittags wurde ich von Foster Dulles empfangen. Ich trug ihm eingehend die Auffassungen des Bundeskanzlers vor. Besonderes Interesse zeigte er für den Gedanken des Bundeskanzlers, eine moderne Regelung der Territorialfrage östlich der Oder-Neiße Linie zu suchen. Er habe sich selbst mit diesem Problem befaßt. Man müsse neue Wege finden, um den Grenzen einen anderen als den früheren engen nationalistischen Charakter zu verleihen. Im übrigen äußerte er sich besorgt hinsichtlich der Haltung des amerikanischen Kongresses, der über das Zögern der europäischen Staaten in der Verteidigungsfrage ungehalten sei. Er verabschiedete sich von mir mit freundlichen Worten an die Adresse des Bundeskanzlers, den, wie er sagte, alle in den Vereinigten Staaten, die ihm begegnet seien, in hoher Wertschätzung halten.

Den Abend verbrachte ich mit der Familie Krekeler am Fernsehen und verfolgte den Verlauf der Feierlichkeiten der Krönung Elisabeth II.

Donnerstag, den 4. Juni 1953

Morgens beim Frühstück längeres Gespräch mit Jean Monnet und Franz Etzel. Der umsichtige Europäer Monnet war nach den Vereinigten Staaten geeilt, um den Kongreß, die Verwaltung und die öffentliche Meinung über die Fortschritte des europäischen Zusammenschlusses zu unterrichten. Er war erstaunt, wie er mir sagte, eine völlige Unkenntnis des in Europa Erreichten und Erreichbaren festzustellen. Das negative Urteil mancher amerikanischer Kreise sei lediglich von der Tatsache bestimmt, daß die Verträge über die Europäische Verteidigungsgemeinschaft noch nicht ratifiziert sind. Alle anderen europäischen Erfolge – so Monnet – wie die Schaffung des Gemeinsamen Marktes für Kohle und Stahl, die Vorbereitung für das Verfassungswerk, seien ziemlich spurlos an der amerikanischen Vorstellungswelt vorbeigegangen. Mit der ihm eigenen Zähigkeit hat Monnet in Washington und in New York sich energisch für ein größeres Verständnis eingesetzt und erreicht, daß ein Teil der Skepsis und des Mißtrauens zu weichen beginnen. Ein gutes Ergebnis war das positive Kommuniqué, das der amerikanische Präsident zu den Bemühungen herausgab.

Nachmittags halb drei Uhr Empfang durch den amerikanischen Präsidenten, dem ich die beiden Botschaften des Kanzlers mit entsprechenden Erläuterungen übergab. Das Gespräch ergab eine völlige Übereinstimmung Eisenhowers mit den Auffassungen des Kanzlers. Er betonte besonders, daß weder er persönlich noch irgendein Mitglied der amerikanischen Regierung die Absicht habe, den hinsichtlich Deutschland und der europäischen Einigung eingeschlagenen Kurs auch nur im geringsten zu ändern. Ohne vorherige Fühlungnahme mit der Bundesregierung würden auf keinen Fall irgendwelche Entscheidungen getroffen, die für Deutschland von Bedeutung seien.

London, Montag, den 15. Juni 1953

Mittags Abflug nach London. Unterkunft in Browns Hotel. Die Stadt noch ganz im Zeichen der Krönungsfeierlichkeiten. Die Gebäude mit Lampen, Fahnen und Wappen geschmückt. Die Hotels übervoll von englischer Landbevölkerung, die ihren Aufenthalt in London genießt.

Nachmittags Aussprache mit Frank Roberts. Ich unterrichte ihn über meine Gespräche in Washington und Paris. Roberts ist der Auffassung, daß ein Termin für die Bermudakonferenz, die sich mit den Vorbereitungen einer Viermächtekonferenz befassen soll, noch nicht festgesetzt werden könne. Vielleicht entschließe man sich in London zu einer Zweierkonferenz mit den Amerikanern. Nach britischen Vorstellungen soll die Bermudakonferenz informellen Charakter tragen, das heißt, ein Gespräch auf höchster Ebene, ohne Sachbearbeiter und ohne Sachverständige, sein. Er selbst werde nicht reisen; es sei auch fraglich, ob Selwyn Lloyd mitfahre. Churchill trage sich immer noch mit dem Gedanken, das auf die Bermudakonferenz folgende Zusammentreffen mit den Sowjets in Form eines sondierenden Gesprächs, also ohne fest vereinbarte Tagesordnung, ohne vorherige diplomatische Klärung des Ablaufs, zu führen. Churchill wisse, daß die Amerikaner anderer Auffassung seien. So werde ein Hauptthema der Bermudakonferenz sein, ob die Alliierten sich auf die Churchillsche Idee einigen, oder ob dieser sich den amerikanischen Auffassungen anschließen würde, eine wohlvorbereitete Viererkonferenz mit fester Tagesordnung zu halten. Es sei aber auch möglich, daß Churchill sich entschließen würde, allein ein Gespräch mit den Sowjets zu führen, obwohl dem starke Widerstände der Amerikaner begegnen.

Mir schien Roberts über die gegenwärtigen Arbeitsbeziehungen des Foreign Office zum Premierminister nicht sehr glücklich zu sein. Er ließ durchblicken, daß Churchill oft völlig allein und ohne engen Kontakt mit dem Foreign Office außenpolitische Probleme behandle. Die Tatsache, daß Eden in dieser kritischen Situation krank sei, wurde auch von meinem Freund Con O'Neill, den ich abends sprach, geradezu als tragisch bezeichnet. Eden allein habe Einfluß auf den Premierminister, er allein vermöge seine Eigenwilligkeit, sein aufbrausendes Temperament, seine Ablehnung jeglichen Widerspruchs zu bändigen.

Hauptthema meiner Besprechung mit Frank Roberts waren aber die sowjetischen Aktionen in der Ostzone, die neuartigen Gesten der sowjetischen Außenpolitik und ihre Rückwirkung auf Westeuropa im allgemeinen und Deutschland im besonderen. Wir waren uns darin einig, daß diese Politik darauf zielte, die sich bildende europäische Einigung zu verzögern und Deutschland aus dem System der Verträge herauszusprengen. Ich betonte, daß im Augenblick die Initiative in den Händen der Sowjets liege. Es sei bedenklich, wenn der Freie Westen nicht mit entsprechenden Reaktionen reagiere. Spätestens auf der geplanten Bermudakonferenz müßten die angelsächsischen Mächte in einer kraftvollen Stellungnahme jeden Zweifel daran ausräumen, daß die europäische Einigung und die gemeinsame Verteidigung verwirklicht werde. Roberts teilte meine Sorgen. Er sei sich nicht klar, ob der Premierminister bereits auf der Bermudakonferenz zu einer solchen demonstrativen Erklärung bereit sei. Vielleicht wolle er eine zu starke Betonung der einheitlichen Front des

Westens vermeiden, um den Sowjets bei einem negativen Ausgang der Sondierungsgespräche das Argument zu nehmen, daß es an der auf Bermuda abgesprochenen starren Haltung der Westalliierten liege, wenn die Gespräche zu keinem Ergebnis geführt hätten.

Bonn, Mittwoch, den 17. Juni 1953

Aufregende Nachrichten aus Berlin. Dort sind erhebliche Unruhen ausgebrochen, offenbar ausgelöst durch Scheinkonzessionen der Sowjets an die Arbeiterschaft, die diesen Anlaß benutzt, ihrer abgrundtiefen Mißstimmung gegen das sowjetische Regime in großen Demonstrationen Luft zu machen. Die Lage wird schnell kritisch; große Volksmassen drängen von Ost- nach West-Berlin, andere Massen ballen sich in West-Berlin zusammen mit Marschrichtung Ost-Berlin. Gleichzeitig starkes Einströmen von Einwohnern der Ostzone nach Berlin. Die Volkspolizei ist desorganisiert. Sowjetisches Militär besetzt die wichtigsten Punkte im Ostsektor der Stadt, erhält später den Befehl zu schärferem Eingreifen gegen die Demonstranten, nachdem diese gegenüber den Panzern eine drohende Haltung eingenommen, sie mit Steinen beworfen und einige bewegungsunfähig gemacht hatten. Es folgten Schießereien, bei denen sechzehn Menschen umkamen und einige Hundert verletzt wurden.

Der Bundeskanzler berät mit seinen Mitarbeitern über die Haltung der Bundesrepublik. An diesen Beratungen nimmt auch der Vorsitzende der CDU Berlin, der Bundestagsabgeordnete Tillmanns, teil. Ergebnis der Beratung ist eine Erklärung, die der Kanzler am Nachmittag im Bundestag verliest. Er würdigt in ihr die Demonstrationen, die Bekundung des Freiheitswillens des deutschen Volkes in der Sowjetzone und in Berlin. Er versichert die Menschen der Verbundenheit aller Deutschen, warnt zugleich davor, sich durch Provokationen zu unbedachten Handlungen hinreißen zu lassen. Im übrigen fordert er die Wiederherstellung der deutschen Einheit unter Bezugnahme auf den Beschluß des Bundestags vom 10. Juni durch:

Abhaltung freier Wahlen in ganz Deutschland; die Bildung einer freien Regierung für ganz Deutschland; den Abschluß eines mit dieser Regierung frei vereinbarten Friedensvertrages; die Regelung aller noch offenen territorialen Fragen in diesem Friedensvertrag und die Sicherung der Handlungsfreiheit für ein gesamtdeutsches Parlament und eine gesamtdeutsche Regierung im Rahmen der Grundsätze und Ziele der Vereinten Nationen.

Der Aufstand ist in den Augen des Kanzlers ein eindeutiges Zeichen für die Unruhe im sowjetischen Machtbereich, die ihren ersten Ausdruck vor einigen Tagen in Demonstrationen in Pilsen gefunden hat. Sie zeigt die Schwäche des sowjetischen Systems, die Unwahrhaftigkeit der Konzessionen und wirkt reinigend hinsichtlich so mancher Illusionen.

21. Juni 1953

Der Bundeskanzler richtet in eindringlichen Botschaften an den Präsidenten der Vereinigten Staaten, den britischen Premierminister und den französischen Ministerpräsidenten den Appell, alles in ihren Kräften Stehende zu tun, dem deutschen Volk Einheit und Freiheit wiederzugeben.

Straßburg, den 23. Juni 1953

Gespräch mit Monnet in Straßburg, den ich über das Ergebnis meiner Reise nach Washington unterrichte. Monnet ist sprühend wie immer, vibriert vor Aktivität. Er werde sich, wie er mir sagte, bei Eisenhower, Foster Dulles und Churchill dafür einsetzen, daß die Bermudakonferenz nach Möglichkeit zu einem klaren Bekenntnis der drei Mächte zur Aufrechterhaltung der gegenwärtigen Politik, europäischen Zusammenschluß, Verteidigungsgemeinschaft und Wiedervereinigung führt. Wir sind beide der Auffassung, daß es dabei nicht bleiben darf, sondern daß man eine solche Erklärung des europäischen Zusammenschlusses mit einem Gedankengang verbinden muß, der sich mit dem Problem der Garantie der Sicherheit aller europäischen Völker befaßt. Eine Sicherheitsgarantie läßt sich nach unserer gemeinsamen Auffassung gut aus dem System der Verträge entwickeln, denn sowohl der Schumanplan als auch die EVG enthalten Elemente, die ausschließlich der Friedenssicherung dienen; im Vertrag der Europäischen Verteidigungsgemeinschaft zum Beispiel die Beschränkung der deutschen Divisionsstärke, der Rüstung und der Rüstungsproduktion.

24. Juni 1953

Churchill hat heute im Unterhaus eine Erklärung zu den Vorgängen in der Ostzone abgegeben, die ein klares Bekenntnis zu der Haltung der Alliierten in der deutschen Wiedervereinigungsfrage enthält, wie sie in der Septembernote des Jahres 1952 an die Sowjets deutlich umrissen war. Zum andern versichert die britische Regierung erneut feierlich, daß Großbritannien sich an die Politik gebunden fühlt, wie sie in den Verträgen von Bonn und Paris niedergelegt ist.

Dienstag, 7. Juli 1953

Wir stehen kurz vor Beginn der Dreimächtekonferenz auf Außenministerebene in Washington, die nun anstelle der Zusammenkunft auf den Bermudas stattfinden wird. Wie könnte ein deutscher Beitrag zu dieser Konferenz aussehen? Nach meinen Auffassungen sollte der Kanzler eine Viermächtekonferenz über die deutsche Frage fordern. Man käme mit einer solchen Forderung einer mit Sicherheit zu erwartenden Initiative der Sowjetunion zuvor, mittels deren sie versuchen würde, auf die Bundestagswahlen Einfluß zu nehmen. Ich rechne damit, daß die Sowjets hinsichtlich Wiedervereinigung und freien Wahlen zum Schein weitgehend auf deutsche Wünsche eingehen, um in der deutschen Öffentlichkeit den Eindruck zu erwecken, daß eine Lösung der deutschen Frage eigentlich nur am mangelnden guten Willen der Bundesregierung scheitere. Da wir mit Sicherheit erwarten müssen, daß eine deutsche Initiative für die Abhaltung einer Viermächtekonferenz von den Sowjets mit der Gegenforderung eines Verzichtes der Bundesrepublik auf die Ratifizierung des Europäischen Verteidigungsvertrages beantwortet wird, glaube ich, daß es notwendig sein wird, unseren deutschen Wunsch zur Abhaltung einer Viermächtekonferenz mit dem Angebot eines Sicherheitssystems zu verbinden, wofür gewisse Elemente bereits in dem Vertrag über die Europäische Verteidigungsgemeinschaft enthalten sind. Denn wenn die Europäische Verteidigungsgemeinschaft vorsieht, daß keiner der Mitgliedstaaten von sich aus die Stärke seines Truppenkontingents, seiner Rüstung, vor allem auch seiner Rüstungsproduktion erhöhen kann, sondern dabei an Beschlüsse der Gemeinschaft gebunden ist, so liegen darin Ansätze einer Sicherheitsgarantie nicht nur für den Westen, sondern auch für den Osten.

Mittwoch, den 8. Juli 1953

Morgens beim Bundeskanzler auf Bühlerhöhe. Hallstein trägt den Gedanken einer deutschen Initiative vor. Wie immer in solchen Situationen, sieht der Kanzler schnell die Vorteile eines solchen Schrittes. Er diktiert noch in unserer Gegenwart den Rohentwurf für ein Schreiben an den amerikanischen Außenminister in seiner Eigenschaft als Vorsitzender der Außenministerkonferenz in Washington. Der Brief, der nach der Konferenz von der Bundesregierung veröffentlicht wurde, lautet in seiner endgültigen Fassung wie folgt:

»Sehr geehrter Herr Dulles,

die Außenministerkonferenz wird sich in erster Linie mit der Deutschlandfrage beschäftigen. Ich bitte Sie, der Konferenz folgenden Vorschlag der Bundesregierung zu unterbreiten:

1. Eine Konferenz der vier Mächte über die Deutschlandfrage soll spätestens im Herbst zusammentreten.
2. Grundlage der Beratungen sollen die im deutschen Bundestag in seiner Sitzung am 10. Juni 1953 beschlossenen fünf Punkte sein.
3. Die Europäische Verteidigungsgemeinschaft soll Ausgangspunkt für ein Sicherheitssystem sein, das die Sicherheitsbedürfnisse aller europäischen Völker, einschließlich des russischen Volks, berücksichtigt. Dieses System soll sich einfügen in das von Präsident Eisenhower in seiner Rede vom 16. 4. vorgeschlagene System allgemeiner Abrüstung und Sicherheit im Rahmen der Vereinten Nationen.

Genehmigen Sie, Herr Außenminister, den Ausdruck meiner ausgezeichneten Hochachtung gez. Adenauer.«[3]

Der Kanzler legt großen Wert darauf, daß ich diesen Brief persönlich überbringe und in Washington erläutere. Ich wehre mich sehr gegen diesen Gedanken, weil ich wohl weiß, daß ein erneutes Erscheinen meiner Person in Washington im Hintergrund dieser bedeutsamen Konferenz von keinem der Konferenzpartner gern gesehen würde. Es würde aufdringlich erscheinen, es würde auch den Eindruck erwecken, als ob Deutschland sich in diese Konferenz hineindrängen wolle. Der Bundeskanzler läßt diese Argumente nicht gelten. Die Konferenz sei für das Schicksal Deutschlands von so eminenter Bedeutung, daß man auch Wege gehen müsse, die nicht ganz der diplomatischen Kleiderordnung entsprechen. Ich müsse diese Mission übernehmen.

Wenige Stunden später eilten Hallstein und ich in rasender deistündiger Fahrt nach Bonn, um dort vor dem Auswärtigen Ausschuß zur Frage der Wiedervereinigung und der Haltung der Bundesregierung zu berichten. Anschließend wird das Schreiben des Bundeskanzlers an Außenminister Dulles noch einmal überarbeitet. Die neue Fassung wird dem Kanzler gegen zweiundzwanzig Uhr durchtelefoniert. Die Billigung erfolgt sofort. Nachts zwei Uhr verlassen Hallstein und ich Bonn in Richtung Paris, um diesen Schritt mit dem amerikanischen Botschafter Bruce zu besprechen.

Donnerstag, den 9. Juli 1953

Früh Eintreffen in Paris, wo uns Limbourg empfängt. Wir fahren nach Versailles in das kleine entzückende Schloß des früheren königlichen Gouverneurs von Versailles, mitten im Park, wo Bruce seinen Sommersitz hat. In der Besprechung zeigt Bruce Einverständnis mit den Motiven und dem Inhalt der neuen Initiative des Kanzlers.

Abends fliege ich mit Pan American nach New York.

Washington, Freitag, den 10. Juli 1953

Unmittelbar nach Ankunft in New York Weiterflug nach Washington. Ich wohne zunächst bei unserem Geschäftsträger Krekeler, dann bei meinem alten Freund Federer. Ich habe mir vorgenommen, äußerst zurückhaltend zu sein und vor allem Kontakte mit der Presse so lange als irgend möglich zu vermeiden.

Nachmittags erstes Zusammentreffen mit Riddleberger, dem Leiter der Deutschlandabteilung im State Department. Die Konferenz der Außenminister hat begonnen; die Deutschlandfrage wird erörtert. Riddleberger ist über meinen Besuch zutiefst erstaunt, fast ungehalten. Nun habe Conant gerade ausführlich über die Wünsche des Kanzlers berichtet, da kommt der Sonderemmissär mit zusätzlichen Wünschen, die neue Entschlüsse der amerikanischen Regierung erforderten. Ich übergab Riddleberger den Brief des Kanzlers an Dulles. Zunächst zeigte sich Riddleberger geradezu erschrocken über die Kühnheit dieser Initiative, gab mir den offenbar auf Grund Conant'scher Vorschläge vorbereiteten amerikanischen Entschließungsentwurf zu lesen und sagte, er persönlich glaube, daß dieser zu schwach sei. Die amerikanische Regierung hätte sich bis jetzt nicht bereit finden können, eine Viererkonferenz herbeizuführen, vor allem, weil sie die Verhältnisse in der Sowjetunion noch für zu ungeklärt halte, um heute schon das Risiko einer solchen Konferenz einzugehen. Riddleberger sagte zu, den Brief sofort Foster Dulles vorzulegen. Damit würde nach seiner Meinung zweifellos die Konferenz eine entscheidende Wendung nehmen.

Sonnabend, den 11. Juli 1953

Morgens Frühstück mit Sir Frank Roberts in der britischen Botschaft. Auch dieser verbirgt nicht seine Überraschung über die deutsche Initiative. Er erzählt mir, daß Foster Dulles den Brief unmittelbar nach Eingang der Konferenz vorgelesen habe und daß die Reaktion der Konferenzteilnehmer recht unterschiedlich gewesen sei. Die der Franzosen sei besonders negativ und kritisch gewesen. Die Engländer, so Frank Roberts, seien besorgt, daß, wenn eine Viererkonferenz vor der Ratifizierung der Europäischen Verteidigungsgemeinschaft stattfände, es den Sowjets vielleicht gelingen könnte, durch geschickte Schachzüge die europäischen Völker so auseinanderzuspielen, daß die Ratifizierung ad calendas graecas verschoben würde. England lege aber entscheidenden Wert darauf, daß die Verteidigungsgemeinschaft zustande komme. Er glaube aber, daß die britische Regierung sich schließlich bereit finden könnte, der Initiative des Bundeskanzlers stattzugeben. Es bedürfe hierzu aber einer Kabinettsentscheidung.

Dienstag, den 14. Juli 1953

Spät abends Zusammenkunft mit Riddleberger, der mich über die Ergebnisse der Konferenz unterrichtet. Ich glaube, wir können sowohl mit dem ausführlichen Kommuniqué, besonders in seinen die europäische Einigung und die Wiedervereinigung betreffenden Teilen, zufrieden sein. Auch die Formulierung der an die sowjetische Regierung gerichteten Einladung zu einer Viermächtekonferenz im Herbst ist einwandfrei. Die Absendung der Note ist um eine Reihe von Stunden verschoben worden, um die Konsultation des Bundeskanzlers zu ermöglichen, die Kirkpatrick übernehmen sollte.

Den Abend verbringe ich mit Krekeler, von Kessel und Riddleberger. Dieser schließt mit der Außenministerkonferenz seine Arbeit als Leiter der Deutschlandabteilung ab und geht nunmehr als amerikanischer Botschafter nach Belgrad. Ich habe diesen geraden und mutigen Mann sehr geschätzt. Er hat mich in diesen wahrlich nicht ganz leichten Tagen in Washington, in denen ich von allen gemieden wurde, eingehend unterrichtet, obwohl er hierzu wahrscheinlich nicht ermächtigt war. Er ist ein Freund Deutschlands, das er persönlich aus langjährigem Aufenthalt kennt und liebt. Er gehört zu jenen, die nicht viel aus sich machen, das Rampenlicht scheuen und deshalb gelegentlich unterschätzt werden. Wir verlieren mit ihm in Washington einen Mann, dessen Rat wir gern gefolgt sind.

Bühlerhöhe, den 15./16. Juli 1953

Abflug von New York, zusammen mit Blank, Heusinger und deren Mitarbeitern, die während drei Wochen sich in den Staaten zur Unterrichtung aufgehalten haben. Halbwegs Neufundland, müssen wir wegen Motorschaden umkehren. Nach mehreren Stunden erneuter Start. Ich komme nachts zwölf Uhr mit achtstündiger Verspätung in Frankfurt an. Hallstein am Flugplatz. Wir fahren sofort nach Unterstmatt, in der Nähe von Bühlerhöhe, wo es zu ein paar wenigen Stunden Schlaf reicht.

Freitag, den 17. Juli 1953

Halb elf Uhr beim Bundeskanzler in Bühlerhöhe. Der eingehende Bericht über die Reise findet an einer stillen Stelle im Wald statt. Der Kanzler ist mit dem Ergebnis zufrieden.

Montag, den 3. August 1953

Der Tag ist ausgefüllt mit Versuchen, die Konferenz in Baden-Baden zustande zu bringen, die Fortschritte im Bau der Europäischen Politischen Gemeinschaft zum Ziel haben soll. Die Italiener, die den Vorsitz führen, sind durch ihre Regierungskrise in gewissen Schwierigkeiten. Es scheint, als ob sie in Paris und Brüssel auf eine Vertagung der Konferenz hinarbeiten. Wir halten am 7. und 8. August fest, drängen besonders auf das Kommen Bidaults und der Minister der Beneluxstaaten. An Stelle de Gasperis wird Taviani in seiner neuen Eigenschaft als Außenhandelsminister die Konferenz präsidieren.

Nach unseren Vorstellungen – und dies wären die Hauptthemen der Konferenz – soll eine Gemeinschaft gebildet werden, die supranationale Funktionen ausübt, die aber die souveräne Rechtspersönlichkeit der Staaten unangetastet läßt. Diese Gemeinschaft soll allen europäischen Staaten offen stehen, die sich zur Achtung der Menschenrechte verpflichten. Sie können zur Gemeinschaft in ein Verhältnis der Assoziation treten. Die Gemeinschaft soll Montangemeinschaft und Verteidigungsgemeinschaft in sich aufnehmen und ihrer politisch-demokratischen Kontrolle unterstellen. Sie soll darüber hinaus Funktionen auf außenpolitischem Gebiet übernehmen. Sie soll schrittweise eine wirtschaftliche Integration und einen einheitlichen Markt schaffen, sie soll sich nach folgenden Grundsätzen gestalten: Ein Zweikammersystem unter Aufrechterhaltung des Ministerrats, Einrichtung einer Völkerkammer, die aus direkten europäischen Wahlen hervorgeht und einen unabhängigen Gerichtshof.

Es ist fraglich, ob auf der Baden-Badener Konferenz schon etwas Konkretes herauskommt. Uns liegt es im wesentlichen daran, die Idee des europäischen Zusammenschlusses erneut und für die Öffentlichkeit deutlich zu bekräftigen. Unter unseren westeuropäischen Partnern beginnen sich ernste Anzeichen eines Auseinanderfallens bemerkbar zu machen. Es wird der ganzen Kraft des Bundeskanzlers nach den Bundestagswahlen bedürfen, um das begonnene Werk aus dem gegenwärtigen Torso zu einem gerundeten Ganzen zusammenzufügen.

Mittwoch, den 5. August 1953

Nachts trifft die Antwort der sowjetischen Regierung auf die Einladung vom 14. Juli zu einer Viermächtekonferenz ein. Sie soll offensichtlich zwischen die Vereinigten Staaten einerseits und Großbritannien und Frankreich andererseits einen Keil treiben. In ihrem Tenor kommt sie englischen Wünschen, so vor allem gewisser Labour-Kreise, aber auch Churchill selbst entgegen, der eine Aussprache über Entspannung ohne feste, begrenzte Tagesordnung gewünscht hatte. Auch in Frankreich werden manche die sowjetische Note positiv werten. Die Anspielung auf die Remilitarisierung Westdeutschlands und die damit gegebenen Wirkungen auf die Nachbarn Deutschlands unterstützen jene, die unter keinen Umständen den EVG-Vertrag ratifiziert sehen wollen. François-Poncet sagt mir heute: »Die Tür ist zwar noch geschlossen, die Russen haben aber keinen Riegel vorgeschoben.«

Baden Baden, Freitag, den 7. August 1953

Nachmittags beginnt in Baden-Baden die Konferenz über die weiteren Arbeiten an der Europäischen Politischen Gemeinschaft. Wir haben einen Entschließungsentwurf ausgearbeitet, der mit den anderen anwesenden Delegationen besprochen wird und hier und da bereits erhebliche Bedenken auslöst.

Abends gibt der Bundeskanzler ein Essen für die Delegationen. An dem Diner im Kurhaus nehmen auch meine Eltern teil; es ist wohl selten, daß zu einem solchen Staatsessen Vater, Mutter und Sohn gleichzeitig geladen sind.

Während des Essens hatte ich eine freundschaftliche Unterhaltung mit dem Generaldirektor des holländischen Außenministeriums, van der Beugel. Er kennt Bidault, den französischen Außenminister, schon aus dessen Jugendzeit und schildert ihn mir als einen heiteren, gescheiten und äußerst gebildeten Menschen. Nach dem Kriege sei er zu einem recht unberechenbaren, nervösen und vom Ehrgeiz getriebenen Mann geworden.

Dann sprachen wir über Adlai Stevenson, der auch nach meiner Ansicht zu einem der begabtesten Politiker der Gegenwart gehört. Seine Reden, die ich gerade lese, sind wohl das Beste, was zur Zeit in Amerika auf politischem Gebiet geschrieben worden ist.[4] Anschließend an das Essen beginnt der Kampf um den Entschließungsentwurf, der bis fünf Uhr morgens dauert. Die Franzosen kämpfen zäh gegen jede auch nur andeutungsweise supranationale Lösung. Wesentliche Fortschritte sind auf der Konferenz nicht gemacht worden. Man verschob die weitere Arbeit auf kommende Konferenzen in Rom und Den Haag.

Bonn, Montag, den 10. August 1953

Außenminister Bidault und Frau sind heute Gäste des Kanzlers in Bonn. Die Atmosphäre ist gut, Bidault und der Kanzler bemüht, eine Übereinstimmung der Grundauffassungen zu betonen, also Fortsetzung der europäischen Zusammenarbeit, Regelung der Saarfrage sobald als möglich, noch vor den Bundestagswahlen. Bidault ist eine komplizierte Natur, äußerst sensitiv, fast empfindlich, dabei von großer Allgemeinbildung. Ein Mann, der unter keinen Umständen als Nachfolger des größeren Schuman in die Geschichte eingehen möchte. Ihm liegt sehr daran, eine eigene außenpolitische Leistung zu vollbringen. Ein geschickter Taktiker, in der Wahl der Mittel nicht gerade zimperlich, an zielbewußter Härte seinem

Vorgänger Schuman überlegen. Ob er allerdings großer außenpolitischer Erfolge fähig ist, wird sich noch erweisen.

Freitag, 14. August 1953

Abends Abschiedsessen für Sir Ivone Kirkpatrick, gefolgt von einem größeren Empfang. Unter den Gästen der französische Botschafter in London René Massigli. Sir Ivone antwortet auf die freundlichen Abschiedsworte des Kanzlers mit einer Ansprache in Deutsch, die mit den Worten endet: »Sie, Herr Bundeskanzler, verbinden Zähigkeit mit Verständnis, Entschlossenheit mit Maß. Das ist das Rätsel Ihrer großen außenpolitischen Erfolge.«

Sir Ivone gehört wohl zu den begabtesten Mitgliedern des britischen Foreign Office. Er verfügt über eine im diplomatischen Leben entscheidende Qualität: das Wesentliche vom Unwesentlichen zu unterscheiden und sehr schnell die schwachen Punkte eines Vorganges, einer Verhandlung, eines Gesprächs zu erkennen und daraus die notwendigen, für die britische Politik nützlichen Schlüsse zu ziehen. Er macht gelegentlich den Eindruck eines lethargischen, aktionsunlustigen, müden Mannes. Das ist aber nur Schein. Hinter dieser Maske verbirgt sich ein scharfer Beobachter, der aus einer Fülle eigener Lebenserfahrungen sichere Schlüsse zu ziehen vermag. In Verhandlungen von äußerster Klarheit, nie um eine gute Kompromißlösung verlegen, wenn die Verhandlungspartner sich festgefahren haben. – Wie oft hat er das bei den Verhandlungen über den Deutschlandvertrag bewiesen! Dabei voller Humor, einem sehr englischen Humor, der ernste Situationen durch heitere Parallelen aufzulokkern versteht. Tapfer, wenn es heißt, seine Meinung durchzusetzen; auch bereit, da, wo nötig, Unpopularität auf sich zu nehmen. Ausgezeichneter Kenner der deutschen Verhältnisse, über die er sich in allen Phasen seiner diplomatischen Laufbahn, zuletzt als Botschaftsrat in Berlin, ein Bild machen konnte. Mit Neville Chamberlain auf dem Petersberg hat er die Tage des »appeasement« erlebt, kennt Hitler aus persönlicher Anschauung, hat Rudolf Heß nach seiner Landung in Schottland im Krieg stundenlang vernommen, hat dann im Krieg weiter den britischen Rundfunk gesteuert, später die Deutschlandabteilung im Foreign Office geleitet. Er spricht ein gutes Deutsch, kennt die deutsche Literatur, ist ein guter Redner, ein Mann, der sein neues Amt, das Amt des Permanent Undersecretary of State, höchste Stellung in der Beamtenhierarchie des Foreign Office, wohl verdient. Er hat sich lange gegen dieses Amt gewehrt, weil er weiß, was es an Mühe, Arbeitslast und persönlicher Entsagung bedeutet. Wie er dem Kanzler sagte, sei er dem Ruf schließlich gefolgt, weil unsere Zeiten von denen, die dazu berufen sind, höchste Anstrengungen verlangten.

Montag, den 17. August 1953

Früh morgens kommt der Bundeskanzler von seiner Wahlreise nach Norddeutschland zurück. Inzwischen liegt der Wortlaut einer neuen sowjetischen Note (vom 15. August) vor, die in manchem der Note vom 4. August widerspricht. Während die Sowjets in dieser das Deutschlandproblem als Teil einer alle Spannungsprobleme in der Welt umfassenden Tagesordnung einer Viermächtekonferenz behandelt wissen wollten, konzentriert sich die neue Note ganz auf Deutschland. Die Grundlagen für eine sogenannte Friedensregelung, die am Ende der Note aufgeführt werden, sind eine Wiederholung der entsprechenden Vorschläge der sowjetischen Note vom 10. März 1952. Neu ist die Erklärung, daß die Ratifizierung der Europäischen Verteidigungsgemeinschaft die Wiedervereinigung unmöglich mache. Neu ist ferner der Vorschlag der Bildung einer gesamtdeutschen Regierung vor Abschluß eines Friedensvertrages, die sich aus Mitgliedern der Parlamente der Deutschen Demokratischen Republik, der Bundesrepublik Deutschland unter breiter Beteiligung »demokratischer Organisationen« zusammensetzt. Sollten sich die beiden Parlamente nicht einigen können, so sollten nach sowjetischen Vorstellungen die beiden Regierungen, die Regierung der Bundesrepublik und die Regierung der Sowjetzone, zusammen eine gesamtdeutsche Regierung bilden.

Nach allem, was sich am 17. Juni in der Ostzone ereignet hat, sind solche Fusionsgedanken mit den Machthabern in der sowjetisch besetzten Zone psychologisch denkbar ungeschickt. Die Note ist schon deshalb ohne Wirkung auf die deutsche öffentliche Meinung. Der Kanzler hat das Gefühl, daß nunmehr ein erneuter, zeitraubender, letzten Endes ergebnisloser Notenwechsel einsetzt. Er hält es im Grunde für besser, wenn nun baldmöglichst die auch von ihm gewünschte Viermächtekonferenz auf Außenministerebene stattfindet, um einmal zu prüfen, wie weit die sowjetische Regierung wirklich bereit ist, in dem begrenzten Themenkreis – Deutschlandproblem und österreichischer Staatsvertrag – sinnvolle Konzessionen zu machen.

22. August 1953

Ich habe heute mit Interesse die Presseerklärung, die Adlai Stevenson bei seiner Rückkehr von einer Weltreise in New York abgegeben hat, gelesen. Alles, was dieser Mann schreibt und sagt, hat eine eigene, sympathische Note. Seine Kritik an der Regierung Eisenhower ist wohl nicht unberechtigt. Die Vereinigten Staaten haben unter dem Präsidenten Eisenhower von ihrem großen Nimbus als Vormacht der freien Welt viel eingebüßt. Dies liegt an der tastenden, unsicheren Führung Eisenhowers innerhalb der eigenen Partei und nicht zum geringsten wohl auch an den feindlichen Aktionen, die sich im wesentlichen gegen das State Department richtende antikommunistische Hexenjagd McCarthys, mit ihren die Beamten lähmenden Wirkungen. Auch, daß es Eisenhower nicht gelungen ist, sich mit Großbritannien über gemeinsame Konzeptionen in Ostasien zu einigen, bringt Gefahren, die auf der kommenden Generalversammlung der Vereinten Nationen deutlicher werden. Amerika ist zu schnell Weltmacht geworden und besitzt heute noch nicht im Kongreß, aber auch nicht in der Regierung die ausreichende Zahl international qualifizierter Persönlichkeiten, die den großen Verantwortungen einer führenden Weltmacht gewachsen wären.

Nachmittags beschäftigte ich mich mit dem kleinen Büchlein McCloys ›The Challenge to American Foreign Policy‹,[5] das einige bemerkenswerte Betrachtungen über das Verhältnis von Zivil und Militär im Staat sowie die Erfordernisse moderner Diplomatie enthält.

Sonntag, den 23. August 1953

Das Schlußkommuniqué der Moskauer Regierung über den Besuch der Vertreter der DDR in Moskau, die aus Anlaß des Besuchs gehaltenen Reden Malenkows und die ganze Aufmachung durch die sowjetischen Gastgeber scheint mir deutlich zu machen, daß sich nach einiger Zeit der Unsicherheit und des Zögerns die sowjetische Politik gegenüber Westeuropa wieder fest etabliert hat. Rußland nimmt die Ostzone als Glacis wieder ganz in seine Hand. Dazu verleiht es den Satellitenfiguren einen neuen Nimbus, läßt Grotewohl und Genossen als Sprecher für ganz Deutschland erscheinen. Rußland will die Wiedervereinigung nicht; unter keinen Umständen auf der Grundlage freier Wahlen, die, wenn sie zugelassen würden, das ganze System des Ostblocks ins Rutschen bringen würden. Rußland versucht das Entstehen einer Europäischen Gemeinschaft zu verhindern, indem es die westeuropäischen Staaten unter Ausnutzung ihrer Gegensätze auseinanderzuspielen sucht. Für die Sowjetunion ist ein wiedervereinigtes Deutschland eine höchst problematische Frage; man kann zweifeln, ob sie selbst an einem isolierten, aus Westeuropa gelösten Gesamtdeutschland Interesse hat.

Ob die Sowjetunion einer erneuten Aufforderung der Alliierten, Ende September oder Anfang Oktober zu einer Viermächtekonferenz über die Deutschlandfrage in Genf zusammenzukommen, Folge leisten wird, ist unsicher. Sollte sie zustimmen, so wird man lange verhandeln, um genau da aufzuhören, wo man begonnen hat.

Freitag, 28. August 1953: abends in Kiel
Samstag, 29. August 1953: in Hamburg und Bremen
Sonntag, 30. August 1953: in Hannover

Der Bundeskanzler steht mitten im Wahlkampf. Die großen Menschenmassen aus allen Schichten der Bevölkerung – die Zahl der Versammlungsteilnehmer lag in der Regel bei achttausend bis zehntausend Menschen – sind seinen Ausführungen mit Interesse und Aufmerksamkeit gefolgt. Die immer wieder durchbrechende Begeisterung zeigte, daß Adenauer über alles Parteiengetriebe hinaus zu einer Persönlichkeit gewachsen ist, die die Phantasie der Menschen und vor allem ihr inneres Schutzbedürfnis befriedigt. Seine ruhige, gelassene Haltung, die klare Sprache, die einfache, oft stark vereinfachte, holzschnittartige Argumentation, die auch für einfache Menschen verständlich ist, schaffen zwischen dem Redner und seinen Zuhörern einen besonders engen Kontakt. Keine Pose, keine literarischen Deklamationen, sondern sachliche, manchmal auch aggressive Berichte eines Mannes, der von seiner Arbeit, seinen Plänen und Hoffnungen, seinen Sorgen und Erfolgen spricht. Immer wieder die gleiche Linie seiner Gedanken: Schaffung von Vertrauen in einer Welt, die in West und Ost die Bundesrepublik mit Mißtrauen und Furcht umgeben hat und in vieler Hinsicht noch umgibt; die Bedrohung aus dem Osten, die Notwendigkeit einer politischen Einigung Europas und die enge Verbindung mit den Vereinigten Staaten, einzig wirksamer Schutz und Garantie für das Überleben. Die Deutschen, die an sich unpolitische Menschen sind, und leicht zu negativer Kritik und oft auch zu Gleichgültigkeit neigen, fühlen sich durch diesen Mann unmittelbar angesprochen, an seinen Sorgen unmittelbar beteiligt. Hier wächst Vertrauen, das in diesem Ausmaß nur wenigen Persönlichkeiten in unserem Land entgegengebracht wird. Ich bin überzeugt, daß die Wahlen vom 6. September gut ausgehen werden, zumal die Opposition eine klare Linie der Abwehr oder des Angriffs vermissen läßt. Die Pressekonferenz, die die Sozialdemokratische Partei am 28. August über ihre Europapolitik gehalten hat, gibt dem Kanzler unerwartete Waffen in die Hand: die Erklärung, daß der Standort einer zukünftigen gesamtdeutschen Regierung innerhalb der Völkergemeinschaft auf einer Viererkonferenz von Sowjetrußland und den drei Westmächten festgesetzt werden müsse, bedeutet in den Augen des Kanzlers die Aufgabe alles dessen, was die Bundesrepublik in den letzten vier Jahren an freier Entscheidungsmöglichkeit zurückgewonnen hatte. Dies führe zwangsläufig dazu, daß Deutschland neutralisiert und isoliert zwischen West und Ost das Dasein eines zum Objekt fremder Willkür gewordenen Staatswesens führe.

Bonn, Donnerstag, den 3. September 1953

Lange Besprechung mit dem Bundeskanzler über Bildung und Aufgaben der neuen, nach den Wahlen zu erwartenden Bundesregierung. Adenauer sieht drei Aufgaben als die Bedeutsamsten seiner kommenden Kanzlerschaft an: Die Lösung der großen außenpolitischen Probleme, Viererkonferenz, Wiedervereinigung, europäischer Zusammenschluß, Ratifizierung der Verträge, weitere Festigung des Vertrauens der ausländischen Staaten gegenüber Deutschland; die dringend notwendige Verbesserung der Lage der Jugend, für die nach seiner Auffassung zu wenig geschehen ist. Schließlich der Neuaufbau der Christlich Demokratischen Union, die den Anforderungen einer modernen Partei nicht gewachsen sei.

Ein wesentlicher Teil des Gesprächs bezieht sich auf die Frage, ob er das Außenministerium behalten oder abgeben soll. Im Grunde würde er das Ministerium gern behalten, um die großen, unvollendeten außenpolitischen Aufgaben zu erfüllen. Er findet sich aber einer geschlossenen Front der Ablehnung innerhalb der CDU, CSU, der FDP, der DP und vor allem auch in einem nicht unerheblichen Teil der deutschen öffentlichen Meinung gegenüber, die das Außenministerium Herrn von Brentano anvertraut sehen möchten. Der Bundeskanzler erwägt eine Aufteilung der Aufgaben des Auswärtigen Amts, indem er sich in Zusammenarbeit mit Hallstein die der Vollendung harrenden Probleme vorbehalten möchte, während die laufenden Geschäfte von einem Außenminister und den regulären Abteilungen des Ministeriums zu bewältigen wären. Ich äußere starke Bedenken; denn eine solche Lösung würde den Apparat des Auswärtigen Amts, der gerade im Begriff ist zusammenzuwachsen, auseinanderreißen. Nach meiner Meinung bleibt nur die Lösung: Brentano Außenminister, Hallstein Ständiger Staatssekretär mit Sitz und Stimme im Kabinett und unmittelbares Vortragsrecht beim Kanzler. Damit ist hinreichend Gewähr gegeben, daß der Kanzler mit dem Auswärtigen Amt in engem Kontakt bleibt, daß keine Entscheidung in wichtigen Fragen ergeht, ohne daß er gehört wird. Der Bundeskanzler stimmt dem nicht zu. Er werde wohl, wenn auch schweren Herzens, das Außenministerium aufgeben müssen. Trotzdem wolle er sich gewisse außenpolitische Arbeitsgebiete vorbehalten. An eine Zweiteilung des Amts denke er jedoch nicht, da dieses nur einheitlich und zusammengefaßt arbeiten könne. Wenn immer notwendig, werde er sich des Amtes für die von ihm in Aussicht genommenen Aufgaben und Ziele bedienen.

Montag, 7. September 1953

Vormittags versammelt der Kanzler seine engsten Mitarbeiter Hallstein, Lenz, Globke, von Eckardt und mich, um mit ihnen das Ergebnis der Bundestagswahlen zu besprechen. Der Kanzler, der sich das Wahlergebnis erst morgens um sieben Uhr hat sagen lassen, war offensichtlich von dem großen Erfolg überrascht. Alle sind der Auffassung, daß der Erfolg in erster Linie dem Kanzler persönlich zuzuschreiben ist. Diese Wahlen könnte man Adenauerwahlen nennen, denn die große Masse des Volkes, bis weit in Arbeiterkreise hinein, hat seine Stimme der Persönlichkeit Adenauers gegeben. Eindrucksvoll sind die Ergebnisse in Kiel, Hamburg, Hannover und Frankfurt. Aus den Ergebnissen ergibt sich, daß die CDU/CSU die absolute Mehrheit besitzt, und daß die Regierungskoalition und BHE, die Flüchtlingspartei, mit Leichtigkeit die Zweidrittelmehrheit erreicht, die für verfassungsändernde Gesetze erforderlich ist. Damit ist die Ratifikation der großen Verträge gesichert. Die Reaktion der öffentlichen Meinung in der Welt ist positiv, besonders in den Vereinigten Staaten, aber auch in England und in den übrigen europäischen Ländern. Lediglich in Frankreich gibt es negative Stimmen.

Der Bundeskanzler sieht die Bedeutung der Wahl in Folgendem: Sie sind nach seiner Auffassung Ausdruck einer großen inneren Konsolidierung und Stabilität. Alle extremen Gruppen auf der äußersten Linken und der äußersten Rechten sind ausgeschaltet. Große Teile der Jugend haben sich für die europäische Einigung ausgesprochen. Mit der Wahl ist die Idee des europäischen Zusammenschlusses gerettet. Es bestehe Aussicht, daß nunmehr die Unsicherheit infolge der ständigen französischen Regierungskrisen, des Sturzes de Gasperis in Italien und der Bedenken in den Beneluxländern überwunden werden kann. Allerdings nur, wenn mit äußerster Vorsicht vorgegangen wird, denn nichts wäre gefährlicher, als wenn in Westeuropa der Eindruck entstehe, daß die Bundesrepublik eine führende Rolle beanspruchen wolle. Es werde also darauf ankommen, das europäische Vertragswerk mittels einer maßvollen, zu Konzessionen bereiten Politik durch die zahlreichen westeuropäischen Interessenkonflikte hindurchzusteuern und allzu starren Dogmatismus durch praktische, der Wirklichkeit entsprechende Lösungen zu ersetzen und damit den anderen Völkern den Weg zu erleichtern, die Verträge zu akzeptieren.

Unzweifelhaft haben die Erfolge der Politik Erhards, der freien Marktwirtschaft, ganz erheblich zum Wahlergebnis beigetragen. Wo immer sich dieser Mann mit seinem Optimismus und seiner rednerischen Dynamik zeigte, fand er Zustimmung bei allen, die aus den täglichen Lebenserfahrungen wissen, daß seine Politik keine leeren Versprechungen, aber auch keine Restauration alter, überlebter wirtschaftlicher Vorstellungen, sondern Aufbau einer neuen, in vieler Hinsicht modernen und sozialen Wirtschaftsordnung bedeutet.

Mittwoch, den 9. September 1953

Der Bundeskanzler hat sich nun entgegen so mancher Bedenken entschieden, das Außenministerium persönlich weiter zu führen. Er sieht im Wahlergebnis ein Votum des deutschen Volkes für seine Außenpolitik und damit auch ein Mandat, diese weiter zu führen.

In einer Zeit, in der so überaus wichtige Entscheidungen notwendig werden, ist dies eine richtige Entscheidung. Denn überträgt man das Auswärtige Amt heute auf eine andere Persönlichkeit, so wird dies in der Weltöffentlichkeit als Minderung der Autorität der Bundesrepublik angesehen werden. Es ist nun einmal kein Zweifel, daß der Kanzler durch seine Präsenz auf den großen internationalen Konferenzen der letzten Jahre ein erhebliches Vertrauenskapital angesammelt hat, das er weiter für den Erfolg seiner Außenpolitik einsetzen möchte. Die Berechtigung dieses Wunsches kann nur schwer bestritten werden, wenn man erlebt hat, wie er in persönlichem Kontakt mit den Ministerpräsidenten und Außenministern der Partnerstaaten Schwierigkeiten überwand und oft durch entscheidende konstruktive Vorschläge die Zusammenarbeit förderte.

Mittags macht der amerikanische Botschafter in Paris David Bruce, der zugleich für Fragen der europäischen Einigung zuständig ist, dem Bundeskanzler einen Besuch. Die Unterhaltung betrifft im wesentlichen die Aussichten für die Ratifikation der Verträge in den verschiedenen europäischen Ländern. Bruce besitzt eine umfassende und gründliche Kenntnis der europäischen Verhältnisse. Infolge seiner großen Diskretion und seines Mangels an Publizitätsbedürfnis werden ihm von vielen Dinge anvertraut, die anderen in der Regel nicht mitgeteilt werden. In ihm verbindet sich klarer politischer Verstand und ausgesprochener Humor, der die komischen Seiten des Lebens nicht übersieht und auch zur richtigen Einschätzung der eigenen Person führt. Er versteht es gut mit dem Kanzler, besser als Conant, unser gegenwärtiger amerikanischer Botschafter in Bonn, dessen guter Wille alle Anerkennung verdient, der gelegentlich jedoch, infolge mancher akademischer Vorurteile, den Sinn für die Realitäten des politischen Lebens vermissen läßt.

Paris, Mittwoch, den 16. September 1953

Der Bundeskanzler sieht eine der vordringlichsten Aufgaben der neuen Bundesregierung auf außenpolitischem Gebiet in der Ratifizierung der Verträge, insbesondere des Vertrages über die Europäische Verteidigungsgemeinschaft. Die Nachrichten aus Paris sind nicht gerade ermutigend. Hauptgegner sind der französische Präsident Auriol, der für Demilitarisierung und Neutralisierung eines wiedervereinigten Deutschlands ist, vor allem aber die Gaullisten, von der starken kommunistischen Partei ganz abgesehen. Die pro-europäischen Gruppen sind zögernd und hinsichtlich ihrer Taktik nicht immer einer Meinung. Diese Lage der Dinge veranlaßt den Kanzler, mich mit einem Schreiben nach Paris zu Bidault zu schicken, um seinen Einfluß zugunsten einer Förderung der Europäischen Politischen Gemeinschaft – Gegenstand der noch im September in Rom stattfindenden Konferenz der Außenminister-Stellvertreter – zu mobilisieren und gleichzeitig an die baldige Ratifikation der EVG-Verträge zu appellieren. Diese Wünsche waren mit dem Vorschlag eines Treffens für den Monat Oktober verbunden, in welchem etwaige Probleme gelöst und Hindernisse aus dem Weg geräumt werden sollten.

Mein Gespräch mit Bidault wurde in besonders freundlicher Atmosphäre geführt. Offenbar lag Bidault daran, der öffentlichen Meinung zu zeigen, wie eng und vertrauensvoll die Zusammenarbeit mit dem Bundeskanzler ist. Ich gewann die Überzeugung, daß er die Ratifikation der

EVG wünscht, aber auf keinen Fall um den Preis der Beeinträchtigung französischer Souveränitätsrechte. Das Gleiche gilt auch für die geplante Politische Gemeinschaft.

Unterhaltungen mit Bidault haben ihren eigenen Charakter. Ich habe oft das Empfinden, einem Mann gegenüberzusitzen, der in »Spiralen« denkt und sich gern unklar ausdrückt. Es wird mit einem Gedanken begonnen, dieser dann wieder fallengelassen und durch andere überholt. Man kann sich nicht ganz dem Eindruck entziehen, als ob er erst in der Unterhaltung Absichten und Ziele zu klären sucht. Die Stärke dieses Mannes liegt wohl in parteipolitischer Taktik. Er ist äußerst gewandt in der Behandlung von Parlamentsmehrheiten. Es bleibt unsicher, ob er sich bei der unstabilen Mehrheit in der Assemblée halten kann, oder ob wir nicht in Frankreich mit Neuwahlen rechnen müssen.

Meine Gespräche in Paris haben mir wieder einmal bestätigt, daß die Lösung der Saarfrage und die Assoziation Englands zur Europäischen Verteidigungsgemeinschaft, das heißt im Grunde das Verbleiben der gegenwärtig auf dem Kontinent stationierten britischen Truppen, unerläßliche Voraussetzung einer französischen Ratifikation der EVG sind.

Bühlerhöhe, Dienstag, den 22. September 1953

Auf einem Abendspaziergang in Bühlerhöhe entwickelt der Kanzler ein paar Gedanken über die Möglichkeit einer Vertiefung des deutsch-französischen Verhältnisses. Er hält eine Lösung der Saarfrage für vordringlich, um auf französischer Seite Widerstände gegen die Ratifikation der EVG auszuräumen. Verhandlungen über die Saarfrage müßten aber freie Wahlen an der Saar vorausgehen, die die Beteiligung einer Delegation des freigewählten Parlaments an den Verhandlungen ermöglichen. Er denkt ferner an eine engere deutsch-französische Zusammenarbeit auf wirtschaftlichem und kulturellem Gebiet. Eine weitere Möglichkeit verstärkter Zusammenarbeit ist in seinen Augen eine fortlaufende Konsultation der beiden Regierungen über alle für die Gestaltung der Beziehungen wesentlichen Fragen. Er spielt auch mit dem Gedanken einer engeren, bündnisähnlichen Verpflichtung der beiden Länder; hierbei müsse aber auf die EVG Rücksicht genommen werden. Im übrigen beklagt er den so langsamen Gang der Verhandlungen über eine Europäische Politische Gemeinschaft. Man könne die Dinge nun wirklich nicht mehr auf die lange Bank schieben. Ohne schon zu einem definitiven Entschluß zu kommen, erwägt er, wenigstens auf Zeit, die »supranationale Exekutive« der Gemeinschaft durch die Regierungschefs oder Außenminister billigen zu lassen.

Dienstag, den 29. September 1953

Eine neue russische Note – Antwort auf die Note der Alliierten vom 2. September – wird im allgemeinen negativ beurteilt. Die Sowjets stellen in ihr ein Junktim her zwischen einer Fünfmächtekonferenz, die sich mit der globalen Regelung aller zwischen ihr und den Westmächten bestehenden Probleme befassen und einer Viermächtekonferenz, die sich auf das deutsche Problem beschränken soll. Dieser taktische Zug ist wohl dazu bestimmt, die Teile der öffentlichen Meinung in der Welt anzusprechen, die sich in letzter Zeit, vor allem in England, wieder für eine globale Regelung ausgesprochen haben. Er verfolgt auch den Zweck durch Hinzuziehung Rotchinas, das alliierte Lager zu teilen, da die Russen wissen, daß die Amerikaner den Gedanken einer Beteiligung Chinas völlig ablehnend gegenüberstehen. Auch in der Deutschlandfrage halten die Sowjets an ihren früheren, von uns bereits mehrfach abgelehnten Vorstellungen fest: Erst Friedensvertrag, dann Bildung einer provisorischen, gesamtdeutschen Regierung und schließlich Durchführung »freier Wahlen«. Die von den westlichen Alliierten immer wieder ausgesprochene Forderung, die Konferenz auf eine genau abgegrenzte Tagesordnung zu beschränken, findet keinen Anklang in Moskau. Man wird also den Notenwechsel fortsetzen.

Mittwoch, den 30. September 1953

Gestern ist der Regierende Bürgermeister von Berlin Ernst Reuter unerwartet an einem Herzschlag gestorben. Der Bundeskanzler schätzte die große Leistung dieses Mannes im Kampf um die Freiheit Berlins hoch ein. Ich sah in ihm eine bedeutende Figur der deutschen Sozialdemokratie, die durch ihren Optimismus, ihre Zähigkeit und Kraft die Bevölkerung Berlins in gefahrvollen Zeiten zusammenhielt und die es verstanden hat, durch ihr psychologisches Geschick, ihre umfassende Bildung, das Ansehen Berlins in der Welt zu begründen. Wenn Berlin in all den Jahren so wesentlich dazu beigetragen hat, der Welt ein neues Bild Deutschlands und der Deutschen zu vermitteln, so ist dies mit in erster Linie den Leistungen dieses Mannes zu danken.

16. Dezember 1953

Je länger die Ratifizierung der Verteidigungsgemeinschaft in Frankreich hinausgeschoben wird, um so schwerer wird es sein, überhaupt eine gemeinsame europäische Verteidigung zu verwirklichen. Denn auch von den Deutschen kann man nicht erwarten, daß sie auf die Dauer die Rolle des unglücklichen Liebhabers spielen. Unsere Sorge muß sein zu verhindern, daß das Pendel unserer Gefühle nicht in andere unerwünschte Richtungen ausschlägt.

Es ist nun wohl bald an der Zeit, sich im westlichen Lager darüber zu einigen, welchen Vorschlag man der französischen Regierung machen sollte, falls das französische Parlament die Ratifizierung ablehnt oder einer Entscheidung ausweicht. Die amerikanische Regierung hat sich auf die EVG festgelegt. Sie sieht in ihr die beste Möglichkeit, die deutsch-französische Zusammenarbeit fest zu verankern. Wenn die »beste« Lösung aber nicht durchführbar ist, werden die Vereinigten Staaten nach der Zweitbesten suchen, und da es ihnen darauf ankommt, zu keiner Zeit zwischen der Bundesrepublik und Frankreich wählen zu müssen, käme nur eine Lösung im Rahmen der NATO in Betracht.

Die Franzosen möchten, soweit es sich übersehen läßt, am liebsten den bisherigen Zustand verewigen. Es hat zuweilen sogar den Anschein, als ob sie sich unter dem Zwang, einer deutschen Wiederbewaffnung zustimmen zu müssen, eher noch für eine NATO-Lösung als für die EVG entschließen könnten. Der Gedanke einer Eingliederung der französischen Streitkräfte in eine Organisation supranationalen Charakters, das heißt, Aufgabe historisch-militärischer Traditionen, ist ihnen zuwider. Da sich die Franzosen eine EVG nur mit einem geteilten Deutschland vorstellen können, stellt sich für uns die Frage, ob nicht eine NATO-Lösung Vorteile bringt, zumal wenn Frankreich sich mit ihr als dem »minderen Übel« einverstanden erklären würde. Vor zwei Jahren bestand nicht die leiseste Möglichkeit in dieser Richtung. Wenn sie heute besteht, sollten wir sie ergreifen. Damit braucht man den Gedanken der EVG nicht für alle Zeiten aufgeben. Sie könnte ein Fernziel bleiben. In der Zwischenzeit wäre aber die Wiederbewaffnung im Rahmen der NATO zu verwirklichen. Unsere Konzentration auf die EVG war sicher richtig. Sie hat ihre Früchte getragen. Vor zwei Jahren hätten wir keine andere Wahl gehabt, unsere Souveränität wieder zu erlangen.

Es besteht die Gefahr, daß die französische Regierung nach der Viermächte-Außenministerkonferenz in Berlin die Ratifizierung des Vertrages bis an das Ende des Jahres 1954 hinausschiebt, ja vielleicht gänzlich aufgibt. In diesem Fall sollte man möglichst schnell mit der Alternative herauskommen, schon um die Periode der Unsicherheit und Verwirrung, nicht zuletzt in unserem Land, abzukürzen.

31. Dezember 1953

Am Jahresende steht die Idee der europäischen Integration in einer schweren Krise – nicht so sehr in Deutschland, wo sie dank der Konsequenz des Bundeskanzlers eher an Stärke zugenommen hat. Die Wahlen vom 6. September waren ein Bekenntnis zu einem vereinten Europa. Nicht aber in Frankreich und Italien, wo nationalistische und kommunistische Tendenzen sich in den Vordergrund schieben. Innere Zerrissenheit, Minderwertigkeitsgefühle und mit Ressentiments durchsetzte Furcht vor einem Übergewicht des sich schnell wieder nach oben entwickelnden Deutschland tragen das Ihre dazu bei, daß engstirniger Nationalismus die Überzeugung von der Notwendigkeit des Zusammenschlusses zu schwächen droht. Vielleicht nicht einmal so sehr in den breiten Volksmassen als in der dünnen Schicht der herrschenden und einflußreichen Gruppen, die sich gerade in Italien und Frankreich der vom Schicksal gestellten Aufgabe nicht gewachsen zeigen.

Besonders erschütternd ist die politische Lage in Frankreich, wo eine schlechte Verfassung und eine qualitativ unzureichende Schar von Politikern das Land nahezu an den Rand des Chaos gebracht haben. Das kommende Jahr wird zeigen, ob die europäische Idee sich durchsetzt oder vielleicht endgültig begraben werden muß. Die Vorzeichen sind schlecht und werden mit jedem Monat schlechter. Am Rande des sowjetischen Vulkans, dessen Gefährlichkeit durch einige geschickte Schachzüge der Sowjets viel von seiner heilsamen Wirkung auf die abendländische Welt verloren hat, tanzen eine Schar von Schemen um ihre dünnflüssigen Partei- und Wirtschaftsinteressen und merken nicht, wie die Sanduhr abläuft.

In diesen Wochen und Monaten hat sich der Kanzler von seiner europäischen Bedeutung gezeigt und durch Abwarten, Geduld und zähes Festhalten an seiner europäischen Konzeption dem Zerstörungsprozeß, wo nur möglich, Einhalt geboten. Er bleibt die Hoffnung aller Gutwilligen, der Kristallisationspunkt aller Energien, die sich dem Zusammenschluß und der Verteidigung einer freien, abendländischen Welt verschrieben haben. Wir dürfen aber nicht vergessen, daß auch in Deutschland, trotz der Wahlen zum 6. September, die Kräfte des nationalen Egoismus nur schlummern, und falls der europäische Gedanke zerbrechen sollte, nur allzu schnell ihr Haupt wieder erheben werden. Großes ist sicherlich beim Wiederaufbau der letzten Jahre geleistet worden. Ist aber der Aufbau mit seiner Prosperität nicht etwas zu schnell vor sich gegangen? Hat der geistige Wiederaufbau Schritt gehalten? Oder droht ein überstarker Materialismus uns wieder auf falsche Bahnen zu lenken? Mir scheinen weder der demokratische Gedanke noch der Geist loyaler Kooperation mit den anderen freien Völkern bereits so fest verankert, als daß wir uns in Sicherheit wiegen oder gar über die anderen erheben dürften. Gewiß ist es angesichts der Flüchtlingsmassen, der sozialen Not, die immer noch groß ist, notwendig, ja unerläßlich, auf den Wohnungsbau, die Produktion, den Export, die Hebung des wirtschaftlichen Standards wesentliche Energien zu konzentrieren. Genügt das aber? Muß der Staat nicht zugleich größere Aufmerksamkeit als bisher der politischen und kulturellen Erziehung zuwenden, damit sich die deutsche Tragödie der letzten Jahrzehnte nicht wiederholt? Noch sind sich unsere Schulen und Universitäten ihrer Aufgaben der Erziehung zur Demokratie und zur Toleranz gegenüber den anderen Rassen nicht genügend bewußt. Große Aufgaben stellen sich hier, für die leider bis heute Persönlichkeiten fehlen, die mit schöpferischer Phantasie zur Verfügung stehen. Ein Wilhelm von Humboldt wäre gerade recht, um einmal das Programmatische für die Lösung der großen Erziehungsprobleme zu gestalten. Nur so könnte unser Land die ihm von seiner geographischen Lage und seiner geschichtlichen Tradition gestellte doppelte Aufgabe erfüllen: Schutz der abendländischen Werte und Brücke zur östlichen Welt zu sein.

Aus dem Jahre 1954

Die Berliner Viermächtekonferenz (25. Januar bis 19. Februar) · Der Kanzler beauftragt Grewe und mich mit der Leitung der Beobachterdelegation · Bundespräsident Heuss siebzig Jahre · Die Brüsseler Konferenz zur »Rettung der EVG« (19. bis 22. August) · Die Niederlage der Europäischen Verteidigungsgemeinschaft in der französischen Nationalversammlung · Die Reaktion des Kanzlers auf Bühlerhöhe · Sir Anthony Eden in Bonn · Die Alternative · Besuch Forster Dulles in Bonn · Die Neun-Mächte-Konferenz · Felix von Eckardt · Churchills achtzigster Geburtstag · Das Geschenk des Kanzlers · Die französische Nationalversammlung genehmigt die Pariser Verträge · Betrachtung zum Jahresende

Bonn, Dienstag, den 5. Januar 1954

Der Bundeskanzler wird achtundsiebzig Jahre. ›Time‹ bringt aus diesem Anlaß eine Spezialreportage, die, wenn man die Bedeutung von ›Time‹ in der amerikanischen öffentlichen Meinung kennt und sich unsere Entwicklung der letzten vier Jahre vergegenwärtigt, einen außerordentlichen persönlichen Erfolg des Bundeskanzlers darstellt.

Crans, den 8. Januar 1954

Das Ziel der sowjetischen Außenpolitik auf der bevorstehenden Konferenz der Außenminister ist die Verhinderung des europäischen Zusammenschlusses, die Herauslösung Deutschlands aus der Verbindung mit dem Westen und zwar nicht nur politisch, sondern auch wirtschaftlich. Ich glaube, daß Molotow, den ich für keinen besonders ideenreichen und großzügigen Staatsmann halte, sich im wesentlichen darauf beschränken wird, die Linie der sowjetischen Noten der vergangenen Monate einzuhalten, ohne neue Konzessionen zu machen, immer unter Berücksichtigung der Tatsache, daß Sowjetrußland entscheidenden Wert darauf legen muß, seine Herrschaft im Satellitenraum weiter zu festigen. Vielleicht werden die Sowjets eine »österreichische Lösung« mit Viermächtekontrolle unter starker Anlehnung an die Prinzipien von Potsdam vorschlagen. Diese »Konzessionen« werden sie sich weiter teuer dadurch erkaufen lassen, daß sie den Abzug der Amerikaner und Engländer vom Kontinent fordern und dies mit dem Angebot eines Sicherheitssystems verbinden, das sich im wesentlichen auf die alten sowjetischen Bündnisse mit Frankreich und England gründet. Die Sowjets werden sich voraussichtlich von dem Gefühl leiten lassen, daß die Bundesrepublik ihren westlichen Nachbarn bereits wieder so unbequem, ja so »gefährlich« erscheint, daß diese an einem Zusammenschluß mit ihr nicht mehr das gleiche Interesse besitzen.

Das deutsche Ziel auf dieser Konferenz muß sein, mit allen Kräften die Wiedervereinigung in Freiheit zu erreichen, das heißt einer Freiheit, die den Zusammenschluß mit der freien Welt ermöglicht, ohne den die kulturelle, politische und wirtschaftliche Lebensfähigkeit Deutschlands auf die Dauer nicht gesichert werden kann.

In Crans, im Wallis, wo ich mich zur Zeit zur Wiederherstellung meiner Gesundheit befinde, erhalte ich heute den folgenden Brief des Kanzlers:

»Lieber Herr Blankenhorn!

Zunächst danke ich Ihnen herzlich für Ihre guten Wünsche. Der Tag verlief, wie Sie sich vielleicht denken können, etwas anstrengend.
Ich hörte indirekt von Ihrer Frau, daß es Ihnen besser ginge, daß die schweizer Ärzte es lange nicht so kritisch beurteilen wie die Deutschen und daß Sie täglich etwas spazieren gehen sollen. Ich freue mich sehr darüber und bin überzeugt, daß Sie in absehbarer Zeit wieder der alte sein werden.

Allerdings sagte mir Martini, den ich vor einiger Zeit traf, daß Sie Ihre Kost entsprechend einrichten müßten, denn es handle sich um einen Gichtanfall besonderer Art, auf den sich eine akute Entzündung gesetzt hat. Nun, diese besondere Diät wird Ihnen wohl nicht zu viel Kopfzerbrechen machen.

Ich bedauere aufrichtig, daß ich Sie heute in Anspruch nehmen muß für die Berliner Konferenz. Delegationsführer ist Grewe – Sie kennen ihn, Sie wissen, daß er ein sehr kenntnisreicher, geschickter Mann ist, aber ich glaube, Sie müßten mit dabei sein, weil Sie ja politisch besonders erfahren und gewandt sind. Ich würde mir die Sache so denken, daß wir zwei Delegationsführer haben, Sie und Grewe, und daß Sie beide sich sehr leicht verständigen werden. Die ganze Delegation wird nach unseren bisherigen Plänen 15-16 Leute umfassen. Sie wird an den Verhandlungen selbst ja nicht teilnehmen. Ich glaube, Sie können die Arbeit, die Sie zu tun haben, vom Krankenhaus oder von einem guten Hotel aus erledigen, Sie brauchen dabei nicht in Erscheinung zu treten.

Ich bitte Sie, nicht zu sehr zu erschrecken, ich glaube im Ernst nicht, daß Sie es nicht leisten können. Die Arbeit würden Sie meiner Meinung nach vom Bett aus leisten können. Sie würde daraus bestehen, daß Sie die Kontrolle über die einzelnen Mitglieder der Delegation führen, zusammenfassen, Anweisungen geben und uns unterrichten. Ich lege sehr großen Wert darauf, daß Sie teilnehmen. Die Sache kann sehr wichtig werden und ein falscher Schritt – ich brauche es Ihnen kaum zu sagen – kann natürlich große Folgen haben. Ich gebe diesen Brief Frau Schild mit, damit er nicht durch die Post zu gehen braucht und bitte, mir mitzuteilen, ob Sie einverstanden sind und welche besonderen Wünsche Sie wegen Ihrer Unterbringung haben. Für die deutsche Delegation ist das ›Hotel am Zoo‹ reserviert worden.

Ich wünsche Ihnen weiter gute Besserung und bin
mit herzlichen Grüßen

Ihr ergebener
Adenauer«

Crans, den 14. Januar 1954

Meine Antwort auf den Brief des Kanzlers:
»Sehr verehrter Herr Bundeskanzler,

ich darf Ihnen für Ihr freundliches Schreiben vom 8. Januar und dem damit verbundenen wichtigen Auftrag sehr herzlich danken. Wie ich bereits telephonisch habe durchsagen lassen, bin ich selbstverständlich bereit, Ihren Wünschen zu entsprechen. Ich bin mir dabei bewußt, daß diese Aufgabe schwer ist und besondere Konzentration und Umsicht verlangt.

Mit Professor Grewe werde ich selbstverständlich aufs beste zusammenarbeiten. Wir haben uns immer gut vertragen. Ich achte ihn als einen besonders klugen und befähigten Mann, mit dem eine harmonische Zusammenarbeit immer gegeben sein wird.

Für den Fall, daß Sie keine anderen Weisungen haben, hatte ich die Absicht, am Dienstag, dem 19. Januar, in Crans abzureisen, noch einen Tag bei meinen Eltern in Badenweiler zu bleiben und am Donnerstag früh zum Dienst in Bonn einzutreffen. Ich glaube, dies würde mir die nötige Zeit geben, um mich vor der Abreise nach Berlin, die am 24. oder 25. Januar stattfinden könnte, einzuarbeiten.

Mein Gesundheitszustand ist durchaus befriedigend. Ich habe mich hier oben dank der Ruhe gut erholt. Ich kann auch wieder laufen, wenn auch die Ärzte nach wie vor auf Schonung des Fußes dringen. Diesen Rat kann ich während meiner Tätigkeit immer beachten; besondere Vorsichtsmaßnahmen sind nicht erforderlich.

In großer Verehrung
Ihr sehr ergebener
Herbert Blankenhorn«

Berlin, den 25. Januar 1954

Seit Freitag, dem 22. Januar, bin ich in Berlin. Die Stadt präsentiert sich im winterlichen Kleid und herrlicher frischer Luft. Ich bin voller Erinnerungen an vergangene Zeiten, die ich in dieser Stadt verbracht habe. Heute ist sie nur noch ein kümmerlicher Restbestand einstiger Größe. Lichtreklamen verdecken auf dem Kurfürstendamm die tiefen Lücken, die die Zerstörung gelassen hat. Verläßt man diese »Prachtstraße«, so kommt man schnell in das Dunkel und in Gegenden, die wie Wüsten anmuten.

Bei einer Analyse der Aussichten der Konferenz wird man davon ausgehen müssen, daß die Figur Molotows, sein Charakter, seine Verhandlungsweise, die wir aus Berichten früherer Jahre kennen, kaum erwarten lassen, daß es zu großzügigen russischen Angeboten kommt. Die russischen Ziele werden vielmehr die folgenden sein: Einmal die Einheit des Westens zu spalten, indem man die Themata der Konferenz nach Möglichkeit erweitert und in sie so heikle Probleme wie Indochina und andere einbezieht. Man wird damit rechnen müssen – und die Molotowsche Erklärung bei seiner Landung in Berlin zeigt dies deutlich –, daß Sowjetrußland die Zulassung Rotchinas zu dieser Konferenz fordern wird. Die Alliierten werden dem widersprechen. Die Russen werden ferner in ihren Verhandlungen auf das Potsdamer Abkommen zurückgreifen, die mangelnde Demokratisierung und Demilitarisierung Westdeutschlands verurteilen und die Lösung der Bundesrepublik aus der westlichen Gemeinschaft als erste Voraussetzung einer Regelung der gesamtdeutschen Frage fordern. Sie werden, selbst wenn Forderungen dieser Art erfüllt würden, die von uns gewünschten freien Wahlen nicht zulassen. Sie werden mit ihren alten Vorschlägen eines deutschen Rats, der Bildung einer deutschen provisorischen Regierung, die sich aus Behörden der westlichen und östlichen Zonen zusammensetzt, und der Festlegung eines Friedensvertrags unter den Alliierten kommen. Die Westalliierten werden auch diese Vorschläge ablehnen. Den Sowjets kommt es, so wie ich die Dinge heute sehe, darauf an, Zeit zu gewinnen. Sie werden immer neue Konferenzen vorschlagen, ohne wirklich den Willen zu besitzen, auf diesen Konferenzen konkrete Lösungen zu erarbeiten. Zeitgewinn soll nach ihrer Auffassung die Auflösung der westlichen Einheit fördern. Erhoffte wirtschaftliche Krisen sollen den Westen schwächen und seinen Widerstand lockern.

Berlin, 31. Januar 1954

Der Bundespräsident begeht heute seinen siebzigsten Geburtstag. Es ist wirklich ein großes Glück für den jungen deutschen Staat, daß eine Persönlichkeit vom Rang Theodor Heuss' das höchste Staatsamt inne hat. Er hat dieses Amt, dessen Befugnisse nach den Bestimmungen des Grundgesetzes nur relativ gering sind, mit einem eindrucksvollen Inhalt gefüllt. Seine Menschlichkeit, seine persönliche Anteilnahme an den Problemen, Sorgen und Freuden der Bürger, seine Klarheit in der Beobachtung politischer Vorgänge, seine deutliche Sprache, wenn es sich darum handelt, gefährdete Werte zu schützen, seine umfassende Bildung, all dies geben ihm eine Autorität, deren die neue deutsche Demokratie in ihren ersten Jahren ganz besonders bedarf. Ich habe Theodor Heuss schon in der Weimarer Zeit gekannt. Er hat damals – es war Ende der zwanziger Jahre – uns junge Attachés im Auswärtigen Amt in moderner Geschichte unterrichtet. Nicht allen hat damals seine etwas breite württembergische Art des Vortrages behagt. Niemand konnte aber den Ernst der Überzeugungen dieses wahren Demokraten bezweifeln.

In der Erfüllung seiner Pflichten als Bundespräsident besitzt er hohes Verantwortungsgefühl. Er beharrt auf seiner für richtig empfundenen Meinung. Er zögert auch nicht – wenn notwendig –, dem Bundeskanzler gegenüber seine Auffassungen deutlich zu vertreten. Groß ist die Zahl seiner Reden, die zur inneren Entwicklung der Bundesrepublik, zur Lösung mancher schwieriger Situationen und Probleme beitragen. Er hat aus seinem Amt ein wahres »Pouvoir neutre« gemacht.

Wie alle guten Württemberger liebt er seinen Wein, der die Abende – lange Abende – im Kreis der Mitarbeiter und Freunde verklärt. Sein Humor ist ihm eine wirkliche Quelle der Kraft, die ihm die Mühsale der protokollarischen Pflichten seines Amtes erträglich macht. Ich erinnere mich gern an eine Geschichte, die er oft erzählte und die ihn so recht charakterisiert: Als ihm in Württemberg einmal der Vorstand einer Winzergenossenschaft einen Ehrentrunk mit den Worten bot: »Aus diesem Pokal hat schon Kaiser Wilhelm I. und später der Reichspräsident von Hindenburg getrunken«, entgegnete der Bundespräsident: »Da habe ich aber Glück, daß ein gewisser Anderer auch nach der Machtübernahme Abstinenzler war.«

2. Februar 1954

Ich schrieb heute dem Kanzler den folgenden Brief:

»Sehr verehrter Herr Bundeskanzler,

mit der gestrigen Molotowschen Rede ist die Konferenz in ein wichtiges Stadium getreten.

Die heutige Reaktion der alliierten Delegationen ist einmütig negativ. Man sieht in dieser Rede nichts anderes als eine Wiederholung der in den sowjetischen Noten des Jahres 1952 geäußerten Auffassungen. Bidault ging in seinen gestrigen Bemerkungen sogar so weit zu sagen, daß damit eigentlich die Konferenz am Ende angelangt sei. Man wird auf alliierter Seite in den kommenden Tagen möglichst wirksam die Molotowschen Thesen angreifen und dabei, wie François-Poncet sagte, besonderen Nachdruck auf das sowjetische, bilaterale militärische Allianzsystem (Polen, Tschechoslowakei, Ungarn, Balkanstaaten) legen, das eine ungleich viel wirksamere Realität darstelle als die noch sehr theoretischen Ansätze zur EVG. Man ist in alliierten Kreisen besonders darüber verärgert, daß es auch auf dieser Konferenz Molotow wieder gewagt hat, als Apostel der guten Sitten und der Friedfertigkeit wider alles bessere Wissen das Ostblocksystem dem Westen gegenüberzustellen. Man ist sich darüber im klaren, daß man sich von Molotow nicht in die Erörterungen über einen Friedensvertrag hineinziehen lassen darf. Die Ziele, die Molotow im wesentlichen in Anlehnung an die sowjetische Note vom März 1952 angegeben hat und die nur geringfügig erweitert worden sind, geben nach alliierter Auffassung hinreichende Möglichkeiten, die Sinnlosigkeit einer Friedensvertragsverhandlung mit den Sowjets deutlich zu machen.

Diese Woche wird also mit erneuten Deklamationen beider Seiten vergehen und man wird abwarten müssen, ob in vertraulichen Sitzungen der vier Minister es zu einer echten Verhandlung kommt oder nicht. Nach allen meinen Beobachtungen glaube ich, daß den Sowjets an echten Verhandlungen im gegenwärtigen Zeitpunkt nichts liegt, sondern daß sie alles darauf abstellen, die Konferenz zur Plattform einer groß angelegten Propaganda zu benutzen, die die öffentliche Meinung des Westens auflockern und spalten soll. Bidault äußerte in diesem Zusammenhang, daß nach seinen Eindrücken, Molotow an seine Thesen glaube und so stark in seiner eigenen kommunistischen Propaganda befangen sei, daß er die Unwirksamkeit dieser Thesen nicht erkenne. Er verglich Molotow mit gewissen führenden Persönlichkeiten des Naziregimes, die ebenfalls Opfer ihrer eigenen, im großen und ganzen weltfremden Propaganda geworden seien.

François-Poncet meinte, daß man nach den Reden dieser Woche die nächste Woche bereits mit den Verhandlungen über ein Kommuniqué ausfüllen werde. Die Russen seien nur sehr ungern zu dieser Konferenz gekommen und hielten die Zeit für noch nicht reif, um irgendwelche echten Verhandlungen zu führen. Sicherlich würden sie auf ihren Gedanken der Fünfmächtekonferenz zurückkommen, da sie immer noch nicht ganz die Hoffnung aufgegeben hätten, das für sie ungünstige Kräfteverhältnis 1:3, nämlich Sowjetrußland gegen die angelsächsischen Mächte und Frankreich in ein Verhältnis 2:3 umzuwandeln, wobei die Sowjets mit der Hoffnung spielten, das Kräfteverhältnis dadurch noch günstiger zu gestalten, daß sie in der oder jener Frage Frankreich zu sich hinüberziehen. So spiele die weltpolitische Konstellation im Hintergrund eine fast noch bedeutsamere Rolle als das Deutschlandproblem.

Ich glaube, im alliierten Lager ist die Meinung ziemlich ungeteilt, daß, falls die Russen auf den Vorschlägen Molotows von gestern bestehen, das unvermeidliche Scheitern der Konferenz in der Öffentlichkeit der westlichen Länder Verständnis finden wird. Die Schuld hierfür wird mit Recht den Sowjets zugeschrieben werden.

Ich habe die Absicht, falls Sie damit einverstanden sein sollten, am kommenden Samstag zur mündlichen Berichterstattung nach Bonn zu reisen und hoffe, daß es bis dahin gelingt, noch größere Klarheit über die alliierten Absichten über den Abschluß der Konferenz zu gewinnen. Im übrigen ist der Aufenthalt der alliierten Delegationen in Berlin insofern recht heilsam, als die Eindrücke, die sie einheitlich aus dem Ostsektor mitbringen, verheerend sind. Die Armut, die dürftige Bekleidung der Menschen, die Mangelhaftigkeit der Versorgung der Geschäfte mit Konsumgütern, die Öde der Straßen und die scharfe Polizeiüberwachung – all dies zeigt den Alliierten mit großer Eindringlichkeit, was zu erwarten ist, wenn Europa den Sowjets anheim fallen sollte. Die Stimmung ist deshalb in allen Delegationen ohne Unterschied so überraschend antisowjetisch, wie ich es nach meinen Unterhaltungen, zumindest in Paris und London, nicht für möglich gehalten habe.

Wie mir von einem Vertreter der ›London Times‹ heute erzählt wird, bestehe in Kreisen der DDR große Unzufriedenheit darüber, daß die sowjetische Delegation sie über den Gang der Verhandlungen und ihre Absichten nicht ausreichend unterrichte.«

3. Februar 1954

Während der Konferenz unterrichten uns die Delegationen der Westmächte täglich über den Inhalt der Verhandlungen. Unsere Gesprächspartner sind die drei Hochkommissare Conant, François-Poncet, Hoyer-Millar und ihre Mitarbeiter. Es finden aber auch Besprechungen mit Foster Dulles, Bidault und Eden statt, die für uns von großem Wert sind. Im Lager der westlichen Alliierten liegt die Hauptlast der Arbeit auf dem sogenannten Lenkungsausschuß, dem der Councellor des State Departments MacArthur, der Direktor der Europaabteilung im Quai d'Orsay Seydoux und der Unterstaatssekretär im Foreign Office Sir Frank Roberts angehören. Diese planen die Verhandlungstaktik und bereiten die Interventionen vor, die ihre Minister in den Plenarsitzungen der Konferenz halten.

Zugleich mit den starken Delegationen sind eine große Zahl Sonderkorrespondenten der in- und ausländischen Presse erschienen, deren sich Felix von Eckardt annahm. Die noch spät abends im Hotel am Zoo stattfindenden Pressezusammenkünfte sind nicht nur wegen ihrer Fülle guter Getränke, sondern vor allem wegen der interessanten Analysen beliebt, mit denen Eckardt seine Gäste unterrichtet.

4. Februar 1954

Zusammen mit Professor Grewe und einigen anderen Mitgliedern der Delegation war ich gestern abend Gast des amerikanischen Außenministers. Foster Dulles machte einen lebendigen, mitteilsamen Eindruck. Im Gegensatz zu früheren Zusammenkünften, in denen ich ihn erlebte, war er gesprächig, aufgeschlossen und gab mir in einer gesonderten Unterhaltung seine Ansichten über den weiteren Verlauf der Konferenz bekannt:

So wie er die Sache sehe, werde die Konferenz an dem Problem der freien Wahlen scheitern. Die Sowjets seien nicht in der Lage, dieses Prinzip anzunehmen, da sie hierdurch nicht einen Präzedenzfall schaffen wollen, der vielleicht die Festigkeit ihres Herrschaftssystems im Ostblock beeinträchtigen würde.

Zwischen den eigentlichen, Sowjetrußland vorgelagerten Satellitenstaaten, der Ostzone und der Bundesrepublik, bestehe eine ganze Reihe von Gradunterschieden politischer Freiheit. Erst wenn die Russen in der Lage wären, in den Satellitenstaaten politische Systeme zuzulassen, wie sie zum Beispiel unmittelbar vor ihrer Tür in Finnland bestehen, erst dann werde der Zeitpunkt gekommen sein, um mit ihnen fruchtbar über freie Wahlen in der Ostzone zu reden. Das könne lange dauern; er persönlich rechne zehn bis zwölf Jahre.

Auf meine Frage, ob er eine neue Konferenz plane, erklärte Dulles, er würde es für einen Fehler halten, wenn man die gegenwärtige Konferenz mit der Ankündigung einer neuen Konferenz abschließe. Dies würde lediglich Illusionen und Erwartungen auslösen, die sich nur nachteilig auf die Ratifizierung der EVG auswirkten. Er werde selbstverständlich darauf dringen, daß die Konferenz in einer höflichen und normalen Atmosphäre abgeschlossen werde. Man könne auch sagen, daß man zu einem unbestimmten Zeitpunkt die Erörterung dieser Probleme wieder aufnehme. Alles aber, was etwa nach einer Verschiebung des Inhalts der Konferenz auf eine neue Konferenz oder auf Sachverständigenbesprechungen aussehe, sei unzweckmäßig. Wie wenig den Sowjets an der Lösung des Problems der freien Wahlen liege, habe auch wieder die gestrige Sitzung gezeigt, in der an sich Molotow mit konkreteren Vorschlägen herauskommen wollte. Dieser habe sich dagegen ausschließlich auf den Versuch beschränkt, die Stellung Bidaults in Frankreich schwierig zu gestalten. Trotz der heftigen Angriffe, die er, Dulles, am 2. Februar gegen die Ausführungen Molotows vom 1. Februar gerichtet habe, habe dieser gestern mit keinem Wort geantwortet, sondern seine Vehemenz auf Bidault und Eden konzentriert. Die Hauptfrage Molotows, die er dreimal vorgebracht habe, sei folgende gewesen:

Entspreche es den Tatsachen, daß die neu zu bildende gesamtdeutsche Regierung von den Bindungen des Bonner Vertrages und der EVG völlig frei sei? Wenn ja, bedeute das nicht, daß die Bundesrepublik zwar jetzt die Verträge ratifiziere und auch in die Lage versetzt werde, eine deutsche Armee aufzustellen, bedeute es aber nicht ferner, daß die neue gesamtdeutsche Regierung bar jeder Bindung in der Lage sei, diese ihr gegebene militärische Kraft völlig selbständig weiter auszubauen und sie schließlich auch gegen Frankreich zu richten? Habe Herr Bidault damit wirklich den Sicherheitsinteressen Frankreichs gedient? Es ist offensichtlich, daß Molotow Bidault in den Augen der französischen öffentlichen Meinung nach Kräften diskreditieren möchte, nachdem es ihm nicht gelungen war, ihn zu sich herüberzuziehen. Er, Dulles, halte für die größte Enttäuschung der Sowjets die Haltung Bidaults, die sie nicht erwartet hätten. Bidault habe in der Verteidigung der EVG und des europäischen Zusammenschlusses Vorbildliches geleistet.

Im übrigen sei er, Dulles, mit dem Verlauf der Konferenz zufrieden. Thesen und Antithesen seien deutlich geworden. Mehr sei im gegenwärtigen Augenblick nicht zu erreichen. Er glaube, daß die Reden der westlichen Delegationen niemals klarer den Standpunkt der europäischen Integration, der gemeinsamen Verteidigung unter Einbeziehung Deutschlands in die Bündnisgemeinschaft der freien Welt zum Ausdruck gebracht hätten.

Berlin, 19. Februar 1954

Gestern abend ist die Viermächtekonferenz beendet worden. Dulles verließ mit der amerikanischen Delegation sofort Berlin, um sich in Wahn mit dem Bundeskanzler zu treffen. Die dort stattgefundene eineinhalbstündige Unterredung soll, wie Hallstein mir heute morgen am Telefon sagte, gut verlaufen sein. Heute sprach ich Seydoux, Roberts und Nutting und aß bei Hoyer-Millar in kleinem Kreis mit Eden zu Mittag. Alle waren erleichtert, daß die Konferenz mit ihren wochenlangen »Deklamationen« endlich beendet werden konnte. Man war voller Mitleid für den österreichischen Außenminister Figl und seine Delegation, die bis in die letzte Stunde hinein gehofft hatten, Molotow von einer Verlängerung der Besetzung Österreichs auf unbestimmte Zeit abzubringen. Eden, der besonders frisch aussah, sagte mir, daß er dem Bundeskanzler schriftliche Abschiedsgrüße senden wolle. Eine Debatte im Unterhaus über die Konferenz erfordere seine unmittelbare Rückkehr nach London. Ein gewisser Erfolg sei die Einberufung der Konferenz über die ostasiatischen Fragen in Genf, im übrigen sei man sich darüber einig, daß man sich nicht einigen könne.

Was die sowjetische Haltung angeht, so hat die Konferenz mit Deutlichkeit gezeigt, daß es den Sowjets in erster Linie daran liegt, die in Westeuropa gegebene Lage voll aufrecht zu erhalten. Deshalb in der deutschen Frage Ablehnung der freien Wahlen, Rückgriff auf die alten Rezepte der Volksdemokratie, Anerkennung und Festigung der Regierung in Pankow, deshalb in der Österreichfrage Verschiebung des Staatsvertrages auf unbestimmte Zeit und Fortdauer der Besatzung. Gleichzeitig der erkennbare Versuch, in Westeuropa eine Position aufzubauen, aus der heraus man, wenn der Westen Schwäche und Uneinigkeit zeigen sollte, hinausgreifen und die eigene Einflußsphäre ausdehnen könnte. Bezeichnend hierfür der Vorschlag Molotows, eines kollektiven den Ostblock einbeziehenden Sicherheitssystems, »Europa den Europäern«. Es fehlt auch nicht an Versuchen, die westlichen Alliierten zu spalten, indem die Sowjets bald mit der Erneuerung der französisch-russischen Freundschaft, bald mit der Ankündigung wirtschaftlicher Vorteile und Konzessionen für Großbritannien, bald mit Drohungen an die Adresse der Europäischen Verteidigungsgemeinschaft operieren. Die sowjetische Taktik ist geschmeidiger als früher. Harte Angriffe sind selten. Offensichtlich will man den Eindruck vermitteln, daß die Sowjetunion nicht so gefährlich, nicht so bedrohlich ist.

Bemerkenswert ist das sowjetische Interesse, durch Einbeziehung Chinas in einer »Fünfmächtekonferenz«, die sich mit den allgemeinen weltpolitischen Problemen befassen sollte, eine Veränderung der Kräfteverteilung in der Welt herbeizuführen. So sehr die Sowjets im Augenblick in Westeuropa auf die Aufrechterhaltung des Status quo Wert legen, so sehr möchten sie an der Veränderung in Ostasien aktiv mitwirken. Erstes Ziel in diesem Raum ist das China Mao tse Tungs, dessen Übergewicht in Korea bereits unbequem zu werden verspricht, stärker an sich zu binden. Da man dies mit wirtschaftlichen Lieferungen, wie Mao tse Tung dringend wünscht, nicht erreichen kann, weil man diese Gütermengen nicht besitzt, muß man ihm ein politisches Geschenk machen. Dies ist die Anerkennung Chinas als fünfte Großmacht im Weltstaatensystem. Man könnte die Viermächtekonferenz fast eine Chinakonferenz nennen, denn wenn immer sich dazu nur eine Gelegenheit bot, hat Molotow versucht, die Chinafrage in den Vordergrund zu schieben. Wenn die Sowjets sich in der Regel auf Deklamationen beschränkten, in dieser Frage waren sie zu echten Verhandlungen bereit und haben in einer Reihe von Sitzungen um die Durchsetzung ihrer Ziele gerungen. Vergeblich, denn die Alliierten haben eine »Fünfmächtekonferenz« abgelehnt und sich nur zu einer Konferenz über Korea und Indochina in Genf bereitgefunden, auf der China nicht als fünfte Macht des Weltstaatensystems zu den einladenden Mächten gehörte, sondern zusammen mit allen anderen an diesen Verhandlungen interessierten Ländern am Konferenztisch seinen Platz einnimmt.

Die drei Westmächte haben in einer nicht zu erschütternden Einmütigkeit an dem Prinzip der Wiedervereinigung in Freiheit, das heißt an der Durchführung freier Wahlen als Voraussetzung der Bildung einer gesamtdeutschen Regierung festgehalten und gleichzeitig das westliche Verteidigungssystem verteidigt. Entgegen allen sowjetischen Verzögerungsversuchen ist es Eden gelungen, einen konkreten Plan, den Edenplan, für die Wiedervereinigung und den Abschluß des frei verhandelten Friedensvertrages zur Diskussion zu stellen. An diesem Plan, der sich eng an die Beschlüsse des Bundestags vom 10. Juni 1953 anlehnt, haben deutsche Sachverständige und insbesondere auch Professor Grewe, erfolgreich mitgearbeitet. Die fünf Stadien des Plans, freie Wahlen in ganz Deutschland, Einberufung einer aus dieser Wahl hervorgehenden Nationalversammlung, Ausarbeitung einer Verfassung und Vorbereitung des Friedensvertrags, Annahme der Verfassung und Bildung einer gesamtdeutschen Regierung sowie Unterzeichnung und Inkrafttreten des Friedensvertrages sind von den drei westlichen Außenministern, vor allem von Eden selbst, sehr kraftvoll vertreten worden.

Es ist Bidault vorbehalten geblieben, die beste Rede über das westliche Sicherheitssystem und die Wertung der EVG und NATO zu halten. Man kann die Rolle Bidaults auf dieser Konferenz nicht hoch genug einschätzen. Der Mann, der in der Vergangenheit gelegentlich nicht recht zu wissen schien, ob er die Politik Robert Schumans fortsetzen oder eigene Wege gehen sollte, hat auf dieser Konferenz den Gdanken des europäischen Zusammenschlusses lebendigen Ausdruck gegeben und durch seine klare, mutige und wohlformulierte Konzeption Frankreich stark in den Vordergrund gerückt. Seine Autorität ist gewachsen, und es besteht die Hoffnung, daß sein Erfolg, der ihm bei uns Deutschen viele Sympathien gebracht hat, ihm auch in Frankreich dazu verhilft, die Ratifizierung der Verteidigungsgemeinschaft durchzusetzen.

Paris, den 9. März 1954

Heute aß ich mit François-Poncet unter vier Augen bei Drouant am Gare de l'Est zu Mittag, inmitten einer Fülle von guten französischen Bürgern, denen es vorzüglich zu schmecken schien. Poncet erzählte mir aus seinem Leben. Es habe unter dem Motto einer deutsch-französischen Verständigung gestanden. Leider seien seine Versuche oft gescheitert, manchmal an der deutschen Dynamik, manchmal an der französischen Intransigenz. Ein Botschafter habe eben nur beschränkte Möglichkeiten, die Dinge zu gestalten. Wenn er loyal sei, müsse er nun einmal im Rahmen der gegebenen Instruktionen handeln. Er werde jetzt nochmals versuchen, Deutschland und Frankreich auf dem Wege der Lösung des Saarproblems einander näherzubringen. Ganz aussichtslos könne das nicht sein, wenn man guten Willens bleibe.

Er erzählte mir von seiner frühen Jugend in der kleinen französischen Provinzstadt Meaux, die noch zur »Banlieu« von Paris gehört. Er sprach von seinem Vater, der dort Staatsanwalt gewesen sei, von der Sehnsucht dieser kleinen Familie, ihren Wohnsitz nach Paris zu verlegen und seiner Schulzeit in Paris. Dann vom Krieg 1914 bis 1918, den er teils an der Front, zum größeren Teil aber an der französischen Gesandtschaft in Bern verbracht habe, der er zusammen mit dem heutigen französischen

Botschafter in London Massigli als junger Presseattaché zugeteilt gewesen sei. Damals hätten Massigli und er unter »drei Sternchen« Artikel in der »Neuen Züricher Zeitung« veröffentlicht, in denen sie den Nachweis geführt hätten, daß die Zahlen der von den deutschen Unterseebooten versenkten alliierten Handelsschiffe weit übertrieben seien. Erzberger, der damals zufällig durch Zürich gereist sei, habe diese Artikel gelesen und im Reichstag eine entsprechende Anfrage an die Reichsregierung gerichtet. Er, Poncet, habe nun Grund zur Annahme, daß dies mit der Anlaß zu der im Jahr 1917 vom Reichstag beschlossenen Friedensresolution gewesen sei. So, meinte er, würden bedeutende geschichtliche Vorgänge oft in kleinen Dingen ihren Ursprung haben.

Bonn, im August 1954

Die Entscheidung über das Schicksal der Europäischen Verteidigungsgemeinschaft kann im französischen Parlament nicht mehr länger hinausgeschoben werden. Der Vertrag, der aus den Vorschlägen der französischen Regierung entstanden war, war von den europäischen Partnerstaaten 1952 unterschrieben worden. Vier der Partner haben ihn ratifiziert, Italien ist im Begriff, die Ratifizierung einzuleiten. Es fehlt nur Frankreich. Man hat lang genug auf den Beginn eines Aufbaus der europäischen Verteidigungskräfte gewartet. In England und in den Vereinigten Staaten beginnt nun die öffentliche Meinung unruhig zu werden. Man beginnt von Alternativen – einer Durchführung der Verträge ohne Frankreich, einer »policy of the empty chair« zu sprechen. In Amerika mehren sich die Stimmen einer notwendigen Überprüfung der bisherigen Einstellung zu Europa, man spricht von »agonizing reappraisal« – Rückzug auf die Festung Amerika und periphere Verteidigung des Westens. Für die Bundesrepublik bedeutet die enge Verbindung des Generalvertrags, der die Wiederherstellung der deutschen Souveränität zum Inhalt hat, mit der Europäischen Verteidigungsgemeinschaft, daß die besatzungsrechtliche Abhängigkeit fortdauert und daß sich die freie Entscheidung in eigenen Angelegenheiten immer weiter verzögert. Die Nachrichten aus Paris nehmen mehr und mehr einen pessimistischen Ton an. Wenn man gehofft hatte, daß das Ergebnis der Genfer Indochinakonferenz, die für Frankreich positiv ausgegangen war, die Stellung Mendès-Frances und seiner Anhänger gestärkt hätte, so hat man sich getäuscht. Die Nationalversammlung zeigt das Bild innerer Zerrissenheit; die Zahl der Gegner der EVG ist im Wachsen. Die Anhänger untereinander uneinig, oft voller

Ressentiments und Feindschaft gegen den Ministerpräsidenten, scheinen mehr und mehr in Lethargie abzugleiten. Über die Haltung Mendès-France besteht Unklarheit. Wird er sich mit Kraft für die Ratifizierung der Verträge einsetzen? Wird er sie mit seinem nach dem Waffenstillstand in Indochina gewachsenen Prestige zur Geltung bringen? Oder ist er im Grunde ein Gegner der Verträge? Aus mancherlei Äußerungen muß man schließen, daß er an eine Mehrheit für die Verträge nicht mehr glaubt. Deshalb also sein Versuch, in Verhandlungen mit den anderen fünf Partnerstaaten weitere Änderungen der Verträge durchzusetzen, die den supranationalen Charakter mindern und so die Chance der Ratifizierung verstärken sollen.

Die Tage, der unter dem Vorsitz von Spaak in Brüssel stattfindenden Konferenz, bedeuten für alle Beteiligten, vor allem für den Kanzler, eine große innere Belastung. Die Wünsche von Mendès-France, Kürzung der Dauer der Verträge, Änderung ihres bisherigen supranationalen Charakters durch ein Vetorecht der Partnerstaaten für die Dauer von acht Jahren und die Beschränkung der Integration der Streitkräfte auf die in der Bundesrepublik stationierten Truppen bedeuten eine Veränderung, die wohl in einigen, wenn nicht in allen Staaten eine Wiederaufnahme des Ratifikationsprozesses notwendig macht. Diese Wünsche werden von der Konferenz einheitlich abgelehnt. Man spart nicht mit Vorwürfen an die französische Adresse. Spaak versucht noch mit allen Kräften zu einem Kompromiß zu gelangen. Seiner unerschöpflichen Formulierungsgabe gelingt es aber nicht, den Widerstand Mendès zu überwinden. Der Bundeskanzler hielt sich äußerst zurück. Ihm lag es daran, jede weitere Verschärfung der Krise zu vermeiden.

Ob es nun gelingt, eine europäische Zusammenarbeit wieder herzustellen, wie sie in den Zeiten Schumans und Bidaults bestand, ist bei der im wesentlichen von nationalen Interessen bestimmten Persönlichkeit von Mendès-France zweifelhaft. Wir werden mit diesem harten, mit großem Verhandlungsgeschick begabten Mann in den kommenden Wochen rechnen müssen. Da er seine Kollegen in der Nationalversammlung nicht mit Kritik verschont, hat er viele Feinde, die nicht zögern werden, sich von ihm zu trennen, wenn der Nimbus seiner gegenwärtigen Erfolge in der öffentlichen Meinung verblaßt.

Montag, den 23. August 1954

Die Brüsseler Konferenz ist, wie erwartet, negativ ausgegangen. Ob die Ratifikation der Europäischen Verteidigungsgemeinschaft durch das französische Parlament noch eine Chance hat, ist äußerst fraglich. Die Bemühungen der ratifikationsfreundlichen Partner, vor allem auch der Amerikaner, werden in den kommenden Tagen sehr lebhaft sein.

Die amerikanische Regierung hat ihre Sorgen wegen eines Scheiterns der Konferenz bereits in mannigfacher Weise zum Ausdruck gebracht. Foster Dulles hatte dringend vor Änderungen des Vertrages gewarnt, die eine Wiedereröffnung der Ratifikationsverhandlungen in den Parlamenten der Unterzeichnerstaaten erforderlich machen würden. Mit Entschiedenheit hat er darauf verwiesen, daß alles, was die supranationalen und integrierenden Bestimmungen des Vertrages beeinträchtige, dem Grundkonzept der europäischen Einheit widerspreche und deshalb vermieden werden müsse. Eine Überprüfung der der Verteidigungsgemeinschaft gegenüber eingegangenen amerikanischen Verpflichtungen werde unvermeidbar. In einer Krise, die auf das Scheitern der Konferenz folge, werde eine Konsultation mit Großbritannien und den ratifikationsbereiten europäischen Partnerstaaten des Vertrages mit dem Ziel notwendig, Deutschland in souveräner Gleichberechtigung mit dem Westen zu assoziieren und seine Aufrüstung durchzuführen.

Mendès-France hat offensichtlich kein persönliches Verhältnis zu den europäischen Verträgen. Wie Ophüls mir erzählt, wirft er den Ausdruck »international« und »supranational« ständig durcheinander. Seine Kenntnis der Verträge sei spärlich. In Brüssel waren die Franzosen isoliert. Ob es gut war, diese Isolierung bis zum Abbruch der Konferenz zu treiben, ist mir zweifelhaft. So sehr ich die Einmütigkeit der Fünf gegenüber Frankreich begrüße, so kann ich daraus nur schwer den Schluß ziehen, daß dies auf die Dauer eine haltbare und wirklich kräftige Gemeinschaft abgibt. Die Haltung von Mendès-France ist im wesentlichen durch das Bedürfnis bestimmt, im gegenwärtigen Zeitpunkt die Beziehungen zu Sowjetrußland nicht zu verschlechtern. Der Ausgang der Indochinakonferenz in Genf und die Haltung Sowjetrußlands gegenüber der gegenwärtigen französischen Regierung bedeuten für die französische Außenpolitik gewisse Vorteile, die Mendès-France im Augenblick nicht aufgeben möchte.

Über die Haltung der Engländer besteht Unklarheit. Zwar ist die Botschaft Churchills an den Bundeskanzler freundlich gehalten und kann als eine Unterstützung angesehen werden. Andererseits glaube ich, daß die Engländer den Zeitpunkt für gekommen sehen, anstelle des EVG-

Projekts, das ihnen nie ganz zugesagt hat, eine andere mit NATO verknüpfte Lösung anzustreben. Es mehren sich aber auch hier und da die Nachrichten aus Paris, daß Mendès-France anstelle der EVG eine beschränkte deutsche Aufrüstung im Rahmen von NATO unter Kontrolle der Alliierten anstrebe; also nichts anderes, als eine gewisse Diskriminierung Deutschlands, die die Bundesregierung nicht wird hinnehmen können.

Sollte die Ratifikationsdebatte in Frankreich wie vorauszusehen negativ ausgehen, so muß die Bundesregierung für die dann beginnenden Konsultationen ein Konzept bereit halten. Bis jetzt vermag ich hierfür Ansätze nicht zu erkennen. Da die Mendès-France zugeschriebene NATO-Lösung für uns unannehmbar ist, und da die Errichtung einer deutschen Nationalarmee bei völliger Gleichberechtigung zwar von Amerika gebilligt würde, in England jedoch auf erheblichen Widerstand stoßen und von Frankreich abgelehnt würde, wobei außerdem eine solche Lösung das Ost-West-Verhältnis nach aller Voraussicht stark belasten würde, haben solche Pläne keine große Chance. Es bleibt wohl nur übrig, auf den EVG-Vertrag zurückzugehen und unter Verwendung eines gewissen Teils der Vorschläge von Mendès-France in Brüssel eine etappenweise Lösung auszuarbeiten, die bei einer Art staatenbundlichen Lösung beginnt und sich allmählich auf die supranationale Lösung der Zukunft zubewegt. Nur eine solche Lösung ist wahrscheinlich in der französischen öffentlichen Meinung auf die Dauer durchzusetzen, wo das Ressentiment gegenüber dem deutschen Nachbarn doch noch eine erhebliche Rolle spielt.

Wir stehen jedenfalls an einer Wende der europäischen Politik, die mit der Indochinakonferenz in Genf begonnen hat. Ob es gelingt, eine europäische Zusammenarbeit wieder herzustellen, so wie sie in den Zeiten Schumans und Bidaults bestand, ist bei der im wesentlichen durch taktische Überlegungen bestimmten Persönlichkeiten von Mendès-France zweifelhaft. Ich fürchte, daß wir mit dieser Persönlichkeit noch länger werden rechnen müssen. Niemand kann ihm großes Geschick in der Behandlung der öffentlichen Meinung und große Vitalität und Aktivität in seinen Bemühungen um die Lösung der innen- und außenpolitischen Probleme Frankreichs abstreiten. Aber man muß klar erkennen, daß dieser Mann in erster Linie von nationalen Interessen geleitet und daß die europäische Idee für ihn lediglich Musik ist, die man bestenfalls zur Verschleierung der eigenen Wünsche spielt.

Der Kanzler ist trotz der Anstrengungen frisch aus Brüssel zurückgekehrt und hat dort durch seine maßvolle Zurückhaltung erheblich an Prestige gewonnen und dabei den Interessen der Bundesrepublik vorbildlich gedient.

Donnerstag, den 26. August 1954

Die Anzeichen verdichten sich immer mehr, daß Mendès-France die EVG nicht will, um das Terrain für eine französische Außenpolitik frei zu bekommen und damit letzten Endes Freiheit zu gewinnen, eine Sicherheitspolitik mit Sowjetrußland zustande zu bringen. Um so wichtiger scheint es mir, die französische Kammerdebatte durch Einberufung einer großen Konferenz zu überrunden. Es scheint so, als ob Bruce und Monnet für den Gedanken gewonnen sind. Die Krise des europäischen Gedankens steuert mehr und mehr ihrem Höhepunkt zu. Der Kanzler bittet uns für Samstagnachmittag nach Bühlerhöhe. Ich habe den Eindruck, daß wir schon heute nachmittag dorthin fahren werden, sobald ein weiterer Bericht von Ophüls vorliegt.

Montag, den 30. August 1954

Hallstein und mich erreicht auf der Fahrt nach Bühlerhöhe abends in Ettlingen die Nachricht von der Abstimmung der französischen Nationalversammlung, in welcher dreihundertneunzehn Abgeordnete gegen zweihundertvierundsechzig die weitere Behandlung der Verträge von der Tagesordnung absetzen. In den der Abstimmung vorausgegangenen Debatten waren hauptsächlich die Gegner der Verteidigungsgemeinschaft zu Wort gekommen. Der Ministerpräsident setzte sich nur mit halber Kraft für die Annahme des Ratifikationsgesetzes ein. Dies bedeutet das Ende der EVG.

Dienstag, den 31. August 1954

Beim Bundeskanzler in Bühlerhöhe. Die Nachricht hat ihn hart getroffen. Bis zuletzt hatte er gehofft, daß das französische Parlament die Verträge, wenn auch nur mit knapper Mehrheit, genehmigen würde. Nun war ein guter Teil der Arbeit am europäischen Einigungswerk zerstört. Hatte man die Gegner unterschätzt? Hatte man zu schnell zu viel erreichen wollen? Bei aller Enttäuschung wollte der Kanzler unter keinen Umständen durch harte Kritik an der französischen Regierung die Lage noch verschärfen. Seine Linie war: Fortsetzung der Arbeit am europäischen Zusammenschluß, Zurückstellung der Pläne einer integrierten europäischen Verteidigung, Durchsetzung der vollen Souveränität der Bundesrepublik und Eintritt in die NATO. Das Kabinett, das der Kanzler am 1. September in Bühlerhöhe um sich versammelte, faßte einen entsprechenden Entschluß.

2. September 1954

Eine Initiative der britischen Regierung zeigt – Lichtblick in der gegenwärtigen Krise – erste Ansätze zu einem Ausweg aus der für den Kanzler schwierigen Situation. Im Auftrag Edens bespricht der britische Hohe Kommissar Sir Frederick Hoyer-Millar die notwendigen Vorbereitungen eines deutschen Beitritts zur NATO. Über gewisse Bedingungen (safeguards), die Bedenken und Hemmungen in der öffentlichen Meinung mancher NATO-Länder überwinden sollen, soll auf diplomatischem Weg weiter gesprochen werden. Damit ist die Alternativlösung in Gang gesetzt.

Sonntag, den 12. September 1954

Von Brüssel kommend, wo er mit den Außenministern der Beneluxstaaten nützliche Gespräche über die Alternativlösung führte, trifft Eden in Bonn ein. Während eines Mittagessens, an dem auf englischer Seite Sir Frank Roberts, auf deutscher Seite Hallstein, Blank, von Herwarth und ich teilnehmen, entwickelt Eden seine Idee einer Erweiterung des Brüsseler Vertrages von 1946 um die Bundesrepublik und Italien. In Edens Sicht könnte dies einen neuen politischen Rahmen für das zu einigende Europa abgeben. Ein Verteidigungspakt auf Gegenseitigkeit, ohne jegliche supranationale Elemente, so daß Großbritannien als volles Mitglied teilnehmen kann. Gleichzeitig Eintritt der Bundesrepublik in NATO unter gewissen Beschränkungen hinsichtlich Mannschaftsstärken und Rüstungen.

Der Bundeskanzler akzeptiert im Prinzip die Edenschen Gedanken. Voraussetzung eines Beitritts der Bundesrepublik sei aber die Beendigung des Besatzungsregimes. Zu prüfen seien eine Reihe von Fragen, wie die Stellung Berlins, die besonderen Vereinbarungen über die Regelung der gesamtdeutschen Frage, die Stationierungsverträge der ausländischen Truppen und die von Großbritannien der Europäischen Verteidigungsgemeinschaft gegenüber abgegebene Erklärung einer automatischen Beistandspflicht, auf deren Aufrechterhaltung die europäischen Partnerstaaten und vor allem die Bundesrepublik Wert legen müssen. Das den ganzen Sonntagnachmittag währende Gespräch brachte eine Vertiefung der Probleme. Wir Deutsche trennten uns von Eden in dem Gefühl, daß es ihm gelingen wird, sowohl in Rom als vor allem in Paris, den Boden für eine Einigung reif zu machen. Kanzler und Eden stimmten darin überein, daß baldmöglichst in London im Kreise der neun Mächte eine Konferenz zusammentreten solle.

16./17. September 1954

Der Kanzler empfand es als eine große Hilfe, daß in der für ihn so schwierigen und ungewissen Lage Foster Dulles nach Bonn kam. Die Gespräche bezogen sich auf die große Gefahren in sich bergende Entscheidung der französischen Nationalversammlung, ihre Wirkung auf die öffentliche Meinung in den Vereinigten Staaten, die wachsende kritische Haltung des Kongresses, aber auch die zunehmende Unsicherheit in Deutschland und den anderen europäischen Partnerstaaten. Man sprach sich in Offenheit und Sachlichkeit aus. Für beide Männer war die Haltung des französischen Ministerpräsidenten Mendès-France eine große Enttäuschung. Wie ist seine Haltung zu erklären? Waren hierfür gewisse Annäherungsversuche an die Sowjetunion bestimmend? Beide Männer waren sich darin einig, daß man rasch handeln müsse, wenn größerer Schaden vermieden werden sollte. Dulles teilte die Überzeugung Adenauers, daß man unbeschadet der eingetretenen Rückschläge den Weg der europäischen Integration nicht aufgeben dürfe. Mehrere Alternativlösungen wurden besprochen. Die Gedanken Edens einer Erweiterung des Brüsseler Paktes und ein deutscher Beitritt zur NATO – erste Schritte zu einer raschen Lösung – standen im Vordergrund. Ungewiß blieb, ob Frankreich hierfür gewonnen werden könne und inwieweit Mendès Konzessionen in dieser Frage mit schwerwiegenden Bedingungen verknüpfen würde. Die Nachrichten, die von den Verhandlungen Edens in Paris vorliegen, klingen nicht allzu günstig.

In der Wiederherstellung der deutschen Souveränität war man entschlossen, schnell zu handeln, auch wenn es in Paris neue Widerstände geben sollte. Die Fülle der sich nun stellenden Probleme sollte – allerdings nur nach sorgfältiger Vorbereitung – auf einer Konferenz aller interessierten westlichen Staaten in London geprüft und entschieden werden.

Adenauer und Dulles haben viel Gemeinsames, Gemeinsames der Charaktere, der weltanschaulichen und religiösen Vorstellungen. In allen wesentlichen politischen, aber auch menschlichen Fragen sprachen sie eine gleiche Sprache.

Der äußerst aktive, klare, allen Phrasen abholde, die Außenpolitik Amerikas in allen Weltteilen prägende Amerikaner und der Deutsche, in Erfahrung, Urteil, Festigkeit seiner Haltung so ähnlich, hatten sich in gegenseitigem Vertrauen und Freundschaft gefunden.

London, Dienstag, den 28. September 1954

Vormittags elf Uhr Beginn der Neunmächtekonferenz im Lancaster-House. Die Tagesordnung ist groß. Sie umfaßt alles von der Beendigung des Besatzungsregimes in Deutschland, dem neuen Brüsseler Pakt und unserem Beitritt, den Beitritt zur NATO, die Kontrolle der Rüstungsproduktion, Sicherheitsgarantie und britisch-amerikanische Garantievorschläge. Die Organisation der großen Konferenz ist vorbildlich. Mittagessen bei Eden, an dem der Bundeskanzler, Hallstein und ich, auf britischer Seite Sir Frank Roberts, Sir Frederick Hoyer-Millar und Sir Ivone Kirkpatrick teilnehmen. Sehr freundschaftliche Atmosphäre und nützliche Aussprache. Sir Ivone macht den Vorschlag, daß die Besatzungsmächte für eine gewisse Übergangszeit auf die Ausübung ihrer Rechte verzichten, jedenfalls solange, bis die neu zu formulierenden vertraglichen Regelungen in Kraft getreten sind.

Nachmittags zunächst Viererkonferenz, dann Hauptkonferenz. Mendès-France entwickelt seinen Plan hinsichtlich Rüstungspool und Rüstungskontrolle. Mit dieser Darlegung, die auf britischer Seite auf Kritik stößt, werden die Chancen für ein Gelingen der Konferenz heute abend nur gering gewertet. Der Bundeskanzler ist äußerst besorgt.

Abendessen des Bundeskanzlers bei Churchill zusammen mit den übrigen Ministern und Delegationschefs, sowie den in London akkreditierten Botschaftern der Konferenzmächte.

In den nächsten Tagen verläuft die Konferenz in einer sachlichen Atmosphäre. Eden wirkt gelegentlich etwas weich in der Leitung der Verhandlungen. Offensichtlich will er sich mit seinen Vorstellungen und seinem Willen den anderen nicht aufdrängen. Seiner Natur entsprechend leicht skeptisch, versucht er die Schwierigkeiten mit teils amüsierter, teils eleganter Gelassenheit zu überbrücken. Er wird wirkungsvoll unterstützt durch Sir Ivone Kirkpatrick und Sir Frank Roberts. Der eine äußerst geschickt, erfindungsreich, sehr schnell in seinen Reaktionen, der andere von großer Sachkenntnis und Gründlichkeit, im diplomatischen Geschäft äußerst versiert, hilfreich, wenn wir ihn um seine Unterstützung baten. Foster Dulles sehr zurückhaltend, um den amerikanischen Einfluß nicht zu stark zu betonen, da wo notwendig aber, wie in seiner Erklärung über den Verbleib der amerikanischen Truppen in Europa, sehr eindrucksvoll: Der Repräsentant der Weltmacht, die letzten Endes für das Schicksal der freien Welt entscheidend ist.

Mendès-France ist für mich nicht so rätselhaft, wie viele glauben möchten. Er gibt sich als ein kalter, klarer und willensharter Mann, der sich vor keinem Hindernis scheut und der für sein Land das Beste herausholen will. Ich wollte, wir hätten schon lange mit diesem Mann Kontakt. Viele Mißverständnisse wären uns erspart geblieben. Wir haben die Dinge in Paris halt ein wenig zu sehr durch die Brille unserer MRP-Freunde gesehen. Mendès ist sicher kein Freund supranationaler Lösungen, sein Konzept – diktiert von den Sicherheitswünschen der französischen öffentlichen Meinung – ist auf militärischem Gebiet und insbesondere hinsichtlich der deutschen Aufrüstung durch Gedanken der zahlenmäßigen Beschränkung der Streitkräfte, der Waffen und entsprechenden Kontrollen gekennzeichnet.

In dem Marasmus der Verhältnisse der Vierten Republik ist er heute für viele Franzosen eine Hoffnung. Man glaubt – ob zu Recht wird die Zukunft weisen –, daß dieser Mann, der ein »Macher« ist, Frankreich wirtschaftlich sanieren und endlich die Phase erhöhter außen- und innenpolitischer Stabilität einleiten kann, deren es dringend bedarf.

Ein Gespräch, das zwischen Mendès-France und dem Bundeskanzler am Mittwoch, dem 29. September, vormittags stattfand, hat auf beiden Seiten Verständnis gezeigt und eine nicht unwesentliche Annäherung gebracht. Ich hatte gleichzeitig mit einem der engsten Mitarbeiter von Mendès Jean-Marie Soutou eine Unterhaltung. Er ist ein junger, klarer Mann, mit dem sich ein offenes Wort zu sprechen verlohnt und der offensichtlich zu den kritisch eingestellten, nicht-konformistischen Persönlichkeiten des Quai d'Orsay gehört. Ich habe nicht gezögert, ihm zu sagen, daß wir gerne wüßten, wo die französische Regierung heute wirklich steht. Die französische »politique de base« müsse geklärt und verständlich gemacht werden. Man habe auf unserer Seite manchmal das Gefühl, daß es der gegenwärtigen Regierung an einer europäischen – wie auch immer gearteten – Verteidigungsgemeinschaft weniger liege, als an einer Verständigung mit der sowjetischen Regierung über ein Vakuum in Mitteleuropa hinweg. Soutou versuchte recht eindringlich, diese Auffassung zu entkräften.

Mittwoch, den 29. September 1954

Die Neunmächtekonferenz ist heute drei Tage in Gang und hat eine entscheidende Wendung zum Besseren genommen. Hierzu haben wesentlich die Erklärungen beigetragen, die Foster Dulles und Eden gestern nachmittag abgegeben haben. Die eine in massiv drohendem Ton den Rückzug der amerikanischen Truppen aus Europa ankündigend, falls die europäischen Staaten sich nicht endlich zusammenschließen könnten; die andere ein geradezu »revolutionärer« Beitrag Großbritanniens zu dem europäischen Zusammenschluß. Denn nicht nur, daß sich Großbritannien verpflichtet, vier Divisionen und die gesamte britische taktische Luftwaffe auf dem Kontinent zu stationieren, fast von größerer Bedeutung noch ist die Zusage, deren Verbleib einem Mehrheitsbeschluß des Brüsseler Ministerrats zu unterwerfen.

Die Wirkung dieser Erklärungen auf die Delegierten war groß. Mendès-France ging nach der Sitzung mit Tränen in den Augen auf Eden zu und dankte ihm für die enge Verbindung Großbritanniens mit dem Schicksal der europäischen Staaten, insbesondere Frankreichs. Diese Erklärung wird die Stellung Mendès-Frances bei den kommenden Verhandlungen über die Ratifizierung der Verträge in der Nationalversammlung in Paris erleichtern. Es bleiben jetzt aber noch schwere und zentrale Probleme zu lösen: Im Mittelpunkt die Kontrolle der Effektivstärke und der Rüstung, nicht zuletzt die Frage eines »Waffenpools«. Nach den Erklärungen Anthony Edens und Foster Dulles werden aber diese Probleme in ihrer Bedeutung etwas zurücktreten. Die Sachverständigen werden hier akzeptable Lösungen finden.

30. September 1954

In all diesen an Krisen, Stimmungswechseln, an Aufgaben und Problemen übervollen Wochen war Felix von Eckardt, unser Bundespressechef, eine schier unversiegbare Quelle der Ermutigung. Im Kreise der Berater des Bundeskanzlers nimmt er durch seine kluge Beobachtungsgabe, sein stets fundiertes, sachliches Urteil und die gute, einfallsreiche Präsentation seiner Gedanken eine – ich möchte fast sagen – privilegierte Stellung ein. Er ist der beste Pressechef, den sich der Kanzler nur wünschen konnte; vor allem, weil er es versteht, auf Grund seiner großen menschlichen Eigenschaften das Vertrauen der Journalisten zu erwerben. Sie sehen in ihm mit Recht einen der Ihren. Aus eigener journalistischer Erfahrung weiß er, worauf es ankommt. In seiner Unterrichtung der Presse gewissenhaft, nie um eine gute Antwort, um einen Scherz verlegen, sind seine Gespräche für alle ein Gewinn. Mit der Zeit ist er auch dem Kanzler unentbehrlich geworden, weil er, wahrhaft ein »homo politicus«, sich innerlich zum Durchdenken politischer Konzeption verpflichtet fühlt und damit viel zur Vorbereitung neuer Wege und Lösungen beiträgt.

Was ihn uns alle verbindet, ist seine Lebensfreude, auch der Genuß der materiellen Dinge des Lebens. Abende mit ihm – im Kreise der Freunde –, wo bei einem guten Glas seine Frau und er Heiterkeit und Wärme ausstrahlen, sind eine Freude. Beide haben viel Geschmack. Schöne Möbel, Bilder, altes Porzellan gehören zu ihren Vorlieben. Felix ist farbenfreudig, die Zahl der täglich wechselnden Westen seiner gut geschnittenen Anzüge erstrahlen bald in grün, blau, gelb oder rot, je intensiver, je lebensfroher und kampflustiger die Stimmung ihres Herren.

London, den 1. Dezember 1954

Der Kanzler wollte in besonderer Weise dem britischen Premierminister Churchill seine Glückwünsche zum achtzigsten Geburtstag übermitteln. Er hatte mir deshalb schon einige Wochen vorher den Auftrag gegeben, ein silbernes Geschenk auszusuchen. Ich fand eine wertvolle, schlichte Schale aus der Queen-Anne-Zeit. Dem Kanzler schien das Geschenk zu gering. Ein deutscher Juwelier wurde deshalb mit dem Entwurf eines gewichtigeren Geschenks beauftragt. Schließlich entstand ein stattliches, schweres Produkt deutscher Silberschmiedekunst, breit ausladend, mit überhängenden Trauben auf schwerem Holzsockel mit dem Wappen der Churchills in Gold und einer Widmung des Kanzlers auf den Seiten. Ich selbst sollte das Geschenk mit dem entsprechenden Schreiben dem Jubilar in London übergeben. Das Geschenk, in eine große Kiste verpackt, war mir an unsere Botschaft in London vorausgeeilt.

Churchill empfing mich heute im historischen Kabinettssaal von Downing Street. Er kam aus einer bewegten Sitzung des Parlaments, in der er heftigen Angriffen ausgesetzt war. Mit schnellem Schritt, den Kopf wie immer tief in den Schultern, die unvermeidliche Havanna im Mund. Ich überbrachte die Wünsche des Kanzlers und übersetzte den Brief ins Englische:

»Sehr verehrter Sir Winston,

im Namen der Bundesregierung und zugleich im eigenen Namen übersende ich Ihnen zu Ihrem 80. Geburtstag herzliche und aufrichtige Glückwünsche. Sie können an diesem Tag auf ein an Stürmen reiches, von rastloser Arbeit erfülltes und von großen Erfolgen gesegnetes Leben zurückblicken, das heute für uns alle ein Stück Weltgeschichte darstellt. Sie haben Großbritannien durch alle Wechselfälle der Zeiten unbeirrt und von Idealen der Freiheit geleitet hindurchgesteuert und haben damit zugleich ganz Europa unschätzbare Dienste erwiesen. Wenn wir heute in unseren Ländern in Freiheit an der Verwirklichung der großen Ziele der abendländischen Kultur wirken können, so ist dies mit in erster Linie Ihrer großen Leistung als Staatsmann und Stratege zu danken. Sie haben Europa den Weg des Zusammenschlusses gewiesen und damit Perspektiven für eine glücklichere Zukunft eröffnet, die für alle wahrhaften Europäer Hoffnung und Ziel bedeuten.

Lassen Sie mich Ihnen an diesem Tage sagen, daß Sie auch in allen Schichten des deutschen Volkes als Verteidiger der Freiheit und Schützer des Friedens höchste Achtung und Verehrung gewonnen haben.

Ich bitte Sie, die Gabe, die Ihnen Botschafter Blankenhorn in meinem Auftrag überbringen wird, als ein äußeres Zeichen meines Gedenkens und meiner guten Wünsche für Ihr weiteres segensreiches Wirken entgegen zu nehmen.

(Handschriftliche Hinzufügung):
Lassen Sie mich ein persönliches Wort des aufrichtigen und herzlichen Dankes für den Austausch von Gedanken, den ich in diesen Jahren mit Ihnen haben konnte, hinzufügen.

Mit herzlichsten Wünschen und Grüßen
Ihr sehr ergebener
gez. Konrad Adenauer«

Churchill hörte aufmerksam zu, blickte mit deutlichem Interesse auf die große Kiste, die auf dem Kabinettstisch stand. Ich öffnete die Büchse der Pandora – und da stand das schwere, üppige Geschenk in vollem Glanz. Der Bundeskanzler hatte mit seiner Wahl das Richtige getroffen. Die Freude war groß, ja so groß, daß er sofort Lady Churchill herunterrufen wollte, die sich aber zur Ruhe begeben hatte. »This is indeed a lovely present« – und er hob die Schale mit beiden Händen. »Tonight I'll have some friends with me. I'll put this beautiful bowl in the middle of the table, a place of honour for the present of Chancellor Adenauer.«[1]

Der alte Mann hatte seinen Geburtstag am Tage vorher mit all den Feiern, Glückwünschen und eigenen Reden gut überstanden. Bei einem der feierlichen Anlässe, in Gegenwart der Mitglieder des Houses of Commons, wo man ihn als den größten, lebenden Parlamentarier und Redner feierte, sagte er ein paar Worte zu seiner Leistung im Kriege, die für ihn sehr charakteristisch sind:

»I have never accepted what many people have kindly said, namely, that I inspired the nation. Their will was resolute and remorseless and, as it proved, unconquerable. It fell to me to express it. ... It was the nation and the race dwelling all round the globe that had the lion's heart. I had the luck to be called upon to give the roar.«[2]

Wenige Tage später erhielt der Bundeskanzler den folgenden Dankesbrief Churchills:

»My dear Dr. Adenauer,

I am delighted with the magnificent Birthday present which, in your generosity, you have given me and which Herr Blankenhorn so kindly brought here this afternoon. It is a striking example of modern German craftsmanship and one of which I am proud to be the possessor. Please accept my most sincere and heartfelt thanks.

The letter which accompanied your gift has moved me profoundly. As I hope you know, I am high on the list of your admirers as a statesman and as a patriot. It is therefore pleasant indeed to read such words from your pen and to be told by you that the German people hold me high in their esteem. For my part I trust that I shall live long enough to see Germany not only confirmed as the peaceful and stabilising influence in Europe, to which it is her true mission to be, but also, under your wise guidance, established at home in justice, prosperity and contentment.

Yours sincerely,
(sgd) Winston S. Churchill«[3]

Bonn, Donnerstag, den 30. Dezember 1954

Nachmittags fünf Uhr kommt die Nachricht durch, daß die französische Nationalversammlung die Pariser Verträge zur Wiederaufrüstung der Bundesrepublik im Rahmen der Westeuropäischen Union mit einer Mehrheit von nur siebenundzwanzig Stimmen genehmigt hat. Damit schließt ein qualvoller parlamentarischer Prozeß, der uns tage- und nächtelang in Spannung gehalten hat.

In dieser Debatte, die sich über zehn Tage hingezogen hatte und die die Atlantische Allianz in eine noch schwerere Krise zu stürzen drohte als der Zusammenbruch der Europäischen Verteidigungsgemeinschaft am 30. August, schien auf allen Seiten das Argument zu dominieren, daß man das deutsche Volk nicht aufrüsten könne, weil man ihm auf Grund der tragischen Vergangenheit mißtrauen müsse. Offensichtlich standen viele französische Abgeordnete, ja wohl die Mehrheit – nicht nur die Kommunisten – vor der Gewissensfrage, ob neun Jahre nach Ende des Zweiten Weltkriegs diesem dynamischen, wirtschaftlich so schnell emporwachsenden Deutschland die Waffen wieder in die Hand gegeben werden sollten. Bei vielen Abgeordneten wirkte die Sorge mit, daß sie, wenn sie sich positiv für die Aufrüstung entschieden, im französischen Wahlkampf des Jahres 1956 in Schwierigkeiten geraten würden. Argumente gegen Deutschland haben nun einmal erhebliche Wirkungen, und es fehlt nicht an Parteien auf der äußersten Linken wie auf der Rechten, die sich darauf mit Erfolg berufen werden, daß sie immer gegen einen deutschen Verteidigungsbeitrag gestimmt haben.

Man wird aus allen vorliegenden Stimmungsberichten, vor allem aber aus den unzähligen Reden der Abgeordneten der Nationalversammlung schließen müssen, daß das französische Volk ein Bündnis mit der Bundesrepublik nicht will. Die Sorge vor den deutschen Divisionen besteht fort. Es kam aber hinzu, daß man mit einem negativen Votum, das den Sturz der Regierung Mendès-France bedeutet hätte, innerhalb der westlichen Welt sich völlig isolieren, sich jeglichen Einflusses auf die Weiterentwicklung in Europa begeben würde.

Die Republikanische Volksbewegung (M.R.P.)[4] hat in diesen Tagen ein betrübliches Bild der inneren Zerrissenheit geboten. Seine Führung – Bidault, Robert Schuman, Teitgen und Pleven gehen aus den Verhandlungen mit geschwächter Autorität hervor. Nur sechzehn Mitglieder dieser Partei stimmten für die Verträge, darunter Pflimlin, dreiundfünfzig dagegen, unter ihnen Lecanuet, Maurice Schumann und Teitgen, fünfzehn enthielten sich, darunter Bidault und Robert Schuman selbst. Starke Kritik, ja Ressentiments gegenüber dem Ministerpräsidenten Mendès-France und seiner Politik, vor allem aber seit den Augusttagen und der Aufgabe der EVG, waren wohl mit ein Grund für das Auseinanderfallen der Partei, auf deren einheitliche Zustimmung zu den Verträgen wir gerechnet hatten.

Wenn nun doch die Zustimmung zu den Verträgen, wenn auch mit einer so geringen Mehrheit gerettet wurde, so ist das Mendès-France zu danken. Dieser Mann steht nun seit Wochen im parlamentarischen Kampf. Von Krise zu Krise, von Vertrauensvotum zu Vertrauensvotum hat er sich durchkämpfen müssen, in einem Parlament, in dem er nur wenige Freunde besitzt. Es ist schwer zu sagen, wie sich das Schicksal seiner Regierung weiter entwickeln wird. Daß seine Feinde, die im Parlament gegenwärtig in der Überzahl sind, ihn bald stürzen wollen, ist unbestreitbar. Ob er es wird hindern können, ist zweifelhaft.

Für uns Deutsche bedeutet diese Entscheidung der französischen Kammer eine große Erleichterung. Die Folgen eines Scheiterns wären unübersehbar gewesen.

31. Dezember 1954

Das Jahr 1954 ließ viele Fragen und Probleme ungelöst. Die Ratifikation der Verträge ist immer noch nicht abgeschlossen. Der Aufbau deutscher Verteidigungskräfte hat noch nicht begonnen. In der Frage der Wiedervereinigung sind keine Fortschritte erzielt worden. Eine echte Entspannung in den Ost-West-Beziehungen ist nicht erreicht worden. Trotz gewisser wirtschaftlicher Stabilität zeigten sich im deutschen Volk hier und da Anzeichen von Unsicherheit. Die Entscheidung der französischen Nationalversammlung vom 30. August, die den Bemühungen um einen europäischen Zusammenschluß ein Ende setzte, hat dem Europagedanken in unserem Land geschadet. So wie die Zugkraft des Europagedankens nachzulassen beginnt, so wachsen auch die nationalen Egoismen. Vielen ist das noch nicht bewußt, viele vermögen die neuen Zeichen noch nicht zu sehen.

Daß der Boden für eine der Weimarer Zeit ähnlichen nationalistischen Opposition nicht reif ist, liegt an der Koalitionspolitik des Kanzlers: denn dadurch, daß er ein klares Verhältnis Regierung und Opposition, das heißt Frontstellung gegen die Sozialdemokratie aufrecht erhält, bindet er die, die eine äußerste Rechte ins Leben rufen wollen und hindert sie, zu einer Kraft anzuwachsen, die dem Staat gefährlich werden könnte. Hierin liegt der Grund, daß der Kanzler ein engeres Verhältnis zur Sozialdemokratie immer wieder ablehnt. Denn in seinen Augen ist nun einmal die Weimarer Republik daran gescheitert, daß die wiederholte große Koalition der SPD und der bürgerlichen Mitte die Opposition in die extremen Rechts- und Linksparteien verlagerte.

Ich habe in den letzten Wochen dies des öfteren mit dem Kanzler besprochen und dabei habe ich auch den Standpunkt vertreten, daß die bevorstehenden Verhandlungen mit der Sowjetunion über die deutsche Frage und Sicherheit, daß man den Aufbau deutscher Verteidigungskräfte positiv nur lösen könne, wenn die Bundesregierung auf einer breiteren Grundlage stehe, wenn man also die Sozialdemokratie in die Bundesregierung aufnehme; denn wie könne man auf Viererverhandlungen mit Erfolg einwirken, wie könne sich der Aufbau einer Bundeswehr in Ruhe vollziehen, wenn eine große demokratische Partei, wie die SPD, in einer kritisch ablehnenden Haltung verharre. Der Bundeskanzler hat das Gewicht der Argumente gesehen, gelegentlich auch zugegeben, daß man nach einer lockereren, verbesserten Zusammenarbeit zwischen Regierung und Opposition suchen müsse, hat sich aber nie bereit gefunden, den Gedanken einer großen Koalition zu akzeptieren. Wohl auch, weil er von der Bildung einer verstärkten Rechtsopposition eine Beeinträchtigung des Bestandes der CDU befürchtete. Ihn hat immer die Sorge beschäftigt, die protestantischen Elemente der CDU im Norden der Bundesrepublik könnten sich von den katholischen des Westens und Südens trennen, und sich zu einer Deutsch-Nationalen Partei Weimarer Prägung zusammenschließen.

Man kann bei einer Jahresbetrachtung auch nicht an den Problemen der Nachfolge des Kanzlers vorbeigehen, die viele Deutsche beschäftigt, und auch für die Kabinette der westlichen Länder eine Sorge bedeutet. In der Tat zeigt sich heute noch keine Persönlichkeit, die in der Lage wäre, die Demokratie in Deutschland durch eine Zusammenfassung der Kräfte zu festigen, den Europagedanken zu erhalten und zu stärken und eine wirksame Kooperation mit den Nachbarn fortzusetzen. Die Sorge ist um so größer, als es dem Kanzler, wie so manchen anderen Persönlichkeiten der Geschichte, nicht gelingen will, eine Elite von Nachfolgern zu entwickeln, mit allen Nuancen seiner Politik vertraut zu machen und ihnen auch in der öffentlichen Meinung das notwendige Profil zu geben. Es gelingt ihm auch nicht, die Führer der Koalitionsparteien so zusammenzuschließen, daß eine Gemeinschaft entsteht, in der sich die einzelnen vertrauensvoll zusammenfinden. Heute sind sie sich untereinander alle spinnefeind, ohne daß der einzelne – ich muß es leider sagen – für sich allein die Kraft besitzt, die Nachfolge des großen Mannes mit Erfolg anzutreten.

Neben diesen ernsten negativen enthält die Lage vor allem auf außenpolitischem Gebiet eine Anzahl von positiven Elementen. Hierzu rechne ich, daß das Verhältnis der Bundesrepublik zu den Westmächten, vor allem zu den Vereinigten Staaten und Großbritannien, gut ist. Es ist dem Kanzler gelungen, Amerika für Deutschland zu gewinnen. Im demokratischen wie im republikanischen Lager beginnt man in unserem Land den Partner zu sehen, mit dem die Zusammenarbeit sich verlohnt. Das Verhältnis zum amerikanischen Präsidenten ist vertrauensvoll. Man kann Foster Dulles zu den Freunden des Kanzlers rechnen.

Das Verhältnis zu Großbritannien ist ebenfalls gut. Das liegt nicht nur an den engen Beziehungen zwischen dem Bundeskanzler und Sir Winston Churchill. Zum ersten Mal in der Geschichte der deutsch-englischen Beziehungen wirkt an dieser so positiven Entwicklung ein deutschfreundliches Foreign Office mit, das von einem Kenner und Freund Deutschlands wie Sir Ivone Kirkpatrick geleitet wird. Man kann wohl sagen, daß im konservativen England sich langsam ein Umschwung der Stimmung vollzieht. Wo früher die Liebe zu Frankreich dominierte, beginnt man heute in Deutschland einen verläßlichen und starken Bundesgenossen und Partner zu sehen. Ähnliche Tendenzen sind innerhalb Labours spürbar, wo ein Mann wie Morrison, der Speaker, neben anderen zu unseren Freunden zählt.

Das Verhältnis zu Frankreich ist nach wie vor problematisch. Ich bin überzeugt, daß eine große Mehrheit im französischen Volk uns Deutschen gegenüber im Gegensatz zur Zeit nach dem Ersten Weltkrieg keinen Haß empfindet. Viele haben aber einen gewissen Inferioritätskomplex, ja Furcht vor dem »großen, dynamischen, unberechenbaren« Nachbarn im Norden. Das müssen wir verstehen, haben wir selbst doch manchmal Sorge vor den Untiefen der deutschen Seele! Die EVG hätte hier, wenn sie nicht an der Kurzsichtigkeit der Rechtsparteien im französischen Parlament gescheitert wäre, manches auf dem Wege der Zusammenarbeit und des wachsenden gegenseitigen Verständnisses geändert. Es ist zweifelhaft, ob die lockerere Zusammenarbeit in der Westeuropäischen Union und NATO dies je wird ersetzen können. Man kann nur hoffen, daß es Frankreich unter einem Mann wie Mendès-France gelingt, sich innerlich zu stabilisieren, sich aus der Lethargie der letzten Zeit herauszuentwickeln und damit schließlich das Selbstbewußtsein wiederzugewinnen, das ihm auf Grund seiner hohen Begabung, seiner wissenschaftlichen Leistung und wirtschaftlichen Produktionskraft zusteht.

Heute, am Ende des Jahres 1954, Prognosen hinsichtlich unseres Verhältnisses zur Sowjetunion zu machen, ist äußerst schwierig. Ich bin nach wie vor der Auffassung, daß man mit dieser Weltmacht nur aus der festen Position im Gefüge der Partnerschaft mit der westeuropäischen und atlantischen freien Welt verhandeln kann. Ein Alleingang scheint mir da ebenso gefährlich, wie die Politik von Beneš vor dem Zusammenbruch des tschechisch-slowakischen Staates. Vielleicht würde die Sowjetunion einem bündnisfreien Deutschland auf dem Wege zur Wiedervereinigung einige Konzessionen machen, aber doch nur unter der Bedingung, daß es sich einer internationalen Kontrolle unterwirft, an der Rußland teilnimmt und daß es sich in enge wirtschaftliche und damit politische Bindung zum Osten begibt. Man kann, wenn man an politischem und wirtschaftlichem Potential so schwach ist wie die Bundesrepublik, nicht zwischen den Welten stehenbleiben. Zumal, wenn die eine Welt mit den Mitteln totalitärer Staatsführung und weltrevolutionärer Ideologie alles daran setzt, dieses Land zu absorbieren. Ich glaube, daß das Sowjetrußland der Jahreswende 1954/55 sich nicht so sehr vom Rußland Stalins unterscheidet. Manches hat sich in seiner Taktik geändert. In der Sache selbst bleibt alles beim Alten, und wir werden erleben, daß Rußland, wie auf der Berliner Außenministerkonferenz dieses Jahres, auch in Zukunft die Sowjetzone fest in seinen Händen behält, weil es darin ein Pfand für seine eigene Sicherheit sieht, einen Schutz gegen demokratisch, freiheitliche Infektion Polens, der Tschechoslowakei und der anderen Ostblockstaaten. Das ändert nichts daran, daß das Problem der Wiedervereinigung und der Überwindung der Teilung Europas das zentrale Problem nicht nur unserer Politik, sondern auch der Politik der ganzen westlichen Welt bleiben wird. Wir werden alle Kraft daran setzen, das Verhältnis zur Sowjetunion aus dem der ständigen Konfrontation herauszuführen. Dabei werden wir alle sich bietenden, vernünftigen Wege gehen, unter ihnen auch den der allgemeinen Abrüstung und Rüstungsbegrenzung.

DIE BUNDESREPUBLIK UND NATO
1955 bis 1958

Aus dem Jahre 1955

Ich bitte den Kanzler, mich aus meiner gegenwärtigen Tätigkeit zu entlassen · Abendessen beim französischen Botschafter François-Poncet auf Schloß Ernich · Premierminister Churchill tritt zurück · Reise des Kanzlers nach Paris · Aufnahme der Bundesrepublik in NATO · Konstituierende Sitzung des Ministerrats der Westeuropäischen Union · Vorbereitung der Verhandlung der Westmächte und der Sowjetunion auf höchster Ebene · Deutsch-französisches Gespräch über die Saar · Einladung der sowjetischen Regierung an den Kanzler zu Verhandlungen in Moskau über die Aufnahme diplomatischer Beziehungen · Besprechungen des Bundeskanzlers in Washington zur Vorbereitung der Gipfelkonferenz in Genf und seines Besuches in Moskau · Gespräch mit James W. Riddleberger über den Besuch Chruschtschows in Belgrad · Die Genfer Gipfelkonferenz (18. bis 23. Juli) · Der Bundeskanzler entsendet Grewe, von Eckardt, Böker und mich als Beobachterdelegation nach Genf · Er selbst bleibt in Mürren · Pressekonferenz des Kanzlers in Mürren und Vorbereitung der Moskaureise · Reise des Kanzlers nach Moskau (8. bis 14. September) · Keine leichten Tage in Moskau · Viermächtekonferenz der Außenminister in Genf (27. Oktober bis 16. November)

Bonn, Mittwoch, den 2. März 1955

Ich habe heute den Kanzler gebeten, mich aus meiner gegenwärtigen Tätigkeit zu entlassen und mir die Leitung der kommenden Ständigen Vertretung der Bundesrepublik bei der NATO zu übertragen. Maßgebend für diese Bitte war mein Gesundheitszustand, der nach der sechsjährigen anstrengenden Arbeit im Bundeskanzleramt schlecht ist und eine begrenztere Aufgabe erfordert. Ich weiß, daß der Kanzler in dem kommenden, unter Leitung des Abgeordneten von Brentano stehenden Auswärtigen Amts zwei Staatssekretäre plant, und daß ich eine dieser beiden Stellen einnehmen soll. Hierfür reichen aber meine physischen Kräfte nicht aus. In der NATO bietet sich die Aufgabe, die deutschen Interessen zur Geltung zu bringen; ich glaube, hierfür einige Voraussetzungen mitzubringen, weil ich aus langjähriger Arbeit die Auffassungen des Kanzlers kenne und bei der Nähe von Paris jederzeit in der Lage bin, die notwendigen Instruktionen persönlich einzuholen. Der Kanzler hat zunächst diesen

Wunsch abgelehnt. Er hat mehrere Wochen gebraucht, um sich mit dem Gedanken zu befreunden. Die Ernennung zum deutschen Ständigen Vertreter im NATO-Rat blieb nicht lange aus. Für mich war es aber von großer Bedeutung, einmal aus der wirklich schwierigen Bonner Atmosphäre herauszukommen und mein eigener Herr zu sein.

Mittwoch, den 16. März 1955

Abendessen bei François-Poncet auf Schloß Ernich, an dem eine große Zahl von Mitgliedern des Bundeskabinetts und Beamte teilnehmen. Poncet gehört sicher zu den Botschaftern, die die allerbesten Voraussetzungen für diesen Beruf mitbringen. Er ist einer der bestinformierten Persönlichkeiten in Bonn, weil er sich, wie kein anderer, für jeden Aspekt des deutschen Lebens, sei er politisch, wirtschaftlich, künstlerisch oder wissenschaftlich interessiert. Er beherrscht in seltener Weise die Kunst, mittels einer meisterhaften Kenntnis der deutschen Sprache, aus den Menschen das zu erfragen, was ihm zur Urteilsbildung nützlich und wertvoll ist. Ein wirklich guter Diplomat muß etwas von der Begabung eines Künstlers haben, der sich ganz in die Mentalität der Menschen aller Schichten des Landes, in dem er sich aufhält, versetzen kann, der jeden Vorgang im Land aus einer Gesamtschau der Eigenschaften, Leistungen, Fehler und Irrtümer, Leidenschaften und Ressentiments nachempfinden und zu erklären vermag. François-Poncet hat nicht nur jedes wichtige deutsche Buch gelesen, sich um jeden kulturellen Vorgang von Bedeutung, jede neue politische Strömung gekümmert – man möchte ihn einen besseren Kenner deutscher Verhältnisse nennen als manche Deutsche selbst. Er ist in seiner Art eine eigene Erscheinung, weil er nicht – wie so viele seiner Kollegen – in den Fehler verfällt, im Lande, in dem sie akkreditiert sind, sich nur auf die offiziellen Schichten und Gruppen zu verlassen und die anderen – in der Opposition, in den Gewerkschaften, in den Universitäten – manchmal ungleich aufschlußreichere zu vernachlässigen und weil er sein Urteil nicht auf vorgefaßte Vorstellungen gründet. All dies findet bei Poncet seine Ergänzung in einer guten Kenntnis des eigenen Landes, seiner Geschichte und Literatur, seiner Liebhabereien, der menschlichen Qualitäten und Schwächen. Nur so ist er in der Lage, das, was er über Deutschland zu berichten hat, auf die Psychologie der Adressaten seiner Berichte in der Heimat abzustimmen, um damit an der Bildung des außenpolitischen Willens der eigenen Regierung mitzuwirken. Wenn man von der Kunst des Diplomatenhandwerks sprechen will, sollte man sich mit der Tätigkeit dieses Mannes beschäftigen, der in seiner Art heute schon eine Seltenheit geworden ist, eigentlich in das 17. oder 18. Jahrhundert gehört, wo der Leiter einer diplomatischen Mission in vieler Hinsicht sich selbst überlassen war – keine täglichen Sprachregelungen der Zentrale erhielt, sondern oft Wochen, ja Monate, sich in seiner Arbeit von der eigenen Intuition und der allgemeinen Kenntnis der Interessen seines Landes leiten ließ.

Mittwoch, den 6. April 1955

Die letzten Tage vor Ostern sind voller politischer Aktivität. Für einen Augenblick nur wird das politische Tagesgeschäft durch den soeben erfolgten Rücktritt des achtzigjährigen Churchills in den Hintergrund gerückt. Mit dem alten Mann in Downing Street ist eine Epoche europäischer Geschichte zu Ende gegangen. Die Nachricht hat den Kanzler bewegt. Selbst kurz vor dem achtzigsten Lebensjahr stehend, empfand er das Ausscheiden des großen Mannes als das Ende einer freundschaftlichen Beziehung zu dem verantwortlichen Leiter der Geschicke Großbritanniens, die sich in den letzten Jahren mehr und mehr vertieft hatte. Wenn das Ansehen der Deutschen in England in diesen Jahren gewachsen ist, so liegt das auch an dem engen Vertrauensverhältnis der beiden Staatsmänner.

Das Leben dieses ungewöhnlichen Mannes umspannt viele Generationen. Mitglied des Unterhauses zur Zeit der Königin Viktoria, unter Kitchener in der Schlacht von Omdurm'an im Jahre 1898, im Laufe der Jahre am Anfang unseres Jahrhunderts immer wieder in führenden Staatsämtern, so im Weltkrieg 1914 bis 1918, Premierminister im Zweiten Weltkrieg. In den Stunden völliger Isolierung seines Landes verteidigt seine Standhaftigkeit allein die europäische Freiheit. Nach dem Krieg ist er der Mann, der immer wieder eine deutsch-französische Verständigung und einen engen europäischen Zusammenschluß als notwendig proklamiert, um den Frieden zu erhalten. Ein Leben voller Erfolge, aber auch reich an Rückschlägen und Niederlagen. Wie die Londoner »Times« in diesen Tagen einmal schrieb, war er »ein altmodischer Aristokrat« in einem Jahrhundert »des einfachen Mannes«. Er war Mann des Empire, der sich vergeblich gegen die Stürme der Veränderung in unserer Welt wehrte und dem die Erkenntnis von der Notwendigkeit der Verselbständigung und Befreiung der unter britischer kolonialer Herrschaft stehenden Völker sehr schwer fiel. Als Streiter im politischen Tageskampf, in den Debatten seines Parlaments unübertroffen, zugleich ein Meister der englischen Sprache.

Paris, 7. bis 11. Mai 1955

Der Kanzler fliegt am 7. Mai morgens mit seiner Begleitung in einem Flugzeug der Lufthansa zur Eröffnung der Konferenz in Paris. Auf dem Programm stehen eine NATO-Außenministerkonferenz, eine konstituierende Sitzung der Westeuropäischen Union, eine Konferenz zur Vorbereitung der Verhandlungen der Viermächte auf höchster Ebene und ein deutsch-französisches Zwiegespräch über die Saar. Am Morgen des 7. und während des ganzen 8. Mai folgte ein Ministergespräch dem anderen: Aussprache mit Dulles über die Situation im allgemeinen, mit dem französischen Justizminister Robert Schuman über das Saarproblem, abends in der britischen Botschaft unter Vorsitz Macmillans die konstituierende Sitzung des Ministerrats der Westeuropäischen Union.

Am darauf folgenden Tag lange Aussprache des Kanzlers mit Macmillan; dieser verbindet großes Zielbewußtsein mit taktischem Geschick und treffendem Humor. Wann immer er ein Gremium präsidiert, wird die Arbeit vorbildlich und zügig abgewickelt. In schwierigen Situationen findet er oft nützliche Auswege.

9. Mai 1955

Der Atlantische Rat hat heute in öffentlicher Sitzung die Bundesrepublik als fünfzehntes Mitglied in das Bündnis aufgenommen. Das Ereignis im Palais Chaillot hat großes Interesse erweckt. Die Pressetribünen waren übervoll, zahlreich die Pressephotographen und Filmleute. Am langen Hufeisentisch saßen die Außenminister der vierzehn Staaten und die Ständigen Vertreter im Rat. Der Kanzler erschien kurz vor Beginn der Sitzung. Er war einem Trommelfeuer der Blitzlichter ausgesetzt. Nach kurzer Begrüßung durch den Ratspräsidenten – dem griechischen Außenminister Stephanopoulos – erheben sich der Reihe nach die Außenminister der vierzehn Mitgliedstaaten zu kurzer Rede, in der der Beitritt der Bundesrepublik als Beginn einer neuen Phase der NATO gewürdigt wird. Am eindrucksvollsten Paul-Henri Spaak. Er gab den Gefühlen der meisten Ausdruck, wenn er sagte: »Ohne etwas von unserem Ruhm und von unseren gegenseitigen Erinnerungen zu verleugnen, besiegeln wir heute feierlich unsere Versöhnung.« Als letzter sprach der Kanzler. Aus seiner Rede, die mit großer Aufmerksamkeit aufgenommen wurde, nur drei Sätze, die am besten seine Überzeugungen und Gefühle in diesem, für ihn sehr bewegenden Augenblick wiedergeben:

»Die Ziele der Nordatlantikpaktorganisation, insbesondere ihre rein defensive Aufgabenstellung, entsprechen angesichts der politischen Spannungen in der Welt den natürlichen Interessen des deutschen Volkes, das sich nach den schrecklichen Erfahrungen zweier Weltkriege wie kaum ein anderes Volk nach Sicherheit und Frieden sehnt ...

Ich sehe in der Verwirklichung der Verträge, die die Bundesrepublik Deutschland mit den Staaten der freien Welt beschlossen hat, ich sehe in dem Eintritt der Bundesrepublik in den Nordatlantikpakt einen Ausdruck der Notwendigkeit, den engen Nationalismus zu überwinden, der in den vergangenen Jahrzehnten die Wurzel unseres Unglücks war. Wir müssen den gesellschaftlichen Fortschritt der technischen Entwicklung anpassen, um die durch diese Entwicklung freigewordenen Kräfte in eine Ordnung einzufügen und ihnen ihre zerstörende Wirkung zu nehmen. Deshalb kann die Organisation einer gemeinsamen Verteidigung nur eines der Ziele des Nordatlantikpaktes sein. Ich halte es deshalb für eine der wichtigsten Bestimmungen des Nordatlantikpaktes, wenn in der Präambel und in Artikel 2 des Vertrags zur Förderung der allgemeinen Wohlfahrt der Völker und zur Bewahrung ihres gemeinsamen Kulturerbes eine Zusammenarbeit in wirtschaftlichen und kulturellen Fragen gefordert wird. Seien Sie versichert, daß es ein besonderes Anliegen der Bundesregierung sein wird, auf diesen Gebieten mit aller Kraft mitzuwirken.«

10. Mai 1955

Der Tag beginnt mit einem guten Gespräch zwischen Adenauer und dem kanadischen Außenminister L. B. Pearson. Pearson gehört zu jenen, die große Erfahrung im internationalen politischen Geschäft besitzen und ihre Überzeugungen mit Festigkeit und Klarheit vertreten. Gesprächsthemen waren die Schwierigkeiten auf dem Wege zu einer Gipfelkonferenz mit Sowjetrußland, das chinesisch-amerikanische Verhältnis und die Tätigkeit des NATO-Rats, die er positiv bewertete. Pearson bezeichnete den am Vortag erfolgten Beitritt der Bundesrepublik zur NATO als einen historischen Tag. Nicht so sehr, weil durch den deutschen Beitrag zum

Bündnis die militärische Stärke erhöht werde, sondern vor allem, weil Deutschland auf vielen anderen Gebieten, nicht zuletzt auf wirtschaftlichem und politischem, mitarbeiten werde. Eine Gemeinschaft, die nichts weiter sei als eine Militärallianz, werde kaum den Zweck erfüllen, der mit ihrer Gründung erreicht werden sollte. Das wesentliche sei die Eingliederung Deutschlands in die Gemeinschaft der freien Nationen. Auch der Kanzler betonte, daß Militärbündnisse im allgemeinen nicht von langer Dauer seien, wenn sie nicht gleichzeitig andere große Aufgaben wahrnehmen würden. Die Bundesregierung sei sich der Bedeutung dieser Aufgaben bewußt und bereit, dafür zu arbeiten. In diesem Sinn habe er auch in seiner gestrigen Ansprache vor dem NATO-Rat auf den Artikel 2 des NATO-Vertrags verwiesen, der seiner Ansicht nach zu wenig berücksichtigt werde.

Nachmittags Sitzung der französischen, britischen und amerikanischen Außenminister mit dem Bundeskanzler im Quai d'Orsay. Vorbereitung einer Viermächtekonferenz mit der Sowjetregierung. Man kann nicht behaupten, daß diese Sitzung ein Erfolg gewesen wäre. Engländer und Franzosen waren für eine Konferenz auf höchster Ebene, die Amerikaner hatten noch keine Stellungnahme des Präsidenten Eisenhower. Harrison, junges, hoffnungsvolles Mitglied des Foreign Office, berichtete über die Tätigkeit der in London tagenden Sachverständigenausschüsse. Die Erörterung war schleppend. Niemand wollte zu den Problemen heute schon Stellung beziehen.

Die Konferenz stand stark unter der Frage: Was sind die Ziele der sowjetischen Politik? Sind die Russen wirklich zu einer Neuordnung ihres Verhältnisses zur westlichen Welt bereit? Die bevorstehende Lösung des Status von Österreich, die überraschenden Besuche der sowjetischen Machthaber in Belgrad und auch die neuen, in den letzten Tagen bekanntgewordenen Abrüstungsvorschläge haben in die erstarrte Situation einige Bewegung gebracht. Rußlandkenner halten drei Gründe für die entscheidenden Motive der gegenwärtigen sowjetischen Politik: die immer schwieriger werdende wirtschaftliche Lage in der Sowjetunion, eine gewisse politische innere Unsicherheit und Schwäche, Folgen eines noch nicht abgeschlossenen Machtkampfes der führenden Persönlichkeiten und das in letzter Zeit schwieriger werdende Verhältnis zu Rotchina. Die Sowjetregierung sieht sich mit einem unerwarteten neuen Dynamismus der Chinesen konfrontiert, die sich anschicken, mit ihrem Eingreifen in Korea, ihrem Vormarsch in Indochina und ihren militärischen Bewegungen im Raum um Formosa Probleme militärisch zu lösen. Moskau will jetzt keinen bewaffneten Konflikt mit der westlichen Welt. Die Sowjetunion ist jetzt für Zeitgewinn; deshalb jetzt für Entspannung. Deshalb auch die wiederholte Propagierung einer Neutralisierung Westeuropas, die letzten Endes Westeuropa aus der amerikanischen »Abhängigkeit« lösen und damit das Vorfeld sowjetischen Einflusses in Westeuropa erweitern soll.

Der Bundeskanzler steht allen Neutralisierungstendenzen ablehnend gegenüber und hat dies auch angesichts der NATO-Konferenz deutlich gezeigt. In seinen Augen kann für Deutschland, mangels einer modernen Rüstung, die seine menschlichen und materiellen Kräfte weit überfordern würde, Neutralisierung keine Lösung sein. Auch würde Neutralisierung neue Kontrollen, erhebliche Beschränkung der Souveränität, sicher auch den Abzug der alliierten Truppen bedeuten.

Auch die französische Regierung teilte diese Auffassungen. Auf der Konferenz war die überwiegende Meinung, mit der Sowjetregierung neue Verhandlungen zu versuchen. Mit Erleichterung wurde die Entscheidung des Präsidenten Eisenhower aufgenommen, an einer Gipfelkonferenz mit den Russen teilzunehmen. Die entsprechende Note an die sowjetische Regierung wurde dem Kanzler vom amerikanischen Außenminister in einem Nebenzimmer des Palais Chaillot vorgelesen und fand seine Billigung.

Auch Macmillan schien befriedigt. Mehr aus britischen innerpolitischen Gründen, weil damit die gegenwärtige konservative Regierung in dem beginnenden Wahlkampf für das Unterhaus ein wichtiges Argument gegen die Angriffe der Labour Partei erhielt, nicht genug für die Entspannung in der Welt zu tun.

Bonn, den 8. Juni 1955

Die sowjetische Regierung hat gestern in einer Note, die ihr Botschafter in Paris Winogradow an Botschafter von Maltzan übergeben hat, den Bundeskanzler zu Besprechungen über die Aufnahme diplomatischer und kultureller Beziehungen nach Moskau eingeladen. Die Reaktion des Kanzlers war grundsätzlich positiv. Er behielt sich jedoch eine endgültige Entscheidung bis zur Klärung einer Anzahl von Fragen vor. So sollten die Besprechungen in Moskau nicht vor der für Juli geplanten Viermächte-Gipfelkonferenz stattfinden. Auch der Themenkreis der Gespräche sollte sich nicht nur auf die Aufnahme der diplomatischen Beziehungen beschränken. Eine Normalisierung der Beziehungen habe zur Voraussetzung, daß man die Frage der Wiedervereinigung und die Befreiung der großen Zahl von Kriegsgefangenen und anderen Deutschen, die in der Sowjetunion zurückgehalten werden, in die Erörterungen mit einschließe.

Die Einladung nach Moskau, die uns überraschte, war wieder einmal ein Zeichen dafür, daß die Sowjetunion gegebene Realitäten als solche anerkennt. War noch vor der Inkraftsetzung der Pariser Verträge gedroht worden, daß man mit der Bundesregierung nicht mehr sprechen werde, so ist heute davon nicht mehr die Rede. Über die Motive der sowjetischen Haltung ist viel spekuliert worden. Man hat gelegentlich von einem grundsätzlichen Wandel der sowjetischen Politik gesprochen und sich dabei auf das Einlenken der Sowjetunion beim Abschluß des österreichischen Staatsvertrages (15. Mai 1955), die von Chruschtschow und Bulganin anläßlich ihrer Reise nach Belgrad erfolgte Normalisierung ihres Verhältnisses zu Jugoslawien und jetzt auf die Einladung Adenauers nach Moskau bezogen. Sicher haben einige Faktoren zu einer weniger harten sowjetischen Politik beigetragen. Hierzu zählt die schwierige wirtschaftliche Lage, die ungenügende Agrarproduktion, die wachsenden Forderungen der Volksrepublik China zur Verstärkung der Wirtschaftshilfe und die Sorgen, das beschleunigte Rüstungstempo nicht durchhalten zu können. Es erscheint mir aber sehr fraglich, ob diese Änderung der Taktik mehr bedeutet, ob sie zu einer grundsätzlichen Veränderung der sowjetischen außenpolitischen Grundziele, vor allem in Europa, führt.

Washington, im Juni 1955

Der Bundeskanzler benutzte die Verleihung der Ehrendoktorwürde der Universität Harvard, um in Washington über die Absichten der amerikanischen Regierung für die Genfer Viermächtegipfelkonferenz Klarheit zu gewinnen und sich über Zeitpunkt und Ziele seines Besuches in Moskau zu besprechen. Der Gedankenaustausch mit Foster Dulles, aber auch mit Präsident Eisenhower, ergaben eine völlige Übereinstimmung der Auffassungen: Keine Erwartung spektakulärer Ergebnisse, Klärung der großen Spannungsprobleme, Versuche auf dem Weg zur Wiedervereinigung Fortschritte zu machen, kein europäisches Sicherheitssystem auf der Grundlage eines geteilten Deutschlands, enge gegenseitige Abstimmung in allen Phasen der Genfer Konferenz und während der Verhandlungen in Moskau.

Am Mittwoch, den 15. Juni, kam der mit dem Kanzler und mir befreundete amerikanische Botschafter in Belgrad James W. Riddleberger zum Morgenfrühstück ins Hotel und gab uns ein umfassendes Bild seiner Belgrader Beobachtungen, besonders seiner Erlebnisse während des kürzlichen Besuchs Chruschtschows bei Marschall Tito.

Auf die Frage des Kanzlers, was wohl die Sowjets veranlaßt hätte, jetzt nach Belgrad zu reisen, sagte Riddleberger, man könne das nur so verstehen, daß die Sowjets sich außerhalb ihres Machtbereichs eine Plattform für ihre Politik der »Entspannung« schaffen wollten. Tito habe aus den Gesprächen mit den Sowjets den Eindruck gewonnen, die inneren Schwierigkeiten der Sowjetunion seien gegenwärtig so groß, daß sie zu erheblichen Konzessionen an den Westen bereit seien.

Vor dem Besuch der Sowjets hätte es schwierige Aussprachen mit Tito gegeben, der dem Gedanken einer Neutralisierung Deutschlands nähertreten wollte. Er, Riddleberger, habe auf die großen Gefahren hingewiesen, die sich aus einer Neutralisierung Deutschlands für Jugoslawien und Tito selbst ergeben würden, denn wenn einmal Deutschland neutralisiert sei, würden weder amerikanische noch britische Truppen in Europa bleiben. Diesem Argument habe sich Tito nicht entziehen können. Er, Riddleberger glaube, zur Annahme berechtigt zu sein, daß der Marschall diese Neutralisierungsgedanken nunmehr aufgegeben habe.

Sehr bezeichnend sei der Zwischenfall bei der Ankunft Chruschtschows und Bulganins auf dem Belgrader Flughafen gewesen. Entgegen den Abmachungen, bei diesem Anlaß nur kurze, unpolitische Begrüßungsworte auszutauschen, habe Chruschtschow eine längere Rede in russischer Sprache gehalten, in der er von der starken Bindung der Länder sprach, in denen die führenden Kräfte Parteien seien, die ihre Tätigkeit auf die Lehren des Marxismus und Leninismus stützten. Sie würden ihre Pflicht gegenüber ihren Völkern und den Werktätigen der ganzen Welt nicht erfüllen, wenn sie nicht alles in ihren Kräften stehende tun würden, um gegenseitiges Verständnis zwischen der kommunistischen Partei der Sowjetunion und dem Bund der Kommunisten Jugoslawiens auf der Grundlage der Lehren des Marxismus und Leninismus zu schaffen. Auf diese Rede habe Tito eisig reagiert, habe sich geweigert, das ihm von Chruschtschow dargebotene Rundfunkgerät zu einer Antwort zu benutzen, habe schweigend auf die bereit stehenden Wagen gezeigt und seine Gäste aufgefordert, diese zu besteigen.

In den Verhandlungen der folgenden Tage habe Chruschtschow das Wort geführt. Er sei auf russischer Seite die dominierende Figur gewesen und habe Entscheidungen selbst treffen können, ohne, wie dies sonst üblich, vorher in Moskau rückfragen zu müssen. Manche seiner Äußerungen hätten bei den jugoslawischen Gesprächspartnern großes Unbehagen ausgelöst, so, wenn er sagte, der Erste Weltkrieg habe den Kommunismus in Rußland, der Zweite Weltkrieg den Kommunismus in den osteuropäischen Staaten Polen, Tschechoslowakei, Ungarn, Rumänien und den Baltischen Ländern zur Macht gebracht, der Dritte Weltkrieg werde Europa dem Kommunismus ausliefern.

Anläßlich eines von Präsident Tito für die russischen Gäste und das Diplomatische Corps gegebenen Essens sei sein Zusammentreffen mit Chruschtschow geradezu dramatisch verlaufen. Chruschtschow habe das Gespräch mit ihm, das über fünfundvierzig Minuten gedauert habe, offenbar geführt, um auf die Jugoslawen Eindruck zu machen, den amerikanischen Botschafter zu überrumpeln, ihn nach Möglichkeit zu blamieren, um damit der amerikanischen Position in Belgrad einen Schlag zu versetzen. Chruschtschow habe das Gespräch mit einer von Minute zu Minute sich steigernden Kritik an der amerikanischen öffentlichen Meinung und ihrer Beurteilung der sowjetischen Verhältnisse geführt. Er, Riddleberger, habe zunächst ruhig geantwortet, daß, wenn die amerikanische öffentliche Meinung die landwirtschaftlichen Experimente der sowjetrussischen Regierung diskutiere, sie auch von ihren eigenen Erfahrungen ausgehe, denn die Agrarprobleme, die Probleme der Bodenerosion und so weiter seien nun auch einmal in Amerika ein heiß umstrittenes Thema. Als Chruschtschow dann aber von Aggressivität der öffentlichen Meinung und der Amerikaner selbst sprach, sich höhnend über die Politik der Stärke äußerte und seine Äußerungen mit Faustschlägen auf den Tisch unterstrich, da schien es Riddleberger an der Zeit, nun auch seinerseits das Feuer in vollem Umfang zu eröffnen. Er habe auf den Redeschwall Chruschtschows zunächst mit der Bemerkung geantwortet, daß er glaube, auch die sowjetische Politik bediene sich gelegentlich der Stärke, denn er erinnere sich noch gut an die Blockade Berlins, weil er damals gerade dort dienstlich tätig gewesen sei. Auf diese Bemerkung hin sei Chruschtschow vor Zorn rot angelaufen und habe seine Angriffe in persönlich verletzender Form wiederholt. Als Chruschtschow dann von Unfreiheit und Knebelung der öffentlichen Meinung in den Vereinigten Staaten sprach, habe er, Riddleberger, von den Willkür- und Gewaltmethoden der Sowjets gesprochen. Chruschtschow sei mit wutverzerrtem Gesicht dagesessen. Nun habe Tito eingegriffen, um die gespannte Situation wieder zu lösen, indem er zu Chruschtschow und Riddleberger gebeugt einen Toast auf den Frieden vorgeschlagen habe. Riddleberger habe sich hierzu bereiterklärt und seinerseits einen Toast auf Frieden und Gerechtigkeit angeregt. Als Tito diesen Toast ausbrachte, habe Chruschtschow finster und ohne seine Lippen zu bewegen dagesessen. Die ganze Szene sei von den anwesenden Gästen schweigend und mit wachsender Spannung verfolgt worden. Niemand hätte noch Lust gehabt, das Essen fortzusetzen.

Genf, den 23. Juli 1955

Die Viermächte-Gipfelkonferenz ist beendet. Die westlichen Alliierten hatten sich ein dreifaches Ziel gesetzt, nämlich Klarstellung der Spannungsprobleme und ihrer Gründe, Festlegung einer Prozedur für die Lösung der Fragen und schließlich Versuche einer Lösung im sachlichen Bereich. Die ersten beiden Ziele sind wohl im wesentlichen erreicht worden. Alle Versuche, in den Sachfragen Fortschritte zu erzielen, sind aber gescheitert.

Man kann es als ein Positivum ansehen, daß die Konferenz zu einer offenen Aussprache über die Probleme geführt hat. Eisenhower, Eden und Faure haben es in ihren Interventionen an Deutlichkeit nicht fehlen lassen. Auf sowjetischer Seite fehlte es im Gegensatz zur Berliner Viermächte-Außenministerkonferenz an den üblichen Invektiven. Bulganin und Chruschtschow bemühten sich manchmal durch betonte Freundlichkeiten die Atmosphäre zu lockern und damit ihre eigene, im Grunde völlig negative Haltung zu den Sachfragen zu verschleiern. Man kann es als ein weiteres Positivum ansehen, daß es in den Prozedurfragen gelang, die Fortsetzung der Verhandlungen auf einer Außenministerkonferenz der Viermächte im Oktober in Genf zu beschließen. Die Verhandlungen über die Direktive, die den Außenministern für ihre Arbeit im Oktober gegeben werden sollte, waren besonders schwierig und führten fast zum Abbruch der Konferenz.

In den großen Fragen der Überwindung der Teilung Deutschlands und der Verbindung der Errichtung eines europäischen Sicherheitssystems mit der Wiedervereinigung, bestand auf seiten der westlichen Alliierten völlige Übereinstimmung und Einheit in der Darstellung ihrer Auffassungen.

Hier und da gab es Unterschiede in der persönlichen Einstellung zu den sowjetischen Verhandlungspartnern. So lag es Eisenhower mehr an einer Erwärmung der Konferenzatmosphäre als seinem Außenminister Foster Dulles, der sich seiner Natur entsprechend nüchtern auf die Realitäten konzentrierte. Eden bemühte sich um konstruktive Vorschläge, weil es Großbritannien eher an einem positiven Abschluß der Verhandlungen lag als den Vereinigten Staaten, die die negative Haltung der Sowjets kritischer bewerteten. Edgar Faure schien gelegentlich – wohl eher aus persönlichem Geltungsbedürfnis als aus politischer Überzeugung – neue Nuancen zu bieten, die aber den Gang der Verhandlungen nicht zu beeinflussen vermochten. Sein Außenminister Pinay vertrat mit bewundernswerter Eindringlichkeit den westlichen Standpunkt.

Bulganin und Chruschtschow haben bis in die letzte Stunde der Konferenz alles darangesetzt, um die Frage der Wiedervereinigung Deutschlands in den Hintergrund zu schieben. Ihnen lag in erster Linie daran, die Diskussion auf ein europäisches System kollektiver Sicherheit zu konzentrieren, das die beiden deutschen Staaten einschließen würde. Es war deutlich, daß es ihnen nicht daran liegt, ihre Position in der Ostzone aufzugeben, einmal aus Gründen ihrer eigenen Sicherheit, zum andern aber auch, um sich im Falle einer Krise in Westeuropa die Möglichkeit expansiver Aktivität offen zu halten. Sollte es zu dem von ihnen gewünschten Sicherheitssystem kommen, würden sich also damit in russischer Sicht die Ost-West-Beziehungen normalisieren, so würde das Problem der Wiedervereinigung damit seine Bedeutung als internationales Spannungsproblem erheblich verlieren.

In den letzten Tagen der Konferenz ging der Kampf, der von den Westalliierten mit eindrucksvoller Zähigkeit geführt wurde, um den Inhalt der den Außenministern zu gebenden Direktive für die im Herbst stattfindende Konferenz. Hier ging es darum, die Sowjetunion daran zu hindern, ihren Forderungen entsprechend, das europäische Sicherheitssystem zum zentralen Thema der Konferenz zu machen und die Wiedervereinigung als eine Art Nebenprodukt beiseite zu schieben. Es gelang den Westmächten im Wortlaut der Direktive, das Junktim zwischen Wiedervereinigung und europäischer Sicherheit durchzusetzen und unter dem Titel »Europäische Sicherheit und Deutschland« ein Sicherheitssystem für Europa mit der »Regelung der Deutschlandfrage und der Wiedervereinigung Deutschlands« im Wege freier Wahlen zu verbinden.

Während der Konferenz hielt sich der Kanzler in dem nahegelegenen schweizerischen Ferienort Mürren auf. Er hatte Wilhelm Grewe, Felix von Eckardt und mich mit einer Reihe sehr qualifizierter Mitarbeiter, wie Alexander Böker, Günther Diehl und Georg von Lilienfeld und andere als Beobachter nach Genf entsandt. Er blieb in ständigem telephonischen und telegraphischen Kontakt, ließ sich über jede Phase der Verhandlungen ausführlich unterrichten und hat auf manche Entscheidung der Westalliierten Einfluß genommen. Unsere Zusammenarbeit mit den Delegationen unserer westlichen Partnerstaaten war gut, meine persönlichen Verbindungen zu Foster Dulles und seinem Mitarbeiter Livingstone Merchant mit Sir Ivone Kirkpatrick, Sir Geoffrey Harrison und dem politischen Direktor des Quai d'Orsay de Margerie, besonders eng.

Mürren, den 26. Juli 1955

Unmittelbar nach Abschluß der Konferenz fuhren Felix von Eckardt und ich nach Mürren. Brentano, Hallstein und Grewe waren schon beim Kanzler, um die Ergebnisse der Konferenz zu besprechen und die Reise nach Moskau vorzubereiten. Gleichzeitig erschienen etwa sechzig Vertreter der Weltpresse, um die Beurteilung des Kanzlers kennenzulernen.

Am 25. Juli fand im Hotel Regina ein Presseempfang statt, auf welchem der Kanzler wie immer sehr freimütig seine Genugtuung über den Verlauf der Konferenz zum Ausdruck brachte. Die Tatsache, daß die Außenminister der Viermächte im Oktober in Genf zusammenkommen und ihre Verhandlungen gemäß der von den vier Regierungschefs beschlossenen gemeinsamen Direktive führen werden, hielt er für positiv. Er sah in der freien Aussprache der vier Regierungschefs über die Wiedervereinigung Deutschlands, als einer Grundfrage der Stabilisierung Europas und einer unerläßlichen Vorbedingung einer Entspannung, einen Erfolg. Er warnte jedoch vor leichtfertigem Optimismus. Die Spannung ließe sich nicht in wenigen Wochen aus der Welt schaffen. »Hoffnungsvolle Geduld« sei der einzig mögliche Weg zur Erreichung des Zieles.

Auf eine Frage, die sich auf den Zeitpunkt und die Pläne für seine Moskaureise bezog, war der Kanzler zurückhaltend. »Es wäre wohl unhöflich, mit der Annahme der Einladung bis nach der Viermächte-Außenministerkonferenz im Oktober zu warten«. Auf eine andere Frage, ob er nach der Gipfelkonferenz die Aussichten seiner Reise nach Moskau günstiger einschätze, meinte er, er möchte seine etwaige Reise unabhängig von den Ergebnissen der Gipfelkonferenz betrachtet wissen.

Ein gut Teil der wenigen Tage in Mürren verbrachten wir hauptsächlich in Sitzungen im Chalet, das der Kanzler für seinen Urlaub gemietet hatte, hoch über Mürren, im Angesicht der gewaltigen Riesen Eiger, Mönch und Jungfrau. Die Gespräche galten einer sorgfältigen Analyse der beendeten Konferenz und einer gründlichen Vorbereitung der Moskauer Verhandlungen und der vielfachen Konsultationen zur Vorbereitung der Verhandlungen mit den deutschen Parteien, mit der amerikanischen, britischen und französischen Regierung, die in den nächsten Wochen erfolgen sollen. Adenauer behält sich Besprechungen mit Eisenhower und Dulles in Washington und mit Eden in London vor.

8. bis 14. September 1955: Reise des Kanzlers nach Moskau

Donnerstag, den 8. September 1955

Um dreiviertel zehn Uhr Abflug von Wahn. Strahlendes Wetter. Auf dem Flugplatz eine große Menge offizieller Persönlichkeiten, Minister, Politiker, Vertreter der westlichen Verbündeten – der Engländer Allen, der Franzose François-Poncet und der Amerikaner Conant. Ein letzter Händedruck des neunundsiebzigjährigen Kanzlers, der zum ersten Mal in seinem Leben eine weite Reise in den Osten antritt, galt seinen Kindern und Enkeln, die sich zum Abschied eingefunden hatten. In der Maschine des Bundeskanzlers – eine Superconstellation der Lufthansa – unter anderem Carlo Schmid, Kiesinger, Arnold. Eine halbe Stunde vorher waren Brentano und Hallstein mit einer Anzahl von Mitgliedern des Auswärtigen Amts vorausgeflogen.

Im Flugzeug lange, vertrauliche Unterhaltung mit dem Kanzler unter vier Augen, in der wir beide das Seltsame dieser Reise hervorheben und den Weg vom Zonenbeirat in Hamburg über den Parlamentarischen Rat, den Petersberg, die verschiedenen Reisen nach Paris, London und Washington an uns vorbeiziehen lassen. Der Kanzler macht sich keine Illusionen über das Ergebnis dieser Reise. Für ihn hat sich in der letzten Zeit an der sowjetischen Politik so gut wie nichts geändert. Er befürchtet nur, daß die sowjetische Taktik im Westen Erwartungen auslösen könnte, die notwendigerweise zu Enttäuschungen führen und die Festigkeit der Haltung mindern. Die Lage des Westens habe sich seit der Genfer Gipfelkonferenz im Juli nicht verbessert. Der ganze Mittelmeerraum, der für den Westen von so großer politischer und strategischer Bedeutung ist, sei in Unruhe. Nordafrika, das israelisch-arabische Verhältnis, die Lage in Zypern, die neuen schweren Spannungen zwischen Griechen und Türken – all dies wirke sich zugunsten Sowjetrußlands aus, das nicht zögern werde, die Gelegenheit zu nutzen.

Herrliches Flugwetter, als wir über Berlin, Thorn, die Masurische Seenplatte, Wilna, Witebsk nach Moskau fliegen. Flugdauer viereinhalb Stunden. Das Flugzeug hat eine deutsch-amerikanische Besatzung und zwei russischen Navigatoren, die das Flugzeug über russisches Gebiet lotsen. Auf den russischen Straßen so gut wie keine Staubwolken, die auf Autoverkehr schließen lassen. Wir gehen auf zweitausend Meter herunter. Waldreiches, mit kleinen Katen verstreut besiedeltes Land, auf den Feldern und Wiesen nur wenig Vieh. Eindrucksvoll der Anflug auf Moskau mit den modernen Riesenbauten der Universität und den anderen Hochhäusern. Auf dem Flugplatz großes Zeremoniell. Bulganin, Molotow, Gromyko, Semjonow und viele andere sowjetische Funktionäre. Die Botschafter unserer drei Hauptverbündeten, der schwedische Gesandte als Doyen des Diplomatischen Corps. Ich habe Gelegenheit, mir Bulganin näher anzusehen. Ein recht bürgerlich ausschauender Mann, von einer gewissen Bonhomie, ein kluges Auge, das vorgeschobene Kinn deutet auf erhebliche Energien. Molotow habe ich noch nicht recht sehen können. Ich stand unmittelbar hinter ihm. Gromyko, fünf Jahre jünger als ich, heute bereits Erster Stellvertretender Außenminister, macht einen intelligenten Eindruck. Deutschlandlied, russische Nationalhymne, Vorbeimarsch der Ehrenkompagnie in makellosem »preußischen« Paradeschritt beschließen das Empfangszeremoniell, und wir fahren in langer Eskorte durch Moskau, gelegentlich überholt von amerikanischen Freunden, die uns freundlich zuwinken, oder von Autos sowjetischer Funktionäre, die verhängt sind, so daß man ihre Insassen nicht sehen kann. Erster sehr oberflächlicher Eindruck: Es ist, als ob sich eine Fülle Landvolkes in eine Stadt ergossen hätte. Uniformität der Gesichter, Uniformität der Kleidung. Wenige Farben. Die Blicke im allgemeinen ernst, gleichgültig und apathisch. Einen Unterschied machen die Kinder, die oft besser gekleidet sind als die Erwachsenen; viel Militär in den Straßen. Am Rande der großen Stadt nur geringer Verkehr, in der Stadt selbst ein Autoverkehr, der etwa dem der größeren Städte Mitteleuropas um 1920 entspricht.

Unser Hotel »Sowjetskaija«, ein Riesenpalast; die Schlaf- und Wohnzimmer erinnern an das Mobiliar einer »Kommerzienratwohnung« der zwanziger Jahre. Der Kanzler und seine Umgebung beschränken sich auf allgemeine Konversationsthemen – da man ja nie weiß. Abends sieben Uhr erste Besprechung im Sonderzug, der die große Zahl der technischen Mitarbeiter aus Bonn nach Moskau gebracht hat. Jedes Mitglied der Delegation verpflichtet sich, vor den zu erwartenden russischen Staatsessen jeweils einen großen Löffel Olivenöl zu sich zu nehmen, um die für das Gleichgewicht nachteiligen Wirkungen des Wodka auszugleichen.

Der Abend ist frei. In kleinem Kreis vorzügliches Abendessen von russischen Ausmaßen. Die Zielscheibe des freudigen Gesprächs ist Hallstein, der es wie immer mit Nachsicht und Vergnügen auf sich nimmt.

Ich bin froh, daß wir diese Reise unternehmen. In den persönlichen Kontakten mit den führenden russischen Persönlichkeiten werden deren Absichten, Reaktionen, Empfindlichkeiten klarer. Die Proportionen zwischen Ost und West werden deutlicher. Der erste, wenn auch nur oberflächliche Blick auf die sowjetischen Machthaber – das Gefühl mag unrichtig sein – hat mich in meinem Herzen beruhigt. Wir sollten uns vor ihnen nicht fürchten.

Freitag, den 9. September 1955

Vor dem Beginn der Eröffnungssitzung schnell mit Professor Grewe auf den Roten Platz, um einen allgemeinen Eindruck zu gewinnen. Aus dem alten Rußland sind nur wenig bauliche Reste zu sehen. Wunderbar ist die Kirche des Heiligen Basilius, die gerade jetzt erneuert wird und in unzähligen Farben erstrahlen soll. Die Mauern des Kreml wirken fast spielerisch. Das Rot der Mauern und das Weiß-Gelb des Kreml-Palastes haben etwas Orientalisches. Der Platz ist eindrucksvoll. Wir waren auch wenige Minuten im Gum, dem größten Warenhaus Moskaus: Es ist übervoll, die Menge macht einen gesichtslosen Eindruck. Es überwiegen ernste, gleichgültige Gesichter. Die Frauen machen oft einen stark abgearbeiteten, müden Eindruck. Die Auslagen erinnern mich in ihrer Armut und Uniformität an unsere des Jahres 1947. Es herrscht Knappheit an allem, vielleicht einfachere Lebensmittel ausgenommen.

Elf Uhr Beginn der Sitzung in der Spiridinowska. Bulganin führt den Vorsitz, rechts neben ihm Chruschtschow, links Molotow, Perwuchin, Kabanow, Semjonow; ihm gegenüber der Kanzler und seine Delegation. Bulganin eröffnet die Sitzung mit einer Rede, die zwar im Ton freundlich, in ihrem Inhalt aber geringe Bereitschaft der Sowjetunion zeigt, auf die uns Deutsche bewegenden Anliegen einzugehen. Er streift nur kurz die Frage der Wiedervereinigung, übergeht völlig die Freilassung der deutschen Kriegsgefangenen – beides Probleme, die vom Bundeskanzler als Voraussetzung einer Normalisierung der Beziehungen zur Erörterung gestellt worden waren.

Bei einem Meinungsaustausch in der Frage der Wiederherstellung der Einheit Deutschlands – so Bulganin – könne man nicht umhin, mit den ernsthaften Hindernissen zu rechnen, die auf diesem Weg nach dem Inkrafttreten der Pariser Abkommen entstanden seien. Die Lösung der Frage sei vor allem Sache der Deutschen selbst, dabei müsse man mit den Realitäten des Bestehens der Bundesrepublik und der Deutschen Demokratischen Republik rechnen. Der Kanzler trug seine Antwort in großer Ruhe vor: Um die Normalisierung zustande zu bringen, genüge es nicht, den Krieg zu ächten, Sicherheitssysteme zu schaffen und auf gewissermaßen mechanische Weise diplomatische, wirtschaftliche und kulturelle Beziehungen herzustellen. Man müsse den Ursachen nachgehen und die Anstrengungen darauf konzentrieren, diese zu beseitigen. Damit setzte er sich mit Energie für die Freilassung der in der Sowjetunion gefangen gehaltenen Deutschen ein. Es sei nicht denkbar, normale Beziehungen zwischen unseren Staaten herzustellen, solange diese Frage ungelöst sei.

Und dann zu den Problemen der Wiederherstellung der deutschen Einheit: Wenn er hierüber verhandle, sei das keine Vorbedingung, sondern Teil der Normalisierung. Die Teilung Deutschlands sei abnorm, gegen göttliches und menschliches Recht und gegen die Natur. Er könne es nicht nützlich finden, mit ihr als einer »Realität« zu argumentieren, denn das Entscheidende, was daran real sei, sei die Überzeugung aller, daß sie nicht von Bestand bleiben könne und dürfe. Versuchen wir, in unseren Gesprächen einen Schritt weiterzukommen. Es bestehe sonst die Gefahr, daß im Herzen Europas ein Spannungsherd erster Ordnung bestehen bleibe. Sollte die Sowjetunion als Folge der Wiedervereinigung eine Beeinträchtigung ihrer Sicherheit befürchten, so sei die Bundesrepublik bereit, an einem diese Besorgnisse ausräumenden Sicherheitssystem mitzuarbeiten.

Auf die Sitzung, in der es zu keinen weiteren Erörterungen kommt, folgt ein Mittagessen im Kreml. Die Einrichtung der Räume, in denen wir empfangen werden, erinnern mich stark an das französische Biedermeier, sie stammten vielleicht aus der Zeit Nikolaus I. und den vierziger Jahren des vorigen Jahrhunderts. Schöne französische Leuchter im Eßsaal, große Vasen, alles ein wenig äußerer Prunk ohne viel persönlichen Charakter. Kurze Vorstellung der beiden Delegationen. Man geht zu Tisch: Siebzehn Deutsche und sechzehn Russen, eng nebeneinander, fast in unmittelbarer Tuchfühlung. Ich sitze zwischen Malenkow und Kusnezow, dem Ersten Stellvertretenden Außenminister. Kusnezow spricht gut Englisch, ist Ingenieur von Beruf, war im Ausland, vor allem in Amerika und England, aber auch in Paris. Er ist wohl Vertreter der Kommunistischen Partei im Außenministerium. Er gibt sich Mühe, Malenkow mit in das Gespräch einzubeziehen, und übersetzt alles, was ich sage, ins Russische. Malenkow ist klein von Statur, im Gegensatz zu den Bildern der Presse, die ihn groß erscheinen lassen, er hat kleine, feine Hände, ein lebhaftes Mienenspiel mit gescheiten, brennenden, gelegentlich lustig blickenden Augen, die sich einem aber immer entziehen, wenn man sie anschauen will. Ein merkwürdiger Mann. Offenbar ist er immer noch nicht ganz in seiner Autorität wiederhergestellt. Die anderen »Großen« nehmen von ihm nur wenig Notiz. Seine Fragen sind interessant: Wie steht es mit Ihrer Flugzeugindustrie? Was macht Ihre Stahlproduktion? Schicken Sie viele Ingenieure in die Vereinigten Staaten?

Das Essen ist nicht schlecht, bunt durcheinandergewürfelt. Die Gläser zahllos. Die Getränke folgen schnell aufeinander, wie ein Toast dem anderen. Gottlob hatte ich vor dem Mahl einen tüchtigen Löffel Olivenöl konsumiert, der sich sehr bewährt. Ich sprach länger mit Kaganowitsch über frühere deutsch-russische Beziehungen in der Zeit, als Bismarck preußischer Botschafter in St. Petersburg war, und in der Weimarer Zeit, als

Brockdorff-Rantzau das Reich in Moskau vertrat, später Schulenburg. Alle drei Namen waren ihm ein Begriff, er äußerte sich positiv über sie.

Inzwischen wird die Stimmung am Tisch lebhafter und lebhafter. Chruschtschow bearbeitet Brentano und Kiesinger. Bulganin, links vom Kanzler, und Molotow rechts, tauschen mit ihm einen Toast nach dem anderen. Ich sehe mit Sorge, daß der alte Herr gegen Schluß des Essens ein »Ex« nach dem anderen trinkt. Immer von dem schweren georgischen Südwein, der gut schmeckt. Schließlich fordert er Molotow, Bulganin und Chruschtschow auf, das Gleiche zu tun und bedrängt sie, die Gläser immer wieder neu zu füllen. Die Tischrede, die Bulganin auf ihn hält, ist freundlich, menschlich. Der Kanzler antwortet gleichgestimmt. Nach viel Eis in mancherlei Form begibt man sich zum Kaffee, wo neue »alkoholische Exzesse« gefeiert werden, diesmal mit Cognac. Um den Kanzler, Bulganin und Chruschtschow gruppieren sich alle »Großen«, auch Malenkow versucht, etwas schüchtern und ängstlich, ein Plätzchen zu ergattern. Und dann gibt es eine Lachsalve nach der anderen, einen Toast nach dem anderen. Der alte Herr mit seiner rheinischen Schlagfertigkeit, seiner erstaunlichen Trinkfestigkeit, macht Eindruck auf seine Gastgeber. Brentano hat schon einmal den Kanzler gebeten, das Spiel abzubrechen – vergeblich. Schließlich versucht er es noch einmal: Es sei Zeit nach Hause zu gehen. Laute Protestrufe von Chruschtschow und Bulganin. Endlich haben wir es geschafft, und der Kanzler begibt sich sicheren Schrittes aus dem Kreml, eine dicke Pralinenschachtel unter dem Arm, die ihm Bulganin noch untergeschoben hat. Im Hotel beginnt er leicht zu wanken, kommt aber Gott sei Dank – abgeschirmt durch seine Paladine – heil in seine Gemächer, wo eine lange Aussprache einsetzt und große Mengen von Tee konsumiert werden, um den Alkohol aus den Mägen zu vertreiben.

Die Atmosphäre dieses ersten Tages ist gut gewesen. Ich glaube auch, daß die »Titanen« des Kreml es zeitweise recht natürlich und ernst gemeint haben. Aber das hindert nicht, das schwere unüberwindbare Probleme zwischen uns stehen.

Sonnabend, den 10. September 1955

Morgens längere Aussprache mit dem Kanzler, wer ihn zu seinem für den Nachmittag vorgesehenen Zusammentreffen mit Bulganin und Chruschtschow begleiten soll. Das Treffen wird außerhalb Moskaus, in einer der Datschas stattfinden. Brentano und Professor Braun als Dolmetscher werden ihn begleiten.

Beginn der offiziellen Sitzung zehn Uhr. Gemäß den Abreden hat der Bundeskanzler den Vorsitz. Interessant das Verhältnis der drei führenden sowjetischen Staatsmänner untereinander: Bulganin und Chruschtschow offensichtlich eng liiert, in einer spürbaren inneren Gegnerschaft zu Molotow. Bulganin bei oberflächlicher Betrachtung gutmütig, jovial; schnell wechselnd von Bonhomie zu Härte. Gewandtheit und weltmännische Art paaren sich mit einem beträchtlichen Maß an Eigenwillen und Unberechenbarkeit. Rechts neben ihm Chruschtschow, im Äußeren der russische Bauer, geschult in dialektischem Kommunismus, unendlich kraftvoll in seiner Primitivität, seinem leicht aufbrausenden Temperament. Gegenwärtig wohl der unbestrittene Herr dieses Landes.

Für die Russen ist das entscheidende Ziel der Verhandlungen unmittelbare, sofortige Aufnahme diplomatischer Beziehungen. Wir sollen damit indirekt die Teilung anerkennen und die DDR legitimieren. Aufrechterhaltung, Festigung des Status der DDR, Sicherung dieses sozialistischen Teilstaates und damit Sicherung des gesamten Satellitensystems ist der Kern der sowjetischen Bemühungen; deshalb keine konstruktive Erörterung der Wiedervereinigungsfrage, deshalb immer wieder die Verweisung der Bundesrepublik auf unmittelbare Kontakte mit Pankow – selbst in der Frage der Freigabe der Gefangenen. Wir haben das Gefühl, daß wir heute, am Ende des zweiten Verhandlungstages, ohne positive Ergebnisse nach Bonn zurückkehren werden. Aber man kann bei den Russen nie wissen, oft lassen sie erst in der letzten Minute sichtbar werden, wo Konzessionen möglich sind.

Nachmittags fünf Uhr Unterredung zwischen Bundeskanzler und Brentano einerseits, Bulganin, Chruschtschow, Semjonow andererseits, in der dem Kanzler zur Verfügung gestellten Datscha. Eine rein atmosphärische Begegnung, die nicht viel Neues bringt, jedenfalls keine Ansätze für die Überbrückung der zwischen uns und den Russen bestehenden Kluft.

Die sowjetischen Gesprächspartner wiederholen erneut immer wieder die Besorgnis vor neuen kriegerischen Konflikten. Sie hätten sicher keine Sorge, daß Adenauer, Eden, Edgar Faure oder Pinay zu den Waffen greifen würden, es gebe aber auch Leute wie Nixon und Radford.

In der französischen Botschaft unterrichte ich inzwischen die Botschafter der drei westlichen Hauptmächte über den Stand der Verhandlungen. Sie finden es bezeichnend, daß nach sowjetischer Auffassung die Lösung der Wiedervereinigungsfrage und auch der Gefangenenfrage in Verbindung mit der DDR gesucht werden soll. Es komme der sowjetischen Regierung offensichtlich darauf an, vor der im Oktober stattfindenden Viermächte-Außenministerkonferenz die Beziehungen zur DDR, wie zum gesamten Ostblock zu verstärken und etwaige Zweifel und Unsicherheiten zu zerstreuen, die im Gefolge der Genfer Gipfelkonferenz des Juli und auch der Einladung des Bundeskanzlers nach Moskau nicht zuletzt bei den Machthabern in Ost-Berlin hätten entstehen können. In diesem Zusammenhang ist nicht uninteressant, daß Semjonow uns den Wunsch übermittelte, den Wortlaut der Verhandlungen des Vormittags, die völlig negativ verliefen, so schnell wie möglich zu veröffentlichen.

Abends Festvorstellung des Balletts »Romeo und Julia« von Prokofieff im Bolschoi-Theater. Es gibt wohl keinen stärkeren Kontrast als die Realität des Lebens in den Straßen Moskaus und dieses glanzvolle Ballett von höchster choreographischer Leistung. Der Kanzler wurde vom Publikum freundlich begrüßt. Die Russen haben offenbar, um den bisherigen recht negativen Eindruck ihrer mangelnden Verständigungsbereitschaft etwas zu mildern, den Abend zu einer Demonstration deutsch-sowjetischer Verständigung gestalten wollen: deutsche und sowjetische Fahnen, Deutschlandlied und Sowjethymne zu Beginn der Vorstellung, Händedruck Bulganins und des Bundeskanzlers unter starkem Beifall des Publikums.

Sonntag, den 11. September 1955

Vormittags Fahrt hinaus zum Landhaus des Kanzlers. Mittagessen des Kanzlers für die sowjetische Delegation. Ich sitze zwischen Gromykow und Malenkow. Wir unterhalten uns über Brockdorff-Rantzau und Schulenburg, deren Arbeit, die nun schon lange der Geschichte angehört, Gromykow positiv bewertet. Sonst ist er im allgemeinen einsilbig. Ich halte ihn für einen äußerst versierten Mann, der vielleicht wie kein anderer alle außenpolitischen Vorgänge aufs gründlichste kennt und den Standpunkt seiner Regierung geschickt und linientreu vertritt.

Montag, den 12. September 1955

Die Verhandlungen, die heute vormittag zwischen den beiden Außenministern Brentano und Molotow stattfanden, haben – wie alle anderen Versuche – die Russen zu einem Entgegenkommen in der Deutschlandfrage und dem Kriegsgefangenenproblem zu bewegen, keinen Erfolg gehabt. Brentano, der die Verhandlungen mit Würde und Geschick führte, hatte auf Weisung des Kanzlers eine gemischte deutsch-sowjetische Kommission vorgeschlagen, die alle in den Verhandlungen angeschnittenen

Fragen weiter verhandeln und so die Voraussetzungen für eine echte Normalisierung des deutsch-sowjetischen Verhältnisses schaffen sollte. Die Russen lehnten diesen Vorschlag ab. Wie sollte – so führten sie aus – eine solche Kommission fruchtbarere Arbeit leisten als die gegenwärtig in Moskau verhandelnden Minister, deren Autorität doch viel größer sei als die in einer Kommission verhandelnden Beamten? Ein Vorschlag Brentanos, in der Gefangenenfrage weiter, unter Umständen auch zu dritt, das heißt unter Russen, Vertretern der DDR und der Bundesrepublik zu verhandeln, Anregung, die einem in diesen Tagen gemachten sowjetischen Vorschlag selbst entsprach, wurde von Molotow nur sehr zögernd entgegengenommen, wobei er erklärte, daß solche Verhandlungen dann zwischen dem Bundeskanzler und Herrn Grotewohl geführt werden müßten. Er setzte aber sofort hinzu, daß es wohl eine gute Weile dauern werde, bis man sich mit den Vertretern der DDR über den Modus solcher Verhandlungen verständigt habe.

Auch am Nachmittag brachten die Erörterungen in größerem Kreis keine Fortschritte. Die Verhandlungen nahmen teilweise einen recht schroffen, ja geradezu feindseligen Ton an und wurden vorzeitig abgebrochen, weil die russischen Herren als Gastgeber im Kreml erwartet wurden.

Es schloß sich das große Bankett im St. Georgssaal des Kreml an. Tausend Menschen – alles, was es an ausländischen und sowjetischen führenden Persönlichkeiten gab – war aufgeboten, um den Bundeskanzler zu sehen. Die Spitzen der beiden Delegationen nahmen auf einer Seite einer langen, dem Publikum zugewandten Tafel Platz, es gab also kein Gegenüber; auf den Tischen unzählige Flaschen verschiedener Weine und riesige Platten mit kalten Speisen aller Art. Vor dieser Tafel, durch ein Seil getrennt, versammelten sich die unzähligen anderen Gäste, um das Erlebnis dieses deutsch-sowjetischen Gastmahls mit großen Augen – mit und ohne Operngläser, mit und ohne Fotoapparate – zu genießen. Man konnte sich manchmal nicht ganz des Eindrucks erwehren, irgendwo im fernen Asien im Zelt des großen Khan zu sitzen. Wenn man die Lebensfreude spürte, mit der Chruschtschow sich dem Essen hingab, wie unsere russischen Gastgeber sich in ihrer Essensfreude keineswegs dadurch stören ließen, daß hunderte von neugierigen Augen zusahen, wenn man sich an die Geschichte dieses Saales erinnerte, an dessen Wänden die Namen so vieler Georgsritter einer großen historischen Vergangenheit hafteten, wenn man die immer wieder neuen Toaste auf Frieden und Freundschaft hörte, so schien einem alles wie ein merkwürdiger Traum.

Der Kanzler war mit Bulganin in tiefes Gespräch versunken. Jetzt erreichte er endlich die grundsätzliche Freigabe der 9626 sogenannten

Kriegsverbrecher, dazu alle anderen in Rußland zurückgehaltenen Deutsche – wie Bulganin sagte – auf Ehrenwort. Nach dem Bankett, das der Kanzler früh verließ, sprachen wir lange über die Bewertung dieser russischen Zusage. Der Kanzler nahm den Standpunkt ein, daß er bei einer solchen Zusage die Aufnahme der Beziehungen nicht verweigern könne, selbst wenn in der Frage der Wiedervereinigung Fortschritte nicht zu erzielen wären. Ihm war es in diesen schweren Moskauer Tagen klargeworden, daß es sich für die deutsche Seite in erster Linie darum handeln muß, die eigenen Menschen aus ihrem furchtbaren Schicksal zu befreien.

Spät nachts habe ich im Auftrag des Kanzlers die Vertreter der drei Westmächte über das Ergebnis dieses Tages unterrichtet. Die Reaktion auf amerikanischer Seite war besorgt, sogar lebhaft kritisch; denn es schien Bohlen, dem amerikanischen Botschafter, ein zu billiger Preis, den Russen in dieser Form entgegenzukommen. Aufnahme diplomatischer Beziehungen mit den Sowjets bedeute auch einen ersten Schritt zur Anerkennung der DDR. Die Russen könnten auf der bevorstehenden Viermächte-Außenministerkonferenz leicht argumentieren, daß auf Grund ihrer Beziehungen zur Bundesrepublik eine neue Lage eingetreten sei, die hinsichtlich der Wiedervereinigung zunächst Verhandlungen zwischen der DDR und der Bundesrepublik erforderlich machten. Sir William Hayter, der britische Botschafter, war nicht dieser Auffassung. Der französische Botschafter Joxe zeigte sich besorgt.

Dienstag, den 13. September 1955

Der Tag begann mit Verhandlungen in kleinstem Kreis. Auf deutscher Seite der Bundeskanzler, Außenminister von Brentano, Staatssekretär Hallstein. Auf russischer Seite Bulganin, Chruschtschow, Molotow und Semjonow. Die Verhandlungen zogen sich etwa bis zwölf Uhr mittags hin. Nach Schilderungen der deutschen Teilnehmer sollen sie äußerst stürmisch und enttäuschend verlaufen sein. Bulganin: Es liege ein kompletter Dissens vor. Er habe dem Bundeskanzler niemals irgendwelche Zusagen hinsichtlich anderer Deutscher als der 9626 Kriegsverbrecher gemacht. Andere deutsche Gefangene existierten nicht. Nach langem Hin und Her erklärten die Russen, daß sie bereit seien, alle Deutschen freizulassen, deren Aufenthalt in der Sowjetunion durch entsprechende Unterlagen nachgewiesen würde. Eine schriftliche Fixierung dieser Zusage, die der Kanzler erbat, wurde als »beleidigend« abgelehnt. Das Wort der sowjetischen Regierung müsse genügen.

So stand die Situation, als der Kanzler, Brentano und Hallstein in der »Spiridonowska« mit den anderen Mitgliedern der Delegation zusammen kamen. Da weder in der Gefangenenfrage völlige Klarheit herrschte, man schriftliche Zusagen nicht erreichen konnte, da aber auch der vom Kanzler in seiner Unterhaltung mit Bulganin angesprochene Vorbehalt hinsichtlich der Anerkennung der DDR – nach der Darstellung des Kanzlers habe Bulganin sich mit einem solchen Vorbehalt durch eine entsprechende Geste abgefunden – von den Russen ausdrücklich zurückgewiesen wurde, waren die Auffassungen in der Delegation hinsichtlich des weiteren Prozedere geteilt. Die einen befürworteten den Abbruch der Verhandlungen, andere waren für ihre Fortsetzung. Beim Kanzler schienen die menschlichen Erwägungen alle übrigen in den Hintergrund zu verdrängen. Man war entschlossen, es am Nachmittag noch einmal zu versuchen.

Die Nachmittagssitzung im größeren Kreis war ebenso gewittergeladen wie die des Vormittags. »Wenn Sie uns mit Ihren Kriegsgefangenenangelegenheiten weiter langweilen wollen, suchen Sie sich ein anderes Auditorium«, fuhr Chruschtschow den Kanzler an. Dieser zeigte, wie immer in diesen schweren Tagen, eiserne Ruhe und erklärte mit Nachdruck: »Ich kann nicht finden, daß Sie höflich sind, Herr Chruschtschow.« Schließlich gelang es, Chruschtschow zu einer ausführlichen Erklärung der sowjetischen Haltung in der Gefangenenfrage zu veranlassen. Damit war der Weg frei für die Behandlung der weiteren Themen, die Formulierung der beiden Briefe, in welchen sich die sowjetische und deutsche Regierung zur Aufnahme diplomatischer Beziehungen bereit erklärten, und die einseitige schriftliche Erklärung des Kanzlers an Bulganin, in welcher er die wichtigen Vorbehalte hinsichtlich der territorialen Grenzen Deutschlands und der politischen Verhältnisse in der DDR bekräftigte.

Die Unterzeichnung der Briefe über die Aufnahme der diplomatischen Beziehungen erfolgte gegen halb neun Uhr unter dem Feuer von Blitzlichtern der Pressevertreter. Es schloß sich ein letztes Abendessen mit unseren russischen Gastgebern an. Auch hier, wie immer außerhalb der Verhandlungen, waren die russischen Herren von großer Aufgeschlossenheit und Heiterkeit, zeigten auch eine gewisse persönliche Wärme, die in starkem Kontrast stand zu ihrer harten und rücksichtslosen Verhandlungsführung. Wieder folgte ein Toast dem anderen. Eindrucksvoll der dynamische Chruschtschow, echter Repräsentant des ukrainischen Bauerntums, seine Rede, mit Leidenschaft vorgetragen, enthält zahlreiche Bilder aus bäuerlichem Leben. Er besitzt eine Sprache, die ihn aus den eher gesichtslosen Parteibürokraten heraushebt. Ihm sitzt die weltrevolutionäre Idee tief im Blut; »Pacific coexistence«, friedliches Zusammenleben bedeutet ihm nicht viel mehr als eine Atempause für das Sammeln neuer Kräfte zur Auseinandersetzung mit der »kapitalistischen« Welt, die er, wie alle solchen »terribles simplificateurs« in Unterschätzung der Wirklichkeit als ein Museumsstück vergangener Zeit abtut.

Mittwoch, den 14. September 1955

Acht Uhr Pressekonferenz des Bundeskanzlers. Zehn Uhr Abflug von Moskau, nach dem üblichen Abschiedszeremoniell mit Nationalhymnen, Abschreiten der Ehrenkompagnie und zahlreichem Händeschütteln, wobei der Bundeskanzler gegenüber Bulganin die Bemerkung macht, daß er ihn gelegentlich in Bonn zu sehen hoffe.

Wir sollten das Bemühen der Sowjets um die Aufnahme diplomatischer Beziehungen als einen Erfolg buchen. Darin steckt die Anerkennung des Gewichts, das die Bundesrepublik heute als politischer und wirtschaftlicher Faktor besitzt, und morgen als militärischer Faktor im europäischen Kräftespiel besitzen wird. Niemand ist größerer Realist als der Russe, und niemand hat mehr Achtung vor Kraft und Stärke als der Russe. In unserem Hauptanliegen der Wiedervereinigung unseres Landes haben wir keine Fortschritte erzielt. Von freien Wahlen war keine Rede. Wir hatten den Eindruck, daß sich der sowjetische Standpunkt beträchtlich verhärtet hat und daß die Russen – sicher auf sehr lange Zeit – die Ostzone nicht aus ihrem Machtbereich entlassen werden. Ihre ganze Politik ist darauf ausgerichtet, das dortige Regime und damit ihre eigene Position zu stärken.

Als nun Bulganin die Freigabe der rund zehntausend Kriegsgefangenen und der übrigen in Rußland aus mannigfachen Gründen zurückgehaltenen Deutschen konzidierte, war es für den Bundeskanzler nicht mehr möglich, die Herstellung diplomatischer Beziehungen zurückzuweisen. Hier mußte die Rücksicht auf das schwere Los dieser Menschen Vorrang vor allen anderen Überlegungen haben. Wenn in der westlichen Welt gelegentlich Stimmen laut werden, die das Ergebnis der Moskauer Konferenz schmälern, so möchte ich nicht wissen, was die Weltöffentlichkeit gesagt hätte, wenn der Bundeskanzler es in Moskau zum Abbruch der Verhandlungen hätte kommen lassen. Dann wäre die Bundesrepublik sicher der Zerstörung der Entspannungspolitik bezichtigt worden, die von den Staatsmännern des Westens in Genf eingeleitet und von den Sowjets mitgetragen worden sei. Das Ergebnis von Moskau beeinträchtigt unsere Verpflichtungen gegenüber unseren Partnern im Westen nicht. Die Russen haben uns nicht nahegelegt, aus NATO und WEU auszutreten. Im Gegenteil, sie haben ausdrücklich unsere Mitgliedschaft in beiden Organisationen als Realitäten anerkannt. Für die Russen war das Ergebnis von Moskau bedeutsam, weil es sich als eine weitere Tatsache der von ihnen gewollten Entspannungspolitik darstellt. Diese Politik brauchen sie, weil sie sich nach Stalin im Inneren wie nach außen konsolidieren wollen. Sie führen sie aber auch fort, weil sie erkannt haben, daß im Gegensatz zu stalinistischen Zeiten die weichere Taktik ungleich viel größere Erfolgschancen besitzt als die der Härte und völligen Kompromißlosigkeit.

Der Kanzler hat auf seine Gesprächspartner menschlich einen starken Eindruck gemacht. Es war ja das erste Mal, daß Bulganin und Chruschtschow mit der für die deutsche Außenpolitik verantwortlichen Persönlichkeit zusammentrafen. Ich glaube, sein wiederholtes starkes Bekenntnis zum Frieden und zur Zusammenarbeit, auch auf wirtschaftlichem Gebiet, hat einige natürliche Vorurteile ausgeräumt. Seine freie und mutige Sprache, seine Unbefangenheit und seine Zurückhaltung und Würde haben in den russischen Machthabern mehr und mehr den Eindruck verstärkt, es hier mit einem ernsten und ernst zu nehmenden Gesprächspartner zu tun zu haben.

Wir alle im Flugzeug des Kanzlers waren froh, nach den anstrengenden Tagen und Nächten in die Heimat zurückzukehren. Ich selbst in dem Gefühl, daß neue Gespräche in der Zukunft dazu beitragen könnten, die Atmosphäre weiter zu verbessern und damit Schritt für Schritt einen Strich unter die sterile Periode des Kalten Krieges zu setzen.

Genf, 27. Oktober bis 16. November 1955

Seit dem 27. Oktober ist die Außenministerkonferenz der Viermächte über die Deutschlandfrage im Gang. Der Bundeskanzler hatte Professor Grewe und mich als Beobachter nach Genf entsandt. Wir haben ähnlich wie anläßlich der Gipfelkonferenz im Juli einen möglichst engen Kontakt zu den Delegationen der drei Westmächte hergestellt, die die Aufgabe übernommen haben, uns laufend über den Fortgang der Konferenz zu unterrichten.

Bonn, den 2. November 1955

Der Bundeskanzler und Außenminister von Brentano haben mich heute nach Bonn gerufen, um den Stand der Konferenzarbeiten zu besprechen und das weitere Prozedere zu überlegen. Zunächst, um neun Uhr vormittags, Besprechung mit Brentano, dann mit ihm und Hallstein nach Rhöndorf, wo wir den Kanzler um elf Uhr in seinem Arbeitszimmer trafen. Die Grippe, die ihn eine Reihe von Tagen ans Bett gefesselt hatte, ist ihm noch anzusehen. Er hofft, in zwei bis drei Wochen wieder voll leistungsfähig zu sein.

Mein Bericht beginnt mit der Feststellung, daß beide Parteien auf dieser Konferenz völlig aneinander vorbeireden. Die Westmächte, in klarer Interpretation der Richtlinien der Gipfelkonferenz, hoffen auf dem Weg zur Wiedervereinigung und Sicherheit mittels Angeboten auf militärpolitischem Gebiet Fortschritte zu machen. Die Sowjets gehen zum Schein darauf ein. In Wirklichkeit ist für sie die Wiedervereinigung eine rein politische Frage, für die der Preis nicht auf dem Gebiet der Sicherheitsgarantie zu finden ist. In den Erörterungen über die Sicherheitsfrage gehen die Sowjets stets von der Zweiteilung Deutschlands aus. So hat Molotow erneut den ursprünglichen Vorschlag Bulganins eines gesamteuropäischen Sicherheitssystems mit Einbeziehung der beiden deutschen Staaten auf den Tisch der Konferenz gelegt. Unter dem Druck der Alliierten hat er dann leicht veränderte neue Vorschläge gemacht, die aber in der Frage der Überwindung der Teilung Deutschlands keine Fortschritte zeigen. Im ganzen hat sich die sowjetische Haltung verschärft. Neu ist – und dies können wir in diesen Tagen immer wieder feststellen –, daß sie in ihren Vorschlägen von der Forderung ausgehen, daß für den Fall der Wiedervereinigung die »sozialen Errungenschaften« in der Sowjetzone erhalten bleiben, ja noch mehr, daß die Geltung dieser »Errungenschaften« auch in einem wiedervereinigten Deutschland garantiert werden müsse. Die Sicherheit tritt in den Hintergrund, die Ausdehnung der kommunistischen Strukturen auf Gesamtdeutschland in den Vordergrund ihrer Wünsche und Vorstellungen.

Man könnte sich fragen, warum die Sowjets gerade in diesem Augenblick ihre Haltung so versteifen. Ist es, um die Geschlossenheit des Ostblocks zu dokumentieren und zu festigen? Oder sollen gewisse Faktoren der Unsicherheit im Westen, gewisse Gegensätze und Schwächen gefördert werden? Hinzu kommt, daß es der sowjetischen Politik gelungen ist, im Mittelmeer eine neue Front des Kalten Krieges aufzubauen und mittels erheblicher, meist über die Tschechoslowakei erfolgender Waffenlieferungen an Ägypten Einfluß zu gewinnen. Diese Entwicklung überschattet gelegentlich das Spiel der Kräfte in Genf. Die Gefahr, die sich hier abzeichnet, ist groß, weil es den Sowjets im Falle eines Konfliktes zwischen Israel und Ägypten, der wahrscheinlich nicht vermieden werden kann, die Möglichkeit eröffnen könnte, das Hinterland der Verteidigungslinie Irak, Iran, Pakistan zu durchdringen, die arabische Welt gegen die Westmächte zu mobilisieren und damit eine für Westeuropa wichtige Region ihrem Einflußbereich einzugliedern, die Westeuropa im Falle eines Weltkonfliktes zur Aufrechterhaltung der Verbindungswege mit Vorderasien und der strategischen Luftverteidigung benötigt.

Ich berichte ferner über ein Gespräch, das ich in diesen Tagen mit Coburn Kidd geführt habe, der zu Dulles in einem besonders engen freundschaftlichen Verhältnis steht und über gute Kenntnisse der amerikanischen politischen Vorstellungen verfügt. Er sprach mir von einer gewissen Unsicherheit, ja einem spürbaren Mißtrauen in den Auswärtigen Ämtern der drei Westmächte hinsichtlich der politischen Entwicklung in der Bundesrepublik. Man sei unsicher, ob nach Ausscheiden des Kanzlers die gegenwärtige enge Zusammenarbeit mit den Westmächten fortgesetzt würde. Man habe Sorgen vor der schnellen Wandelbarkeit deutscher politischer Methoden und Ziele. Zeige nicht die Wahlkampagne im Saargebiet wieder überlaute nationalistische Töne? Schwer verständlich sei die Verzögerung des Aufbaues der deutschen Verteidigungskräfte, der seit der Aufnahme der Bundesrepublik in NATO kaum nennenswerte Fortschritte gemacht habe. Auch werden die Haltung der deutschen öffentlichen Meinung in der Zeit der Erkrankung des Kanzlers und die billigen Diskussionen um die Frage der Nachfolge negativ bewertet. Für jeden Ausländer sei nun einmal schwer verständlich, daß der Bundestag auf seiner Tagung in Berlin von der Krankheit des Kanzlers keine Notiz genommen habe. All dies begründet die Sorge, daß das deutsche Volk ebenso schnell wie führende Persönlichkeiten auch politische Grundprinzipien wechseln könnte. Diese und ähnliche Gedanken beeinflußten selbstverständlich nicht die Haltung der drei westlichen Außenminister, die mit Entschlossenheit den Standpunkt der Bundesregierung in der Wiedervereinigungsfrage verteidigten. Coburn Kidd hat sich auch – so fuhr ich in meinem Bericht fort – zu der Frage geäußert, wie man die bisher so negativ verlaufende Konferenz der Außenminister abschließen solle. Wir waren beide der Auffassung, daß man bei Beendigung der Konferenz mit großer Eindringlichkeit die Verantwortung für den Fehlschlag feststellen und die deutlich gewordenen Absichten der Sowjets darlegen müsse. Andererseits solle die Tür nicht zugeworfen werden, um nicht eine Welle der Furcht vor kriegerischen Entwicklungen auszulösen und um im Frühjahr oder Sommer des kommenden Jahres erneut zu versuchen, die

Sowjetunion zu einer Revision ihres Standpunktes zu veranlassen. Auch eine neue Konferenz werde voraussichtlich scheitern. Das Beispiel Österreichs habe aber gezeigt, daß bei Beharrlichkeit und Geduld mit der Zeit eine annehmbare Lösung erreicht werden könne.

Der Bundeskanzler, der meinem Vortrag mit Interesse folgte, bestätigte die wesentliche Linie in der Beurteilung der Konferenz und ihrer Beendigung. Man solle unter keinen Umständen die Konferenz in einem »friendly spirit« ausklingen lassen, um nicht die harten Realitäten zu verschleiern. Man solle aber die Tür nicht endgültig zuwerfen, denn es gebe eine Mittellinie zwischen freundschaftlicher Umarmung und Kaltem Krieg. Er lege auf eine weitere Konferenz wert, weil er hoffe, mit Aussicht auf neue Verhandlungen zwischen Ost und West die Regierung in Pankow daran zu hindern, Maßnahmen zur Abschnürung Berlins zu ergreifen.

Genf, den 4. November 1955

Konsultation der deutschen Beobachterdelegation mit den Delegationen der drei Westmächte. Ich berichte über meinen Aufenthalt in Rhöndorf, die Reaktion des Bundeskanzlers und seine Auffassungen zum weiteren Verlauf der Konferenz.

Anschließend Vorschlag Robert A. Bowies, des Stellvertretenden Staatssekretärs im State Department, die sowjetische Delegation unmittelbar vor die Frage zu stellen: »Wollt Ihr Euch sofort mit uns zur Ausarbeitung eines Wahlgesetzes für gesamtdeutsche Wahlen zusammenfinden, wobei von vornherein deutsche Sachverständige mitwirken?«

Nach einem Vorschlag von Foster Dulles sollte diese Frage von der deutschen Delegation in einer Note an die vier Konferenzmächte gerichtet werden. Es gab Bedenken der einen und der anderen. Schließlich einigte man sich auf einen gemeinsamen Schritt der westlichen Alliierten und der Bundesrepublik.

In einer Besprechung mit Foster Dulles sprachen wir von der Notwendigkeit, den Kanzler durch eines der führenden Delegationsmitglieder der Westmächte über den Fortgang der Konferenz persönlich zu unterrichten. Pinay, der französische Außenminister, den der Kanzler gut kennt, ist hierzu bereit.

Bonn, den 13. November 1955

Vormittags elf Uhr Eintreffen Minister Pinays in Begleitung von Sauvagnargues auf dem Flugplatz in Wahn. Zwölf Uhr Beginn der Besprechungen im Hause des Kanzlers in Rhöndorf. Pinay betont das völlig negative Ergebnis der bisherigen Verhandlungen, die intransigente Haltung Molotows, das entschlossene Eintreten der drei Außenminister der Westmächte in der deutschen Frage und den anderen Konferenzthemen. Der Kanzler dankt für die Unterrichtung, hält eine dezidierte Klarstellung der Verantwortung für ein etwaiges Scheitern der Konferenz für unerläßlich.

Ein Vorschlag Pinays, nach den bevorstehenden Landtagswahlen erneute Verhandlungen über eine Lösung des Saarproblems aufzunehmen, wird vom Kanzler angenommen und zum Mittelpunkt eines Kommuniqués gemacht, das anschließend an die Besprechungen ausgegeben wird. Neue Initiativen für einen europäischen politischen Zusammenschluß werden nicht erörtert.

Wegen des angegriffenen Gesundheitszustandes des Kanzlers findet das Mittagessen im Hause in Rhöndorf statt. An dem vorzüglich gekochten Essen nehmen zwölf Personen teil. Das Gespräch ist lebhaft. Man tauscht Erfahrungen über die Russen aus. Der Kanzler gibt ein paar Geschichten aus den Tagen seines Moskauer Aufenthaltes zum besten und schließt beim Nachtisch mit folgender Geschichte:

Man habe sich während seiner Krankheit über den Ort unterhalten, an dem er beerdigt werden solle. Die einen hätten erklärt, daß Köln der richtige Ort sei, da er als Oberbürgermeister dort den Anfang seiner Laufbahn genommen habe; andere seien für Bonn gewesen, weil er als Bundeskanzler in Bonn gewirkt habe; dritte für Berlin, weil es sich nun einmal gehöre, daß die Kanzler Deutschlands in der Hauptstadt Gesamtdeutschlands ruhten. Vierte betonten, daß es Jerusalem sein müsse, denn er habe doch viel für die Bereinigung des Verhältnisses zwischen Deutschen und Juden getan. Als man Ollenhauer hiervon erzählt habe, hätte dieser beschwörend die Hände zum Himmel erhoben und gesagt, Jerusalem dürfe es auf keinen Fall sein, denn da sei schon einmal einer beerdigt worden, der dann wieder auferstanden sei.

Diese Geschichte wurde mit Heiterkeit quittiert. Alle sahen in ihr ein Indiz für die erstaunliche Lebenskraft des alten Herrn mit seinen nahezu achtzig Jahren.

Paris, den 31. Dezember 1955

Mit dem Jahr 1955 geht ein Zeitraum zu Ende, der typische Züge eines Übergangsstadiums trägt: Die Veränderung der sowjetischen außenpolitischen Methode von stalinistischer Starrheit und Intransigenz zur Subtilität scheinbarer Konzessionsbereitschaft und geschickter Ausnutzung lokaler und regionaler Konflikte, schaffen gewisse Ansätze für tiefgreifende Wandlungen im Kräfteverhältnis der Staaten. Die Aggressivität der Außenpolitik Stalins hatte erheblich zum engeren Zusammenschluß der freien Welt beigetragen. Ihr ist letzten Endes die Stärkung des Verteidigungs- und Abwehrwillens der westlichen Völker, die Entstehung von NATO, SEATO (South-East Asia Treaty Organization) und der anderen regionalen Zusammenschlüsse zu danken.

Mit der Gipfelkonferenz vom Juli dieses Jahres war es den sowjetischen Machthabern gelungen, den westlichen Völkern, die unter der Last ihrer Rüstungen seufzen, den Eindruck zu vermitteln, daß das »neue« Sowjetrußland an sich friedensbereit, daß es nicht so gefährlich, ja, daß es sogar gewillt sei, in einen verstärkten wirtschaftlichen und kulturellen Austausch zu treten, um so die Spaltung der Welt allmählich zu überwinden. Atmosphärische Gesten, Freundlichkeiten und oberflächliche Bekenntnisse hatten hier und da Euphorie und allerlei Illusionen ausgelöst, die in manchen Ländern zu einem fühlbaren Abbau der Verteidigungsbereitschaft führten. In Wirklichkeit hatte diese Konferenz kein einziges Problem gelöst. Die Sorgen, die der Kanzler in der Folge der Gipfelkonferenz in Genf empfand, fand ihren Niederschlag in zahlreichen Warnungen an die Adresse der verantwortlichen Minister der Westmächte, Warnungen, die nicht immer gern gehört wurden.

Die Moskaureise des Kanzlers hatte über Inhalt und Grenzen der sowjetischen »Entspannungspolitik« nützliche Erkenntnisse gebracht. Für alle, die realistisch denken, hat dann die Außenministerkonferenz der Viermächte im November dieses Jahres alle Illusionen und Hoffnungen zerschlagen. Es ist ein Rätsel, warum die sowjetische Politik auf dieser zweiten Konferenz sich so steril, so unkonstruktiv und negativ verhalten hat. Niemals ist wohl Molotow, dem man sicher keinen besonderen Reichtum an Phantasie nachsagen kann, einfallsloser gewesen als auf dieser Konferenz. Es hat wohl für die Sowjetregierung verschiedene Gründe gegeben, dem »Geist der Entspannung« nicht zu viel Nahrung zu geben, hat doch dieser Geist auf das russische Volk und seine Satelliten selbst nachteilig gewirkt. Wir kennen die starken Bedürfnisse mancher Kreise in Rußland, aber vor allem auch in den Ostblockstaaten, mehr vom Westen zu erfahren, Gedanken auszutauschen und sich damit über die künstlichen

Barrieren kommunistischer Diktatur hinwegzusetzen. Hinzu kommt aber – und dies ergibt sich mit Deutlichkeit aus der mit der zweiten Genfer Konferenz einsetzenden Entwicklung –, daß es der sowjetischen Regierung darum zu tun war, den sowjetischen Block wieder straffer zu organisieren, die ideologische Gegnerschaft zum Westen zu betonen und Kraft für die Auseinandersetzungen zu gewinnen, die neue Einflußzonen in Ostasien und im Mittleren Osten schaffen soll.

Auf der Genfer Außenministerkonferenz der Viermächte hatte es sich wieder mit Deutlichkeit gezeigt, daß Sowjetrußland in der Frage der Wiedervereinigung zu keinen Konzessionen bereit war. Was wir bereits den Darlegungen Chruschtschows in Moskau entnommen haben, wurde in Genf kristallklar: Rußland gibt die ideologische Basis in der Ostzone nicht auf. Und es scheute sich nicht, es dieses Mal – hierin unterscheidet sich die sowjetische Haltung in Genf von der sowjetischen Haltung auf der Berliner Außenministerkonferenz – offen auszusprechen. Die »sozialen Errungenschaften« der Sowjetzone müssen erhalten werden. Eine Wiedervereinigung sei nur vorstellbar, wenn diese »sozialen Errungenschaften« auch innerhalb eines wiedervereinigten Deutschlands ihren Platz finden. In anderen Worten: Wiedervereinigung um den Preis eines Gesamtdeutschlands volksdemokratischer, kommunistischer Prägung. Die Sowjetunion will sich in der Sowjetzone eine Ausgangsstellung für eine langfristige Auseinandersetzung um Westeuropa erhalten, in der Mittel und Methoden in bunter Folge wechseln, deren Ziele aber gleichbleibend sind. Der Kampf um die Ausdehnung sowjetischen Einflusses wird mit nicht geringerer Intensität in Ostasien und im Nahen Osten geführt. Die Reisen Bulganins und Chruschtschows nach Indien, Afghanistan und Kaschmir und die geschickte Intervention in die israelisch-ägyptische Konfrontation sind Zeichen einer neuen Dynamik in Neuland, das große Möglichkeiten bietet: bald allgemeine Volksverbrüderung verkündend, bald Wirtschaftshilfe in großem Ausmaß versprechend, bald die einen gegen die anderen mobilisierend, in »freimütiger« Gegnerschaft zur freien Welt, der sie immer wieder kapitalistische Ausbeutung und kolonialistische Herrschaft vorwarfen. Plumpheit und Raffinement geben sich brüderlich die Hand, wenn Chruschtschow in einer indischen Stadt den Massen zuruft: »Wir werden das letzte Stück Brot mit Euch teilen.« Es folgen Waffenlieferungen, vor allem an Ägypten, wo heute bereits tschechische, morgen russische Waffensachverständige und Instrukteure ein »pied à terre« für sowjetischen Einfluß im Mittelmeer bereiten.

Auch in der freien westlichen Welt gibt es Anlaß zu Sorge. Ich denke hierbei in erster Linie an Frankreich, wo Regierungskrisen und Immobilität die so dringliche Lösung der brennenden sozialen Probleme verzögern. Wie will man auch Nordafrika halten, wenn man sich nicht entschließen kann, dort die überlebte koloniale Herrschaft endlich aufzugeben, die für Europa wirtschaftlich und politisch so bedeutsamen Gebiete in die Unabhängigkeit zu überführen und sie zugleich in gegenseitiger fruchtbarer wirtschaftlicher Kooperation mit Europa zu verbinden? Es gibt im Augenblick wohl keine führenden französischen politischen Persönlichkeiten von Rang, die diesen Problemen gewachsen wären. Es dominiert in Paris wie schon so oft der ängstliche Rentnerverstand. Die Folge ist, daß ähnlich wie in Indochina, auch in Nordafrika, die französische und damit die europäische Position zerbröckelt.

Auch in Großbritannien überwiegen heute negative Momente. Mit dem Ausscheiden Churchills ist man in eine Phase des geschickten Ausweichens und des oberflächlichen Debrouillierens geraten, in der man wirkliche Entschlüsse vermeidet. Eden, der Nachfolger, hat bisher als Premier enttäuscht, die Kritik in der öffentlichen Meinung nimmt zu. Manche fragen sich, ob er nicht in zweiseitigen Verhandlungen mit der Sowjetunion einen wie auch immer gearteten »Entspannungserfolg« erzielen möchte, um damit seiner innerpolitischen Schwierigkeiten Herr zu werden. Solche Extratouren könnten dann auch Frankreich veranlassen, eigene Wege nach Moskau zu gehen. Das wäre das Ende der Einheit des Westens. Ich hoffe, daß die britisch-amerikanischen Besprechungen, die Ende des kommenden Monats in Washington stattfinden, die anklingenden Gefahren ausräumen. Leider hat Macmillan das Foreign Office verlassen. Er hat – ein selbständiger Kopf – voller Energie und Eigenwilligkeit bei der Genfer Außenministerkonferenz in den Verhandlungen mit Molotow eine klare Haltung gezeigt. Sein Nachfolger Selwyn Lloyd ist seit langem Gehilfe Edens und nicht gewohnt, seinem Herrn und Meister zu widersprechen. Bei der Labilität Edens wäre ein Gegengewicht in der Leitung des Foreign Office, wie Macmillan es bedeutete, dringend erforderlich.

In den Vereinigten Staaten hat sich seit der Genfer Gipfelkonferenz im Juli manches zum Positiven gewandt. Foster Dulles, der Außenminister, bestimmt die auswärtige Politik in allen wesentlichen Fragen. Man kann ihm eine klare Konzeption und einen starken Willen in ihrer Ausführung nicht absprechen. Ich kenne ihn aus vielen Gesprächen. Vielleicht ist er manchmal der östlichen Welt gegenüber zu voreingenommen, in der Behandlung seiner sowjetischen Gesprächspartner zu hart und einseitig. Sein Verhältnis zum Bundeskanzler ist von Achtung und von echter, auf Übereinstimmung der Grundauffassungen ruhender Freundschaft getragen.

Als Positivum werte ich die Lage in der Bundesrepublik. Die deutsche öffentliche Meinung hat sich nur wenig Illusionen über die Auswirkung der beiden Genfer Konferenzen gemacht. Vor allem in der Beurteilung der Endergebnisse der Viermächte-Außenministerkonferenz war sie kühl, nüchtern und vernünftig. Dank der geschickten Aktivität des Bundesaußenministers in der Unterrichtung von Opposition und öffentlicher Meinung, war ein großes Maß von Übereinstimmung in der Beurteilung unserer Beziehungen zum Ostblock erreicht worden, das sich in der außenpolitischen Debatte im Bundestag niederschlug. Vor allem war bedeutsam, daß auch die Opposition eine Wiederaufnahme zweiseitiger Verhandlungen in diesem Zeitpunkt angesichts der so negativen Ergebnisse der Genfer Außenministerkonferenz in der Wiedervereinigungsfrage als aussichtslos ablehnte.

Deutschland hat einen Grad von Festigkeit gewonnen, die ihm in den kommenden schwierigen Zeiten ein erhöhtes Gewicht gibt. Es wird darauf ankommen, ob wir das in der letzten Zeit in der Welt gewonnene Vertrauen in unsere Leistungsfähigkeit und Stabilität erhalten und weiter stärken können.

Aus dem Jahre 1956

Der Bundeskanzler achtzig Jahre · Rundfunkrede des Bundespräsidenten Heuss · Kritik über mangelnde politische Aktivität der NATO · Kritische Stimmen über Premierminister Eden · Besuch Chruschtschows und Bulganins in London · Ausbau der politischen Konsultation in NATO? · NATO-Ministerrat in Paris · Die Berufung der drei Weisen · Besuch des Oberbefehlshabers der Atlantikstreitkräfte General Gruenther in Bonn · Verleihung des Karlspreises der Stadt Aachen an Sir Winston Churchill · Grundlegende Meinungsverschiedenheiten im Bündnis · Die Wirkung der Suezkrise · Zunahme des Einflusses der Sowjetunion im Mittelmeerraum · Außenpolitische Erfolge der Bundesregierung · Mangelnde Harmonie innerhalb der Bundesregierung · Verzögerung der Aufstellung der deutschen Verteidigungskräfte · Eugen Gerstenmaier · Aufstand in Ungarn · Israelisch-ägyptischer Krieg · Eingreifen Englands und Frankreichs am Suezkanal · Der Kanzler bei Guy Mollet in Paris · Ministerrat der NATO (11. bis 14. Dezember) · Wiederherstellung der Einheit unter den Partnerstaaten · Annahme des Berichts der drei Weisen über die Verstärkung der politischen Konsultation

Bonn, den 6. Januar 1956

Heute ist der Kanzler achtzig Jahre alt geworden. Die Gratulationsempfänge hörten nimmer auf. Blumen, Geschenke in Überfülle und dazu die Schar der Söhne, Töchter und Enkel. Er war in froher und gelassener Stimmung. »Auch so etwas will halt durchgestanden sein!« Ich fand die kurze Rede, die Bundespräsident Theodor Heuss aus diesem Anlaß über den Rundfunk gehalten hat, für das Verhältnis der beiden Männer recht charakteristisch, so daß ich sie hier festhalten möchte:

»Wenn ich dem zu Feiernden über den Rundfunk etwas sagen soll, etwas, bei dem alle zuhören können, so ist das eine etwas gespaltene Sache: Spricht der Bundespräsident zu dem Bundeskanzler oder unterhält sich der Heuss mit dem Adenauer? Steht Amtsperson vor Amtsperson, oder begegnen sich zwei Menschen?

Ich nehme als sehr sicher an, und nicht bloß wegen der acht Jahre Altersunterschied, daß mir der unternehmungskräftige Oberbürgermeister und Präsident des Preußischen Staatsrates viel, viel früher gestalthafte

Figur geworden war, bevor ihm der Name und die Gesinnungsart eines Publizisten, der dann Abgeordneter wurde, schattenhaft begegnete. Ich selber habe nie »Beziehungen« gesucht, und er mag, in der Fülle seiner Verpflichtungen, solche eher gescheut haben. So sind wir uns mit persönlicher Bewußtheit zum ersten Male im September 1948, als in Bonn der Parlamentarische Rat zusammentrat, menschlich begegnet, Männer höchst verschiedener Herkunft. Aber ich glaube, Dr. Adenauer wird das akzeptieren: Jeder spürte am anderen, daß er in kein marktgängiges Klischee übernommener Begriffe paßte. Das Wissen um die gemeinsame vaterländische Notverpflichtung band damals alle, alle; sie schuf, im Bemühen um den Ausgleich, der die Mutter eines möglichen Erfolges ist, ein sachliches, ein menschliches Vertrauensverhältnis.

Daß dies, 1948/49, in einem Drangjahr begründet, sich erhielt, als aus uns beiden Amtsfiguren geworden waren, mit staatsrechtlich geschiedenen Aufgaben und Zuständigkeiten, ist – das darf ich ganz gelassen aussprechen – dem werdenden Staat nicht schlecht bekommen. Natürlich waren und sind wir in der Bewertung einer umgrenzten Situation, einer amtlichen Besetzung nicht immer einer Meinung – das wäre höchst erstaunlich bei so zwei ausgewachsenen Menschen –, aber wir waren uns einig und blieben es immer in der Beurteilung des äußeren und inneren Rhythmus, dem sich die Deutschen, um zu ihrer staatlichen Existenz und zu ihrem europäischen Beruf zurückzukommen, politisch, wirtschaftlich, sozial, auch seelisch einfügen müßten. Und niemand, der halbwegs billig zu urteilen versucht, mag er sonst mit Verstimmungen oder Neidgefühlen arbeiten, wird verkennen, wie gerade des Bundeskanzlers Wesensart den Deutschen in der Welt die verlorene Achtung wieder zu gewinnen verstand, eine historische Tat. Das meiste an innerpolitischer Verstimmung oder Verärgerung oder kleinkalibriger Schützenfröhlichkeit sinkt daneben in der geschichtlichen Würdigung ins völlig Wesenlose, gar Gleichgültige ab.

Es geht heute weder um die liebenswürdige Legende von dem rheinländischen Rosenzüchter, noch um das polemische Pamphlet über einen Techniker der tagespolitischen Taktik, sondern um den ganz einfachen Dank für eine große vaterländische Leistung, in der das sehr individuell Bestimmte, zumal für das nachwachsende Geschlecht, den Sinn für das Beispielhafte in der Hingabe an das öffentliche Wesen begründen mag.«[1]

Paris, den 3. Februar 1956

Im Kreis der mir befreundeten Ständigen Delegierten herrscht Besorgnis – in der Nuancierung verschieden – über die zunehmende Passivität des Bündnisses. Die NATO habe wohl seine ursprüngliche Aufgabe, ein militärisches Gegengewicht gegen den Ostblock zu bilden, schlecht und recht erfüllt. An den militärischen Fragen werde nun weitergearbeitet, allerdings in unverkennbarer Lustlosigkeit wegen der schleppenden Arbeit der Standing Group, die in den Fragen der Anpassung der Strategie an die modernen Erfordernisse der atomaren Kriegführung nur zögernd vorankomme. Auf der anderen Seite sind die Gesprächspartner beunruhigt wegen der erhöhten politischen und wirtschaftlichen Aktivität der Sowjets in Asien und im Vorderen Orient. Unbestreitbar habe die Sowjetunion ihre Stellung in Indien, Kaschmir, Afghanistan und Burma verbessert. Sie habe auch im Mittelmeerraum und Nordafrika Fuß gefaßt. Man vermisse auch nur die geringste Reaktion der NATO.

Ich teile diese Sorgen. Schon seit einigen Monaten beschäftigen mich diese Fragen. In manchen Gesprächen in Bonn, vor allem auch am 26. Januar in einem Vortrag vor den Industriellen in Duisburg, hatte ich Gedanken einer Gemeinschaftsaktion der Länder der Atlantischen Welt mit dem Ziel größerer Investitionen im Mittelmeerraum und Nordafrika entwickelt, die der Erhaltung der für Europa so wichtigen Gebiete dienen sollte. Mein Freund André de Staerke, prominenter Vertreter Belgiens im NATO-Rat, teilte meine Auffassungen. Diese Probleme, die das Bündnis nur mittelbar berührten, seien aber nicht destoweniger von einer Bedeutung, die gründliche Erörterung erforderlich machte. So wichtig die Bemühungen hinsichtlich des Ausbaus der Europäischen Gemeinschaft der Sechs (Gemeinsamer Markt und Euratom) auch seien, die möglichen Auswirkungen der sowjetischen Politik in Nahost und Afrika könnten damit nicht aufgefangen werden.

Ich bin mir bewußt, daß bei der Durchführung solcher Ideen große Schwierigkeiten zu überwinden sind: britisch-amerikanische Gegensätze, der israelisch-arabische Konflikt, die Gegensätze innerhalb der arabischen Welt, die mangelnde Bereitschaft der europäischen Länder, wirkliche Opfer zu bringen. Auch ist sicher die NATO selbst nicht die geeignete Organisation für ein solches gemeinschaftliches Werk, weil man es damit der sowjetischen Propaganda zu leicht machen würde, dieser »rein imperialistische Ziele« zu unterschieben. Es müßte also eine besondere Institution geschaffen werden, die außerhalb der NATO die Staaten der Atlantischen Gemeinschaft zusammenfaßt und der sich dann auch andere, der NATO nicht angehörende Staaten, anschließen können. Der Plan könnte unter dem Motto der Förderung der wirtschaftlichen Unabhängigkeit und Selbständigkeit der Völker des Mittelmeerraums und Nordafrikas gestartet werden.

Die Arbeit des NATO-Rats verdiente stärkere Förderung durch die Regierungen. Die Mitglieder des Rats – Botschafter der fünfzehn Staaten – zeichnen sich durch große Bereitschaft zu loyaler Zusammenarbeit aus. Auf dem Gebiet der militärischen Verteidigung ist der Gedankenaustausch nützlich, auf politischem Gebiet fehlt es oft an den Stellungnahmen der führenden Länder. Man hat gelegentlich den Eindruck, daß sie sich des Rats als Instrument der außenpolitischen Zusammenarbeit nicht zu bedienen wissen, oder auch sich seiner nicht bedienen wollen. Für uns Deutsche ist der Rat von Wert, weil wir hier unter Freunden unsere Auffassungen freimütig darlegen und – vorausgesetzt, daß sich der Gedanke einer verstärkten politischen Konsultation durchsetzt – auf die Willensbildung der Allianz im ganzen einwirken können.

Paris, den 20. Februar 1956

Meine britischen Freunde sehen dem Besuch Bulganins und Chruschtschows in London mit Unbehagen entgegen. Die Einladung sei während der Genfer Gipfelkonferenz im Mai 1955 erfolgt, zu einer Zeit, als Eden sich hinsichtlich der sowjetischen Politik gewissen Illusionen und Hoffnungen hingegeben habe. Man wisse nicht so recht, worüber man mit den russischen Herren verhandeln solle.

Über die Stellung Edens ist man geteilter Meinung. Er habe nicht das Zeug zu einem Premierminister. Da er sich in seiner ganzen Laufbahn nahezu ausschließlich mit außenpolitischen Problemen befaßt habe – und er war zweifellos ein sehr guter Außenminister –, sei er den sich nunmehr vor ihm auftürmenden Fragen der Innen-, Wirtschafts- und Sozialpolitik nicht gewachsen. Er vertraue zu sehr auf sein früher oft bewährtes Verhandlungstalent. Dies reiche aber nicht aus, um der großen Gefahren Herr zu werden, denen das heutige England, vor allem auf wirtschaftlichem Gebiet, ausgesetzt sei.

Mittwoch, den 2. Mai 1956

Man kann nicht behaupten, daß sich nach Abschluß des Chruschtschow- und Bulganin-Besuches in England die Lage des Westens wesentlich verändert hätte. Die Besprechungen haben einen nur mäßigen Erfolg gehabt. Das Kommuniqué ist trotz großen Wortreichtums außerordentlich dürftig – wie Salvador de Madariaga in der ›Neuen Zürcher Zeitung‹ schrieb –, charakterisiere es sich nach dem berühmten Wort Voltaires als ein »déluge de mots sur un désert d'idées«. Deutschland ist überhaupt nicht erwähnt. In den Mittelmeerfragen ist man lediglich übereingekommen, innerhalb der UNO auf die Verhinderung militärischer Konflikte hinzuwirken. Auch die Abrüstungsgespräche haben keinen Fortschritt gemacht. Das einzige Positivum scheint mir die Haltung der englischen Bevölkerung, die den russischen Gästen gegenüber große Reserve gezeigt hat. Ein anderes Positivum mag die amerikanische Anerkennung der konsequenten Haltung der britischen Regierung sein. Sonst ist die westliche Welt in ihrer Einstellung zu den Problemen des Mittleren und Fernen Ostens nach wie vor geteilt.

Wir werden kaum erwarten können, daß sich die Hoffnungen auf erhöhte Aktivität auf politischem und wirtschaftlichem Gebiet in der NATO erfüllen. Man hat zwar allerlei Erwartungen hinsichtlich einer Neugestaltung der NATO geweckt. Erklärungen, wie die von Außenminister Dulles, von Gronchi, Pineau und Pearson haben zu manchen Kombinationen geführt. Leider hat aber keines der westlichen Länder ein konkretes Programm aufzuweisen, am wenigsten die großen Staaten, deren Uneinigkeit hinsichtlich der weiteren Entwicklung der NATO deutlich ist. England will unter keinen Umständen dem Artikel 2 des Vertrages eine praktische Bedeutung beimessen. Es hat sich darauf beschränkt, den Generalsekretär der NATO mit der Abfassung eines Kompendiums zu betrauen, in welchem die außermilitärischen Aktivitäten der atlantischen Partnerstaaten ausführlich dargestellt werden sollen, um den Beweis zu erbringen, daß man eigentlich einen Ausbau der NATO unter dem Gesichtspunkt des Artikels 2 nicht benötige. Ähnlich ist die französische Haltung. Wenn Herr Dulles in einer Rede vor der Associated Press eine Anpassung der NATO an die Bedürfnisse kommender Generationen ankündigt, so stehen dahinter keine konkreten Vorstellungen. Die Rede enthält dagegen eine Reihe von Beschränkungen der Aktivität der NATO, indem die Konsultation der Regierungen und Ständigen Vertreter sich ausschließlich auf den von der NATO zu schützenden geographischen Raum und seine Probleme konzentrieren und in die Zuständigkeit anderer regionaler Zusammenschlüsse nicht übergreifen solle.

Ich fürchte, es wird, wie schon so oft, auch auf der kommenden Ministertagung im Mai bei allgemein gehaltenen Erklärungen bleiben, und der Impuls, den das Bündnis gerade in diesen Tagen so nötig hat, wird ausbleiben. Man kann internationalen Konferenzen nur dann einen Gehalt geben, wenn vorher zwei oder drei der führenden verantwortlichen Persönlichkeiten in einen intensiven Gedankenaustausch treten und Vorschläge vorbereiten, die eine Diskussionsgrundlage für die Gesamtheit der Konferenzteilnehmer bieten. Sonst bleibt es bei Deklamationen, die die Welt nun schon seit Jahren gewöhnt ist und die nur den Eindruck erwecken, als ob es den Partnern auf eine echte Zusammenarbeit letzten Endes nicht ankomme.

Sonntag, den 6. Mai 1956

Der NATO-Ministerrat, der am 4. und 5. Mai in Paris tagte, hat Meinungsverschiedenheiten, Uneinigkeit und unzulängliche Konzeptionen des Westens nur notdürftig vor der öffentlichen Meinung verbergen können. Zentrale Fragen waren: Wie soll die neue sowjetische Taktik bewertet, wie auf die Erfolge der sowjetischen Politik im Mittleren Osten reagiert, was soll an dem atlantischen Bündnis in der Zukunft geändert werden? Man hat sich auf allgemein gehaltene Erklärungen beschränkt, die zwar mit einer gewissen Deutlichkeit die nach wie vor ungeminderten Gefahren erkennen lassen, die aber, was den konstruktiven Teil der Reaktion des Westens auf die Aktivität des Ostens angeht, einer durchdachten Konzeption entbehren.

Dulles' Haltung zeigte, wie stark die amerikanische Politik durch die Präsidentschaftswahlen behindert ist; Selwyn Lloyds Einstellung zu den Problemen dokumentierte die Simplizität eines gutwilligen Mannes, dem die politische Phantasie nicht Pate gestanden hat, und Pineau die Schwäche der derzeitigen französischen Politik, die in einer größeren Verständigungsbereitschaft gegenüber der Sowjetunion innen- und außenpolitische Entlastung sucht, ohne die sie der schweren Krise der französischen Herrschaft in Algerien nicht Herr werden zu können glaubt.

Man kann solche Konferenzen nur zu einem Erfolg führen, wenn sie gut vorbereitet werden. Diese Vorbereitung kann nur zum Teil vom Generalsekretariat der NATO geleistet werden, das sich redliche Mühe gegeben hat, Diskussionsgrundlagen für die anstehenden Probleme auszuarbeiten. Interessant war eine scharfe Auseinandersetzung zwischen Pineau und Spaak, als es sich darum handelte, in einem manifestähnlichen

Kommuniqué, dessen Entwurf aus der Feder von Spaak stammte, die Positionen Ost-West deutlich und für den einfachen Menschen verständlich zu machen. Pineau versuchte, die klare Spaaksche Sprache durch möglichst weiche, nichtssagende Formeln zu ersetzen. Spaak hat sich nicht beirren lassen, sondern mit deutlichen Worten diesen Versuch, vor der Reise der französischen Regierung nach Moskau dort gut Wetter zu machen, zum Scheitern gebracht. Auf ähnlicher Linie lag der groß angekündigte Pineausche Vorschlag der Schaffung einer besonderen Behörde innerhalb der Vereinten Nationen in New York zur wirtschaftlichen Förderung der Entwicklungsländer. Dieser Vorschlag, der auch eine Mitwirkung der Sowjetunion zur Folge haben würde, hat bei keinem Mitglied des Rats Beifall gefunden. Beyen, der niederländische Außenminister, hat ihn unter Hinweis auf die Weltbank und andere bestehende Organisationen als überflüssig abgelehnt.

Zur Reform der NATO – politische und wirtschaftspolitische Konsultationen – bewegte man sich in Allgemeinheiten und verblieb schließlich bei der Berufung von Martino (Italien), Lange (Norwegen) und Pearson (Kanada), die als die »drei Weisen« auf einer kommenden Ministertagung Vorschläge vortragen sollen. Ich glaube, außer Pearson, der die Nachfolge Lord Ismays als Generalsekretär der NATO anstrebt, hat keiner der beiden anderen – Lange und Martino – allzu große Lust, in die Probleme einzusteigen. Eines der wichtigsten Probleme bleibt, ob man NATO eine Art Streitschlichtung übertragen soll. Soll die dornige Zypernfrage, soll Algerien Gegenstand solcher Konsultationen sein? Dies erscheint fraglich, wenn man die ablehnende Haltung Frankreichs und Großbritanniens kennt. Der einzige, der diese NATO-Ratstagung mit einer gewissen Befriedigung verläßt, ist Martino, der nach langwierigen Erörterungen den italienischen Vorschlag durchgesetzt hat, auf Grund dessen der Ständige NATO-Rat wirtschaftspolitische Probleme erörtern kann, wobei er sich eines Sachverständigengremiums bedient. In einem Land, in dem es so viele ungelöste soziale und wirtschaftliche Probleme gibt wie Italien, muß die Regierung – und so muß Martinos Vorschlag verstanden werden – zeigen, daß sie einer Allianz angehört, die ihre Aufgaben und Ziele nicht ausschließlich auf militärischem Gebiet sieht.

Bonn, Mittwoch, den 9. Mai 1956

Der Oberbefehlshaber der Atlantikstreitkräfte General Gruenther ist heute zu einem zweitägigen Besuch in Bonn eingetroffen. Da ich wegen einer Venenentzündung im Bett lag, konnte ich nicht, so wie ich gern wollte, an den Veranstaltungen zu Ehren des Besuchers teilnehmen.

Ich schätze General Gruenther, der deutscher Abstammung ist, sehr. Er besitzt einen lebendigen Geist und verfügt über politische Urteilskraft. Seine Vitalität, seine große Arbeitskraft und sein Sinn für team work haben die Zusammenarbeit in den internationalen Stäben des Bündnisses wie die Beziehungen der militärischen Stellen zum NATO-Rat außerordentlich gefördert. Ihn am Ende dieses Jahres zu verlieren, bedeutet einen großen Verlust für die militärische Organisation der NATO. Neben aller Dynamik besitzt dieser Mann, ähnlich wie Eisenhower, ein großes Geschick, die in großen internationalen Organisationen nun einmal unvermeidbaren Gegensätze auszugleichen. Eine solche Gabe ist der Zement einer Allianz, in der sich so verschiedenartige Völker und Menschen zu gemeinsamer Arbeit zusammenfinden. Er ist ein besonderer Mann, auch und nicht zuletzt wegen seines persönlichen Muts und seiner inneren Unabhängigkeit gegenüber der heimatlichen Bürokratie, ihrer Schwerfälligkeit und Engstirnigkeit.

Donnerstag, den 10. Mai 1956

Heute fand in Aachen die feierliche Verleihung des Karlspreises an Churchill statt. Der alte Mann hatte sich für diesen Anlaß, wie er es nun einmal liebt, eine politische Überraschung ausgedacht und den Gedanken ausgesprochen, daß die Sowjetunion in die westliche Welt einbezogen werden könne, wenn sie ihre Haltung dem Geist dieser Welt entsprechend ändern würde. Die Sätze, die einigen etwas Kopfzerbrechen gemacht haben, lauten: »NATO is a striking product and expression of a world wearied of war and determined to build its own organisation in such strength and power that there will be peace henceforward. We all join hands together and are sworn to fight the aggressor, whoever he may be. A new question has been raised by the recent Russian repudiation of Stalin. If it is sincere we have a new Russia to deal with, and I do not see myself why, if this be so, the new Russia should not join in the spirit of this solemn agreement.«[2]

Die Reaktion Brentanos war nicht besonders glücklich. Wir hätten diese

Äußerung ruhig positiv bewerten können, wie das das State Department und andere Regierungen getan haben. Man darf sich nun einmal nicht dem Vorwurf aussetzen, engstirnig an der Teilung der Welt festzuhalten. Was kostet es schon, wenn wir uns diesen Churchillschen Zukunftshoffnungen anschließen? Nichts zwingt die sowjetischen Machthaber mehr auf die Linie der westlichen Welt, als wenn wir immer wieder die Erwartungen aussprechen, daß sie sich westlicher politischer Sitte entsprechend verhalten mögen, um zu eigenem Vorteil in friedlicher Zusammenarbeit mitzuwirken.

Bonn, den 5. Oktober 1956

Nach einer Pause von fünf Monaten, die infolge einer Venenoperation in Zürich notwendig wurde, habe ich am 1. Oktober die Arbeit wieder aufgenommen, um zunächst in Kontakten mit den Mitgliedern des NATO-Rats in Paris und auch in einer Reihe von Unterhaltungen mit Mitgliedern des Bundeskabinetts ein Bild von der politischen Lage zu gewinnen. Der Rückgang des politischen Gewichts des freien Westens, der mit der zweiten Genfer Konferenz wegen zunehmender Dissonanzen der führenden Mächte und ihres Mangels einer konstruktiven einheitlichen Politik einsetzte, ist noch nicht überwunden worden. Die Suezkrise, deren Ausgang heute noch nicht übersehen werden kann, die aber wahrscheinlich im Gestrüpp der Verhandlungen in den Vereinten Nationen nicht sehr schnell eine Lösung finden wird, bestätigt das negative Bild und die Veränderung des Kräfteverhältnisses, vor allem im Mittelmeerraum. Hier zeigt die Sowjetunion erhöhte politische Aktivität. Sie ist dabei nicht ohne Erfolg, die nationalistischen Strömungen der arabischen Länder für sich zu mobilisieren, sich zum Vorkämpfer des Antikolonialismus, zum Wahrer der Interessen der »Schwachen« gegenüber den »ausbeuterischen Reichen« aufzuwerfen. Der Prozeß ist in vollem Gang. Zwar sind die arabischen Länder nicht einig, die Gegensätze in ihrem Lager erheblich. Und doch zeichnet sich hier und da Einmütigkeit in Grundfragen ab, die die Russen weidlich zu nützen verstehen. Es kommt hinzu, daß die Sowjetunion über ihre Bemühungen um Einfluß in der Mittelmeerwelt hinaus heute bereits weit in den schwarzen Kontinent hineingreift. Der Kampf der beiden Welten ist also in vollem Gang, und wenn es auch nicht immer so deutlich wird wie in der Suezkrise, so ist er nicht weniger Wirklichkeit. Der Westen hat dem nur wenig entgegenzusetzen. Drohungen Frankreichs und Englands an die Adresse der Ägypter haben den

Kredit der Westmächte nicht gehoben. Es gibt im Westen keine gemeinsame Politik, keine leitenden Ideen, um die gefährdete Position zu wahren. Hauptschuld an dieser Entwicklung trägt die mangelnde Übereinstimmung der amerikanischen und der britischen Regierung. Die eine glaubt, durch antikolonialistische Parolen ihren Einfluß zu vergrößern, die andere durch Festhalten an mehr oder weniger veralteten Vorrechten das Schwinden ihres Einflusses aufzuhalten.

Manche glauben, daß man dieser mangelnden Einigkeit durch einen Ausbau der Bündnisorganisationen – sei es in der WEU, sei es in der NATO – begegnen sollte. Gewiß wäre es gut, wenn ein solches Gremium die brennenden Probleme gründlich erörtern würde. Mir scheint es aber zunächst wichtiger, daß die Regierungschefs und Außenminister der führenden Mächte in Zeiten der schnellen Veränderung der politischen Lage sich sehr viel häufiger konsultieren und zu gemeinsamen Entscheidungen durchringen.

Die Bundesrepublik hat in diesen Monaten nicht ungeschickt operiert. Unsere öffentliche Meinung übersieht gelegentlich über den Tagesproblemen die durch die folgerichtige Politik des Kanzlers geschaffene Vertrauensstellung, die wir heute im Rat der westlichen Völker besitzen. Der Gedanke des Kanzlers, gerade jetzt Europa auf dem Wege zur Einigung weiterzubringen, ist sicher richtig. Sein offizieller Besuch bei der belgischen Regierung in Brüssel war ein Erfolg, der unter eine unheilvolle Vergangenheit in den deutsch-belgischen Beziehungen einen Strich zog. Die Verhandlung mit Guy Mollet über die Saar und über die Fortsetzung der europäischen Integration zielen in die gleiche Richtung. Dagegen stehen die Dinge in Bonn nicht gut. Schmerzlich ist die Zerrissenheit der Gemüter, die mangelnde Harmonie unter den Mitgliedern des Kabinetts: Der eine kritisiert den anderen, der eine versucht in privaten Gesprächen, aber oft auch in breiter Öffentlichkeit, die Qualitäten des anderen herabzusetzen. Ich habe dies dem Kanzler gesagt und ihn gebeten, mehr als bisher die führenden Männer zusammenzufassen und ihnen das Gemeinsame, das Verbindende ins Bewußtsein zurückzurufen. Der Kanzler gehört nicht zu jenen, denen es besonders gegeben ist, Gegensätze auszugleichen und den Geist einer in sich geschlossenen Mannschaft von Mitarbeitern zu fördern. Oft liegt ihm mehr das »divide et impera«, das Ausspielen der einen gegen die anderen.

Eine andere Sorge ist der Aufbau der deutschen Verteidigungskräfte. Wir werden unsere Verpflichtung bis Ende dieses Jahres, sechsundneunzigtausend Mann unter Waffen zu haben, nicht einhalten. Auch im kommenden Jahr werden wir das Soll von zweihundertsiebzigtausend Mann nicht erreichen. In diesem Jahr werden es bestenfalls siebzigtausend, im kommenden etwas mehr als hundertdreißigtausend Mann sein, die wir einberufen können. Hauptgrund: Mangel an geeigneten Kasernen. Die vorhandenen sind noch mit Flüchtlingen belegt, neue sind zwar geplant, werden aber nicht rechtzeitig fertiggestellt werden können. Kasernen im alliierten Besitz werden freigegeben, reichen aber bei weitem nicht aus. Wir sind in der schwierigen Lage, daß wir Tausende, die sich in diesen Tagen als Freiwillige melden, nicht unterbringen können, daß wir sie auf das kommende Jahr vertrösten müssen, und daß wir sie so wahrscheinlich verlieren werden, denn wer von diesen Männern kann so lange warten, wenn es um Beruf, Verdienst und Unterhalt der Familie geht? Blank, der Verteidigungsminister, dessen ehrliches Wollen von niemandem bestritten wird, hat seine Kräfte überschätzt: bald Widerstände des Finanzministeriums, bald der föderative Aufbau der Bundesrepublik, bald der Mangel an gesetzlicher Handhabung zur Beschaffung der notwendigen Gelände, nicht zuletzt gewisse Hemmungen im Volk und in der öffentlichen Meinung, die infolge der Katastrophe von 1945, der »Umerziehung« durch die Alliierten und dem Bedürfnis nach Frieden und Ruhe nicht gewillt ist, den Weg der Aufrüstung schnell und wirksam zu gehen, all dies hat die Kräfte dieses vortrefflichen Mannes überfordert. Es war notwendig, ihn in seiner Aufgabe durch eine andere Persönlichkeit zu ersetzen. An seine Stelle berief Adenauer den bisherigen Atomminister Franz Joseph Strauß in dieses wichtige Amt.

Es wird notwendig sein, unseren Alliierten in der NATO die psychologischen und materiellen Gründe für unsere Verzögerung des Aufbaus unserer Verteidigungskräfte in voller Aufrichtigkeit darzulegen. Nur so können wir unseren politischen Kredit im Bündnis erhalten. Ich hoffe, es gelingt in der bevorstehenden Annual Review, in welcher alle fünfzehn Partnerstaaten über den Stand ihrer Verteidigungsanstrengungen berichten, vor dem NATO-Rat unsere Schwierigkeiten rückhaltlos offenzulegen. Ich bin froh, daß dieser Standpunkt vom Kanzler, aber auch von Brentano, Schäffer, Schröder und Strauß in vollem Umfang geteilt wird.

Einen besonders wertvollen Gedankenaustausch hatte ich, wie so oft in der Vergangenheit, in diesen Tagen mit Eugen Gerstenmaier. Er ist ein eigenwilliger Mann, kein einfacher Charakter, erfüllt von leidenschaftlichem Interesse an außenpolitischen Fragen und einem fundierten Urteil. In seinen Reden und Veröffentlichungen, besonders in seiner großen Rede auf dem Parteitag in Stuttgart, hat er gezeigt, daß er zu jenen gehört, die in Zukunft an den uns gestellten großen politischen Aufgaben mit eigenen Gedanken und Lösungsvorschlägen mitwirken können.

Der Kanzler selbst hat mir in diesen Tagen wieder einmal einen besonders starken Eindruck gemacht. Ich habe ihn fünf Monate lang nicht gesehen und war überrascht, ihn so energiegeladen und arbeitsfähig zu finden. Ich trage mich aber mit dem Gedanken, ihm etwa zu Beginn des kommenden Jahres vorzuschlagen, unmittelbar nach den Wahlen zum Bundestag zurückzutreten. Der Kampf um die Probleme, die ständige Auseinandersetzung mit den Parteien, mit den Menschen und einer doch gelegentlich recht kritischen öffentlichen Meinung zerren an seiner Kraft. Er sollte, so meine ich, ein halbes Jahr vor der Wahl erklären, daß er in den Wahlen Rechenschaft ablegen und sich mit all seiner Kraft für den Sieg seiner Partei einsetzen werde, daß er sich dann aber mit dem Gedanken des Rücktritts trage, um jüngeren Kräften eine Möglichkeit zur Bewährung zu geben. Da der Bundespräsident etwa ein Jahr später wechselt, ist hier die Gelegenheit gegeben, dem Kanzler ein neues Tätigkeitsfeld zu eröffnen, das ihn aus dem Kampf der Meinungen und Parteien heraushält. Ich bin allerdings sehr unsicher, ob ihm solche Gedanken behagen. Man sollte aber nicht zögern, sie ihm wenigstens einmal nahezubringen.

Bonn, Anfang November 1956

Der Aufstand in Ungarn, seine Niederwerfung durch die sowjetischen Truppen und die Ereignisse im Vorderen Orient – der israelisch-ägyptische Krieg und das militärische Eingreifen Frankreichs und Englands – haben wieder mal mit aller Deutlichkeit gezeigt, wie unvollkommen die politische Zusammenarbeit der fünfzehn NATO-Partnerstaaten ist. Im Suezkonflikt haben weder die britische noch die französische Regierung es für notwendig gehalten, den Rat auch nur andeutungsweise von ihrem Vorhaben zu unterrichten. Auch in einem späteren Zeitpunkt ihrer Intervention haben sie es an einer Unterrichtung der Partnerstaaten fehlen lassen. So blieben die Erörterungen des Rats, der in diesen Wochen nahezu täglich zusammengetreten ist, rein theoretisch und spiegelten die Uneinigkeit der Mächte wider. Es ist das Verdienst Lord Ismays, daß er die Gegensätze auszugleichen verstand und daß er die Kritik, die von seiten der nordischen Partnerstaaten an die englische und französische Adresse recht scharfe Formen anzunehmen drohte, mit Erfolg dämpfte. Auch der Vertreter der Vereinigten Staaten, Botschafter Perkins, bemühte sich, Schärfen zu vermeiden, die die an sich schon so große Spannung zwischen Paris und London einerseits und Washington andererseits verstärkt und den NATO-Rat in gegnerische Lager aufgeteilt hätte. Gegen die britisch-französische Intervention in Ägypten haben sich neben den Vereinigten Staaten mit großer Eindringlichkeit Italien, Norwegen, Dänemark und Kanada ausgesprochen. Mit der Vertretung der Bundesrepublik verhielt sich die Türkei, Griechenland, Portugal im wesentlichen neutral. Die Niederlande und Belgien zeigten eindeutige Sympathien für das britisch-französische Vorgehen.

In der ungarischen Frage war die Haltung des Rats völlig einmütig. Leider hatten die amerikanischen, britischen und französischen Vertretungen keine ausreichenden Instruktionen, da das Hauptgewicht der Behandlung dieser Fragen bei den UNO-Delegationen dieser Staaten in New York lag.

Das militärische Kommando hat in diesen aufgeregten Wochen ein großes Maß an Ruhe und ein ausgeglichenes Urteil bewiesen. Die Verteidigungskraft der NATO ist durch den völligen Abzug der französischen Truppen aus Deutschland und die Reduzierung der britischen Truppen erheblich geschwächt worden. Von einer wirksamen Verteidigung Westeuropas kann zur Zeit wirklich nicht gesprochen werden. Daß dies in den gegenwärtigen politischen Auseinandersetzungen von Bedeutung ist, braucht nicht besonders hervorgehoben zu werden. Wenn Moskau in diesen Tagen an die Adresse des Westens eine so drohende Sprache führt, so liegt das in erster Linie an der Uneinigkeit der Westmächte, aber nicht zuletzt auch an ihrer in Europa so geschwächten Verteidigungskraft. Die Drohungen Bulganins mit Raketenbeschuß von Paris und London, haben manchen psychologischen Schaden angerichtet. Es bedurfte einer ausführlichen Pressekonferenz des NATO-Oberkommandierenden, um der ängstlichen Verwirrung der Gemüter zu begegnen.

Entscheidend bleiben die großen Mängel der politischen Organisation der Atlantischen Gemeinschaft. Wenn wir die Allianz erhalten wollen, darf die Politik einzelner Mächte das Bündnis in lebenswichtigen Fragen nicht vor ein fait accompli stellen. Der Bericht der drei Weisen gewinnt nunmehr noch erhöhte Aktualität. Sollte man auf der kommenden Außenministerkonferenz der fünfzehn Partnerstaaten im Dezember nicht den Wortlaut einer Erklärung vorschlagen, auf Grund deren diese eine förmliche Verpflichtung zu gegenseitiger rechtzeitiger Unterrichtung und Konsultation eingehen?

18. Auftakt für die deutsch-alliierten Verhandlungen über die Ablösung des Besatzungsstatutes in Schloß Ernich bei Remagen am 24. September 1951: der amerikanische Hohe Kommissar John McCloy (ganz links), ihm gegenüber der britische Hohe Kommissar Sir Ivone Kirkpatrick (Mitte), Adenauer und der Verfasser, ihnen gegenüber der französische Hohe Kommissar André François-Poncet (rechts).

19. Vom 3. bis 7. Dezember 1951 weilt Adenauer zum ersten offiziellen Besuch in Großbritannien: bei Premierminister Sir Winston Churchill in Downing Street 10 am 4. Dezember 1952.

20. *Unterzeichnung des Vertrages über Wiedergutmachungsleistungen Deutschlands an Israel im Rathaus der Stadt Luxemburg am 10. September 1952; die israelische Delegation von links: Giora Josephthal, Moshe Sharett, Nahum Goldmann.*

21. *Eine der zahlreichen Konsultationsbesprechungen des amerikanischen Außenministers mit dem Bundeskanzler: am 5. Februar 1953 begrüßt Adenauer John Foster Dulles auf dem Flughafen in Wahn bei Köln; links im Hintergrund der amerikanische Hohe Kommissar James B. Conant.*

22. Debatte im Bundestag über die Saarfrage: der sozialdemokratische Abgeordnete Karl Mommer spricht, 29. April 1954; von links: Adenauer, der Autor und Hans Kilb.

23. Die Eltern des Autors Erich und Klara Blankenhorn; anläßlich der Konferenz der sechs europäischen Partnerstaaten in Baden-Baden gibt Adenauer am 7. August 1953 ein Abendessen für die Delegationen im Kurhaus, zu dem auch die Eltern des Autors geladen waren.

24. Adenauer im Gespräch mit Hallstein und dem Verfasser auf Bühlerhöhe unmittelbar nach dem Scheitern der Europäischen Verteidigungsgemeinschaft in der französischen Nationalversammlung, 31. August 1954.

25. Nach dem Scheitern der Europäischen Verteidigungsgemeinschaft erörtern John Foster Dulles und Adenauer am 16. und 17. September 1954 in Bonn Fragen der deutschen Souveränität sowie Deutschlands Mitwirkung an einem System kollektiver Sicherheit.

26. Während der Londoner Neunmächtekonferenz der Außenminister der sechs EVG-Staaten, der USA, Kanadas und Großbritanniens über die völkerrechtliche Stellung der Bundesrepublik und deren Verhältnis zur NATO führt Adenauer Gespräche mit Churchill (im Hintergrund der luxemburgische Ministerpräsident Joseph Bech) in Downing Street 10.

27. Eine der zahlreichen Unterhaltungen des Jahres 1955 im Quai d'Orsay über europäische Fragen; von links: Adenauer, Schuman, Hallstein, Monnet.

28. Rede des Bundeskanzlers anläßlich der Aufnahme der Bundesrepublik in die NATO am 9. Mai 1955; von links: der französische NATO-Botschafter Alexandre Parodi, Außenminister Antoine Pinay, Adenauer, der Verfasser.

29. Der Verfasser als Botschafter bei der NATO in seinem Pariser Arbeitszimmer, 1955.

Urlaub in der Schweiz

30.-32. Vom 18. bis 23. Juli 1955 findet in Genf die Konferenz der Regierungschefs der vier Großmächte über das Deutschlandproblem und die europäische Sicherheit statt:

30. Der Autor mit Felix von Eckardt als Beobachter der Bundesrepublik.

31. Während der Gipfelkonferenz weilten Adenauer und sein Außenminister Heinrich von Brentano in Mürren, Berner Oberland: Auf dem Wege zur Pressekonferenz im Hotel Regina in Mürren am 25. Juli 1955; vorne Mitte: Adenauer, von Brentano; dahinter: Ria Reiners geb. Adenauer, Hallstein, der Verfasser, von Eckardt, Grewe.

32. Von seinem Urlaubsort Mürren beobachtet Adenauer die Genfer Gipfelkonferenz; Karikatur von M. Szewczuk, 16. Juli 1955.

Paris, Dienstag, den 6. November 1956

Der Bundeskanzler traf heute morgen zu einem kurzen Besuch der französischen Regierung in Paris ein. Die Zweckmäßigkeit dieses Besuchs war umstritten. Mitglieder der Sozialdemokratischen Partei, der FDP, aber auch der CDU hatten den Kanzler gebeten, von dieser Reise Abstand zu nehmen, weil sie als eine Geste zugunsten Frankreichs und Englands im Suezkonflikt gewertet werden könnte. Dem Kanzler schien die Reise aus zwei Gründen notwendig: Wiederherstellung der Einheit innerhalb der Allianz durch eine engere und häufigere Abstimmung der Auffassungen und Ziele, und die Intensivierung der europäischen Zusammenarbeit durch Überwindung der Schwierigkeiten, die kürzlich in den Verhandlungen über den Gemeinsamen Markt und Euratom entstanden sind.

Wie der Kanzler mir nach dem Abendessen, das der Außenminister Pineau im Quai d'Orsay – im übrigen in besonders glanzvoller Weise gab – sagte, erfolgten die Gespräche mit Guy Mollet und Pineau in großer Harmonie und Bereitschaft, aus der Gegenwart entsprechende Folgerungen für die Zukunft zu ziehen. Das Kommuniqué, das etwas weniger farblos ist als sonst bei derartigen Anlässen, trägt eine kritische und eine konstruktive Note zugleich.

Wenn etwas in der Krise der letzten Wochen deutlich geworden ist, so der Mangel einer klaren außenpolitischen Konzeption in Washington. Man hat dort bald durch Heraushalten aus den Angelegenheiten des Nahen Ostens, bald durch Duldung, ja Förderung des arabischen Nationalismus die eigene Position zu verbessern gesucht. Dabei unterschätzte man mindestens anfänglich, daß in das Vakuum die sowjetische Politik einströmte, die den arabischen Nationalismus in Ägypten und Syrien, aber auch in Jordanien und im Irak zunehmend fördert.

Die Explosion, die der israelische Präventivkrieg auslöste, mag in den Augen des Westens zu unrechter Zeit gekommen sein. Man muß aber auch die Situation Israels verstehen: wachsende Umklammerung des Landes, die militärischen Vorbereitungen der arabischen Länder, die immer aggressiveren lautstarken Äußerungen der arabischen Nachbarregierungen – all das mußte den Eindruck verstärken, daß nur ein Präventivschlag die Vernichtung Israels aufhalten könne. Über die Notwendigkeit und Zweckmäßigkeit der englisch-französischen Intervention kann man sehr geteilter Meinung sein. Hätte man von vornherein die Aktion in den Dienst der Vereinten Nationen gestellt, hätte man größeren Nachdruck auf die beschränkten Ziele der militärischen Aktion gelegt und vor allem sich rechtzeitig mit den Partnerländern, vor allem mit den Vereinigten Staaten abgestimmt, hätte die öffentliche Meinung des Westens nicht mit dieser Vehemenz negativ reagiert. Umständlichkeit der Vorbereitungen und die Langsamkeit der Operation taten das ihre, um ihr Ergebnis von vornherein in Frage zu stellen.

Die Intervention ist nun abgeschlossen. Der Aufforderung der UNO, das Feuer einzustellen, ist in der Nacht vom 6. auf den 7. November Genüge getan. Eine neue Phase der Verhandlung ist eröffnet. Hätten England und Frankreich diese Intervention nicht unternommen, so wären die israelischen Truppen bis Kairo vorgestoßen, die ägyptische Armee, die sich als wenig kampffähig erwies, wäre völlig aufgerieben worden. Erhebliche Zerstörungen und Blutvergießen wären die Folgen gewesen. Daß die öffentliche Meinung in der Welt und auch in Deutschland sich so kritisch gegenüber Mollet und Eden äußerte, lag an der außerordentlichen Erregung, in der sich viele über die Entwicklung in Ungarn befanden. Es ist nicht richtig, wenn gewisse Kreise zu dem Schluß kommen, daß das Eingreifen Englands und Frankreichs am Suezkanal den Sowjets erst die Möglichkeit eines Wiedereinmarsches ihrer Truppen in Ungarn eröffnet habe. Die ungarische Revolution hat sich in Folge lang aufgestauter Spannungen förmlich explosiv überschlagen. Eine titoistische Phase, die vielleicht von den Russen hingenommen worden wäre, wurde übersprungen, und man wollte die Wiederherstellung eines demokratischen bürgerlichen Systems. So einen Wechsel zu dulden, wäre in sowjetischen Augen der Beginn des Endes der sowjetischen Herrschaft im Satellitenraum, vielleicht sogar der Beginn der Auflösung des kommunistischen Systems in Rußland selbst. Deshalb die beschleunigte Rückkehr der sowjetischen Truppen, deshalb die Taktik, zum Schein auf die Verhandlungswünsche der bürgerlichen Revolutionäre einzugehen und dann zu den »bewährten« Methoden stalinistischer Herrschaft zurückzukehren. Für den Westen sind Folgerungen, die wir aus der Krise im sowjetischen Einflußraum ziehen müssen, klar: festerer Zusammenschluß, Verstärkung der Atlantischen Allianz, engere politische Zusammenarbeit der freien Völker mit dem Ziel, die für die Selbstbehauptung gefährliche Aktivität der sogenannten »friedlichen Koexistenz« und des »new look« in ihren Wirkungen einzudämmen.

Dazu bedarf es aber einer klaren und energischen Führung der Dinge in Washington. Viele bedauern, daß Präsident Eisenhower am 7. November wieder ins Weiße Haus einzieht. Ich glaube, er ist der Verantwortung, die die amerikanische Weltmacht zu tragen hat, nicht gewachsen, mangels physischer, ja auch mangels der erforderlichen geistigen Kräfte. Ich fürchte, wir werden wieder in eine Phase einer atmosphärischen Diplomatie, das heißt, dem Austausch gegenseitiger Freundlichkeiten zurückfallen, wie sie anläßlich der Genfer Gipfelkonferenz des Jahres 1955 begonnen wurde. Es wird sehr darauf ankommen, ob Eisenhowers Staatssekretär wieder Foster Dulles heißt. Auch hier wäre ein Wechsel nötig, denn auch Foster Dulles hat sich in den letzten Jahren übermenschlicher Arbeit stark verbraucht und hat nicht den Einfluß auf den Präsidenten ausüben können, der im Interesse einer aktiveren amerikanischen Außenpolitik notwendig gewesen wäre. Man spricht von McCloy als Nachfolger. Ich bin nicht sicher, ob dieser ein so arbeitsreiches und verantwortungbeladenes Amt jetzt übernehmen will. Ich halte ihn aber für den fähigsten der republikanischen Kandidaten für dieses Amt.

11. bis 14. Dezember 1956

Nach der schweren Krise der westlichen Welt hat man der Ministerratstagung der NATO mit Spannung, ja mit Sorge entgegengesehen. Im Gegensatz zu manchen Befürchtungen waren aber die langen Erörterungen über die außenpolitische Lage im Rat vom Geist gegenseitiger Verständigung und ruhiger Beurteilung getragen. Man hat überflüssige Vorwürfe und emotionale Kritik an Vergangenem vermieden und sich mit der für die Allianz notwendigen Folgerungen für die Zukunft befaßt. Man war sich klar, daß alle Anstrengungen zur Stärkung der Verteidigungskraft sich als unzureichend erweisen würden, wenn außerhalb des NATO-Bereichs unter den Mitgliedstaaten ernste Gegensätze entstehen, die nicht in einer gründlichen Erörterung bereinigt werden. Auch war man sich bewußt, daß die schwere Krise im Mittleren Osten deutlich gezeigt hatte, daß sich die Sowjetunion den Weg in diese Region erzwingen will, um das Verteidigungssystem der NATO von der Flanke zu fassen. Man bekundete einmütig die Entschlossenheit, der Entwicklung in diesem für die Sicherheit des NATO-Raums bedeutsamen Teil der Welt in Zukunft ganz besondere Beachtung zu schenken und gemeinsam in den Vereinten Nationen an einer dauerhaften, dem Frieden dienenden, politischen Lösung mitzuwirken. In den Erörterungen zeichneten sich der kanadische Außenminister Pearson und der norwegische Außenminister Lange in ihren Interventionen durch eine konstruktive und ausgleichende Haltung aus. Beide sind Mitverfasser des Berichts der drei Weisen, der vom Ministerrat nach ausführlicher Besprechung einstimmig angenommen wurde. Dieser Bericht war das Ergebnis eines persönlichen Kontakts der drei Minister mit den Regierungen der zwölf anderen Partnerstaaten, eine überaus sorgfältige und fleißige Arbeit, die in drei Hauptforderungen gipfelte: die Notwendigkeit einer vertieften und alle, unmittelbar oder mittelbar, die Allianz berührenden politischen Probleme umfassenden Konsultation, die Schlichtung der Streitigkeiten zwischen den Partnerstaaten und eine erhebliche Stärkung der Stellung und Befugnisse des Generalsekretärs. Die politische Konsultation sollte sich in Zukunft nicht auf den im NATO-Vertrag gesicherten geographischen Raum beschränken. Konsultation im Sinne der drei Weisen sollte nicht lediglich Unterrichtung der Partnerstaaten über bereits getroffene nationale Entscheidungen bedeuten. In die Konsultation sollten frühzeitig, also vor einer politischen Aktion, die politischen Absichten und Ziele mit einbezogen sein. Dabei sollten die Partnerstaaten in ihren politischen Planungen und Entscheidungen ihre Zugehörigkeit zur Allianz und die legitimen Interessen der Partner berücksichtigen. Der Generalsekretär sollte in Zukunft der Vorsitzende des NATO-Rats sein. Als solcher sollte er – wenn er es für nötig erachtet – jederzeit politische Situationen und Probleme, soweit sie die Allianz und ihre Partner berührten, der Konsultation zuführen können. Sollten Mitgliedstaaten es wünschen, kann der Präsident der Allianz als Streitschlichter aktiv werden.

Foster Dulles war der einzige, der Bedenken äußerte. Die besondere Lage der Vereinigten Staaten verlange Wahrung der Handlungsfreiheit. Es sei für die Vereinigten Staaten praktisch unmöglich, immer und unter allen Umständen der Konsultationspflicht zu genügen, bevor sie eine Entscheidung träfen. Die amerikanische Regierung müsse sich das Recht vorbehalten, eine politische und militärische Initiative zur Verteidigung ihrer Interessen oder der ihrer zahlreichen Verbündeten zu ergreifen, ohne in jedem Fall vorher den Atlantikrat zu konsultieren. Wenn er Vorbehalte mache, so geschehe dies, um den Vereinigten Staaten die Möglichkeit zu lassen, rasch eine Aktion zu unternehmen, die keinen Aufschub vertrage. Die Vereinigten Staaten seien aber grundsätzlich bereit, jede gespannte Lage in der Welt im Rahmen des Atlantikrats zu besprechen.

Im ganzen endete diese Tagung mit einer Stärkung der Allianz. Man sah die Fehler der vergangenen krisenreichen Wochen, man fand sich zu einer einmütigen Verstärkung des politischen und militärischen Handlungswillens zusammen. Man traf auch eine wichtige personelle Entscheidung: Für den auf eigenen Wunsch ausscheidenden Lord Ismay ernannte der Rat einstimmig den belgischen Außenminister Paul-Henri Spaak zum neuen Generalsekretär, nunmehr zum eigentlichen Präsidenten des NATO-Rats. Man hat damit eine in jeder Weise ausgezeichnete Entscheidung getroffen.

Aus dem Jahre 1957

Europäisches Sicherheitssystem und Wiedervereinigung · Sir Christopher Steel, neuer britischer Botschafter in Bonn · Erst völlige Wiederherstellung der Einheit des Westens, dann geeignete neue Initiativen zur Regelung unserer Beziehungen zum Osten · Tagung des NATO-Ministerrats in Bonn · Verabschiedung des Generalsekretärs der NATO, Lord Ismay · Verleihung des Karlspreises der Stadt Aachen an Paul-Henri Spaak · Der Bundestagsabgeordnete Erler in Paris · Große Veränderungen in der Führungsspitze der Sowjetunion · Chruschtschows »Einmann-Herrschaft« · Der Kanzler im Wahlkampf

Bonn, 2. Januar 1957

In diesen Januartagen haben Eckardt und ich uns Gedanken über neue Wege zur Wiedervereinigung gemacht. Es ist und bleibt nun einmal unser zentrales Problem. Wir glaubten uns um so mehr zu neuen Überlegungen verpflichtet, als wir aus manchen Anzeichen die Meinung gewonnen hatten, daß die Bundesregierung sich weder in der deutschen öffentlichen Meinung, noch auch in den Augen unserer westlichen Partner dem Vorwurf aussetzen dürfe, durch Passivität Chancen für mögliche Lösungen zu vergeben. Wir gingen von dem Grundgedanken aus, daß eine echte Friedensordnung in Europa nur geschaffen werden könne, wenn das zwischen den Völkern bestehende Mißtrauen überwunden werde. Wir sahen einen ersten Schritt hierzu in der Schaffung eines Sicherheitssystems für Europa, das den bestehenden Spannungszustand beseitigt und den Boden bereitet, auf dem sich friedliche Lösungen der politischen Probleme vollziehen können. In unseren Überlegungen beschäftigten wir uns mit einem schrittweise, sich in Etappen aufbauenden Sicherheitssystem, das letzten Endes Voraussetzung für eine Wiedervereinigung bieten sollte. Wir haben diese Ideen dem Kanzler vorgetragen, der sich interessiert zeigte und auch der Auffassung war, daß man einmal gründliche Vorstellungen über ein neues Sicherheitssystem und damit verbundene Chancen einer Wiedervereinigung entwickeln sollte.

Paris, Montag, den 14. Januar 1957

Sir Christopher Steel, der britische Ständige Vertreter im NATO-Rat, verläßt dieser Tage Paris, um die Leitung der britischen Botschaft in Bonn zu übernehmen. Mit ihm verbinden mich seit dem Jahr 1949 freundschaftliche Beziehungen. Als britischer Stellvertretender Hoher Kommissar hatte er viel dazu beigetragen, die Beziehungen der »jungen« Bundesregierung zu den Hohen Kommissaren zu erleichtern. Er besitzt common sense. Er ist immer in der Lage, aus schwierigen Situationen praktische, vernünftige Auswege zu finden. Er arbeitet schneller als andere und macht deshalb den Eindruck, als ob er nichts zu tun hätte, oder nicht gern arbeite. Er ist immer vorzüglich unterrichtet. Er ist frei von Eitelkeit. Ihn interessiert das sachlich Wesentliche. Er liebt seine Freizeit, die er dem Golf und dem Fischen widmet. Ich freue mich, daß er die neue Aufgabe in Bonn übernimmt, wo ihn enge Beziehungen mit dem Bundeskanzler verbinden.

Bonn, Donnerstag, den 17. Januar 1957

Ich bin wieder einmal in Rhöndorf und habe eine lange Aussprache mit dem Bundeskanzler, an der auch Globke teilnimmt. Das Thema: außenpolitische Probleme. Globke berichtet, daß einige Äußerungen des Kanzlers über »verdünnte Zonen« in Europa als Ansätze eines Sicherheitssystems in der deutschen öffentlichen Meinung beunruhigend gewirkt hätten. Berichte lägen vor, daß eine gewisse Unsicherheit über die Ziele der Bundesregierung spürbar geworden sei. Bisher sei die Politik der Bundesregierung eindeutig profiliert gewesen und habe sich deutlich von jener der Opposition unterschieden. Heute drohe der Eindruck zu entstehen, als ob die alte Linie aufgegeben werde. Projekte, wie die vom Kanzler bruchstückweise angedeuteten, fänden nur in gewissen intellektuellen Kreisen Beifall.

Der Kanzler, der sich offenbar in den letzten Tagen mit den Reaktionen der öffentlichen Meinung auf die Politik der Bundesregierung intensiv beschäftigt hat, meinte, daß das Sicherheitsbedürfnis des deutschen Volkes angesichts der Vorgänge in Ungarn und in Polen beträchtlich gewachsen sei. Man habe Angst, daß sich ähnliche Dinge in der Sowjetzone und dann auch in Westdeutschland ereignen könnten. Man sei heute weniger bereit als früher, der Sowjetunion in Verhandlungen entgegenzukommen und dabei Risiken einzugehen, die zu unabsehbaren Folgen führen könnten.

Er stehe deshalb auf dem Standpunkt, daß zunächst einmal die Einheit der westlichen Allianz in vollem Umfang wiederhergestellt werden solle. Hierbei könne die Bundesrepublik als ausgleichender Faktor nützliche Dienste leisten und insbesondere zwischen Großbritannien und den Vereinigten Staaten vermittelnd wirken, zwischen denen es immer noch nicht zu einer echten Harmonisierung der Auffassungen gekommen sei. Sei die Einheit der westlichen Welt wiederhergestellt, so könne man überlegen, ob man durch entsprechende Initiativen die Sowjetunion zu Konzessionen in Rüstungsfragen und in der Frage der Wiedervereinigung bewegen könne. Nach seinen Beobachtungen seien aber die Aussichten für positive Ergebnisse niemals geringer gewesen als heute. Sowjetrußland benötige die Sowjetzone als Klammer um das sich langsam verselbständigende Polen. Sowjetrußland werde dieses militärische Glacis mit der doppelten Front nach Westeuropa und nach Polen aus politischen und militärischen Gründen nicht aufgeben.

Ich schloß mich den Darlegungen des Kanzlers an, nachdem ich in meinen Gesprächen in der NATO in Paris in den letzten Tagen festgestellt hatte, daß auch unter den NATO-Partnern in erster Linie der Wunsch besteht, die Allianz wieder zu festigen. Pläne einer Begrenzung der Rüstung und der Verteidigungskräfte in Mitteleuropa lösten Sorgen aus, daß die Amerikaner sich unter Umständen aus Europa zurückziehen könnten. Für eigene deutsche Initiativen in dieser Hinsicht sei heute noch nicht der richtige Zeitpunkt. Manche Kritik des Kanzlers in den letzten Monaten habe auch die amerikanische Regierung verstimmt. Es bedürfe hier ebenfalls zunächst einer Beruhigung und erneuter Stabilisierung der Beziehungen. Ich würde es deshalb für gut halten, wenn Außenminister Brentano anläßlich des bevorstehenden Besuchs des Bundespräsidenten in Washington, die Dinge mit Herrn Dulles kläre. Ich versprach mir ebenfalls von der Tagung des NATO-Ministerrats in Bonn, die für den Monat Mai geplant ist, eine gute Wirkung.

Der Kanzler begrüßte den Plan einer Tagung in Bonn. Er sehe darin eine überzeugende Geste, dem deutschen Volk wieder einmal bewußt zu machen, daß es in dieser Welt nicht isoliert sei, sondern im Laufe der letzten acht Jahre Partner vierzehn anderer westlicher Nationen geworden sei. Man dürfe dies, angesichts unserer tragischen Vergangenheit, nicht geringschätzen.

Inzwischen sind die deutsch-französischen Beziehungen in ein weiteres Stadium enger Zusammenarbeit getreten. Die Saar ist seit dem 1. Januar mit der Bundesrepublik wieder vereinigt. Die Verhandlungen über den Gemeinsamen Markt und Euratom machen gute Fortschritte. Verteidigungsminister Strauß ist es gelungen, in persönlichen Besprechungen mit seinem französischen Kollegen Bourgès-Maunoury eine enge Zusammenarbeit auf dem Rüstungsgebiet einzuleiten. Solche Abmachungen tragen oft mehr als alles andere dazu bei, das Sicherheitsgefühl Frankreichs zu erhöhen und das Mißtrauen zu überwinden, das uns gegenüber aus historischen Gründen immer noch besteht.

Hinsichtlich unserer Beziehungen zum Ostblock müssen wir zunächst abwarten. Wir sollten aber nicht zögern, bald eine Wirtschaftsmission nach Warschau zu senden, an deren Spitze eine politisch besonders begabte Persönlichkeit stehen sollte. Im Verhältnis zur Sowjetunion sind Initiativen verfrüht; um aber die Entspannung zu fördern, sollte man alles daransetzen, den wirtschaftlichen Austausch zu verstärken.

Sonnabend, den 4. Mai 1957

Die Tagung des NATO-Ministerrats in Bonn war nicht nur eine freundschaftliche Geste der vierzehn Partnerstaaten an die Adresse Deutschlands. Sie war mehr. Ihre Ergebnisse liegen nicht so sehr in spektakulären Beschlüssen, die der Politik der Allianz eine neue Wendung geben. Die Erörterungen erbrachten aber einen Grad der Übereinstimmung und der Entschlossenheit der fünfzehn Partnerstaaten wie selten zuvor. Alle waren sich der unverändert großen Gefahr aus dem Osten bewußt. Alle in ihrer Bewertung der sowjetischen Politik in zwei wichtigen Punkten einig: Sowjetrußland hat sich bei oberflächlicher Betrachtung von dem Schock der Ungarnkrise und der Vorgänge in Polen wieder gefaßt, befindet sich aber noch in einem Übergangsstadium, in einer Phase der Unsicherheit, die es veranlaßt, sich erneut zur Politik der friedlichen Koexistenz zu bekennen. Ein Beweis hierfür, die Haltung der Sowjetunion in den Verhandlungen der UNO-Unterkommission für Abrüstungsfragen in London, in zahlreichen Fühlern, die in Form von Einladungen zu Konferenzen hier- und dorthin ausgestreckt werden, nicht zuletzt aber auch in den Drohungen an die Nachbarstaaten wegen ihrer Ausrüstung mit taktisch atomaren Waffen, die stets mit Hinweisen auf die Möglichkeiten eines friedlichen Zusammenlebens mit der Sowjetunion verbunden sind. Drohung und Werbung liegen eng beieinander, sie sollen in der öffentlichen Meinung der Adressaten, hier denke ich vor allem an die Bundesrepublik, Unsicherheit, ja Angst auslösen und sie im Sinne der sowjetischen Wünsche beeindrucken.

Manche waren der Auffassung, daß die gegenwärtige Unsicherheit der Sowjetunion auch auf der Sorge beruhen könnte, mit der rapiden Waffenentwicklung des Westens nicht Schritt halten zu können.

Bei aller Entschlossenheit der Mitgliedstaaten, sowjetischen Bemühungen einer Aufweichung, ja einer Auflösung der Allianz zu begegnen und sich nicht einschüchtern zu lassen, bestand auch Übereinstimmung darin, auf seiten des Westens keinen eisernen Vorhang zu bilden. Man will im Gegenteil jede Gelegenheit nutzen, um Kontakte mit sowjetischen Wissenschaftlern und Künstlern herzustellen, um falsche Vorstellungen auszuräumen und verständigungswillige Menschen zu gewinnen.

Ein wichtiges Thema der Konferenz war die Abrüstungsfrage. Selwyn Lloyd und Dulles behandelten den Stand der Londoner Verhandlungen eingehend und gaben zu erkennen, daß die Sowjets zum ersten Mal Vorschläge gemacht haben, die vielleicht den Weg zu gewissen Fortschritten eröffnen. Man war sich allerdings nicht sicher, ob es sich hierbei letzten Endes doch nicht wieder nur um taktische Züge handelt, die der Werbung für die »friedliche Koexistenz« dienen sollen. Man verwandte viel Zeit auf die Mittelmeerfragen. Die Gefahr weiterer sowjetischer Fortschritte in diesem Raum ist noch nicht gebannt. Die sowjetische Politik sucht offenbar in Syrien und im Jemen Basen für die Zukunft. Die Haltung Nassers ist undurchsichtig; es ist möglich, daß er sich Sowjetrußland noch mehr nähert.

Eisenhower-Doktrin, amerikanischer Beitritt zum militärischen Komitee des Bagdad-Paktes, Schaffung großer amerikanischer Investitionsfonds zur Stabilisierung der wirtschaftlichen Lage im Mittleren Osten, sind die Linien, auf denen die amerikanische Politik in diesem Teil der Welt gegenwärtig verläuft.

Die Tagung erhielt eine besondere Note dadurch, daß der Bundeskanzler sie mit einer ausführlichen, von allen mit Beifall aufgenommenen Rede eröffnete und daß er die Delegierten im Palais Schaumburg zu einem festlichen Abend empfing, anläßlich dessen alle die Elastizität, die Frische und auch den Charme des zweiundachtzigjährigen Mannes erlebten.

Paris, Montag, den 13. Mai 1957

Der NATO-Rat verabschiedet heute in einer Sondersitzung den scheidenden Generalsekretär Lord Ismay. Es ist eine eigenartige Sitte, daß um den Sitzungstisch herum fünfzehn Botschafter der Mitgliedstaaten, jeder in seiner Art und Sprache, Abschiedsworte an den scheidenden Vorsitzenden richten. Es war eine Demonstration der Solidarität und Anerkennung für einen Mann, der sich um die Atlantische Gemeinschaft und die Sicherung der freien Welt äußerst verdient gemacht hat. Ismay ist kein

Politiker im engeren Sinn des Wortes. Er ist aber eine große und starke Persönlichkeit. Er war ein Pfeiler des Bündnisses. Er verstand es, politische und militärische Personen, die sehr verschieden denken, fühlen und handeln, zusammenzuführen und zu gemeinsamer Aktion zu einigen. Der Rat hat diesen Mann wegen seiner Anspruchslosigkeit, seiner großen Sachlichkeit und Hilfsbereitschaft sehr geschätzt. Es wird nicht leicht für den Nachfolger werden, sich eine ähnliche Vertrauensstellung zu schaffen.

Bei einem Abschiedsessen im Restaurant des Eiffelturmes, mit Blick auf das hell erleuchtete Paris, sind gute Worte gesprochen worden, die besten von unserem Freunde André de Staercke, der auch Lady Ismay für die dem Rat erwiesene Gastfreundschaft dankte. Auch bei diesem Anlaß zeigte sich der Rat wieder als eine große Familie, in der Solidarität, freundschaftliche Beziehungen und eine Homogenität der Grundauffassungen die Atmosphäre bestimmen, wie sie in internationalen Gremien selten sind.

Für Lord Ismay war dieser Abschied das Ende einer großen Laufbahn, die den nunmehr siebzigjährigen vor bedeutende Aufgaben gestellt hat: Politischer und militärischer Berater Churchills in den Jahren des Zweiten Weltkrieges, Mitarbeiter Lord Mountbattens bei der Verselbständigung Indiens und Schöpfer der Organisation des Atlantikpakts in den letzten fünf Jahren.

Aachen, Donnerstag, den 30. Mai 1957

Vormittags Verleihung des Karlspreises der Stadt Aachen an Paul-Henri Spaak im Kaisersaal der Aachener Pfalz mit einer ausgezeichneten Rede des Oberbürgermeisters Heusch und einer glänzenden, in großer Rhetorik strahlenden Rede von Spaak. Heusch zeichnet eindrucksvoll die historische Bedeutung des Raums, in dem die Veranstaltung stattfindet, in dem Karl der Große die Großen seines abendländischen Reichs zu empfangen pflegte, und in dem einige Jahrhunderte später Karl V. ein Krönungsbankett veranstaltete. Spaak hält eine tiefempfundene Rede für den Frieden. Zwei Sätze sind mir im Gedächtnis geblieben:

»Notre ambition doit être bien plus large, notre volonté doit être bien plus effective. C'est aux sources mêmes du mal qu'il faut nous attaquer, c'est l'idée même de la guerre qu'il faut détruire. C'est la guerre même qu'il faut rendre impossible.« Und weiter: »...ce qu'il nous faut vouloir c'est le désarmement général, c'est aussi le désarmement contrôlé, mais ce que nous devons affirmer aussi, c'est que le désarmement n'est pas possible si les principes de la justice internationale ne sont pas respectés.«[1]

Dies die Worte eines Mannes, der um die Entwicklung der Europäischen Gemeinschaft, nicht zuletzt des Gemeinsamen Marktes große Verdienste hat und der jetzt als Generalsekretär der Atlantischen Verteidigungsgemeinschaft seine Kraft in den Dienst der freien Welt stellt.

Die Feier endete mit einem Essen des Oberbürgermeisters in heiterer Stimmung. Spaak ergriff wieder das Wort: Er verstehe nicht, warum es eine so geradezu geheiligte Sitte sei, beim Essen Reden zu halten. Es sei nun aber mal Sitte im Abendland, Rhetorik mit Gastronomie zu verbinden. Dabei falle ihm das Märchen eines Negerkönigs ein, der einen weißen Forscher gefangen genommen hatte und ihn einem Löwen zum Fraß vorwerfen wollte. Das Volk sei versammelt gewesen, das Opfer bereit, der Löwe habe sich aus dem Wald genähert, sei auf sein Opfer zugegangen. Der weiße Forscher habe sich über den Löwen gebeugt und ihm etwas ins Ohr geflüstert. Der Löwe sei stillschweigend in den Wald zurückgekehrt. Auf die Frage des Königs, was er dem Löwen gesagt habe, antwortete der Forscher: Ich sagte dem Löwen, daß, wenn er mich fresse, er eine Rede halten müsse.

Wie mir Spaak später versicherte, habe er die Geschichte in Aachen nicht zum ersten Mal erzählt.

Paris, Sonntag, den 2. Juni 1957

Nachmittags hole ich den Bundestagsabgeordneten Erler am Gare du Nord ab. Er wird einige Tage bei mir wohnen, um sich über die NATO zu unterrichten. Wir haben eine lange, gute Aussprache über Abrüstungsfragen. Beide sind wir der Auffassung, daß man einen Vorschlag zur Ausdehnung einer Inspektionszone auf ganz Europa nicht ablehnen sollte. Die Frage ist nur, wie man bei weitreichenden Vorschlägen in der Abrüstung unser politisches Hauptanliegen, die Wiedervereinigung, in die Verhandlungen einbezieht. Große Konzessionen in der Abrüstungsfrage dürften ohne erhebliche politische Gegenleistungen der Sowjetunion nicht in Betracht gezogen werden.

Wir sprachen viel über den Bundeskanzler, für den Erler große Verehrung zeigt. Er verstehe nicht, warum zwischen Regierung und Opposition in den großen, gemeinsamen außenpolitischen Fragen ein fruchtbarer Gedankenaustausch nicht zustande komme. Daß der Kanzler nicht mit Kurt Schumacher habe sprechen können, sei beim Naturell Schumachers begreiflich. Warum sei nun aber ein Gedankenaustausch mit dem viel ruhigeren, zum Ausgleich neigenden Ollenhauer nicht möglich?

Erler sagte, daß er mit ziemlicher Sicherheit bei den kommenden Bundestagswahlen eine sozialdemokratische Mehrheit, wohl aber keine absolute Mehrheit, erwarte. Er rechne mit einer Koalition Ollenhauer-Reinhold Maier. Ich entgegnete, daß ich nicht so sicher sei. Der Führer der Freien Demokraten sei ein großer Taktiker. Das Zusammengehen mit der SPD habe ihn schon jetzt einige Stimmen gekostet. Es lägen Anzeichen vor, daß er sich bei weiterem Stimmenrückgang seiner Partei doch wieder auf eine Koalition mit der CDU zurückbesinne. Sei denn eine Koalition SPD-FDP nicht recht künstlich und nur von der gemeinsamen Ablehnung der Person des Bundeskanzlers bestimmt?

Erler ist ein klarer, in außenpolitischen Problemen äußerst versierter, immer gut unterrichteter Mann. Ein vorzüglicher Kenner auch der militärischen Fragen. Im Europarat genießt er auf dem Gebiet der Außenpolitik wegen seines streng sachlichen Urteils und seiner ausgezeichneten Formulierungsgabe hohes Ansehen. Er spricht ein sehr gutes Französisch. Ich halte ihn gegenwärtig für den prominentesten Vertreter der deutschen Sozialdemokratie.

Paris, Montag, den 3. Juni 1957

Erler ist bei SHAPE (Supreme Headquarters Allied Powers Europe), spricht ausführlich mit Norstad unter vier Augen und frühstückt mit ihm. Ich bin mit Abrüstungsfragen und der Vorbereitung meiner Besprechungen in Bonn beschäftigt.

Abendessen mit Erler und Paul-Henri Spaak. Die Unterhaltung ist lebhaft und angeregt. Spaak ist ein wunderbarer Causeur, der gern aus Vergangenheit und Gegenwart erzählt. Man spricht viel vom Fernsehen und seiner großen Wirkung als Mittel politischer Auseinandersetzungen. Spaak erzählt – wohl zum hundertsten Mal – die folgende Geschichte: Eine amerikanische Zeitung habe von ihm behauptet, er sehe aus wie Winston Churchill, habe aber eine Stimme wie Charles Boyer. Er – Spaak – pflege die Beschreibung mit der Bemerkung zu kommentieren, daß er es vorzöge, wie Charles Boyer auszusehen und eine Stimme wie Churchill zu haben. Auf einer Vortragsreise durch die Vereinigten Staaten, auf der er etwa sechzig Mal habe sprechen müssen, sei ihm diese Geschichte in den ersten Tagen wieder eingefallen. Er habe sich dann nicht geniert, diese Geschichte auf jeder Veranstaltung zu wiederholen und damit Stürme des

Beifalls geerntet. Es sei dann nicht mehr so viel darauf angekommen, was er über außenpolitische Probleme zu sagen gehabt habe.

Nach dem Essen meinte Erler zur Person Spaaks, daß er sich wohl einige Illusionen hinsichtlich seiner Wirkungsmöglichkeiten als Generalsekretär der NATO mache. Er könne sich nicht vorstellen, wie eine so dynamische Persönlichkeit wie Spaak in einer Tätigkeit Befriedigung finde, in der die Tagesarbeit sich im wesentlichen im Gespräch mit an Weisungen gebundenen Botschaftern erschöpfe. Er habe sich wohl in der eigenen, der sozialistischen Partei in Belgien nicht mehr halten können, die neue Wege gehe. Kurt Schumacher habe nach einer ersten Begegnung mit Spaak, diesen einen der genialsten Opportunisten genannt, der ihm je begegnet sei. Ich bin sicher, daß dieses Urteil, das in mancherlei Hinsicht treffend sein mag, nicht der vielseitig begabten und von starken Überzeugungen getragenen Persönlichkeit Spaaks gerecht wird.

Montag, den 8. Juli 1957

Die bedeutenden politischen Veränderungen in Moskau geben eine Menge Anlaß zu Analysen und Überlegungen. Aus allem, was wir an Tatsachen heute wissen, müssen wir vorläufig zu folgender Beurteilung kommen: Die Phase des Kollektivs in der obersten Führung der Sowjetunion ist wieder einmal beendet. Eine neue Einmann-Herrschaft, die Chruschtschows, hat begonnen. Er hat offenbar nach harten Auseinandersetzungen, deren Opfer er werden sollte, seine Gegner überwunden und dabei diese – gleichgültig ob alte Stalinisten oder Nichtstalinisten – kaltgestellt. Ob das für den Westen günstig oder ungünstig ist, läßt sich schwer sagen. Die Sowjetunion wird sich jetzt längere Zeit hindurch in einem Umbildungsprozeß befinden, der wesentliche Kräfte absorbiert und nicht so schnell abgeschlossen sein wird; die ausgeschlossenen Mitglieder des Politbüros verfügen über eine beträchtliche Anhängerschaft im Land, die der neue Herr in den nächsten Monaten überwinden muß. Wir können deshalb wohl mit einer neuen Phase des Lächelns, betonter friedlicher Koexistenz rechnen, und es wird nicht leicht sein – wie in jenen ersten Phasen der Koexistenz – den Westen vor den Wirkungen der Sirenentöne zu schützen. Daß sich die Grundziele der sowjetischen Politik ändern, ist nicht zu erwarten. Die friedliche Koexistenz ist das Mittel, Zeit zu gewinnen, um die inneren Schwierigkeiten zu überwinden und gleichzeitig die Festigkeit der westlichen Staatengemeinschaft zu lockern. Zu den Zielen Chruschtschows wird es gehören, das geminderte Prestige der Sowjetunion im Satellitenraum wieder herzustellen. Seine eben erfolgte Reise in die Tschechoslowakei dient diesem Zweck. Verhandlungen mit Jugoslawien werden wohl bald folgen, um die Differenzen der Vergangenheit auszugleichen und um Tito wieder näher an Moskau heranzuziehen. Die hier und da geäußerte Hoffnung, der Umschwung in Moskau könnte die Abrüstungsverhandlungen in London fördern, ist wohl unbegründet. Die erste Rede Sorins, des sowjetischen Verhandlungsführers nach dem Umschwung, in der er eine gemeinsame Erklärung über die Abschaffung der atomaren Waffen vorschlug, ist ein Zeichen dafür, daß sich nicht viel ändern wird. Denn eine solche Erklärung würde ausschließlich im Interesse der Sowjetunion liegen, der es darauf ankommt, im Falle eines Konflikts ihre weit überlegene Macht an konventionellen Truppen und Waffen nicht der Gefahr eines atomaren Schlages des Westens auszusetzen.

Bonn, Dienstag, den 9. Juli 1957

Nachmittags beim Bundeskanzler, den ich in sehr guter körperlicher und geistiger Verfassung antraf. Er ist mit dem bisherigen Verlauf des Wahlkampfes zufrieden. Er erzählte mir mit sichtlichem Stolz, daß er in den letzten zehn Tagen vor nahezu zweihundertfünfzigtausend Menschen gesprochen habe, die seinen Ausführungen mit Begeisterung gefolgt seien.

Der Wahlkampf konzentriert sich – ähnlich wie im Jahre 1953 – vor allem auf außenpolitische Fragen. Der Kanzler stellt in seinen Versammlungen immer wieder das Thema der deutschen Mitgliedschaft in der NATO zur Diskussion. Aus den Reaktionen der Versammlungsbesucher habe er den Eindruck gewonnen, daß die Frage der Wehrpflicht von der großen Mehrheit des Volkes akzeptiert werde und daß der sogenannte Atomschock, den alle durchstehen müssen, die gedanklich mit der Furchtbarkeit dieser Waffe konfrontiert werden, im wesentlichen überwunden sei.

Er betonte mit Nachdruck, daß bei den Abrüstungsverhandlungen in London kein Fehler gemacht werden dürfe. Einerseits solle man nicht zu schnell vorgehen und falsche Illusionen erwecken, andererseits dürfe man auf keinen Fall der Sowjetunion Anlaß bieten, dem Westen die Verantwortung eines negativen Ausgangs anzulasten. Er glaube nicht, daß die Zeit für ein Abrüstungsabkommen schon reif sei. Man müsse auf der Hut sein; das Hauptanliegen der Sowjetunion sei ja nun einmal, den gegenwärtigen Status quo in der Welt festzuschreiben.

In der Sozialdemokratischen Partei sei man nicht sicher, die Wahlen zu gewinnen. Mit Kreisen der FDP habe man über Eckardt Fühlung genommen. Sie werde wohl noch vor der Wahl zu erkennen geben, daß sie bei einem für die CDU positiven Ausgang der Wahlen zu einer neuen, der ersten – 1949 gebildeten – ähnlichen Koalition bereit sei. Eines sei für ihn sicher: Nach den Wahlen sei eine erhebliche Umbildung des Kabinetts erforderlich. Auch eine Reorganisation des Auswärtigen Amts; eine Verstärkung seiner Spitze sei bei der wachsenden Zahl der außenpolitischen Probleme unerläßlich.

5. August 1957

Gespräch mit Felix von Eckardt, der nach wie vor die Aussichten des Wahlkampfes als günstig beurteilt. Der Kanzler führe den Wahlkampf wie bei den Wahlen des Jahres 1953 in scharfer Gegenüberstellung von These und Antithese, damit die Wähler begreifen, worum es in Wirklichkeit gehe und daß sie sich in der Wahl für eine klare Entscheidung einsetzen müßten. Die außenpolitischen Themen dominieren: NATO-Partnerschaft gegenüber Neutralität in einem allgemeinen Sicherheitssystem. Das seien die beiden Meinungen, die einander gegenüberstehen, wobei die Haltung der Bundesregierung von der großen Mehrheit der Wähler als richtig empfunden werde.

Er habe sich mit dem Kanzler auf den langen Wahlreisen öfters über die Umgestaltung des Presseamtes und des Auswärtigen Amtes unterhalten. Seine – Eckardts – Vorstellungen über die Verselbständigung der Presseabteilung unter einem eigenen Staatssekretär seien auf günstigen Boden gefallen. Er – Eckardt – werde sich nach Neubildung der Regierung im wesentlichen auf die Rolle eines Sprechers der Bundesregierung für außenpolitische Angelegenheiten beschränken und sich der Beratung des Kanzlers in Fragen der Außenpolitik widmen. Ihm komme es dabei besonders auf eine enge Zusammenarbeit mit dem Auswärtigen Amt an. Über die Neuorganisation des Auswärtigen Amts bestehe noch keine Klarheit. Der Kanzler denke wohl an einen zweiten Staatssekretär, denke wohl auch für dieses Amt an meine Kandidatur. Ich selbst aspiriere diesen Posten nicht, weil ich mir wohl bewußt bin, welch außerordentliche Last damit verbunden ist und weil ich der festen Überzeugung bin, daß es besser wäre, wenn man auf diesem Posten mal ein neues Gesicht sehen würde.

Am gleichen Tag sprach ich den Kanzler über die gegebene Lage. Wie immer, war er wieder sehr kritisch an die Adresse des Auswärtigen Amts.

Es sei nicht nur schlecht organisiert. Seine Mitglieder, und er denke hierbei vor allem an die jungen Herren, seien überheblich, ehrgeizig und unkameradschaftlich. Wenige Stunden vorher hatte ich ein Gespräch mit dem Leiter des politischen Archivs des Amts, dem Historiker und Legationsrat Ulrich, mit dem ich seit vielen Jahren – schon in der Weimarer Zeit – befreundet bin. Ulrich war nicht minder kritisch. Die jungen Leute seien völlig humorlos und gleichsam mit tierischem Ernst nur auf ihr eigenes Fortkommen bedacht. Die Atmosphäre sei nicht gut. Man kümmere sich nicht um die Schaffung eines kooperativen Geistes. Das Ansehen des Amts habe dadurch gelitten.

Dienstag, den 6. August 1957

Ich hatte heute ein langes Gespräch mit Georg Pfleiderer, der für die Zeit nach den Wahlen eine Aktivierung unserer Ostpolitik, vor allem auch gegenüber Polen, erhofft. Er bewerbe sich innerlich heute schon um den Botschafterposten in Warschau, weil nach seiner Überzeugung hier der Ansatzpunkt für eine Veränderung des Status quo liege. Fortschritte in der Wiedervereinigung könnten nur erzielt werden, wenn man das Verhältnis zu den Ostblockstaaten, vor allem aber zu Polen, Schritt für Schritt auf eine neue Grundlage stelle. Unsere bisherige Haltung sei verständlich, sie sei in vielem aber doch auch künstlich, denn freie Wahlen könnten nun einmal nicht am Beginn einer Entwicklung stehen, die zur Wiedervereinigung führe. Die Sowjets würden es niemals zulassen, daß der Weg zur Wiedervereinigung mit einer psychologischen Niederlage Sowjetrußlands beginne, wie sie die freien Wahlen notwendigerweise mit sich brächten und den Konsequenzen, die sich möglicherweise daraus für die sowjetische Position in dem an sich schon reichlich labilen osteuropäischen Raum ergeben.

Paris, den 24. September 1957

Die gegenwärtige politische Situation gibt zu erheblichen Sorgen Anlaß. Zwar ist der Wahlerfolg des Bundeskanzlers ein starkes Aktivum für die westliche Welt, weil sich die Bundesrepublik damit eindeutig zur NATO und zum freien Westen bekannt hat. Dagegen werfen die dynamischen Aktionen des neuen Machthabers im Kreml eine ganze Reihe von sorgenvollen Fragen auf. Wenn man eine neue Phase der betont friedlichen Koexistenz und innere Stabilisierung erwartet hatte, so widerspricht dem die harte Linie Chruschtschows in den massiven Angriffen in der Abrüstungsfrage. Die Verhandlungen sind am sowjetischen Widerstand gescheitert. Die Sowjetunion zögert natürlich nicht, in weltweiter Propaganda das Scheitern als eine Schuld des Westens hinzustellen. Hier werden die westlichen Länder schnell und wirkungsvoll reagieren müssen.

Es ist Chruschtschow gelungen, die russische Position im Ostblock durch einen Ausgleich mit Tito erheblich zu stärken. Die Motive, die Tito zu dieser Neuorientierung seiner Haltung veranlaßt haben, sind noch nicht ganz ersichtlich. Möglich, daß er durch eine erneute Annäherung an Moskau eine Befestigung des Status quo, das heißt, einer Erhaltung Jugoslawiens erhofft.

Besondere Fortschritte hat die sowjetische Politik im Nahen Osten gemacht. Hier hat sich die Sowjetunion aufs engste mit den nationalistischen Tendenzen Syriens verbunden und versucht, als »Protektor« der arabischen Völker den Einfluß der Westmächte auszuschalten.

Die amerikanische Reaktion war nicht glücklich. Demonstrationen der Macht, wie Flottenbewegungen im Mittelmeer, scharfe Erklärungen an die Adresse der syrischen Regierung, Schaffung einer Luftbrücke für den Transport von Waffen nach Jordanien, haben auch die dem Westen freundlich gesinnten arabischen Kreise verstimmt. Seit Herbst 1955 machen Amerikaner wie Briten im Mittleren Osten Fehler über Fehler. Es begann schon mit dem unnötigen Abbruch der Verhandlungen über die Errichtung des Assuan-Dammes, auf den die Sowjets während der Genfer Viermächte-Außenministerkonferenz mit ihren ersten Waffenlieferungen an Ägypten reagierten. Man konnte sich nicht zu einem umfassenden gemeinsamen Programm einer wirtschaftlichen Sanierung der Länder des Nahen Ostens entschließen. Eine Lösung des Problems der Palästinaflüchtlinge, die um Israel herum in einer Zone des Elends leben, ist ausgeblieben. Eine Bewältigung der großen, in dieser Region notwendigen Bewässerungsprojekte, hat nicht das notwendige Interesse gefunden. Man hat oft die Stabilität der inneren Verhältnisse in diesen arabischen Ländern, die Haltbarkeit der herrschenden Schichten falsch eingeschätzt.

Für uns Deutsche gibt es in allen diesen Ländern große Aufgaben, deren wir uns mehr als bisher annehmen sollten: Vertiefung unserer politischen Beziehungen, Verstärkung unserer technischen Hilfe auf den Gebieten der Landwirtschaft, der Bewässerung und der Industrialisierung.

Freitag, den 4. Oktober 1957

Über die Änderung der Haltung Jugoslawiens gegenüber Sowjetrußland – die Ergebnisse der Gespräche Titos mit Chruschtschow Anfang August – liegen jetzt nähere Erkenntnisse vor. Die wichtigsten Gründe sind wohl die folgenden: Auf seiten Chruschtschows das Bedürfnis, den nach dem Sturz Molotows erhobenen Vorwürfen zu begegnen, er gebe wichtige Positionen des Ostblocks preis. Auf seiten Titos der Gedanke, ein Ungarnaufstand könne sich wiederholen und das kommunistische System im Ostblock, aber auch in Jugoslawien, erschüttern. Nicht zuletzt die wachsende Kritik in Jugoslawien selbst, ausgelöst und gefördert durch Djilas Buch ›Die neue Klasse‹[2].

Es scheint, daß die sowjetisch-jugoslawischen Gespräche zu folgenden Ergebnissen führten:

Anerkennung des besonderen jugoslawischen Weges zur Erreichung des Sozialismus; Verzicht Sowjetrußlands, die Minderheiten Jugoslawiens gegen das Regime Titos auszuspielen; sowjetische Unterstützung eines Planes einer kommunistische und nichtkommunistische Staaten umfassenden Balkanorganisation, in welcher Tito eine führende Rolle eingeräumt wird; Verpflichtung Titos, die sowjetische Außenpolitik in der Abrüstungsfrage, in den Debatten über den Ungarnaufstand vor der UNO, in der Ablehnung der Eisenhower-Doktrin für den Nahen Osten und in der Anerkennung der Oder-Neiße Linie als endgültige Westgrenze Polens zu unterstützen. Anzeichen verdichten sich, daß Tito sogar die formelle Anerkennung der DDR zugesagt hat.

Dies stellt die deutsche Außenpolitik vor erhebliche Probleme. Wie soll man auf die jugoslawische Haltung in der Oder-Neiße-Frage, wie auf die etwaige Anerkennung der DDR durch Tito reagieren? Welche Konsequenzen ergeben sich jetzt für unsere Politik hinsichtlich des Ostblocks?

Im Falle eines Abbruchs unserer Beziehungen zu Jugoslawien sehe ich erhebliche Nachteile:

Wir würden Tito vielleicht endgültig ins sowjetische Lager treiben und uns diesen Mann, der mit einem Fuß im östlichen, mit dem anderen im westlichen Lager steht und in Krisenzeiten ausgleichend wirken kann, für lange Zeit zum Gegner machen. Wir würden der sowjetischen Propaganda vom deutschen Revanchismus neuen Stoff geben. Wir würden uns voraussichtlich für längere Zeit den Weg versperren, mit einzelnen Ostblockstaaten wirtschaftliche oder diplomatische Beziehungen aufzunehmen.

Ob unsere westlichen Partner uns unterstützen, bleibt zweifelhaft. Die Engländer würden sicher einen Abbruch der deutsch-jugoslawischen Beziehungen ungern sehen. Dies gilt auch für Frankreich, ja auch für die Vereinigten Staaten, denn im Verteidigungskonzept der westlichen Welt würde an der Adria ein Loch gerissen, das nur schwer zu schließen wäre.

Es kann sein, daß diese Haltung Jugoslawiens eine Anzahl von Staaten im Nahen Osten und Asien veranlaßt, ihrerseits auch die DDR anzuerkennen. Wenn ich den Nachteil, der hierin liegt, mit den Vorteilen einer etwas flexibleren, aktiveren, initiativreicheren Politik im Raum des Ostblocks gegeneinander abwäge, so komme ich zu dem Schluß, daß das letztere sinnvoller ist. Das wirtschaftliche und politische Gewicht der Bundesrepublik ist heute bereits so groß, daß uns die Anwesenheit eines DDR-Botschafters in gewissen Hauptstädten kühl lassen kann. Andererseits würden wir so das uns einengende Korsett juristischer Konstruktionen sprengen und Schritt für Schritt eine Lockerung der sich mehr und mehr verkrampfenden Ost-West-Beziehungen erreichen. Ich sehe keine Schwierigkeiten, eine solche Politik vor dem deutschen Volk zu vertreten. Damit braucht unser Rechtsstandpunkt in den großen deutschen Fragen nicht aufgegeben zu werden. Nachdem die Viererkonferenzen mit Eden-Plan und allem anderen keine Lösung brachten, sollten wir uns nicht scheuen, neue Wege einzuschlagen. Es wäre aber ein Fehler, diese Politik heute groß anzukündigen. Sie muß mit Vorsicht und ohne Überhastung gründlich durchdacht und nach Abstimmung mit unseren westlichen Alliierten in sorgfältiger diplomatischer Arbeit entwickelt werden.

Ich habe solche Gedanken in diesen Tagen mit Eckardt, Pfleiderer, Scherpenberg und Welck besprochen. Sie entsprechen sicherlich nicht dem gegenwärtigen »klassischen« Konzept unserer Politik. Als ich heute abend in Düsseldorf vor einer Gruppe führender Industrieller, dem Kreis um den Präsidenten der Handelskammer, Ernst Schneider, ähnliche Überlegungen darlegte, fand ich nahezu ungeteilten, ja fast stürmischen Beifall. Wolff von Amerongen, der gerade aus China zurückgekehrt war und die Länder des Ostblocks aus vielen Reisen gut kennt, unterstrich die Notwendigkeit, durch eine aktivere Politik die Kreise an uns heranzuziehen, die aus wirtschaftlichen, aber auch aus anderen Gründen, bereit sind, eine Brücke zum Westen zu schlagen.

Montag, den 7. Oktober 1957

Der Start des sowjetischen Erdsatelliten Sputnik I erregt die ganze Welt. Die amerikanische Presse, allen voran die ›New York Herald Tribune‹, griff die amerikanische Regierung scharf an. Man habe die Forschung vernachlässigt. Man habe sich von den Russen schlagen lassen. Die Folgen seien unabsehbar. Mein französischer Kollege im Rat meinte, daß die amerikanische Niederlage im Wettlauf um diesen Satelliten auf die amerikanische Nachkriegspolitik in der atomaren Forschung zu suchen sei. Während des Krieges habe man in den Vereinigten Staaten in Zusammenarbeit mit europäischen Forschern Außerordentliches geleistet. Am Ende des Krieges sei man führend gewesen. Dann hätten die Amerikaner sich plötzlich gegen die europäischen Forscher abgeriegelt. Ein gut Teil sei entlassen worden. Das Gesetz McCarren habe eine Mauer um die amerikanische Wissenschaft gezogen. Seither seien zahlreiche Gelehrte abgewandert. Die Forschung sei zurückgegangen. Die Folge seien unzureichende Ergebnisse bei den kontinentalen Fernraketenversuchen und die Rückschläge beim Wettlauf um den künstlichen Erdsatelliten.

8. Oktober 1957

Eckardt gibt mir mittags durch, daß Pfleiderer mit einem Herzinfarkt in ein Krankenhaus eingeliefert worden ist und daß an seinem Aufkommen gezweifelt wird. Wenige Stunden später ist er gestorben.

Mit Pfleiderer verlieren wir einen Mann, der seinen Beruf sehr ernst genommen hat. Er hatte sich vorgenommen, das deutsche Verhältnis zu Sowjetrußland und zum Ostblock auf eine neue Grundlage zu stellen. Er gehörte zu jenen, die eingesehen haben, daß die konstruktive Westpolitik der Bundesregierung durch eine langsame, die Verhältnisse entspannende Ostpolitik ergänzt werden müsse. Er litt stark unter der Verständnislosigkeit, die hier und da in Bonn hinsichtlich der östlichen Fragen bestand. Er hat mir gelegentlich einer unserer Aussprachen gesagt, daß er nach Beendigung seiner Mission in Belgrad gern deutscher Botschafter in Warschau werde, um über Warschau die Wiedervereinigung der Verwirklichung näherzubringen. Pfleiderer hatte ein gesundes politisches Urteil und war von großem Verantwortungsbewußtsein erfüllt. Vielleicht war er nicht stark genug, um in seinem Wirkungskreis seine Ideen durchzusetzen. Jedenfalls waren seine körperlichen Kräfte den Anstrengungen nicht gewachsen, die der Kampf um die Durchsetzung seiner Ideen forderte. In den letzten Tagen vor seinem Tod hatte er an einer Denkschrift über das Verhältnis zum Osten gearbeitet. Diese Denkschrift hatte er dem Außenminister vorgetragen. Sie besaß noch keine abgeschlossene Form; diese sollte in den kommenden Tagen gefunden werden. Ich hoffe, daß die Denkschrift nach dem Tod des Verfassers nicht der Vergessenheit anheimfällt.

Mittwoch, den 16. Oktober 1957

Die Entscheidung über den Abbruch unserer Beziehungen zu Jugoslawien steht unmittelbar bevor. Ich habe Brentano und Hallstein vorgeschlagen, den NATO-Rat zu konsultieren. Mir schien es wichtig, daß eine solche Aktion nicht eingeleitet werde, ohne daß den Partnerstaaten die Gründe eingehend dargelegt werden.

Die Konsultation fand heute statt. Hallstein, der aus Anlaß der Verhandlungen über die Freihandelszone in Paris war, hat den Standpunkt der Bundesregierung dargelegt. Die Reaktion des NATO-Rats war überwiegend positiv, wobei jedoch betont wurde, daß die Entscheidung nur von der Bundesregierung selbst getroffen werden und daß eine gemeinsame Reaktion der NATO nicht erwartet werden könne.

Mein britischer Kollege Sir Frank Roberts, mit dem ich in den letzten Tagen in dieser Frage Kontakt hatte, gab mir zu verstehen, daß er persönlich einen Abbruch für verfehlt halte, weil er letzten Endes nur den sowjetischen Interessen zugute komme.

Washington, Freitag, den 22. November 1957

Nachts Abflug mit Brentano, Limbourg und Weber nach New York und Washington zu vorbereitenden Gesprächen mit Foster Dulles für die bevorstehende NATO-Ratssitzung auf Ebene der Regierungschefs der fünfzehn Partnerstaaten.

Unsere Besprechungen waren sicher von großem Wert. Die Entfernung zwischen Washington und dem europäischen Kontinent ist trotz aller schnellen Flugzeugverbindungen eben doch so groß, daß sich die Dinge im unmittelbaren Gespräch anders darstellen als in langen telegraphischen Berichten der diplomatischen Missionen.

Die Last, die auf dem amerikanischen Staatssekretär liegt, ist ungeheuerlich. Sein Blick muß gleichermaßen nach dem Atlantik wie nach dem Pazifik gerichtet sein. Die Vereinigten Staaten sind als Zentrum eines weitverzweigten Netzes von Sicherheitsabreden und Verpflichtungen in allen Teilen der Welt engagiert. Der Strom derjenigen, die in Washington Garantien und Unterstützung aller Art suchen, läßt nie nach. Planung und Durchführung aller dieser Probleme und Fragen konzentrieren sich auf die Person des Staatssekretärs, der so gut wie alles allein entscheidet, nur wenig sein State Department beteiligt oder aus ihm Persönlichkeiten in sein Vertrauen zieht. Ich habe das Gefühl – immer wieder bestätigt in zahlreichen Gesprächen mit Amerikanern –, daß die amerikanische Weltmacht schon rein organisatorisch den sich nahezu überstürzenden Problemen nicht ausreichend gewachsen ist. Deshalb auch bei Dulles überwiegend die Tendenz: Erhaltung des Status quo, Abwehr sowjetischer Versuche, die die Grenzen des amerikanischen Einflußbereichs da und dort zu Ungunsten der freien Welt verschieben wollen – also eher Reaktion als Initiative, Beharrung als bewegliche Taktik. Foster Dulles war mit Brentano darin einig, daß die kommende Konferenz sich nicht nur mit den Fragen der militärischen Verteidigung befassen dürfe, da das von der öffentlichen Meinung der Welt – und zwar der freien Welt ebenso wie der »non committed world« – als nicht ausreichend gewertet würde. Die Allianz müsse sich erneut eindeutig zum Frieden bekennen und ihre Aufgaben und Ziele auch auf politischem Gebiet klar umreißen.

Auf dem Gebiet einer engeren politischen Konsultation, der Gemeinsamkeit der Forschung, der Ausrüstung der NATO-Streitkräfte mit modernen Waffen, der Standardisierung und der Interdependenz der Verteidigungsanstrengungen innerhalb der Allianz scheinen die amerikanischen Vorstellungen noch nicht abgeschlossen.

Als ich versuchte, Dulles klarzumachen, daß es für die Mitglieder der Allianz schwer sein würde, der amerikanischen Politik zu folgen, wenn sie nicht ausgiebiger und rechtzeitiger unterrichtet würden, wurde Dulles recht heftig und sagte: »Wie soll ich den sowjetischen Initiativen begegnen, wenn ich nicht frei bin, innerhalb kürzester Frist für die Allianz zu handeln, Entscheidungen zu treffen, auch wenn sie gewisse Risiken enthalten?« So viel Richtiges an dieser These ist, so glaubte ich doch betonen zu müssen, daß eine ausführliche Unterrichtung das Mindeste ist, um die Partnerstaaten der Allianz hinter eine amerikanische Aktion zu stellen und um zu vermeiden, daß etwa der eine oder andere Staat aus mangelnder Kenntnis und somit aus mangelndem Verständnis sich aus der Allianz löse. Da jede Aktion alle Partnerstaaten in kürzester Frist vor die Entscheidung stellte, ihre Bündnispflicht zu erfüllen und in einem Konflikt militärisch auf seiten der Vereinigten Staaten einzugreifen, müßten Wege gefunden werden, die eine bessere Unterrichtung und damit auch eine bessere politische Zusammenarbeit der NATO-Partner ermöglichten.

Herr Dulles sagte, daß es ihm schon schwer sei, den Informationsverpflichtungen zu genügen, die er in dringenden Fällen dem Kongreß, dem Präsidenten, dem amerikanischen Sicherheitsrat schulde, und daß deshalb nur wenig Zeit dafür bleibe, auch noch seinem Vertreter in der NATO telegraphisch entsprechende Instruktionen zu geben. Es sei deshalb wohl manchmal unvermeidlich, daß er in Zukunft im Interesse der Gemeinschaft von sich aus handle. Etwas anderes sei es, ob man nicht im Rahmen der NATO die Grundlagen der Politik (basic policies) ausgiebiger erörtern sollte, um gleichsam die Voraussetzungen für im Ernstfall rasch zu fassende Entschlüsse zu schaffen. Hierzu sei er bereit und werde im übrigen auch sonst überlegen, wie eine schnellere und ausgiebigere Unterrichtung der Partner erreicht werden könne.

Mir gab dieses Gespräch tiefen Einblick in die Schwerfälligkeit und Kompliziertheit der amerikanischen Regierungsmaschinerie, die von dem Außenminister ein Übermaß an Arbeit verlangt, so daß seine eigentliche Aktionsfähigkeit relativ beschränkt ist.

Bonn, Montag, den 25. November 1957

Flug über London nach Frankfurt. Nachmittags berichte ich ausführlich dem Bundeskanzler über unsere Gespräche in Washington in Anwesenheit von Staatssekretär Hallstein. Ich konnte die Sorgen des Kanzlers hinsichtlich der Unvollkommenheit der Konsultation, der Unklarheit, wie die wissenschaftliche Forschung innerhalb der atlantischen Welt gemeinschaftlich gesteigert werden könnte, und auch der Unsicherheit über die amerikanische Haltung in der Frage der Atomwaffen nicht beruhigen. Hier sind noch keine Lösungen vorhanden, und es wird auf der Konferenz am 16. Dezember nötig sein, größere Klarheit zu schaffen. Eines ist mir sicher, daß die Rolle der Bundesregierung auf dieser Konferenz die eines ausgleichenden Mittlers zwischen den sehr divergierenden Auffassungen der Amerikaner, der Engländer, der Franzosen und der Italiener sein muß. Es ist viel Zündstoff vorhanden, weil vor allem die Franzosen und Italiener sich nicht bereitfinden wollen, die amerikanische Suprematie in der Forschung und der Produktion modernster Waffen und in der Verfügung über diese hinzunehmen; denn sie befürchten – vielleicht nicht ohne Grund –, daß sie in gewissen Konfliktsituationen von der jeweiligen Lage in Washington zu sehr abhängen.

Paris, den 14. Dezember 1957

Über den Ablauf der NATO-Konferenz der Regierungschefs der fünfzehn Partnerstaaten, die am 16. Dezember beginnen soll, bestehen noch erhebliche Meinungsverschiedenheiten. Dulles, der heute den Bundeskanzler im Hotel Bristol, dem Sitz der deutschen Delegation, zu einer langen Besprechung aufsuchte, hielt es für sinnlos, wenn die fünfzehn Regierungschefs in Gegenwart unzähliger Sachverständiger die schwierigen politischen Probleme gemeinsam diskutierten. Wie solle eine solche Diskussion verlaufen? Bestehe nicht die Gefahr, daß man sich auseinanderrede, daß alte Gegensätze neu aufbrächen und daß man das Gegenteil von dem erreiche, was man mit der Konferenz bezwecke, nämlich eine Demonstration der Einmütigkeit? Dulles sah mit Sorgen das Aufleben des britisch-türkisch-griechischen Gegensatzes in der Zypernfrage, der britisch-amerikanischen Kontroverse über den Mittleren Osten, schließlich die französisch-britisch-amerikanischen Differenzen in Nordafrika.

Diesen Auffassungen widersprach mit Entschiedenheit der britische Premierminister Macmillan, der ohne eine Grundsatzdiskussion, vor allem auch der rüstungspolitischen Probleme, nicht aus Paris abreisen wollte. Die üblichen Bekenntnisse zu den Grundsätzen der Allianz würden die britische öffentliche Meinung enttäuschen. Er stehe vor einer außenpolitischen Debatte im Unterhaus und könne sich der Kritik nicht aussetzen, die beim Ausbleiben einer eingehenden Debatte mit Sicherheit zu erwarten sei.

Paris, den 16. Dezember 1957

Unter dem Vorsitz des luxemburgischen Ministerpräsidenten Bech wurde heute die Tagung der Regierungschefs eröffnet. In der politischen Aussprache, die alsbald nach dem Eröffnungszeremoniell begann, ergriff der Bundeskanzler das Wort zu einer vielbeachteten Rede, die ich hier im Wortlaut festhalte, weil sie für seine gegenwärtigen außenpolitischen Grundanschauungen kennzeichnend ist:

»Wohl selten ist die Friedenssehnsucht der Völker größer gewesen als in unserer Zeit. Trotz Spaltung der Welt sind alle Völker – gleichgültig, welchem Lager sie angehören – von dieser Sehnsucht erfüllt. Es ist immer das Hauptziel unserer Atlantischen Allianz gewesen, den Frieden zu wahren und eine Friedensordnung herbeizuführen, die allen denen, die guten Willens sind, ein Leben frei von Furcht, Not und Gefahr gewährleistet.

Diese Friedensordnung ist nur denkbar, wenn es uns gelingt, die Spaltung der Welt zu überwinden. Ein entscheidendes Element dieser Bemühungen ist eine allgemeine Abrüstung, die sich unter internationaler Kontrolle vollzieht.

Die Ergebnisse unserer Bemühungen zur Erreichung dieser Ziele sind auch in diesem Jahr leider nicht ermutigend. Die Gegensätze zwischen Ost und West konnten nicht überbrückt werden, obwohl es auf unserer Seite an gutem Willen und an konstruktiven Plänen nicht gefehlt hat. Daß sie konstruktiv waren, hat uns die Zustimmung der Nationen gezeigt, die sich mit der überwältigenden Mehrheit von sechsundfünfzig gegen neun Stimmen des Ostblocks in der Vollversammlung der Vereinten Nationen für den Abrüstungsvorschlag des Westens ausgesprochen haben. Trotz dieses eindrucksvollen Votums der größten Friedensorganisation der Menschheit beharrt die Sowjetunion zu unserem Bedauern darauf, diese Vorschläge zurückzuweisen. Auch sonst enthält die politische Entwicklung der letzten Monate keine Faktoren, die uns zu der Hoffnung berechtigen, daß wir uns bereits auf dem Wege zu einer echten Entspannung befinden. Ich erinnere an die Einmischung der Sowjetunion im Nahen Osten, die zu einer ernsthaften Krise geführt hat.

Unsere Allianz ist entstanden, um den Gefahren der sowjetischen Expansion zu begegnen, und sie hat, wie wir mit tiefer Befriedigung feststellen können, diese Aufgabe erfüllt. Nichts, aber auch gar nichts, was im Ostblock in den letzten Monaten getan oder gesprochen wurde, berechtigt uns zu der Hoffnung, die Drohung sei von uns genommen. Die kommunistische Weltrevolution bleibt nach wie vor das Ziel jenes Blocks. Erst vor vier Wochen haben in Moskau die Führer zwölf kommunistischer Staaten erklärt, sie wollten die sozialistische Revolution ›mit friedlichen Mitteln‹ durchführen. Wenn aber, so haben sie betont, ›die Ausbeuterklasse dem Volk gegenüber Gewalt brauchen sollte‹, so müßte man zu nichtfriedlichen Mitteln greifen. Wir kennen die Bedeutung derartiger Formeln. Sie sollen, wie die Vergangenheit uns oft gelehrt hat, der sowjetischen Politik die Möglichkeit offen lassen, immer dann, wenn sie den richtigen Zeitpunkt für gekommen hält, ihre Ziele auch mit Gewalt durchzusetzen.

Wenn wir hier in Paris zusammengekommen sind, um die Aufgabe der Allianz gegenüber den ständig wechselnden Problemen zu überprüfen, so müssen wir angesichts dieser Entwicklung alles daransetzen, das Bündnis so stark, so umfassend, so wirksam wie möglich zu machen.

Ich habe deshalb den in der amerikanisch-britischen Erklärung vom 25. Oktober ausgesprochenen Grundsatz der Interdependenz begrüßt. Ich bitte Sie aber, mir darin zuzustimmen, wenn ich gerade die politische Bedeutung dieser Grundsätze hervorhebe. Denn mehr denn je bedarf die Allianz in den großen politischen Fragen einer gemeinsamen Politik, wenn sie nicht immer nur hinter sowjetischen Initiativen herhinken, sondern durch eigene, wohldurchdachte Aktionen die von uns angestrebten

Ziele einer neuen Friedensordnung erreichen will. Selbstverständlich werden wir bei der Bildung unseres politischen Willens die Gleichschaltung des ›Moskauer Blocks‹ und die dort geübte Kommandogewalt niemals nachahmen wollen. Wir müssen aber mehr als bisher auf der Grundlage der Freiwilligkeit und Gleichberechtigung gemeinsame Ziele erarbeiten.

Hier denke ich in erster Linie an die politische Konsultation. In einer Zeit, in der wir täglich mit überraschenden politischen Vorstößen des Moskauer Blocks zu rechnen haben, ist es meiner Auffassung nach unerläßlich, daß wir uns rechtzeitig über gewisse gemeinsame Grundlinien unserer Politik, die zu konkreten Aktionsprogrammen für die Lösung der Probleme führen, einigen. Ich denke hierbei in erster Linie an Osteuropa, den Mittleren Osten und Afrika. Denn nur so wird die Allianz in die Lage versetzt, in Krisenzeiten schnell zu reagieren; nur so können auch die Vereinigten Staaten als die Führungsmacht dieser Allianz, wenn schnelle Aktionen erforderlich sind, sofort handeln, wobei ich es allerdings als selbstverständlich ansehe, daß die NATO-Staaten unmittelbar über diese Aktionen unterrichtet werden.

Wenn ich von Grundlinien unserer Politik spreche, so möchte ich noch etwas konkreter werden. Ich stelle mir darunter vor, daß der Ständige Rat, vielleicht unterstützt durch besonders kompetente Sachverständige, konstruktive Vorschläge macht, zum Beispiel über unsere wirtschaftlichen Beziehungen zum Satellitenraum als Mittel zur Überwindung der Zweiteilung Europas, oder wie wir das Band der freien Welt mit den Völkern des Nahen Ostens wirtschaftlich enger knüpfen.

Ich möchte in diesem Zusammenhang auch die Frage der Wiedervereinigung Deutschlands anführen; denn sie stellt nun einmal das Spannungsproblem Nummer eins in unserer Welt dar, an dessen Lösung wir gemäß unseren Vereinbarungen zusammenwirken wollen. Wir sollten den Sowjets immer wieder ins Gedächtnis rufen, daß sie sich auf der ersten Genfer Konferenz verpflichtet haben, freie Wahlen zur Wiederherstellung eines einheitlichen Deutschlands zuzulassen. Wir sollten ferner immer wieder darauf dringen, daß die sowjetische Regierung ihre Zusagen zur Durchführung der in Genf I beschlossenen siebzehn Punkte über Ost-West-Kontakte einhält.

Ich möchte auch bitten, daß wir der Stellung Berlins unsere Aufmerksamkeit schenken; denn ich befürchte, daß die Sowjets auch diese Frage bald wieder einmal zum Anlaß nehmen, um die Entschlossenheit und Festigkeit der Allianz auf die Probe zu stellen.

Wir dürfen uns nicht durch die weltweite Propaganda des Ostblocks in die Defensive drängen lassen; warum sollten wir nicht in diesem Kampf mehr Aktivität, mehr Phantasie, mehr Vitalität zeigen und für unsere

Ziele wirksam werben? Manchmal will es mir nämlich scheinen, als ob wir uns der Anziehungskraft unserer Ideale und unserer politischen Möglichkeiten nicht genügend bewußt sind.

Ich habe den Brief des sowjetischen Ministerpräsidenten Bulganin mit großer Aufmerksamkeit gelesen. Ein gut Teil seines Inhalts ist uns aus zahlreichen anderen Briefen und Kundgebungen der sowjetischen Regierung in der Vergangenheit bekannt. Ich anerkenne den maßvollen Ton dieses Schreibens, den wir von sowjetischer Seite nicht immer gewohnt sind. Der Brief enthält eine Anzahl von Vorschlägen, die sehr vage gefaßt sind. Es ist deshalb nicht möglich, zu diesen Vorschlägen Stellung zu nehmen. Ich würde keine Bedenken haben, den Versuch zu machen, auf diplomatischem Wege einmal mit der sowjetischen Regierung zu klären, welche präzisen Vorstellungen sie mit diesen Vorschlägen verbindet.

Solange unsere Bemühungen um die Schaffung einer lebensfähigen Friedensordnung praktisch keine Fortschritte machen und solange die Drohung aus dem Osten besteht, muß die Allianz ihre militärische Kraft so organisieren, daß sie jederzeit einem Angriff begegnen kann. Hierzu gehört eine Ausrüstung der Allianz im ganzen mit modernen Waffen, die der Ausrüstung unseres Gegners gleichwertig ist. Hierzu gehört aber auch eine größere organisatorische Straffung unserer Kräfte. Entspechende Vorschläge hat die Bundesregierung dem Rat unterbreitet. Hierzu gehört ferner eine Verbesserung der Kommandostruktur unseres Bündnisses. Alle diese Fragen, zu denen zahlreiche Vorschläge vorliegen, bedürfen einer sehr gründlichen Prüfung im Ständigen Rat und der Entscheidung durch eine Ministerkonferenz im kommenden Frühjahr.

Ich bin besonders dankbar, daß sich diese Konferenz eine erste Erörterung der Förderung von Wissenschaft und Forschung zum Ziel gesetzt hat. Ich glaube, wir alle stimmen darin überein, daß es sich hier nicht in erster Linie darum handelt, eine große Zahl von Spezialisten und Technikern für bestimmte Rüstungsgebiete zu sammeln; es handelt sich zunächst vielmehr darum, die Grundlagenforschung zu verstärken, und mehr als bisher den wissenschaftlichen Nachwuchs zu fördern, den Austausch zwischen den verschiedenen Ländern zu pflegen und in ausreichendem Maße Institute zu schaffen, an denen die Gelehrten aller Länder der freien Welt miteinander wetteifern können. Die Grundlagenforschung sollte alle in Frage kommenden Gebiete umfassen. Wenn ich hier von den Völkern der freien Welt spreche, so denke ich auch an die Jugend der nichtgebundenen Welt, die wir mit offenen Armen aufnehmen wollen, wenn sie an unseren Arbeiten teilnehmen möchten. Ich sehe hierin eine große Verpflichtung unserer Staaten.

Ich begrüße die Vorschläge, die die Arbeitsgruppe der NATO zur Förderung der wissenschaftlichen Forschung gemacht hat. Ich denke, daß das in diesen Vorschlägen vorgesehene Senior Committee seine Arbeiten so schnell wie möglich aufnehmen sollte, um die vielgestaltigen Anregungen, denen die Konferenz sich auf diesem Gebiet gegenübersieht, zu prüfen und daraus einen Gesamtplan zu entwickeln, der den Regierungen zur Entscheidung vorzulegen wäre.

Die Aufgaben, die in den nächsten Monaten vor uns stehen, sind ungewöhnlich groß und schwer. Wir werden sie lösen, wenn wir den Gedankenaustausch innerhalb unserer Allianz verstärken und wenn wir die nationalen Egoismen, die sich gelegentlich hemmend einstellen, offen, freimütig und vertrauensvoll überwinden.

Diese Allianz ist nicht nur ein militärisches Verteidigungsbündnis. Sie ist eine Gemeinschaft, deren Hauptaufgabe es ist, konstruktive Voraussetzungen für ein friedliches Zusammenleben der Völker zu schaffen und alle Möglichkeiten auszuschließen, die zu militärischen Konflikten führen könnten. In diesem Sinne wird sie in ihren Bestrebungen nicht nachlassen, das Verhältnis zum Ostblock zu entspannen, um auf diesem Wege die Spaltung dieser Welt zu überwinden. Sie sollte sich darüber hinaus bemühen, zu den Völkern der nichtgebundenen Welt ein Vertrauensverhältnis zu schaffen, auf dem sich eine fruchtbare wirtschaftliche und kulturelle Zusammenarbeit entfalten läßt. Es ist nicht der Sinn unseres Bündnisses, sich von den anderen Staaten der Welt abzuschließen; wir bieten unser Haus allen denen, die guten Willens sind.«

Im weiteren Verlauf der Sitzung, in der alle Regierungschefs zu Wort kamen, wurde man sich bald darüber klar, daß für eine sorgfältige Behandlung des gewaltigen Konferenzstoffs, der neben vielen anderen auch die Frage der politischen Konsultation, der atomaren Verteidigung, die Situation im Nahen und Fernen Osten, die Deutschlandfrage und das Berlinproblem umfaßte, in zwei Sitzungstagen die Zeit nicht ausreicht. Aus dem geplanten eingehenden Gedankenaustausch wurde schließlich eine »Kommuniqué-Konferenz«, wobei ein Entwurf des Ständigen Rats als Diskussionsgrundlage diente. So verlief die Diskussion der einzelnen Punkte und Abschnitte der Schlußerklärung in ziemlichem »staccato«.

Das Ergebnis ist dann doch recht beträchtlich geworden und hat eine große Einmütigkeit der Auffassungen zum Ausdruck gebracht. In der Schlußerklärung wurde ein angemessenes Gleichgewicht einer Verstärkung der politischen Zusammenarbeit im Dienst der friedlichen Lösung der Spannungen und der erforderlichen Anstrengungen auf dem Gebiet der Rüstung erreicht. Man beschränkte sich nicht auf Demonstrationen militärischer Kraft, sondern gab – und dies wurde von der Weltöffentlichkeit erwartet – seine Bereitschaft kund, den Weg der Verhandlung erneut zu versuchen und den Sowjets auf dem Weg zur atomaren Rüstung nur zu folgen, falls alle Bemühungen um erfolgreiche Abrüstungsverhandlungen scheiterten. Unser Anliegen – hinsichtlich der Wiedervereinigung und Berlin – fand die gewünschte Bekräftigung.

Großes Interesse der Konferenzteilnehmer konzentrierte sich auf den amerikanischen Präsidenten, der im Gegensatz zu allen Erwartungen einen frischen und arbeitsfähigen Eindruck machte und auch in seiner Rede es an Deutlichkeit hinsichtlich der amerikanischen Politik nicht fehlen ließ.

Ich habe Herrn Eisenhower auch bei dem großen Abendessen, das die französische Regierung und ihr Ministerpräsident Gaillard den Regierungschefs im Elysée Palast gab, erlebt. Er hielt bei diesem Anlaß eine ausgezeichnete Rede, in der er sich auf das historische Wechselspiel der französischen Hilfe im Unabhängigkeitskrieg der Vereinigten Staaten und der zweifachen Intervention Amerikas in Europa zur Befreiung Frankreichs von fremder Invasion bezog.

18. Dezember 1957

Art Buchwald, der weltweit bekannte Journalist der ›Herald Tribune‹, der sich in seinen regelmäßig erscheinenden Artikeln immer wieder mit Erfolg bemüht, die lustigen Seiten des Lebens nicht über dem Ernst des Alltags zu vergessen, brachte heute das folgende, frei erfundene Interview amerikanischer Presseleute mit Eisenhowers Pressechef Jim Hagerty:

Frage: Jim, sprach der Präsident mit irgend jemand, bevor er sich zur Ruhe legte?

Antwort: Er sprach mit dem Außenminister.

Frage: Was hat er dem Außenminister gesagt, Jim?

Antwort: Er sagte: »Gute Nacht, Foster.«

Frage: Und was sagte der Außenminister daraufhin zum Präsidenten?

Antwort: Er sagte: »Gute Nacht, Mr. President«.

Frage: Der Außenminister hat also nicht gesagt: »Angenehme Träume«?

Antwort: Nicht, daß ich wüßte.

Frage: Jim, haben Sie eine leiseste Ahnung, wovon der Präsident in diesem Moment wohl träumen mag?

Antwort: Nein, der Präsident hat mir gegenüber noch niemals seine Träume enthüllt.

Frage:	Dürfen wir daraus schließen, daß der Präsident überhaupt nicht träumt?
Antwort:	Ich sage nicht, daß er träumt oder daß er nicht träumt. Ich habe lediglich erklärt, daß ich es nicht weiß.
Frage:	Jim, wie wird der Präsident morgen früh geweckt werden? Wird das durch eine Weckuhr geschehen, oder wird jemand an die Tür klopfen?
Antwort:	Darüber ist noch nicht entschieden worden. Aber sobald die Entscheidung getroffen ist, werde ich Sie informieren.
Frage:	Wissen Sie vielleicht, wen der Präsident morgen früh zuerst sehen wird?
Antwort:	Ich nehme an, daß es sein Außenminister sein wird.
Frage:	Was wird er wohl zu ihm sagen?
Antwort:	Der Präsident beabsichtigt zu sagen: »Guten Morgen, Foster«.
Frage:	Was wird der Außenminister antworten?
Antwort:	»Guten Morgen, Mr. President«.
Frage:	Ist das alles?
Antwort:	Das ist alles, was ich Ihnen in diesem Moment sagen kann.

Freitag, den 20. Dezember 1957

Der Kanzler verließ heute Paris. Er empfand die Konferenz als ein kraftvolles Bekenntnis zur Einigkeit der Allianz, betonte aber, daß die Arbeiten der nächsten Monate die grundsätzlichen Beschlüsse nun erst einmal in Realitäten umsetzen müßten.

Aus dem Jahre 1958

Die sowjetische Erfindung des Erdsatelliten und ihre Wirkung in den Vereinigten Staaten · Das sowjetisch-amerikanische Verhältnis · Walter Hallstein: Präsident der Europäischen Kommission der EWG · Gespräch mit Innenminister Gerhard Schröder · Spaak in Bonn, seine Rede vor der Universität · Schwere Krise in Frankreich und Algerien · Einziger Ausweg eine Regierung de Gaulle · Vorbereitung einer erneuten Gipfelkonferenz der Vier Mächte · Die Landtagswahl in Nordrhein-Westfalen · Karl Arnold: Charakter und Bedeutung · Umsturz im Irak; Intervention der Vereinigten Staaten im Libanon und Großbritanniens in Jordanien · Abschiedsrede Feldmarschall Montgommerys vor dem NATO-Rat · Rotchinas Erscheinen auf der Weltbühne

Paris, den 6. Januar 1958

Das Jahr 1958 beginnt in Unsicherheit. Auch ein optimistischer Beobachter wird nicht darüber hinweggehen können, daß das vergangene Jahr in den Bemühungen der freien Welt um die Erhaltung ihrer Position Rückschläge gebracht hat, die nur mittels erneuter Anstrengungen ausgeglichen werden können. Der Sieg der sowjetischen Wissenschaft mit der Erfindung des Erdsatelliten ist eben mehr als ein isolierter Teilerfolg wissenschaftlicher Forschung. Er zeigt, daß die Sowjetunion auf einer breiten Front wissenschaftlich und technisch der westlichen Welt überlegen ist; denn der Abschuß des Satelliten bedeutet, daß die Sowjets nicht nur auf dem Gebiet der Raketen, sondern auf manchen anderen damit verbundenen Gebieten, wie Elektronik, Treibstoff und anderem, erfolgreich gearbeitet haben. Dieser Erfolg beunruhigt die freie Welt in zweierlei Hinsicht: Einmal ist damit die Voraussetzung für ein interkontinentales Geschoß geschaffen, das, wenn seine Entwicklung einmal abgeschlossen ist, alle gegenwärtigen Fragen militärischer Strategie und Taktik, an denen wir in den letzten Jahren herumdoktern, über den Haufen wirft. Der Westen wird jetzt ein gleichwertiges interkontinentales Raketengeschoß entwickeln, um die Waagschale des bestehenden Rüstungsgleichgewichts, die sich heute zugunsten der Sowjets zu neigen droht, wieder auszugleichen. Der gewaltige Rüstungswettlauf wird also mit ungeminderter Kraft weitergehen. Der andere Faktor ist die psychologische Wirkung dieses wichtigen technischen Ereignisses auf die leicht beeinflußbare amerikanische Welt, vor allem aber auf die Völker der ungebundenen Welt – der non committed world –, die sich immer mehr dazu veranlaßt sehen, in der Sowjetunion den großen Protektor zu erblicken und die sich von ihm »ohne politische Gegenleistung« wirtschaftliche und technische Hilfe erhoffen.

Ein negativer Faktor der Entwicklung im letzten Jahr ist die sich verstärkende sowjetrussische Verankerung im Nahen Osten, die alten russischen, man könnte sagen historischen russischen Zielen entspricht. Sie ist in den verschiedensten Formen spürbar und reicht heute schon über die arabische Welt in Nordafrika hinaus in den afrikanischen Kontinent hinein.

Die große Umklammerung des Restbestandes von Europa, in dem die Fronten sich unbeweglich gegenüberstehen, wird deutlich. Ich habe nicht das Gefühl, daß es den Westmächten heute auch nur annähernd klar wäre, wie sie auf die Dauer dem wirksam begegnen können. Ähnliches gilt für den Mittleren und Fernen Osten, wo die Entwicklung in manchen Ländern, wie in Indochina, in Ceylon, Afghanistan, den Boden für neue Erfolge der sowjetischen Politik reifer und reifer macht.

Demgegenüber ist die Festigung des NATO-Bündnisses und die verstärkte politische Zusammenarbeit im Westen ein Positivum. Es ist ein Positivum, das man auf der letzten Ministerratstagung der NATO erkannt hat, daß man mit Waffen allein die freie Welt nicht erhalten kann, sondern daß Rüstung und politische Verhandlungen mit unseren Gegnern Hand in Hand gehen müssen, wenn wir den Frieden sichern wollen.

Der »Stellungskrieg«, den die amerikanische Politik unter Leitung von Foster Dulles in Europa als einzige Möglichkeit der Auseinandersetzung mit dem Ostblock befürwortet, läßt sich auf die Dauer nicht aufrechterhalten. Wir müssen, wenn wir überzeugend bleiben und die Unterstützung der öffentlichen Meinung unserer Länder sichern wollen, zu einer beweglicheren Politik übergehen, mittels deren wir immer wieder – ohne Preisgabe unserer wesentlichen Positionen – versuchen, die sowjetische Verhandlungsbereitschaft abzutasten und zu prüfen, ob nicht doch Möglichkeiten eines Ausgleichs bestehen. Dies kann nicht auf großen internationalen Konferenzen im vollen Rampenlicht der öffentlichen Meinung vor sich gehen. Hier bedarf es der diplomatischen Kleinarbeit, die nach den psychologischen Räumen sucht, in denen die Sowjets letzten Endes doch für Konzessionen zu gewinnen sind. Das ist ein schweres, langwieriges Tun, verlangt Freiheit von allen Illusionen und Geduld. Es bedeutet mit Sicherheit viele Rückschläge und nur kleine Fortschritte.

Wir sollten deshalb auf die letzte Bulganinnote prozedural antworten und zweiseitige Verhandlungen anbieten, die gleichsam im »Schutz« der täglichen Routinearbeit der beiden diplomatischen Missionen vor sich gehen. Denn ich möchte nicht ausschließen, daß es bei den Sowjets nicht auch – angesichts der Gefahren einer Weltkonfrontation – Überlegungen gibt, die den unseren ähnlich sind. Es gilt an diese »psychologischen Räume« heranzukommen. Das letzte Mal, in denen wir diesen nahe waren, war anläßlich des Kanzlerbesuches in Moskau, wo Bulganin wie Chruschtschow dem Kanzler ihre Sorge vor einem »deutsch-amerikanischen Angriff« auf die Sowjetunion äußerten. War dies echt? War dies gespielt? Ich glaube, daß in diesen Männern die historischen Erinnerungen recht schwer wiegen, und daß man deshalb solche Sorgen nicht mit einer leichten Handbewegung abtun kann.

Leider ist seit der Moskauer Begegnung viel Zeit ins Land gegangen. Man hat diese ersten Gespräche nicht weiterverfolgt, ja, das darin geknüpfte Band wieder abreißen lassen. Es gibt in der Politik nichts Endgültiges, und man sollte – in Abstimmung mit unseren Partnern – neue Versuche nicht ausschließen.

8. Januar 1958

Mit der Ernennung Professor Walter Hallsteins zum Präsidenten der Europäischen Kommission der EWG tritt einer der entschiedensten deutschen »Europäer« an die Spitze der für die Einigung Europas so bedeutsamen Organisation. Der Rechtsgelehrte und frühere Rektor der Frankfurter Universität hatte seit seiner Berufung zur Leitung der deutschen Delegation für die Schumanplanverhandlungen im Jahre 1950 großen Anteil an der Gestaltung der Außenpolitik der Bundesrepublik. Er hat ganz wesentlich dazu beigetragen, die Grundvorstellungen des Kanzlers über die Eingliederung des neuen deutschen Staates in den freien Westen, den Aufbau der Europäischen Gemeinschaft und das enge Verhältnis zu den Vereinigten Staaten in die Realität umzusetzen. Klarer Verstand, Folgerichtigkeit, nicht erlahmende Arbeitskraft, sorgfältige Behandlung des Details und eine große Formulierungsgabe waren die Quellen seiner unbestrittenen Autorität. In der Verfolgung seiner politischen, insbesondere seiner europäischen Ziele, hat er psychologische Faktoren, Empfindlichkeiten des einen oder anderen Partners unterschätzt und ist gelegentlich in Überbewertung seines eigenen Einflusses über sie zur Tagesordnung übergegangen. Einmal gefaßte Meinungen und Konzeptionen änderte er nicht gern. Mit Zähigkeit, Ausdauer und Geschick setzte er den eingeschlagenen Weg auch dann fort, wenn Hindernisse schier unüberwindbar schienen. In der Behandlung der osteuropäischen Fragen, insbesondere unseres Verhältnisses zur Sowjetunion, hätte ich mir öfters mehr Elastizität gewünscht; seine Hallsteindoktrin war lange ein geradezu sakrosanktes Dogma. Das Verhältnis zum Bundeskanzler war Stimmungswechseln unterworfen. Der Kanzler schätzte und respektierte die Leistung, den jurisitischen Verstand, die unbeirrbare Folgerichtigkeit. Hinsichtlich des politischen Kriteriums und in der Analyse gegebener Situationen oder agierender ausländischer Persönlichkeiten waren sie oft recht unterschiedlicher Auffassungen. In den zahllosen internationalen Verhandlungen, die Hallstein führte, gewann er durch seine Sachkenntnis und die Beherrschung fremder Sprachen Achtung, ja auch die Freundschaft seiner Partner.

Bonn, Montag, den 21. April 1958

Mittags hatte ich eine mehrstündige Unterhaltung mit Innenminister Schröder über die Lage. Aus den Mitteilungen Schröders ergibt sich, daß die Situation der Bundesrepublik nach wie vor stabil ist, daß die Autorität des Bundeskanzlers ungebrochen ist, daß aber gewisse Schwächen seines Regierungsstils, vor allem der Mangel einer eng zusammenarbeitenden, sich aufeinander verlassenden Führungsschicht, unvermindert anhalten, ja noch zugenommen haben. Es fehlt bei den einzelnen Ministern an dem Bewußtsein, gemeinsam an den großen, entscheidenden politischen Aufgaben zusammenzuwirken, weil der Bundeskanzler es oft an der gründlichen Unterrichtung fehlen läßt, die hierfür die Voraussetzung wäre.

Schröder besitzt große Fähigkeiten, erschließt sich aber nicht leicht den Mitmenschen. Geistige Überlegenheit kann nicht ohne weiteres mit der Zuneigung der Zeitgenossen rechnen. Sein Ziel, sich auf die Führung seines Ministeriums zu konzentrieren und sich als Fachmann für die inneren Angelegenheiten des Bundes zu bewähren, ist richtig. Sein Wunsch auf lange Sicht ist, Außenminister zu werden. Er bringt hierfür gute Voraussetzungen mit, denn er ist frei von Inferioritäts- oder Superioritätskomplexen und wird sich schnell die ihm noch fehlenden Auslandserfahrungen erwerben. Er ist jedenfalls sehr viel besser geeignet als gewisse impulsive Persönlichkeiten unseres gegenwärtigen politischen Lebens, denen es öfters an innerem Gleichgewicht und Maß fehlt.

Im Kreis meiner Freunde haben wir in den letzten Tagen immer wieder das deutsch-sowjetische Verhältnis und die Chancen einer neuen Viermächtekonferenz besprochen. Wir waren uns darin einig, daß man in Zusammenarbeit mit Washington eine neue Sprache finden müsse, die der eigenen öffentlichen Meinung und der non-committed world zeige, daß man Entspannung und Verständigung suche. Der soeben unterzeichnete sowjetisch-deutsche Handelsvertrag ist ein wertvoller Schritt nach vorn, der vielleicht als Ansatz dazu dienen kann, die alten, ausgefahrenen Geleise des Kalten Krieges zu verlassen. Ist aber die Sowjetunion heute schon bereit, neue Wege zu gehen, die auch die Interessen des Westens, besonders unsere Interessen, berücksichtigen?

Bonn, Dienstag, den 22. April 1958

Der Tag war mit dem Besuch Spaaks in Bonn ausgefüllt. Seine Maschine kam mit dreistündiger Verspätung an, so daß ich Gelegenheit hatte, mit Brentano die Lage ausführlich zu besprechen. Brentano war mit dem Ergebnis des Londoner Besuchs des Bundeskanzlers zufrieden. Offensichtlich hatte man sich in allen wesentlichen Punkten, so auch hinsichtlich der Behandlung einer kommenden Gipfelkonferenz und in den Fragen der Freihandelszone weitgehend geeinigt. Hoffentlich hält diese Einigkeit vor, denn nur allzu schnell können wieder Mißverständnisse entstehen, die sich dann auf die Beziehungen der beiden Völker nachteilig auswirken. Es ist merkwürdig, wie schnell die Stimmung im deutsch-englischen Verhältnis umschlagen kann und wie schnell sich die beiden Völker voneinander entfernen, ja sich gegenseitig entfremden können, wenn nicht das Gespräch, der persönliche Kontakt aufrecht erhalten bleiben.

Mittags ein angenehmes Frühstück beim Bundeskanzler zu Ehren von Spaak. In der darauffolgenden kurzen Aussprache legte der Kanzler seine Auffassungen über die Möglichkeiten einer neuen Gipfelkonferenz dar. Es schlossen sich ein Besuch beim Bundespräsidenten und Aussprachen mit Brentano, Strauß und Etzel an, wobei die Aussprache mit Brentano besonders positiv verlief. Eines ging aus allen diesen Gesprächen deutlich hervor: Der Westen ist heute sachlich für eine solche Konferenz noch unzulänglich vorbereitet. Es fehlen immer noch die leitenden Gedanken der amerikanischen Regierung, auf die es nun einmal bei den Gesprächen mit den Sowjets entscheidend ankommt. Für die Bundesrepublik ist es nach den Darstellungen Brentanos wichtig, daß es den Sowjets nicht gelingt, die Frage der Wiedervereinigung völlig vom Tisch abzusetzen. Man wünscht in erster Linie ein umfassendes Gespräch über eine allgemeine kontrollierte Abrüstung und Entspannung, wobei zur Frage der Entspannung auch der Versuch der Lösung der politischen Probleme gehören muß. Man hat offenbar auch keine Bedenken, im Rahmen der Abrüstungsgespräche eine weitgespannte, ganz Europa und das europäische Rußland umfassende Inspektionszone zu erörtern. Man ist aber nicht bereit, eine kleine Zone vorzuschlagen, die etwa das Gebiet Deutschlands, Polens, der Tschechoslowakei, Belgiens und der Niederlande umfaßt, weil man alles vermeiden will, was das geteilte oder das in Zukunft wiedervereinigte Deutschland einem besonderen politischen Status unterwirft.

Bonn, den 23. April 1958

Vormittags große Pressekonferenz Spaaks. Spaak äußerte sich eingehend über die atomare Bewaffnung der NATO-Streitkräfte. Mittags Frühstück im Industriekreis im Schloß Jägerhof bei Düsseldorf, in dem von Dr. Schneider, dem Präsidenten der Handelskammer, geschaffenen schönen Rahmen. Man aß von Meißner Tellern aus dem 18. Jahrhundert. Ich bewunderte die wirklich sehenswerte Porzellansammlung Schneiders.

Nach dem Essen sprach Spaak zur Lage. Unter den Gästen befand sich auch der frühere Botschafter von Bülow-Schwandte, der, wie mir Spaak später erzählte, ihm im Jahr 1940 in Brüssel das Ultimatum Hitlers übergeben habe. Dieser Akt habe historische Bedeutung gehabt. Denn wie von Bülow-Schwandte ihm das Dokument übergeben und zu Ausführungen dazu angesetzt habe, habe er, Spaak, ihm entgegengeschrien: »Moi d'abord!«, um ihm sofort den Standpunkt der belgischen Regierung klar zu machen. Als er diese Szene nachmittags in der belgischen Kammer geschildert habe, habe das »moi d'abord« unter den belgischen Abgeordneten nicht endenwollenden Beifall ausgelöst.

Abends sprach Spaak in der Bonner Universität. Seine Rede war vorzüglich und entwickelte etwa die folgenden Gedankengänge:

Die NATO ist eine Antwort auf den sowjetischen Imperialismus, wie er sich im Zweiten Weltkrieg in der Eroberung Estlands, Lettlands, Litauens, eines guten Teiles Polens, eines Stückes von Rumänien und nach dem Zweiten Weltkrieg in der Schaffung der Satellitenländer dokumentiert. Die Entstehung eines sowjetischen Blocks zwang zur Entstehung eines Blocks der freien Länder, die einzeln nicht in der Lage gewesen wären, dem mit allen Mitteln geführten sowjetischen Expansionsdrang wirksam zu begegnen. Die Eroberung von Prag war das Signal für eine entschlossene Verteidigungsaktion der freien Welt. Denn hätte man nach

Prag im April 1949 nicht die NATO gegründet, so wäre der nächste Schritt die Eroberung Berlins gewesen.

Heute ist das Hauptziel der westlichen Welt allgemeine kontrollierte Abrüstung als die einzige wirksame Voraussetzung für die Erhaltung des Friedens. Wie die Abrüstungsbemühungen zwischen den beiden Weltkriegen, so sind bisher auch die Bemühungen, mit Sowjetrußland zu einer Abrüstungsvereinbarung zu kommen, erfolglos geblieben. Man könnte nun daran denken, daß der Westen einseitig abrüstet, und gewisse Pazifisten glauben, daß man dadurch Sowjetrußland psychologisch veranlassen könnte, auch seinerseits abzurüsten. Nichts ist falscher als diese Schlußfolgerung; zweifellos werden die Sowjets auch dann nicht abrüsten. Sie würden in die Lage versetzt, den abgerüsteten Westen jederzeit politisch unter Druck zu setzen und damit eine ungewöhnlich günstige Ausgangslage für neue Expansionsversuche erhalten.

Die andere These, mit der sich Spaak auseinandersetzte, war die, daß man zwar konventionell aufrüsten, aber auf die modernsten Waffen – die atomaren Waffen – verzichten müsse. Nichts sei gefährlicher als das. Er könne sich nicht vorstellen, wie man einer militärischen Truppe Vertrauen in ihre Kraft geben könne, wenn sie sich bewußt sei, daß ihre Waffen den modernen Anforderungen nicht mehr genügen. Das heiße, die westlichen Verteidigungskräfte in eine Lage versetzen, die nichts anderes bedeute, als Niederlage am ersten Tage.

Besonders eindrucksvoll war das Argument Spaaks gegen den Abzug der Amerikaner. Er habe zwei Weltkriege mitgemacht, die sich nach seiner Auffassung hätten vermeiden lassen, wenn von Anbeginn festgestanden hätte, daß die Vereinigten Staaten im Falle einer Aggression mit ihrer ganzen Kraft dem Aggressor begegnen würden. Wolle man sich heute diesem wirksamen Schutz entziehen und damit die Gefahr einer neuen Weltkatastrophe heraufbeschwören? Für ihn sei deshalb auch die Neutralisierung Deutschlands unakzeptabel; denn Neutralisierung bedeute, daß Deutschland aus einem Subjekt eigener außenpolitischer Entscheidung zu einem Objekt fremder Diktate werde. Sei Deutschland einmal neutralisiert, werde seine Rüstung von ausländischen Mächten kontrolliert und reduziert, gebe es keine Möglichkeit, Rußland daran zu hindern, wenn es den Augenblick für gekommen halte, der deutschen Regierung seinen, den sowjetischen Willen, aufzuzwingen, ohne daß Deutschland die Möglichkeit habe, sich dagegen zur Wehr zu setzen. Und wer hindere die anderen europäischen Völker im Falle der Neutralisierung Deutschlands daran, sich auch neutralisieren zu lassen? Wolle Europa dann seine Selbständigkeit und Freiheit aufgeben? Sei es so kraftlos geworden, daß es auf einen selbständigen und eigenen Beitrag zur Gestaltung der Welt verzichte? Und vor allem auch auf die Grundidee seiner gegenwärtigen Mission, nämlich die Integration Europas? Denn bei einer Neutralisierung Deutschlands, die auch von Sowjetrußland garantiert werden würde, sei eine Fortsetzung der Bemühungen um die europäische Einigung kaum denkbar.

Spaak ist ein ungewöhnlicher Charakter. Er hat eine künstlerische Natur; am glücklichsten ist er wohl im Kreise von Literaten und Schauspielern. Ein blendender Darsteller humorvoller Situationen und Geschichten. In kritischer Lage zeigt er eine Entschlossenheit und Härte, die man bei ihm im Alltagsleben nicht ohne weiteres erwartet. Die Vielseitigkeit seiner Bildung, die Fülle seiner lebendigen Anschauungen, die Fähigkeit, intuitiv eine Situation, die Schwächen einer gegnerischen Argumentation zu erfassen, blitzschnell auf den Gesprächspartner einzugehen, ein brillanter Redner, all dies macht ihn zu einer der begabtesten außenpolitischen Persönlichkeiten unserer Zeit. Er hat seinem Land Belgien im Kreise der Nationen einen besonderen Rang verliehen.

Das alles ist gepaart mit einem tüchtigen Schuß Lebensfreude. »Il aime la bonne chère« – »Er liebt die gute Küche.« Große Freude macht ihm ein schön gedeckter, mit guten Speisen gefüllter Tisch. Wenn es ihm schmeckt, ist er gern bereit, eine beträchtliche Zunahme seines Körpergewichts hinzunehmen. Er erzählte mir einmal, daß er auf Ratschläge seiner Frau und der wiederholten Mahnungen der Mutter, bei zweihundertzwanzig Pfund Eigengewicht nun doch endlich an seine Gesundheit zu denken und eine Abmagerungskur zu machen, nicht positiv reagiert habe. Als er aber eines Morgens als Außenminister auf seinem Tisch den folgenden anonymen Brief vorgefunden habe: »Espèce de salaud, je t'ai vu bouffer hier soir. Tu de bourres le vente et tu ne pourras plus éviter une bonne apoplexie . . .«[1] – Da habe er begonnen, nachzudenken und Maß zu halten. Er esse deshalb nur noch wenig zum Frühstück und beschränke traurigen Gemüts seine Abendmahlzeiten auf ein Stück Brot und etwas Salat.

Paris, Freitag, den 16. Mai 1958

Was viele schon seit langem erwartet haben, ist eingetroffen: Frankreich steht vor der schwersten Krise, die es seit den Tagen des Zusammenbruchs im Jahre 1940 erlebt hat. Die Krise ist Folge eines nahezu zwölfjährigen Versagens der politisch führenden Schicht, das Land kraftvoll zu regieren und für die sich stellenden Probleme Lösungen zu finden und durchzusetzen. Die immer schneller aufeinanderfolgenden Regierungskrisen, die wochenlang jede Regierungstätigkeit lähmten, die ernste wirtschaftliche Lage, die durch noch so große Kredithilfen des Auslands nicht in Ordnung gebracht werden kann, die Lage in Algerien, wo es der französischen Armee an der Kraft gebricht, des Aufstands der Araber Herr zu werden und es der politischen Führung nicht gelingen will, einen lebensfähigen modus vivendi zwischen Europäern und Arabern herzustellen – alle diese Faktoren haben schließlich zu einem Ausbruch des Unwillens, der Verzweiflung und starker nationalistischer Ressentiments geführt, der Frankreich an den Rand des Bürgerkrieges stellt.

In Nordafrika stehen wir vor gefährlichen Folgen der Unbesonnenheit einer regionalen militärischen Führung, deren einzige Entschuldigung ist, daß die Paralysierung der Regierung in Paris durch die fast einen Monat dauernde Regierungskrise die Geduld dieser Männer auf eine harte Probe gestellt hat. Die Ausrufung des »Wohlfahrtsausschusses« in Algier bedeutet Verschärfung des Kampfes gegen die Araber. Sie könnte Ausdehnung des Konflikts auf Tunis und Marokko zur Folge haben und damit den Boden für den Anschluß der arabischen Bevölkerung dort an die panarabische Bewegung Nassers bereiten.

Diese Ereignisse können auch auf die Außenpolitik Frankreichs negative Auswirkungen haben. Gelänge es General de Gaulle, vom Präsidenten Coty und der Nationalversammlung ein Mandat für die Übernahme der Regierung zu erhalten, so scheinen erhebliche Veränderungen unausweichlich. De Gaulle ist gegen den europäischen Zusammenschluß, wie ihn die Bundesregierung sieht, weil er eine zu große Abhängigkeit Frankreichs von Deutschland befürchtet. Er ist gegen die Vereinigten Staaten, zum Teil aus alten Ressentiments, zum Teil aus seinem Drang nach nationaler Selbständigkeit. Damit ist er auch gegen NATO und tendiert mehr zu einem System kollektiver Sicherheit in Europa, das auf bilateralen Abmachungen beruht. Wir können nicht übersehen, daß er der Schöpfer des französisch-russischen Sicherheitspaktes von 1940 ist und daß er sicher einen eigenen Ausgleich mit der Sowjetunion suchen wird.

Manche haben die Hoffnung einer »union sacrée« der demokratischen Parteien nicht aufgegeben. Guy Mollet hat sich dem Ernst der Lage entsprechend mit den Sozialisten hinter den neuen Ministerpräsidenten Pflimlin gestellt. Pinay geht eigene Wege und hält sich die Tür für ein Zusammengehen mit de Gaulle offen. Bidault wird sich wohl auch zu einer erneuten Zusammenarbeit mit dem General bereit finden.

Der entscheidende Grund der Krise bleibt die Schwäche der führenden Parteien, die sich in den letzten zehn Jahren verbraucht haben. Verfassungsänderungen – so notwendig sie sind – können da, vor allem wenn sie Stückwerk bleiben, nur wenig helfen. Der Kräfteschwund der Führungsschicht steht in starkem Gegensatz zu der Masse des Volks, das vor allem in seiner breiten bäuerlichen Schicht stark und gesund ist. Die krassen Gegensätze zwischen einer ungewöhnlich reichen Schicht und den vielen in äußerst beschränkten Verhältnissen lebenden Menschen verlangen eine soziale Neuordnung. Nur wenige sind sich aber in diesen Tagen des ganzen Ausmaßes der Gefahren bewußt. An dieser Lage der Dinge kann die NATO selbstverständlich nichts ändern. Jede Stellungnahme würde falsch ausgelegt werden. Etwa zu erwarten, daß NATO durch entsprechende Erklärungen oder durch militärische Hilfe die französischen militärischen Aktionen fördern könnte, ist absurd und würde die Stellung der westlichen Welt, vor allem auch unsere Stellung in den nahöstlichen islamischen Ländern aufs schwerste beeinträchtigen.

Spaak und Joxe, der gegenwärtige Generalsekretär des Quai d'Orsay, aßen heute bei mir zu Abend. Joxe erhielt ständig telephonische Anrufe seines Ministeriums über die sich geradezu überstürzenden Ereignisse. Wir waren uns wohl bewußt, daß sich ein neues Kapitel europäischer Geschichte auftut, das große Veränderungen bringen wird.

Montag, den 19. Mai 1958

Die Sorgen hinsichtlich der noch sehr undurchsichtigen Entwicklung in Frankreich sind groß. Ich legte heute dem Bundeskanzler dar, daß es fraglich sei, ob es der Regierung Pflimlin/Guy Mollet gelinge, sich an der Macht zu halten, das Verhältnis zur Armee in Algerien zu normalisieren und eine Machtergreifung de Gaulles zu verhindern. Es wachse in Frankreich das Gefühl, daß nur noch de Gaulle die Führung der Armee und die Truppen fest in die Hand nehmen könne. Von einer allgemeinen Volksbewegung für de Gaulle sei heute noch nichts zu spüren. In den französischen politischen Kreisen sei aber die Verzweiflung über den wachsenden Zerfall der Staatsautorität so groß, daß viele – manchmal wider Willen – eine Regierung de Gaulle als den einzigen Ausweg ansehen. Auch in der unmittelbaren Umgebung des Staatspräsidenten Coty sei die Stimmung zugunsten de Gaulles erheblich gewachsen.

Da über die gegenwärtigen Auffassungen und Ziele des Generals keine klaren Vorstellungen bestehen, ist der Bundeskanzler naturgemäß sehr besorgt. Er sieht eine dreifache Gefahr: Eine direkte Verbindung Paris-Moskau mit dem Ziel besonderer französischer Sicherheitsvereinbarungen, Herauslösung Frankreichs aus der NATO und Beendigung der europäischen Integration. Geht de Gaulle in seinen Vorstellungen von einem starken französischen Nationalstaat aus, der seine Position in Afrika uneingeschränkt wahren und sich vom amerikanischen Einfluß befreien soll, dann kann man nicht ausschließen, daß er glaubt, dies mittels eines besonders engen französisch-russischen Verhältnisses erreichen zu können. Den Sowjets werde es leicht sein, de Gaulle auf dem Gebiet der militärischen Sicherheit in Nordafrika, ja im Mutterland selbst, zu helfen. Im Mutterland etwa dadurch, daß die zahlenmäßig starke kommunistische Partei ihn nicht nur duldet, sondern auch durch ihre Stimmen in der Nationalversammlung unterstützt.

Gespräche, die ich in diesen Tagen mit einer Anzahl führender Persönlichkeiten in Paris führte, machen immer deutlicher, daß nur noch de Gaulle aus der schweren, schier unlösbaren Krise herausführen kann. Offensichtlich besteht zwischen der Regierung und der Armee in Algerien keine Verbindung mehr. Die Armeeführung dort hat ihr Zutrauen zur Regierung verloren und wünscht eine Regierung de Gaulle. Wie der frühere französische Ministerpräsident Antoine Pinay, der in diesen Tagen eine wichtige Rolle spielt, mir sagte, habe de Gaulle zur NATO und zur europäischen Integration Stellung genommen. NATO – so de Gaulle – sei nun einmal vorhanden. Man könne sie nicht beseitigen, man müsse sie aber reformieren, denn es gehe nicht an, daß die Armeen der europäischen Nationalstaaten ihre Selbständigkeit verlören und zu Einheiten herabsänken, die allein vom amerikanischen Willen abhingen. In Europa und bei seinem Zusammenschluß sei man zu schnell vorgegangen. Zu supranationalen Lösungen könne man, wenn überhaupt, erst kommen, wenn man in einer sehr viel lockereren, praktischen Zusammenarbeit der Staaten die notwendigen Grundlagen geschaffen habe.

Sonntag, den 1. Juni 1958

Nach einer Woche der Krise hat dieser Sonntag die Entspannung gebracht. Die französische Nationalversammlung hat de Gaulle heute abend mit dreihundertachtundzwanzig gegen zweihundertvierundzwanzig Stimmen die Investitur als Ministerpräsident erteilt. Mit geringem Beifall bedacht, verlas der General seine Regierungserklärung, die in lakonischer Kürze nur wenig Konkretes über sein Programm enthielt. Entscheidende Forderungen: Ein auf sechs Monate befristetes Ermächtigungsgesetz, Änderungen der Verfahrenrsegeln einer Verfassungsreform für eine unter Ausschluß des Parlaments zu erarbeitende, durch Volksreferendum zu genehmigende neue Verfassung. Die Vierte Republik wird nun von der Fünften Republik unter Leitung de Gaulles abgelöst werden. Freude herrscht eigentlich nur bei den rechtsstehenden Kreisen. Bezeichnend eine ohrenbetäubende Autohupendemonstration auf den Champs Elysées, in die ich mit meinem Wagen hineingeriet und die im wesentlichen von großen Cadillacs und anderen Straßenkreuzern, also von Wagen der wohlhabenden Kreise, bestritten wurde. Das französische Volk hat sich in den letzten Krisentagen recht passiv verhalten. Für die Menschen war nur interessant, »si les affaires s'arrangeront«, ob sich die Dinge wieder in Ordnung bringen lassen. Von revolutionärem Impetus kaum eine Spur. Wir befinden uns in Frankreich in einer Phase der Vollbeschäftigung und einer nicht unerheblichen wirtschaftlichen Prosperität. Darüber können weder die hohen Preise noch die mangelnden Devisenvorräte hinwegtäuschen. Sicherlich herrscht in bürgerlichen Kreisen über die Machtübernahme de Gaulles Genugtuung. Die Ernennung von Houphouet-Boigny (Gaullist), Louis Jacquinot (Unabhängiger), Guy Mollet (Sozialist) und Pierre Pflimlin (MRP) zu Staatsministern, bedeutet Zusammenfassung der demokratischen Kräfte, notwendige Basis für eine umfassende Verfassungsreform. Bedeutungsvoll die Ernennung Couve de Murvilles zum Außenminister, der wie Alphand, Gaillard und Clappier zu den angesehenen Inspecteurs des Finances gehört. Vorgänger meines französischen Kollegen Alexandre Parodi im NATO-Rat, verfügt Couve über gute Beziehungen zu den Vereinigten Staaten. Als französischer Botschafter in Bonn hat er ein gutes Verhältnis zum Bundeskanzler und zur Bundesregierung gewonnen. François-Poncet ist über die Entwicklung befriedigt, ist sich aber der außerordentlichen Aufgaben bewußt, die die neue Regierung lösen muß: Das Schicksal Algeriens und der französischen Überseegebiete, die Verfassungsreform, die Wiederherstellung der inneren Ordnung und die Lösung der dringenden wirtschaftlichen und monetären Probleme.

Montag, den 9. Juni 1958

Die Lage in Frankreich und ihre Auswirkung auf die künftige französische Außenpolitik stehen in diesen Tagen im Vordergrund unserer Überlegungen. Es bleibt fraglich, ob es de Gaulle gelingen wird, das nordafrikanische Problem zu lösen. Wohl ist es dem General gelungen, bei seinem letzten Aufenthalt in Algier, innerhalb der französischen Streitkräfte wieder Ordnung zu schaffen. Nicht so sicher ist, ob die weiße

Bevölkerung Algeriens auf die Dauer de Gaulle folgen wird. Hier hat sich ein nationalistischer Radikalismus breitgemacht, dem gegenüber de Gaulle zur Durchsetzung seines Willens größte Energie wird aufwenden müssen. Sein Appell an die Fellahgas hatte einen negativen Erfolg. Der Krieg geht unvermindert weiter. Die Proklamation eines unabhängigen Algeriens in Kairo steht wohl unmittelbar bevor. Man kann nicht ausschließen, daß die französische Regierung sich bemühen wird, die atlantischen Partnerstaaten für eine geschlossene Front zugunsten Frankreichs in Nordafrika zu gewinnen. Dies wirft große Probleme auf. Ganz abgesehen von der grundsätzlich antikolonialistischen Haltung der Vereinigten Staaten müssen auch wir vorsichtig operieren, wenn wir unsere an sich schon schwierige Position im Nahen Osten nicht gefährden wollen. Das gleiche gilt für Italien und die anderen Partnerstaaten.

Anfang Juli 1958

In den letzten Wochen waren wir mit der Vorbereitung einer erneuten Gipfelkonferenz befaßt. Vorbereitende Gespräche der Botschafter der drei Westmächte in Moskau sollten entsprechende Möglichkeiten sondieren. Dem Kanzler lag besonders daran, diese Verhandlungen fortzusetzen, um dann auf einer Viererkonferenz nach Einigungsmöglichkeiten auf dem Gebiet der nuklearen und konventionellen Abrüstung zu suchen. Sowjetische Noten haben bei uns keine Illusionen aufkommen lassen, daß die Sowjetunion ihre Haltung in der deutschen Frage lockern würde. Trotzdem möchte man nicht – und hierin waren sich Regierung und Opposition einig – durch eine zu starre Haltung des Westens in der deutschen Frage die Chancen beeinträchtigen, in Verhandlungen zu einer Entspannung zu kommen. Nach den deutschen Vorstellungen sollte man auf einer zu planenden Gipfelkonferenz gemeinsam mit den Sowjets prüfen, wie sich die Weltlage seit der ersten Genfer Konferenz entwickelt hat, inwieweit die damals in den Direktiven der Regierungschefs an die Außenminister niedergelegten Probleme Abrüstung, Sicherheit, Wiedervereinigung und Ost-West-Kontakte einer Lösung nähergebracht worden seien und weitergefördert werden können. Dies gebe Anlaß, auch die deutsche Frage erneut zur Diskussion zu stellen. Sollte, wie zu erwarten, die Sowjetunion sich zu einer Erörterung der deutschen Frage nicht bereit finden, so sollte man darüber die Konferenz nicht scheitern lassen, sondern sich auf Teilprobleme der Abrüstung konzentrieren, deren Lösung mit einiger Aussicht auf Erfolg verhandelt werden könnte. Beispiele hierfür die Beendigung der atomaren Versuche, die Kontrolle der Produktion und Lagerung des spaltbaren Materials sowie die Sicherungszonen gegen Überraschungsangriffe. Vielleicht könnten durch solche Teillösungen erste Voraussetzungen für eine allgemeine Entspannung geschaffen werden.

Eine entsprechende Erklärung, die ich im NATO-Rat abgab, fand Zustimmung bei einer großen Zahl von Ratsmitgliedern. Die Flexibilität, die aus diesen Gedanken sprach, wurde anerkannt. Von vielen wurde es geradezu als eine Erleichterung empfunden, daß wir aus der starren »klassischen« Haltung herausgefunden und neue Wege gezeigt hatten. Spaak äußerte sich besonders positiv zu diesem neuen deutschen Schritt.

Montag, den 7. Juli 1958

Das Ergebnis der Landtagswahlen in Nordrhein-Westfalen, das die absolute Mehrheit der CDU im Landtag brachte, ist von Bedeutung, weil der Wahlkampf im wesentlichen um außenpolitische und verteidigungspolitische Fragen geführt wurde. Das Ergebnis zeigt, daß die Deutschen in ihrer großen Mehrheit die von der Bundesregierung für notwendig erachteten Verteidigungsmaßnahmen billigen, daß sie gleichzeitig den Ausgleich mit Sowjetrußland in sorgfältig vorbereiteten Verhandlungen wünschen, die unter Umständen zu einer erneuten Gipfelkonferenz führen und daß sie auch die Bundesregierung darin bestärken, bei diesen Verhandlungen den Nachdruck eher auf Abrüstung und Entspannung, als auf die Lösung der europäischen politischen Probleme zu legen, für die bei der gegenwärtigen Einstellung der Sowjets nur geringe Erfolgschancen bestehen.

Der Kanzler hat im Wahlkampf durch zahlreiche Reden seine Politik bis ins einzelne verteidigt, um neue Vollmachten zu erhalten, den eingeschlagenen Weg fortzusetzen. Spaak, den ich in diesen Tagen sprach, sagte, daß es schon ans Wunderbare grenze, was der alte Mann in solchen Wahlkämpfen an überzeugender Kraft zustande brächte. Die Wahl, die auch auf die anderen in diesem Jahr noch ausstehenden Landtagswahlen Einfluß ausüben wird, hat die Autorität der Bundesregierung auf außenpolitischem Gebiet erheblich gestärkt.

Der Kanzler hatte dieses Ergebnis nicht erwartet. Bis in die letzte Minute herrschte Skepsis, ob die Wahlen den gewünschten Erfolg bringen würden, nicht zuletzt auch wegen des plötzlichen Todes von Karl Arnold, der im Wahlkampf eine wichtige Rolle spielte.

Ich habe Karl Arnold in vielen Gesprächen, die ich auch im Auftrag des Kanzlers mit ihm geführt habe, recht gut kennengelernt und ihn als eine mutige, vom Gedanken internationaler Solidarität und Zusammenarbeit getragene Persönlichkeit geschätzt. Lange Jahre war er innerhalb der CDU geradezu der Antipode des Kanzlers. Er gehörte der Christlichen Arbeiterbewegung an und war damit in vielen grundsätzlichen Fragen, die sich auf das Verhältnis Arbeitnehmer-Unternehmer, auf die Stellung des Arbeiters im Staat, auf die Haltung gegenüber der Sozialdemokratie bezogen, anderer Auffassung als der Kanzler. Diese Gegensätze hatten zeitweise scharfe, persönliche Formen angenommen. Der Kanzler lieh gern denen sein Ohr, die ihm Nachteiliges über Arnold berichteten. In den letzten Jahren hatte sich die Gegnerschaft beruhigt, nachdem der Kanzler gesehen hatte – persönliche Motive sind nun einmal bei den Großen von Gewicht –, daß Arnold ihm auf der Bundesebene kein Konkurrent sein konnte und daß dieser auch Gedanken eines engen Zusammengehens von CDU und SPD aufgegeben hatte. Arnold repräsentierte innerhalb der CDU ein wichtiges Element, das der Partei die notwendige Breite, das so dringend erforderliche Wechselspiel zwischen Beharrung und Fortschritt, zwischen freier Wirtschaft und Sorgfalt in der Behandlung der sozialen Fragen sicherte. Die Stärke der CDU liegt nun einmal darin, daß sie im politischen Raum die Konfessionen verbindet, zum andern Arbeiter und Unternehmer zu einer lebendigen Synthese vereint. Ohne dies wäre das soziale Werk, das die Bundesregierung in den letzten Jahren vollbracht und das uns gegen Volksfront und Kommunismus immun macht, nicht geschaffen worden. Karl Arnold hatte etwas, was unter deutschen Politikern nicht allzu häufig ist: Er hatte ein starkes Bewußtsein einer internationalen Verantwortung, zugleich eine ausgleichende, versöhnende, wahrhaft europäische Haltung.

Mittwoch, den 16. Juli 1958

Staatsstreich im Irak. Ermordung des Königs und des Ministerpräsidenten Nuri es Said – Unruhe im Libanon – britische Fallschirmjäger in Jordanien auf Ersuchen König Husseins.

Der NATO-Rat befaßte sich heute mit dem Umsturz im Irak und den Interventionen der Vereinigten Staaten im Libanon und der Briten in Jordanien. Die Amerikaner hatten gehofft, daß der Rat ihre militärische Intervention in Beirut gutheißen werde. Hierin hatten sie sich getäuscht, denn Italiener, Griechen, Norweger, Dänen und auch wir haben uns einer positiven Stellungnahme enthalten. Ich habe vorgeschlagen, endlich einmal im Rat eine langfristige Politik für die Behandlung der arabischen

Probleme zu entwickeln und damit zu verhindern, daß die arabischen Völker endgültig in die Arme Sowjetrußlands entgleiten. Andere appellierten an die Interventionsmächte, unter allen Umständen das UNO-Verfahren einzuhalten. Die Zustimmung der Niederländer, Belgier, Portugiesen und Kanadier klang verklausuliert. Das Malaise war groß. Man ist überzeugt, daß die amerikanische Politik in den letzten Jahren in diesem Teil der Welt falsch operiert hat und daß die militärische Intervention eine Maßnahme darstellt, die eher ein Verzweiflungsausbruch als eine wohldurchdachte Aktion ist.

In Bonn besteht Einigkeit darüber, daß man die Intervention der beiden angelsächsischen Mächte im Libanon und Jordanien hinnehmen muß. Sie ist nun einmal der Schlußstein einer seit langen Jahren im ganzen verfehlten amerikanischen und britischen Politik im Vorderen Orient. Wenn man die Position des Westens überhaupt noch aufrechterhalten will, so muß ein umfassender Wandel eintreten. Die Uneinigkeit im westlichen Lager über den einzuschlagenden Weg, die Verquickung der Angelsachsen in einigen Ländern mit den alten, zum Teil völlig brüchigen Feudalsystemen, die Vorherrschaft privatwirtschaftlicher Interessen, vor allem auf dem Gebiet des Öls, dauernde Quelle von Differenzen und heftiger Konkurrenz, die Fehleinschätzung des Nationalismus, seine falsche Gleichsetzung mit Kommunismus, sind einige Gründe für die gegenwärtige Krise.

Der Bundeskanzler ist der Überzeugung, daß sich der Westen zur Überwindung der Krise und ihrer Ausweitung zu einer Weltkonflagration jeder Aktion enthalten müsse, die entweder direkt oder indirekt ein Eingreifen im Irak bedeutet.

Donnerstag, den 24. Juli 1958

Spaak war heute für ein paar Stunden nach Bonn geflogen, um mit dem Kanzler die gegenwärtige gefahrvolle Situation zu besprechen. Er begann mit dem Stand der Vorbereitungen einer Ost-West-Gipfelkonferenz, die uns nun schon seit sechs Monaten beschäftigt. Trotz vieler Erörterungen seien Fortschritte nicht erzielt worden. Er war besonders kritisch an die amerikanische Adresse. Neue Ideen seien nicht vorgebracht worden. Man trete auf der Stelle, ziehe sich auf die Position der Konferenz von Genf I im Sommer 1955 und Genf II im Herbst 1955 zurück. Erstes Anzeichen einer gewissen Flexibilität sei die Erklärung der Deutschen gewesen, die als ein neuer Versuch in dieser Frage anzusehen sei.

Leider sei nun dieser neue Schritt durch die überraschenden Dinge im Irak, im Libanon und Jordanien überspielt worden. Chruschtschow dränge nun auf eine Gipfelkonferenz über den Nahen Osten, für die der Westen nicht vorbereitet sei. Nun seien Uneinigkeit und Verwirrung groß. Frankreich wolle an seiner Stellungnahme – und dies scheine ein praktischer Weg – das UNO-Verfahren aufrecht erhalten und eine Gipfelkonferenz über den Nahen Osten auf einen späteren Zeitpunkt verschieben. Die amerikanische Regierung trage sich mit dem Gedanken, das UNO-Verfahren fortzusetzen und eine Abhaltung einer etwaigen Gipfelkonferenz über die Nahostprobleme im Zusammenhang mit den in Moskau bereits angelaufenen diplomatischen Vorverhandlungen zu prüfen. Die Engländer hätten überraschend die Abhaltung einer solchen Gipfelkonferenz innerhalb des Sicherheitsrats der Vereinten Nationen vorgeschlagen. Wolle man nun im Sicherheitsrat über den ganzen Nahen Osten und alle seine Probleme sprechen? Wolle man Herrn Chruschtschow die Möglichkeit zu einer großen Schau bieten, in welcher die algerische Frage, Israel, Saudi-Arabien, nicht zuletzt die Interventionen im Libanon und in Jordanien zum Gegenstand temperamentgeladener Angriffe gemacht würden? Wer solle überhaupt an einer solchen Konferenz teilnehmen? Alle arabischen Staaten? Wie stelle man sich das Auftreten Nassers in diesem Kreis vor? Wie gehe eine solche Gipfelkonferenz aus? Wohl mit einem eklatanten Propagandaerfolg Chruschtschows, der es nicht daran fehlen lassen werde, sich zum Protektor panarabischer Ziele aufzuwerfen.

Der Kanzler teilte diese Sorgen. Eine Erörterung der Nahostfrage in einem so weiten Rahmen könne nicht zugelassen werden. Man solle sich auf die aktuellen Probleme Libanon, Jordanien und Irak beschränken. Das hindere nicht, daß man sich im westlichen Lager einmal grundsätzlich über das Verhältnis zu den arabischen Ländern Gedanken mache. Der Kapitalbedarf der arabischen Welt zur Sicherstellung der Ernährungsgrundlage für die sich schnell vermehrende Bevölkerung (Assuandamm, Kultivierung des Landes am Euphrat und Tigris), zur Schaffung von Straßen und Eisenbahnen, von verarbeitenden Industrien und zur Förderung des Fremdenverkehrs sei ungeheuer und könne nur im Weg einer großzügigen Zusammenarbeit mit dem Westen einigermaßen befriedigt werden. Die Ankündigung eines umfassenden Wirtschaftsprogramms würde in der gesamten, nicht gebundenen Welt und vor allem in Afrika eine starke positive Resonanz finden. Eigene wirtschaftliche Kräfte in diesem großen Raum könnten das Ihre dazu beitragen. Man denke hierbei an Erdöl, an Rohstoffe wie Baumwolle und anderes.

17. September 1958

Der Rat hielt heute nachmittag eine Sondersitzung zu Ehren Feldmarschall Montgomerys, in der sich der General mit einer bemerkenswerten Rede verabschiedete. In seiner überaus direkten, manchmal geradezu brutalen Offenheit erklärte Montgomery etwa folgendes:

Die gegenwärtige Lage sei dadurch gekennzeichnet, daß die atomare Abschreckung der beiden feindlichen Blöcke sich aufwiege, so daß es zu einer neuen Weltkonflagration jetzt nicht kommen werde. Was aber, wenn die Abschreckung versage? Wie werde dann NATO den Kampf führen? Er habe große Sorgen, daß NATO versagen werde, wenn nicht radikale Reformen in der Kommandostruktur und in der Organisation erfolgten, die die gegenwärtige komplizierte, verschwenderische und unwirksame Arbeitsweise ersetzten. Es gebe zu viele Komitees und zu wenige Entscheidungen. Auf vier Gebieten seien aber Änderungen von vitaler Bedeutung:

Auf dem Gebiet der politischen Willensbildung der Allianz, im strategischen Denken, in der Kommandostruktur, in der Vereinfachung der Verwaltungsorganisation.

Das große Feld der politischen Auseinandersetzungen mit dem Ostblock seien Asien und Afrika. Die Lage der Westmächte charakterisiere sich durch Uneinigkeit und Gegensätze ihrer Interessen. Eine gemeinsame Politik sei unerläßlich. Auch die Konsultationen in NATO, so fruchtbar sie sein mögen, hätten eine gemeinsame Politik nicht erreicht.

Auch das strategische Denken NATOs bleibe hinter den Erfordernissen der Zeit zurück. Die strategischen Überlegungen lediglich auf das NATO-Territorium zu konzentrieren, sei unzureichend, denn jeder Krieg führe schließlich zu einer globalen Auseinandersetzung. Eine Planung, vor allem der See- und Luftverteidigung, müsse deshalb von vornherein global entwickelt werden.

Die Kommandostruktur der NATO, die bei ihrer Entstehung in aller Eile aufgebaut worden sei, reiche heute nicht mehr aus. Es sei unerläßlich, daß die militärischen Anstrengungen zentral und weltweit geleitet und gesteuert würden. Das gelte vor allem natürlich für das Warnsystem und die Luftverteidigung. Kein internationaler Befehlshaber könne gleichzeitig nationale Kommandos innehaben. Die Stäbe müßten verringert werden. Sie seien in der Regel überbesetzt.

Eine Überprüfung und Rationalisierung der Verwaltungsmaschinerie sei dringend erforderlich. Es gebe zu viele Ausschüsse. Die Verwaltungsmaschinerie arbeite unwirtschaftlich. Er glaube nicht, daß man in der Großindustrie eine solche Überorganisation dulden würde. Es sei ein Generalmanager erforderlich, der die notwendigen Entscheidungen treffe. Nur so würden Stagnation, Verschwendung und Verzögerungen vermieden, die auf dem Gebiet der Infrastruktur besonders bemerkbar seien.

Er glaube nicht, daß es im Moment zu einem allgemeinen Krieg komme. Es sei deshalb jetzt die Zeit, das Verteidigungsbündnis zu reorganisieren und an Stelle einer Mutual Congratulation Society eine straffe, einfache und wirksame Organisation zu setzen.

Zweifellos enthielt diese Ansprache ein paar große Wahrheiten, vor allem was die Schwerfälligkeit des Apparats und seine Überbesetzung mit Menschen und Ausschüssen angeht. Was Montgomery in Wirklichkeit will, ist die Schaffung einer supranationalen Verteidigungsorganisation. Spaak erwiderte mit Recht, daß hierzu die Völker der Allianz einfach nicht bereit seien. Es sei die Aufgabe der Militärs zu befehlen, es sei die Aufgabe der Politiker zu überzeugen. Überzeugen sei oft ungleich schwerer als Befehlen.

18. September 1958

Die Bombardierung von Quemoy durch rotchinesische Truppen und die zunehmende Gefechtstätigkeit zwischen Streitkräften der Volksrepublik China und Nationalchina in der Straße von Formosa bedeuten eine weitere Zuspitzung der Weltkrise. In Übereinstimmung mit vielen Beobachtern glaube ich jedoch nicht, daß die Volksrepublik in diesem Augenblick die bewaffnete Auseinandersetzung um Formosa wünscht. Hier handelt es sich wohl zunächst darum, durch eine großangelegte, mit allen Mitteln militärischer und politischer Pression durchgeführte Aktion, die Anerkennung Rotchinas durch die Vereinigten Staaten und seine Aufnahme in die Vereinten Nationen zu erzwingen. Der pazifischen Welt soll zugleich ein eindringliches Bild von der großen Macht des neuen Chinas vermittelt, sollen die im pazifischen Raum schwelenden kommunistischen Bewegungen mobilisiert und die Stellung der Vereinigten Staaten geschwächt werden.

Aus diesen Absichten und Zielen erklärt sich auch die rotchinesische, von Erfolg gekrönte Bemühung, Chruschtschow davon abzuhalten, einer west-östlichen Gipfelkonferenz über den Nahen Osten im Rahmen des Sicherheitsrates der Vereinten Nationen zuzustimmen, an welcher neben der Sowjetunion, gleichberechtigt auch Nationalchina, das ständiges Mitglied des Sicherheitsrates ist, teilgenommen hätte. Die Sowjetunion ist hierauf um so eher eingegangen, als ihr damit die Möglichkeit gegeben war, die Aufmerksamkeit der Weltöffentlichkeit von der Krise im Nahen Osten, die ihm neue Vorteile für den Augenblick nicht zu bringen schien, auf Ostasien abzulenken. Wenn Sowjetrußland auch in zahlreichen Erklärungen den chinesischen Verbündeten weitgehend zu unterstützen scheint, so bestehen doch manche Anzeichen dafür, daß ihm nicht daran gelegen ist, sich von Rotchina in einen allgemeinen militärischen Konflikt mit der westlichen Welt hineinziehen zu lassen. Es hat zwar Unterstützung, auch militärischer Art, zugesagt. Ich bin aber nicht sicher, ob sich dies auch auf die Lieferung atomarer Waffen erstreckt, denn es ist nicht im sowjetischen Interesse, die chinesische militärische Macht, die heute noch höchst unvollkommen ist, durch die Lieferung auch dieser Waffen in einer Weise zu entwickeln, daß sie sich eines Tages auch gegen Rußland selbst wenden könnte.

Die Vereinigten Staaten sind durch diese neue Krise um Formosa in einer besonders schwierigen Situation. Zweifellos haben sie nicht rechtzeitig dafür gesorgt, die militärische Position Tschiang Kai-scheks auf Quemoy und Matsu so auszubauen, daß nicht eine Vernichtung dieser beiden Inseln gleichzeitig die Vernichtung eines ganz wesentlichen Teils der nationalchinesischen Kampftruppen und Rüstung mit sich bringen würde. Eine Aufgabe der Inseln ist nicht möglich, ohne daß ein wesentliches Stück der Verteidigung des Pazifik herausgebrochen wird und das amerikanische Prestige in diesem Teil der Welt eine schwer wieder gutzumachende Einbuße erleidet. Deshalb das Hin und Her in Washington, das schließlich zu der Erklärung Eisenhowers vom 11. September geführt hat, in der, wenn auch etwas verklausuliert, die Vereinigten Staaten eine Garantie für Quemoy und Matsu ausgesprochen haben. Daß dieses Festhalten an den beiden kleinen, dem chinesischen Festland unmittelbar vorgelagerten Inseln in der amerikanischen öffentlichen Meinung, aber auch in den anderen Partnerstaaten Kritik hervorgerufen hat, ist begreiflich. Die amerikanische Regierung ist wohl mit aus diesem Grund besonders rasch auf die rotchinesische Anregung zu Verhandlungen eingegangen, die inzwischen in Warschau begonnen haben. Es ist nicht recht zu sehen, welche Auswege aus dieser schwierigen Situation sich Herrn Dulles bieten. Der erste Versuch, durch eine Cease-Fire-Vereinbarung zunächst die Anwendung von Gewalt in diesem Raum auszuschließen, scheint auf Ablehnung von rotchinesischer Seite gestoßen zu sein. Ob die Vereinigten Staaten dann einen Schritt weitergehen und die Neutralisierung der beiden kleinen Inseln vorschlagen wollen, ist heute schwer zu sagen, da dies sicher weder von Rotchina noch von Nationalchina angenommen wird. Ob die Vereinigten Staaten aus dieser schwierigen, ja gefährlichen Situation mit einer irgendwie gearteten Anerkennung der rotchinesischen

Regierung herauskommen, scheint mir ebenfalls fraglich. Die Weltkriegsgefahr, die versteckt in diesen militärischen Aktionen schlummert, ist nach wie vor groß, wenn man an die Möglichkeit von Zwischenfällen denkt, die zwischen rotchinesischen Streitkräften und amerikanischen Flugzeugen bei der so schwierigen Versorgung Quemoys jederzeit eintreten können.

Sowjetrußland wird jedenfalls nicht zögern, diesen Konflikt auf der kommenden UNO-Tagung in New York weitgehend auszuschlachten.

Die Lage im Mittelosten ist weiter sehr unklar. Man kann nicht davon sprechen, daß die Krise endgültig bereinigt ist. Über die Mission Hammerskjölds in Kairo, Beirut und Amman liegen keine konkreten Nachrichten vor. Diese Mission diente doch nur dem Zweck, durch entsprechende UN-Garantien (Beobachter, Sicherungstruppen und so weiter) eine Lage herbeizuführen, die sowohl den Vereinigten Staaten als auch Großbritannien den Abzug ihrer Truppen aus dem Libanon und Jordanien ermöglichen könnte. Zwar glaube ich, daß die amerikanischen Truppen bei einer annähernden Stabilisierung der Lage im Libanon abziehen können, ohne daß gleich neue Revolten ausbrechen. Anders ist die Lage in Jordanien. Hier hängt das Schicksal Husseins ausschließlich vom Verbleib der britischen Truppen ab. Hussein hat dies mit aller Deutlichkeit betont, indem er jede UNO-Beobachtergruppe oder -truppe als unzulänglich ablehnte. Die Verhältnisse im Irak sind ebenfalls noch ungeklärt, und man weiß über die wirklichen Absichten Nassers noch zu wenig, um ein Urteil zu gewinnen. Auch hier wird der sowjetische Druck in der UNO vielleicht zu einer neuen Krise führen. Man kann also nicht von Stabilität der Weltlage sprechen. Sowjetrußland ist gegenwärtig nicht an einem Weltkonflikt interessiert, da es große innerpolitische Aufgaben aller Art zu lösen hat und da vielleicht auch das Regime im Innern noch nicht so gefestigt ist, wie man es gelegentlich annehmen möchte.

BOTSCHAFTER BEI DER FRANZÖSISCHEN REGIERUNG IN PARIS HERBST 1958 bis NOVEMBER 1963

Aus dem Jahre 1958

Außenminister von Brentano bittet mich, die Botschaft in Paris zu übernehmen · Die französische Situation im Herbst 1958 · Der Aufstand in Algerien · Die Stunde de Gaulles · Von der Algérie française zur Répubique Algérienne · Einige Grundvorstellungen de Gaullescher Außen- und Verteidigungspolitik · Die französische Atomwaffe · Persönlichkeit und Charakter de Gaulles · Ein Glückwunsch François-Poncets · Macmillan in Bonn · Memorandum de Gaulles über die Reform der NATO · Erster Besuch beim Generalsekretär im französischen Außenministerium Louis Joxe · Gespräch mit Bundespräsident Heuss · Bei Jean Monnet – Gespräch über de Gaulle · Gefallenengedenkfeier auf dem Soldatenfriedhof in Versailles · Übergabe meines Beglaubigungsschreibens an Staatspräsident Coty · Antrittsbesuch beim Staatspräsidenten de Gaulle · Berlinkrise – Botschafterzusammenkunft mit von Brentano · Treffen Adenauer und de Gaulle in Bad Kreuznach · Besuch beim sowjetischen Botschafter Winogradow · Außenministerkonferenz der Westmächte in Paris: Berlinfrage · Jahresschlußsitzung des NATO-Ministerrates in Paris

Als ich heute, Donnerstag, den 4. September 1958, im Auswärtigen Amt zu Besprechungen eintraf, überraschte mich Herr Limbourg, der persönliche Referent des Außenministers von Brentano, mit einem Brief des Ministers, in dem mir die Führung der Botschaft Paris angeboten wurde. Ich sollte die Nachfolge des mir befreundeten Vollrath von Maltzan übernehmen, der wegen Krankheit seinen Posten aufgeben mußte. Maltzan hat in den Jahren seiner Tätigkeit in Paris ausgezeichnete Arbeit geleistet und sich große Verdienste um die Vertiefung der deutsch-französischen Verständigung erworben. Seine Stärke lag vor allem auf wirtschaftspolitischem Gebiet; ein kluger Mann mit ausgewogenem Urteil über Menschen und Dinge. Limbourg sagte mir, daß es dem Minister darauf ankomme, von mir möglichst rasch eine positive Stellungnahme zu erhalten. Ich selbst habe noch am selben Tag dem Minister in einem kurzen Brief für die neue Aufgabe gedankt und den Auftrag angenommen.

Ich teile die Auffassung Brentanos, daß die Vertretung in Paris im gegenwärtigen Zeitpunkt und in den kommenden Jahren von großer Bedeutung ist. Die Lage Frankreichs ist alles andere als stabil. Keines der großen Probleme ist gelöst und überall steht als ein drohender Schatten die algerische Frage, die für die innere Gestaltung Frankreichs immer mehr an Bedeutung gewinnt. Eine Lösung des Algerienproblems ist auch nicht andeutungsweise gegeben. Dort geht der Krieg ununterbrochen weiter und die militärischen Gruppen, die zusammen mit den Kolonisten in Algerien den Umsturz des 13. Mai ausgelöst und fast auf das Mutterland übergegriffen hatten, üben dort im Schutze einer streng kontrollierten Presse und öffentlichen Meinung eine hemmungslose Herrschaft aus. De Gaulle, von dem das Land eine alsbaldige Lösung des algerischen Problems erwartet, ist dieser Lösung ausgewichen und hat sie auf die Zeit nach dem Verfassungsreferendum und nach den darauffolgenden Wahlen vertagt. Ich bin unsicher, ob er schon eine klare Vorstellung einer Lösung besitzt. Jedenfalls hat er heute noch nicht die Stärke, um gegen die Armee und gegen die stark nationalistische weiße Bevölkerung Algeriens eine friedliche und großzügige Lösung durchzusetzen. In den afrikanischen Territorien Frankreichs den Grundsatz der freien Selbstbestimmung über Verbleiben oder Ausscheiden aus dem französischen Imperium zu verkünden und dies den Algeriern zu versagen, ist widerspruchsvoll. Daß die Algerier ihren Widerstand nicht aufgeben werden, ja ihn sogar verstärken, zeigt die unmittelbar bevorstehende Gründung einer algerischen Regierung in Kairo und nicht zuletzt auch das Übergreifen der Terroraktionen der Algerier auf Fankreich. Wenn, wie die Algerier behaupten, diese Attentate und Störungen der öffentlichen Ordnung noch zunehmen, wird das Verhältnis zwischen weißer und muselmanischer Bevölkerung sich ständig verschlechtern und das französische Volk in einen Kriegszustand versetzt werden, in dem große Gefahren für die gegenwärtige Regierung heraufsteigen können; denn der Durchschnittsfranzose ist, so wie ich ihn beurteile, einfach nicht bereit, sich mit ganzer Kraft für die Abwehr dieser Bedrohung einzusetzen.

In einer solchen Zeit ist es von besonderer Bedeutung für die Bundesrepublik, die Beziehungen zu Frankreich so eng wie möglich zu gestalten, denn Frankreich ist nun einmal in der gefährdeten Lage, in der wir uns befinden, das Hinterland, ohne das wir uns weder militärisch noch politisch gegenüber dem sich verschärfenden Druck aus dem Osten behaupten können. Das, was in Paris geschieht, ist unsere höchst eigene Angelegenheit geworden. Sollte dieser Ordnungsversuch de Gaulles scheitern, stehen wir unter Umständen vor schwerwiegenden Folgen. Eine solche Folge könnte die Errichtung einer Militärdiktatur in Frankreich sein, eine andere, ein starkes Anwachsen der kommunistischen Partei mit einer Regierung der äußersten Linken. Beides ist für unseren eigenen Staat, für unsere eigene, sich langsam entwickelnde demokratische Ordnung von großem Nachteil. Ich brauche nur an die Folgen zu denken, die solche Erschütterungen für die Atlantische Allianz, für das Gleichgewicht in der Welt zwischen West und Ost haben würden.

Aber noch mehr: Die antiamerikanische Einstellung des Generals, seine deutliche Kritik an der NATO, seine Reserve, wenn nicht gar seine Ablehnung der Römischen Verträge und der europäischen Institutionen in Brüssel stellen den deutschen Vertreter in Paris vor schwere Aufgaben. Hier könnten sich Konflikte ergeben, die zu einer gefährlichen Belastung der deutsch-französischen Beziehungen führen, wenn es nicht gelingt, unsere Auffassung verständlich zu machen. In den Augen des Bundeskanzlers sollte die wirtschaftliche Zusammenarbeit in Europa, wie sie in den Römischen Verträgen angestrebt wird, eine notwendige Ergänzung in einer festen, durch Institutionen gesicherten politischen Organisation der europäischen Staaten finden. Nur so kann Europa wieder Einfluß auf die weltpolitischen Entscheidungen gewinnen, nur so eine selbständige Stellung zwischen den großen Weltmächten in Ost und West erreichen. Ein solcher Zusammenschluß ist aber nur vorstellbar, wenn Deutschland und Frankreich ihn auch wirklich wollen. Gegen den Willen Frankreichs, in diesem Falle gegen den Willen des Generals de Gaulle, wäre ein solches Vorhaben von vornherein zum Scheitern verurteilt.

Um die ganze Schwere der französischen Situation zu verstehen, in welcher General de Gaulle im Frühjahr 1958 die Regierungsverantwortung übernommen hat, sollte man drei für das Frankreich jener Zeit entscheidende Faktoren nicht aus dem Auge lassen. Frankreich war aus dem Zweiten Weltkrieg äußerst geschwächt hervorgegangen. Dabei waren nicht so maßgebend hohe Blutopfer wie im Ersten Weltkrieg, sondern ein tiefer seelischer Bruch. Die Franzosen hatten das Gefühl, versagt zu haben. Besatzung und Kooperation mit der deutschen Besatzungsmacht wurden als Ausdruck nationaler Unzulänglichkeit angesehen; auch der Sieg erschien wie eine Zufallserscheinung, die trotz vieler lauter Kundgebungen etwas Irreales an sich hatte. Man hatte in vielen Kreisen das Gefühl, daß an ihm nicht in erster Linie die Anstrengungen des französischen Volkes selbst teilhatten, sondern daß er im wesentlichen den Anstrengungen der Alliierten zu verdanken war. Dies bedeutete, ob man es nun zugeben wollte oder nicht, eine unbewußte oder bewußte psychologische Belastung, unter denen Frankreich, seine öffentliche Meinung, vor allem aber die Armee litten.

Ein anderes wesentliches Elment, das das politische Leben Frankreichs seit Ausgang des Zweiten Weltkrieges entscheidend belastet, war die Liquidation seines Kolonialreichs. Man hatte nicht oder nicht rechtzeitig erkannt, daß eine Behauptung der alten kolonialen Herrschaft mit den

Selbständigkeitsbestrebungen der Völker und nicht zuletzt mit der in ihnen wachsenden sozialrevolutionären Dynamik zusammenprallen mußte.

Die neue französische Führungsschicht, die aus dem Widerstand gegen die deutsche Besatzungsmacht kommend die Macht übernommen hatte, wollte die alte Größe Frankreichs, das Empire, wieder herstellen. Man wollte überall da, wo es französische Besitzrechte gab, die Positionen festhalten, oder sie, wenn sie verlorengegangen waren, mit militärischem Einsatz zurückgewinnen. Dabei verband man sich oft mit alteingesessenen, reaktionären Gruppen, anstatt die Verselbständigung der neuen nationalen Kräfte zu fördern. Man konnte sich in Paris nicht rechtzeitig entschließen, sich mit den neuen Kräften zu verbinden und ihnen damit den Weg zur Unabhängigkeit zu ebnen. Harte militärische Eingriffe wechselten mit Unentschlossenheit und einer oft unzureichenden Kriegführung.

Trotz erheblicher amerikanischer finanzieller Hilfe während des Koreakonflikts überforderten die militärischen Anstrengungen die Leistungskraft, aber auch den Leistungswillen des französischen Volkes. Die Folge war die Katastrophe von Diën Biën Phu, die Unterzeichnung des Waffenstillstandes durch den französischen Ministerpräsidenten Mendès-France in Genf, die Teilung Indochinas in Nord- und Südvietnam, praktisch die Liquidierung der französischen Position in Ostasien.

Die Niederlage in Indochina hat den Prozeß der Auflösung des französischen Kolonialreichs in Afrika beschleunigt. Am 1. November 1954, kurz nach dem Abschluß des Indochinakrieges, bricht der Aufstand in Algerien aus. Algerien, das in der Rechtsform von Departments Teil des französischen Mutterlandes war, hatte besondere Probleme: Neun Millionen Mohammedaner standen 1,1 Millionen Europäern gegenüber. Diese waren Träger der Wirtschaft, aus der sie erhebliche Gewinne zogen. Die große Masse der mohammedanischen Bevölkerung fiel der Misere anheim. Der Wunsch der eingeborenen Algerier nach Selbständigkeit und einer eigenständigen sozialen Ordnung hatte hierin seinen natürlichen Nährboden.

Frankreich wollte dieses große Gebiet und seine immensen wirtschaftlichen Möglichkeiten mit Einsatz aller seiner militärischen Kräfte halten. Gestützt von einer öffentlichen Meinung, die weitere Niederlagen nicht hinnehmen – von einer Armee, die die schweren Rückschläge in Indochina wieder wettmachen wollte und nicht zuletzt von der weißen Bevölkerung in Algerien selbst, die ihre Existenz gefährdet sah, hat Frankreich vier Jahre hindurch große Anstrengungen gemacht, des Aufstandes Herr zu werden. Es hat der militärischen Führung dabei nicht an Phantasie gefehlt, denn neben der Aufgabe der allgemeinen Befriedung des Landes hat sie versucht, die sozialen Zustände des Landes zu verbessern, die Erziehung und die Überwindung des Analphabetentums zu fördern. Die Schwäche der Zentralgewalt in Paris, die ständigen Regierungswechsel, schließlich das Schwinden jeglicher Regierungsautorität, führten zu der schweren Krise im Juli 1958. Die Furcht der französischen militärischen Führung in Algerien und der mit ihr eng verbundenen europäischen Bevölkerung vor einem neuen Diën Biën Phu hat damals den Aufstand der Armee und ihre Intervention in Paris mit jedem Tag wahrscheinlicher werden lassen.

Das war die Stunde de Gaulles.

Seine Beauftragung mit der Führung der Regierung entsprach den Wünschen der Armee, hatte die Zustimmung der demokratischen Parteien im Mutterland und auch der europäischen Bevölkerung in Algerien, wobei allerdings jede dieser Gruppen von verschiedenen Erwartungen ausging. Die Armee und die europäische Bevölkerung erhofften sich vom General die totale Integration Algeriens in den französischen Staat und die Ausschaltung aller »Verzichtspolitiker«. Demokraten wie Pflimlin, Guy Mollet und Gaillard erwarteten von seiner großen moralischen und militärischen Autorität die Überwindung des Widerstandes der Armee und der Europäer in Algerien gegen eine Liquidierung der alten kolonialherrschaftlichen Vorstellungen.

Mit de Gaulle setzt nun der vier Jahre dauernde Prozeß der Wandlung des französischen Denkens ein, das von der Algérie française zur République Algérienne, dem souveränen algerischen Staat führt. Mit ungewöhnlichem taktischen Geschick hat de Gaulle das französische Volk Schritt für Schritt an diese Lösung gewöhnt. Dabei hat er mit Sicherheit im Lauf der Zeit selbst – unter dem Eindruck der Realitäten, das heißt der Stärke der algerischen Unabhängigkeitsbewegung – seine eigenen Auffassungen gewandelt, die von Anbeginn an auf einen gewissen Grad von Autonomie zielten.

Weit seiner politischen Umwelt voraus, in einem Tempo und einem Radikalismus, die sich nur er auf Grund seiner Rolle bei der Befreiung Frankreichs leisten konnte, liquidierte er in dieser Zeit die französische Herrschaft in Schwarzafrika und Madagaskar. Es entsteht die schwarzafrikanische Staatenwelt französischer Sprache, die zunächst in einer Communauté verbunden ist und bald zur völligen Selbständigkeit der einzelnen Staaten führen sollte.

Algerien gewährt er am 16. September 1959 das Selbstbestimungsrecht, wobei die Algerier über Aufgehen in Frankreich, Assoziierung mit Frankreich oder Trennung von Frankreich frei entscheiden sollten. Es begann eine Periode der französischen Geschichte, die sich durch eine Kette von Unruhen in Algerien, zahlreichen Gewaltakten im Mutterland charakterisiert und die, wenn man an die Rebellion der Generale Salan und Challe im April 1961 denkt, zeitweise das Ausmaß einer Staatskrise anzunehmen drohte.

Einige Grundvorstellungen de Gaullescher Außen- und Verteidigungspolitik

General de Gaulle hat nie die Welt darüber im Unklaren gelassen, daß er eine politische Organisation Europas nach dem Muster des Gemeinsamen Marktes nicht als zweckmäßig betrachte. Jegliche Integration, vor allem alle Supranationalität im politischen Raum widersprechen seiner Auffassung vom Wesen und den Aufgaben der Staaten. Aus dieser Grundeinstellung heraus hat er auch die Arbeiten der Fouchet-Kommission, die damit beauftragt war, Vorschläge für eine politische Zusammenarbeit der sechs Mitgliedstaaten der Europäischen Gemeinschaft zu erarbeiten, nie mit besonderer Wärme unterstützt. Wie Minister Fouchet mir einmal sagte, seien letzten Endes die Arbeiten seiner Kommission an den die Souveränität der einzelnen Staaten betonenden Änderungswünschen des Generals gescheitert. Dem General war es gar nicht so unerwünscht, daß es zu einer die sechs Staaten umfassenden politischen Organisation nicht gekommen ist.

All dies bedeutet nicht, daß auch nach seiner Auffassung entsprechend den Erfordernissen der modernen Welt nicht ein gewisser enger Interessenzusammenschluß der europäischen Staaten notwendig gewesen wäre. Er hat den Gemeinsamen Markt und seine Institutionen nach Überwindung innerer Widerstände hingenommen, und soweit sie den Interessen Frankreichs dienten, auch in Zukunft gefördert. Er hat dem nach den Römischen Verträgen vorgesehenen engeren wirtschaftlichen Zusammenschluß der Sechs keine Hemmungen in den Weg gelegt. Er hat aber in persönlichen Gesprächen mit mir immer wieder betont, daß er keinen Ausbau dieser Institutionen zu supranationalen Trägern eigener, die Mitgliedstaaten bindender Entscheidungen wünsche. Er hat die Tätigkeit der Gemeinschaftsorgane mit Skepsis und gelegentlich geäußerten ausgesprochenem Widerwillen beobachtet und immer wieder versucht, ihre in den Römischen Verträgen festgelegten Aufgaben und Rechte einzuengen und zu verändern. Vor allem aber wünscht er keinen Ausbau der Europäischen Versammlung zu einer echten, direkt gewählten parlamentarischen Körperschaft mit Gesetzgebungsrecht und erweiterten Kontrollfunktionen.

Ausgehend von seinen Grundauffassungen von Nation und Staat ist der General davon überzeugt, daß im politischen Raum ein kontinentales, wesentlich auf bilateralen Abmachungen basierendes Bündnissystem den Interessen der verschiedenen Nationen am besten diene. In diesem System nimmt nach seinen Vorstellungen der deutsch-französische Vertrag vom 21. Januar 1963 eine bevorzugte Stellung ein. Er empfindet ihn geradezu als Kernstück seines kontinentalen Allianzsystems. Für General de Gaulle sind dabei auch die militärischen Klauseln des Vertrages von Bedeutung. Denn bei seiner Überzeugung, daß NATO heute schon vor großen Veränderungen, spätestens aber im Jahre 1969 vor einer völligen Umgestaltung steht, und in der Meinung, daß NATO angesichts der seit ihrer Gründung erfolgten zunehmenden Stärkung der europäischen Staaten nicht mehr dieselbe Bedeutung besitzt, hat für ihn der im deutsch-französischen Vertrag ausgesprochene Gedanke »gegenseitiger Annäherung der Auffassungen zur Schaffung gemeinsamer Konzeptionen auf dem Gebiet der militärischen Strategie und Taktik« einen realen Sinn.

Man erhofft sich auf französischer Seite vom Vertrag – diese Auffassung wird von führenden Gaullisten gelegentlich ganz offen ausgesprochen – eine starke Bindung der Bundesrepublik an Frankreich, die mit der Zeit an die Stelle der deutschen Verpflichtungen gegenüber der NATO treten soll. Man spricht die Hoffnung aus, daß die Bundesrepublik infolge des Vertrages in Zukunft stärker als bisher ihrer »europäischen« Aufgaben bewußt werde und zusammen mit dem französischen Partner zunächst innerhalb des NATO-Bündnisses größere Selbständigkeit und Unabhängigkeit gegenüber den Vereinigten Staaten erstrebe. Es gehört zu den festen Überzeugungen der französischen Regierung, daß dieses deutsch-französische Bündnis, wenn mit der Zeit die militärischen und wirtschaftlichen Kräfte der Bundesrepublik und Frankreichs noch stärker werden, auch für die übrigen kontinentalen Partnerstaaten attraktiv wirken könnte.

»Il faut être soi-même«, »man muß auf eigenen Füßen stehen«, dies ist einer der wesentlichen Grundsätze de Gaullescher Lebens- und Staatsauffassung. Dies gilt natürlich in erster Linie für die Verteidigung Frankreichs. In einer bedeutsamen Rede vor dem »Centre des Hautes Études Militaires« hat er in deutlicher Weise die Selbständigkeit und Eigenständigkeit der französischen Verteidigungskräfte gefordert.

»Quant au commandement militaire qui doit avoir la responsabilité incomparable de commander sur les champs de bataille, c'est-à-dire d'y répondre du destin du pays, s'il cessait de porter cet honneur et cette charge, s'il n'était plus qu'un élément dans une hiérarchie, qui ne serait pas la nôtre, c'en serait fait rapidement de son autorité, de sa dignité, de son prestige devant la nation et, par conséquent, devant les armées.

C'est pourquoi, la conception d'une guerre et même celle d'une bataille dans lesquelles la France ne serait plus elle-même et n'agirait plus pour son compte avec sa part bien à elle et suivant ce qu'elle veut, cette conception ne peut être admise. Le système qu'on a appelé »intégration« et qui a été inauguré et même, dans une certaine mesure pratiqué après les grandes épreuves que nous avions traversées, alors qu'on pouvait croire que le monde libre était placé devant une menace imminente et illimitée et que nous n'avions pas encore recouvré notre personnalité nationale, ce système de l'intégration a vécu. Il va de soi, évidemment, que notre défense, la mise sur pied de nos moyens, la conception de la conduite de la guerre, doivent être pour nous combinées avec ce, qui est dans d'autres pays. Notre stratégie doit être conjuguée avec la stratégie des autres. Sur les champs de bataille, il est infiniment probable que nous nous trouverions côte à côte avec des Alliés. Mais que chacun ait sa part à lui.«[1]

Er wiederholte diese Gedanken in einer Pressekonferenz am 14. April 1961, wenn er von dem Recht und der Pflicht der europäischen Kontinentalmächte spricht, eine eigene nationale Verteidigung zu besitzen. Es sei für einen großen Staat nicht tragbar, daß sein Schicksal den Entscheidungen und Handlungen eines anderen Staates überlassen werde. In der Integration sei das integrierte Land geneigt, seine nationale Verteidigung zu vernachlässigen. Dabei hat de Gaulle die Notwendigkeit der Aufrechterhaltung des Atlantischen Bündnisses nicht bestritten. In einer Pressekonferenz vom 16. Mai 1962 sagt er: »Il y a une Alliance atlantique. Elle existe. Tant que les Soviets menacent le monde libre, elle doit être maintenue. La France en fait partie intégrante. Si le monde libre était attaqué, soit dans le nouveau continent, la France prendrait part à la défense commune aux côtés des Alliés avec tous ses moyens.«[2]

Er war ein zu großer Realist, um nicht immer wieder zuzugeben, daß bei einem Angriff der sowjetischen Weltmacht die europäischen kontinentalen Kräfte nicht ausreichen, sondern daß hier allein die amerikanische atomare Verteidigungskraft den notwendigen Schutz bieten könne. Deshalb hat er den Bestand des Bündnisses anerkannt. Er war jedoch nicht bereit, das wesentliche Element der Atlantischen Verteidigungsgemeinschaft, nämlich das integrierte Kommando – vor allem den amerikanischen Oberbefehl – und die integrierten Verbände anzuerkennen. Es war mit seinem Stolz unvereinbar, amerikanische Kommandostellen, amerikanische Luftstützpunkte und Versorgungseinrichtungen auf französischem Boden zu sehen, und so hat er nicht geruht, bis alle diese Verbände und last not least der NATO-Rat und das NATO-Oberkommando Frankreich verlassen hatten.

Unter dem Einfluß des Generals spielt im modernen französischen Denken die Entwicklung einer französischen atomaren Streitkraft eine große Rolle. Der General hat ihre Notwendigkeit im Lauf der letzten Jahre in vielen Erklärungen begründet und diese Begründung mit besonderer Eindringlichkeit in seiner Pressekonferenz vom 14. Januar 1963[3] wiederholt. Da man in einer Zeit, in der sich die beiden atomaren Weltmächte nahezu die Waage halten, nicht mit Sicherheit erwarten könne, daß die Vereinigten Staaten in allen Eventualitäten, in allen nur denkbaren militärischen Konflikten Europa und Frankreich mit dem Einsatz ihrer atomaren Waffen zu Hilfe eilen, sei die Entwicklung einer französischen atomaren Streitkraft unerläßlich. Über diese Streitkraft müsse Frankreich ausschließlich verfügen. Eine irgendwie geartete Integration dieser Waffe in internationale Verbände, wie die NATO, komme nicht in Frage. Dabei ist sich de Gaulle der relativen Schwäche dieser Waffe im Vergleich mit jenen der atomaren Supermächte durchaus bewußt. Sie besitze aber auch so immer noch eine Zerstörungskraft, die auf jeden potentiellen Angreifer abschreckend wirke. Sie ist nach seiner Auffassung, und diese wird heute in wachsendem Maß von vielen französischen militärischen Sachverständigen geteilt, das Kernstück der modernen französischen Rüstung. Sie gibt Frankreich in dem vom General geplanten kontinentalen europäischen Bündnissystem den ersten Platz.

Persönlichkeit und Charakter de Gaulles

In mancherlei Hinsicht gehört de Gaulle einem anderen Jahrhundert an. Seine Vorstellungen von einem Frankreich der »Grandeur«, von einem Frankreich, das auf Grund seiner historischen Vergangenheit, seinen militärischen Traditionen, seinen wirtschaftlichen Möglichkeiten und seiner kulturellen Ausstrahlung eine besondere Mission zu erfüllen hat, haben manche Ähnlichkeit mit den Auffassungen anderer großer Figuren der französischen Vergangenheit. Er selbst sieht sich als Verkörperung der Nation. Für sie beansprucht er den führenden Platz in Europa, zugleich aber auch einen gleichberechtigten Platz an der Seite der Vereinigten Staaten, Sowjetrußlands und Chinas. Er verfügt über die große Gabe, politische Entwicklungen richtig zu sehen, oft vorauszusehen, gebotene politische Chancen rechtzeitig zu spüren und zu nützen. Kühne, rasche Entschlüsse, überraschende Wendungen haben ihm selbst, und damit auch seinem Land, neue Weltgeltung gebracht, ohne daß die machtpolitischen

Voraussetzungen Frankreichs, als einer Macht zweiter Ordnung, immer gegeben waren. Eine spätere Geschichtsschreibung wird seine Leistungen, die Liquidation des Algerienkrieges, die Entkolonialisierung des französischen Afrika, die Verfassung des Jahres 1958, seine Bemühungen, Frankreich aus der Depression der Niederlage des Jahres 1940 zu befreien und ihm neues Selbstbewußtsein zu geben, hoch bewerten. Nirgends schildert de Gaulle den eigenen Charakter besser als in seiner aus dem Jahre 1932 stammenden Schrift ›Le Fil de l'Épée‹ – ›Schneide des Schwertes‹ –, in der er sich mit den Eigenschaften eines militärischen und politischen Führers beschäftigt. Ich möchte daraus folgende Sätze festhalten:

»Rien ne rehausse l'autorité mieux que le silence, splendeur des forts et refuge des faibles, pudeur des orgeilleux et fierté des humbles, prudence des sages et esprit des sots ...«[4] »Ce que le chef ordonne doit revêtir, par consequent le caractère de l'élévation. Il lui faut viser haut, voir grand, juger large, tranchant ainsi sur le commun, qui se débat dans d'étroites lisières ...«[5] »L'homme d'action ne se conçoit guère sans une forte dose d'égoisme, d'orgueil, de dureté, de ruse. Mais on lui passe tout cela et, même, il en prend plus de relief, s'il s'en fait des moyens pour réaliser de grandes choses. A se tenir en dehors des autres, le chef se prive de ce que l'abandon, la familiarité, l'amitié même ont de douceur. Il se voue à ce sentiment de solitude, qui est, suivant Emile Faguet, la misère des hommes supérieures.«[6]

Alle diese Charakterzüge finden wir in dem Mann wieder, der von 1958 bis 1969 Frankreich beherrscht und die europäischen Dinge oft entscheidend beeinflußt hat. Superiorität, eine tüchtige Portion List, ein nicht geringes Maß von Skepsis und Mißachtung der anderen, tiefe Überzeugung von der eigenen Sendung, ein starkes Gefühl der Einsamkeit, ja ein Stolz in der Vereinsamung. Ich fragte ihn einmal, ob er sein Haus und das Leben in Colombey-les deux Églises sehr liebe, worauf er prompt antwortete: »À Colombey il n'y a rien.« Nichts als ihn selbst und die weiten, oft von Wolken verhangenen Wälder Lothringens. »Il se voue à ce sentiment de solitude, qui est la misère des grands hommes.«

Zur Grandeur gehört auch höfischer Glanz, strenges Zeremoniell und ein von ihm bis ins einzelne, je nach der politischen Zweckmäßigkeit, bis in die Kleinigkeiten durchdachtes Protokoll. Die großen Galadiners im Elysée, die Staatsbesuche, die Empfänge in Rambouillet, Versailles, Fontainebleau blieben hinter jenen des Prince-Président, des späteren Kaisers Napoleon III., an Glanz und Qualität künstlerischer und kulinarischer Genüsse nicht zurück. Man wußte, daß er diesen Glanz, mit dem er seine ausländischen Gäste beeindruckte, selbst genoß und diese Gelegenheiten gern benutzte, um in wohldurchdachten, wohlformulierten, politisch pointierten Reden dem Ganzen den Stempel seiner unbestreitbar großen Persönlichkeit aufzudrücken.

Seine Reden, seine zahlreichen Pressekonferenzen, seine Bücher, auf die er große stilistische Sorgfalt verwandte, zeigen das Talent des Schriftstellers, wie es in seiner Zeit unter den politischen führenden Persönlichkeiten nur Winston Churchill eigen war. Er fixierte eigenhändig seine Reden, lernte sie auswendig und reproduzierte sie dank seines ungewöhnlichen Gedächtnisses wortgetreu. Da er es verstand, in Form und Inhalt seiner Reden sein Auditorium unmittelbar und persönlich anzusprechen, hat es an den von ihm beabsichtigten Wirkungen nicht gefehlt. Im persönlichen Gespräch konnte er, wenn es ihm daran lag, einen Charme entfalten, dem sich nur die wenigsten entziehen konnten. Dem einstigen Professor der Geschichte an der Militärschule von St. Cyr stand ein großer Fundus von Allgemeinbildung, insbesondere historischen Kenntnissen zur Verfügung, den er gern nutzte. Ich brauche nicht besonders zu betonen, daß er in solchen Gesprächen, wenn er es wollte, auch von großer, ja schneidender Härte sein konnte, wobei er gern auf kräftige, bildreiche Worte der Soldatensprache zurückgriff.

Paris, den 29. September 1958

François-Poncet sandte mir heute seine guten Wünsche[7] für meine neue Aufgabe in Paris:

»92, rue Ranelagh
Auteuil 35-78

le 29. Septembre 1958

Cher ami,
On me dit que vous allez
remplacer Maltzan. Si c'est
vrai, je m'en réjouis. C'est
le choix qui s'impose.
On n'en pourra faire de meilleur –
cordialement
François-Poncet

L'entrevue à Colombey a
réalisé mes prévisions et
comblé mes souhaits. J'en
ai été très heureux –«

Eigenhändiger Brief von André François-Poncet an den Autor vom 29. September 1958

92, RUE DU RANELAGH

AUTEUIL 35-76

le 29/9/58

Cher ami

On me dit que vous allez remplacer Maltzan. Si c'est vrai, je m'en réjouis. C'est le choix qui s'impose. On n'en pourra faire de meilleur..

Cordialement

François Mauriac

L'entrevue de Colombey a réalisé mes prévisions et comblé mes souhaits. J'en ai été très heureux.

Bonn, 8. Oktober 1958

Zum Mittagessen bei Brentano. Unter vier Augen berichte ich eingehend über das Memorandum de Gaulles zur Reform der NATO und die Bildung eines Direktoriums der drei westlichen Nuklearmächte Frankreich, Amerika und Großbritannien. Ich bitte ihn, den Bundeskanzler noch vor der am Nachmittag beginnenden Besprechung mit dem zu Besuch in Bonn anwesenden britischen Außenminister Macmillan zu unterrichten.

Im Laufe des Nachmittags bekomme ich vom Bundeskanzler die Weisung, an dem Abendessen teilzunehmen, das dieser für Macmillan im Palais Schaumburg gibt. Noch vor Beginn des Diners bringt mich der Kanzler mit Macmillan zusammen, den ich aus der Zeit der zweiten Genfer Konferenz recht gut kenne. Ich muß den Inhalt des Memorandums und die Reaktion Spaaks auf sein Gespräch mit de Gaulle darlegen.

Das Essen verläuft in einer guten Atmosphäre. Der Kanzler hält eine bemerkenswert hübsche Rede über das Petersbergabkommen als den ersten Schritt einer westlich orientierten Politik der Bundesrepublik. Er schildert das Entstehen dieses Abkommens, dankt der britischen Regierung für ihre durch Sir Brian Robertson übermittelte wertvolle Initiative, erwähnt auch den Beitrag Steels, des gegenwärtigen britischen Botschafters in Bonn, damaligen Stellvertretenden britischen Hohen Kommissars. Er endet in einem Bekenntnis zur Vertiefung der deutsch-englischen Zusammenarbeit im Rahmen der Westlichen Allianz. Macmillan antwortet ebenfalls freundschaftlich in einer weit ausholenden Ansprache, in der er vor allem die Interdependenz aller Völker und Staaten in einer sich ständig räumlich verengenden Welt darstellt.

Anschließend an das Abendessen, an dem etwa dreißig Personen teilgenommen haben, Aussprache über das Memorandum de Gaulles in kleinem Kreis, an der der Bundeskanzler, Macmillan, neben ihnen Brentano, Scherpenberg, Herwarth und ich, von britischer Seite Steel, Ormsby-Gore (Stellvertretender Unterstaatssekretär im Foreign Office) teilnehmen. Macmillan legt seine Beurteilung des Memorandums dar und gibt hierbei noch einmal eine Übersicht über den Inhalt. Er kennt de Gaulle und auch seine Fruchtbarkeit hinsichtlich solcher Memoranden. Dem General seien in diesem Memorandum zwei Fehler unterlaufen: Einmal glaube er aus der Tatsache des französischen territorialen Besitzes in verschiedenen Teilen der Welt eine besondere politische Verantwortlichkeit herleiten zu können und eine Sonderstellung beanspruchen zu müssen; zum anderen wünsche er die Einrichtung eines Direktoriums der drei westlichen Mächte innerhalb der NATO, was auf britischen und amerikanischen Widerspruch stoße. Es gebe keine britisch-amerikanische Vormachtstellung in der Welt und es dürfe auch keine britisch-amerikanisch-französische geben. Derartige Auffassungen seien anachronistisch. Frankreich sei an Allianzen nicht gewöhnt. In seiner Geschichte habe es in der Regel, wie in den Zeiten Ludwig XIV. und Napoleons den Ton angegeben. Es müsse lernen, daß die moderne Welt von dem Gedanken der Partnerschaft erfüllt sei und daß die kleinen Staaten eine andere Bedeutung besäßen als früher. Er schlage vor, daß man vorsichtig auf dieses Memorandum reagiere, denn er kenne die empfindliche Natur des Generals und befürchte, daß er sich, wenn man zu dezidiert handle, auf diesen und ähnlichen Vorstellungen beharre. Der Bundeskanzler hörte Macmillan mit Aufmerksamkeit zu und reagierte dann in seiner Stellungnahme zum französischen Memorandum negativ.

10. Oktober 1958

Nachmittags lange beim Bundeskanzler im Garten des Palais Schaumburg. Zunächst wird in meiner Gegenwart die Einrichtung eines Bocciaplatzes mit dem Gärtner besprochen, der im Innern des Parks angelegt und elektrisch beleuchtet werden soll, damit der Kanzler sich auch in den Abendstunden diesem Spiel widmen kann.

Anschließend langes Gespräch über meine neue Aufgabe. Er erklärt mir, daß er bedauere, mir diese Aufgabe übergeben zu müssen. Es sei ihm nicht ganz wohl bei dem Gedanken, daß ich die NATO verlasse; aber er wisse niemanden, der die sehr kritische und gefahrvolle Entwicklung in Frankreich besser beobachten und die deutschen Interessen wirkungsvoller vertreten könne. Er wolle auch unmittelbar und direkt über die Dinge in Paris unterrichtet sein. Hierbei erörterte er den Gedanken, daß ich die Leitung der Pariser und der NATO-Botschaft für kurze Zeit in einer Person vereine.

Paris, den 13. Oktober 1958

Besprechung mit Spaak. Ich berichte ihm über das, was in Bonn in der Angelegenheit des Memorandums passiert ist und bespreche mit ihm unverbindlich die Idee einer Fusion der beiden Botschaften in der Spitze. Er selbst ist durchaus dafür, denn er fürchtet bei meinem Weggang den unmittelbaren Kontakt zu Bundeskanzler und Außenminister zu verlieren.

Er gibt mir aber zu bedenken, daß meine Position der französischen Regierung gegenüber schwierig werden könnte, denn wie Joseph Bech ihm einmal gesagt habe, wolle Frankreich mit ganzem Herzen und mit ganzer Kraft geliebt werden und vertrage nicht, wenn es diese Liebe mit irgend jemand anderen teilen müsse. Das entspreche – so setzte Spaak hinzu – nun einmal dem femininen Charakter dieses Volkes.

15. Oktober 1958

Die französische Regierung hat das Agrément erteilt. Ich werde nach Abstimmung mit der französischen Regierung mein Beglaubigungsschreiben am 15. November überreichen.

Bei meinen verschiedenen Gesprächen mit Spaak, Norstad und anderen führenden Persönlichkeiten der NATO ist mir immer wieder der Gedanke nahegebracht worden, wenigstens bis zur NATO-Ministerkonferenz im Dezember die Geschäfte des NATO-Botschafters noch wahrzunehmen, weil man in den bevorstehenden schwierigen Erörterungen über die Reform der politischen Struktur der NATO gern über meine Person unmittelbare Verbindung mit dem Bundeskanzler aufrecht erhalten sehen möchte.

Donnerstag, den 16. Oktober 1958

Habe heute dem Generalsekretär im französischen Außenministerium Joxe, den ich als einen klugen und deutschfreundlichen Mann schätze, meinen Antrittsbesuch gemacht. Joxe versicherte mir, daß der Quai d'Orsay alles tun werde, um mich in meiner neuen Aufgabe zu unterstützen. Das deutsch-französische Verhältnis sei entscheidend für die Erhaltung der freien westlichen Welt. Zweifellos seien die Beziehungen gut; aktuelle zwischenstaatliche Probleme seien im Augenblick nicht zu lösen. Man müsse aber darauf achten, daß diese guten Beziehungen nicht einfach als eine Selbstverständlichkeit abgetan und in den Hintergrund geschoben würden. Man müsse immer wieder durch Bekundungen eines gemeinsamen Willens die Notwendigkeit einer engen politischen Zusammenarbeit im Bewußtsein der beiden Völker wachhalten. Hierzu diene ein reger Austausch politischer Persönlichkeiten aller Parteien, ein baldiger Besuch des Bundespräsidenten in Paris, eine Verstärkung der Informationstätigkeit der Presse und der anderen großen Medien. Joxe kam dann von sich aus auf die Problematik der Direktoriumsidee de Gaulles zu sprechen. Er zeigte sich skeptisch, ob eine solche Organisation der Westmächte zur Lösung globaler politischer Probleme realisierbar sei.

Ich bemerkte, daß die Idee eines Direktoriums der Drei für Bundeskanzler und Bundesregierung nicht annehmbar sei. Auch das deutsche Parlament und die deutsche öffentliche Meinung würden sich nicht mit einer solchen Lösung abfinden können. Sicher beständen globale Probleme, die nach einer geeigneten Planung und Lösung verlangten. Es sei höchst unsicher, ob dies innerhalb der NATO durchführbar sei, denn weder Norwegen, noch Dänemark, noch einige andere Staaten seien bereit, ihre mit Beziehung auf den NATO-Raum eingegangenen Verpflichtungen zu erweitern. Die Schaffung einer besonderen Institution und die darin fixierte Vormachtstellung der drei Westmächte würden auf den Widerstand der anderen NATO-Mitgliedstaaten stoßen. Müsse man denn eine besondere Einrichtung treffen? Könne man nicht derartige Planungsbesprechungen auf dem Wege über die Botschafter und militärischen Experten in Washington durchführen? Zweifellos sei die Konsultation innerhalb NATOs noch nicht ausreichend. Es liege nach meinen Erfahrungen nicht so sehr an NATO als Organisation, als an den Partnerstaaten, die mit der Konsultation, der Abstimmung über eine gemeinsame Politik, wie Mittelosten oder Ferner Osten erst begännen, wenn eine Krise ausgebrochen sei, anstatt in Zeiten relativer Ruhe Klarheit über die Interessen der einzelnen Staaten zu gewinnen und damit im Ernstfall leichter handlungsfähig zu sein.

24. Oktober 1958

Diese Woche, deren Beginn ich in Frankfurt und deren überwiegenden Teil ich in Bonn verbracht habe, war bewegt. Im Mittelpunkt stand meine Aussprache mit dem Bundeskanzler, in der wir eingehend die Reaktion auf das inzwischen auch der Bundesregierung durch den französischen Botschafter Seydoux zugeleitete Memorandum de Gaulles über die Reform der NATO mit dem Ziel der Einrichtung eines Dreierdirektoriums der Hauptmächte erörterten. Ich legte dem Kanzler in großen Zügen meine Einstellung zu dem Problem dar: Es müßten zwei Dinge unterschieden werden. Einmal der Ausbau der politischen Konsultation in NATO, deren Unzulänglichkeit in den letzten Monaten besonders deutlich geworden ist, und die von de Gaulle angeschnittene, an sich nicht neue

Frage einer globalen Planung, deren Notwendigkeit angesichts der sowjetischen politischen und wirtschaftlichen Aktivität im Nahen und im Fernen Osten unbestritten ist. Der Gedanke des Dreierdirektoriums ist bedenklich, einmal wegen seiner Rückwirkung auf die kleineren Staaten, die sich einer Vorrangstellung der Drei nicht unterwerfen würden, zum anderen auch wegen der Schwierigkeiten, die sich innerhalb eines solchen Direktoriums notwendigerweise ergeben.

Nach Auffassung der meisten Ratsmitglieder ist es den Zielen der Allianz schädlich, erst zu konsultieren, wenn politische Krisen ausgebrochen sind. Man hält es vielmehr für erforderlich, schon in Zeiten relativer Ruhe Konsultationen über gewisse Regionen zu führen, in denen die verschiedenen Staaten ihre Interessen miteinander abstimmen und wenn möglich, eine langfristige gemeinsame Politik entwickeln. Es ist offensichtlich, daß, wenn eine solche gemeinsame Politik besteht, in Krisenzeiten schneller und wirksamer gehandelt werden kann als bisher. Was die globalen Fragen angeht, so bin ich der Auffassung, daß keinerlei Bedenken bestehen, wenn in Washington, dem Zentrum der atlantischen Welt, Besprechungen mit zwei, drei oder fünf Staaten über gewisse globale Probleme stattfinden, wobei zweierlei sichergestellt werden muß: Einmal, daß nicht der Eindruck erweckt wird, daß sich Mächtegruppen zu geheimen Abmachungen zusammenfinden, deren Inhalt nicht mit den Interessen der Gemeinschaft übereinstimmen und zum anderen, daß die Ergebnisse solcher geheimen Erörterungen, soweit irgend möglich, dem NATO-Rat bekanntgegeben werden. Solche Besprechungen haben schon wiederholt stattgefunden – ich erinnere nur an Abrüstungsgespräche, an Besprechungen der Deutschlandfrage –, ohne daß hierbei die übrigen Partnerstaaten verstimmt gewesen wären. In jedem Falle erfolgte eine gründliche Unterrichtung der Partner. Man braucht also nicht eine Institution wie das Dreierdirektorium einzurichten, die wahrscheinlich das Ende der NATO bedeuten würde.

Wir unterbrachen unser Gespräch, da Mr. Trimble von der amerikanischen Botschaft sich angesagt hatte, der dem Bundeskanzler eine Botschaft von Dulles überbringen wollte, in der dieser dem Kanzler seine negative Einstellung zu den de Gaulleschen Reformgedanken übermittelte.

Ich fand den Kanzler bei bester Gesundheit. Sein Tagesprogramm ist nach wie vor unendlich reichhaltig. Die außenpolitische Arbeit nimmt ein gut Teil hiervon in Anspruch. Wie er mir sagte, war er an diesem Tage um drei Uhr morgens aus dem hessischen Wahlkampf nach Hause gekommen, hatte am Abend in fünfunddreißig Wahlversammlungen gesprochen und dann noch den Wunsch verspürt, in der frühen Morgenstunde seinen Sohn zu wecken, um mit ihm eine Partie Boccia zu spielen.

Den Tag über war Spaak da, mit dem Adenauer das weitere Procedere der Behandlung des Memorandums de Gaulles besprach. Das Gespräch mit Spaak, das heute vormittag um halbein Uhr begann und bis etwa siebzehn Uhr dauerte, brachte im wesentlichen nichts Neues. Der »Düsseldorfer Mittag« hatte inzwischen den Plan de Gaulles in großen Zügen veröffentlicht, so daß jetzt eine gewisse schnelle Reaktion erforderlich ist. Man kam überein, daß Spaak so bald wie möglich den französischen NATO-Vertreter zu sich kommen läßt und ihm nahelegt, das Memorandum nunmehr allen Ratsmitgliedern zugänglich zu machen. Spaak will den Mitgliedstaaten mitteilen, daß er die Verbesserung der politischen Struktur der NATO in einem von ihm verfaßten Memorandum behandeln werde, Grundlage für eine Erörterung während der NATO-Ministerkonferenz im Dezember.

Man sprach vom Englandbesuch des Bundespräsidenten, der im Gegensatz zu manchen kritischen Stimmen in der deutschen öffentlichen Meinung doch ein Erfolg gewesen ist. Es ist begreiflich, wenn die Masse des englischen Volkes heute noch nicht bereit ist, uns freundschaftlich zu begegnen. Die Tragödie des europäischen Krieges ist eben noch nicht vergessen. Auch fällt es dem Durchschnittsengländer schwer, den wirtschaftlichen Aufstieg der Bundesrepublik ohne innere Reserve, gar ohne gewisse Ressentiments hinzunehmen. Es zeigt, daß es nicht auf die dünne Führungsschicht eines Staates allein ankommt, sondern daß die Grundströmungen in den Völkern einer langfristigen und in die Tiefe gehenden Arbeit bedürfen, wenn das Verhältnis zweier Nationen auf eine neue verständigungsbereite Grundlage gestellt werden soll.

Man hat in diesen Tagen in Bonn davon gesprochen, meinen Jugendfreund Johnny von Herwarth an die Botschaft Paris oder an die Botschaft bei der NATO zu versetzen. Ich würde dies für keine glückliche Lösung halten. Die Aufgabe Herwarths in London ist nicht abgeschlossen. Er hat in England in diesen Jahren, oft unter schwierigen Bedingungen, ausgezeichnete Arbeit geleistet, die jetzt nicht unterbrochen werden sollte.

26. Oktober 1958

Abends Präsident Hallstein bei mir zum Abendessen. Anschließend lange Aussprache, die sich in erster Linie auf die europäischen Fragen erstreckt. Die Verhandlungen über die Freihandelszone sind an einem kritischen Punkt angekommen. Eine Einigung bis zum 1. Januar ist ausgeschlossen. Der Versuch Maudlings, die Verhandlungen durch persönliche Anwesenheit in Paris zu forcieren, wird keinen Erfolg haben. Die Widerstände der französischen Industrie, die sich durch die Bildung der Freihandelszone gefährdet fühlt, sind unüberwindbar. Es ist interessant, daß der Kampf gegen die Freihandelszone in der von den Engländern vorgeschlagenen Form die Idee des Gemeinsamen Marktes in dem Bewußtsein der französischen öffentlichen Meinung gestärkt hat. Hallstein glaubt deshalb nicht, daß eine Krise in den Verhandlungen über die Freihandelszone der Idee des Gemeinsamen Marktes schaden kann. Auch in anderen Ländern außerhalb des Vertragsgebietes des Gemeinsamen Marktes habe die Idee an Boden gewonnen. In Dänemark und Österreich sind Anzeichen dafür da, daß man, zumindest theoretisch, einen Beitritt zum Gemeinsamen Markt überlegt. Ganz entscheidend wird es darauf ankommen, wie sich de Gaulle zu den Dingen stellt. In seiner Regierung sind positiv eingestellte Persönlichkeiten wie Pinay und Guy Mollet am Werk, ihn zu überzeugen, daß die Verhandlungen fortgeführt werden müssen, und zwar durch die Wirtschaftskommission in Brüssel selbst. Der Gedanke Hallsteins einer Übergangslösung, auf Grund deren die zehnprozentige Zollreduktion, die am 1. Januar unter den Sechs eingeführt werden soll, auch den elf Nichtmitgliedern gewährt werden sollte, ist bis jetzt nicht akzeptiert worden. Man steht also am 1. Januar zweifellos vor einer schwierigen Situation einer Teilung Europas in die Anhänger des Gemeinsamen Marktes und in die anderen, an den Vergünstigungen nicht teilnehmenden Staaten. Es ist schwer zu übersehen, wie die britische Regierung einen Vorschlag der Fortführung der Verhandlungen durch die Kommission behandeln wird. Hallstein betonte nachdrücklich, daß er als Präsident der Wirtschaftskommission mit mir enge Fühlung halten müsse, damit er laufend über die Haltung der französischen Regierung zu den Problemen des Gemeinsamen Marktes unterrichtet werde.

Hallstein liegt besonders daran, das deutsch-französische Verhältnis möglichst eng zu gestalten. Ihm scheint deshalb ein Besuch de Gaulles in Bonn, der kürzlich, wenn auch in vorsichtiger Form, von Seydoux angekündigt wurde, ein geeigneter Anlaß, die Beziehungen fester zu knüpfen.

27. Oktober 1958

In diesen Tagen erfolgt die Erklärung der sowjetischen Regierung, für den Bau des Assuandamms vierhundert Millionen Rubel zur Verfügung zu stellen und gleichzeitig eine große Zahl von modernsten Baumaschinen und technischem Personal nach Ägypten zu entsenden. Wenn man die Entwicklung der Position des Westens im Nahen Osten seit dem Herbst 1955, seit den ersten Verkäufen von Waffen an die ägyptische Regierung bis zum heutigen Tage verfolgt, so ist sie eine Kette von Fehlentscheidungen und Rückschlägen. So wird auch diese neueste Aktion der sowjetischen Regierung in der leicht beeindruckbaren orientalischen Welt für den Westen negative Wirkungen haben. Wir werden damit rechnen müssen, daß die Sowjetunion versuchen wird, mittels der Präsenz einer wachsenden Zahl ihrer Experten das Niltal allmählich zu einer Basis sowjetischen wirtschaftlichen und politischen Einflusses auszubauen.

Bonn, den 31. Oktober 1958

Mittagessen bei Hans Bott, dem persönlichen Referenten des Bundespräsidenten, zu dem der Bundespräsident hinzukommt. Die Unterhaltung konzentriert sich zunächst auf den Besuch in London, den der Bundespräsident als eine positive Angelegenheit betrachtet. Er ist voller Lob für das menschlich außerordentlich freundliche und entgegenkommende Wesen der Königin und ihres Hofes, der von überflüssigem, falschen Zeremoniell frei sei. Er sparte nicht mit Kritik an der deutschen Presse, die in ihrer Beurteilung des Besuches manche Fehler begangen habe.

Der Bundespräsident wendet sich dann Frankreich zu. Er legt Wert darauf, seine Amtszeit als Bundespräsident mit einem Staatsbesuch in Paris abzuschließen. Er verspricht sich davon einen wertvollen Beitrag für die deutsch-französischen Beziehungen.

Paris, Dienstag, den 4. November 1958

General Norstad erzählt mir heute von einem Gespräch, das er in den letzten Tagen mit de Gaulle über die NATO geführt hat. De Gaulle habe ihn zu überzeugen versucht, daß die politische Organisation der NATO unfähig und unwirksam sei. Norstad habe darauf folgendes ausgeführt:

Der NATO-Rat sei eine Institution, an welcher fünfzehn Staaten gleichberechtigt und gleichverpflichtet teilnehmen. Die Willensbildung dieses Rats vollziehe sich mittels Instruktionen der verschiedenen Regierungen an ihre Vertreter im Rat. Diese Instruktionen seien Ergebnisse demokratischer Willensbildung; sie seien in der Regel Kompromißbeschlüsse der zuständigen Kabinette. Der Rat sei ein demokratisches Organ, dessen Beschlüsse nur mit Einstimmigkeit, in umständlichen und oft schwierigen Verhandlungen zustande kämen.

Norstad äußerte sich kritisch über die verschiedenen Reden des britischen Feldmarschalls Montgomery vor dem NATO-Rat und vor anderen britischen Institutionen. Solche Kritik an der NATO sei in vielem übertrieben und müßte zwangsläufig nachteilige Wirkung auf den amerikanischen Kongreß haben, den er, Norstad, jahraus-jahrein von der Notwendigkeit zu überzeugen suche, die fünf amerikanischen Divisionen auf dem europäischen Kontinent zu belassen.

Die NATO-Ministerratssitzung im kommenden Dezember wird Gelegenheit geben, über Sinn und Notwendigkeit der NATO etwas zu sagen. Es ist wichtig, daß auch wir unseren deutschen Landsleuten gelegentlich ins Bewußtsein zurückrufen, was für uns unsere Mitwirkung in NATO bedeutet. Denn zu leicht könnten wir vergessen, daß diese Mitgliedschaft in der Gemeinschaft der fünfzehn Staaten, von denen einige zu den bedeutendsten der westlichen Welt gehören, gleichsam einen praktischen Friedensschluß, einen Versöhnungsakt bedeutet, die wie wenig anderes dazu beigetragen haben, unseren Wiederaufbau als ein freies, gesichertes Land zu fördern. In der Bindung unseres Landes an diese Verteidigungsgemeinschaft sehen unsere westlichen Nachbarn eine entscheidende Garantie, daß wir Deutsche nicht wieder – wie so oft in unserer Geschichte – in selbstgewählter Isolierung unberechenbare Wege gehen. Hätte es in der Weimarer Zeit eine NATO gegeben, wäre ein Hitler nicht denkbar gewesen.

11. November 1958

Mittags bei Jean Monnet, mit dem ich mich über die Schwierigkeiten meiner Pariser Mission unterhalte. Wir sind uns einig darüber, daß der Erfolg der deutsch-französischen Arbeit davon abhängt, ob es gelingt, ein persönliches Verhältnis zwischen General de Gaulle und dem Bundeskanzler herzustellen. Die Ansätze hierzu sind gut, aber es sind Wolken am Horizont, die diese Beziehungen erschweren könnten. Ich denke dabei nicht nur an die Absage des deutschen Verteidigungsministers hinsichtlich der Lieferung der Mirage-Flugzeuge, an die ablehnende Haltung, die die Bundesregierung gegenüber den Weltdirektoriumsideen des Generals eingenommen hat; auch die deutsche Haltung gegenüber der Freihandelszone unterscheidet sich in vielen wesentlichen Punkten von den französischen Auffassungen.

Monnet analysierte die Persönlichkeit de Gaulles:

Entscheidend sei seine enge innere Verbindung mit der geschichtlichen Vergangenheit Frankreichs. Er sehe sich selbst als eine »personnage historique«. Diese bestimme seine Handlungen in Gegenwart und Zukunft. Jede politische Entscheidung sei Folge und Ergebnis eines inneren Dialoges mit dieser, seiner geschichtlichen Persönlichkeit. Das müsse man wissen, wenn man ihn richtig beurteilen wolle. Diese in der geschichtlichen Vergangenheit wurzelnde Persönlichkeit glaube fest an eine Mission, das deutsch-französische Verhältnis auf neue Grundlagen zu stellen. Deshalb liege es ihm daran, mit Adenauer zu einem »arrangement« zu kommen, wie er de Gaulle zu kennen glaube, mittels einer großen, spektakulären Aktion, die von ihm, de Gaulle, ausgehen müsse. Dies verlange sein Stolz und sein Selbstbewußtsein. Ohne Zweifel sei er nicht für den Weg, auf dem man bisher den Bau des gemeinsamen Europas begonnen habe. Man solle aber nicht ausschließen, daß er sich – falls erforderlich – den Realitäten, vor allem wenn sie den Interessen Frankreichs dienen, anpasse.

De Gaulle sei kein Diktator, sondern ein Mensch, der in einer demokratischen Ordnung zu leben wünsche; er sei kein Anhänger eines restaurierten französischen »Empires«, daher nicht für ein in Frankreich integriertes, sondern ein autonomes Algerien. Er sei ein Intellektueller, ja ein Künstler von hohen schriftstellerischen Gaben und einer umfassenden Bildung. In betonter Ichbezogenheit sei er leider nicht bereit, sich Dritten, und seien es Freunde und Anhänger, mitzuteilen.

Sonntag, den 16. November 1958

Auf dem Friedhof von Versailles, auf dem viele deutsche Gefallene des Zweiten Weltkrieges liegen, versammelten sich heute die Angehörigen der verschiedenen deutschen Vertretungen in Paris zu einer Gedenkfeier. Meine Worte:

»Dies ist eine Stunde des Gedenkens und der Besinnung. Wir gedenken der vielen, die hier liegen, Deutsche und Franzosen, die ein gleiches, schweres Schicksal vereint. Wir gedenken ihrer und zugleich der vielen anderen Millionen von Streitern, die die Katastrophe eines Krieges hinweggerafft und die weit verstreut über Europa und die Welt zur letzten Ruhe liegen. Wir gedenken zugleich des unendlichen Leids, das ihr Tod für ihre Familien und Freunde bedeutet hat und bedeutet.

Sie alle starben in der Erfüllung einer großen Pflicht. Ihr Opfer – und es gehört zu den schwersten, die Menschen bringen können – ist für uns Vermächtnis und Verpflichtung; Verpflichtung, alles daran zu setzen, die Gewalt aus dem Leben der Völker auszuschließen und damit endlich echte, dauerhafte Grundlagen für den Frieden zu schaffen.

Dies ist kein leichtes Beginnen. Das Vermächtnis dieser Toten fordert unermüdliches, zielbewußtes, energisches Wirken an der Erfüllung dieser Aufgabe. Sie mahnen uns, auch dann nicht nachzulassen, wenn uns gelegentlich die Kraft des Bösen in der Welt unüberwindlich erscheinen mag.

Das deutsche und das französische Volk haben aus der Katastrophe zweier Kriege die Folgerung gezogen, alles Trennende zu überwinden und in gemeinsamer Anstrengung am Aufbau einer neuen Welt mitzuwirken, deren oberstes Gesetz Gerechtigkeit und Frieden ist.«

Dienstag, den 20. November 1958

Der französische Protokollchef de Chancel holte mich gegen zehn Uhr zur Übergabe meines Beglaubigungsschreibens an Staatspräsident Coty ab, der mich in Gegenwart Couve de Murvilles empfing. In meiner Rede sagte ich, daß ich meine ganze Arbeit in gleicher Weise wie meine beiden Vorgänger Wilhelm Hausenstein und Vollrath von Maltzan darauf konzentrieren wolle, die vertrauensvolle Zusammenarbeit beider Regierungen zu festigen und zu erweitern. Es bedürfe nicht ermüdender Anstrengungen, Franzosen und Deutsche von der Notwendigkeit einer engen Solidarität zu überzeugen. Präsident Coty antwortete in besonders freundschaftlicher Weise, indem er meiner Person und meiner bisherigen Arbeit im Dienst der deutsch-französischen Verständigung gedachte. Er unterstrich den Satz meiner Ansprache, in welchem ich von der Notwendigkeit gesprochen hatte, den Gedanken einer dauerhaften Zusammenarbeit im Bewußtsein beider Völker zu verankern.

Im weiteren Gespräch unterhielten wir uns über die Lage Berlins und über die Politik des Bundeskanzlers. Coty meinte, daß nichts die Völker besser von der Realität einer Zusammenarbeit überzeugte, als die bevorstehende Zusammenkunft Adenauers mit de Gaulle. Dies sei besser als Fahrten und Paraden durch Paris, wobei man nie ganz sicher sei, ob nicht von Radikalen der einen oder anderen Seite Zwischenfälle provoziert würden, die sich – aufgebauscht durch eine negativ eingestellte Presse – auf das Verhältnis der beiden Völker nachteilig auswirken.

Anschließend wurde die Begleitung vorgestellt. Ich freute mich, auf französischer Seite meinen alten Bekannten General Ganeval zu begrüßen, der sich in Berlin in schwieriger Zeit sehr verdient gemacht hat.

Montag, den 24. November 1958

Nachmittags Antrittsbesuch bei General de Gaulle. Rein äußerlich machte der General trotz seines viel jüngeren Alters einen älteren Eindruck als der nun bald vierundachtzigjährige Bundeskanzler. Er weiß, daß er mit seiner körperlichen Größe seine Besucher beeindruckt. Sein Wesen zeigt zunächst äußerste Distanz und Zurückhaltung. In der Unterhaltung belebt sich sein Gesicht. Er konzentriert sich völlig beim Zuhören. Seine Sprache ist die eines Intellektuellen. Sein Urteil ist abgewogen. Er verrät manchmal, daß er in den letzten zehn Jahren von den politischen Verhältnissen entfernt gelebt hat. Seine Augen sind schlecht. Wir sprachen von der bevorstehenden Konferenz in Bad Kreuznach. Ihm liege daran, die Frage des Gemeinsamen Marktes und der Freihandelszone zu prüfen und neue Lösungen zu suchen. Wir sprachen von der Krise um Berlin. Er möchte eine Dramatisierung der sowjetischen Forderungen vermeiden, man werde sich schon irgendwie auf einer technischen Ebene einigen. Ich widersprach und versuchte, dem General zu erklären, daß die sowjetischen Absichten dieses Mal sehr weit gingen. Er nahm dies zur Kenntnis, fragte mich dann aber abrupt: »Glauben Sie nicht, daß es im deutschen Volk Strömungen gibt, die beim Abzug der Sowjets aus der Ostzone sich mit einem kommunistischen deutschen Teilstaat abfinden würden?« Ich verneinte diese Frage und sagte, das deutsche Volk sei sich infolge der Erfahrungen der letzten Jahre wohl bewußt, daß ein Zusammenleben mit einer kommunistischen DDR schwer sei und daß ihre Führer nichts unversucht lassen würden, die Bundesrepublik »gleichzuschalten«. Schließlich bedeute der Abzug der sowjetischen Truppen, die in Königsberg stationiert blieben, keine Garantie dagegen, daß sowjetische Verbände »zum Schutz der Freiheit der DDR« in Deutschland wieder einmarschierten. In anderem Zusammenhang sagte de Gaulle, daß die deutsche Politik unter der besonderen Hypothek der Teilung Deutschlands stehe. Frankreich sei durchaus bereit, die Bundesregierung in ihren Bemühungen um die Wiedervereinigung zu unterstützen.

Am Ende des Gespräches stellte ich die Frage, ob er die gegenwärtig mit dem Kanzler in Aussicht genommenen Konsultationsgespräche auch dann noch führen werde, wenn er die hohen Funktionen des Amtes des

Staatspräsidenten übernehme. Er zeigte sich von dieser Frage überrascht: »Woher wissen Sie, daß ich Staatspräsident werde?« Ich antwortete, daß nach meinen Beobachtungen die öffentliche Meinung Frankreichs das erwarte. Es könne wohl so sein, fuhr er fort. In diesem Fall gebe ihm aber die neue Verfassung auf außenpolitischem und militärischem Gebiet besondere Rechte, die ihm ermöglichten, sich freier zu bewegen, als dies für den gegenwärtigen Präsidenten der Republik der Fall sei.

Bonn, Dienstag, den 25. November 1958

Mittagessen bei Außenminister von Brentano in seinem Hause auf dem Venusberg. Unter den Gästen unsere Botschafter in Washington, Moskau, London und Paris. Dazu die zuständigen Staatssekretäre und Direktoren. Lange Aussprache über die Lage, wie sie sich nach den ultimativen Drohungen Chruschtschows gegen Berlin darstellt. Brentano behandelt ausführlich die rechtliche und politische Lage Berlins. Der Hauptangriff der Sowjets richtet sich nicht so sehr auf die alliierten Besatzungstruppen als auf die Berliner Bevölkerung selbst. Die angekündigte Übertragung der sowjetischen Rechte aus dem Viermächtestatut für Berlin auf die DDR bedeute, daß man langsam aber ständig zunehmend mit Schwierigkeiten im Personen- und Warenverkehr von und nach West-Berlin rechnen müsse. Man müsse erwarten, daß die DDR nach Übernahme der sowjetischen Rechte, für Personen-, Reise- und Flugverkehr besondere Visen verlange, die ihr eine intensive Kontrolle aller Reisenden ermögliche. Sie will damit den Flüchtlingsstrom aus der Zone treffen, der über West-Berlin nach dem Westen geht und in der Woche immer noch etwa viertausend Menschen umfaßt, zugleich aber auch die Reisen der deutschen Kaufleute und Industriellen nach Berlin, die für die Erhaltung der wirtschaftlichen Leistungskraft der Stadt unerläßlich sind. Welcher Industrielle werde das Risiko solcher Reisen noch auf sich nehmen? Welcher Flüchtling könne dann noch hoffen, sicher an seinem westlichen Ziel anzukommen? Auch der Warenverkehr werde dann voraussichtlich besonders hohen Zöllen unterworfen werden, so daß die finanziellen Lasten das Überleben der Berliner Wirtschaft mehr und mehr erschweren. Die Gefahr verlange, daß der Westen mit Entschiedenheit auf seinen Rechten bestehe, die Truppen in Berlin lasse und jede Kontrolle des Personen- und Warenverkehrs ablehne.

Bad Kreuznach, Mittwoch, den 26. November 1958

Morgens Abfahrt mit dem Kanzler zu einem in der Nähe gelegenen militärischen Flugplatz, um de Gaulle abzuholen. Wegen Nebels wurden wir von dort nach Rappstein geleitet, wo eine freundliche und entspannte Begrüßung stattfand. Rückfahrt im Sonderzug nach Kreuznach, in dem der Bundeskanzler und General de Gaulle ein erstes Gespräch führten. Nach der Ankunft im Kurhaus von Bad Kreuznach, das im Ersten Weltkrieg das große Hauptquartier mit Wilhelm II., Hindenburg und Ludendorff beherbergte, Aussprache in größerem Kreis über Freihandelszone und Gemeinsamen Markt. Nach einigen mehr technischen Darlegungen, vor allem nachdem Scherpenberg den Inhalt der in Paris besprochenen Abreden ausführlich dargestellt hatte, nahm de Gaulle zu diesen Fragen grundsätzlich das Wort. Früher sei er gegen derartige Integrationsversuche gewesen, weil er sich andere Formen der europäischen Zusammenarbeit als geeigneter vorgestellt habe. Nach Studium der Dinge sei er jetzt aber davon überzeugt, daß man die Römischen Verträge ausführen müsse. Diese Verträge hätten der Wirtschaft der einzelnen Länder bereits starke Impulse gegeben, so daß man hoffen könne, daß die sich bessernde wirtschaftliche Lage eine Verständigung auch mit den außerhalb des Gemeinsamen Marktes stehenden Staaten in Europa erleichtern werde. Jedenfalls sei er gewillt und er spreche für Frankreich, den eingeschlagenen Weg fortzusetzen und dabei auch den politischen Grundgedanken dieser Form des Zusammenschlusses im Auge zu behalten.

Diese Ausführungen haben Bedeutung, denn sie mindern die Sorge, daß das neue Frankreich de Gaulles Wege einschlagen könnte, die alles zunichte machen, was in zwölfjähriger unermüdlicher Arbeit zur Schaffung eines gemeinsamen Europas vorbereitet wurde. Nach der Sitzung, die um dreizehn Uhr zu einem gemeinsamen Frühstück unterbrochen wurde, sagten mir Clappier und Wormser, sie hätten niemals für möglich gehalten, daß der General in seinen Ausführungen so weit gehen werde; für sie kam es mindestens so überraschend wie für uns. Das Essen beschlossen zwei Ansprachen, von denen die General de Gaulles bemerkenswert war. Hieraus die folgenden Sätze:

».... Lorsque nous nous sommes trouvés ensemble pour la première fois, et aujourd'hui, nous avons eu le sentiment d'être emportés par un courant qui entraîne l'histoire de nos deux pays. Les hommes y sont pour quelque chose, et il est certain que vous, Monsieur le Chancelier, y avez joué le premier rôle. Je tiens à rendre hommage très amicalement et simplement au grand homme, au grand Européen, au grand Allemand que vous êtes. Il est certain que notre réunion d'aujourd'hui revêt, pour le monde, une importance considérable. Il n'y avait pas de circonstance plus favorable pour bien marquer combien notre coopération est devenue quelque chose de naturel, d'essentiel pour nos deux pays, et pour le reste du monde.«[8]

Paris, Mittwoch, den 3. Dezember 1958

Auf der üblichen Besuchstournee bei den verschiedenen fremdländischen Missionschefs in Paris besuchte ich heute nachmittag den sowjetischen Botschafter Winogradow, der mich in Gegenwart seines Botschaftsrats empfing. Winogradow ist ein Mann in der Mitte der Fünfziger, der sich bemüht, joviale Freundlichkeit auszustrahlen und gelegentlich den listigen Diplomaten zu spielen. Im Laufe der Unterhaltung, die außenpolitische Probleme betraf, sagte ich ihm mit großer Offenheit, daß uns die sowjetische Außenpolitik mit Mißtrauen erfülle. Nicht etwa, daß Sowjetrußland sich mit der Absicht trage Krieg zu führen; doch die Idee weltrevolutionärer Durchdringung des Westens sei in der letzten Zeit allzu deutlich geworden. Wir hätten das Gefühl, daß die Sowjetunion nicht eher Halt machen würde, als bis sie ihre Lebensform dem Rest der Welt aufgezwungen habe.

Winogradow bestritt dies aufs heftigste und versuchte immer wieder, den Begriff der friedlichen Koexistenz, die friedlichen Absichten Sowjetrußlands im Sinne eines Nebeneinander verschiedener Gesellschaftssysteme darzulegen.

Ich sagte, daß ich mit dem Bundeskanzler in Moskau gewesen sei und daß ich solche Begegnungen für äußerst fruchtbar halte. Ich bedauerte, daß eine Zusammenkunft Chruschtschows mit dem Bundeskanzler in den letzten Jahren nicht mehr habe stattfinden können. Chruschtschow habe es bei dem Zusammentreffen in Moskau an Deutlichkeit nicht fehlen lassen. Er habe uns erklärt, daß alles, was der Westen tue, letzten Endes reaktionär, unmodern und unsozial sei und daß lediglich Sowjetrußland und seine Partner, vor allem die DDR, das Leben einer wirklich modernen Welt verkörperten. Trotz aller Gegensätzlichkeit hielte ich aber weitere Aussprachen für nützlich, und ich freute mich, daß es auch gewisse wirtschaftliche Kontakte gebe, die sich fruchtbar entwickeln.

Winogradow kam immer wieder auf das Verhältnis der Bundesrepublik zu Frankreich zu sprechen. Er wiederholte mehrfach den Satz: »Vous jouez avec la France«. Ich sagte, daß ich dieses Wort nicht verstehen könne. Unsere Politik Frankreich gegenüber sei seit zehn Jahren dieselbe, das heißt mit Frankreich zusammen den europäischen Zusammenschluß herzustellen, der Kriege für alle Zeiten ausschließe und eine echte, vernünftige wirtschaftliche Weiterentwicklung des europäischen Kontinents ermögliche. Herr Winogradow wollte mir zu verstehen geben, daß unsere Absichten andere seien, daß wir versuchten, zusammen mit einem neuen Frankreich kriegerische Entwicklungen vorzubereiten.

Meinen Argumenten gegenüber, mittels deren ich unsere Politik zu verdeutlichen suchte, blieb er unempfänglich.

14. Dezember 1958

Die Außenminister der Vereinigten Staaten, Großbritanniens, Frankreichs und der Bundesrepublik haben ihre heutigen Beratungen über den neuesten, bedrohlichen Schritt der Sowjetunion in Berlin mit einer eindeutigen Stellungnahme abgeschlossen. In dem Communiqué, das nach der Sitzung ausgegeben wurde, stellen sie der von Drohungen begleiteten einseitigen sowjetischen Aufkündigung des Viermächtestatuts der Stadt ein klares Nein entgegen. Sie sind nicht bereit, die Sowjetunion aus den Verpflichtungen zu entlassen, die sie gegenüber den Alliierten auf Grund des Berlinstatuts zu erfüllen haben. Die alliierten Truppen bleiben in Berlin. Der freie Zugang zur Stadt muß aufrecht erhalten werden. Die Absicht der Sowjetregierung, ihre eigenen Kontrollorgane durch die Behörden der DDR zu ersetzen, wird in deutlichen Worten abgelehnt.

Brentano legte in eindrucksvoller Weise den deutschen Standpunkt dar. Der Regierende Bürgermeister Willy Brandt beschwor die Westmächte, die Bevölkerung West-Berlins in ihrem Kampf um die Erhaltung der Freiheit nicht im Stich zu lassen. Dulles versicherte, daß die Vereinigten Staaten zu Berlin stehen. Seine klare, mit überzeugenden Worten vorgetragene Intervention trug wesentlich zur einheitlichen Haltung der westlichen Partner bei. Alle Konferenzteilnehmer waren sich bewußt, daß die sowjetische Aktion einen neuen Versuch darstellte, die Stadt in ihrer Freiheit einzuschränken und sie Schritt für Schritt der östlichen Einflußsphäre einzugliedern. Gefahrvolle Zeiten stehen uns bevor.

18. Dezember 1958

Der NATO-Ministerrat, der in diesen Tagen seine übliche Jahresschlußsitzung abhielt, behandelte als ersten Punkt seiner Tagesordnung die Berlinfrage. Einstimmig schlossen sich die Mitgliedstaaten den Beschlüssen der Viererkonferenz vom 14. Dezember an. Alle Mitglieder der Allianz sind sich klar darüber, daß eine Kraftprobe in der Krise um Berlin kaum zu vermeiden sein wird und daß alle Meinungsverschiedenheiten und Gegensätze hinter der Notwendigkeit der Geschlossenheit zurücktreten müssen.

Aus dem Jahre 1959

Die Situation Frankreichs zu Beginn des Jahres · Ost-West-Probleme · Gespräch mit Premierminister Debré · Kandidatur des Bundeskanzlers für den Bundespräsidenten? · Adenauer bleibt Bundeskanzler · Gespräch mit dem Bundeskanzler · Das Fazit des Jahres 1959

Paris, den 7. Januar 1959

Die neue Regierung de Gaulles wird morgen ihr Amt antreten. Mit dem neuen Ministerpräsidenten Michel Debré habe ich vor einigen Tagen unter vier Augen gefrühstückt und mit ihm ein längeres Gespräch gehabt. Es kann kein Zweifel darüber bestehen, daß er noch nicht auf der Linie steht, die General de Gaulle in den Besprechungen in Kreuznach eingenommen hat. Er ist im Innern ein Gegner aller supranationaler Institutionen. Er ist kein Freund des Atlantischen Bündnisses, und er steht letzten Endes auch uns mit inneren Reserven gegenüber. Er fürchtet, daß Frankreich hinter der wirtschaftlich, politisch und militärisch rasch aufsteigenden Bundesrepublik zurückbleiben könnte. Ich würde es deshalb für zweckmäßig halten, wenn die Bundesregierung sich entschließen könnte, Herrn Debré möglichst bald, vielleicht gegen Ende Februar-Anfang März, zu einem ersten informatorischen Gedankenaustausch nach Bonn einzuladen. Herr Debré ist noch jung – er ist sechsundvierzig Jahre alt –, zweifellos energisch, von großem Arbeitseifer und für anerkennende Gesten empfänglich. Er ist in seiner Grundhaltung nationalistisch und liegt, wie ich schon andeutete, in seinen Auffassungen noch auf der Linie, die General de Gaulle in den Jahren 1950 bis 1952 eingenommen hatte. Ich glaube nicht, daß er auf die französische Politik in den kommenden Monaten schon einen erheblichen Einfluß ausüben wird. Seine Stellung als Premierminister ist eher mit der eines Staatssekretärs des Regierungschefs zu vergleichen. Sein Einfluß wird auch wesentlich davon abhängen, ob er die Führung in der gaullistischen Partei gegenüber Soustelle wird behaupten können. Ich werde mich jedenfalls bemühen, mit ihm in möglichst engem Kontakt zu bleiben.

Die Reformen, vor allem die Abwertung der Währung und das damit verbundene Ansteigen der Preise, treffen die französische Bevölkerung empfindlich. Abgesehen von einiger Pressekritik sind aber bis jetzt keine

Anzeichen einer negativen Reaktion der Arbeiterschaft bemerkbar. Die Autorität des Generals ist unbestritten. Er wird dem französischen Volk eine Anzahl wirklicher Opfer zumuten können, zumal die Überzeugung allgemein ist, daß die bisherige Unordnung endlich aufhören muß.

Baron Courcel, mein französischer Kollege im NATO-Rat, hat heute die NATO verlassen, um sein Amt als Generalsekretär des Präsidenten der Republik anzutreten. Er wird sich in dieser Funktion, wie er mir sagte, hauptsächlich auch mit außenpolitischen Fragen befassen und gleichsam der Verbindungsmann zwischen dem Staatspräsidenten und dem Außenminister sein. Ich schätze Herrn de Courcel als einen vernünftigen und maßvollen Politiker, dem die vier Monate seiner Tätigkeit bei der NATO sicher einigen Gewinn gebracht haben. Ich bezweifle allerdings, ob er beim General über großen Einfluß verfügen und da, wo notwendig, auch einmal Widerspruch äußern wird.

3. Februar 1959

Die Fülle der Probleme, die uns seit November beschäftigen, die große Zahl der Konsultationen auf den verschiedensten Ebenen, die doppelte Aufgabe als NATO-Botschafter und Botschafter der Bundesrepublik bei der französischen Regierung – all dies hat keine Zeit gelassen, um in diesen sehr bewegten Wochen öfters Tagebucheintragungen, auch nur der interessantesten Gespräche und Beobachtungen, vorzunehmen.

Während man lange Zeit hindurch gehofft hatte, daß es der westlichen Welt durch das Atlantische Bündnis gelungen wäre, den Vormarsch Sowjetrußlands nach Westen aufzuhalten oder in andere Gegenden abzulenken, stehen wir nun mit der sowjetischen Initiative zur Veränderung des Status von West-Berlin zum ersten Mal wieder vor einem sichtbaren Versuch Sowjetrußlands, seine Einflußsphäre nach Westen auszudehnen. Schon in den vorausgegangenen Monaten war bekannt geworden, daß die ostzonalen Machthaber immer wieder Vorstellungen in Moskau erhoben, um etwas gegen West-Berlin zu unternehmen, das ihnen aus den verschiedensten Gründen gefährlich schien. Einmal ist die werbende Wirkung dieser freien Stadt und ihrer Prosperität, ihrer lebendigen kulturellen und geistigen Entwicklung gleichsam ein Fanal im Dunkel der Satellitenwelt, gleichsam ein nimmer erlöschender Hoffnungsstrahl für die vielen Millionen, die sich in diesem Raum nach Freiheit oder besseren Lebenschancen sehnen und für die West-Berlin eben die Bestätigung dafür ist, daß ihre Hoffnung auf Freiheit nicht reine Illusion, nicht die Jagd nach einer Fata Morgana ist. Dazu empfanden natürlicherweise die sowjetzonalen Machthaber Berlin als Auffangplatz des nicht nachlassenden Flüchtlingsstroms aus der Zone nicht nur als störend, sondern geradezu als gefährlich für den Bestand ihres eigenen Regimes. Wenn man sich daran erinnert, daß allein im Jahre 1958 dreitausend Lehrer, tausendzweihundert Ärzte, vierhundert Professoren und Assistenten, zweitausend Ingenieure und Techniker die Zone nach Westdeutschland verlassen haben, so gibt dies einen Begriff von den Auswirkungen, die diese große Flüchtlingsbewegung auf die wirtschaftliche Struktur der Zone hat.

Dies ist der Hintergrund der sowjetischen Initiative, die bedrohlich ist, weil sie sich gegen die Bevölkerung selbst richtet. Die Sowjetunion fordert den Abzug der Besatzungstruppen, die »Unabhängigkeit« und »Neutralität« West-Berlins, will damit die Lösung der Stadt aus ihrer engen Verbindung mit der Bundesrepublik und dem freien Westen, will ihre Trennung von den wirtschaftlichen Quellen ihres Bestandes und ihre Orientierung nach Osten. Diese Initiative hat in der Welt Unruhe und Sorge ausgelöst. Ich bin sicher, daß die einmütige und feste Haltung der Alliierten ihre Wirkung nicht verfehlen wird. Man war auch einmütig in dem Angebot an die Sowjetunion, im Rahmen einer Verhandlung über die Probleme der europäischen Sicherheit mit Einbeziehung der Wiedervereinigung und Berlin zu sprechen.

Die Reaktion war das bekannte Memorandum Mikoyans vom 10. Januar und seine Vorstellungen über einen Friedensvertrag mit Deutschland und seine Reise in die Vereinigten Staaten. Diese sollte erkunden, ob und wieweit die amerikanische öffentliche Meinung bereit sei, auf die sowjetische Initiative einzugehen. Man wollte wissen, ob der klare Kurs des amerikanischen Außenministers von der öffentlichen Meinung gebilligt, ob nicht eine Möglichkeit bestehe, auf sie im sowjetischen Sinn einzuwirken. Es ist die Frage, ob der Besuch Mikoyans in den Vorstellungen der Sowjets nicht doch einige Zweifel über die Festigkeit Amerikas hat aufkommen lassen. Die oft übertriebene Freundlichkeit seiner Aufnahme, die Nachsicht, hier und da das Wohlwollen, mit denen die Presse seine Darlegungen der sowjetischen Ziele, die an Deutlichkeit nichts zu wünschen ließen, aufnahmen, auch sein demonstrativ freundlicher Empfang durch die Industrie- und Bankenwelt im Waldorf Astoria in New York könnten leicht zu Trugschlüssen über die wahre Haltung Amerikas führen. Foster Dulles, das State Department und der Handelsminister Dillon haben, wie alle Berichte ergeben, mit Eindringlichkeit die offizielle Haltung der Vereinigten Staaten klargestellt.

Man kann die sowjetische Initiative auch als ein Mittel interpretieren, den Westen zu einer Verhandlung über die Lösung des Sicherheitssystems zu zwingen. Eine Verhandlung über ein europäisches Sicherheitssystem, in welche das Problem der Wiedervereinigung einbezogen werden müßte, könnte den drohenden Konflikt um Berlin vermeiden. Ich mache mir aber nach den Erfahrungen der letzten großen Viermächtekonferenzen keine Illusionen über eine Einigung zwischen Ost und West. Alles, was wir erstreben müssen, ist der allseitige Verzicht auf die Anwendung von Gewalt und die Wiederaufnahme von Gesprächen, die Schritt für Schritt uns neuen Lösungen näherbringen.

Wo liegen Möglichkeiten für Gespräche? Einstellung jeglicher nuklearer Versuche und ihrer Kontrolle? Schaffung großräumiger Sicherheitszonen gegen Überraschungsangriffe? Vorschläge über ein europäisches Sicherheitssystem in Verbindung mit der Wiedervereinigung? Anerkennung Polens und der Tschechoslowakei durch die Bundesrepublik? Verzicht auf die Gebiete östlich der Oder-Neiße? Erste Kontakte mit der DDR? All dies verlangt Opfer und schafft Risiken.

Ich sehe nicht, warum das starke Westdeutschland sich nicht einmal mit den Männern des sowjetzonalen Regimes in öffentlicher Diskussion über die Möglichkeit der Wiedervereinigung und die sogenannten sozialen Errungenschaften aussprechen soll. Ein solches Gespräch könnte nur unsere Stellung in der Weltöffentlichkeit stärken. Es wäre einmal ein positiver Versuch, den viele schon lange erwarten. Ob er zu positiven Ergebnissen führt? Zweifel, berechtigte Zweifel, sollten uns nicht hindern, den Versuch zu wagen. Ich glaube, wir müssen neue Wege gehen, um die Beziehungen zwischen uns und dem Osten aus der Erstarrung zu lösen.

5. Februar 1959

In der gegenwärtigen Krise um Berlin hat die französische Regierung einen ruhigen, sachlichen Standpunkt eingenommen. Auch sie ist, wie wir, und die anderen westlichen Regierungen daran interessiert, bei aller Festigkeit in der Erhaltung des Status der Stadt Berlin, den Konflikt nicht zu verstärken. Frankreichs Interessen sind gegenwärtig durch die schweren Kämpfe in Algerien, die afrikanischen Probleme, aber auch durch die großen inneren Reformen stark in Anspruch genommen. Die Reformen können heute in ihren Auswirkungen nicht beurteilt werden. Die finanziellen Opfer, die vom französischen Volk gefordert werden, sind groß. Die Autorität de Gaulles und die im Volk weitverbreitete innere Ablehnung der ständigen Krisen der Vierten Republik garantieren, daß wir in Frankreich selbst mit einer ruhigen, konstruktiven Entwicklung rechnen können. Nie waren die politischen Parteien schwächer als heute. Alle sind in Neubildung. Auch U.N.R., die gaullistische Partei, ist eher ein Konglomerat einzelner Gruppen, die weder eine wohlorganisierte Führung noch ein einheitliches Programm fest verbindet. Dies entspricht wohl auch den Wünschen des Generals und seiner Vorstellung, als Schiedsrichter zwischen den einzelnen Parteien und Gruppen zu handeln, die sich gegenseitig neutralisieren.

Die Eröffnungssitzung der neuen französischen Nationalversammlung unter Vorsitz von Chaban-Delmas erinnerte mich an ein »lit de Justice« der bourbonischen Zeit. Auch hier, heute, nahmen die Abgeordneten stehend die Verlesung einer Botschaft des Staatschefs entgegen. Der Regierungserklärung folgte eine eher oberflächliche, abstimmungsfreie Aussprache.

Große Sorgen macht den Franzosen das Algerienproblem. Debré hat, wie aus seiner Regierungserklärung hervorging, den Gedanken einer »Algérie française« noch nicht aufgegeben. Der ursprüngliche Gedanke de Gaulles, der Schaffung einer »personnalité algérienne en association étroite à la Communauté« scheint wieder in den Hintergrund getreten zu sein. Der Kampf in Algerien geht also weiter, und die Armee wird alles daran setzen, eine de facto-Eingliederung des Landes in das Mutterland zu erreichen. Man wird eine Kompromißlösung de Gaulles abwarten müssen, die gegen die Armee und gegen die europäische Bevölkerung Algeriens nur schwer wird durchgesetzt werden können.

Die inneren Reformen, die Sanierung der Währung, das für Algerien in Constantine verkündete umfassende wirtschaftliche Reformprogramm, die Neuorganisation der Länder Französisch-Afrikas, gehen alle diese außerordentlichen Aufgaben nicht über die Leistungsfähigkeit des Landes weit hinaus?

16. Februar 1959

Ich habe heute mit dem französischen Premierminister Debré im Matignon zu Mittag gegessen. Wir beide stellten fest, daß die deutsch-französischen Beziehungen auch dank der Aussprachen zwischen dem Bundeskanzler und General de Gaulle auf politischem, wirtschaftspolitischem und kulturellem Gebiet befriedigend sind. Allerdings sei es erforderlich, so meinte Debré, daß die begonnenen Gespräche in regelmäßigen Zeitabständen fortgesetzt würden. Er trage sich deshalb mit der Absicht, Ende März, zusammen mit Couve de Murville, nach Bonn zu kommen, um dem Bundeskanzler und dem Bundesaußenminister seinen Besuch zu machen. Dabei könnte auch entschieden werden, ob man eine erneute Zusammenkunft zwischen dem Bundeskanzler und General de Gaulle in Aussicht nehmen solle. Er halte eine solche Begegnung nicht nur wegen der Vorbereitung einer Viermächtekonferenz, sondern auch im Interesse der Vertiefung der deutsch-französischen Beziehungen für notwendig.

Im weiteren Verlauf des Gespräches unterhielten wir uns über einen Ausbau der deutsch-französischen Zusammenarbeit auf militärischem Gebiet. Dies sei, so meinte Debré, zunächst vor allem auf dem Gebiet des Nachschubs und der Infrastruktur erforderlich. Er verstehe wohl, daß die Bundesrepublik sich wirksam nicht verteidigen könne, wenn sie nicht über ein entsprechend großes und gesichertes Hinterland für die Versorgung ihrer Verteidigungskräfte verfüge. Eine engere militärische Zusammenarbeit sei auch notwendig, um die Atlantische Verteidigungsgemeinschaft zu intensivieren und um den angelsächsischen Völkern deutlich zu machen, daß Kontinentaleuropa nicht lediglich ein Verteidigungsglacis, sondern eine eigenständige Verteidigungskraft sei. Nur wenn die beiden Völker ihre militärischen Anstrengungen gemeinsam verstärkten, verfügten sie innerhalb der Allianz über den notwendigen politischen Einfluß.

Hinsichtlich Berlins und der kommenden Viermächtekonferenz betonte Debré erneut die feste Haltung der französischen Regierung. Die rechtlichen Grundlagen für den Verbleib der alliierten Truppen in Berlin seien stark. Man dürfe sie unter keinen Umständen aufgeben. Er wies ferner jeden Gedanken einer Neutralisierung der Bundesrepublik oder eines wiedervereinigten Deutschland von sich. Jede Neutralisierung sei der erste Schritt zur kommunistischen Durchsetzung Westeuropas und damit der Beginn des Endes der freien Welt in Europa. Die Erkrankung von Staatssekretär Dulles sei ein ernster Verlust; er sehe nicht, wie man ihn schnell wieder ausgleichen könne. Er glaube nicht, daß Herter oder Dillon in der Lage seien, mit Erfolg die Nachfolge zu übernehmen; er halte McCloy für die geeignetere Persönlichkeit.

Als ich ihm den Sinn unserer europäischen Integrationsbestrebungen etwas näher darzulegen versuchte, erklärte er mir, daß er seine negative Haltung gegenüber den supranationalen Organisationen nicht ändern könne. Damit würde eine europäische Bürokratie geschaffen, die doch keine Entscheidungen treffen könne, sondern diese den Regierungen überlassen müsse. Die gegenwärtige französische Regierung werde zwar die bestehenden Verträge respektieren, sie sei aber nicht bereit, auf dem sich daraus ergebenden politischen Weg zu folgen. Nach seiner Auffassung sollten die Koordination und Abstimmung des Willens der sechs Partnerstaaten und vor allem die Koordination des Willens der Bundesregierung und der französischen Regierung in regelmäßig wiederkehrenden Konsultationsbesprechungen erfolgen. Selbstverständlich könne und müsse dieser Kreis in Zukunft erweitert werden, denn er sehe nicht ein, warum man nicht auch die spanische Regierung an diesen Konsultationen teilnehmen lasse.

Wir waren uns beide darin einig, daß man in den jungen Generationen das Bewußtsein einer vertrauensvollen, loyalen und freundschaftlichen Zusammenarbeit der beiden Völker stärken müsse. Zu diesem Zweck erörterten wir den Plan, im Jahre 1960 ein großes Jugendtreffen beiderseits des Rheins zu veranstalten, das in mehreren Tagen eine große Zahl älterer Schüler und Studenten in gemeinsamen Zeltlagern zusammenbringt. Prominente Mitglieder beider Regierungen sollten dort zu aktuellen Problemen das Wort ergreifen. In ausführlichen Diskussionen sollten die jungen Menschen zu Wort kommen. Musikalische Darbietungen – ich dachte hierbei an Jugendorchester – sollten dem Ganzen einen künstlerischen Rahmen geben.

Der letzte Teil des Gesprächs bezog sich auf Algerien. Hier sagte mir Debré: Algerien sei von Frankreich nicht zu trennen. Die französische Regierung sei entschlossen, den Krieg fortzuführen, auch wenn dies zusätzliche Kraftanstrengungen erfordere. Das Ziel sei, die Aufständischen zur Einstellung der Feindseligkeiten zu veranlassen. Dies könne aber nur erreicht werden, wenn Frankreich an seiner Entschlossenheit keine Zweifel aufkommen lasse. Das Ende der Kämpfe werde nur eintreten, wenn der FLN die Überzeugung gewinne, daß er auf amerikanische, britische oder gar deutsche Hilfe nicht zählen könne. Er begrüße es, daß die deutsche Regierung die Lieferung von Kriegsmaterial an die Aufständischen verhindere. Sollte Algerien nicht gehalten werden können, gerate die europäische Position in Nordafrika ins Wanken. Die französische Armee sei mit dem Schicksal Nordafrikas aufs engste verknüpft. Man könne leitende Stellungen in der Armee heute nur noch mit Männern besetzen, die sich im Krieg in Nordafrika bewährt hätten. Andere würden von der Armee nicht mehr akzeptiert. Die Armee in Nordafrika zusammen mit den europäischen Siedlern sei so stark, daß keine Regierung in Paris über sie zur Tagesordnung hinweggehen könne. Nur wenn die Pariser Regierung zeige, daß sie in Nordafrika zu nationalem, entschlossenem Handeln bereit sei, werde die Wiederholung eines 13. Mai vermieden werden. General de Gaulle sei sich dieser Dinge wohl bewußt und würde deshalb nicht zögern, den Weg der Entschlossenheit zu gehen. Allerdings verlange die Lage in Nordafrika entschiedene wirtschaftliche Maßnahmen, die dazu dienten, das Lebensniveau der muselmanischen

Bevölkerung zu heben und schrittweise dem der weißen Bevölkerung anzugleichen.

Bonn, den 17. April 1959

Das Tagesgespräch in Bonn ist die überraschende Kandidatur Adenauers für das Amt des Bundespräsidenten. Es ist schwer zu sagen, welche Gründe ihn hierzu veranlaßt haben. Ist er sich der physischen Grenzen seiner Leistungskraft bewußt geworden? Hat er erkannt, daß, wenn die Kontinuität seines Werkes gewahrt werden soll, andere, jüngere, die Verantwortung übernehmen müssen? Ist er sich über die verfassungsrechtlichen Grenzen des neuen Amtes klar? Denn es wäre ein schwerwiegender Irrtum, wenn er daran dächte, von der Villa Hammerschmidt aus den gleichen starken Einfluß auf die Bundesrepublik auszuüben. Wer soll neuer Kanzler werden? Adenauer wünscht sich Franz Etzel zum Nachfolger. Er ist in seinen Augen politisch begabt, vorsichtig, sorgfältig, vor allem auch ein überzeugter Europäer. Bei aller Anerkennung der großen wirtschaftspolitischen Leistungen Ludwig Erhards ist er gegen seine Kandidatur für das Amt des Kanzlers, weil – wie er fürchtet – ihm ein eigenes sicheres, politisches Urteil fehle und er damit der Aufgabe nicht gewachsen sei. Wenn man heute eine Prognose stellen müßte, so wird sich Adenauer im Herbst dieses Jahres den Rufen aus den eigenen Reihen nach dem »zugkräftigsten Pferd« wohl nicht entziehen können. Mit Blick auf die Wahlen des Jahres 1961 wird die CDU/CSU dann wohl Ludwig Erhard als die Inkarnation des wirtschaftlichen Optimismus in das Kanzleramt berufen.

18. April 1959

Man muß immer wieder feststellen, daß unsere deutschen Landsleute die Schwierigkeiten des außenpolitischen Geschäfts unterschätzen. Man ist sich noch nicht ganz bewußt, daß außenpolitische Arbeit Beherrschung des Details, sorgfältige Kenntnis der sich täglich verändernden Lage und eine gewissenhafte, illusionslose, immer wieder zu überprüfende Planung erfordert. Der Quai d'Orsay hat kürzlich eine kleine Arbeitsgruppe zur Vorbereitung der zu erwartenden Viermächtekonferenz eingesetzt, die nach außen nicht in Erscheinung tritt, nie in der Presse erwähnt wird und sich in gewissen Zeitabständen zu gründlicher, ungestörter Beratung zusammenfindet. Ihr gehören Männer wie Raymond Aron, Jean Laloy, einige angesehene Militärs und Wirtschaftler an. Gibt es eine ähnliche Beratergruppe sachlich fundierter, unabhängiger Persönlichkeiten bei uns in Deutschland?

Es erfüllt mich gelegentlich mit einer gewissen Bitterkeit, daß der gute Wille des Auswärtigen Amts und vieler seiner qualifizierten Mitarbeiter, der sich in guten Denkschriften, Vorschlägen, Analysen dokumentiert, nicht stärker aktiviert, ermutigt, belohnt wird. Die Männer haben nicht selten das Gefühl, manchmal auch die Gewißheit, daß ihre Vorschläge in den Schubladen von Zwischeninstanzen versanden, oder wenn sie zur Führung hinaufgelangen, ohne jede Wirkung bleiben, oder gar auf eine Kritik stoßen, die für den Verfasser nachteilige Folgen hat.

2. Juni 1959

Nachmittags beim Bundeskanzler. Sichtlich erleichtert sagte er mir, daß er die Idee, für das Amt des Bundespräsidenten zu kandidieren, aufgegeben habe. Man habe ihn »überrumpelt«, und er sei froh, daß er dem »Käfig« entronnen sei. Nun fühle er sich wieder frei, unbeschwert und leistungsfähig. Offenbar haben ihn in seinem Entschluß die Tage in Washington bestärkt, in denen er mit der Regierung, der Opposition und öffentlichen Meinung guten Kontakt gefunden hatte.

Wir sprachen kurz über das deutsch-britische Verhältnis und englische Klagen über sein Mißtrauen gegenüber Macmillan. Der Kanzler bestätigte dies und begründete es mit der Haltung des britischen Premiers in Moskau. Es wird notwendig sein, bald das alte Vertrauen wiederherzustellen.

17. Juni 1959

Das unglückliche Zwischenspiel der Kandidatur des Bundeskanzlers für das Amt des Bundespräsidenten und die damit verbundene Frage eines Nachfolgers im Amt des Bundeskanzlers ist beendet. Ankündigung der Kandidatur und die bald darauf folgende Zurücknahme kamen für seine Anhänger wie Gegner völlig unerwartet. Die Verwirrung war zeitweise groß.

Dem Kanzler selbst hat seine Entscheidung für die Kandidatur von Anbeginn an nicht behagt. Es widerstrebt nun einmal seiner Natur, sich aus dem politischen Tageskampf zurückzuziehen und zu einem »pouvoir neutre« zu werden, das ausgleichend über den Parteien steht und vorwiegend repräsentative Aufgaben hat. Der Tod seines Freundes John Foster Dulles, die äußerst schwierigen Verhandlungen der zweiten Viermächte-Außenministerkonferenz in Genf hatten in ihm die Überzeugung gestärkt, daß er jetzt die Verantwortung des Regierungschefs nicht aufgeben, sondern seine Autorität, seine Energie und sein Ansehen in der Welt voll ausschöpfen müsse, um die Kontinuität seines politischen Werks zu erhalten und zu sichern. Er hatte sich den Finanzminister Etzel zu seinem Nachfolger gewünscht. Die CDU wäre ihm wohl hierin nicht gefolgt, sondern hätte sich für Ludwig Erhard entschieden. Diese Möglichkeit hat sicher dazu beigetragen, im Bundeskanzler den Willen zum Verbleib in seinem Amt zu stärken. Denn er war überzeugt, daß Ludwig Erhard für die großen politischen Probleme nicht die Voraussetzungen besitzt, die hierfür unerläßlich sind.

Daß seine Entscheidung, im Amt zu bleiben, bei vielen Gegnern, aber auch Freunden, negative Wirkungen hatte, ist erklärlich. Manche – offen oder versteckt – schienen froh, daß der alte Kanzler sich auf das »Altenteil« zurückziehen und daß sich nach den langen Jahren seiner Amtszeit im politischen Spiel wieder einmal größere Bewegungsmöglichkeiten bieten würden. Wie so oft im politischen Leben, wünschen jüngere Generationen die Verantwortung zu übernehmen und neue Wege zu gehen.

Ich habe immer bedauert, daß es dem Kanzler in seiner langen Regierungszeit nicht gelingen wollte, innerhalb seiner eigenen Partei eine Gruppe von jungen, begabten Männern um sich zu sammeln, sie an seiner Arbeit teilnehmen zu lassen und sie damit für die Zukunft so vorzubereiten, daß die Kontinuität auf innen- wie außenpolitischem Gebiet gesichert ist. Dazu hätte er eine kleine Elite zusammenschmieden müssen, in welcher sich jeder auf den anderen verlassen kann. Ich empfinde es auch als einen Nachteil, daß es dem Kanzler nur wenig liegt, die Grundziele und Prinzipien seiner Politik in Reden zu kleiden, die nach Form und Inhalt der Größe seiner Ziele entsprechen und sich über die Auseinandersetzungen des parteipolitischen Tageskampfes erheben. Solche Erklärungen wären Wegweiser, die allen Bürgern, vor allem auch den jungen Menschen den Ansporn geben könnten, den wir brauchen, um unser inneres Verhältnis zur Republik und ihrer demokratischen Ordnung stark zu machen. Oft hätte ich mir auch gewünscht, daß es in all den Jahren der Adenauerschen Kanzlerschaft zu einem intensiveren Gedankenaustausch mit den Männern der Opposition gekommen wäre. Vorurteile, Skepsis, ja oft auch Ressentiments haben es Adenauer schwer werden lassen, in Kontakten mit der Opposition für seine Politik um Verständnis zu werben.

Bonn, den 7. Oktober 1959

Der Kanzler empfing mich heute abend in seinem Arbeitszimmer im Palais Schaumburg. Immer, wenn ich dieses schöne Haus mit dem Garten betrete, beeindruckt mich die große Ruhe, die sein Inneres ausstrahlt. Man merkt von der Fülle der Besuche, der telephonischen Rückfragen, des Kommens und Gehens, des technischen Apparates so gut wie nichts. Der Kanzler, der mich sehr herzlich begrüßte, schien mir frischer, entspannter und energiegeladener denn je. Er hatte sich in Cadenabbia einen Bluterguß im Knie zugezogen, der noch nicht ganz geheilt war und legte deshalb sein rechtes Bein auf einen Stuhl. Dabei sagte er mir, daß man beim Röntgen des Beines festgestellt habe, daß er keineswegs die Knochen eines alten Mannes habe, die immer gewisse Zerfaserungserscheinungen aufwiesen, sondern daß er in der Tat die Knochen eines Mannes mittleren Alters besitze und sich darüber freue.

Der Kanzler verbreitete sich – ich möchte fast sagen, in gewohnter Weise – über das Versagen des Auswärtigen Amts. Ich habe diese Erklärungen hingenommen, weil sie mir nichts Neues waren. Wenn ich mich aber frage, warum der Bundeskanzler kein positives Verhältnis zum Auswärtigen Amt finden kann, so liegt es wohl in erster Linie daran, daß er die Außenpolitik als seine persönliche, ureigenste Domäne ansieht. Hier hat er in der Vergangenheit große Erfolge zu verzeichnen, hier möchte er, möglichst in persönlichen Entscheidungen, die Dinge weiterführen und hier empfindet er fast eifersüchtig jede Mitarbeit oder gar Initiative des Außenministeriums und seines Chefs als eine lästige Einmischung. Nur so ist es zu verstehen, daß er in immer stärkerem Maße in persönlichen Botschaften an Macmillan, an Eisenhower, de Gaulle und Chruschtschow eingreift und alle außenpolitischen Fragen am liebsten persönlichen Gesprächen mit den anderen Regierungschefs vorbehalten möchte. Ähnliche Probleme gibt es auch in anderen Ländern. Oft werden Außenministerien zu technischen Handlangern, die man in der Vorbereitung wesentlicher Entscheidungen nicht zuzieht, sondern erst nachträglich unterrichtet. Unbestreitbar birgt dies Gefahren, deren Größte ist, daß die Ämter die Lust verlieren, ideenreich und fruchtbar mitzuwirken.

Damit sind wir in den sachlichen, außenpolitischen Teil des Gesprächs eingetreten. Der Kanzler erzählte mir von einem soeben eingegangenen Schreiben Eisenhowers, in dem dieser ausführliche Darlegungen zu einer neuen Gipfelkonferenz gemacht habe. Über diese Gipfelkonferenz bestehe noch eine gewisse Uneinigkeit. Am stärksten drängten Macmillan und Selwyn Lloyd, die die Konferenz möglichst noch vor Ende dieses Jahres haben möchten. Auch Eisenhower habe sich dieser Auffassung zugewandt.

Extrem dagegen sei die französische Regierung, die wohl wegen ihrer algerischen Schwierigkeiten eine solche Konferenz erst im Frühjahr stattfinden lassen möchte. Er selbst neige zu einer Konferenz Anfang des kommenden Jahres. Dabei sollte sich aber diese ausschließlich mit der Abrüstung befassen. Ihm scheine es nicht zweckmäßig, wenn man die Deutschland- und Berlinfrage wieder auf die Tagesordnung setze. Die letzte Genfer Außenministerkonferenz habe nur zu deutlich gezeigt, daß Fortschritte nicht zu erzielen seien. Die deutsche Frage könne nur dann einer Lösung nähergebracht werden, wenn die allgemeine Entspannung in der Welt durch eine positive Lösung der Abrüstungsprobleme vertieft sei. Auch gewinne dann der Status von Berlin oder die Zusammenführung der beiden Teile Deutschlands ein anderes Gesicht, wobei es ihm zweifelhaft sei, ob Chruschtschow je bereit sein würde, auf das sowjetische Regime in der Ostzone zu verzichten. Alle Äußerungen Chruschtschows deuteten darauf hin, daß er hiervon weit entfernt sei. Sein Besuch in den Vereinigten Staaten sei besser verlaufen als er erwartet habe. Die amerikanische Bevölkerung habe sich vorbildlich verhalten. Eindrucksvoll sei die selbstbewußte Haltung der amerikanischen Gewerkschaften in San Franzisco gewesen. Er glaube, daß Chruschtschow von dieser Reise beeindruckt gewesen sei und dies trotz all seiner überlauten Äußerungen, daß die Sowjetunion die Vereinigten Staaten wirtschaftlich bald einholen werde, ja bereits auf vielen Gebieten schon überflügelt habe. Mir scheine es, so fügte ich hinzu, daß Chruschtschow mit diesem Besuch einen gewissen Erfolg erzielt habe; wenn auch nicht ausgesprochen, so komme doch unausgesprochen die gegenwärtige Haltung der amerikanischen Regierung einer stillschweigenden Anerkennung des Status quo in Osteuropa gleich. Manche Zeichen deuteten darauf hin, daß man im Begriff sei, sich mit dem Schicksal der Millionen von Osteuropäern abzufinden und in eine neue Phase der Entspannung einzutreten.

Ich habe dem Kanzler einige Gedanken zur Situation in Frankreich vorgetragen. De Gaulle besitze im Volk eine unbestritten große Autorität. Diese sei um so größer, als sich viele mit Sorge fragten, wer auf de Gaulle folge und wer dann über die außerordentlichen Vollmachten verfüge, die die von ihm geschaffene und auf seine Person zugeschnittene Verfassung gewähre. Diese Autorität sei in den letzten Wochen noch gewachsen, weil seine Erklärung vom 16. September über die Selbstbestimmung Algeriens Aussicht auf den Frieden eröffnet habe, der vom französischen Volk dringend gewünscht werde. Nie sei der General begeisterter empfangen worden als anläßlich seines Besuchs im Liller Industriegebiet, der unmittelbar auf die Erklärung vom 16. September folgte. Die Reaktion der Rechten sei uneinheitlich, und es werde der ganzen Energie des Ministerpräsidenten Debré bedürfen, um es innerhalb des Gaullismus nicht zu einer Spaltung kommen zu lassen. In Algerien selbst sei die Unruhe groß. Man sehe in einer Autonomie Algeriens innerhalb der Communauté den Beginn einer endgültigen Sezession. Die französische Regierung hoffe, daß die Aufständischen sich zu Waffenstillstandsverhandlungen bereitfinden werden. Es sei wohl eine Illusion anzunehmen, daß die Vertreter des FLN nach Paris kommen würden, um über die Einstellung des Feuers zu verhandeln. Mindestens so wichtig seien für sie die Modalitäten des zukünftigen Plebiszits. Damit sei man bei politischen Verhandlungen, die von der weißen Bevölkerung Algeriens und der in Algerien stationierten Teile der französischen Armee mit Skepsis und Ablehnung aufgenommen würden. Die Erklärung des Generals vom 16. September habe in der Weltöffentlichkeit Frankreich die erwünschte Entlastung gebracht. Aber noch gingen die Kämpfe in Algerien weiter und ich hätte nicht den Eindruck, als ob der Widerstand der Aufständischen nachlasse.

Wir sprachen dann von unserem Verhältnis zu Großbritannien. Der Kanzler betonte, daß er die Beziehungen zu normalisieren wünsche. Er sei bereit, baldmöglichst nach London zu reisen, um die etwa noch bestehenden Mißverständnisse auszuräumen und das alte freundschaftliche Verhältnis wieder herzustellen.

Paris, den 31. Dezember 1959

Das abgelaufene Jahr hat keine Lösung der großen, die Welt in Teilung und ständiger Spannung haltenden Probleme gebracht. Es hat aber im Verhältnis der beiden Machtblöcke zueinander gewisse Nuancen gezeigt, die Ansätze zu einem sich über längere Zeit hinziehenden Gespräch geben könnten.

Sowjetrußland fühlt sich durch seine Erfolge auf dem Gebiet der Weltraumkörper in seinem Sicherheitsgefühl nicht unerheblich gestärkt. Man glaubt in Moskau, jetzt mehr Zeit zu besitzen, um sich der inneren wirtschaftlichen Entwicklung zu widmen, die die Möglichkeit bieten würde, die Vereinigten Staaten »im Konkurrenzkampf zu schlagen« und dem Westen im Kampf um den Einfluß in der ungebundenen Welt den Rang abzulaufen.

Es wäre verfehlt, daraus schließen zu wollen, daß die Sowjets zu einer friedlichen, aktiven Koexistenz mit der westlichen Welt bereit wären. Friedliche Koexistenz im Sinne Chruschtschows heißt Fortsetzung des politischen, wirtschaftlichen und ideologischen Kampfes. Unmittelbare Ziele sind nach wie vor: Aufhebung des amerikanischen militärischen Basengürtels, Abzug der amerikanischen Truppen aus Europa, Schaffung atomfreier Zonen in Mitteleuropa, Skandinavien und im Balkan, Anerkennung des Status quo in Mitteleuropa.

In keiner Frage hat sich Sowjetrußland im vergangenen Jahr so unnachgiebig und kompromißlos gezeigt wie in der deutschen Frage. Das Problem der Wiedervereinigung ist heute weniger lösbar denn je, denn für Sowjetrußland bedeutet der Besitz der Sowjetzone die Klammer, die notwendig ist, um die sowjetische Einflußsphäre zu halten und den unmittelbaren Kontakt Polens und der Tschechoslowakei mit dem freien Westen zu hindern. Zugleich ist sie ein Produktionsgebiet, dessen Bedeutung für die Wirtschaft Sowjetrußlands in den letzten Jahren ständig gewachsen ist. Sie ist die militärische und politische Basis, von der aus Sowjetrußland jederzeit, wenn es seinen Interessen entspricht, seine Einflußsphäre nach Westen ausdehnen könnte.

Die Verhandlungen der zweiten Außenministerkonferenz der Viermächte in Genf haben erneut bestätigt, daß eine Wiedervereinigung der beiden Teile Deutschlands für Sowjetrußland nur möglich ist, wenn das ganze Deutschland sich der kommunistischen Welt verschreibt. Hier dürfen wir leider keine Konzessionen erwarten. Im Gegenteil, wir haben seit Ende 1958 erlebt, wie die sowjetische Regierung immer wieder versucht, die Freie Stadt Berlin, letzter Rest der freien westlichen Welt in ihrem Machtbereich, auszuschalten. Die Drohungen, die die sowjetische Regierung in ihrem damaligen Ultimatum an die Adresse des Westens ausgesprochen hat, sind durch die Einmütigkeit der Westmächte abgewehrt worden. Der Preis dafür war die Einladung Chruschtschows in die Vereinigten Staaten, die Gespräche mit Eisenhower in Camp David und die westliche Zusage einer neuen Gipfelkonferenz.

Wir können die Ergebnisse der Chruschtschow-Reise in die Vereinigten Staaten interpretieren wie wir wollen – wir werden mit Anerkennung und Bewunderung feststellen, wie das amerikanische Volk im ganzen sich ruhig und fest verhalten hat. Nach Äußerungen führender Amerikaner ist die Folge der Gespräche in Camp David wohl die, daß die Vereinigten Staaten in Zukunft sich nicht mehr in den sowjetischen Machtbereich einmischen werden. Wir haben heute noch keine volle Klarheit darüber, wie weit Eisenhower in seinen Gesprächen über Berlin mit Chruschtschow gegangen ist. Ich glaube nicht, daß die Sowjetregierung aufgegeben hat, auf einer kommenden Gipfelkonferenz die Berlinfrage erneut zur Diskussion zu stellen. Ob es gelingen wird, Teillösungen in der Abrüstungsfrage in den Vordergrund zu stellen und damit eine neue Krise um Berlin zu vermeiden, bleibt fraglich.

Das außenpolitische Bild am Jahresende ist sicher von einer Reihe von Tatsachen bestimmt, die die Situation erschweren. So der Tod von John Foster Dulles. Dieser außergewöhnliche Mann hat durch seine Energie und Folgerichtigkeit Jahre hindurch ein Übergreifen der Sowjetunion nach dem Westen verhindert und sie davon überzeugt, daß zur Lösung von strittigen Fragen nur der Weg der Verhandlungen bleibt. Der Träger dieser Politik des »containment« ist nun nicht mehr. Wenn wir auch glauben, daß Eisenhower und sein neuer Staatssekretär Herter diese Politik nicht aufgeben werden, so wissen wir doch nicht, ob die bisherige Politik mit dergleichen Klarheit und Festigkeit weiterverfolgt wird.

Auch andere Faktoren geben zu Sorge Anlaß. Hierzu gehört das wechselhafte deutsch-englische Verhältnis. Die Gründe, die in letzter Zeit zu Verstimmungen geführt haben, sind mannigfach. Da gibt es die gegensätzlichen Interessen vom Gemeinsamen Markt und der Freihandelszone, da gibt es aber auch das nie ganz verlöschende Mißtrauen des Bundeskanzlers, Macmillan könne sich etwa auf Kosten der Bundesrepublik mit Sowjetrußland einigen. Ich halte diese Gefühle des Kanzlers für nicht begründet. Die Spannung zwischen den beiden Regierungen darf nicht anhalten, wenn wir vermeiden wollen, daß beide Völker allmählich in gegnerische Stimmungen verfallen, die sich nur wieder mit großer Mühe ausräumen lassen.

Ein anderer negativer Faktor ist die Schwäche des NATO-Bündnisses. Die Hoffnungen, die der NATO-Rat auf den Ausbau der politischen Konsultation gesetzt hatte, haben sich nicht erfüllt. Die Tatsache, daß sich sehr oft die großen Probleme der Außenpolitik in unmittelbare Verhandlungen der Regierungschefs verlagert haben, daß die Außenministerien erst nachträglich von den Entschlüssen der Regierungschefs unterrichtet werden, hat nicht gerade dazu beigetragen, die politische Konsultation zu verstärken. Man kann fast sagen, daß die großen wesentlichen Probleme im NATO-Rat im Detail nicht erörtert werden. Die kleineren Mitgliedstaaten führen hierüber bereits Beschwerde. Aber auch auf militärischem Gebiet hat das Bündnis nicht die Stärkung erfahren, deren es bedarf. Es ist verständlich, daß dieses Jahr im Zeichen der sogenannten Entspannung den Rüstungseifer der Mitgliedstaaten, die unter den finanziellen Kosten der Rüstung leiden, nicht besonders gestärkt hat. Aber auch die militärische Organisation des Bündnisses, die Ausrüstung mit atomaren Waffen, die Integration der Luftverteidigung, das Zusammenspiel der Kommandos haben zum Leidwesen der verantwortlichen militärischen Stellen keine Fortschritte gemacht. Die Mitglieder der Allianz – in diesem Falle die Verteidigungsminister der verschiedenen Partnerstaaten – haben auf der letzten NATO-Konferenz mit Deutlichkeit auf diese Gefahren hingewiesen. Wir können nur hoffen, daß man auf einer Konferenz der Verteidigungsminister im Februar oder März 1960 endlich zu Fortschritten kommt.

Neben diesen negativen Faktoren gibt es eine Anzahl von positiven. Ich zähle hierzu in erster Linie die gegenwärtige enge deutsch-französische Zusammenarbeit. Wir können es nicht als positiv genug bewerten, daß sowohl Adenauer als auch de Gaulle sich menschlich verstehen, und daß der General sein Urteil in mancherlei Weise revidiert hat. Wir müssen aber darauf bestehen, daß die supranationalen Elemente der Organisation Europas und die Integration der NATO, soweit nur irgend möglich, aufrechterhalten werden. Wir selbst können nicht auf NATO verzichten, denn NATO ist nun einmal das Gewand, unter dem ein deutsch-amerikanisches Bündnis sowohl für Frankreich, als auch für unsere kleineren Nachbarn und nicht zuletzt für Sowjetrußland selbst erträglich ist. Wir können auch die Westeuropäische Union nicht aufgeben, denn wenn wir sie aufgeben sollten, wird es nur schwer wieder zu einem Bündnis Großbritanniens mit den Staaten des Kontinents kommen, wobei in diesem Bündnis der wesentliche Punkt die automatische Unterstützungsverpflichtung der angegriffenen Partner ist.

Eine Betrachtung der politischen Entwicklung am Ende dieses Jahres kann natürlich nicht an der Unruhe vorbeigehen, die mehr noch als in den letzten Jahren die nach Selbständigkeit und Gleichberechtigung drängenden Völker Afrikas und Asiens erfüllt. Hier ist es sicher das große Verdienst de Gaulles, durch die Schaffung der afrikanischen Communauté, durch das Bekenntnis zum Selbstbestimmungsrecht in Algerien auch gegen die Widerstände seiner eigenen nationalistischen Kreise den Ereignissen vorauszueilen. Die Gefahren sind aber doch groß, daß die afrikanischen Länder in ihrem Bestreben, gewisse Etappen ihrer Entwicklung zu überspringen, Krisen durchleben, die notwendigerweise zu Spannungen mit den industrialisierten Ländern führen.

Aus dem Jahre 1960

Gespräche mit Nahum Goldmann über antisemitische Machenschaften in der Bundesrepublik · Aufstand der Ultras in Algerien · Aufnahme diplomatischer Beziehungen der Bundesrepublik mit Israel · Viermächte-Gipfelkonferenz in Paris · Gespräche des Bundeskanzlers mit Jean Monnet in Cadenabbia · Die Vereinigten Staaten vor den Präsidentschaftswahlen · Gespräch mit dem Führer der französischen sozialistischen Partei Guy Mollet · Neue französische Europapläne · Die Parade des 14. Juli in Paris · Zusammenkunft de Gaulles mit dem Bundeskanzler in Rambouillet: Dissenz und atmosphärische Entspannung · Klärung der Differenzen und Verdeutlichung des deutschen Standpunktes in der Europafrage und hinsichtlich der NATO · Das Manifest der einundachtzig kommunistischen Parteien vom 1. Dezember 1960

Bonn, den 18. Januar 1960

Gespräch mit Goldmann, der aus Anlaß der antisemitischen Machenschaften nach Bonn gekommen ist, um sich ein persönliches Urteil zu bilden und um mit der Bundesregierung und dem Bundeskanzler Fühlung zu nehmen. Das Gespräch mit dem Bundeskanzler, so erzählte mir Goldmann, sei eindrucksvoll gewesen. Der Kanzler nehme die Dinge äußerst ernst und habe mit ihm eingehend über die Möglichkeiten gesprochen, solche Vorkommnisse für die Zukunft auszuschließen. Dabei habe er, Goldmann, den Gedanken erörtert, in einer besonderen, vom Bundespräsidenten oder der Bundesregierung einberufenen Kommission international anerkannter deutscher Wissenschaftler, Pädagogen und Politiker die Möglichkeit zu prüfen, durch Erziehung die deutsche Jugend gegen den Rassenhaß zu immunisieren und die Ergebnisse ihrer Überlegungen in einem Bericht niederzulegen. Außerdem habe er dem Kanzler vorgeschlagen, Anfang Februar in Bergen-Belsen mit etwa dreißig führenden Vertretern des Judentums aus aller Welt, die sich Ende Januar in Amsterdam zu Beratungen treffen, zusammenzukommen und in einer gemeinsamen Kundgebung ein Bekenntnis zu einer echten Zusammenarbeit zwischen Deutschen und Juden an den Gräbern der im Konzentrationslager Umgekommenen abzulegen. Der Kanzler habe auf beide Ideen positiv reagiert, und er hoffe, seine definitive Zusage, zumindest hinsichtlich des Treffens in Belsen, bald zu erhalten.

Bei Goldmann, der im Königshof wohnte, traf ich auch Shinnar, der meinte, die beste Antwort auf diese Welle der antisemitischen Kundgebungen sei, wenn die Bundesregierung die diplomatischen Beziehungen zu Israel aufnehme. Er habe im April des Jahres 1959, in einer fast förmlichen Weise vom Bundeskanzler die Zusage erhalten, daß die Bundesregierung zu Beginn des Jahres 1960 die Beziehungen aufnehmen werde. Diese Zusage sei im Herbst 1959 von Herrn von Brentano bestätigt worden. Dabei habe von Brentano gesagt, daß man auf die arabischen Staaten, vor allem auf Ägypten, keine besondere Rücksicht mehr zu nehmen brauche, nachdem Ägypten konsularische Beziehungen mit der Sowjetischen Besatzungszone aufgenommen habe. All dies habe er Ben Gurion berichtet, und dieser habe sich durch entsprechende öffentliche Erklärungen darauf festgelegt. Er, Shinnar, müsse sich nun desavouiert fühlen, wenn nichts geschehe.

Auch ich bin der Auffassung, daß wir auf die arabische Welt nun weiß Gott lange genug Rücksicht genommen haben. So gut Sowjetrußland, so gut die Vereinigten Staaten, Frankreich, England und alle anderen modernen Staaten dieses Land anerkennen und dort Vertretungen unterhalten, so sehe ich keinen Grund, warum wir nun noch länger zögern; denn die Anerkennung der Sowjetischen Besatzungszone, die ja doch de facto durch eine ganze Reihe von arabischen Staaten erfolgt ist, dürfte keinen Grund darstellen, uns in unseren Entscheidungen weiter hemmen zu lassen. Abgesehen davon, daß das Nichteinhalten von wiederholt gegebenen Zusagen unserer Glaubwürdigkeit in den Augen Ben Gurions nur schadet.

21. Januar 1960

Goldmann ist nach einer kurzen Unterbrechung wieder in Bonn und hält eine Pressekonferenz im Bundeshaus vor einer großen Zahl von in- und ausländischen Journalisten. Auf dieser Konferenz trifft Goldmann den richtigen Ton. Er vermeidet bewußt, die Dinge zu bagatellisieren. Er betont aber auch, daß die überwiegende Mehrheit des deutschen Volks in seiner Grundeinstellung zweifellos nicht antisemitisch sei. Er erklärt, daß es ein Fehler wäre, wenn das deutsche Volk sich die Auseinandersetzung mit dieser bedeutungsvollen Frage zu leicht mache und die furchtbaren Greuel, die von einer verbrecherischen Regierung im Namen des deutschen Volkes begangen worden sind, mit Stillschweigen übergehe.

Es ist in der Tat unhaltbar, daß viele unserer Lehrer einfach nicht dafür ausgerüstet sind, sich mit ihren Schülern über diese Fragen auszusprechen.

Hier ist der deutsche Staat dabei, etwas ganz Wesentliches, für sein zukünftiges Leben Entscheidendes zu versäumen, wenn nicht schnell Abhilfe geschaffen wird.

Es gibt heute auf der internationalen politischen Bühne nur wenige Persönlichkeiten, die ein sicheres politisches Kriterium, ungewöhnliche politische Aktionskraft und großen Bildungsreichtum miteinander verbinden. Zu diesen gehört Goldmann, der sich als Mitbegründer und späterer Präsident des Jüdischen Weltkongresses ein hohes Maß an internationalem Ansehen erworben hat. Erfüllt von großen freiheitlichen Idealen vermag er, dank seiner rhetorischen Begabung seine Anhänger aus Animositäten und Haßgefühlen immer wieder an die entscheidenden konstruktiven Probleme heranzuführen. Damit hat er dem Judentum in der Diaspora eine Stellung geschaffen, aus der der Staat Israel nicht nur finanziell, sondern auch geistig ganz erhebliche Kräfte zieht.

Ungewöhnlich ist die Arbeitskraft dieses Mannes, der sich ständig von Kontinent zu Kontinent begibt, um die überall brennenden jüdischen Probleme zu lösen. Ungewöhnlich ist auch seine nie versiegende »curiosité d'esprit«, die ihn in engem Kontakt mit allen Erscheinungen des geistigen Lebens hält und eine wesentliche Quelle seiner Stärke und Autorität darstellt.

Sein Verhältnis zum Staate Israel ist sehr eng und es hat schon oft Versuche gegeben, ihn dazu zu bewegen, die Präsidentschaft des Staates zu übernehmen. Wenn er sich dazu nicht bereitfinden konnte, so liegt das in erster Linie daran, daß er sich in den etwas engen israelischen Verhältnissen nicht glücklich fühlen würde; er braucht größere Bewegungsfreiheit, wie sie sich ihm in der weltumspannenden Aufgabe des World Jewish Congress eher bietet. Dazu kommt, daß seine finanziellen und wirtschaftlichen Interessen in New York, die eine Grundlage seiner politischen Unabhängigkeit sind, ihre Bedeutung haben. Entsprechend seiner kosmopolitischen Lebensart gehört Goldmann nicht zu den unbedingten Anhängern einer starren antisowjetischen Politik, wie sie Ben Gurion wünscht. Ihm liegt der Gedanke näher, durch eine vorsichtige Verständigung mit Sowjetrußland das Judentum, vor allem in Rußland, aus den Fängen des Kalten Krieges herauszuhalten. Es liegt seiner Natur nicht, starr an der grundsätzlichen Ablehnung alles Sowjetischen festzuhalten, genauso wie er nie ganz den Gedanken aufgegeben hat, die kriegerische Spannung zwischen Israel und der arabischen Welt durch eine vernünftige, nicht nur die Interessen Israels, sondern auch gewisse arabische Wünsche berücksichtigende Politik des Ausgleichs zu überwinden. Ich weiß, daß er mehrfach mit Emissären Nassers zu diesem Zweck

Verbindung aufgenommen hat, ohne daß es jedoch zu konkreten Ergebnissen gekommen wäre.

Paris, den 31. Januar 1960

Der Aufstand der Ultras in Algerien hat nach allem, was man inzwischen erfahren kann, eine größere Bedeutung als die einer mehr oder weniger lokalen Revolte. Es wird deutlich, daß am 24. Januar, ausgelöst durch das Interview des Generals Massu und die Reaktion de Gaulles eine weitverzweigte Konspiration vorzeitig zur Entladung gekommen ist. Die Herren Lagaillarde und Ortiz standen nicht allein, sondern sie waren einerseits aktiv gestützt durch nationalistische Kreise in Algerien und wichtige Stäbe der dort stationierten Armee; sie waren andererseits gestützt durch die seit langem bekannten Verschwörerzentralen in Paris und in Nordfrankreich, und sie hatten offenbar Grund zur Annahme, auch von Teilen des Kabinetts de Gaulle selbst wenn nicht gefördert, so doch mit Wohlwollen geduldet zu werden.

Für de Gaulle war dieser Aufstand ein harter Schlag, denn er brachte ihm die Erkenntnis, daß es in Frankreich und Nordafrika beträchtliche Kreise gibt, die ihm zwar am 13. Mai 1958 mit zur Macht verholfen hatten, dann aber nicht bereit waren, sich seiner historischen Mission bedingungslos anzuvertrauen. Für einen Mann wie den General, der von der Idee so stark durchdrungen ist, daß er Frankreich personifiziere, muß es ein erschreckendes Erwachen gegeben haben, als er feststellen mußte, daß sein Name nicht mehr ausreichte, um die Aufrührer im Zaum zu halten.

Seine Reaktion gegenüber dem Aufstand war energisch und entschieden und hat deshalb zu dem Erfolg geführt, den nicht nur die öffentliche Meinung Frankreichs, sondern die gesamte westliche Welt mit großer Erleichterung aufgenommen hat. Wie gefährlich die Lage war, zeigt die Haltung seines eigenen Kabinetts, in dem eine Reihe von Ministern sich zeitweise so schwankend gezeigt haben, daß der General sich zu der Erklärung veranlaßt sah, es stehe jedem Minister frei, auszuscheiden. Er werde sofort durch einen anderen ersetzt werden. Zu den zweifelhaften Persönlichkeiten scheinen vor allem der Armeeminister Guillaumat, der Postminister Cornut-Gentille und Soustelle gehört zu haben.

Entscheidend für das Scheitern dieses Aufstandes war zweifellos die Haltung der mohammedanischen Bevölkerung Algeriens, die den verschiedenen Anerbieten und Aufforderungen von seiten der Aufständischen, gegen de Gaulle zu demonstrieren, eindeutig Widerstand entgegensetzten. Für diese blieb der General der Garant einer künftigen friedlichen Entwicklung, und sie hatten nicht vergessen, daß es die aktivistischen Ultras und General Massu waren, die seinerzeit besonders scharf gegen die mohammedanische Bevölkerung vorgegangen waren. Aber auch die Masse der Armee ist den Verschwörern in den zentralen Stäben der Armeekommandos nicht gefolgt, so daß der Aufstand sich entgegen den Erwartungen der Ultras nicht verbreiten konnte.

Ein positives Element der zeitweise recht verwirrten Lage war die Haltung der öffentlichen Meinung des Mutterlandes. Zwar kann man auch hier wieder nicht sagen, daß die politischen Parteien oder die Gewerkschaften unmittelbar auf die Revolte mit politischen Gegenaktionen reagiert hätten. Auch der einzelne Franzose auf der Straße hat sich lieber in theoretischen Unterhaltungen über die Chancen des Aufstandes verloren, als daß er sich unmittelbar angesprochen gefühlt und zu Gegenaktionen gegen die Gefahr eines Umsturzes veranlaßt gesehen hätte. Man überließ die Sache dem General, und es ist für den ausländischen Beobachter doch ein bedenkliches Zeichen, daß sich schon nach einem Jahr dieses autoritären Regimes kaum politische Kräfte finden, die spontan, ohne zu zögern, auf solche Bedrohung des Staates und der demokratischen Ordnung reagieren. Es hat volle acht Tage gedauert, bis schließlich die Gewerkschaften eine Stunde Generalstreik demonstrierten, bis einige Parteiführer sich hören ließen, oder bis eine Kundgebungswelle in Form von Briefen und Telegrammen aus dem Lande ins Elysée strömten. Nichts zeigt deutlicher als die Lage nach dem Aufstand, daß es in Frankreich heute nur noch zwei wirklich dominierende Kräfte gibt: den General und die in Nordafrika stehende Armee. Alles andere ist entweder müde und verbraucht oder durch die Sorge um die Teilnahme an der Prosperität so absorbiert, daß man geradezu von einem politischen Vakuum sprechen kann. Jeder Beobachter der französischen Verhältnisse wird dies als beunruhigend empfinden. Denn ein nur auf diesen beiden Faktoren beruhender Staat ist eben anfällig und nicht krisenfest.

Es wird jetzt darauf ankommen, ob es dem General gelingt, seine Autorität über die Armee in vollem Maße wieder herzustellen. Nur wenn ihm dies gelingt, wird er seine Autorität auch im Lande behalten. Entsprechende Anstrengungen seinerseits sind im Gange, und ich kann mir vorstellen, daß sie Erfolg haben. Ob es aber, wenn er heute oder morgen ausfällt, seinen Mitarbeitern, den Exponenten des in seiner Autorität so geschwächten französischen Parlaments oder Führern aus der Arbeiterbewegung gelingen würde, ist zweifelhaft. Wir können nur hoffen, daß er die Armee völlig in die Hand bekommt, denn nur so kann er darauf rechnen, daß eine Wiederholung der Umsturzversuche unterbleibt und die vernünftigen Elemente in der Armee allmählich dafür sorgen, daß sie ein Instrument des von Paris gelenkten staatlichen Willens bleibt. Auch für das Verhältnis zum FLN ist eine Wiederherstellung der unbestrittenen Autorität de Gaulles in Nordafrika unerläßlich. An sich sind schon die Aussichten für Waffenstillstandsverhandlungen gegenwärtig nicht sehr groß. Aber sie sind ungleich geringer, wenn der Eindruck bestehen bleibt, daß das Schicksal Algeriens ausschließlich von der Armee bestimmt wird. Denn dann ist auch der Gedanke der Selbstbestimmung, wie ihn der General erfreulicherweise mit so viel Nachdruck in seiner Fernsehansprache vom 29. Januar zum Ausdruck gebracht hat, weniger überzeugend; denn eine Selbstbestimmung, deren Modalitäten von einer Armee bestimmt werden, deren einziges Ziel die Französierung Algeriens ist und die alles diesem Ziel unterordnet, kann nicht überzeugend sein.

7. Februar 1960

Ich hatte heute ein Gespräch mit dem Verlagsleiter von Plon, Charles Orengo, das mir im Hinblick auf die Entwicklung in Algerien und in Frankreich selbst interessant erscheint. Wir sprachen zunächst von dem bemerkenswerten Buch des Pariser Vertreters der ›Gazette de Lyon‹, Tournoux, ›Secrets d'Etat‹[1], das bei Plon erschienen ist. Ich sagte Herrn Orengo, ich fände es mutig, daß er diese durch gute Quellen fundierte Darstellung der französischen Entwicklung seit dem Indochinakrieg veröffentlicht habe, denn ich könne mir wohl vorstellen, daß er damit einige Mitglieder der Regierung in nicht unerhebliche Verlegenheit bringe.

Orengo sagte, daß er diese Veröffentlichung als ein Gegengewicht zu den de Gaulle-Memoiren[2] empfinde. Ein solches Gegengewicht habe der Verlag gebraucht, um nicht zu sehr als ein Exponent des Generals zu erscheinen. Außerdem sei es ihm ein Bedürfnis gewesen, einmal zu zeigen, daß es bei der gegenwärtigen Krise nicht allein um die Stellung Frankreichs in Algerien, sondern um das Schicksal der Demokratie in Frankreich gehe. Gerade das Verständnis der historischen Entwicklung der letzten fünfzehn Jahre und ihrer zahlreichen Krisen und die Kenntnis der daraus folgenden psychologischen Situation der französischen Armee zeigten die dringende Notwendigkeit der Reformen. Ihm scheine es fraglich, ob der General die Grundströmungen innerhalb der Armee in Algerien wirklich kenne, denn vielen Beobachtern sei es unverständlich, wie sich der General durch die Ereignisse des 24. Januar so habe überraschen lassen. Man habe öfters den Eindruck, als ob de Gaulle in unerreichbare Höhen für sich allein die schwerwiegendsten Entschlüsse fasse und erst bei ihrer Durchführung erkenne, daß sie sich mit den Realitäten nicht vertragen und daß es dann des Einsatzes seiner ganzen Autorität bedürfe, um die Situation wieder herzustellen. Sicher wolle die Mehrzahl der Offiziere nichts mit den Ultras zu tun haben, die auch jetzt wieder in der Metropole ihr Unwesen getrieben hätten. Aber die Kluft zwischen der Metropole und den einflußreichen Kreisen der Armee sei auch deshalb so groß, weil die Armee gerade in ihren mittleren Graden, den Hauptleuten, den Majoren, den Oberstleutnants, aus den Rückschlägen die Konsequenz gezogen habe, daß es eben neuer, anderer Methoden, ja einer grundsätzlich neuen Haltung bedürfe, wenn man in der großen Auseinandersetzung zwischen Ost und West – und sie sehen die algerische Frage als einen Teil dieses Problems an – bestehen wolle. Es sei wie so oft in der französischen Geschichte, daß die politische Welt der Metropole sich noch nicht bewußt sei, daß es zur Behauptung der Position Frankreichs nicht nur äußerer Bekenntnisse, sondern einer neuen, opferbereiten, inneren Haltung bedürfe. Es sei die Stärke de Gaulles, daß er für die Lösung der afrikanischen Probleme neue Wege gehe. Seine Politik der Selbstbestimmung sei ein wertvoller Anfang. Sie bedürfe aber der Ergänzung durch ein umfassendes Konzept einer neuen sozialen Ordnung.

12. Februar 1960

Vormittags findet zwischen Dr. Goldmann, Shinnar und mir im Hotel Plaza Athenée eine eingehende Unterhaltung über die Aufnahme diplomatischer Beziehungen der Bundesrepublik mit Israel statt. Shinnar berichtet über seine letzten Unterredungen in Bonn, insbesondere über seine Gespräche mit dem Bundeskanzler, Globke, Scherpenberg und von Brentano. In diesen Gesprächen soll der Bundeskanzler wiederholt erklärt haben, daß er persönlich für die Aufnahme der Beziehungen sei. Auch Globke soll betont haben, daß man nun nicht länger zögern, sondern die immer wieder hinausgeschobene Zusage verwirklichen sollte. Bei Brentano und Scherpenberg beständen zwar auch keine prinzipiellen Einwände, er habe aber doch das Gefühl, daß das Auswärtige Amt den Zeitpunkt nicht für geeignet halte. Der Bundeskanzler habe wieder das Argument verwandt, daß er durch eine Entscheidung für die Aufnahme der Beziehungen zu Israel die Situation nicht belasten wolle, außerdem habe er sich offenbar von der Hallstein-Doktrin noch nicht ganz freigemacht. Immerhin sei es ihm, Shinnar, geglückt, die Zusage vom Bundeskanzler zu erhalten, daß er das Kabinett am 20. Februar mit dieser Frage befassen werde. Er sei mit dem Kanzler so verblieben, daß man bei einer positiven Haltung des Kabinetts den Beschluß zunächst nicht veröffentliche, sondern daß der Bundeskanzler in einem Brief an Ben Gurion die Aufnahme der Beziehungen für den 1. Juni dieses Jahres in Aussicht stelle. Dies müsse allerdings ohne jede Einschränkung und Bedingung erfolgen. Sollte man, so fuhr Shinnar fort, etwa wegen gewisser außenpolitischer Ereignisse deutscherseits an dem Datum vom 1. Juni nicht festhalten können, so sei er durchaus bereit, in einer Art Gentleman-Agreement den Termin der Aufnahme der Beziehungen noch um einige Wochen hinauszuschieben.

Von Wichtigkeit sei, daß auch die Sozialdemokratie sich für die Aufnahme der Beziehungen einsetze. Die SPD sei entschlossen, am 12. März anläßlich einer Bundestagssitzung, die sich mit den antisemitischen Vorkommnissen und einem dazu verfaßten Weißbuch befassen wird, eine Anfrage an die Regierung zu richten, wann sie nun endlich die Beziehungen zu Israel aufzunehmen gedenke. Daß die Stimmung in Deutschland in wachsendem Maße für eine solche Entscheidung sei, illustrierte Shinnar an einer Reihe von Zeitungen, die wie der ›Rheinische Merkur‹, die »Süddeutsche Zeitung« und andere sich zum Teil klar für die Aufnahme der Beziehungen ausgesprochen haben.

Ich persönlich bin für eine positive Entscheidung in dieser Frage. Man hat nun etwa vier oder fünf Jahre über dieses Problem geredet. Hier scheint die Wiedergutmachungspolitik der Bundesregierung unvollständig und letzten Endes in ihren psychologischen Auswirkungen vergeblich, wenn sie nicht durch Aufnahme diplomatischer Beziehungen zur israelischen Regierung ergänzt wird. Wir haben lange genug Rücksicht auf die arabischen Länder genommen, was uns verhältnismäßig wenig eingebracht hat. Es hat jedenfalls die Vereinigte Arabische Republik nicht daran gehindert, in Ägypten ein sowjetzonales Generalkonsulat zuzulassen, das sich praktisch wie eine Botschaft geriert und einen viel größeren Mitarbeiterstab hat als die Vertretung der Bundesrepublik selbst. Ich bin überzeugt, daß die Reaktion der arabischen Staaten viel weniger heftig ausfallen wird, als die meisten annehmen. Aber selbst wenn der eine oder andere Staat die Sowjetische Besatzungszone anerkennen würde, so braucht das nicht dramatisiert zu werden; auch wenn es von sowjetischer Seite zu Angriffen gegen die Bundesrepublik benutzt wird, so kann man das bei dem gegenwärtigen schlechten Verhältnis zu Sowjetrußland ruhig in Kauf nehmen.

Ich glaube allerdings nicht, daß das Kabinett sich schon jetzt bereit finden wird, eine positive Entscheidung zu treffen. Ich bin überzeugt, daß das Auswärtige Amt in diesem Zeitpunkt gegen die Aufnahme der Beziehungen votieren wird. Das liegt an der proarabischen Tendenz der Leitung des Amts und des nicht zu unterschätzenden Einflusses des Orientreferats unter Generalkonsul Voigt, das die nachteiligen Folgen einer solchen Aktion meiner Ansicht nach stark übertreibt. Mir will es nicht einleuchten, daß alle modernen Staaten des Ostblocks wie des Westens Vertretungen in Tel Aviv unterhalten und nur wir uns aus Angst vor einer etwaigen Anerkennung der Sowjetzone durch einzelne arabische Staaten davor scheuen, einen Staat, dessen Lebensfähigkeit und Vitalität ungleich größer ist als die der arabischen Länder, de jure anzuerkennen, nachdem wir Jahre hindurch bereits in engen de facto-Beziehungen stehen. Aber hier stellt sich eben immer wieder die Frage, ob wir nicht endlich eine juristische Theorie in den Papierkorb werfen sollten, die uns Jahre hindurch in unserer politischen Aktionsfähigkeit behindert und als Äquivalent höchst fragliche Ergebnisse beschert hat. Ich persönlich bin nach wie vor der Auffassung, daß die Bundesrepublik, wenn sie sich entsprechend aktiviert, den Konkurrenzkampf mit der Sowjetzone jederzeit bestehen kann. So hat uns die aus Angst geborene Konstruktion den Weg in den Satellitenraum blockiert und uns auch zu Jugoslawien in ein überflüssig schlechtes Verhältnis manövriert.

5. Mai 1960

Die Zeit ist unruhiger denn je, und im Westen sind manche Unsicherheitsfaktoren sichtbar, die zu Besorgnis Anlaß geben, so die Haltung gewisser Kreise der amerikanischen Presse, überhaupt eine zur Nachgiebigkeit neigende amerikanische öffentliche Meinung, eine gewisse Undurchsichtigkeit der Absichten der britischen Regierung für die bevorstehende Gipfelkonferenz und die Unruhen in der Türkei, die mangelnde Stabilität Italiens und die im Innern Frankreichs wachsende Kritik an der Regierung de Gaulle.

Trotzdem wäre es ein Fehler, wenn die Bundesregierung in dieser Situation vor der Gipfelkonferenz Anzeichen von Unsicherheit, Nervosität und Unmut zeigen würde. Man muß gerade jetzt durch Zuversicht und ein ausgesprochenes Vertrauen in die Standfestigkeit der Alliierten dafür sorgen, daß die Einheit des Westens gewahrt bleibt. Denn daß man auf der kommenden Konferenz mit äußerst schwierigen Phasen, mit einer echten Krise rechnen muß, steht außer Frage.

Die Haltung Chruschtschows ist nicht leicht zu erklären. Seine letzte

Rede in Baku, vor allem aber auch die erst heute bekanntgewordene Rede in Moskau erinnern an die düsteren Zeiten des Kalten Krieges, und man fragt sich mit Recht, was Herr Chruschtschow hiermit bezweckt. Meiner Ansicht nach bezweckt er damit, den Westen unter stärksten Druck zu setzen. Er spekuliert dabei auf die Angst und hofft, die für ihn hier und da sichtbare Uneinigkeit zu vertiefen. Ich persönlich glaube nicht, daß es Chruschtschow darauf ankommt, schon unmittelbar nach dieser Gipfelkonferenz den Friedensvertrag mit der Sowjetzone zu unterzeichnen und damit den gegenwärtigen Status Berlins in Frage zu stellen. Ich glaube vielmehr, daß er das Damoklesschwert dieser Maßnahme weiter über dem Haupt der westlichen Welt hängen lassen will, um die Wirkungen des Zeitablaufs abzuwarten, von dem er annimmt, daß er sich zugunsten Sowjetrußlands entwickelt. Ich glaube, daß es Chruschtschow schon genügt, wenn er von der Gipfelkonferenz nach Moskau zurückkehrt mit dem Hinweis auf seine Gleichberechtigung im Kreise der großen Vier und der Möglichkeit, auf die schweigende Anerkennung des Status quo hinweisen zu können, wie er dies nach den Besprechungen im Camp David und in Paris bereits getan hat. Man wird also mit einer Krise rechnen müssen, die man im letzten Moment vielleicht durch eine Unterbrechung der Konferenz und durch eine prozedurale Lösung, wie den Einsatz eines Ministerkomitees oder etwas ähnlichem, auffangen kann. Damit ist natürlich die Gefahr nicht beseitigt, sondern nur hinausgeschoben. Man muß aber auch die andere Möglichkeit nicht außer acht lassen, denn die Erfahrung zeigt, daß Diktaturen sich öfters im Netz ihrer eigenen Propaganda fangen und sich aus ihm nicht mehr befreien. So muß man durchaus damit rechnen, daß Chruschtschow, um seine Position im Innern Sowjetrußlands zu stabilisieren und um die stärker werdende Kritik Chinas zum Schweigen zu bringen, spektakuläre Aktionen wie eben die Unterzeichnung des Friedensvertrages mit der Sowjetzone, in die Wege leitet.[7]

In dieser Situation bleibt nichts anderes für den Westen als zusammenzuhalten. Fällt er auseinander, macht er unzeitgemäße Konzessionen, so bricht das Gebäude unserer Allianz zusammen und man weiß nicht, was davon übrig bleibt.

12. Mai 1960

Der Vorabend der Gipfelkonferenz steht im Zeichen schwerer Krisen. Die sowjetische Haltung, die sich seit der Baku-Rede Chruschtschows mehr und mehr verschärft hat, hat sich in diesen Tagen infolge des Abschusses eines amerikanischen Beobachtungsflugzeuges über Swerdlowsk noch erheblich verschärft. Was sind die Gründe für die Russen, so unmittelbar vor dieser Konferenz, die doch auch nach ihren ursprünglichen Absichten der Entspannung dienen sollte, plötzlich den Westen so brutal anzugreifen? Ich glaube, daß hierfür vor allem folgende Gründe maßgeblich sind: Chruschtschow möchte seine Gesprächspartner von vornherein unter äußersten psychologischen Druck setzen. Er fühlt, daß er in der Berlinfrage keine Fortschritte machen kann und möchte deshalb schon jetzt die Verantwortung für das Scheitern der Konferenz den Westmächten zuschieben, indem er sie schwerer Rückfälle in die Epoche des Kalten Krieges bezichtigt. Wahrscheinlich ist er auch aus innenpolitischen Gründen gezwungen, die öffentliche Meinung Sowjetrußlands nach außen abzulenken und gleichzeitig die kritischen Stimmen im eigenen Lager durch spektakuläre Demonstrationen der eigenen Kraft zu beruhigen. Die große Lautstärke, mit der er das Überfliegen sowjetischen Gebiets durch amerikanische Flugzeuge anprangert, scheint mir auch einen gewissen Grund darin zu finden, daß die sowjetische Regierung ihr Luftverteidigungssystem als nicht ganz ausreichend erkannt hat. Es ist ja sicher nicht das erste Mal, daß Sowjetrußland in großer Höhe von amerikanischen Flugzeugen überflogen wird, wie es die amerikanische Regierung ja auch deutlich erklärt hat. Warum hat man diese amerikanischen Flugzeuge nicht vorher abgeschossen? Ist es nicht vielmehr so, daß dieses amerikanische Flugzeug nur deshalb abgeschossen werden konnte, weil es aus irgendwelchem technischen Versagen auf wesentlich niedrigere Höhe heruntergehen mußte?

Die amerikanische Haltung war zeitweise unsicher und hat sich erst in den letzten Tagen wieder etwas gefangen. Es war richtig, daß Eisenhower schließlich die Karten auf den Tisch legte und erklärte, daß Sowjetrußland schon oft von amerikanischen Flugzeugen überflogen worden sei, weil man einfach aus Gründen der Selbstverteidigung Klarheit darüber gewinnen müsse, was in Rußland vorgehe. Ein neues Pearl Harbour dürfe nicht passieren. Diese Sprache ist die einzige, die die Sowjets verstehen.

Nach allem, was wir aus französischen amtlichen Kreisen hören, ist bis jetzt die einmütige Front der Westmächte sichergestellt. Die Erklärungen Debrés und Couve de Murvilles vor dem Auswärtigen Ausschuß der Nationalversammlung zeigen die Entschlossenheit Frankreichs, in den deutschen Fragen keine Konzessionen zu machen. Ob die britische Regierung und ob vor allen Dingen Eisenhower diese Linie in Einzelheiten einhalten wird, bleibt abzuwarten. Jedenfalls wird es gut sein, wenn der Bundeskanzler auf der Besprechung der Regierungschefs der Westmächte am Sonntag Nachmittag (15. Mai) gewisse Bedenken noch einmal eindeutig ausräumt, so die immer wieder mögliche Gefahr des Aufkommens gewisser Pläne über die Einrichtung von Kontroll- und Inspektionszonen in Mitteleuropa.

Es muß aber auch noch eins sichergestellt sein: Die Sowjets sind in letzter Zeit in wachsendem Maße dazu übergegangen, die Haltung der Westmächte in der Wiedervereinigungsfrage so auszulegen, als ob diese endgültig ad calendas graecas vertagt sei und daß man deshalb indirekt den Status quo in Mitteleuropa anerkannt habe. Die sowjetische These wird durch gewisse Publizisten der amerikanischen Presse gefördert, die wie Lippmann und Child offen davon sprachen, daß die Westmächte und selbst General de Gaulle gegen die Wiedervereinigung und für die Anerkennung der Oder-Neiße-Grenze seien und sich sogar entsprechend erklärt hätten. Dies ist falsch. Aber gerade um den sowjetischen Thesen zu begegnen, erscheint es mir nötig, daß auf der kommenden Gipfelkonferenz auf westlicher Seite mit größter Deutlichkeit festgestellt wird, daß zwar die gegenwärtige Situation sich für eine Lösung der deutschen Probleme nicht eigne, daß aber die Lösung dieser Probleme ein bedeutendes Endziel der Politik der Westmächte bleibe und daß man diese Lösung anstreben müsse, sobald eine allgemeine Verbesserung der Gesamtlage erreicht sei. Eine solche Erklärung ist einfach notwendig, um eine Verschweigung unserer wesentlichen Anliegen auszuschließen.

Die erste Krise der Konferenz wird sich wahrscheinlich um die Frage entspinnen, ob Bundesrepublik und DDR Beobachter-Delegationen in Paris unterhalten sollen. Ich bin sicher, daß Chruschtschow die Forderung stellen wird, daß Herr Bolz mit einer entsprechenden Delegation in Paris anwesend ist. Das bedeutet aber, daß wir in Paris mit schweren propagandistischen Auseinandersetzungen rechnen müssen. Es liegt in der Natur der Kommunisten, auf diesem Gebiet größere Geschicklichkeit zu zeigen als wir es vermögen, und ihr Anfangserfolg wird um so leichter sein, als die Sowjets und ihre Satelliten hierin in Frankreich mit einer nicht unerheblichen kommunistisch orientierten Presse rechnen können.

Wie die Konferenz enden wird, ist heute nicht abzusehen. Es ist aber durchaus möglich, daß sie mit einem Bruch endet, der von uns allen größte Entschlossenheit und Kaltblütigkeit fordert.

Abends spreche ich mit Herrn von Eckardt. Er ist voller Sorgen wegen der bevorstehenden Konferenz und erwartet, wie ich auch, eine schwere europäische Krise. Einer solchen Krise ist natürlich nicht mit ein paar Papieren von Arbeitsgruppen zu begegnen, sondern es bedarf einer echten, umfassenden politischen Initiative.

20. Mai 1960

Die Konferenz ist gescheitert. Eine neue Phase beginnt. Sie wird sich charakterisieren durch eine Kette von Krisen, die zeitweise heftige Formen annehmen und die Welt hart an den Abgrund eines militärischen Konflikts führen können. Chruschtschow hat seiner eigenen Person und seiner Sache durch sein Auftreten in Paris im Rat der Großen, wie in seiner unglaublichen Pressekonferenz einen schlechten Dienst erwiesen. Über die Motive der sowjetischen Haltung wird noch viel nachgedacht werden. Für mich ist entscheidend, daß das Politbüro die Entspannungspolitik aufgegeben hat, weil sie eine Schwächung und Aufweichung des Aktionswillens der sowjetischen Bevölkerung, aber auch der Armee zur Folge hatte. Man hat erkannt, daß man das kommunistische System und auch die weltrevolutionäre Philosophie bei längerem und intensiveren Anhalten der Entspannungstendenzen in der Welt nur schwer aufrechterhalten kann. Der Flugzeugzwischenfall war nur ein Mittel, mit dem man die Konferenz auffliegen und den Wandel in der eigenen politischen Haltung und Methode vor der Weltöffentlichkeit begründen konnte. Ich bin jedoch auch überzeugt, daß die Ergebnisse der Untersuchung der fotografischen Aufnahmen des Flugzeugführers Power den sowjetischen Militärs einen Schock gegeben haben, weil sie nicht erwartet haben, daß diese Bilder eine so komplette Darstellung der sowjetischen Basen gebracht hätten. Wenn man überlegt, daß vier Jahre hindurch amerikanische Flugzeuge Sowjetrußland fotografiert haben, so bleibt wohl nur wenig von der bewährten sowjetischen Geheimhaltung übrig.

Für uns Deutsche bedeutet dies den Eintritt in eine Phase besonderer Gefahr. Chruschtschow wird vielleicht versuchen, noch im Laufe der kommenden Monate den Friedensvertrag mit der Sowjetzone zu unterzeichnen und damit auch die Rechte der Kontrolle des Zugangs zu Berlin den sowjetzonalen Stellen zu übertragen. Die große Frage wird dann sein, ob die Westmächte, vor allem ihre Völker, die nötige Ausdauer und Zähigkeit aufbringen, um dieser Krise standzuhalten. Manches macht mich hier besorgt, denn Prosperität und immer weiter um sich greifende politische Indolenz und Nachgiebigkeit tun das ihre, um den Widerstand zu schwächen. Ein paar französische Journalisten haben mich gestern bei Lazareff gefragt: »Ist es denn wirklich so schlimm, Berlin aufzugeben?« Ich habe ihnen erwidert, die Enttäuschung des deutschen Volkes über eine derartige Haltung würde so groß sein, daß man mit einer Abwendung vom Westen rechnen müsse. Dies wäre das Ende der Adenauerschen Politik, es wäre ein Anfang einer Neutralität Deutschlands mit all den Folgen, die dann auch für den Westen unvermeidbar wären. Ich könne mir nicht vorstellen, daß Frankreich sich den dann zu erwartenden Möglichkeiten aussetzen wolle.

Paris, 14. Juni 1960

Von Samstag, dem 11., bis Montag mittag, dem 13. Juni, fanden am Sommersitz des Bundeskanzlers in Cadenabbia Besprechungen mit Monnet statt. Das Hauptthema war die Frage, wie man die europäische und die deutsch-französische Zusammenarbeit noch verstärken und möglichst unlösbar gestalten könne. Die Besprechungen begannen am Samstag, dem 11. Juni um halb ein Uhr. Ich war am Morgen von Paris nach Mailand geflogen. Monnet war im Schlafwagen nach Mailand gekommen. Wir fuhren gemeinsam im Wagen des Kanzlers von Mailand nach Cadenabbia. Das vom Kanzler gemietete Anwesen in wundervoller Lage oberhalb des Comer Sees, mit herrlichen alten Bäumen und unbeschreiblichem Blick hinüber nach Bellagio, bot sich so recht für ein wirklich ruhiges und umfassendes Gespräch über die Lage und die sich aus ihr ergebenden Konsequenzen. Ich fand den Kanzler bei ausgezeichneter Gesundheit. Er schien mir frischer denn je. Er hat die großen Anstrengungen seiner Japanreise und der sich daran anschließenden schweren Arbeit überwunden. Seine Tochter Libeth war wie immer eine heitere und reizende Hausfrau.

Das Gespräch wurde mit einer Analyse der Weltlage durch den Kanzler eingeleitet. Im Vordergrund stand die Betrachtung der nordamerikanischen Dinge. Seine Beurteilung war pessimistisch. Die Haltung der Vereinigten Staaten seit dem Tode John Foster Dulles sei durch Unklarheit, Zögern, Unentschiedenheit und Lethargie gekennzeichnet. Dies sei in einem Jahr, in dem die Vorbereitungen der Wahl des Präsidenten sowieso alles erschweren, besonders kritisch und schwerwiegend.

Der Kanzler führte dann einige besonders treffende Beispiele für die mangelhafte Außenpolitik der Vereinigten Staaten an, wie den Norstadplan einer mitteleuropäischen Inspektionszone, die nach seiner Auffassung unbegreifliche Idee einer ständigen Beratung der drei westlichen Hauptmächte (Direktorium), das Schwanken und die Unsicherheit hinsichtlich einer etwaigen kurzfristigen Interimslösung für Berlin. Es sei heute noch nicht zu übersehen, ob die Vereinigten Staaten auch nach der Präsidentenwahl wieder aktionsfähig würden. Eines sei jedenfalls sicher, daß die Eisenhower-Administration mit einer ungewöhnlichen Schwächung des außenpolitischen Kredits der Vereinigten Staaten in allen Teilen der

Welt ende. Das zeige die Entwicklung in Südamerika, in Japan, im Vorderen Orient, in Afrika und nicht zuletzt in Europa selbst. Es bedürfe großer Anstrengungen, um dieses Negativum wieder zu überwinden.

Im zweiten Teil seiner Ausführungen wandte sich der Kanzler dem deutsch-französischen Verhältnis zu. Dies sei zweifellos gut. Seine Beziehungen zu de Gaulle seien vertrauensvoll. Aber er glaube, daß man noch einige Schritte weitergehen müsse, um die Dauerhaftigkeit ein für allemal zu sichern. Er denke hierbei an eine engere politische Integration und militärische Kooperation. Er habe Ende des vergangenen Jahres dem General die Frage vorgelegt, ob er Möglichkeiten einer Vertiefung des bestehenden Verhältnisses sehe und habe ihn gebeten, ihm doch am Tage nach der Besprechung eine Antwort zu geben. De Gaulle habe ihm dann gesagt, daß er im Moment Möglichkeiten einer stärkeren Verflechtung beider Völker nicht sehe. Er, der Kanzler, sei damals etwas enttäuscht gewesen und fürchte, daß dem General nach seinem Staatsbesuch in London und Washington eher an einer Vertiefung der Zusammenarbeit der drei hauptsächlichen Westmächte, als an einer weiteren Verstärkung des deutsch-französischen Verhältnisses gelegen sei.

Monnet versuchte, den Kanzler hinsichtlich der Vereinigten Staaten etwas zu beruhigen. Das Entscheidende sei doch, daß die Vereinigten Staaten erkannt hätten, daß sie allein die großen wirtschaftlichen und politischen Probleme nicht lösen können. In ihrer Außenwirtschaft seien sie, und das habe Dillon klar erkannt, auf die Zusammenarbeit mit den freien Völkern angewiesen. Deshalb auch die Bemühungen Dillons im Januar dieses Jahres, die Idee des europäischen Zusammenschlusses energisch zu unterstützen und alle Versuche einer Verwässerung oder Beeinträchtigung des Gemeinsamen Marktes abzuwehren. Amerika könne eben weder seine eigenen Dinge noch die Hilfe an unterentwickelte Gebiete allein meistern. Es erwarte geradezu psychologische und politische Hilfe Europas. Niemals sei die Stunde für die Europäische Gemeinschaft und ihre Geltung in der amerikanischen Welt günstiger gewesen. Die Beschleunigung der Ingangsetzung des Gemeinsamen Marktes sei ein erfreuliches Positivum. Man dürfe aber dabei nicht stehen bleiben, sondern müsse möglichst bald die Zusammenlegung der drei Exekutiven Euratom, Kohle- Stahl- und Wirtschaftsgemeinschaft betreiben. Eine Änderung der Verträge sei hierzu nicht notwendig. Es genügten Zusatzprotokolle, die der Ratifikation durch die Parlamente unterliegen. Aber er frage sich, was man noch mehr tun könne. Man dürfe die einzigartige Chance, daß in Deutschland wie in Frankreich Männer wie der Kanzler und de Gaulle an der Macht seien, nicht ungenutzt verstreichen lassen. Man müsse die beiden Völker politisch und militärisch sehr viel enger und unzertrennbar miteinander verknüpfen; denn es könne doch leicht sein, daß sich nach dem Ausscheiden des Bundeskanzlers in Deutschland wieder alte nationalistische Tendenzen regten, die danach strebten, aus der Bundesrepublik ein Land zwischen den Blöcken zu machen, in der trügerischen Hoffnung, etwa auf diese Weise Sowjetrußland zu Konzessionen in der Deutschlandfrage zu bewegen. Sei man aber einmal wieder so weit, so sei die Gefahr unvermeidbar, daß das westeuropäische Gebäude zusammenstürze und unsere Welt in der sowjetischen aufgehe. Europa rette man eben nur durch die Bildung eines deutsch-französischen Schwergewichts, das in Zusammenarbeit mit den Vereinigten Staaten der Sowjetunion Widerstand leiste.

Das Bild, das sich uns bei näherer Prüfung der Gesamtlage bot, war ernst. Wir waren der Überzeugung, daß die Probe, die wir in Westeuropa durchhalten müssen, um unsere Lebensform auf die Dauer behaupten zu können, schwer sein würde. Wir glaubten, daß es einer entschiedenen Anstrengung auf allen Gebieten bedürfe, um im Westen die Widerstandskräfte zu organisieren, die für die kommenden Jahrzehnte den Gefahren begegneten. Dazu gehört natürlich auch eine vernünftige Lösung der afrikanischen Probleme; denn bei einem Verlust Afrikas würde Westeuropa dem sowjetischen Zugriff nicht lange widerstehen. Als Positivum bleibt der europäische Zusammenschluß, innerhalb dessen ein enges deutsch-französisches Verhältnis und enge Anlehnung an die Vereinigten Staaten.

26. Juni 1960

Hauptelement meiner Sorgen ist die mangelhafte Führung der Vereinigten Staaten, die seit dem Tode Dulles recht dilettantisch und ohne konzentrierten Willen gehandelt hat. Hinzu kommt, daß die Präsidentschaftswahlen heute schon die Verwaltung in einem Maße lähmen, daß man weder von einer Gesamtpolitik noch von schnellen und wirksamen Reaktionen der amerikanischen Regierung auf das sowjetische Spiel sprechen kann. Außenpolitik ist eben nicht damit getan, daß man in der Welt herumreist, hier und da demonstrativ Reden hält und sich zu sogenannten Gipfelkonferenzen versammelt. Niemand, der etwas von außenpolitischen Geschäften versteht, wird sich groß darüber wundern, daß in den Vereinigten Staaten nicht nur im Senat, sondern auch in den Parteien und in der öffentlichen Meinung die Forderung laut wird, daß man die Methode der Gipfelkonferenzen aufgibt und zur klassischen Diplomatie zurückkehrt. Gipfelkonferenzen sind deshalb so gefährlich, weil die auf ihnen agierenden Persönlichkeiten jeweils die letzte Instanz ihres Landes sind, gegen deren Entscheidung es keine Berufung gibt. Man hat immer wieder die Erfahrung gemacht, und ich selbst habe sie oft in den letzten zehn Jahren machen müssen, daß es manchen Regierungschefs nicht so sehr darauf ankommt, sich gründlich mit außenpolitischen Problemen zu beschäftigen, sondern daß sie glauben, schon durch allgemeine, die Atmosphäre verbessernde Gespräche ausreichende Ergebnisse zu erzielen. Dann haben derartige Konferenzen oft nicht die erwarteten Ergebnisse. Dies gilt auch von der sogenannten persönlichen Diplomatie, das heißt der Diplomatie der verantwortlichen Regierungschefs außerhalb oder unter Umgehung ihrer Außenministerien. Wie oft habe ich nicht erlebt, daß zwei- oder mehrseitige Gespräche dieser Art zwar den Eindruck einer völligen Einigung bei allen Beteiligten hinterließen, daß aber wenige Tage nachher, wenn es sich um die konkrete Ausführung der in den Gesprächen festgelegten Politik handelte, Meinungsverschiedenheiten und Differenzen auftraten. Gipfelkonferenzen können, wenn sie Sinn haben sollen, nur die Ergebnisse gründlicher diplomatischer Vorarbeit sanktionieren. Die Franzosen haben dafür das schöne Wort »entériner«. Es ist einfach zuviel verlangt, wenn die an sich schon überlasteten Regierungschefs in der kurzen Zeit, die sie für eine solche Gipfelkonferenz zur Verfügung haben, im Detail Lösungen ausarbeiten und mit letzter Wirkung beschließen sollen. All diese Gefahren vergrößern sich natürlich noch, wenn es sich bei den Regierungschefs um Persönlichkeiten handelt, die physisch und seelisch verbraucht sind. So erfreulich es auch ist, daß man in den Vereinigten Staaten diese Lage der Dinge erkennt, daraus Folgerungen zieht und sich der alten Methode der klassischen diplomatischen Verhandlungen wieder nähert, so war es meiner Ansicht nach überflüssig, daß Herr Herter in einem offiziellen Statement, gleichsam zum Abschluß des mißlungenen Japanbesuchs, öffentlich erklärte, der Präsident werde in Zukunft nicht mehr reisen, und man werde von der Besuchsdiplomatie nun wieder zur klassischen Diplomatie zurückkehren. Herr Dulles hätte solche Erklärungen sicher nicht abgegeben.

Es ist schwer verständlich, daß sich die amerikanische Diplomatie in der Beurteilung der japanischen Verhältnisse so getäuscht hat. Wie so oft, haben die Amerikaner die wirklichen Strömungen innerhalb des japanischen Volkes entweder überhaupt nicht gesehen oder zumindest stark unterschätzt; denn im Laufe der letzten Jahre, und vielen Beobachtern war dies durchaus bewußt, hat sich in der japanischen Jugend, in der Lehrerschaft, an den Universitäten, in den Gewerkschaften, wie auf der ganzen Linken, ein Geist breitgemacht, der sich unter starker Abwendung von den Vereinigten Staaten mehr und mehr von der Idee des Neutralismus angezogen fühlt. Es ist merkwürdig, daß die Vereinigten Staaten erneut erleben müssen, wie ihre ungeheure Hilfsbereitschaft auf materiellem Gebiet und auch ihr echter Wille, Japan in einem vernünftigen Verteidigungssystem den notwendigen Schutz zu geben, in zahlreichen japanischen Kreisen nicht nur Undankbarkeit und Unverständnis, sondern vielmehr starke Ressentiments ausgelöst hat. Man kann eben die Welt nicht mit Wirtschaftshilfe und mit Waffenlieferungen allein für sich gewinnen. Es gehört eine sehr viel gründlichere Einfühlungsgabe und ein sehr viel größeres psychologisches Verständnis dazu, um solche jungen und vitalen Völker zu gewinnen. Vereinfachte Formeln sind meist falsch und führen zwangsläufig zu Mißverständnissen. Meiner Ansicht nach ist die amerikanische Politik durch die Ausbrüche gewisser japanischer Volkskreise völlig überrascht worden, und ich sehe noch nicht, wie es gelingen soll, das amerikanische Ansehen dort wieder herzustellen.

Wenn dies nicht sofort von der Sowjetunion ausgenutzt wird, so liegt das daran, daß diese selbst einmal durch große innere Aufgaben abgelenkt ist und Ruhe braucht und zum andern, daß sich Herr Chruschtschow im eigenen Hause mit Strömungen auseinandersetzen muß, die – zum Teil unterstützt von China – eine Rückkehr zu einem härteren Kurs der stalinistischen Epoche wünschen. In Wirklichkeit ist der Kurs, den er selbst steuert, mindestens so gefährlich, wenn nicht gefährlicher für die westliche Welt, als jener Stalins; denn der Wechsel zwischen Drohung und Entspannung und die Verlagerung der sowjetischen Energien auf Durchdringung und Unterwanderung der mittelöstlichen, nahöstlichen, der afrikanischen und südamerikanischen Welt zeigt von Tag zu Tag größere Erfolge und bringt die westliche Welt mehr und mehr in die Lage dessen, der anstatt selbständig zu handeln und seinen Willen dem Gegner aufzuzwingen, mit unzulänglichen Mitteln hinter dem Gegner und seinen zahllosen Initiativen herläuft.

In diesem Bild kann sich manches ändern, wenn die Vereinigten Staaten diese Periode der Präsidentschaftswahlen und ihrer Vorbereitungen abgeschlossen haben und wenn es dort gelingt, eine Persönlichkeit an das Steuer zu bringen, die über klare Konzeptionen und einen wirklichen Willen verfügt. Aber bis sich dies auswirkt, wird es Mitte März kommenden Jahres werden. Es ist heute noch schwer zu sagen, ob Nixon oder Kennedy oder irgendein anderer Präsident wird. Keine gute Lösung wäre Herr Stevenson, der zwar über große Intelligenz verfügt, sich aber gern Illusionen hingibt und des Durchstehvermögens entbehrt, das nun einmal in der Auseinandersetzung mit Sowjetrußland unerläßlich ist. Ein positives Element dieser unserer gegenwärtigen Situation ist Europa. Hier hat die deutsch-französische Zusammenarbeit zweifellos durch die stetige Entwicklung in Deutschland und die Reform und die Neuordnung in Frankreich Kraft und Stabilität gewonnen. Natürlich ist dieses Europa auch mit schwerwiegenden Hypotheken belastet, wie die Spaltung in Sechser- und Siebener-Europa, wie das Algerienproblem und das sich rapide verselbständigende Afrika und seine ungelösten Probleme. Aber es ist nicht zu verkennen, daß sich ein neuer, hoffnungsvoller europäischer Geist entwickelt, der seiner selbst bewußt sich anschickt, seine eigenen Interessen fester als bisher zu schützen. Ich bin so optimistisch zu glauben, daß hier bereits Tatsachen geschaffen sind, die auch dann noch lebendig und stark bleiben, wenn General de Gaulle oder der Bundeskanzler ihre Funktionen nicht mehr würden ausüben können. Die gemeinsamen wirtschaftlichen und militärischen Interessen sind heute wohl schon stark genug, um ein Auseinanderfallen zu verhindern.

Für uns in Deutschland bleibt entscheidend, ob es auch nach dem Bundeskanzler Adenauer gelingen wird, Protestantismus und Katholizismus zusammenzuhalten oder ob ihre politische Sammlungspartei, die CDU, in eine deutsch-nationale protestantische und eine katholische Zentrumspartei auseinandergeht. Ich gehe so weit zu sagen, daß dies unsere europäische Einigung gefährden könnte; denn spalten sich die beiden Konfessionen politisch erneut, so entsteht daraus zwangsläufig ein neuer Nationalismus, der sein Heil zwischen Ost und West im Vakuum sucht und der dann Sowjetrußland den willkommenen Hebel liefert, um Westdeutschland in seinen Einflußbereich einzubeziehen.

Ich bin deshalb der Auffassung, daß alles, was wir tun, um die Verbindung Westdeutschlands mit dem Westen zu stärken, der Erhaltung Europas dient, und ich wünschte, es gelänge uns, unsere französischen Partner davon zu überzeugen, daß Deutschland wie Frankreich gut daran täten, rechtzeitig im afrikanischen Raum eine Interessengemeinschaft herzustellen, die es ermöglicht, die Verbindung Europas zu diesem Raum aufrechtzuerhalten, den wirtschaftlichen und politischen Aufbau dieses Raumes und seiner zahlreichen Staaten mit dem Ziel freiheitlicher Partnerschaft zu gestalten. Wenn man nicht will, daß in einer späteren Zeit die deutsche Jugend wieder einmal ihr Heil in falschen Illusionen sucht, so muß man ihr eine Chance geben, ihre Leistungsfähigkeit, ihren Idealismus und ihre Kraft in einem großen euro-afrikanischen Wirtschaftsraum einzusetzen. Nur so können wir auf die Dauer Westeuropa widerstandsfähig erhalten. Aber Eile ist geboten; denn die Zeit läuft nicht mit uns, sondern gegen uns.

10. Juli 1960

Diese Wochen sind in Paris auf französischer Seite mit viel Kritik an der Tätigkeit der europäischen Behörden, mit neuen Überlegungen über eine verstärkte organisatorische, politische Zusammenarbeit der sechs Partnerstaaten gefüllt. Man sagte mir immer wieder, daß die französische Regierung, insbesondere de Gaulle, die Entwicklung der supranationalen Behörden mit Sorge verfolge. Es habe sich in Brüssel eine Technokratie herangebildet – Couve de Murville sprach mit Vorliebe von einer »Chapelle« –, die den Anspruch erhebe, Vorläufer einer europäischen Regierung zu sein. Weder die Verträge noch sonstige Abreden böten hierfür eine Grundlage. In Brüssel wachse eine Organisation heran, die Zeichen eines Wasserkopfes trage. Man registrierte, daß in der juristischen Abteilung allein vierzig französische Juristen tätig seien, die – und hier waren offensichtlich bittere Gefühle der Inlandsbeamten spürbar – »unerträglich« hoch bezahlt würden. Diese Angriffe kommen nicht unerwartet, wo die sich entwickelnde Tätigkeit der Gemeinschaften in Brüssel in französischen Augen einen Einbruch in nationale Hoheitsrechte bedeutet und deshalb unerwünscht ist. Für de Gaulle sollte das Schwergewicht der europäischen Organisation nun einmal bei den Regierungen verbleiben. Nicht die Hohe Behörde, die zu den Völkern der sechs Staaten keinen unmittelbaren Kontakt habe, sondern die Regierungen seien berufen, innerhalb ihrer Staaten den europäischen Gedanken lebendig zu erhalten; sie müßten für die Durchführung der Beschlüsse in Gesetzgebung und Verwaltung sorgen. Deshalb bleibt nach Auffassung de Gaulles die Kontrolle der supranationalen Behörden Sache des Ministerrats, des in seinen Augen entscheidenden Beschlußorgans.

Die französischen Überlegungen gehen nun aber weiter. Man beschäftigt sich mit dem Gedanken der Einrichtung eines Ständigen Ministerrats der Sechs – abgesehen von dem bereits bestehenden Ministerrat der Wirtschaftsgemeinschaft –, dessen Aufgabe es sei, eine gemeinsame politische Willensbildung zu ermöglichen. Dieser Ständige Rat solle durch einen Ständigen Rat von Stellvertretern und ein kleines Sekretariat ergänzt werden.

Man nahm ferner eine Umgestaltung des Parlaments der Europäischen Gemeinschaft in Aussicht, dessen Zuständigkeiten und Befugnisse im Ständigen Ministerrat erarbeitet werden sollen. Offensichtlich soll dieses Parlament nur konsultativen Charakter haben. Vor ihm sollen die Mitglieder des Ständigen Rats berichten, Stellung nehmen und die Meinungen ihrer Regierungen vertreten.

Um den europäischen Gedanken stärker in dem Bewußtsein der sechs

Völker zu verankern, enthalten die französischen Überlegungen auch den Vorschlag eines Plebiszits, in welchem die Angehörigen der sechs Länder vor die Frage gestellt werden, ob sie einer »Europäischen Konföderation« als Endziel einer langfristigen, stufenweisen Entwicklung ihre Zustimmung geben wollen.

12. Juli 1960

Guy Mollet brachte bei meinem heutigen Besuch die Sprache auf die internationale Lage. Er sagte, daß die ständig wachsende Schärfe der Sprache Chruschtschows ihn sehr beunruhige. Er rechne damit, daß der kommunistische Block zunächst in Ostasien, und zwar gegen Südvietnam und Kambodscha oder gegen Formosa aktiv werde, und er glaube, daß man auch schon für den Herbst dieses Jahres sich auf eine weitere Bedrohung Berlins gefaßt machen müsse. All dies dürfe einen bei der ungefestigten Lage, in der sich der ganze Westen befinde, auch nicht verwundern. Die unerträgliche Paralyse der amerikanischen Politik infolge der Präsidentschaftswahlen, die Gärung in Südamerika und Afrika, die bedrohlichen Zustände in Italien, das ungelöste algerische Problem, die sich daraus ergebende Schwäche Frankreichs und nicht zuletzt auch die zögernde und labile Haltung Großbritanniens forderten geradezu Aktionen des kommunistischen Blocks heraus. Eine ganz besondere Probe für Europa werde eine wohl unvermeidbare neue Berlin-Krise werden. Er hoffe, daß die westeuropäischen Völker dann die innere Geschlossenheit aufbringen würden, ohne die Berlin nicht zu retten sei. Er sei allerdings versucht, gelegentlich daran zu zweifeln, ob die allzu große Prosperität den Opferwillen nicht bereits so geschwächt habe, daß nichts anderes als gefährliche Kompromißbereitschaft übrig bleibe.

In der algerischen Frage seien für den Augenblick neue positive Entwicklungen nicht zu erwarten. Er halte die Politik General de Gaulles im Prinzip für richtig. Er glaube aber nicht, daß nach dem Ergebnis der Verhandlungen in Melun schon sehr bald wieder neue Besprechungen erfolgen. Immerhin sei die Tür nicht zugeworfen und auf beiden Seiten das Interesse groß, die Verbindung nicht abreißen zu lassen. Die Vorgänge im Kongo könnten leicht zu einer erneuten Radikalisierung der weißen Bevölkerung Algeriens führen und damit die Situation erneut erschweren. Im übrigen hätte die belgische Regierung den großen Fehler gemacht, im Kongo nicht ausreichend für die Organisation von Kader gesorgt zu haben, die Garantie für eine ordnungsgemäße Verwaltung und damit für die Sicherheit der Bevölkerung bieten.

Bei seinem letzten Gespräch mit General de Gaulle sei ihm, Guy Mollet, der grundsätzliche Wandel in der Haltung des Generals gegenüber den europäischen Problemen aufgefallen. Der General habe ihm gesagt, daß eine politische Organisation des Europas der Sechs unerläßlich sei und habe ihm von einem ständigen Ministergremium und einer Volksabstimmung über die Organisation Europas gesprochen. Es bereite sich im Kopf des Generals eine neue europäische Initiative vor, die gerade in der gegenwärtigen gefahrvollen Lage von großer Bedeutung sein könne.

Natürlich dürfe jetzt nichts erfolgen, was die Verteidigungskraft der NATO schwäche. Er sei deshalb kein Freund der französischen Pläne hinsichtlich einer sogenannten Force de Frappe oder irgendwelcher Bemühungen um eine sogenannte Reform der NATO. Die Vorstellungen über diese Reform seien im allgemeinen höchst unzulänglich.

Im weiteren Verlauf des Gesprächs erörterten wir die Frage, in welcher Weise man die Jugend Deutschlands und Frankreichs mit gemeinsamen großen Aufgaben erfüllen könnte. Mollet sagte mir, daß die neuen afrikanischen Staaten für Deutschland wie für Frankreich ein großes Tätigkeitsfeld böten. Hier bedürfe es besonderer Anstrengungen nicht nur auf dem Gebiet direkter finanzieller Hilfe, sondern fast mehr noch auf dem Gebiet der technischen Assistenz. Die hier gestellten Aufgaben seien für Frankreich allein einfach zu groß. Könne man nicht dazu kommen, hier eine deutsch-französische Zusammenarbeit auf der Grundlage völliger Gleichberechtigung in die Wege zu leiten? Allerdings sei höchste Eile geboten.

14. Juli 1960

Es ist immer schwer, die Einstellung eines Staatsmannes wie de Gaulle zu den großen politischen Problemen auf einfache Formeln zu bringen. Dazu sind die Nachrichtenquellen, die uns zuverlässig über die Motive und Entschlüsse des Generals Aufschluß geben, zu spärlich. Auch ist der unmittelbare Kontakt zu ihm selbst zu selten. Ich überlege mir schon seit langem, wie ich diesen persönlichen und für die Beurteilung der französischen Politik so eminent bedeutungsvollen Kontakt verstärken könnte. Aber hier ist Vorsicht geboten; denn ein Mann wie de Gaulle läßt sich nur sehr ungern herbei, über seine Stellung im politischen Spiel Aufschluß zu geben. Seine politische Arbeitsmethode ist völlige Lösung von den täglichen Beratern. Er liebt es nicht, sich mitzuteilen, und er gestaltet seine Außenpolitik bis in die Formulierungen seiner Noten, Briefe und Memoranden völlig selbständig, zum Teil im größten Geheimnis und unter bewußter Ausschaltung der Techniker der diplomatischen Arbeit.

Zweifellos hat diese Methode ihm ungewöhnliche Erfolge beschert, denn die außenpolitische Stellung seines Landes hat sich durch seine geschickte Taktik in der Behandlung der offiziellen britischen und amerikanischen Welt ebenso wie seines sowjetischen Gesprächspartners gefestigt. Ich glaube, man übertreibt nicht, wenn man heute feststellt, daß Frankreich in den zwei Jahren de Gaullescher Außenpolitik wieder sehr an politischem Einfluß gewonnen hat.

Wie alles, was de Gaulle tut, nichts kommt spontan und unüberlegt. Alles ist bis in die protokollarischen Einzelheiten hinein gewollt und berechnet. So fand ich heute bei der großen Truppenparade des 14. Juli auf den Champs Elysées einen an sich nicht sehr bedeutenden Vorgang recht interessant. Kurz vor Beginn der Parade, als sich die Panzerregimenter vom Étoile auf den Champs Elysées zu der Präsidententribüne hin in Bewegung setzten und bis zu ihrem Eintreffen noch einige Zeit verblieb, ließ sich der General durch Beamte des Protokolls hintereinander die Botschafter der Vereinigten Staaten, Großbritanniens und Sowjetrußlands als einzige ausländische Vertreter zur persönlichen Begrüßung zuführen. Damit wollte er offensichtlich dem versammelten diplomatischen Corps, seiner Regierung, den Spitzen der militärischen und zivilen Behörden zeigen, daß er, de Gaulle, sich als der Führer eines Staates empfinde, der den drei anderen Weltmächten heute wieder an politischer Autorität und Geltung gleichkommt.

Es wäre ein Fehler, wenn wir Deutsche uns hierdurch zurückgesetzt fühlen würden. Natürlich haben wir in den Augen de Gaulles eine etwas andere Bedeutung, als wir sie uns gelegentlich vorstellen. Mir scheint es auch in letzter Zeit gewisse Anzeichen dafür zu geben, daß de Gaulle nach außen das enge deutsch-französische Verhältnis nicht zu stark betonen möchte. Das sollte uns nicht irritieren. Ich möchte es eher als außenpolitisches Plus der Bundesrepublik verbuchen, wenn de Gaulle im Gremium der vier Großmächte eine eigenständige, mehr unabhängige Position einnimmt. Denn es kann sehr wohl und schon sehr bald der Zeitpunkt kommen, wo wir in einer neuen Ost-West-Krise eines unabhängigen Fürsprechers, wie es dann de Gaulle sein könnte, bedürfen, um die Sowjets zu mäßigen.

Alle diese Gedanken beschäftigen mich um so mehr, als ich weiß, daß in Bonn im Kopf des Bundeskanzlers Skepsis und Mißtrauen einzuziehen beginnen. Nichts würde der sowjetischen Politik aber dienlicher sein, als eine sich vertiefende deutsch-französische Verstimmung. Sowjetrußland hat doch in der Tat in der letzten Zeit politische Erfolge in einem völlig unerwarteten Ausmaß geerntet. Man denke nur an die mir unbegreifliche Haltung der britischen Regierung infolge des Abschusses des amerikanischen Flugzeuges in der Arktis! War es denn wirklich nötig, daß Herr Macmillan im Unterhaus dem Druck seiner Opposition so weit nachgab, daß er eine Überprüfung des britisch-amerikanischen Luftbasen-Abkommens ankündigte?

Die Lage hat sich so verschlechtert – ich denke hierbei an die Situation in der amerikanischen Hemisphäre (Kuba), an die gefährliche Entwicklung des Kongo-Problems, an die jederzeit wieder neu aufflackernden Krisen in Italien, die unklare Situation in der Türkei, an die sich mehrenden Nachrichten über einen Sturz der Monarchie in Persien, an die Lage in Japan –, daß ich mich nicht wundern würde, wenn die Sowjets den Moment benutzten, um die westliche Welt in der Berlinfrage vor eine Entscheidung zu stellen. Ich kann mir anders den sich von Woche zu Woche steigernden aggressiven Ton Chruschtschows nicht erklären. Wie wird aber die westliche Welt auf eine solche Maßnahme Sowjetrußlands reagieren? Wird sie festbleiben? Oder werden wir zu einem neuen München kommen, weil die westliche Welt den Sinn dieser Auseinandersetzung zu spät erkennt? Man hat immer wieder und oft gesagt, daß alle Menschen sich leicht ersetzen ließen. In diesen Tagen zeigt es sich, daß die überragende Figur John Foster Dulles, die nicht nur Klarheit, sondern auch Stärke besaß, uns unersetzlich verlorengegangen ist.

Bonn, den 21. Juli 1960

General de Gaulle hat dem Bundeskanzler für den 29. und 30. Juli ein Treffen in Schloß Rambouillet bei Paris zur Erörterung europäischer Fragen vorgeschlagen. Der Kanzler hat zugesagt. Ich bin froh, daß diese Zusammenkunft stattfindet, denn es hat sich beim Kanzler eine ganze Menge Zündstoff angesammelt, der am besten durch eine persönliche Aussprache aus der Welt geschafft werden kann. Da ist der Widerstand des Kanzlers gegen den von de Gaulle immer noch nicht aufgegebenen Plan eines Dreier-Direktoriums innerhalb der NATO, da sind gewisse, für mein Gefühl unbegründete Sorgen, daß Frankreich Sowjetrußland gegenüber eine zu »kooperative« Linie einschlagen könnte. Da sind kritische Äußerungen des früheren französischen Finanz- und Wirtschaftsministers Pinay, die den Kanzler beunruhigen. Ich versuchte den Kanzler davon zu überzeugen, daß man all dies in der richtigen Perspektive sehen müsse. Ich könne keine Anzeichen sehen, auf Grund deren man von einer Wendung der französischen Politik sprechen könne. Es sei begreiflich, daß in einer Zeit erhöhter politischer Spannung de Gaulle eine etwas unabhängigere Rolle einnehmen wolle, um sich Möglichkeiten einer Vermittlung zwischen Ost und West vorzubehalten. Dies natürlich im Interesse Frankreichs, aber – man solle dies nicht übersehen – auch im Interesse der europäischen Verbündeten. Ich vermochte den Kanzler, der recht bitter war, nicht zu überzeugen. Er machte mir sogar den Vorwurf, de Gaulle gegenüber positiver eingestellt zu sein als er selbst. Erschwerend kam noch mein Bericht von den Ereignissen bei der Parade des 14. Juli hinzu, denen der Kanzler eine viel größere Bedeutung beimaß, als ich erwartet hatte.

Was mich schmerzlich bewegt und mit Sorge erfüllt, ist die wachsende Isolierung, in der der Kanzler lebt und in der er sich ohne eine intensive Beratung durch Dritte Urteile über Menschen und Dinge bildet, die entweder einseitig sind oder auf Tatsachen beruhen, denen er zu große Bedeutung beimißt. Das hohe Alter und seine große Autorität verstärken natürlich diesen Vereinsamungsprozeß, denn nur wenige in Bonn wagen ihm gegenüber anderer Meinung zu sein und dieses auch zu sagen. Gewiß ist dies auch nicht leicht, da der Kanzler aus Auffassungen, die ihm nicht behagen, Schlüsse auf den Gesprächspartner zieht, die für den Betreffenden negative Folgen haben können.

Paris, den 25. Juli 1960

Bei einem Gespräch, das ich gestern zusammen mit unserem NATO-Botschafter von Walther mit Generalsekretär Spaak hatte, entwickelte dieser seine Sorgen über die Zukunft des Atlantischen Bündnisses. Der NATO-Rat habe ihn beauftragt, den Plan für eine sich über zehn Jahre erstreckende Politik auszuarbeiten, von der sich die Allianz in Zukunft leiten lassen solle. Es sei sehr schwer, einen solchen Plan zu entwickeln, wenn man über eine ganze Reihe von grundsätzlichen Verteidigungsfragen nicht einig sei. Besonders schwierig sei das Verhältnis Frankreichs zur NATO. Gespräche mit dem General hätten wenig Positives ergeben. De Gaulle habe nun einmal eine grundsätzlich negative Einstellung, so daß man auf eine konstruktive Zusammenarbeit Frankreichs nicht zählen könne. Besonders kritisch habe sich de Gaulle über die gegenwärtig infolge des Wahlkampfes in den Vereinigten Staaten herrschende Handlungsunfähigkeit der amerikanischen Regierung geäußert. Gleichzeitig habe er seine Entschlossenheit bekundet, sein Programm der französischen atomaren Verteidigung, der »force de frappe«, durchzuführen. Auch wenn er sich durchaus darüber klar sei, daß Frankreich wegen der ungewöhnlich hohen Kosten nur eine Waffe entwickeln könne, deren Wirkung beschränkt sein werde. Im weiteren Verlauf des Gesprächs sprachen wir von den französischen Plänen einer »relance européenne«, das heißt eines ständigen Ministerrats als dem Organ einer gemeinsamen politischen Willensbildung der sechs europäischen Staaten, einer direkt gewählten Versammlung und eines europäischen Plebiszits. Spaak meinte, daß vieles hiervon sicher die Zustimmung aller vernünftigen Europäer finde. Er sei sich jedoch nicht im klaren über die Ziele, die der General mit einer solchen Initiative verbinde. Sei ihm daran gelegen, mit einer solchen Konstruktion eine dritte, unter französischer Führung stehende Kraft zu schaffen? Sollte damit das NATO-Bündnis in seiner Bedeutung und Wirkung vermindert werden? Sei es nicht gefährlich, in diesem Zeitpunkt in Amerika den Eindruck zu erwecken, als ob Kontinentaleuropa sich verselbständige, sich vom Atlantischen Bündnis distanziere? Erleichtere man nicht gerade damit dem kommenden neuen Präsidenten, gleichgültig aus welcher Partei er stamme, die Entscheidung für eine stärkere Politik der Isolation? Er halte es für besser, den Vereinigten Staaten bis zur Amtsübernahme des neuen Präsidenten Zeit zu lassen und sie nicht mit europäischen Entschlüssen zu überraschen. Es müsse nun einmal den europäischen Partnerstaaten bei ihrer so offensichtlichen Schwäche darauf ankommen, jede Minderung des Bündnisses zu vermeiden.

Freitag, den 29. Juli 1960

Der Bundeskanzler flog heute in Begleitung von Brentano nach Paris. Sein Entschluß ist von den französischen Freunden mit einiger Erleichterung begrüßt worden.

De Gaulle empfing den Kanzler auf den Stufen des Schlosses von Rambouillet, in jenen herrlichen Wäldern im Süden der Stadt. Beide Männer zogen sich sofort zu einer Besprechung unter vier Augen zurück. Das Mittagessen wurde in kleinstem Kreis eingenommen. Neben dem Kanzler auf deutscher Seite von Brentano, der persönliche Referent Bach, ein Dolmetscher und ich, neben de Gaulle auf französischer Seite Couve de Murville, der Generalsekretär im Elysée, Baron Courcel – sein langjähriger besonderer Vertrauter – und einige Mitglieder aus der unmittelbaren Umgebung. Nachmittags vier Uhr begannen die eigentlichen Besprechungen zwischen dem General und dem Bundeskanzler, erneut unter vier

Augen, die bis zum Abendessen dauerten. Ich fuhr während dieser Zeit mit Brentano nach dem nahegelegenen Chartres, um wieder einmal die schönen Fenster der herrlichen Kathedrale zu bewundern.

Kurz vor dem Abendessen unterrichtete uns der Kanzler im Garten in großen Zügen über den Inhalt der Besprechung. Offensichtlich war das Hauptthema die Reform der NATO gewesen. Die europäischen Fragen waren für den kommenden Tag vorbehalten. Das Abendessen und das anschließende Beisammensein verlief in freundschaftlicher, guter Stimmung. Der Kanzler ging früh zu Bett. Brentano und ich blieben noch bis Mitternacht in einem langen persönlichen Gespräch zusammen. Der schöne Park war hell erleuchtet, im Schloß herrschte völlige Ruhe, als ich nachts, halb ein Uhr, nach Paris zurückkehrte.

Am folgenden Morgen war der Kanzler zum Besuch der Kathedrale nach Chartres gefahren. Ich fuhr rasch zu unserem Freunde Monnet in Houjarrey, wo wir uns über die Ergebnisse des Vortags unterhielten. Um elf Uhr wurden die Gespräche der beiden Staatsmänner – wieder unter vier Augen – bis zum Mittagessen fortgesetzt.

Die Gedanken des Generals bewegten sich offensichtlich im wesentlichen auf der uns in letzter Zeit bekanntgewordenen Linie eines europäischen Zusammenschlusses in konföderaler Form, wobei das Schwergewicht bei den Regierungschefs liegen soll. Die supranationalen Lösungen sollten in den Hintergrund treten, wenn nicht gar ganz aufgegeben werden. Es blieb unklar, wie weit man sich in diesen bedeutenden und grundsätzlichen Fragen, die an den Kern der Römischen Verträge rührten, geeinigt hatte. Brentano und mir schien vor allem die rechtliche Stellung der Wirtschaftskommission in Brüssel im dunkeln geblieben zu sein. Ihr Verhältnis zu der neu zu schaffenden Europäischen Versammlung, die Rolle dieses Parlaments (rein konsultativ und keine direkten Wahlen) und auch das europäische Plebiszit, das die europäische Ordnung sanktionieren sollte, wurden offensichtlich nicht vertieft. Auch in der Reform der NATO hatte der General den Gedanken einer Aufgabe des militärisch integrierten Oberkommandos in Friedenszeiten und seine Ersetzung durch ein Organ der Koordination der verschiedenen nationalen Generalstäbe angesprochen. Brentano und ich hatten den Eindruck, daß der Kanzler die ganze Tragweite der Pläne nicht ermessen und durch Stillschweigen den Eindruck einer Bereitschaft vermittelt habe, dem Gesprächspartner zumindest in der weiteren Prüfung der Pläne zu folgen. Abgesehen von manchen Unklarheiten und erheblichem Dissenz in Fragen, die den Bestand der Europäischen Gemeinschaft und der Atlantischen Verteidigung berührten, endeten die Gespräche der beiden Männer in einer wesentlich verbesserten Atmosphäre. Das alte Vertrauensverhältnis ist wieder hergestellt; mit ihm werden sich die Meinungsverschiedenheiten und Differenzen leichter überwinden lassen.

Auf uns Deutsche machte der General den Eindruck eines regierenden Monarchen. Der Ton des Mächtigen gegenüber seinen Mitarbeitern ist viel weniger entspannt und gelockert als der zwischen dem Bundeskanzler und uns. Wir hatten das Gefühl, als ob man in dieser Umgebung vor lauter Respekt nur selten lachen kann. Was ich an diesem Mann immer wieder bewundere, ist der Reichtum seines sprachlichen Ausdrucks in einem Französisch, das er in allen Nuancen meisterhaft beherrscht und oft auch dazu benutzt, um seine Absichten und Ziele in eine Form zu kleiden, die die Interpretation nicht immer leicht machen.

6. August 1960

Die Gespräche von Rambouillet haben auf der deutschen Seite manche Unsicherheit und viele Unklarheiten hinterlassen. Das Ausmaß der de Gaulleschen Gedanken im europäischen Feld wurden dem Kanzler erst jetzt ganz bewußt. Unsere Arbeit konzentriert sich nun darauf, die Dinge wieder zurechtzurücken und unsere Einstellung von allen Zweifeln zu befreien. So sandte Brentano van Scherpenberg zu Couve, um in einem langen und sehr klaren Gespräch unsere Auffassungen zu präzisieren. Auf keinen Fall dürfe es zu einer Revision der Römischen Verträge kommen. Die Stellung der Europäischen Kommission in Brüssel neben dem Ministerrat und ihre Verantwortung gegenüber dem Parlament dürfe nicht angetastet werden. All dies schließe nicht aus, daß man durchaus bereit sei, die politische Organisation Europas auf dem Wege einer konföderalen Organisation voranzutreiben und hier nach praktischen Lösungen zu suchen. Zugleich wurde mit Festigkeit die Meinung vertreten, daß eine Auflösung der Integration der NATO und des gemeinsamen Oberbefehls in Friedenszeiten eine nur schwer vertretbare Schwächung der Verteidigungskraft des Atlantischen Bündnisses bedeute, die wir auch im Interesse der Bindung der Vereinigten Staaten an Europa nicht für gut halten.

33./34. Der Kanzler in Moskau, September 1955:

33. Im Gespräch mit Bulganin, links dahinter Molotow; Professor Maximilian Braun dolmetscht.

34. Spaziergang am Sonntagmorgen in Moskau, 11. September 1955, im Hintergrund die Erzengel-Michael-Kathedrale.

35. Theodor Heuss besucht Konrad Adenauer in Rhöndorf, 1. November 1955.

36. Außenminister Heinrich von Brentano mit dem Verfasser auf dem Weg zur NATO-Ratssitzung im Palais Chaillot, Paris, im Dezember 1957.

39.–43. Des Bundeskanzlers Staatsbesuch in Paris vom 2. bis 8. Juni 1962:

39. Feierlicher Einzug Adenauers in Begleitung Charles de Gaulles über die Place de la Concorde in den Quai d'Orsay, wo er in jenen Tagen wohnt, 2. Juli 1962.

40 (folgende Seite, oben). Die unterschiedlichen Auffassungen beider Staatsmänner über Europas Einigung, gesehen mit den Augen des Karikaturisten H. E. Köhler, 2. Juli 1962.

41 (folgende Seite, unten). General de Gaulle und Madame de Gaulle empfangen den Kanzler zum offiziellen Diner im Elysée, 3. Juli 1962.

42 (übernächste Seite). Begrüßung der Gäste im Elysée am 3. Juli 1962; von links: Madame de Gaulle, de Gaulle, Adenauer, Sigismund von Braun, 3. Juli 1962.

43 (darauf folgende Seite). Gala-Abend in der Pariser Oper am 4. Juli 1962: Madame de Gaulle und Adenauer, Frau Ria Reiners geb. Adenauer und de Gaulle.

37 (links oben). Treffen Adenauers mit Paul Henri Spaak und Lauris Norstad im Hause von Dirk Stikker in Loveno am Comer See; von links: Stikker, der Bundeskanzler, Frau Stikker, Spaak, Frau Norstad, Norstad, Lotte Multhaupt geb. Adenauer, de Staerke, der Verfasser, 9. September 1960.

38 (links unten). Abschiedsessen für Paul Henri Spaak als Generalsekretär der NATO, Februar 1961; von links: Parodi, Frau Blankenhorn, Spaak, de Staerke, Couve de Murville.

à Paris!

„Charlie, da sind w – – da bin ich!“

Paris, den 8. September 1960

Es erfüllt mich mit Sorge, daß de Gaulle in seiner Pressekonferenz vom 5. September wieder mit Eindringlichkeit den europäischen Institutionen in Brüssel jede politische Autorität und Wirksamkeit abgesprochen und ihnen lediglich technische Bedeutung zugemessen hat.

Monnet, den ich heute lange sprach, versuchte mich zu beruhigen. Nach seinem Gefühl sei es de Gaulle sehr daran gelegen, auf dem Weg zu einem gemeinsamen Europa Fortschritte zu machen. Allerdings wisse er heute noch nicht, wie es zu einer neuen europäischen Lösung kommen solle. Man müsse ihm auf den richtigen Weg helfen und deshalb seine auf der Pressekonferenz entwickelten Gedanken im Sinne einer positiven Lösung der europäischen Probleme nutzen. Unerläßlich sei, daß der Gemeinsame Markt erhalten bleibe. Die Verträge dürften nicht geändert werden. An der Verantwortung der Kommission vor der Parlamentarischen Versammlung dürfe nicht gerüttelt werden. Auch die französische Regierung stehe auf dieser Linie. Dagegen wünsche man eine Verstärkung der Autorität der Ständigen Vertreter und eine bessere Zusammenarbeit der Kommission mit den Ständigen Vertretern. Denn wenn das Ministerkomitee in Brüssel gelegentlich unzulängliche Arbeit geleistet habe, so deshalb, weil es nicht über die notwendige Zeit und die erforderliche Detailkenntnis verfüge.

Eine zukünftige politische Organisation Europas müsse sich aus vier Teilen zusammensetzen: Der Rat der Regierungschefs, der Ministerrat, der sich je nach den Aufgaben aus den Außenministern oder anderen Ressortministern zusammensetze, dem Rat der Ständigen Vertreter und unter diesem Kommissionen für Außenpolitik, Verteidigung und Kultur, die mit der sachlichen Vorbereitung der Arbeit befaßt seien.

Diese politische Organisation sollte Teil der Konföderation der sechs europäischen Mitgliedstaaten werden. Man müsse schnell handeln, um die sechs Länder in einer solchen Organisation zusammenzufügen. Eine »lokkere« Kooperation, wie sie sich de Gaulle offenbar vorstelle, reiche nicht aus. Dazu benötige man eben die Konföderation, die man durch einen Willensakt der sechs Regierungen in Gang setzen könne, wobei die Ratifikation durch die Parlamente zu einem späteren Zeitpunkt erfolge.

Vor der Parlamentarischen Versammlung würden sich die verschiedenen europäischen Behörden in ihren Aufgabengebieten zu verantworten haben. Auf den Gebieten der Außenpolitik, der Verteidigung, der Wirtschaft und Kultur würden die zuständigen Minister der Partnerstaaten vor der Assemblée auftreten, vor ihr berichten, zu den akuten Fragen Stellung nehmen, ohne ihr aber verantwortlich zu sein. Insofern werde die Assemblée nur konsultativen Charakter besitzen.

Die NATO-Probleme sollen zunächst innerhalb der Konföderation besprochen, dann mit der amerikanischen Regierung erörtert werden. Ein Dreierdirektorium soll nicht eingerichtet werden.

Es sei nicht daran gedacht, Großbritannien in die politischen Gremien aufzunehmen. Man solle allerdings zu erkennen geben, daß man auf eine Mitarbeit Englands im Gemeinsamen Markt Wert lege. Einer Konföderation würde sich Großbritannien, so wie die Dinge nun einmal liegen, nicht anschließen.

Monnet war wie immer von einem festen Glauben an den Erfolg seines europäischen Weges erfüllt. Skepsis und Zweifel haben bei ihm keinen Platz. Er glaubt an die Zwangsläufigkeit des Zusammenschlusses. Daß er dabei ganz auf sich gestellt ist, daß er im französischen Parlament kaum über eine wirkliche, in seinem Sinne aktive Anhängerschaft verfügt, daß er auf den General, den er nur äußerst selten sieht, so gut wie keinen Einfluß besitzt, all dies berührt ihn nicht, ja es bestärkt ihn in der Fortsetzung des nun einmal richtig erkannten Weges, für den er mit großer Umsicht in allen Lebensbezirken der europäischen Nationen Freunde und Mitstreiter zu gewinnen versteht.

Ende Dezember 1960

Eine spätere Geschichtsschreibung wird unsere Zeit die der großen Wandlungen nennen. Denn ähnlich wie die industrielle Revolution in der Mitte des vorigen Jahrhunderts, verändern die großen technischen, wirtschaftlichen und politischen Umwälzungen das Leben des einzelnen wie das der Völker. An der Spitze dieser Umwälzungen steht die Erfindung der Atomkraft. Sie steigert unsere wirtschaftlichen und industriellen Möglichkeiten in kaum ermeßbare Höhen, gibt uns neue, unerwartet weitreichende Kräfte mittels ihrer den hungernden Millionen Asiens und Afrikas Arbeit zu schaffen. Sie birgt in sich aber auch das Mittel zur Selbstzerstörung, wenn sie in Verblendung zu kriegerischen Auseinandersetzungen mißbraucht werden sollte. Nicht minder wird unsere Welt durch die Erfindung der Weltraumkörper verändert, für die es keine Entfernungen gibt und die große geographische Einheiten zu kleinen unscheinbaren Ländern reduzieren. Gleichzeitig mit diesen ungeheuren technischen Veränderungen vollzieht sich stürmisch das Erwachen der bisher im Halbdunkel der Geschichte dämmernden Völker Asiens und Afrikas zu politischer Selbständigkeit und Unabhängigkeit. Sollten diese Umwälzungen nicht genügen, um Energie, Schaffenskraft, ja die Phantasie einer ganzen Reihe von Generationen voll in Anspruch zu nehmen? Sollten mit ihnen und den damit verbundenen fundamentalen Veränderungen nicht alle machtpolitischen, ja weltanschaulichen Divergenzen zurücktreten, um alle Kräfte der Menschheit für die mit ihnen verbundenen Aufgaben freizumachen?

Leider ist unsere Welt weiter denn je davon entfernt, sich mit diesen großen Aufgaben gemeinsam in einer positiven Weise auseinanderzusetzen. Sie sind, wie alle anderen Gebiete unseres Daseins, überlagert durch den tiefen, unüberbrückbaren Gegensatz zwischen Ost und West, zwischen kommunistischen und freien Völkern, der unsere Welt seit dem Ausgang des Zweiten Weltkrieges teilt.

Wenn es noch jemanden gibt, der über die Natur dieses Gegensatzes im Unklaren sein könnte, so gibt das Manifest der einundachtzig kommunistischen Parteien Klarheit, das am 1. Dezember 1960 in Moskau unterzeichnet wurde. Es enthält eine umfassende Analyse der kommunistischen Lehre und Philosophie, darüber hinaus aber eine präzise Darstellung der Ziele des Weltkommunismus und der Methoden seines Kampfes gegen die freie Welt. Die ganze Erklärung stellt eine massive Ankündigung des kommunistischen Lagers dar, den Kampf gegen den Kapitalismus überall mit den schärfsten Mitteln wirtschaftlichen Drucks, der Subversion und der Ausnutzung revolutionärer Situationen zu intensivieren. Diese verstärkte Kampfansage gilt nicht nur für die westlichen Länder, sie zielt ganz besonders auch auf die Entwicklungswelt.

Natürlich wird in diesem Manifest nicht versäumt, den Beweis zu führen, wie weit die marxistisch-leninistische Lehre von der Unvermeidbarkeit des kommunistischen Endsieges mit dem wirklichen Verlauf der Ereignisse der Gegenwart übereinstimmt. In selbstbewußtem Ton wird die Feststellung getroffen, daß der Kalte Krieg so lange dauern werde, als es einen expansiven, von revolutionärer Dynamik getragenen Weltkommunismus gebe und daß er nur mit der Überwindung allen Widerstandes gegen den Kommunismus enden könne. Besonders klar und ernüchternd für die, die sich immer noch Illusionen hingeben, ist seine Definition der sogenannten friedlichen Koexistenz von Staaten verschiedener Gesellschaftsordnung. Nach dem Wortlaut des Manifests ist sie nichts anderes als eine Form des Klassenkampfes zwischen Sozialismus und Kapitalismus. Friedliche Koexistenz biete gute Möglichkeiten zur Entfachung des Klassenkampfes in den kapitalistischen Staaten. Im übrigen werden im Manifest die Mittel des Kampfes gegen die westliche Welt mit größter Deutlichkeit beschrieben: Verminderung und Zerstörung der militärischen Widerstandskräfte der westlichen Welt; Zusammenwirken mit den kommunistischen Parteien der verschiedenen, noch freien Länder; Errichtung atomfreier Zonen; Beseitigung ausländischer Militärstützpunkte; politische Auflösung der Staaten der westlichen Welt durch Vertiefung der äußeren und inneren Gegensätze; Förderung nationaler Tendenzen in früheren Kolonialländern und auch in Südamerika unter gleichzeitiger Anprangerung Nordamerikas als Vormacht des Imperialismus; Subversion und Unterminierung der Regierungssysteme in den nichtkommunistischen Ländern.

Wenn wir dies alles lesen, so können wir den sowjetischen Machthabern Folgerichtigkeit und Offenheit nicht absprechen. Seit den Tagen Lenins und erst recht seit Stalin erheben sie den Anspruch auf revolutionäre Veränderung der gesamten Welt im Sinne ihrer kommunistischen Weltanschauung und damit verbunden, die schrittweise Einbeziehung aller Völker in ihren Macht- und Einflußbereich. Sie erheben den Anspruch, die alleingültige Gesellschaftsordnung zu verwirklichen. Sie haben keinen Zweifel am Endsieg ihres Systems. Daß sich diese »Philosophie« auch mit sehr realen Machtinteressen verbindet, ist selbstverständlich. Man kann in den verschiedenen Phasen der sowjetischen politischen Strategie Sowjetrußlands unschwer alte, russischer Geschichte und Tradition entsprechende, imperialistische Ambitionen und Bestrebungen erkennen; so die in neuem Gewand immer wiederkehrenden Expansionsversuche im Balkanraum oder im Vorderen Orient. Weltrevolutionäre Bestrebungen vorbereitet und vorangetrieben durch die kommunistischen Parteien in den westlichen Ländern vermischen und durchdringen sich seit 1945 mit alten Formen der direkten und indirekten Aggression, wobei die hochentwickelte Rote Armee, oft ohne unmittelbar selbst einzugreifen, allein durch die Tatsache ihrer numerischen Überlegenheit den Erfolg sicherte. Die sowjetischen Machthaber kennen, und das zeigt das Manifest vom 1. Dezember 1960, keine Grenze oder Beschränkung ihrer Ziele. Jede innere Krise in einem Land der ihnen nicht hörigen Welt, jeder Konflikt von Staaten außerhalb ihrer Einflußsphäre ist willkommener Anlaß zur Ingerenz und Einflußnahme. Gleichgültig ob Laos, Cuba, Algerien, Kongo oder Südamerika – sie nutzen die jeweilige Lage, um mittels der ihnen gegebenen großen Verschiedenartigkeit der politischen Mittel den Einfluß der freien Welt auszuschalten. Dabei ist es ihnen gleichgültig, ob sie sich in ihren politischen Parolen gelegentlich offenkundig widersprechen. Setzen sie sich zum Beispiel hier für das Prinzip der Selbstbestimmung und den Entscheid der Bevölkerung über die Gestaltung ihrer staatlichen Ordnung ein, so braucht das durchaus nicht für andere zu gelten, die vielleicht dank ihrer Reife und geschichtlichen Tradition einen viel größeren und unmittelbareren Anspruch auf Selbstbestimmung haben.

Es war nicht überraschend, daß das Manifest der Sowjetzone für den

Kampf gegen den Westen besondere Bedeutung zuschreibt. »Es sei Pflicht aller Staaten«, so wird verkündet, »die Unantastbarkeit der DDR zu schützen, des Vorpostens des Sozialismus in Westeuropa, des wahren Kindes der friedliebenden Bestrebungen des deutschen Volkes.« Damit wird nicht nur die Herrschaft einer jeden Legitimation durch das Volk entbehrenden Minderheit erneut bestätigt, es wird damit auch dem Wunsch des deutschen Volkes nach Wiedervereinigung ein NEIN entgegengesetzt. Zugleich wird aber auch die Rolle deutlich gemacht, die die Sowjetunion dem Regime in der Zone zugedacht hat, nämlich Vorposten der kommunistischen Bewegung in Westeuropa zu sein.

Aus dem Jahre 1961

Politische Willensbildung im Atlantischen Bündnis · Geistige Auseinandersetzung mit der kommunistischen Welt · Das sowjetisch-amerikanische Verhältnis · Präsidentschaft John F. Kennedys · Amerikanische Probleme · Die französische Situation · Das französische Referendum über die Selbstbestimmung in Algerien · Inaugurationsrede Kennedys · Rückkehr Spaaks in die belgische Politik · Gespräch mit Spaak über seine Eindrücke in Washington · Der Aufstand in Algerien · De Gaulle in Bonn · Staatsbesuch des Bundespräsidenten Lübke in Paris · Die Berliner Mauer: der 13. August · Besuch des amerikanischen Vizepräsidenten Johnson in Berlin · Mein Besuch in Straßburg · Zusammentreffen mit Bürgermeister Pflimlin · Neue Pressekonferenz de Gaulles · Gespräch mit Paul Reynaud · Rede vor der Handelskammer in Marseille

Paris, den 7. Januar 1961

Wir spüren in allen Teilen der Welt die Entschlossenheit der kommunistischen Mächte, in den verschiedensten Formen der direkten und indirekten Aggression die Positionen der freien Welt zu unterwandern und ihre eigene Einflußsphäre auszudehnen. Lassen wir uns nicht täuschen: In diesem Kampf mag es Atempausen, vorübergehendes Stillhalten, Momente sogenannter Entspannung geben. Die Ziele, so wie sie das kommunistische Manifest vom Dezember 1960 in begrüßenswerter Offenheit beschrieb, sind unverrückbar die gleichen, auch wenn die Taktik wechselt. Deshalb erscheint es mir müßig, auf die Uneinigkeit Rotchinas und Sowjetrußlands oder auf die kommende Veränderung der gesellschaftlichen Struktur der Sowjets zu spekulieren. Im Gegenteil – es wäre ein tragischer Fehler, etwa hierauf die Politik des freien Westens zu bauen. Die Gefahr ist groß und dies um so mehr, als sie heute in allen Kontinenten zugleich Maßstäbe angenommen hat, die eine sehr viel konzentriertere, initiativreichere, mutigere und einmütigere Reaktion der freien Welt fordern als bisher. Wir sollten uns die Frage auferlegen, ob wir nicht unsere Zusammenarbeit auf allen Gebieten, vor allem auf dem der gemeinsamen Planung, ganz erheblich verstärken müssen. Ich bin der Überzeugung, daß wir in ganz anderem Ausmaß als bisher unsere politischen und wirtschaftlichen Kräfteanstrengungen vergemeinschaften müssen und daß wir für ihren Einsatz Pläne entwickeln sollten, die sich nicht nur auf Europa, sondern auch auf die anderen Kontinente beziehen. Wir haben in den letzten Jahren viel Zeit verloren und laufen Gefahr, infolge unserer mangelnden Zusammenarbeit unseren Einfluß in großen Räumen dieser Welt zu verlieren. Aber noch ist es nicht zu spät, vorausgesetzt, daß wir alles Trennende überwinden und uns bereitfinden, unsere Kräfte in einer großen Gemeinschaft einzuordnen. Das Atlantische Bündnis, das vor zehn Jahren aus der Überzeugung entstanden ist, daß die einzelnen Partnerstaaten jeder für sich nicht in der Lage sind, ihr Leben und ihre Freiheit zu erhalten, ist heute so notwendig wie damals, als es gegen die sowjetische militärische Bedrohung Westeuropas geschlossen wurde. Niemand in der freien Welt zweifelt daran, daß dank seiner die sowjetische Expansion in Mitteleuropa zum Stillstand gekommen ist und daß sich unter seinem Schutz die europäische Welt zusammenschließen und in relativer Ruhe wieder aufbauen konnte. Es stellt sich nur die Frage, ob heute, nach über zehnjährigem Bestehen und angesichts der vielen neuen Probleme, die Bündnisgemeinschaft nicht einer inneren Erneuerung bedürfte. Ich bin der Meinung, daß es nicht auf eine Revision des Vertrages oder einer Reform der bestehenden Institutionen ankommt. Was not tut, ist den Inhalt des Bündnisses mit aktiverem Geist zu erfüllen und die Gefahr einer allmählichen Bürokratisierung zu vermeiden. Hier müssen alle Regierungen der Partnerstaaten zusammenwirken, hier muß auch die Regierung der Vereinigten Staaten als die Großmacht der westlichen Welt ihre Führungsaufgabe wieder stärker wahrnehmen. Denn nur wenn von ihr Initiativen ausgehen, wenn von ihr zu den großen Problemen, für die wir Lösungen erarbeiten müssen, Pläne einer gemeinsamen Politik vorgelegt werden, wird sich die gegenwärtige drohende Lethargie verflüchtigen und werden sich alle Partner zu lebendiger Mitarbeit aufgerufen fühlen.

Ich glaube, es wäre notwendig, daß sich die Bündnisgemeinschaft viel mehr als bisher um das Problem der geistigen Auseinandersetzung mit der kommunistischen Welt bemühen sollte. Wir nehmen in unserer vornehmen Zurückhaltung gar zu leicht an, daß die Welt unsere Ziele kennt und daß man es deshalb den einzelnen Staaten überlassen könnte, sich mit der Bekämpfung der kommunistischen Propaganda herumzuschlagen. Ein entscheidender Teil der großen Auseinandersetzung wird im Geistigen und Weltanschaulichen ausgetragen. Hier vermisse ich in unserer Allianz größere Vitalität und Dynamik, Schwung und Begeisterung, Ideenreichtum und Initiative. Wir können uns des Eindrucks nicht erwehren, daß Tempo und Thema uns nur zu oft vom Sowjetblock vorgeschrieben werden und daß wir in unseren Bemühungen hinter den anderen hinterherlaufen. Aber auch in der Verteidigung sind wir zögernd und schwach, gelegentlich auch zu wenig selbstbewußt. Dem großen, dem Sowjetblock immer noch weit überlegenen Potential an Wirtschaftskraft, geschulten, hochqualifizierten Menschen und an Rohstoffen, stellen wir auf dem Gebiet der weltanschaulichen Auseinandersetzung nichts Gleichwertiges zur Seite. Sollte man nicht einmal versuchen, dem Manifest der einundachtzig kommunistischen Parteien eine Kundgebung des freien Westens entgegenzusetzen, die sich mit der Aggressivität und vehementen Drohung energisch auseinandersetzt und zugleich die Grundprinzipien und Methoden der Politik der freien Welt deutlich macht? Sollte nicht die Antwort auf so ein Manifest ein Appell an Freiheit, Gerechtigkeit und wahre Selbstbestimmung sein?

Die politische Willensbildung des NATO-Bündnisses erscheint mir auch nicht ausreichend. Hier darf sich die Konsultation nicht auf das Vertragsgebiet beschränken. Es gibt ja doch kein politisches Problem in der Welt, keine sich damit verbindende internationale Spannung, die nicht auf die Partnerstaaten in irgendeiner Weise Rückwirkungen hätte und damit direkt oder indirekt die Bündnisgemeinschaft berührte.

Konsultationen sind als Grundlage der gemeinsamen politischen Willensbildung nur dann fruchtbar, wenn alle Regierungen mehr als bisher ihre Pläne und Ziele im Außenministerrat erörtern. Das gilt vor allem für alle Probleme langfristigen Charakters wie dem der Abrüstung oder der geistigen Auseinandersetzung mit dem Ostblock in den verschiedenen Teilen der Welt. Die Analyse des politisch Gegebenen – so nützlich sie ist – reicht nicht aus, es bedarf einer gründlichen Meinungsbildung der aus den Tatsachen zu ziehenden Folgerungen praktischer Politik. Auch hier scheint mir eine stärkere Initiative der Vereinigten Staaten notwendig, um ein bereitwilligeres Mitgehen der anderen Partner durchzusetzen. Die schwerste Aufgabe, die die westliche freie Welt lösen muß, ist zweifellos, ihre Beziehungen zu der großen Zahl neuer selbständiger Staaten der afrikanischen und asiatischen Welt auf eine gute Grundlage vertrauensvoller Zusammenarbeit zu stellen. Keiner der Partner der Bündnisgemeinschaft kann dieses Problem mit Erfolg für sich allein lösen. Erste Voraussetzung ist, daß alles ausgeschaltet wird, was etwa zu einer gegenseitigen Konkurrenzierung der Partner der freien Welt untereinander führen könnte. Schon aus diesem Grunde, aber auch vor allem, weil die Wirtschaftskraft der einzelnen, und sei sie noch so groß, einfach nicht ausreicht, um Hunger und Not durch den Aufbau gesunder Wirtschaften in den Entwicklungsländern zu überwinden, bedarf es hier einer überlegenen gemeinsamen Planung. Hier fehlt es bis jetzt an einer entsprechenden Initiative, denn NATO würde sich hierzu in seiner bisherigen

Form nicht eignen. Da es sich aber um gemeinsame Anstrengungen aller Mitgliedstaaten der freien Welt handelt, müßte man in Washington unter amerikanischer Führung ein Gremium schaffen, das sich diesen Aufgaben widmet. Zur Lösung dieser Fragen wird das im Gemeinsamen Markt organisierte Europa einen wichtigen Beitrag leisten können. Seine in der Gemeinschaft der sechs Staaten zusammengefaßte Produktionskraft tritt heute als ansehnlicher Partner an die Seite der Vereinigten Staaten, bereit, mit diesen zusammen die entstehenden Schwierigkeiten gemeinsam zu überwinden.

Eine der entscheidenden Aufgaben, die der NATO gestellt wird, ist die, den Krieg zu verhindern, das heißt, eine Strategie der Abschreckung zu betreiben. Um diese Aufgaben richtig zu sehen, müssen wir uns daran erinnern, daß die atomare Abschreckung in den Jahren seit Schaffung des Bündnisses einen grundlegenden Wandel durchlaufen hat. Zunächst besaßen die Amerikaner allein nukleare Sprengkörper und interkontinentale Beförderungsmittel; heute verfügt Sowjetrußland in gleicher Weise über beides. Die Vereinigten Staaten sind damit zum ersten Mal in ihrer Geschichte unmittelbar feindlicher Einwirkung ausgesetzt. Es ist nur verständlich, daß die Mitgliedstaaten der Allianz nicht ausschließlich wie bisher von der Verfügungsgewalt der Vereinigten Staaten über den Einsatz der atomaren Waffen abhängen wollen. Sie müssen die Gewißheit haben, daß die atomare Abschreckung auch für ihre Sicherheit zur Verfügung steht. Deshalb können wir den amerikanischen Vorschlag, NATO als Ganzes an der Verfügung über den Einsatz der atomaren Waffen zu beteiligen, nur begrüßen. Die Verwirklichung dieses Vorschlages würde dem Bündnis Auftrieb und seinen Partnern größeres Vertrauen zueinander geben. Die Schwierigkeiten der technischen Lösung dieses Problems, die offenbar sind, sollten uns nicht daran hindern, es guten Willens anzupacken. Integrierte atomare Streitkräfte, die sich aus Einheiten der verschiedenen Partnerstaaten zusammensetzen, würden das Bündnis erheblich stärken. Eine solche Lösung würde auch den Vereinigten Staaten, die bisher die Hauptlast der Verteidigung des Westens getragen haben, ein gut Teil dieser Last abnehmen. Aus der einseitigen Verantwortung würde sich eine gegenseitige entwickeln. Mit anderen Worten, Europa müßte in Zukunft auch für Amerika einstehen.

Das bedeutet, daß wir auch an dem »Schild« unserer konventionellen Streitkräfte in Europa festhalten. Diese Kräfte müssen weiter ausgebaut werden. Bei der außerordentlichen Vielfalt und den großen Kosten der modernen Waffen wird immer ein hohes Maß von Arbeitsteilung nötig sein. Kein Land ist heute so stark, daß es allen Anforderungen eines modernen Krieges für sich allein genügen könnte. Dies bedeutet, daß wir die Streitkräfte auf allen Stufen und nicht zuletzt auch in der obersten militärischen Führung integrieren müssen. Die Bundesregierung stellt ihre Rüstung unter dieses Prinzip; der überwiegende Teil der deutschen Verbände ist in die NATO-Streitkraft integriert.

Wir alle sind aufeinander angewiesen. Keiner der Partnerstaaten der Atlantischen Gemeinschaft kann seine Probleme, ob sie nun auf dem Gebiet der Wirtschaft, der Außenpolitik, der Verteidigung liegen, für sich allein lösen. Keiner kann in der Auseinandersetzung mit der sowjetischen Gefahr für sich allein bestehen. Daraus werden sich in der Zukunft große Folgerungen ergeben, die wir heute in ihrem Ausmaß kaum ahnen. Eines ist nur heute schon sicher – Europa und Amerika werden sich enger als bisher verbinden müssen, weil sie mehr als bisher füreinander einstehen sollen. Das Atlantische Bündnis ist notwendigerweise der Vorläufer anderer Organisationsformen in unserem atlantischen Raum, wenn wir überleben wollen.

8. Januar 1961

Wenn in diesen Tagen Sowjetrußland seine Angriffe gegen die amerikanische Regierung eingestellt hat, und wenn sie sich gleichzeitig dem Bundeskanzler gegenüber etwas zurückhaltender zeigt, so hat das ausschließlich taktische Gründe. Chruschtschow möchte damit im neuen amerikanischen Präsidenten John F. Kennedy das Gefühl wecken, als ob seine Machtübernahme am 20. Januar eine neue Ära der zweiseitigen Verständigung zwischen Washington und Moskau einleite, in der der mächtigste Mann des sowjetischen Machtblocks mit dem mächtigsten Mann der amerikanischen Welt alle Probleme löse. Wenn dabei ein Stück Entspannung für die Bundesrepublik abfällt, so soll das auch dem Ziel dienen, in den Köpfen der neuen amerikanischen Verwaltung das Gefühl zu stärken, daß die sowjetische Regierung doch nicht so schlimm sei und daß man eben nur richtig mit ihr reden und verhandeln müsse. Mit anderen Worten, man möchte dem Bundeskanzler, der in sowjetischen Augen als der unbestechliche, hartnäckige Verfechter der Interessen der westlichen Welt gilt, keinen Anlaß geben, seine amerikanischen Freunde vor der sowjetischen Gefahr zu warnen.

Aus dieser Situation heraus sind der Abschluß des deutsch-russischen Handelsvertrages und die verschiedenen Gespräche Herrn Chruschtschows mit Botschafter Kroll an die Adresse der Bundesregierung gerichtet. Wenn er Herrn Kroll gegenüber von einem sowjetisch-deutschen Ausgleich spricht, so bedeutet dies eine freundliche Verkleidung für die seit Jahr und Tag bekannten Ziele. Nichts wäre gefährlicher, als wenn die Bundesregierung etwa auf einen derartigen Ausgleich positiv reagieren würde. Sie würde sich damit den entscheidenden Viermächteverpflichtungen zur Aufrechterhaltung des Status des freien Berlin und unseres Anspruches auf die Wiedervereinigung begeben, sich isolieren und sich von diesem Augenblick an neuen Pressionen aussetzen. Ausgleich bedeutet Lösung mit gegenseitigen Konzessionen. Herr Chruschtschow hat in seinem Gespräch mit Herrn Kroll nie auch nur das geringste von sowjetischen Konzessionen verlauten lassen.

Wir wissen heute noch nicht, wie sich die neue amerikanische Regierung verhalten wird. Herr Kennedy ist ein junger Intellektueller, mit gutem irischen Verstand und einer erheblichen Portion Hartnäckigkeit. Die Wahl seiner Berater möchte zu dem Schluß führen, daß er im wesentlichen die bisherige amerikanische Politik weiterführen werde. Ich bin nicht sicher, ob dieser Mann, der von der Dynamik seines jugendlichen Alters getrieben ist, uns nicht manche Überraschungen bieten wird. Ich hoffe nur, daß die große Fülle der inneren Probleme der Vereinigten Staaten, das heißt, die Lösung der monetären Fragen, die Überwindung der inzwischen auf fünf Millionen angewachsenen Arbeitslosigkeit, die großen landwirtschaftlichen Probleme, die Reorganisation der Verteidigungskräfte, ihn nicht so beschäftigen, daß er dadurch die außenpolitischen Probleme vernachlässigt. Es bedarf einiger Zeit, um in engem Kontakt mit der amerikanischen Regierung die neuen Leute mit unseren Auffassungen vertraut zu machen und die Harmonie und Übereinstimmung in der westlichen Allianz zustande zu bringen, ohne die es gefährlich wäre, mit Sowjetrußland in Verhandlungen einzutreten.

Daß die westliche Welt auch im Jahre 1961 vor nahezu unlösbaren Problemen stehen wird, zeigt schon der Beginn dieses Jahres, wo das ungelöste Kongoproblem, das Chaos auf Kuba, die überaus kritische Situation in Laos und nicht zuletzt das algerische Problem und das Erwachen des afrikanischen Kontinents ungewöhnliche Anstrengungen notwendig machen.

Man spricht so viel von der Reorganisation der Atlantischen Verteidigungsgemeinschaft. Gewiß ist es wichtig, die atomaren Probleme zu regeln und insbesondere die Beteiligung der NATO-Staaten an dem Einsatz der atomaren Waffen neu zu ordnen. Mir scheinen aber sowohl die militärische Organisation wie auch der NATO-Rat selbst völlig ausreichende organisatorische Möglichkeiten zu bieten, vorausgesetzt, daß die Partnerregierungen sich entschließen können, sie mit dem richtigen Geist zu erfüllen. Die Konsultation in NATO war oft unzureichend, weil einmal die Vormacht der atlantischen Welt einer sorgfältigen, rechtzeitigen Konsultation nicht immer die notwendige Bedeutung beimaß und weil zum anderen es die übrigen Staaten nicht für nötig befanden, die Beratungen durch entsprechende eigene Beiträge fruchtbar zu gestalten. Natürlich wäre es besser gewesen, wenn man den Ständigen Rat der NATO mit politischen Persönlichkeiten ausgestattet hätte, die als Mitglieder ihrer Regierungen und Kabinette eine freiere und mutigere Sprache hätten führen können, als die Beamten, die ausschließlich auf oft recht dünne Instruktionen angewiesen sind.

Das Jahr hat in Frankreich mit dem günstigen Ergebnis der Volksabstimmung über die Selbstbestimmung der algerischen Bevölkerung (6. bis 8. Januar) begonnen. Damit ist der Regierung eine Aktionsmöglichkeit eingeräumt, die sie meiner Ansicht nach schnell benutzen muß, um die Möglichkeiten einer Verhandlung mit dem FLN zu erkunden. Denn das Votum des Volkes ist ein Votum für den Frieden in Algerien, auch um den Preis der Unabhängigkeit dieses Landes. Dies ist eine Tatsache, auch wenn es die nicht belehrbaren Ultras, die ihre politische Kraft weit überschätzt haben, nicht wahrhaben wollen. Aber es fragt sich, ob die Stunde für eine Verhandlung noch gegeben ist. Die Situation des FLN hat sich seit Melun sowohl international wie auch innerhalb Algeriens stark verändert. Der FLN kann heute mit der Unterstützung Chinas, Sowjetrußlands, Nassers und eines guten Teils der afrikanischen Welt rechnen. Wird er sich vielleicht aus Rücksicht auf sein internationales Ansehen auch zu Verhandlungen bereitfinden, wird er in diesen Verhandlungen maßvoll bleiben oder aber Forderungen stellen, die zum Scheitern der Verhandlungen führen müssen? Der französischen Regierung bleibt im letzteren Falle nicht viel anderes übrig, als mit der Einrichtung der Organe eines selbständigen algerischen Staates unter Beteiligung der mohammedanischen Bevölkerung fortzufahren.

Für uns ist dieses Algerienproblem von so großer Bedeutung, weil es einmal einen unserer Hauptpartner ständig schwächt und weil es zum anderen leicht zu einer Internationalisierung dieses Konfliktes kommen könnte. Uns kann es nicht gleichgültig sein, ob dieses Nordafrika, und zwar neben Algerien auch Marokko und Tunesien, allmählich dem sowjetischen Einfluß anheim fällt. Damit wäre Europa endgültig vom afrikanischen Kontinent getrennt. Es hätte eine weite Basis im Mittelmeerraum verloren.

Vor diesem mit schwerem Gewölk geladenen außenpolitischen Hintergrund steht unsere Bundesrepublik heute noch im Glanze der Prosperität, und die Wirtschaftswunderkinder bauen an ihrem Vermögen und denken nur daran, wie sie einen noch schöneren Wagen, eine noch schönere Reise ans Mittelmeer, noch prächtigere Fernsehapparate und Eisschränke erwerben können. Ich will nicht sagen, daß dies für alle Menschen bei uns gilt. Aber es ist schon beängstigend, wenn in einer heutigen Zeitung nachgewiesen wird, daß die Stadt Hamburg jeden fünften Tag einen neuen Millionär produziert. Diese Prosperität darf jedoch nicht darüber hinwegtäuschen, daß sich im deutschen Volk wachsende Spannungen zeigen, die aus den ungleichen Vermögenslagen, wie aus den zunehmenden Forderungen dieser oder jener Volksgruppen und nicht zuletzt auch aus der sich vernachlässigt fühlenden Landwirtschaft entstehen und die gerade im Wahljahr besonders laut werden. Ich glaube, daß der Bundeskanzler und die Bundesregierung in diesem Jahr noch einmal die Wahl gewinnen werden. Hierzu wird mit in erster Linie die im Volk weit verbreitete Überzeugung beitragen, daß die außenpolitische Führung des Bundeskanzlers, vor allem sein Maßhalten, den politischen Kredit in der Welt geschaffen hat, der es ermöglicht, uns den aus dem Osten drohenden Gefahren gegenüber zu behaupten.

Montag, den 9. Januar 1961

Die Entscheidung des französischen Volkes über das Referendum hat die Erwartungen der französischen Regierung übertroffen. Couve de Murville hatte mir noch in der letzten Woche gesagt, daß die französische Regierung bestenfalls mit einer Stimmenmehrheit von siebzig Prozent rechnete.

Das Referendum ist eine eindeutige Absage an die äußerste Rechte, die in den letzten Wochen und Monaten alles darangesetzt hatte, Unruhe zu stiften und den Kredit der Regierung zu untergraben. Ähnlich wie bei den Unruhen am 10. Dezember 1960 aus Anlaß der Reise des Generals nach Algerien, hat sie ihre Kraft erheblich überschätzt und dadurch eine große Niederlage erlitten. Auch der Kommunismus, der in den letzten Wochen starke Propaganda für das »Nein« entfaltet hatte, hat von der großen Mehrheit des französischen Volkes eine deutliche Absage erhalten.

General de Gaulle hat nunmehr die uneingeschränkte Vollmacht erhalten, das algerische Problem im Sinne der Selbstbestimmung zu regeln. Damit ist das Problem selbst noch nicht gelöst. Es wird sich in den nächsten Tagen zeigen, ob der General aus diesem Ergebnis die Folgerungen zieht, die die Mehrheit der führenden politischen Persönlichkeiten erwartet, nämlich sofort mit der Algerischen Nationalen Befreiungsfront (FLN) Waffenstillstandsverhandlungen aufzunehmen. Von den Kommunisten bis zu den Radikalsozialisten sind sich alle einig, daß darin die letzte Chance liegt, zu einer Lösung der Probleme zu kommen. Erst gestern hat Guy Mollet, der Führer der Sozialisten, mit großer Deutlichkeit in seiner Stellungnahme zum Ergebnis des Referendums die sofortigen Verhandlungen gefordert.

Es ist aber fraglich, ob die Nationale Befreiungsfront sich heute noch einmal zu echten Verhandlungen bereit findet. Seit der verpaßten Gelegenheit von Melun hat sich ihre Lage verstärkt. Damals war sie nicht von Sowjetrußland und China gestützt, damals gab es die Nasserschen Versuche einer politischen Organisation Nordafrikas, wie sie eben auf der gestern zu Ende gegangenen Konferenz von Casablanca verkündet worden sind, noch nicht. Damals gab es auch nicht die Unsicherheit in Marokko und Tunesien, wo die bestehenden Systeme in Gefahr sind, unter den Druck der sozialen Umschichtungen Afrikas zu geraten. Die Voraussetzungen für die Verhandlungen sind also andere geworden.

Die FLN, nicht zuletzt unter dem Einfluß vor allem Chinas und Sowjetrußlands, aber auch unter dem Eindruck seiner eigenen Position innerhalb der afrikanischen Welt, wird sehr viel höhere Preise für eine friedliche Regelung des Konfliktes fordern. Ob der General bereit sein wird, darauf einzugehen, scheint mir nicht sicher. Ich fürchte deshalb, daß die französische Regierung sich darauf beschränken wird, erst einmal den zweiten Teil des Referendums in die Tat umzusetzen, nämlich die neuen Organe in Algerien zu entwickeln. Damit würde aber der Weg für Verhandlungen erschwert. Denn solche Organe würden mit Sicherheit einen zu starken kollaborationistischen Charakter tragen. Welcher Muselmane von Wert und Rang wird in ihnen mitarbeiten, wenn er das Gefühl haben muß, daß sie letzten Endes Übergangserscheinungen sind, die sich auf die Dauer nicht halten lassen. Mit dem Referendum ist also nicht mehr, aber auch nicht weniger erreicht, als daß die französische Regierung noch einmal eine weitreichende Vollmacht erhalten hat, in Verhandlungen den Frieden endlich herzustellen.

20. Januar 1961

Die heutige Inaugurationsrede des neuen amerikanischen Präsidenten hat für mich eine geradezu befreiende Wirkung gehabt. Der ganze Ton der Rede zeugte von jugendlicher Initiative, verbunden mit großem Verantwortungsgefühl für die Vereinigten Staaten selbst, wie für die ganze freie Welt. Ich verspüre aus dieser Rede den entschlossenen Willen zur

Erhaltung dessen, was wir als unabdingbar finden bei gleichzeitiger Bereitschaft, vernünftig und maßvoll mit den sowjetischen Machthabern nach Lösungen zu suchen. Wichtig ist die Forderung des neuen Präsidenten, daß die Völker sich auf sich selbst besinnen und sich auch dementsprechend selbst bemühen. Klar und eindringlich ist das Bekenntnis zur Erhaltung der Unantastbarkeit der amerikanischen Welt, ebenso klar auch der Wunsch nach einer friedlichen Zusammenarbeit mit der Sowjetunion und allen anderen Völkern in der Erforschung des Weltraums.

In der ganzen Welt ist diese Rede positiv aufgenommen worden. In ihrer Form zeugt sie von großer sprachlicher Meisterschaft.

Diese erste Proklamation wird nun von zwei sehr wichtigen Botschaften an den Kongreß gefolgt werden, von denen die eine sich mit den außenpolitischen Aufgaben und die andere mit den wirtschaftlichen Problemen befaßt. Der Stil des neuen Präsidenten zeigt Selbständigkeit, ein großes Maß an Arbeitsenergie und das Streben, in der soliden Bahn der klassischen Diplomatie, das heißt in der sorgfältigen Vorbereitung der Verhandlungen, zu den erforderlichen Ergebnissen zu kommen. Es wird interessant sein zu beobachten, wie der Präsident diesen Arbeitsstil gleichzeitig mit der Publizität verknüpft, die mit hemmungslosen Anforderungen schon in den nächsten Tagen an ihn herantreten wird.

Freitag, 17. Februar 1961

Heute hatte ich Spaak und de Staercke zum Mittagessen bei mir. Wir sprachen über die Rückkehr Spaaks in die belgische Politik. Spaak selbst sagte, daß er mit der Rückkehr gern noch etwas gewartet hätte, daß aber der Wahlkampf unmittelbar bevorstehe und ihm damit keine andere Wahl bleibe. Die Lage Belgiens sei kritisch. Das Land sei in jeder Weise herabgewirtschaftet. All dies veranlasse ihn als Belgier, seine Pflichten gegenüber seiner Heimat zu erfüllen und sich an die Arbeit zu begeben, um das Land wieder aus dem Schlimmsten herauszuführen. Daß dies zu einem Zeitpunkt geschehe, in dem die NATO dringend einer kräftigen und überlegenen Führung bedürfe, sei sicher bedauerlich. Die in NATO zu lösenden Probleme seien groß. Die amerikanischen Auffassungen seien noch nicht bekannt, die Arbeit Achesons noch nicht abgeschlossen. Er fliege nach Washington, um sich mit dem Präsidenten und den zuständigen Herren einmal ausführlich auszusprechen.

Die Schwierigkeiten einer Intensivierung der NATO seien mannigfach. Im Vordergrund stehe natürlich das Problem der atomaren Bewaffnung.

Nicht minder schwierig sei die Haltung Großbritanniens, die Haltung der kleinen nordischen Staaten und nicht zuletzt auch die Haltung Frankreichs, die, wie er in einem Gespräch mit de Gaulle feststellen konnte, nicht gerade NATO-feindlich, aber auch nicht besonders NATO-freundlich sei. Für de Gaulle sei NATO nichts anderes als ein technisch-militärisches Bündnis. Daß NATO gleichzeitig der Ansatz zu einer großen und umfassenden politischen Organisation der Atlantischen Welt sei, entspreche nicht seinen Vorstellungen.

Ich sagte, daß ich nicht ohne eine gewisse Befriedigung die Angriffe Chruschtschows auf die UNO und auf Hammerskjöld verfolgt habe. Die politischen Seminare in Washington schienen mir etwas zu theoretischen Charakter zu tragen. Die Ohrfeigen, die Chruschtschow an die westliche Welt, vor allem aber an die Vereinigten Staaten ausgeteilt habe, trügen dazu bei, den Sinn für die Realität wieder herzustellen und uns der harten Notwendigkeiten unseres Lebens bewußt zu werden. Es sei sicher schwer, volle Klarheit über das Ziel der sowjetischen Politik zu gewinnen. Zweifellos wollten die Sowjets die gegenwärtige Form der UNO beseitigen und damit gleichzeitig in der afrikanischen Welt propagandistische Erfolge erreichen. Ob sie dabei nicht etwas über das Ziel hinausgeschossen haben, ist fraglich. Denn wenn sie überhaupt den Wunsch haben, mit Kennedy in eine Phase der Entspannung zu kommen, so hätten sie wohl diese ungebührlich scharfe Sprache nicht führen können. Aber haben sie wirklich die Entspannung gewollt? War dies nicht vielmehr eine vorübergehende Phase zur Sammlung eigener Kräfte? Ist der Tod Lumumbas nicht vielmehr der Anlaß, nun die westliche Welt auf allen Fronten unter Druck zu setzen? Wollten sie mit den heftigen Angriffen auf die UNO nicht gleichzeitig den jungen und unerfahrenen Präsidenten der Vereinigten Staaten unter psychologischen Druck setzen? All dies sind schwer zu beantwortende Fragen.

Ich persönlich bedauere den Weggang von Spaak sehr. Seine große politische Begabung, sein Reichtum an Formulierungsmöglichkeiten, seine Phantasie und seine Kenntnis der politischen Vorgänge der letzten fünfzehn Jahre haben dem NATO-Rat eine Autorität und ein Gewicht gegeben, wie sie so schnell nicht wieder erreicht werden können. Dies alles trotz der geringen Bereitschaft der fünfzehn Partnerstaaten, durch eigene wirkungsvolle Beiträge die Erörterungen und die Willensbildung zu bereichern und zu stärken.

Mittwoch, den 1. März 1961

Spaak erzählte mir heute, zusammen mit de Staercke, von den Eindrücken seiner Reise nach Washington. Die amerikanische Regierung habe ihre Meinungsbildung noch nicht abgeschlossen. Keiner seiner Gesprächspartner habe ihm in irgendeiner Weise eine amerikanische Konzeption zu den großen Problemen entwickeln können. Man habe ihn zwar aufmerksam angehört, aber ohne Stellung zu nehmen. Dies gelte vor allem für den Präsidenten selbst, der auch, wie alle Gesprächspartner ihm versicherten, in den inneramerikanischen Besprechungen sich einer Stellungnahme bisher völlig enthalten hat. Der amerikanische Botschafter Thompson sei mit der Instruktion auf seinem Posten in Moskau zurückgekehrt, der sowjetischen Regierung darzulegen, daß die amerikanische Regierung vor Ablauf von sechs Monaten nicht in der Lage sein werde, Abrüstungsgespräche aufzunehmen. Sie könne deshalb an den für März geplanten Abrüstungsbesprechungen in der UNO nicht teilnehmen.

In der großen Frage der Ausrüstung der NATO mit nuklearen Waffen sei ein Entschluß auf amerikanischer Seite noch nicht gefaßt. Es sei schwer zu übersehen, ob die amerikanische Regierung sich überhaupt bereitfinden würde, die Herterschen und Norstadschen Gedanken aufzunehmen. Er habe den Eindruck, daß die meisten Mitglieder der amerikanischen Verwaltung, da sie die Entwicklung in der NATO in den letzten Jahren nicht mitgemacht haben, noch nicht begriffen hätten, wo die NATO heute stehe. So habe er bei Acheson feststellen müssen, daß seine Kenntnisse und Vorstellungen von den NATO-Problemen im Jahre 1954/55 aufhören, daß ihm vor allen Dingen die Beschlüsse der Regierungskonferenz der NATO vom Jahre 1956, in der die Stationierung von Mittelstreckenraketen in Westeuropa beschlossen worden war, nicht bewußt sei. Er, Spaak, könne sich doch nicht ganz einem wachsenden Gefühl der Sorge entziehen, daß die amerikanische Regierung die Notwendigkeiten, die sich nun einmal aus der europäischen Lage ergeben, nicht richtig sehen. Zwar gebe es eine Menge Erklärungen Kennedys und seiner Mitarbeiter, daß sie mit Festigkeit auf den gegebenen Tatsachen verharrten, es sei aber unsicher, ob das auch für den Fall der nuklearen Verteidigung gelte.

Ich sagte Herrn Spaak, daß wir alle seinen Weggang von der NATO sehr bedauern. Sicher sei, daß er in der Rolle des belgischen Außenministers sowohl innerhalb der NATO als auch in Washington eine viel unabhängigere und deutlichere Sprache führen könne. Als Diener der fünfzehn Nationen sei er sowohl hinsichtlich Form als auch Inhalt seiner Kritik recht beschränkt. Viele Hemmungen könnten nun fallen. Ich glaubte, daß unmittelbar nach seiner Amtsübernahme in Brüssel eine erneute persönliche Fühlungnahme in Washington äußerst dringlich sei. Spaak gab mir recht und sagte, daß er sich schon jetzt mit dem Gedanken einer solchen zweiten Reise nach Washington trage, denn es stehe in dieser Periode der amerikanischen Meinungsbildung für Europa und für die ganze westliche Welt zu viel auf dem Spiel.

Die Fühlungnahmen hinsichtlich eines neuen Generalsekretärs für die NATO sind noch nicht abgeschlossen. Amerikaner, Engländer und Deutsche sind im wesentlichen für Stikker. Die Franzosen haben noch keinen Kandidaten benannt, die Italiener wünschen ihren Botschafter in Washington Brosio.

27. April 1961

Nach den stürmischen Ereignissen des letzten Wochenendes ist man in Frankreich daran, eine Inventur der Trümmer zu machen, die der Aufstand in Algerien hinterlassen hat. Hierbei wird doch sehr deutlich, daß man diesen Aufstand falsch beurteilen würde, wenn man in ihm ausschließlich und in erster Linie eine Reaktion auf die de Gaullesche Algerien-Politik, vor allem auf seine Verhandlungsbereitschaft mit dem FLN, sehen würde. Natürlich spielt das Algerien-Problem eine bedeutsame Rolle. Die Aufständischen haben aus ihrer Grundeinstellung heraus ein souveränes Algerien abgelehnt und die französische Position dort unter allen Umständen festhalten wollen; es handelt sich jedoch um mehr. Es handelt sich um eine Staatskrise, die daraus entstanden ist, daß zwischen General de Gaulle und dem französischen Volk ein Vakuum entstanden ist, in welchem es keine politischen Kräfte von Rang und Gewicht mehr gibt, die für die Politik der französischen Regierung die notwendige psychologische Basis, das notwendige Korrektiv, den notwendigen Schutz bieten würden. Zwischen Regierung und Volk befinden sich weder politische Persönlichkeiten von Rang noch politische Parteien, noch wirklich eindrucksvolle politische Körperschaften von Gewicht und Einfluß, einfach deshalb, weil der General solche »forces intermédiaires« nicht will oder sie ihm unbequem sind. So hat die Krise gezeigt, daß im französischen Volk zwar Angst und Sorge, aber kein wirklicher Abwehrwille bestand. Nur so ist es verständlich, wenn sich in allen Teilen der Verwaltung und des Heeres Dissonanzen und Spaltungen, Reserve, mangelnde Aktionsbereitschaft, Renitenz und Opportunismus in den verschiedensten Formen gezeigt haben. Es ist sehr leicht, hier von épuration zu reden, wo sie eigentlich alle Teile des Staatsapparates erfassen müßte und deshalb in Wirklichkeit undurchführbar ist. Es liegen Grundfehler der staatlichen, politischen Konstruktion des Landes vor, die man nicht mit ein paar Strafurteilen und personellen Veränderungen bereinigen kann. Es erheben sich hier und da – und so im heutigen »Monde« – Stimmen, die bei aller Hochachtung vor der Entschlossenheit und Standfestigkeit des Generals ihm auch ein gut Teil der Verantwortung an dieser für Frankreich so schweren Situation zuschreiben, und ich fürchte, daß sich an diesen Dingen in Wirklichkeit nichts ändern wird, weil der General nun einmal zu den politischen Parteien kein wirkliches konstruktives Verhältnis suchen oder finden will.

Die nächsten Tage werden die Hintergründe und Variationen der Ereignisse der letzten Tage ans Licht bringen. Schon heute wird es klar, daß auch innerhalb der Regierung selbst große Verwirrung geherrscht hat und daß die Rolle des Innenministeriums, die Rolle des Nachrichtendienstes und gewisser Armeestellen im Inneren ernste Kritik verdient. Sollte dieses Vakuum, von dem ich eben sprach, nicht wieder beseitigt werden, so wird dieser Staat erneut in ähnliche Gefahren kommen und dies ganz besonders in dem Augenblick, in dem etwa General de Gaulle verhindert sein sollte, seine Funktion als Staatsoberhaupt auszuüben. Denn ähnlich wie sich die Generäle nur herausnehmen konnten, diesen verheerenden und in seinen internationalen Folgen katastrophalen Aufstand auszulösen, so wird es dann auch wieder andere geben, die sich zwischen Regierung und Volk drängen, weil sie dort keine politische Kraft von vornherein vor der Undurchführbarkeit ihrer Pläne abhält. Man kann eine Nation wie Frankreich mit Erfolg nicht auf Dauer mit einem System von Präfekten, Regierungsverordnungen und Ausnahmezuständen regieren, sondern es bedarf einer aus dem Volk kommenden politischen Mitarbeit und Mitverantwortlichkeit. Nur in einer solchen Atmosphäre entwickeln sich dann auch die kraftvollen politischen Persönlichkeiten, an denen die französische Geschichte so reich ist.

24. Mai 1961

Heute nachmittag empfing der belgische König Baudouin, der mit Königin Fabiola zum Staatsbesuch in Paris ist, das diplomatische Corps. Der König machte einen sehr ruhigen, besonnenen Eindruck. Ich traf zu meiner Freude Spaak, der den König begleitete. Spaak und ich sprachen über die gegenwärtige Situation, die durch drei Hauptereignisse charakterisiert ist: einmal durch den Besuch des Generals de Gaulle beim Bundeskanzler in Rhöndorf am Sonnabend, dem 20. Mai dieses Jahres, durch den für den 31. Mai bis 1. Juni dieses Jahres geplanten Besuchs Kennedys bei General de Gaulle und durch das sich daran anschließende Zusammentreffen Kennedys mit Chruschtschow in Wien.

Die Stunden, die General de Gaulle in Bonn verbrachte, waren für das deutsch-französische Verhältnis besonders wertvoll. Wenn es auch nicht zu großen Entscheidungen oder Beschlüssen gekommen ist, so haben die beiden Männer offensichtlich einen weiteren, sehr erheblichen Schritt aufeinander zugetan. General de Gaulle machte bei der Nachmittagsbesprechung einen gelösten Eindruck und zeigte, daß er sich offensichtlich im deutschen Kreis zu Hause fühle. Die Hauptsorge, die diese Besprechungen im wesentlichen bestimmte, war, wie man die politische Organisation der Sechs vorantreiben, wie man die Entwicklung des Gemeinsamen Marktes beschleunigen kann und wie man sich dem etwa bevorstehenden britischen Antrag auf Aufnahme in den Gemeinsamen Markt gegenüber verhalten soll.

Hinsichtlich der politischen Konsultation war man sich einig voranzugehen, auch wenn der holländische Widerstand nicht aufgegeben werden sollte. Man entschloß sich, eine Sechser-Konferenz der Regierungschefs Anfang Juli einzuberufen, in der Erwartung, daß sich auch die Niederländer einer solchen Einladung nicht würden entziehen können. Allgemein spürte man aus den Darlegungen der beiden Seiten, daß man nur sehr ungern noch weitere Zeit verlieren wolle, denn die politische Willensbildung Kontinentaleuropas ist ohne eine echte politische Kooperation in Form regelmäßig wiederkehrender Zusammenkünfte der Regierungschefs und Außenminister nicht denkbar. Wenn aber eine solche politische Organisation bestehe, wie würde sich denn dann der Beitritt Großbritanniens zum Gemeinsamen Markt auf die politische Zusammenarbeit der europäischen Staaten auswirken? Besteht dann nicht die Gefahr, daß Großbritannien seinen ganzen Einfluß aufbieten würde, um diese politische Organisation nach seinem Geschmack zu organisieren?

Hinsichtlich der weiteren Beschleunigung war man sich klar, daß diese sich nur vollziehen könne, wenn innerhalb des Gemeinsamen Marktes das Landwirtschaftsproblem einer Lösung zugeführt werde. De Gaulle insistierte, daß für ihn die Fortführung des Gemeinsamen Marktes mit der Lösung des Agrarproblems stehe und falle. Wenn man also die Beschleunigung des Ausbaus des Gemeinsamen Marktes durch eine weitere Reduktion der Zölle um zehn Prozent bis zum 31. Dezember dieses Jahres durchsetzen wolle, so müsse mindestens in der Zeit zwischen den deutschen Wahlen und dem 31. Dezember ein befriedigender Plan für die agrarwirtschaftlichen Bedingungen innerhalb des Gemeinsamen Marktes in Kraft gesetzt werden.

Was den Beitritt Großbritanniens zum Gemeinsamen Markt angehe, so waren beide Seiten, Adenauer wie de Gaulle, der Auffassung, daß Großbritannien alle Verpflichtungen aus den Römischen Verträgen übernehmen müsse, wenn es als gleichberechtigter Partner dem Gemeinsamen Markt beitrete. Wie Couve de Murville betonte, sei dies kein leicht zu lösendes Problem. Er rechne in absehbarer Zeit mit einer allgemeinen Bereitschaftserklärung Großbritanniens, dem Gemeinsamen Markt unter gewissen Kautelen beizutreten. Aber die Verhandlungen über die Kautelen und Reserven würden unter Umständen sehr lange dauern und könnten leicht auch wieder zu einer Zurücknahme des britischen Antrags führen. Denn man könne unter keinen Umständen eine Verwässerung der bestehenden Verträge zulassen.

Ich buche diesen Besuch als einen wirklichen Erfolg und bin der festen Überzeugung, daß der General in dieser Begegnung nicht nur eine politische Geste an die Adresse des deutschen Volkes sieht, sondern echtes Bedürfnis, mit dem deutschen Partner die vertrauensvollen Beziehungen sichtbar zu vertiefen. So hat er immer wieder den Willen der französischen Regierung betont, in einer kommenden Berlinkrise fest auf den Rechten der Viermächte, insbesondere aber der drei westlichen Mächte in West-Berlin und hinsichtlich des Zusammenhanges mit der Bundesregierung zu bestehen.

Meine Gedanken gehen natürlich in diesen Tagen oft nach Washington, und ich frage mich, ob Kennedy nach den ersten heftigen Rückschlägen, die er in Kuba, Laos, Kongo, wenn man will auch in Korea und in der UNO, nicht zuletzt im Scheitern der Genfer Atomtestkonferenz erfahren hat, genügend gerüstet ist, um einem so schwierigen Gegner wie Chruschtschow gegenüberzutreten. Ich hätte diese Konferenz zu einem etwas späteren Datum gewünscht. Ich hatte auch gehofft, daß man den Besuch Kennedys in Paris nicht so rasch durch ein Zusammentreffen mit Chruschtschow überlagern würde.

Die Kritik in den Vereinigten Staaten regt sich natürlich auch. Man fühlt sich weder innerlich noch äußerlich schon genügend konsolidiert, um in so schicksalsschwere Gespräche einzutreten.

23. Juni 1961

Heute vormittag ist der Staatsbesuch des Bundespräsidenten Lübke in Paris zu Ende gegangen. Diese Tage, die mit dem 20. Juni begannen, standen im Zeichen strahlenden Wetters. Für jeden, der bewußt die Tragik der Vergangenheit und die allmähliche Besserung des deutsch-französischen Verhältnisses seit 1946 erlebt hat, war diese Begegnung des deutschen Staatschefs mit General de Gaulle ein Ereignis von historischer Bedeutung. General de Gaulle hat dem Ablauf des Besuches, den von französischer Seite erfolgten Kundgebungen und Reden ganz besondere Aufmerksamkeit und Sorgfalt gewidmet. Bei jedem Anlaß wurde deutlich, wie sehr es ihm daran gelegen war, durch eine würdige Aufnahme des deutschen Staatsoberhauptes dem deutschen und französischen Volk das Gefühl zu geben, daß es sich hier nicht um einen der zahlreichen protokollarischen Besuche, sondern um eine echte, die Vergangenheit endgültig liquidierende und für die Gegenwart und Zukunft richtunggebende Begegnung handle. Paris zeigte sich von seiner schönsten Seite. Die Unterbringung des Präsidentenpaares, die großen Veranstaltungen im Elysée, in der Oper, im Hôtel de Ville, im Palais de Lauzun und nicht zuletzt in Fontainebleau, überboten sich geradezu im Reichtum der Farben, der vorzüglichen Organisation, den Kostbarkeiten, die die Tafel schmückten, die Aufmerksamkeit, die sich in einer Reihe von Geschenken an Herrn und Frau Lübke dokumentierten. Wenn man an die Vergangenheit denkt und an all das Quälende und Scheußliche, was sie mit sich brachte, so war es durchaus nicht selbstverständlich, wenn die Champs Elysées in einem ungewöhnlich prächtigen Flaggenschmuck, darunter etwa dreihundert deutsche Fahnen, wenn an der Concorde, auf dem die Statue der »Strasbourg« bis 1918 bei feierlichen Anlässen in schwarzen Flor gehüllt war, an den beiden Hauptfahnenmasten neben der großen französischen Flagge auch die deutsche Flagge gezeigt wurde, wenn auf dem Quai d'Orsay und auf dem Schloß von Fontainebleau während der Anwesenheit des Bundespräsidenten die deutsche Präsidentenstandarte wehte, ohne daß sich auch nur die geringste Kritik der französischen öffentlichen Meinung regte: Das sind Fakten, die nicht hoch genug gewertet werden können.

Alle französischen offiziellen Persönlichkeiten waren bemüht, ihre betonte Deutschfreundlichkeit zu zeigen; alle versuchten, zum Teil in eindrucksvoller Weise, aus Vergangenheit, Gegenwart und Zukunft eine für die Völker der beiden Länder große und beeindruckende Synthese zu schaffen. Stets wird mir die Rede unvergessen bleiben, die der französische Staatsminister André Malraux anläßlich des großen Déjeuner im Saal Heinrich II. in Fontainebleau hielt:

»Es ist in diesen Tagen viel und in denkwürdiger Weise von Politik und Geschichte gesprochen worden, von Versöhnung und Eintracht unserer beiden Nationen.

Ich möchte Ihnen sagen, was mir einmal geschah, als ich während des Krieges in einem Raum lag, der voll war von Verletzten und Sterbenden: Jemand ließ ein Lied erklingen, ein großes deutsches Lied, das Werk eines begnadeten Deutschen. Es war der Abschiedsgruß dessen, der es sang.

Heute nun möchte ich auf Ihr Wohl trinken, verehrter Herr Bundespräsident, verehrte Frau Lübke, aber auch auf das Wohl derer, die durch ihr Fernbleiben vom Fest der Verständigung so viel versäumen. Zurufen möchte ich Ihnen, wie am Beginn der langen Reihe erlesener und bedeutender Männer, die hier lebten und wirkten, einst Franz I., König von Frankreich, wohl dem deutschen Kaiser Karl V. zugetrunken haben mag, als er ihn vor Jahrhunderten an diesem Ort festlich empfing:

Es lebe der deutsche Genius!«

Der Bundespräsident und Frau Lübke hatten ihre nicht leichte Aufgabe vollauf begriffen und haben durch ihr würdiges, sicheres, aber auch bescheidenes Auftreten auf alle Menschen einen guten, ja sogar tiefen Eindruck gemacht. Für beide waren diese Tage ungewöhnlich anstrengend, vor allem aber für Frau Lübke, die mit ihren vierundsiebzig Jahren tapfer allen Anforderungen standhielt und durch ihren guten, klaren und ruhigen Einfluß auf den Präsidenten und auf die ganze Umgebung wesentlich zum Erfolg dieses Besuches beitrug.

Für unsere deutschen Teilnehmer an diesem Besuch und nicht zuletzt auch für die deutsche Presse, war es lehrreich, einmal zu erleben, wie sorgfältig, großzügig und psychologisch richtig eine andere Regierung, in diesem Fall die französische, ausländische Gäste behandelt. Für das Verhältnis der beiden Völker zueinander, nicht zuletzt auch für die Arbeit der Botschaft in Paris, bedeutet der Besuch einen neuen, starken Impuls, auf dem eingeschlagenen Weg enger Verständigung und loyaler Kooperation fortzufahren.

Paris, den 17. August 1961

Die vom Ulbricht-Regime auf Anforderung der Warschauer Paktstaaten am 13. August verfügten Maßnahmen zur Abriegelung der sowjetisch besetzten Zone und des Ostsektors von Berlin haben bei uns, wie bei allen unseren Verbündeten in der westlichen Welt, große Unruhe ausgelöst. Die totale Absperrung, die die sowjetzonalen Behörden über Ost-Berlin verhängt haben und die mit einem Schlag den außerordentlich großen Flüchtlingsstrom der letzten Wochen und Monate zum Stillstand brachte, hat alle westlichen Regierungen überraschend getroffen. Wie immer in solchen Krisen, ist es schwer, schnell eine einheitliche, entschlossene Reaktion des Westens herbeizuführen.

Wenn man die schwierigen Verhandlungen in der Gruppe der westlichen Botschafter in Washington, die wechselnde Haltung unserer Partner im NATO-Rat, die unterschiedlichen Strömungen in der britischen und italienischen öffentlichen Meinung zusammennimmt, so wird der Westen auf die neueste Aktion Moskaus wohl nur mit ein paar mehr oder weniger scharfen Noten und Protesten antworten. Als innere Begründung für seine Haltung wird er mit einer gewissen Berechtigung die Tatsache anführen, daß die Rechte der Westmächte in Berlin durch diese Maßnahmen nicht unmittelbar berührt oder beeinträchtigt werden.

Wie ich den heutigen Zeitungen entnehme, hat der Bundeskanzler in diesen Tagen den sowjetischen Botschafter Smirnow empfangen und anschließend das Gespräch als positiv bezeichnet. Ich kann mir vorstellen, daß Herr Smirnow versucht hat, ein paar beruhigende Erklärungen abzugeben. Vielleicht hat er – das ist aber eine Kombination, für die ich bis jetzt keine Anhaltspunkte habe – eine Erklärung Chruschtschows übermittelt, daß er mit der Abriegelung Ost-Berlins und der Beendigung des Flüchtlingsstromes keine weiteren Maßnahmen beabsichtige und sich nicht mit dem Gedanken trage, die Verbindung West-Berlins mit dem Westen, die alliierten Rechte und die Freiheit der Bevölkerung West-Berlins zu beeinträchtigen.

So unerträglich und unmenschlich die Abschnürung Ost-Berlins und damit der Ostzone vom Westen ist, so bleibt uns in der gegenwärtigen Lage sicher nichts anderes, als dies hinzunehmen, immer unter der Voraussetzung, daß die freien Verbindungswege Westdeutschlands nach West-Berlin und die Sicherheit und Freiheit der 2,5 Millionen West-Berliner erhalten bleiben.

Wir können heute eine militärische Auseinandersetzung mit Sowjetrußland und dem Ostblock beim besten Willen nicht wünschen. Der Westen ist militärisch unzureichend vorbereitet. Er ist politisch unzureichend organisiert. Wir brauchen Zeit, um das eine wie das andere zu vollenden. Wir brauchen vor allem Zeit, um die politisch-wirtschaftliche Organisation Westeuropas, die die einzige Garantie für das Überleben der Westeuropäer in Frieden und Freiheit ist, durchzuführen. Man muß die Dinge realistisch sehen. Keine Regierung könnte dem Volk gegenüber die Verantwortung übernehmen, wenn sie heute aus berechtigtem Ressentiment und Zorn über die Gewaltmaßnahmen des Ostens eine Situation herbeiführen würde, die uns der atomaren kriegerischen Auseinandersetzung nahebringt. Vergessen wir nicht, daß die Situation, wie sie in Mitteleuropa – Gott sei's geklagt – nun einmal besteht, ihren Grund nicht allein in der Entwicklung nach 1945 findet, sondern daß man etwas weiter zurückgehen muß. Denn letzten Endes leiden und zahlen wir alle, am meisten aber unsere Mitbürger in der Zone für die Katastrophe, die das Dritte Reich über unser Land gebracht hat.

Wenn ich von einer Verbesserung und Vertiefung der politischen Organisation spreche, so denke ich dabei auch an die Verbesserung der politischen Zusammenarbeit der drei Westmächte und der Bundesrepublik, die sich in den letzten Tagen, man muß es sagen, nicht voll bewährte. Proteste, die unerläßlich waren, haben zu lange gedauert. Die Abstimmung der Meinungen und die Willensbildung waren schleppend. Man kann zweifeln, ob eine Gruppe von Botschaftern überhaupt in der Lage ist, eine solche Willensbildung rasch und wirksam zustandezubringen. Ich stehe auf dem Standpunkt, daß man diese großen Koordinierungsaufgaben nicht beamteten Vertretern überlassen kann, sondern daß parlamentarisch verantwortliche Persönlichkeiten in Rang und Stellung von Kabinettsmitgliedern solche Aufgaben lösen sollten. Ich erinnere daran, daß die britische Regierung im Zweiten Weltkrieg ihren Botschafter in den Vereinigten Staaten Lord Halifax mit Kabinettsrang ausgestattet hat, der auf Grund dieser Tatsache unmittelbar selbst an der Willensbildung seiner eigenen Regierung in London mitwirkte und über jede Nuance der Meinungsbildung der eigenen Regierung unterrichtet war. Nur so ist schnelles Handeln, nur so sind schnelle Entscheidungen erreichbar, nur so ist aber auch die Garantie gegeben, daß das, was die eigene Regierung wünscht, auch wirklich mit Nachdruck und entsprechendem Ergebnis im Zentrum der Willensbildung des Westens, in Washington, zur Geltung kommt.

Paris, den 22. August 1961

Der Besuch des amerikanischen Vizepräsidenten Johnson in Berlin und das Eintreffen der fünfzehnhundert amerikanischen Soldaten haben der Stadt gestern und vorgestern zwei der eindrucksvollsten Tage ihrer Geschichte gebracht. Die Zeitungen bringen viele Seiten mit ausführlichen Berichten und zahlreichen Fotografien der großen Volksmengen, die an beiden Tagen unterwegs waren, und über den begeisterten Empfang, der dem Vizepräsidenten und den Truppen bereitet wurde. In dieser spontanen Massenkundgebung kam die Erleichterung der Bevölkerung zum Ausdruck. Das Gefühl des Verlassenseins der vergangenen Woche ist nun schlagartig gewichen. Das schließt freilich nicht aus, daß alle nachdenklichen Menschen sich die Frage stellen, wie es nun weitergehen soll. Jeder, der die Sektorengrenze abfährt und die mitten durch die Stadt gezogene Mauer sieht, kann sich nicht vorstellen, daß so etwas von Bestand sein kann. Der tägliche Augenschein und die ständigen Kontakte mit den vielen in der Stadt sich aufhaltenden Flüchtlingen, ihre Erzählungen über ihre Erlebnisse in der Zone und in Ost-Berlin, halten der Bevölkerung Tag für Tag und Stunde für Stunde die harten Realitäten vor Augen. Berlin und seine Bevölkerung werden in den kommenden Jahren mehr denn je die psychologische und wirtschaftliche Stärkung aus dem Westen brauchen. So entscheidend der Besuch des amerikanischen Vizepräsidenten und das Eintreffen der Truppen für die Stimmung im gegenwärtigen Augenblick gewesen sind, so dürfen wir doch nicht vergessen, daß solche Ereignisse in der besonderen Lage Berlins im Laufe der Zeit wieder verblassen, wenn sie nicht immer wieder erneuert werden.

Straßburg, den 2. September 1961

Gestern mittag bin ich mit dem Wagen in Straßburg eingetroffen, um den französischen Behörden meinen Besuch zu machen. Der Empfang war überall freundschaftlich. Ich hatte zunächst ein langes Gespräch mit dem Präsidenten der Handelskammer von Straßburg Herrn Wenger-Valentin, der mir das hübsche Gebäude, das ursprünglich die Mairie von Straßburg war, zeigte. Es war strahlendes Wetter und sehr heiß. Der Blick aus dem Haus über den Guttenberg-Platz auf das Münster, auf dem ich als kleiner Bub von sechs Jahren so oft herumgesprungen war, hatte in mir viele schöne Erinnerungen geweckt. Es schloß sich ein Besuch bei Bürgermeister Pflimlin an, mit dem ich freundschaftlich verbunden bin. Ich mag ihn gern, weil er neben einer großen Aktivität, die sich in dem neuen Aufschwung der Stadt deutlich zeigt, Interesse an geistigen Dingen besitzt. Dazu ist er ein ausgesprochener Europäer, der dies in einer unermüdlichen, erfolgreichen Aktivität unter Beweis stellt. Die Unterhaltung wurde zunächst auf Französisch, dann ausschließlich auf Deutsch geführt. Wir sprachen auch über die sich zuspitzende internationale Situation und er unterstrich, daß er sich darüber wundere, wie wenig die große Masse der Menschen von den internationalen Problemen berührt werde. Nur sehr wenige besäßen ein inneres Verhältnis zu der großen Krise, die die westliche Welt bedrohe. Sicher müsse man alles tun, um den Frieden zu erhalten, und er freue sich, daß die deutsche Regierung eine so maßvolle und beruhigende Sprache führe. Es gebe aber Grenzen des Zumutbaren und man könne nicht ganz die Gefahr ausschließen, daß es eben doch zu einem Zusammenprall der beiden Welten komme, der für alle Teile außerordentliche Opfer bedeute.

Der Besuch beim Rektor der Universität Angellox, der Germanist ist und den mit Deutschland viele Beziehungen verbinden, war sehr erfreulich. Das gleiche gilt für den Besuch beim Präfekten Cuttoli, der die Besuchstournée beschloß.

Den Abend verbrachte ich im Kreise von französischen Abgeordneten und Pflimlin in dem sehr hübschen Restaurant Valentinsorg oben im Hochhaus mit dem schönen Blick auf die sommerliche Stadt, das erleuchtete Münster und die anderen angestrahlten historischen Bauten des alten Straßburg. Angeregtes Gespräch, das bis Mitternacht dauerte. Im Mittelpunkt standen immer wieder das deutsch-französische Verhältnis, die Fortschritte des europäischen Zusammenschlusses und der Wunsch der anwesenden Elsässer, Straßburg möge, wenn nicht gar die Hauptstadt Westeuropas, so doch zumindest der Sitz des kommenden Europäischen Parlaments werden.

Der Samstag vormittag war bei glühender Hitze der Eröffnung der alljährlichen Straßburger Messe gewidmet. Bemerkenswerte Reden Pflimlins und vor allem des französischen Finanzministers Baumgartner. Er gehört zu jenen französischen Persönlichkeiten, die aus der einflußreichen Gruppe der »Inspecteurs des Finances« stammen und auf Grund ihrer Ausbildung und beruflichen Entwicklung mit zu der Elite der französischen Verwaltung gehören. Seine Rede, die er ohne schriftliche Unterlage frei vortrug, war eine mustergültige Darbietung eines Menschen, der über große gedankliche Konzentration, einen druckreifen Stil und ein ausgewogenes Urteil verfügt. Der Vormittag wurde mit einem Bankett für vierhundert Menschen abgeschlossen, das sich nach guter französischer Sitte über fünf Stunden erstreckte. Wenger-Valentin erzählte mir, daß Baumgartner, der über zwölf Jahre Präsident der Nationalbank von Frankreich war, nach Abgang Pinays nur ungern das Amt des französischen Finanzministers übernommen habe. So habe er General de Gaulle in einer Aussprache den Wunsch zum Ausdruck gebracht, in seiner Stellung zu verbleiben. Der General habe darauf in jeden Widerspruch ausschließenden Worten erklärt, daß er, Baumgartner, seit gestern, seit dem Tage vor der Aussprache, nicht mehr Generaldirektor der Bank sei, und es deshalb für ihn keine andere Wahl gebe, als das Angebot anzunehmen.

Paris, den 6. September 1961

Die gestrige Pressekonferenz General de Gaulles war von der französischen öffentlichen Meinung mit großer Spannung erwartet worden, denn die verhältnismäßig wenigen Äußerungen, die aus dem Elysée über die Führung der Politik ergehen, geben solch einer Pressekonferenz einen besonderen programmatischen Charakter. Der General hatte sich wie immer sehr gründlich vorbereitet. Aus gewissen Äußerungen von Journalisten glaube ich entnehmen zu können, daß die Fragen vorher festgelegt und vereinbart waren. Der Stil war echt de Gaulle. In vielem treffend und gut formuliert, bewegt sich diese Erklärung dennoch mehr im allgemeinen und enthält nur wenig über konkrete Absichten und Ziele. Die Enttäuschung über die Teile der Erklärung, die sich auf Algerien und die inneren Probleme Frankreichs beziehen, ist allgemein. Eine Ausnahme hiervon macht seine Stellungnahme zum Ost-West-Konflikt und zu Berlin, die zweifellos von großer Festigkeit getragen ist. Dieser Teil der Erklärung mündet in die Feststellung, daß Frankreich nur bereit ist, mit Sowjetrußland zu sprechen, wenn die sowjetische Regierung ihrerseits Drohungen, Pressionen und erschwerende Maßnahmen aller Art unterläßt. De Gaulle hält damit die Linie aufrecht, die die französische Regierung in den letzten Monaten stets und unverändert eingenommen hat.

Die Ausführungen zur Algerienfrage und vor allem zur Sahara haben ein paar neue Gesichtspunkte gezeigt. Sie haben zunächst den entschlossenen Willen des Generals bestätigt, sich aus diesem Gebiet endgültig zurückzuziehen. Er ist dabei sehr weit gegangen und hat zu erkennen gegeben, daß man mit einem Anspruch Frankreichs auf die Sahara nicht rechnen dürfe. Sehr charakteristisch waren die Themen, die in der Erklärung bewußt ausgesprochen waren, so im Rahmen der Algerienfrage die Frage der Assoziation des künftigen selbständigen Algeriens, wobei der Begriff Assoziation durch den sehr viel lockereren Begriff der Kooperation ersetzt wurde, so die Garantien für die bleibende weiße Bevölkerung.

Der landwirtschaftliche Teil der Ausführungen wird die öffentliche Meinung und vor allem die interessierten agrarischen Kreise enttäuschen, weil sie keine praktischen Lösungsmöglichkeiten erkennen ließen.

Paris, den 21. September 1961

Paul Reynaud erzählte mir gestern abend von einer längeren Unterhaltung, die er kürzlich mit Chruschtschow hatte. In diesem Gespräch habe Chruschtschow seine uns bekannten Absichten der Unterzeichnung des Friedensvertrages mit der DDR, der Übertragung der Kontrolle des Zugangs nach West-Berlin und der Aufgabe der Rechte der Westalliierten in West-Berlin aufrechterhalten. Was Herrn Reynaud offenbar beeindruckt hat und was er als besonderes Positivum wertete, war die ruhige, ja geradezu freundliche und verständnisvolle Atmosphäre, in der Herr Chruschtschow seinen Gesprächspartner behandelt hat. Herr Reynaud hatte sich offenbar die Unterhaltung mit dem Sowjetgewaltigen sehr viel stürmischer vorgestellt und war deshalb über den ruhigen Ton erstaunt und glaubte, hieraus auf eine gewisse sachliche Verhandlungsbereitschaft schließen zu können.

Es scheint mir bemerkenswert, daß Herr Reynaud in seinem Gespräch die große Kriegsgefahr, in der wir uns alle befinden, betont und an der Entschlossenheit des Westens, seine Rechte, wenn es sein muß, auch mit Waffen zu verteidigen, keinen Zweifel gelassen hat. Offenbar hat Reynaud Herrn Chruschtschow eindringlich davor gewarnt, den Bogen seiner Ambitionen zu überspannen und sich mit dem, was Sowjetrußland in den letzten Jahren an Ausdehnung seiner Macht und seines Einflusses erreicht habe, zufriedenzugeben. Es gebe Beispiele in der Geschichte, und er habe, wie gesagt, besonders an das Schicksal Hitlers erinnert, daß man mit Überspannung seiner politischen Wünsche und Ziele mit einem Schlag alles Erreichte in Frage stelle. Er, Chruschtschow, dürfe unter keinen Umständen die feste Entschlossenheit Kennedys unterschätzen, im Falle neuer sowjetischer Zwangsmaßnahmen und Aggressionen mit den Waffen zu antworten. Die amerikanische Regierung habe sich mit ihrer Ehre verpflichtet. Man könne wohl über Interessen, nicht aber über Fragen der Ehre mit sich handeln lassen. Auch das amerikanische Volk stehe in dieser Frage geschlossen hinter seinem Präsidenten. Er, Reynaud, erinnere an den vor kurzem erfolgten Gallup-Poll, nach welchem siebenundsechzig Prozent des amerikanischen Volkes die Außenpolitik des Präsidenten gegenüber Sowjetrußland bejahten und siebzehn Prozent sich dagegen ausgesprochen hätten, weil sie diese Politik als zu weich empfänden.

Herr Chruschtschow habe sich im weiteren Verlauf des Gesprächs sehr scharf über die Entwicklung in Westdeutschland geäußert. Die Politik der Bundesregierung sei immer herausfordernder geworden. Herr Adenauer fordere Atomwaffen für die Bundeswehr. Sowjetrußland sehe mit wachsender Besorgnis, wie sich eine Revanchestimmung breitmache. Nach den historischen Erfahrungen bedürfe Sowjetrußland der Sicherung. Als besonderen Beweis der Aggressivität Westdeutschlands wertete er die Überfliegung sowjetzonalen Gebiets durch die beiden deutschen Düsenjäger. In Zukunft würden derartige Flugzeuge abgeschossen werden.

Er, Reynaud, habe darauf geantwortet, daß die Alliierten bereit seien, über die Sicherungswünsche Sowjetrußlands mit sich reden zu lassen. Was die atomare Bewaffnung der Bundeswehr angehe, so gebe es die Pariser Verträge, die den Alliierten die Möglichkeit geben, einzuschreiten. Außerdem erinnere er daran, daß General de Gaulle wiederholt die Oder-Neiße-Linie anerkannt hätte. Niemand in Frankreich denke an eine Wiederherstellung der früheren territorialen Verhältnisse. Chruschtschow habe dann seine Entschlossenheit betont, den Friedensvertrag mit der Sowjetzone zu unterzeichnen. Es müßten juristisch klare Verhältnisse hergestellt werden. Die DDR müsse eindeutig den Charakter eines souveränen Staates erhalten, auf dessen Anerkennung durch die Welt Sowjetrußland Wert lege. Zur Souveräntität gehöre, daß die DDR auch über die Reisen von Ausländern in ihrem Gebiet frei entscheide. Sie werde deshalb nach Unterzeichnung des Friedensvertrages die Pässe aller in ihrem Gebiet Reisenden visieren.

Was den Status der freien Stadt West-Berlin angehe, so könne man sich verschiedene Formen seiner Garantie vorstellen. Sowjetrußland wäre einverstanden, wenn die Sicherung des Status durch neutrale oder UNO-Sicherungskräfte überwacht würde. Es würde sich auch einverstanden erklären, daß kleinere »symbolische« Streitkräfte der Vereinigten Staaten, Großbritanniens, Frankreichs und Sowjetrußlands in West-Berlin als Sicherung stationiert würden. Im übrigen würde sich Sowjetrußland in die Angelegenheiten von West-Berlin nicht einmischen. Er habe kein Interesse daran, diese Stadt zu absorbieren.

Auf eine entsprechende Frage Reynauds, ob die sowjetische Regierung sich für den Gedanken der Verlegung der Vereinten Nationen nach West-Berlin interessiere, habe Chruschtschow bejahend reagiert. Die weitere Unterhaltung habe sich dem Problem der schiedsrichterlichen Instanzen für Konfliktfälle zugewandt. Chruschtschow habe mit großer Emphase erklärt, daß er die gegenwärtige Organisation der UNO ebenso wenig wie den Haager Gerichtshof anerkennen könne. In diesen Institutionen überwiege der Einfluß des Westens. Man könne aber die Entscheidung über die großen Streitfragen nicht etwa einem im wesentlichen aus westlichen Vertretern zusammengesetzten Gericht, wie dem Haager Gerichtshof, überlassen. Er verlange deshalb die Annahme des von der sowjetischen Regierung verschiedentlich vorgeschlagenen Troika-Systems, das für ihn die unabdingbare Voraussetzung einer vernünftigen Ordnung der großen weltpolitischen Fragen sei.

Dies sind die Hauptpunkte, von denen Paul Reynaud mir sagte, daß sie Gegenstand der Erörterung gewesen seien. Er versicherte, daß er die Notwendigkeit der eindeutigen Garantie der Freiheit der Berliner Bevölkerung und der Zugänge zu West-Berlin immer wieder unterstrichen und vor allem Herrn Chruschtschow eindringlich aufgefordert habe, seine Politik der groben Beschuldigungen, Beleidigungen und einseitigen Aktionen aufzugeben, da die Geduld der westlichen Welt am Ende sei und man das Schlimmste befürchten müsse, wenn man nicht endlich zu vernünftigen, sachlich geführten Verhandlungen komme.

Marseille, den 26. September 1961

Auf einer großen Veranstaltung der Handelskammer in Marseille ergriff ich heute das Wort zu europäischen politischen Fragen. Ich benutzte diese Gelegenheit, vor zahlreichen Vertretern der Industrie, der Schiffahrt und des Handels, auch zu der neuesten Krise um Berlin Stellung zu nehmen:

Das europäische Schicksal hängt von der engen, sich immer weiterentwickelnden und vertiefenden Zusammenarbeit der Völker des freien Westens ab. Nichts zeigt dies deutlicher als die außerordentliche Krise, die seit dem 13. August dieses Jahres um Berlin entbrannt ist und die ihren Höhepunkt bis heute noch nicht erreicht hat. Die Gründe und Ziele der sowjetischen Politik sind klar. Mit dem immer wieder angekündigten Abschluß eines Friedensvertrages mit den kommunistischen Machthabern in der Ostzone Deutschlands soll der kommunistische deutsche Staat geschaffen werden, der die Teilung Deutschlands verewigt, im Satellitenreich der Sicherung des sowjetischen Imperiums dient, der aber auch das Glacis ist, aus dem heraus offene oder subversive, direkte oder indirekte Aktionen zur Ausbreitung der Weltrevolution nach Westen erfolgen können. Daß sie dabei das bestehende freie West-Berlin beseitigen und schrittweise dem Reich der Satelliten anpassen und einfügen wollen, ist ebenso klar. Denn nichts anderes bedeutet es, wenn sie dieser Stadt, die unter dem Schutz der Westmächte bisher in völliger Freiheit gelebt und gearbeitet hat, das von ihnen erfundene Statut der sogenannten »freien Stadt« aufzwingen wollen, wenn sie die Präsenz der westalliierten Truppen beseitigen, wenn sie den Zugang zu dieser Stadt für alle der Kontrolle der kommunistischen DDR zu unterstellen wünschen. Selbstverständlich ist ihnen dieses West-Berlin ein unerträglicher Fremdkörper in der sonst rings um Berlin gleichgeschalteten Satellitenwelt. Es wirkt wie ein Licht, das im Dunkel der Nacht unzähligen Menschen, nicht nur den vielen Deutschen in der Ostzone, sondern auch vielen in Polen und in den anderen Satellitenstaaten Lebenden als letzte Hoffnung scheint, gleichsam als Verheißung, daß sich ihr Schicksal noch einmal zum Besseren wenden könnte. Wir alle wissen, daß dieses West-Berlin in den letzten Jahren mehr und mehr zu einer Insel wurde, auf die sich in ihrer Verzweiflung und Not hunderttausende von Flüchtlingen aus der sowjetisch besetzten Zone retteten, um von dort auf dem Flugwege nach Westdeutschland zu entkommen und die Freiheit wiederzufinden. Was sich Sowjetrußland und was sich die Machthaber der sowjetisch besetzten Zone unter der Freiheit für West-Berlin wirklich vorstellen, dafür gibt es kein besseres Zeugnis als die Errichtung jener Betonmauer, die heute inmitten Berlins an den Grenzen zwischen West- und Ostsektor aufgebaut worden ist. Daß man Menschen, die in einer großen Stadt leben, in dieser Weise von ihren Familien, von ihren Freunden trennt, ihnen auf diese Weise Arbeitsplätze nimmt und damit jede freie Bestimmung über ihr eigenes Dasein raubt, ist ein in der Geschichte unerhörter Vorgang. Wir brauchen uns nur einmal vorzustellen, was solche Maßnahmen in einer Stadt wie Paris bedeuten würden. Das Maß menschlichen Leids, das aus reiner Willkür unter Mißachtung der Menschenrechte in diesem Berlin angehäuft ist, überschreitet alles Erträgliche.

Aus dem Jahre 1962

Politische Gedanken zum Jahreswechsel · Ausbau unserer kulturpolitischen Arbeit in Frankreich · Gespräch mit dem Bundeskanzler · Europäische Politische Gemeinschaft: Scheitern der Außenministerkonferenz der Sechs · Offizieller Besuch Bundeskanzler Adenauers in Paris · Seine einwöchige Reise durch Frankreich · De Gaulle und Adenauer in der Kathedrale von Reims · Gemeinsame Parade deutscher und französischer Verbände in Mourmelon · Staatsbesuch de Gaulles in der Bundesrepublik (4. bis 9. September) · Mein Besuch beim Präfekten in Nizza · Gespräch mit François-Poncet in seinem Hause in der Rue Ranelagh in Paris

Paris, den 3. Januar 1962

Das Jahr 1961, das man das Jahr der großen Krisen nennen kann, ist zu Ende gegangen, ohne daß auch nur eine einzige ihre Lösung gefunden hätte. Das gilt für die Berlin- und die Deutschlandfrage, für die Algerienfrage ebenso, wie für das Kongoproblem und nicht weniger für all die zentralen Fragen der Sicherheit und Abrüstung.

Der 13. August und die Abschnürung Ost-Berlins hat zweifellos auf Deutschland, die deutsche öffentliche Meinung, wie den Einzelnen, einen sehr starken Schock ausgeübt. Er kam als völlige Überraschung. Zwar war man sich wohl bewußt, daß der monatliche Strom von dreißig- bis vierzigtausend Flüchtlingen aus der Ostzone, der meist über Berlin erfolgte, für die Machthaber der Sowjetzone auf die Dauer unerträglich sein würde. Diese Art der Reaktion war aber nicht erwartet worden. Sie zeigt eindeutig den Willen des Sowjetblocks, das sowjetzonale Glacis zu erhalten und aus Ost-Berlin für alle Zeiten die Hauptstadt dieses Glacis zu machen. Natürlich war und ist die Mauer für die Berliner Bevölkerung eine außerordentlich schwere psychologische Belastung, denn vorher war die Teilung der Stadt gleichsam doch nur symbolisch. Mehr als fünfhunderttausend Mal wurde täglich die Sektorengrenze in beiden Richtungen überschritten. Zweiundsechzigtausend Menschen haben im Ostsektor gewohnt und in den Westsektoren ihre Arbeit gefunden. Für die Menschen in Berlin hat Berlin als ein Sonderterritorium unter Viermächterecht als Einheit existiert. Mit einem Schlag war dies nun anders. Der 13. August bedeutet zugleich die militärische Annektion des Ostsektors durch die

Truppen der DDR unter Bruch bestehender Viermächtevereinbarungen. Siebzig Prozent der Bewohner West-Berlins haben Verwandte oder gute Freunde in Ost-Berlin. Der Schnitt durch die Stadt ist ein Schnitt durch mehr als die Hälfte der Familien.

So schmerzlich diese Zerreißung der Stadt ist, so hat sie uns alle in der Bundesrepublik wieder einmal mit der Realität unseres Lebens vertraut gemacht. Sie wirkt als gesunder Schlag gegen alle Tendenzen des Neutralismus und ist ein wirksamer Appell an größere Opferbereitschaft unserer Bürger.

Der Wahlkampf war ein wenig so geführt worden, als ob es die Teilung Deutschlands nicht gebe. Mit dem 13. August wurde dies anders. Zwar hat der Bundeskanzler sich nicht veranlaßt gesehen, angesichts der außerordentlichen Lage, in der sich das deutsche Volk befindet, alle Kräfte in einer Großen Koalition zusammenzufassen. Dies wäre leichter gewesen als früher, da die Sozialdemokratie sich schon vor und während des Wahlkampfes mehr und mehr der Grundlinie der Regierungspolitik auf außen- und innenpolitischem Gebiet genähert hat. Vor allem auf außenpolitischem Gebiet besteht heute, auch wenn man noch so scharfe Maßstäbe anlegen wollte, ein sachlicher Unterschied nicht mehr. Der Kanzler hat aber am klassischen Spiel zwischen Regierung und Opposition festgehalten. Ich habe das auch unter einem anderen Gesichtspunkt bedauert, denn die Regierung, die er nun seit 1949 führt, hat natürlicherweise unter einem gewissen Verschleiß der führenden Kräfte gelitten, und der Zustrom neuen Blutes, auch aus den oppositionellen Kreisen, wäre nur nützlich gewesen. Dies um so mehr, als bei der Zusammensetzung der Kandidatenlisten innerhalb der CDU/CSU die Landesverbände oft die Aufnahme von bewährten Persönlichkeiten, die über Sachkunde und politische Erfahrung verfügen, unmöglich machten, weil sie nicht den rein regionalen oder lokalen Interessen entsprachen.

Die Regierungsbildung, die sich nahezu über sieben Wochen hinzog und am 7. November 1961 mit der Wiederwahl des Bundeskanzlers endete, war ungewöhnlich kompliziert, weil die FDP, der neue Koalitionspartner, alles daran setzte, das Regierungsprogramm in Einzelheiten schriftlich festzulegen. Der Preis, den sie für ihre Mitarbeit verlangte, war recht erheblich. Man muß abwarten, wie sich nun in Zukunft diese Zusammenarbeit vollzieht. Die ersten Ansätze sind durchaus befriedigend und ich glaube auch, daß Dr. Mende das Bedürfnis hat, durch konstruktive Zusammenarbeit der öffentlichen Meinung zu zeigen, daß die FDP auch für größere Aufgaben, nicht zuletzt auch für das Kanzleramt, die nötigen Voraussetzungen mitbringt.

Die Regierung wird in den kommenden Monaten vor sehr großen Aufgaben stehen. Es wird sich in erster Linie darum handeln, die Rüstung zu verstärken, die Grundlagen für den Schutz der Zivilbevölkerung im Falle eines Krieges aufzubauen und die Notstandsgesetzgebung endlich zu verabschieden, um die man sich ja schon seit längerem vergeblich bemüht. Hinzu kommt die weitere Unterstützung Berlins, die sich jetzt bereits auf zwei Milliarden Mark pro Jahr beläuft, die aber, wenn wir Berlin halten wollen, in den kommenden Jahren noch größere Ausgaben verursachen wird. Es wird sich im wesentlichen darum handeln, das industrielle Zentrum, das Berlin in den letzten Jahren geworden ist, zu erhalten und auszubauen, und es wird sich ferner darum handeln, aus Berlin, das heute schon nahezu über zwanzigtausend Studierende verfügt, ein internationales Studien- und Forschungszentrum zu machen, das der Stadt eine große und werbende Aufgabe stellt. Dies ist die richtigste und wirksamste Reaktion des Westens auf die Mauer, denn es wird dem kommunistischen Block schwer sein, sie angesichts der Tausenden und aber Tausenden von jungen Studenten aus allen Teilen der Welt zu halten, die diese Art der sowjetischen Freiheit sicher nicht ohne Kritik hinnehmen werden.

Auf außenpolitischem Gebiet ist die Aufgabe der neuen Bundesregierung klar. Sie bedeutet in einem Wort Erhaltung der Einheit des Westens. Diese Einheit hatte im Laufe der letzten Monate, und vor allem seit dem 13. August, gewisse Risse gezeigt, die dank der intensiven Fühlungnahme der Bundesregierung, vor allem des Bundeskanzlers, mit Washington (20. bis 22. November), in London und mit General de Gaulle (9. Dezember 1961) ausgemerzt werden konnten. Die angelsächsische Haltung hat dabei zeitweise große Sorge gemacht. Man befürchtete vor allem nach den Kontakten zwischen Rusk und Gromyko im November, daß die Amerikaner sich bereitfinden könnten, den Sowjets, sei es hinsichtlich eines neuen Status für West-Berlin, sei es auf dem Gebiet des Disengagement, zu weit entgegenzukommen. Die französische Haltung, die jede Verhandlung mit Sowjetrußland, die unter Druck erfolgten und lediglich von sowjetischen Forderungen ausgehen würde, ablehnte, war konsequent und für uns Deutsche von großem Wert, denn sie verstärkte die Haltung des Westens. Die Haltung der Bundesregierung ging immer von folgendem aus: Erhaltung der westlichen Truppen in Berlin, Erhaltung der Freiheit und Lebensfähigkeit der Stadt, also in erster Linie ihrer wirtschaftlichen, politischen und kulturellen Beziehungen zur Bundesrepublik und die Erhaltung des freien Zugangs.

Nach anfänglichem Schwanken konzentrierte sich ihre Forderung darauf, daß man mit Sowjetrußland lediglich über die Frage des Zugangs verhandele und zwar in erster Linie unter dem Gesichtspunkt seiner Verbesserung und Sicherung.

Die Frage der Verhandlungen mit Sowjetrußland hat in den Dezemberwochen, die der Pariser Außenminister- und NATO-Außenministerkonferenz vorausgingen und während der NATO-Außenministerkonferenz selbst, eine große Rolle gespielt. Der Bundeskanzler versuchte in seinem Gespräch mit de Gaulle am 9. Dezember, den General für Verhandlungen über den Zugang nach Berlin zu gewinnen. Sein Motiv hierbei war, der Berliner Bevölkerung zu zeigen, daß man alles nur mögliche für ihre Erhaltung unternehme und zum anderen, durch eine flexible Haltung den Sowjets die Möglichkeit und den Anlaß zu nehmen, durch neue Zwangsmaßnahmen die Stellung der Alliierten in Berlin und die Lage der Stadt weiter zu verschärfen. General de Gaulle hat sich auf diese Ideen nicht eingelassen, weil er der Auffassung war und heute noch ist, daß derartige Verhandlungen schnell in einer Sackgasse enden, die zu einer wesentlich schärferen Krise führen könnte und man unter Umständen gezwungen sein würde, durch die Einbeziehung größerer Themen Konzessionen zu machen, für die weder im Zeitpunkt noch in der Sache irgendwelche positive Voraussetzungen gegeben sind.

Die langwierigen Besprechungen zwischen Angelsachsen, Franzosen und Deutschen haben schließlich zu der folgenden Lösung geführt: Amerika, unterstützt von England, wird in Moskau sondierende Gespräche führen, um festzustellen, ob es überhaupt eine konkrete Grundlage für Verhandlungen gibt. Frankreich wird sich an diesen Sondierungen nicht beteiligen. Die ersten Gespräche, die nun inzwischen zu Beginn des Monats Januar zwischen dem amerikanischen Botschafter in Moskau Thompson und dem sowjetischen Außenminister Gromyko stattgefunden haben, verliefen zwar in einer ruhigen Atmosphäre, zeigten aber keine Anzeichen eines sowjetischen Einlenkens.

Ob Sowjetrußland den Zeitpunkt für eine Kraftprobe gekommen sieht, scheint mir fraglich. Wenn etwas den sowjetischen Führern bewußt geworden ist, so ist es der Abwehrwille des Westens. Es ist den Sowjetrussen klar, daß sie mit einer kriegerischen Auseinandersetzung rechnen müssen, wenn sie gewisse Grenzen überschreiten. Dieser Wille des Westens ist immer deutlicher geworden. Die Verstärkung der amerikanischen Truppen in Mitteleuropa, die Beschleunigung des Aufbaus der Bundeswehr und die zu erwartende Verlängerung der Dienstzeit auf achtzehn Monate, vor allem aber die wesentliche Versteifung der Haltung der amerikanischen öffentlichen Meinung zeigen, daß man immer weniger bereit ist, um den Preis weiterer sowjetischer Übergriffe dem Risiko der militärischen Auseinandersetzung auszuweichen. Sowjetrußland kann den Krieg nicht wollen, weil die Mauer in Berlin die Erhaltung des Regimes in der Ostzone garantiert und weil West-Berlin ein gut Teil seiner »Gefährlichkeit« für das kommunistische Regime verloren hat. Es kann die militärische Auseinandersetzung mit dem Westen aber auch aus anderen Gründen nicht wollen, denn es steht vor großen wirtschaftlichen Problemen. Es ist nicht interessiert, die Verläßlichkeit der Satellitenvölker auf die Probe zu stellen, und es kann einen militärischen Konflikt auch in seinem Verhältnis zu China nicht brauchen. Es wird aber die Berlinfrage immer wieder benutzen, um die westliche Welt zu beunruhigen und sie abzutasten, ob sie auch weiterhin bereit ist, in dem erhöhten Alarmzustand und in der psychologisch und materiell gesteigerten Verteidigungsbereitschaft zu leben wie bisher. So wird die Welt voraussichtlich in einem Status quo verharren, in dem kein Problem gelöst wird, weil sie letzten Endes alle unlösbar sind, jedenfalls so lange unlösbar, als die Sowjetunion nicht bereit ist, ihre aggressiven Tendenzen aufzugeben und sich zu einem normalen, internationalen Leben der rechtlichen Ordnung und einer wahrhaft friedlichen Koexistenz bereit zu finden. Hierzu liegen eben auch nicht die geringsten Anzeichen vor und erst der XXII. Kongreß der kommunistischen Partei in Moskau hat mit Deutlichkeit gezeigt, daß man auf dem bisher eingeschlagenen Wege fortschreiten will.

Was bleibt der westlichen Welt übrig, hiergegen zu tun? Selbstverständlich erhöhte Verteidigungsbereitschaft, selbstverständlich Verstärkung der Rüstung der Atlantischen Verteidigungsgemeinschaft, aber vor allem schneller Aufbau der Europäischen wirtschaftlichen und politischen Gemeinschaft, schnelle Lösung all der Probleme, die damit verbunden sind. Dazu gehört in erster Linie der Übergang des Gemeinsamen Marktes zu seiner zweiten Phase, die damit verknüpfte Lösung der agrarpolitischen Fragen, die Organisation der politischen Zusammenarbeit.

Dazu gehört ferner und nicht minder wichtig der Beitritt Englands zum Gemeinsamen Markt und im engen Zusammenhang hiermit die Neuordnung des Verhältnisses der Vereinigten Staaten gegenüber dem wirtschaftlichen Zusammenschluß des freien Europas. Diese so geordnete europäisch-atlantische Welt wird, wenn sie wirtschaftlich und politisch funktioniert, das einzige wirkliche Gegengewicht gegen die Aggressivität und gegen die Spaltungstendenzen des Ostblocks darstellen. Sie ist die einzige Kraftquelle, aus der die freien westlichen Völker immer wieder die Mittel schöpfen können, um sich im Kampf um die Erhaltung eines fruchtbaren Verhältnisses zu den großen Entwicklungsgebieten der Welt zu behaupten. Wir sind uns der ungeahnten Möglichkeiten, die diese so zusammengeschlossene europäisch-atlantische Welt in sich birgt, nicht genügend bewußt. Wie können wir es aber auch sein, da wir immer noch viel zu sehr durch wirtschaftliche Probleme, monetäre Krisen und Handelshemmnisse aller Art voneinander abgeschlossen sind. Es wird einer starken Führung bedürfen, um Vorurteile, Ressentiments und all die kleinlichen Interessen zugunsten der größeren Einheit zu überwinden.

10. Januar 1962

So gut die politischen und wirtschaftspolitischen Beziehungen sind, so wäre es doch ein großer Fehler, wenn wir heute schon selbstzufrieden die deutsch-französische Zusammenarbeit als eine feste unabänderliche Tatsache hinnehmen würden. Sicher kann man sagen, daß unter dem Dach der engen politischen Zusammenarbeit der beiden Regierungen und der fortschreitend enger werdenden wirtschaftlichen Verzahnung der beiden Länder innerhalb des Gemeinsamen Marktes die Atmosphäre sich von Jahr zu Jahr erwärmt hat und daß es heute schon eine große Anzahl von persönlichen Begegnungen gibt, die sich auch ohne staatliche Bevormundung oder Ingerenz vollziehen. Aber überschätzen wir diese Entwicklung nicht. Die Fundamente, auf denen die deutsch-französische Verständigung ruht, sind noch nicht stark genug. Schon ganz unbedeutende Vorgänge in Deutschland sind imstande, blitzschnell Mißtrauen, Zweifel, Ressentiments, ja sogar tiefe Abneigung wieder aufbrechen zu lassen. Dazu ist die Vergangenheit eben zu schwer gewesen, und das französische Volk gehört zu jenen Völkern, die weniger schnell vergessen, als wir es gewöhnlich tun. Es bedarf also einer echten, kontinuierlichen Anstrengung, um die Fundamente, auf denen in Zukunft das Gebäude der deutsch-französischen Zusammenarbeit ruhen soll, zu verstärken, und hier ist nach meiner Auffassung die Arbeit der deutschen diplomatischen und konsularischen Missionen in Frankreich nicht ganz ausreichend, weil diese Missionen weder über genügend Personal noch über genügend Mittel verfügen, um die Kontakte pflegen zu können, die sich in diesem großen Lande auf allen Gebieten heute in wachsendem Maß bieten.

Natürlich spielt die Sprache eine entscheidende Rolle. Das Interesse der Franzosen an der Erlernung der deutschen Sprache hat zugenommen, vor allem in den Kreisen, die bereits im Beruf stehen und in irgendeiner Weise mit den wirtschaftlichen Beziehungen zwischen den beiden Völkern verknüpft sind. Aber die deutschen Institute, die Sprachkurse durchführen und die im allgemeinen vom Goethe-Institut in München betreut und gelenkt werden, sind oft in ihren Räumlichkeiten und mit ihren Lehrkräften so unzureichend ausgestattet, daß sie nur einen Bruchteil der gestellten Aufgaben erfüllen können. Frankreich ist uns auf diesem Gebiet weit voraus. Es verfügt in der Bundesrepublik allein über siebzehn Kulturinstitute und eine nicht minder große Zahl von deutsch-französischen Gesellschaften, die alle nicht nur vorzügliche Foren für Vorträge und künstlerische Darbietungen, sondern auch echte Stätten wertvoller, persönlicher Begegnungen geworden sind. Daß wir dies in Frankreich nicht haben, liegt an der besonderen Situation, die sich durch Krieg und Besatzung ergeben hat. Wir verfügen in der einen oder anderen Stadt über Ansätze deutsch-französischer Gesellschaften, aber wir können nicht sagen, daß ihre Zahl groß ist, oder daß sie schon eine rege Aktivität ausstrahlen.

Kulturinstitute bestehen in ersten Anfängen in Paris, Marseille, Lyon und Lille. Der Bau eines größeren Goethe-Instituts in Paris wird in diesen Wochen begonnen. Wir brauchen aber auch Institute in Toulouse, Nancy und Bordeaux. Ich freue mich, daß der so erfolgreiche Leiter unserer Kulturabteilung Dr. Sattler großen Anteil an dem Ausbau unserer kulturpolitischen Arbeit in Frankreich nimmt. Ich hoffe, daß ich dank seiner Hilfe die bereits bestehenden Institute ausbauen und die neuen notwendigen Institute einrichten kann.

Bei einer Verstärkung der Kontaktpflege denke ich auch an Vorträge deutscher Gelehrter, Künstler, Politiker, Verwaltungsexperten, Industrieller und Gewerkschaftler in Frankreich. Mir scheint die Zahl derer, die sich hierfür bereitfinden, zu klein; allerdings ist es schwer, Persönlichkeiten zu gewinnen, die neben der Sachkunde auch über die nun einmal in Frankreich unerläßlichen französischen Sprachkenntnisse verfügen. Wirkungsvoll ist natürlich der Schüler- und Studentenaustausch, wie ihn vor allem das Ludwigsburger Institut mit so viel Liebe und Erfolg pflegt. Besonders nützlich auch die Partnerschaft von etwa hundert deutschen und französischen großen und mittleren Städten, die zum Teil sehr erfolgreich dazu beigetragen hat, daß die Menschen, und vor allem auch die Jugend, sich kennen und verstehen lernen. Auf allen diesen Gebieten darf es aber ein Nachlassen nicht geben, denn so richtig es ist, daß konkrete politische und wirtschaftliche Interessen das Verhältnis der Staaten und Völker zueinander bestimmen, mindestens so wichtig ist es aber auch, daß Franzosen und Deutsche persönlich lernen und erleben, daß sie sich im Grunde in einer vorzüglichen Weise zu ergänzen vermögen.

Bonn, den 16. Januar 1962

Ich war heute morgen zwei Stunden beim Bundeskanzler und hatte mit ihm eine Aussprache über die hauptsächlich interessierenden politischen Probleme. Ich benutzte diese Gelegenheit, um noch einmal vor einer zu negativen Beurteilung der französischen Situation zu warnen. Gewiß steckten in ihr eine Menge Gefahren und unberechenbare Elemente. Andererseits sei das französische Volk in seiner großen Mehrheit für eine friedliche Beilegung der Spannungen und Konflikte; es stehe hinter dem General und denke weder an Aufstände noch gewaltsame Interventionen. Der französische Bürger sei sehr daran interessiert, die gegenwärtige Prosperität zu erhalten; es gebe nur eine geringe Arbeitslosigkeit. Etwaige Vergleiche mit der Weimarer Zeit entbehrten jeder Grundlage.

Nur schwer lasse sich eine Prognose stellen, ob und wann der FLN zu einem Abschluß in den Verhandlungen komme. In ihm ringen verschiedene Tendenzen miteinander. Dies erhöhe die gegenwärtige Unsicherheit der Situation. Auf französischer Seite sei man sehr bemüht, den Waffenstillstand zu erreichen, denn nur ein solcher würde, wenn gleichzeitig die Bedingungen für die Errichtung des neuen Algeriens bekannt würden, dazu beitragen, dem OAS die Grundlagen für seine weiteren Umtriebe zu entziehen.

Im weiteren Verlauf des Gesprächs berührte der Kanzler die Frage seiner Nachfolge. Hierzu sagte er, daß er den Wahlkampf des Jahres 1965 nicht mehr führen werde, daß es aber bis dahin ausschließlich seiner Entscheidung vorbehalten sei, ob er die Zügel der Regierung in andere Hände lege oder nicht. Für den Fall, daß er vorher aus dem Leben abberufen werde, bereite ihm eine Kandidatur Erhards für das Kanzleramt große Sorge. Man werde wohl nicht vermeiden können, daß Erhard, in dem nun einmal die Deutschen die Garantie ihrer Prosperität sähen, Kanzler werde. Er würde dies aber als einen Fehler betrachten, denn Erhard besitze kein echtes inneres Verhältnis zu seiner politischen Aufgabe.

Ich fand den Kanzler in diesem längeren Gespräch besonders frisch. Er macht immer wieder den Eindruck eines Siebzigjährigen, der mit wachen Sinnen der internationalen Entwicklung in allen ihren Nuancen folgt. Der positive Abschluß der Brüsseler Verhandlungen, die Regelung der Agrarfrage, der Übergang zur zweiten Phase des Gemeinsamen Marktes – all dies ist für ihn ein großer Erfolg auf dem Wege zur Festigung des europäischen Zusammenschlusses. Ohne den Kanzler wäre dieses Werk von Brüssel nicht möglich gewesen, denn es ist seiner Autorität mit zu verdanken, wenn egoistische Interessen der einen oder anderen Seite überwunden und die großen Opfer geleistet werden konnten, die zur Fortführung des Einigungswerkes in der Zukunft nun einmal notwendig sind.

Nach all den stürmischen Wochen der Wahlen und der Regierungsbildung ist im Palais Schaumburg nun wieder die Ruhe eingekehrt, die für konstruktive Arbeit unerläßlich ist. So schien auch er von Besonnenheit und Ruhe erfüllt, die ihm die Kraft geben, die weiteren Sorgen zu tragen.

Paris, den 18. April 1962

Die Tage vom 16. bis 18. April waren der Frage der Europäischen Politischen Gemeinschaft gewidmet. Zu diesem Zweck war Außenminister Schröder nach Paris gekommen, nachdem er sowohl in Brüssel, als auch in London versucht hatte, in Gesprächen mit Spaak und Luns vermittelnd zu wirken. Dies alles hat aber nicht dazu geführt, daß die sechs Außenminister auf ihrer Tagung am 17. April im Quai d'Orsay zu einer Einigung kamen. Dabei waren es nicht so sehr sachliche Unterschiede, die zum Scheitern dieser Konferenz führten, sondern eher persönliche Ressentiments und Mißtrauen der Kleinen, die sich durch die Übereinstimmung der drei Hauptmächte Frankreich, Deutschland, Italien überfahren glaubten. Spaak, der sich ursprünglich für das Projekt der Politischen Gemeinschaft ausgesprochen hatte, hat die Tatsache, daß man in den Verhandlungen über den Beitritt Großbritanniens zum Gemeinsamen Markt ihn nicht als Sprecher der sechs Partnerstaaten zulassen wollte, nicht verwinden können. Sein Verhältnis zu General de Gaulle – und dies beruht auf Gegenseitigkeit – ist besonders schlecht. Er sieht, ob mit Recht oder Unrecht wird die Zukunft weisen, im General den Mann, der die europäische Integration nicht wünscht und der das Schwergewicht nach wie vor – und zwar zum Nachteil der bestehenden Institutionen – auf das Konzept der Regierungen legen möchte.

Die Verhandlungen, die zum Teil in sehr heftigem Ton geführt wurden, gingen dementsprechend ergebnislos auseinander. Zu diesem negativen Ergebnis hat nicht unerheblich die Haltung Frankreichs gegenüber NATO beigetragen. Besonders kritisch war die Ablehnung des Entwurfs der sogenannten »Guide lines« aufgenommen worden, in welchem mit sehr großer Mühe nach langen Verhandlungen ein paar Grundsätze über den Einsatz der atomaren Waffen formuliert worden waren.

In der Tat ist die französische Haltung gegenüber NATO besorgniserregend. Die Vertreter Frankreichs nahmen kürzlich in diesem Gremium eine höchst negative Haltung ein. Frankreich unterstellt die aus Algerien heimkommenden und nun in Umbildung befindlichen Truppen nicht dem Oberbefehlshaber Sacceur. Frankreich ist nicht bereit, seine in Deutschland stehenden geringen Kräfte in die gemeinsame Abwehrfront am Eisernen Vorhang einzufügen, in der britische, deutsche und amerikanische Truppen Schulter an Schulter stehen. Frankreich ist gegen die Ausstattung der NATO mit einer sogenannten eigenen nuklearen Operationskraft. Frankreich hat seinen ablehnenden Standpunkt hinsichtlich der Lagerung und Stationierung britischer und amerikanischer atomarer Abwehrkräfte auf seinem Boden nicht geändert. »Intégration c'est effacement«, dieser lapidare Satz de Gaulles ist allen Partnerstaaten sehr deutlich vor Augen.

Was wird nun sein? Niemand glaubt daran, daß der politische Vertrag in absehbarer Zeit unterzeichnet wird. Man ist eher der Auffassung, daß nun alles bis auf den Zeitpunkt des Beitritts Großbritanniens verschoben wird. Aber ob dieser Beitritt zum Gemeinsamen Markt erfolgt, erscheint ebenso fraglich, denn wie nun einmal die Natur des Generals beschaffen ist, wird er den Rückschlag, den er auf politischem Gebiet erlitten hat, die Engländer im Laufe der Verhandlungen voll entgelten lassen. Ich fürchte also, daß auch diese Verhandlungen nun eine wesentliche Erschwerung erfahren.

Minister Schröder hat am Mittwoch vor der »Presse Diplomatique Française« in der Maison de l'Amérique Latine gesprochen. Seine wohlabgewogene und vorsichtige Rede fand allgemeinen Beifall. Man beginnt in ihm einen selbständig denkenden Leiter der deutschen Außenpolitik zu sehen, der, da wo notwendig, auch bereit ist, zugunsten der Realitäten die klassische Linie unserer bisherigen Politik etwas zu lockern. Was mir an dem Minister gefällt, sind seine große Ruhe und die Konsequenz, mit denen er unbeirrt den von ihm als richtig erkannten Weg geht. Es ist kein Zweifel, daß er auch dem Kanzler gegenüber eine größere Eigenständigkeit und Unabhängigkeit zeigt, als das bisher sein Vorgänger tat.

Die französische Regierung hat mich unmittelbar nach dem Scheitern der Außenministerkonferenz der Sechs zu sich kommen lassen, um mir den Vorschlag des Generals zu übermitteln, den Kanzler zu einem offiziellen Besuch nach Paris einzuladen, um mit ihm anschließend eine Reise durch die größeren Zentren der französischen Provinz zu unternehmen. Dieser Vorschlag war mit der Ankündigung gekoppelt, daß der General im Laufe des September der Bundesrepublik seinen offiziellen Gegenbesuch abstatten und dabei ein paar große Zentren des Rheinlandes und der Ruhr, Hamburg und München besuchen möchte. Die Absicht, das deutsch-französische Verhältnis nun bilateral in den Vordergrund zu stellen, ist eindeutig. Ich persönlich bin der Auffassung, daß man diesen Vorschlägen entsprechen sollte, denn alles, was die Enge der deutsch-französischen Beziehungen im Bewußtsein der beiden Völker verankert, ist außerordentlich bedeutungsvoll und von hohem politischen Wert.

Paris, den 8. Juli 1962

Heute endete der einwöchige Besuch des Bundeskanzlers in Frankreich. Dieser Sonntag in Reims, mit der gemeinsamen Parade deutscher und französischer Truppenverbände in Mourmelon, dem Hochamt in der Kathedrale und dem sich anschließenden Bankett im Rathaus der Stadt, war zweifellos der Höhepunkt dieser Reise, die unter einem günstigen Stern gestanden hat. Für General de Gaulle, von dem die Initiative zu diesem Besuch ausgegangen war, bedeutete die Reise des Kanzlers eine Demonstration, mit der vor der Weltöffentlichkeit, aber auch vor allem der Frankreichs, ein endgültiger Strich unter die Vergangenheit gezogen und der Geist der Versöhnung und freundschaftlichen Zusammenarbeit im Bewußtsein des deutschen und französischen Volkes verankert werden sollte.

Die Tage in Paris, die den Charakter eines Staatsbesuchs hatten, waren mit großen Aufmerksamkeiten des französischen Staatschefs an die Adresse des Bundeskanzlers gefüllt und stellten eine einzige Ehrung des Mannes dar, der nun seit 1949 konsequent und unermüdlich für die deutsch-französische Verständigung eingetreten war und seine Politik auf dieses Ziel hin ausgerichtet hatte. Der Kanzler war gesundheitlich in einer besonders guten Verfassung. Der bald siebenundachtzigjährige Mann ertrug die mit der Fülle der Veranstaltungen notwendig verbundenen Anstrengungen mit der größten Leichtigkeit. Er war geradezu unermüdlich, das an sich schon stark besetzte Programm noch mit Besprechungen und Zusammenkünften aller Art zu ergänzen. Der Besuch war von anhaltend gutem Wetter begünstigt und die Bevölkerung, gleichgültig ob in Paris oder in der Provinz, war bereit, den Kanzler mit Freundschaftsbezeugungen aller Art zu empfangen. General de Gaulle hat in seinen Reden die Persönlichkeit des Kanzlers in besonders eindrucksvoller Weise gewürdigt. Die Besprechungen, die im Elysée anläßlich dreier verschiedener Gelegenheiten stattfanden, waren in vieler Hinsicht befriedigend, zeigten in anderer Beziehung wieder, daß der General zu dem Europa, das wir uns nun seit dem Jahre 1949 vorstellen und erstreben, kein rechtes inneres Verhältnis besitzt. Der Besuch in Rouen und auch der Aufenthalt in Bordeaux zeigten, daß die französische Provinz vielleicht noch stärker als das durch Staatsbesuche verwöhnte Paris die ganze Bedeutung der Reise des Kanzlers empfand. Aus dem Zusammentreffen der Vertreter aller Stände und Gruppen der beiden großen, um Rouen und Bordeaux gelagerten Regionen wurde deutlich, wie glücklich die Menschen waren, dem Kanzler der Bundesrepublik ihre Dankbarkeit und Freundschaft zu bezeugen. Im Rathaus von Bordeaux waren Vertreter aller Widerstandsgruppen, Frontkämpfer und Kriegshinterbliebene erschienen und zeigten durch ihre Haltung, daß sie bereit waren, das Vergangene zu vergessen und den neuen Weg mit innerer Bereitschaft zu gehen.

Den Kanzler begleiteten auf dieser Reise eine ganze Anzahl von Mitgliedern des französischen Kabinetts, die sich auch ihrerseits sehr bemühten, zum Erfolg des Besuches beizutragen. Für den Kanzler war der Besuch in der Tat die Krönung seines langjährigen Werkes und ich glaube, daß er mit großer innerer Befriedigung nach Bonn zurückgekehrt ist.

Es wird jetzt sehr darauf ankommen, ob es gelingt, die politische Union der sechs Partnerstaaten der Europäischen Gemeinschaft noch vor dem Beitritt Großbritanniens zur Wirtschaftsgemeinschaft durchzusetzen. Hier hat die Bundesregierung eine große Aufgabe und Verantwortung. Denn nur wenn es gelingt, diese Union möglichst bald zustandezubringen, werden wir in unserer europäischen Haltung überzeugend bleiben.

Bonn, den 1. September 1962

Die Vorbereitungen für den Staatsbesuch de Gaulles in der Bundesrepublik sind in vollem Gang. Der Bundeskanzler mißt dem Besuch eine ganz besondere Bedeutung zu. Der Aufenthalt de Gaulles in Bonn, Köln und Düsseldorf und seine Reise durch die Bundesrepublik nach Hamburg, München und Stuttgart sollen ein starkes Bekenntnis der Solidarität der beiden Völker werden. Auch auf französischer Seite ist man gewillt, die Reise zu einer erneuten großen Bekundung der Versöhnung und des gemeinsamen Weges in die Zukunft zu machen. De Gaulle widmet sich in der ihm eigenen Weise den Vorbereitungen der Reise. Er beherrscht nun mal wie kein anderer die Kunst, die Volksmassen anzusprechen und dadurch, daß er in ihrer Sprache spricht, ihr Interesse an dem, was er zu sagen hat, zu fesseln. So wird er auch auf dieser Reise bei allen Anlässen in der Öffentlichkeit in deutscher Sprache sprechen und hat begonnen, die in Deutsch formulierten Texte zu memorieren. Wie mir Botschafter de Margerie in diesen Tagen sagte, habe de Gaulle den Wunsch, auf dem

Gebiet der deutsch-französischen Beziehungen Fortschritte zu machen. Dabei denke er nicht an spektakuläre Erklärungen, sondern an eine Verstärkung der Zusammenarbeit auf praktischen Gebieten, wie den Jugendaustausch und die gegenseitige Anerkennung der Hochschuldiplome, aber auch auf dem Gebiet der gemeinsamen Verteidigung.

4. bis 9. September 1962

Die Tage, die de Gaulle in der Bundesrepublik verbrachte, waren für ihn, aber auch für den Kanzler, ein besonderer Erfolg. Die Begeisterung, die dem General in Bonn, Köln, Düsseldorf, bei den Thyssen-Werken in Duisburg, in Hamburg, München und Stuttgart entgegengebracht wurde, hat seine Begleitung, aber auch uns Deutsche überrascht. Der Enthusiasmus der deutschen Bürger galt in erster Linie der Person des französischen Staatsmannes und seiner persönlichen Geschichte, seiner Stellung in Frankreich, seiner mutigen Haltung bei dem kürzlich erfolgten lebensgefährlichen Attentat von Clamart[1], aber auch seiner Festigkeit im Ost-West-Konflikt und in der Berlinfrage. Da der politische Alltag in seiner Nüchternheit uns in der Bundesrepublik nicht gerade mit Herz und Gemüt bewegenden Anlässen verwöhnt, so waren die Bürger, die überall in großer Zahl erschienen, nur zu gern bereit, Beifall, ja Begeisterung zu spenden. Und nun sprach er zu ihnen in deutsch, in einfachen, verständlichen Worten, sprach anerkennend von ihrer großen Geschichte, ihren Leistungen und Opfern und gab ihnen damit ein gutes Stück ihres Selbstbewußtseins zurück.

Es war auch wichtig, daß der General in diesen bewegten Tagen in vielerlei Kontakten mit führenden deutschen Persönlichkeiten ein Bild von unserer Einstellung zu den europäischen Fragen gewinnen konnte. So vor allem, daß neben der Solidarität mit Frankreich auch noch andere Bindungen und Verpflichtungen bestehen, die für uns, aber auch für Europa, lebenswichtig sind. Ob diese Erkenntnisse ihn allerdings veranlassen, das deutsch-französische Verhältnis in ein Gesamtsystem europäisch-atlantischer Beziehungen einzufügen, bleibt abzuwarten. Da bin ich eher skeptisch, weil ich weiß, wie unerschütterlich der General an seinen Auffassungen und Urteilen festhält. Höhepunkte des Besuchs waren die Rede vor der Arbeiterschaft der Thyssen-Hütte, der glanzvolle Empfang im Hamburger Rathaus, die Tage in München und die Schlußkundgebung der zehntausend jungen Deutschen im Hof des Ludwigsburger Schlosses.

Die Bayrische Regierung hatte im Hause des bayrischen Ministerpräsidenten einen großen, besonders wertvollen Kupferstich als Geschenk auf einer Staffelei präsentiert, auf dem der Einzug des siegreichen Napoleons in München im Jahre 1809 dargestellt war. De Gaulle betrachtete das Bild und sagte dann mit seiner tiefen Stimme: »Oui, c'est très beau, mais quand-même pas tout à fait la même chose.«[2]

In seiner Rede im Hof des Schlosses Ludwigsburg rief er die deutsche Jugend auf, in einer sich schnell verändernden Welt darauf hinzuwirken, daß die neuen wissenschaftlichen Entdeckungen und der technische Fortschritt nicht nur einigen Privilegierten, sondern allen Menschen zugute komme. Fortschritt sei das Gut aller und diene der Mehrung des Wohlstandes und der Gerechtigkeit, auch – und nicht zuletzt – den Milliarden von Menschen in der Entwicklungswelt, die Hunger, Not, Unwissenheit und Krankheit überwinden wollen. Die wachsende Zusammenarbeit der Deutschen und Franzosen auf vielen Gebieten verlange, daß sich die jungen Menschen beider Länder näherkommen, sich besser kennen, sich enger verbinden.

Der Bundeskanzler, der sich von seinem Gast in Ludwigsburg verabschiedete, sah in dem so herzlichen Empfang de Gaulles durch die Deutschen eine Bestätigung seiner Politik: Die deutsch-französische Verständigung als Kernstück der europäischen Einigung. Sie soll in seinen Augen zu einer Tatsache werden, die das Leben der beiden Staatsmänner überdauert.

Nizza, Freitag, den 14. bis Sonntag, den 16. September 1962

In diesen Tagen machte ich zusammen mit meiner Frau und meinem alten Freunde Hans Hausser, dem Pressereferenten der Botschaft, einen offiziellen Besuch beim Präfekten in Nizza. Es gehört zu den sehr lehrreichen Aufgaben eines Botschafters in Frankreich, während seiner Amtszeit einige der bedeutenderen Präfekturen zu besuchen. So meine Besuche bei dem für die Alpes Maritimes an der französischen Südküste zuständigen Präfekten in Nizza, so meine Besuche in Rennes, Lyon, Marseille, Toulouse und Dijon. Die Präfekten – eine Institution aus der napoleonischen Zeit – sind eindrucksvolle Leute; sie verbinden große Verwaltungserfahrungen, gründliche Kenntnisse von Land und Leuten mit umfassender Allgemeinbildung und großen kulturellen Interessen. Unterstützt von ihren meist sehr gewandten Frauen, bilden sie das Zentrum einer eindrucksvollen Repräsentation des Staates. Ihre Häuser, oft historisch interessante, traditionsreiche Gebäude, mit künstlerisch wertvoller Einrichtung, empfangen den Gast im besten Stil französischer Gastfreundschaft. So auch die Präfektur in Nizza, altes Schloß der Könige von Sardinien, in dem uns Pierre Jean Moatti und seine Frau in einer Herzlichkeit aufnahmen, die wir nicht so leicht vergessen werden.

Paris, den 15. Oktober 1962

Meine Besuche bei François-Poncet in seinem schönen Heim in der Rue du Ranelagh in Paris und die Gespräche mit diesem so gründlich unterrichteten Mann sind mir immer von hohem Wert. So auch heute wieder, als wir vom außenpolitischen Konzept de Gaulles sprachen.

Dieses, so Poncet, mache ihm schon seit langem Sorgen. Aus vielen Äußerungen der letzten Zeit schließe er, daß dem General als hauptsächliches Ziel eine deutsch-französische Allianz vorschwebe, in welcher zunächst einmal die Bundesrepublik aufs engste mit Frankreich verbunden sei. Diese Bindung solle in politischer, vor allem aber auch militärischer Hinsicht so eng sein, daß die Bundesrepublik ihre bisherigen Bindungen an NATO, Großbritannien und die Vereinigten Staaten mehr und mehr in den Hintergrund treten lasse. Die so in der deutsch-französischen Allianz mit der Zeit stärker werdende Verteidigungskraft Frankreichs und der Bundesrepublik zwinge die kleineren kontinental-europäischen Staaten, Italien, Belgien, die Niederlande und Luxemburg, sich der Allianz anzuschließen.

An der Spitze dieses kontinentalen Systems glaube de Gaulle sich stark genug, um mit der Zeit den Ausgleich mit Sowjetrußland herbeizuführen. Die letzte Rundfunkansprache vom 4. Oktober sei bezeichnend für diese Absichten. Man müsse wohl den folgenden Satz der Ansprache im Auge behalten: ». . . Enfin, ce que nous sommes en train d'accomplir: développement de notre pays; transformation de la condition humaine dans toutes les branches de l'activité; association progressive des catégories économiques et sociales aux responsabilités nationales; rénovation de notre défense; union de l'Europe pour le progrès et pour la paix; aide apportée aux Pays qui s'ouvrent à la civilisation; un jour, peut-être, contribution éminente de la France à la détente, puis à l'entente, entre les peuples de l'Est et de l'Ouest; toute cette immense entreprise exige que la France ait, au long de l'avenir, le moyen de choisir elle-même ceux qui devront, tour à tour, à sa tête, représenter son unité et répondre de son destin.«[3]

Dies sei, wenn man de Gaulle kenne, viel mehr als eine Redensart, es sei eigentlich ein »Angebot« an Sowjetrußland. Man könne sich durchaus auch heute schon vorstellen, wie ein solcher Ausgleich in den Augen de Gaulles aussehen würde. Denn die allmähliche Auflösung von NATO, der eventuelle Abzug der amerikanischen Truppen, die enge Bindung der Bundesrepublik an ihn, de Gaulle, all dies seien Elemente, die für die Sowejtrussen von Wert seien. Aber es gebe noch andere Anzeichen für diese besondere, den Sowjets gegenüber geführte Entspannungspolitik. Hierzu gehörte nach seiner – François-Poncets – Auffassung die Nichtunterstellung der aus Algerien zurückkehrenden Divisionen unter die NATO, die räumliche Absetzung der in der Bundesrepublik stationierten französischen Truppen von der gemeinsamen NATO-Kampflinie und die Verteidigungsvorbereitungen innerhalb Frankreichs, die, wie die letzten Manöver zeigten, völlig isolierten Charakter tragen. Es sei ganz besonders charakteristisch für die Auffassungen de Gaulles, daß er in seinem Sendungsbewußtsein die Realitäten völlig falsch einschätze. Denn wie könne sich die von ihm geplante deutsch-französische Allianz auf die Dauer im politischen wie im militärischen Feld der Übermacht Sowjetrußlands gegenüber behaupten? Vielleicht würde es zu einem Ausgleich kommen. Dieser könne aber beim besten Willen nur kurze Zeit Bestand haben und würde mit dem Untergang Westeuropas enden.

Er, François-Poncet, habe die letzten Erklärungen des deutschen Außenministers und des Bundeskanzlers in Wiesbaden und vor dem Bundestag, mit großem Interesse verfolgt und sich darüber gefreut, daß in diesen Erklärungen das deutsch-französische Verhältnis wieder auf eine richtige Proportion zu den anderen Bindungen innerhalb der Europäischen und Atlantischen Gemeinschaft zurückgeführt worden sei. Für ihn sei besonders eindrucksvoll die ruhige und klare Linie des Bundesaußenministers gewesen, wie sie aus den außenpolitischen Darlegungen in Wiesbaden sprach.

Aus dem Jahre 1963

Pressekonferenz de Gaulles am 14. Januar · Tod meines Vaters in Badenweiler · Abbruch der Beitrittsverhandlungen mit Großbritannien · Der deutsch-französische Vertrag vom 23. Januar 1963 · Offizieller Besuch in der französischen Provinz · Eröffnung des Goethe-Instituts in Nancy am 11. Oktober · Feierliche Verabschiedung Adenauers im Bundestag · Ende meiner Mission in Frankreich · Abschiedsessen im Elysée und Quai d'Orsay · Gedanken zum deutsch-französischen Verhältnis

Paris, den 14. Januar 1963

General de Gaulle hielt heute eine Pressekonferenz, in der er sich unter einer ganzen Reihe von anderen Fragen mit den Gründen beschäftigte, die nach seiner Auffassung gegen den Beitritt Großbritanniens zum Gemeinsamen Markt sprechen. Viele der vorgebrachten Argumente waren uns bereits aus früheren Stellungnahmen de Gaulles bekannt; so, daß Großbritannien ein insulares, ein maritimes Land sei und sich deshalb in seiner Struktur und Konjunktur zutiefst von den kontinental-europäischen Ländern unterscheide. Sein Beitritt, wie der der übrigen beitrittswilligen Staaten, würde die Gesamtheit des Gebarens, der Übereinkünfte der Bestimmungen, die zwischen den sechs Partnerstaaten festgelegt seien, vollständig ändern. Man müßte dann die Konstruktion eines ganz anderen Gemeinsamen Marktes ins Auge fassen. Die sich vergrößernde Gemeinschaft würde sich in ihren wirtschaftlichen Problemen anderen Staaten, vor allem den Vereinigten Staaten, gegenübergestellt sehen. Es würde schließlich eine große Atlantische Gemeinschaft in Abhängigkeit und unter Leitung von Amerika entstehen, von der die Europäische Gemeinschaft absorbiert würde. Das sei es nicht, was Frankreich wolle. Sollten die Verhandlungen in Brüssel gegenwärtig nicht zu einem Erfolg führen, so würde dies gewiß nicht hindern, einen Assoziierungsvertrag zwischen dem Gemeinsamen Markt und Großbritannien zu schließen.

Damit ist nun klargeworden, daß de Gaulle ein positives Ergebnis der zwar langen, aber in den letzten Wochen erfolgversprechenden Beitrittsverhandlungen in Brüssel nicht will. Und dies trotz lauter Kritik in der eigenen französischen öffentlichen Meinung und in jener der Partnerstaaten. Ob es gelingt, aus dieser sehr schwierigen Krise einen Ausweg zu finden, der eine Fortführung der Verhandlungen ermöglicht, ist äußerst fraglich.

Badenweiler, den 16. Januar 1963

Gestern starb mein Vater in unserem Haus in Badenweiler. Mich verband mit ihm eine enge Freundschaft und eine große Harmonie in weltanschaulichen Fragen. Wir waren beide sehr verschieden, hatten eine sehr verschiedene berufliche Laufbahn. Wir beide wurzelten stark in unserem Land, dem Badischen Oberland. Er war eine unabhängige Persönlichkeit mit leidenschaftlichem Interesse für die Geschichte der Heimat. Nach seinem Ausscheiden aus dem Staatsdienst war sein Leben dem von ihm gegründeten Museum der Geschichte am Oberrhein gewidmet, das heute von der Bundeswehr übernommen, die Grundlage für ein deutsches Heeresmuseum bildet. Er kannte wie kein anderer seine Heimat und hat viel getan, um die in badischen Familien vorhandenen, historisch bedeutsamen Zeugnisse und Dokumente, wie Briefwechsel, Bilder, Bücher zu sammeln und zu erhalten. Was seinem Museum einen besonderen Charakter gibt, ist die ausführliche Darstellung von Menschen und Ereignissen, die er zu Erklärung und Belehrung aller Interessierten, vor allem der jungen Menschen, den Ausstellungsobjekten in einer verständlichen Sprache beigab. Sein Museum ist somit wirklich eine Unterrichtsstätte und nicht lediglich eine Parade von Uniformen, Schlachtenbildern und Waffen. Er war ein Mann des Volkes, der für die Anliegen der Menschen, die in Not waren, immer ein hilfsbereites Herz hatte.

Meine Schwester Edith und ich haben heute auf dem kleinen Lipburger Friedhof bei Badenweiler von ihm Abschied genommen. Nach seinem Wunsch in aller Stille. Unter den wenigen Freunden, die da waren, der Oberbürgermeister von Rastatt, der Stadt seines Museums, mit dem mein Vater in Freundschaft verbunden war.

General de Gaulle hat mir aus diesem Anlaß einen Brief freundlicher Anteilnahme gesandt, den ich hier in seinem Wortlaut beifüge. Ein Vertreter der französischen Regierung nahm an der kleinen Feier teil.

Eigenhändiger Brief von Charles de Gaulle an den Autor vom 16. Januar 1963

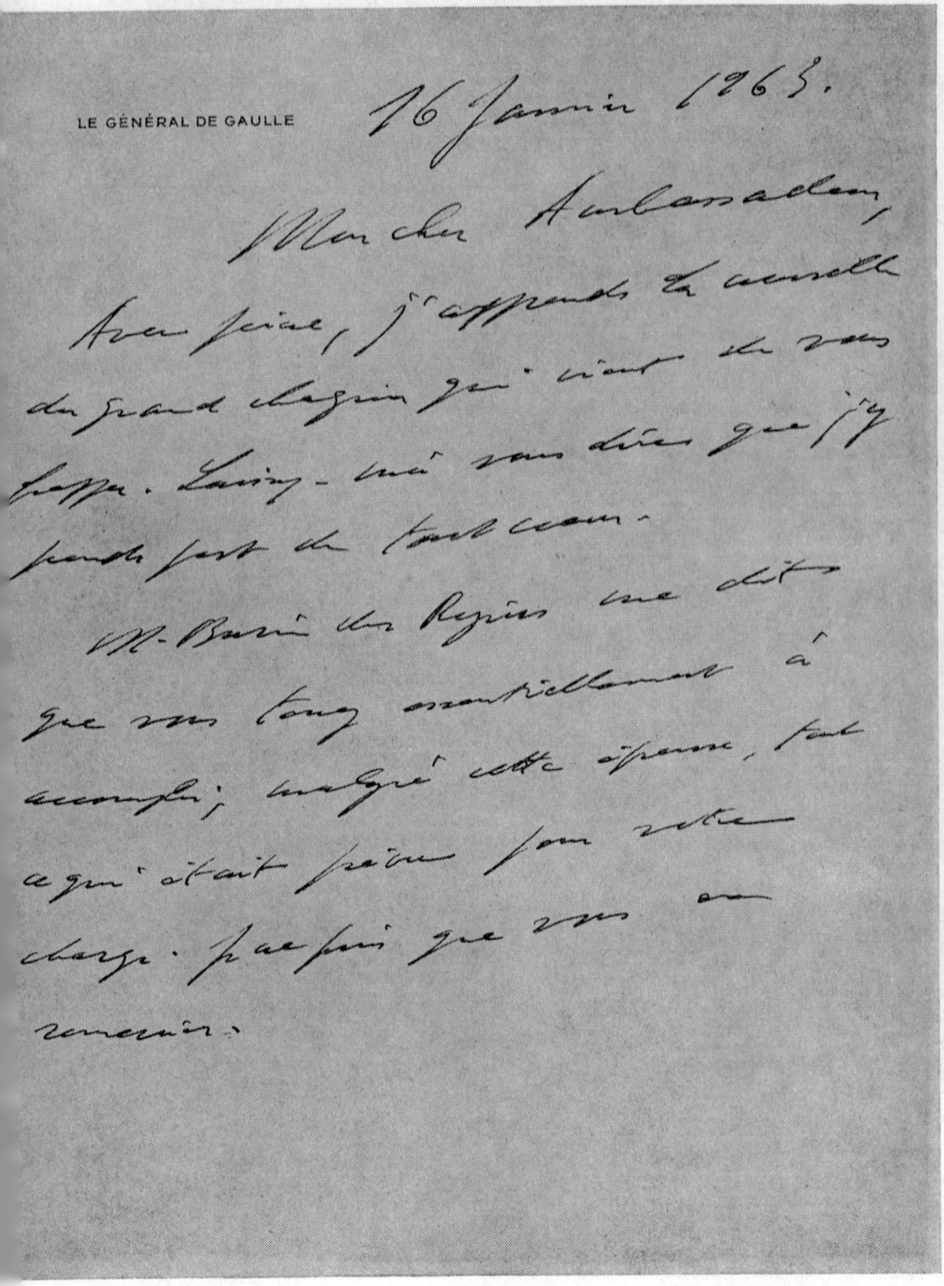

LE GÉNÉRAL DE GAULLE

16 Janvier 1963.

Mon cher Ambassadeur,

Avec peine, j'apprends la nouvelle du grand chagrin qui vient de vous frapper. Laissez-moi vous dire que j'y prends part de tout cœur.

M. Burin des Roziers me dit que vous tenez essentiellement à accomplir, malgré cette épreuve, tout ce qui était prévu pour votre charge. Je ne puis que vous en remercier.

Ma femme se joint à moi, cher Ambassadeur, pour vous assurer, vous-même & Madame Blankenhorn, de nos sentiments les plus profondément attristés.

C. de Gaulle

Le General de Gaulle 16. Janvier 1963

Mon cher Ambassadeur,
Avec peine, j'apprends la nouvelle du grand chagrin qui vient de vous frapper. Laissez – moi vous dire que j'y prends part de tout cœur.

M. Burin des Roziers me dit que vous tenez essentiellement à accomplir, malgré cette épreuve, tout ce qu' était prévu pour votre charge. Je ne puis que vous en remercier. Ma femme se joint à moi, mon cher Ambassadeur, pour vous assurer, vous-même et Madame Blankenhorn, de nos sentiments les plus profondément attristés!

C. de Gaulle[1]

Paris, Sonntag, den 20. Januar 1963

Der Kanzler ist mit recht besorgten Gefühlen in Paris eingetroffen, zumal die drei Parteien des Bundestags ihm vor seiner Abreise in eindringlicher Form nahegelegt hatten, den Abbruch der britischen Verhandlungen zu verhindern, um damit negative Wirkungen auf das deutsch-französische Verhältnis zu vermeiden. Am Abend waren der Kanzler und seine Tochter Frau Reiners bei uns in der Avenue Foch zum Abendessen. Das Gespräch kreiste immer wieder um die Frage, ob und wie man die Brüsseler Krise überwinden könne. Monnet und Hallstein kamen nach dem Essen. Monnet, in großer Sorge, versuchte dem Kanzler nahezulegen, zwischen Unterzeichnung des deutsch-französischen Abkommens und der Fortführung der Verhandlungen mit Großbritannien ein Junktim herzustellen. Der Kanzler betonte demgegenüber, daß er entschlossen sei, das deutsch-französische Abkommen zu zeichnen, gleichgültig, ob die Brüsseler Verhandlungen fortgesetzt würden oder nicht. Er gebe zu, daß man zur Beruhigung der Gemüter in Brüssel etwas tun müsse, und trage sich deshalb mit dem Gedanken, die Kommission zu beauftragen, zunächst eine Übersicht über den Stand der bisherigen Verhandlungen zu fertigen und Vorschläge zur Lösung der verbleibenden Probleme zu machen.

Hallstein stimmt im Grundsatz zu, bezweifelte aber, ob ein solcher Vorschlag bei Aufrechterhaltung des französischen Vetos von den anderen Mitgliedstaaten angenommen werde. Monnet zeigte sich besonders besorgt wegen der Wirkung der Krise auf die Stimmung in den Vereinigten Staaten. Die Unterzeichnung des deutsch-französischen Abkommens dürfe nicht als eine antibritische oder gar antiamerikanische Geste ausgelegt werden.

Die beiden folgenden Tage sind Besprechungen in kleinem und großem Kreis gewidmet. Der General besteht auf seiner in der Pressekonferenz vom 14. Januar festgelegten Haltung. Man kam überein, daß zunächst einmal die sechs Partnerstaaten die Gemeinschaft, wie man sagte, »in Ordnung brächten«. Zahlreiche Probleme seien noch zu lösen, wenn die Gemeinschaft die feste Gestalt gewinnen soll, die notwendig sei, um andere Staaten aufzunehmen. Man müsse sich klar darüber sein, welche Wirkungen der Beitritt eines so großen Landes wie Großbritannien auf die Gemeinschaft habe. Auch gebe es eine Reihe anderer Fragen, wie zum Beispiel die Zusammenlegung der drei Behörden, die der Regelung harrten.

Dienstag, den 22. Januar 1963

Nachmittags fand im Saal Murat des Elysée die Unterzeichnung des deutsch-französischen Vertrages statt. Die beiden Delegationen waren vollständig vertreten. Die Verträge wurden von General de Gaulle, dem Bundeskanzler, den beiden Außenministern Couve de Murville und Gerhard Schröder gezeichnet. General de Gaulle erhob sich und umarmte den Bundeskanzler. Dann wandte er sich zu Minister Schröder und sagte: »Je ne vous embrasse pas, mais les sentiments sont les mêmes.«[2]

Für mich bedeutet dieser Tag in Paris ein Ereignis, das ich nur mit geteilten Gefühlen betrachten kann. Sicherlich, an nichts liegt mir ja mehr, als eine wirklich enge, vertrauensvolle Zusammenarbeit der beiden Regierungen und der beiden Völker. Seit 1949 habe ich unter Leitung des Bundeskanzlers an diesem Werk der Verständigung und Kooperation gearbeitet. Daß das, was heute erreicht worden ist, nicht den vollen, ungeteilten Beifall findet, liegt daran, daß es uns in einen gewissen Gegensatz stellt zu unseren europäischen Partnern, aber auch zu Großbritannien und den Vereinigten Staaten. Daran können alle Bekenntnisse und Erklärungen nichts ändern. Von der europäischen Konzeption der fünfziger Jahre, von der Gemeinschaft, an die Schuman, de Gasperi, Monnet, Spaak und nicht zuletzt auch der Bundeskanzler geglaubt haben, von dieser Gemeinschaft, die auf der Gleichberechtigung und der gleichen Verpflichtung aller Partner beruhte, und die eingebettet war in die größere Atlantische Gemeinschaft, ist heute nur wenig verblieben. War denn alles, was wir gedacht und geplant hatten, so unrealistisch? Wird es nicht einer geraumen Zeit praktischer, positiver Zusammenarbeit bedürfen, um die Ressentiments, das Mißtrauen zu überwinden? Ich habe mich oft gefragt, warum der Bundeskanzler diesen Weg gegangen ist. Ich glaube, daß der Kanzler der sechziger Jahre in seinem hohen Alter von sechsundachtzig Jahren von wachsender Sorge der Isolierung erfüllt war. Seine großen Freunde, mit denen er das neue Europa aufzubauen begonnen hatte, Schuman, de Gasperi, Foster Dulles waren nicht mehr unter den Lebenden, oder wie Spaak und Monnet ohne Einfluß.

Dagegen war die sowjetische Gefahr in den Augen des Kanzlers unvermindert groß und der innere Zustand mancher europäischer Länder erschien ihm ungefestigter denn je. So hoffte er, mittels einer engen vertraglichen Verbindung mit Frankreich, die Bundesrepublik zu sichern. Eine solche enge vertragliche Bindung schien ihm einziger Schutz gegen eine Verständigung Frankreichs mit der Sowjetunion über den Kopf Deutschlands hinweg. Er hat dies nicht öffentlich gesagt. Wie oft aber hat er mir nicht von diesem, seinem »cauchemar des coalitions« gesprochen!

Montag, den 28. Januar 1963

Es ist schwer zu sagen, wie der heutige Tag in Brüssel verläuft, an dem über das Schicksal der Beitrittsverhandlungen Großbritanniens zum Gemeinsamen Markt entschieden wird. Ich neige zu einer pessimistischen Prognose. Denn die Entscheidung, die General de Gaulle anläßlich seiner Pressekonferenz vom 14. Januar verkündet hat und der am Tag danach an Couve de Murville ergangene Auftrag, die Verhandlungen einzustellen, zeigen, daß die französische Regierung den Zeitpunkt für gekommen hält, Großbritannien wenigstens für die kommenden Jahre aus Europa auszuschalten. Für den Beobachter der politischen Auffassungen des Generals ist dies keine Überraschung. Sie lassen sich in knappen Worten etwa so zusammenfassen: Kontinentaleuropäisches Bündnis unter französischer Führung, Ausschluß der Angelsachsen aus Europa, das heißt, keine Teilnahme Großbritanniens an der politischen und wirtschaftlichen Willensbildung des Kontinents, ferner allmähliche Vorbereitung für den Abzug der Amerikaner, deren Verbleib in Europa de Gaulle, in wie vielen Gesprächen hat er dies nicht immer wieder gesagt, auf die Dauer für höchst unwahrscheinlich hält. Der General hofft, daß dieses so auf sich selbst gestellte Europa mit der Zeit militärisch und wirtschaftlich so stark werde, daß es einen friedlichen Ausgleich mit Sowjetrußland herbeiführen kann, wobei dieser Ausgleich im wesentlichen auf dem gegebenen Status quo beruht. Der französische Informationsminister Alain Peyrefitte hat in einer Pressekonferenz am 24. Januar mit großer Deutlichkeit auf diese

Europakonzeption hingewiesen, wenn er sagt: »La politique de la France, c'est de faire l'Europe. Une Europe, qui existe par elle-même sur le plan de la politique, de l'économie, de la défense et de la culture. Il ne faut pas qu'elle soit noyée dans un atlantisme ou elle perdrait sa véritable personnalité. La naissance de l'Europe suppose que les Européens prennent conscience de ce qu'ils ont en commun et de ce qui les différencie des autres ...«[3] Ich fürchte, diese Kalkulation übersieht die Realitäten, die Machtverhältnisse in Europa. Das von der angelsächsischen Welt gelöste, auf sich selbst beschränkte Kontinentaleuropa würde weder wirtschaftlich noch vor allem politisch bestehen, sondern bestenfalls die Rolle eines Finnlands vor den Toren der russischen Weltmacht spielen. Man hat oft die Frage gestellt, warum General de Gaulle gerade diesen Zeitpunkt für die Absage an England und indirekt auch an die Vereinigten Staaten gewählt hat. Man vermutet als Grund seine tiefe Verstimmung über die Haltung des englischen Premierministers Macmillan in Rambouillet. Macmillan habe ihm damals seine Absicht verheimlicht, mit der amerikanischen Regierung das Abkommen von Nassau zu schließen. Anstatt einem Vorschlag des Generals zu folgen, die britische atomare Streitkraft nach Europa einzubringen, habe Macmillan vorgezogen, sie mit der der Vereinigten Staaten zu vereinigen. Ein Großbritannien werde, wenn es einmal Mitglied des Gemeinsamen Marktes sei, als Beauftragter der Vereinigten Staaten Einfluß nehmen und damit nur die europäische Entwicklung stören.

1. Februar 1963

Das Unbehagen, das mit dem Abbruch – die Franzosen nennen das »ajournement« – der englischen Beitrittsverhandlungen, Dienstag, den 29. Januar abends in Brüssel, überall in der Welt eingetreten ist, hat Ausmaße angenommen, die weit über das ähnlicher Krisen hinausgehen. Ich empfinde als das Bedrückendste an dieser Entwicklung, daß General de Gaulle die Entscheidung einseitig, ohne Konsultation seiner Partner, getroffen hat. Alle unsere Arbeit in den fünfziger Jahren war doch darauf gerichtet, die Vergangenheit dadurch zu überwinden, daß man eine Europäische Gemeinschaft aufbaute, in welcher Kleine wie Große einen gemeinsamen Standpunkt zu erarbeiten versuchten, wobei die Stimmen der kleinen ebenso ernstgenommen wurden, wie die Stimmen der großen Staaten.

Wie General de Gaulle das Konsultationsabkommen mit der Bundesregierung vom 21. Januar dieses Jahres auslegt und anwendet, zeigen seine Erklärungen über die Aufnahme Dänemarks als Vollmitglied oder als assoziiertes Mitglied in den Gemeinsamen Markt, zeigen ferner seine Bemühungen um ein engeres Verhältnis zu Spanien, die sicherlich mit dem Ziel verbunden sind, die Amerikaner aus Spanien zu verdrängen und nicht zuletzt auch die Ablehnung der deutschen Kompromißvorschläge, mit denen wir versuchten, die Fortführung der Verhandlungen mit Großbritannien über seine Aufnahme in den Gemeinsamen Markt zu retten. Was soll nun geschehen?

Natürlich müssen wir alles vermeiden, was die Ratifikation des deutsch-französischen Vertrages erschweren könnte. Denn eine Verzögerung der Ratifikation würde in Frankreich selbst wieder unabsehbare nachteilige psychologische Folgen mit sich bringen. Wie soll sich aber unser Verhältnis zu Großbritannien, wie unser Verhältnis zu den Vereinigten Staaten nach all dem, was sich ereignet hat, weiterentwickeln? Die Nachrichten aus den Vereinigten Staaten sind nicht gut. Für mich war eine Mitteilung bezeichnend, die mir Peter von Zahn, der mich gestern besuchte, über die Stimmung in den Vereinigten Staaten mitbrachte, wo sich die Kritik nicht so sehr an die Adresse General de Gaulles als an die Adresse der Bundesrepublik richtet, der man Unzuverlässigkeit und letzten Endes die Schuld am Zusammenbruch der Englandverhandlungen vorwirft.

Sehr viel wird auf die außenpolitische Debatte ankommen, die am 6. Februar im Bundestag stattfindet. Die Vorzeichen dieser Debatte sind nicht gut. Der Bundeskanzler hatte das Gefühl, sich mit General de Gaulle über einen Auftrag an die Hallsteinkommission geeinigt zu haben, innerhalb einer gewissen Frist einen Bericht über den Stand der Verhandlungen vorzulegen, der im Kreise der Sechs oder der Sieben erörtert und vielleicht zu einer neuen Belebung der Englandverhandlungen führen sollte. Sollte der Bundeskanzler sich geirrt haben? Hatte General de Gaulle sich nicht vielmehr auf eine Zusage beschränkt, daß er die französische Delegation anweisen werde, zunächst einmal im Rahmen der Sechs über die Ausgestaltung und Festigung der Wirtschaftsgemeinschaft der Sechs zu verhandeln, ehe man an eine Erweiterung der Mitgliederzahl gehe?

Bei einer Regierungserklärung zur Einleitung der Aussprache im Bundestag am 6. Februar wird es nach meiner Auffassung auf drei wesentliche Gesichtspunkte ankommen: Bekenntnis zur Atlantischen Gemeinschaft und zu NATO; Bereitschaft, die Bemühungen um einen Beitritt Großbritanniens fortzusetzen; Entschlossenheit der Bundesregierung, am engen deutsch-französischen Verhältnis festzuhalten und den Vertrag vom 21. Januar in der gebührenden Zeit zu ratifizieren. Allerdings werde man dabei wohl zum Ausdruck bringen müssen, daß man sich in Zukunft über alle außenpolitischen Probleme, die die Partnerstaaten des Vertrages berühren, sorgfältig konsultiert und einseitige Entscheidungen vermeidet.

Château – Thierry, den 8. Februar 1963

Ich fuhr heute mit dem Wirtschaftssachverständigen der Botschaft von Hake nach Château-Thierry in der Champagne zur feierlichen Einweihung der bedeutenden Zweigfabrik der Westfalia-Separator AG. in Oelde/Westfalen. Dieses Ereignis in dieser so traditionsreichen französischen Stadt ist ein Zeichen der fortschreitenden deutsch-französischen Zusammenarbeit auf industriellem Gebiet. Zum Gelingen haben die französische Regierung ebenso beigetragen wie die Dynamik der Familie Habig, der das Werk gehört, als auch französische Fachleute, die in Zukunft an der Leitung dieser im wahrsten Sinn deutsch-französischen Gemeinschaftsproduktion mitwirken. Die Stadt La Fontaines mit ihrer großen Geschichte, im Ersten Weltkrieg heiß umkämpft, zählt unter seinen Bürgern viele, denen die Verständigung mit Deutschland ein ernstes Anliegen ist.

Paris, den 10. Mai 1963

In den letzten Wochen habe ich eine Anzahl von offiziellen Besuchen in der französischen Provinz unternommen. Sie führten mich in den Süden nach Nîmes, in die Gebiete der unteren Rhone, in das Languedoc, die Camargue, nach Cannes, Menton und Nizza und in den Westen Frankreichs, nach Caen, Rennes, Concarneau und Brest. Auf diesen Reisen beeindruckten mich die große wirtschaftliche Vitalität der einzelnen Regionen, ihre Erneuerung auf kulturellem Gebiet und damit verbunden die überall sichtbare Restaurierung ihres historischen und künstlerischen Besitzes.

In dem großen Gebiet zwischen der unteren Rhone und den Pyrenäen zeigte uns der große Unternehmer und Planer Philippe Lamour die Neugestaltung der Region mit ihren großen Bewässerungsanlagen, ihren sich rasch ausdehnenden Obst- und Reisplantagen und die Neusiedlungen der landwirtschaftlichen Fachkräfte, die diese Landschaft mit den Jahren zu einer der fruchtbarsten Frankreichs machen werden.

Nicht minder eindrucksvoll die Entwicklung von Caen und Dinard;

Caen mit seiner neuen, höchst modernen Stahlindustrie, Dinard mit dem Bau seiner bedeutenden Usine Marémotrice de la Rance (Nutzung von Ebbe und Flut für die Stromerzeugung), die für die Stromversorgung wichtiger Teile der französischen Industrie bestimmend sein wird. Und schließlich die Bretagne mit ihrer Fischindustrie, ihrem Gemüse- und Obstanbau und der dazugehörigen industriellen Verarbeitung.

Auf kulturellem Gebiet fand ich die neugeschaffenen Universitäten in Caen und Rennes bemerkenswert, die die studierende Jugend in der Provinz unter gesunden Lebens- und Wohnverhältnissen festhalten soll. Die Konservierung historisch-künstlerischer Monumente ist in vollem Gang. Unter dem starken Antrieb des Staatsministers André Malraux wird von den französischen Regierungsstellen wirklich Vorbildliches geleistet und zwar nicht nur in Paris selbst, sondern überall in der Provinz, wo künstlerische Werte erhalten werden müssen. Ich denke dabei an den Neuaufbau von St. Malo, an die Rekonstruktion von Caen und seines besonders schönen Rathauses, an die archäologische Arbeit auf der alten Burg Wilhelm des Eroberers und vieles andere.

11. Oktober 1963

Eine meiner letzten Handlungen als Botschafter in Paris war die heutige Eröffnung des Goethe-Instituts in Nancy, der Hauptstadt Lothringens. Ich schuldete es Robert Schuman, der aus Lothringen stammte, in meiner Rede zu betonen, daß die deutsch-französische Versöhnung das Kernstück, die unabdingbare Voraussetzung eines europäischen Zusammenschlusses ist, daß aber eine fruchtbare deutsch-französische Zusammenarbeit sich nur im Rahmen eines gemeinsamen Europas entfalten könne. Ich warnte vor der Gefahr, daß rein nationale, um nicht zu sagen nationalistische Ambitionen sich der Verwirklichung dieser Europäischen Gemeinschaft in den Weg stellten und uns daran hinderten, eine uns gebührende wirksame Rolle in der Welt zu spielen.

In den letzten Jahren war auf beiden Seiten des Rheins viel getan worden, um die Kontakte zwischen den Menschen zu stärken. Hunderte von Partnerschaften zwischen Städten, Gemeinden und Universitäten wurden ins Leben gerufen, viele waren dank initiativreicher Persönlichkeiten von wirklichem Leben erfüllt. Haben wir aber damit wirklich genug getan? Können wir heute schon, was gerne in der Euphorie der Bankette geschieht, von deutsch-französischer »Freundschaft« sprechen? Wenn wir die Dinge ohne Schönfärberei betrachten, werden wir feststellen, daß wir erst am Anfang stehen. Trotz des großen Tourismus, trotz allem Austausch, trotz so vieler offizieller und privater Bemühungen. Denn was weiß der Deutsche von Frankreich? Was wissen wir von seiner Geschichte, seinen wirtschaftlichen und sozialen Problemen, seiner Kunst, seiner Literatur? Was weiß der durchschnittliche Deutsche von dem, was an Wünschen, Stimmungen und Gefühlen Frankreichs Bewohner beschäftigt? Ich fürchte, daß eine Beantwortung solcher Fragen recht negativ ausfallen würde. Und dies gilt gleichermaßen für die Franzosen und ihre Kenntnisse von Deutschland. Ich bin überzeugt, daß Schulen und Universitäten hier eine wesentliche Aufgabe haben. Denn nur wenn sie mehr als bisher in dieser Hinsicht Wissen vermitteln, können wir die deutsch-französische Verständigung im Bewußtsein unserer Nationen fest verankern. Das ist eine langfristige Aufgabe. Sie verlangt immer neue Initiativen und Anstrengungen. Nur so können wir in der Zukunft erreichen, daß die beiden Völker nicht lediglich nebeneinander herleben – mit all dem, was das an Gefahren mit sich bringt –, sondern sich in einer Gemeinsamkeit zusammenfinden, die den Namen Freundschaft verdient.

Bonn, den 15. Oktober 1963

Der Bundestag hat heute in feierlicher Sondersitzung Adenauer als Bundeskanzler verabschiedet. Gerstenmaier dankte dem Kanzler in einer eindrucksvollen Rede für die vierzehn Jahre, in denen er die Bürde des schwersten Amtes trug, das Deutschland zu vergeben hat. Adenauer war von seinem Platz aufgestanden und folgte stehend mit großer Aufmerksamkeit den Worten des Bundestagspräsidenten. So unbeweglich sein Gesicht, so beherrscht seine Haltung, jeder, der ihn kannte, wußte, was diese Stunde für ihn bedeutete; wie schwer es für ihn war, das Amt, das er so lange innehatte und die Verantwortung, die er mit solcher Gewissenhaftigkeit und nie erlahmender Arbeitskraft getragen hatte, nun für immer abzugeben.

1. November 1963

Meine Mission in Frankreich ist in diesen Tagen zu Ende gegangen. Am Sonnabend, den 26. Oktober, vormittags, fand die Abschiedsaudienz bei General de Gaulle statt, an die sich ein Frühstück im Saal Murat des Elysée Palastes anschloß. Der General, der mich in seinem Arbeitszimmer empfing, machte einen müden Eindruck. Offenbar war die Reise nach Teheran, von der er gerade zurückgekehrt war, anstrengend gewesen. Das Gespräch drehte sich im wesentlichen um das Thema Europa. Der General zeigte hier starken Pessimismus: Die Staaten lebten nebeneinander her; eine politische Union müsse in erster Linie die militärische Sicherheit zum Inhalt haben. Hier seien so gut wie keine Fortschritte zu verzeichnen. Eine neue französische Initiative dürfe nicht erwartet werden, da man bei der grundsätzlich negativen Einstellung der Niederländer, der Belgier und gewisser italienischer Kreise nicht mit einem positiven Ergebnis rechnen könne. So bleibe nichts anderes, als zunächst einmal den Ausgang der Verhandlungen in der NATO abzuwarten, wo die bisherigen Auseinandersetzungen über die amerikanischen strategischen Absichten noch wenig Klarheit gebracht hätten. Ich sagte dem General, daß wir hinsichtlich der europäischen Entwicklung in der Vergangenheit schon manche Rückschläge erlebt hätten. Ich erinnerte ihn an das Jahr 1954. Diese Rückschläge hätten uns aber nicht entmutigt. Die Römischen Verträge seien ein Zeichen dafür, und so sollten wir auch jetzt, trotz der Schwierigkeiten, denen die Frage der politischen Union begegne, die Lage nicht zu pessimistisch bewerten. Wenn überhaupt jemand neue Initiativen entfalten könne, so sei es er, der General, der vielleicht als einziger europäischer Staatsmann heute noch über die notwendige Autorität verfüge. Ich sei sicher, daß auf deutscher Seite volle Bereitschaft bestehe, mit dem General neue Überlegungen anzustellen.

Auf eine freundliche Note waren die Worte gestimmt, mit denen der General mich während des Mittagessens verabschiedete. Die kleine Rede, die er hielt, war betont herzlich und die Bewertung meiner fünfjährigen Tätigkeit in Frankreich positiv. Am Essen nahmen unter anderen Staatsminister Joxe, Botschafter Seydoux, Burin des Roziers, Maillard, Beaumarchais und deren Frauen teil.

Am darauffolgenden Montag, dem 28. Oktober, fand abends das Abschiedsessen Couve de Murvilles im Quai d'Orsay statt, zu dem siebzig Personen geladen waren. Unter ihnen Joxe, Messmer, Peyrefitte, Giscard d'Estaing, Fouchet, Herzog, Villiers, Boegner, Beuve-Méry von Le Monde und Brisson vom Figaro, viele führende Mitglieder des Quai d'Orsay, auch der Oppositionsparteien. Couve de Murville, der im allgemeinen mit rednerischen Anstrengungen sparsam umgeht, hatte für diesen Anlaß eine längere Rede vorbereitet, in der er in besonders anerkennenden Worten meine Tätigkeit in Frankreich bewertete.

Wenn ich am Ende dieser Mission das deutsch-französische Verhältnis betrachte, so kann ich feststellen, daß es rein äußerlich gesehen gut ist, ja vielleicht nie so gut war. Abgesehen von der wirkungsvollen Unterstützung, die Frankreich uns in den Ost-West-Fragen gibt, verbleiben aber zwischen der Bundesrepublik und Frankreich im außenpolitischen Stil wie auch im außenpolitischen Konzept erhebliche Unterschiede. In den Vorstellungen de Gaulles dominieren die Ideen einer Organisation Kontinentaleuropas unter französischer Führung, Ausschaltung des angelsächsischen Einflusses, zunehmende Selbständigkeit gegenüber den Vereinigten Staaten und die Erwartung, in naher Zukunft politisch, militärisch und wirtschaftlich so stark zu werden, daß man mit der sowjetischen Weltmacht zu einem bilateralen Ausgleich kommen könnte. All dies sehen wir anders, realistischer. Für uns ist die von de Gaulle gewollte Selbstisolierung Frankreichs und die damit verbundene Isolierung Deutschlands kein erstrebenswertes Ziel. Wir sehen mit gewisser Sorge in dieser Politik eine Überschätzung der Kräfte des europäischen Kontinents, vor allem auch der Kräfte des französischen Volkes, das heute nicht die Bereitschaft besitzt, durch erhöhte Opfer einer solchen Politik die erforderliche Grundlage zu geben. Wenn man Frankreichs innere Verfassung nüchtern betrachtet, so geben auch die sozialen Ungleichgewichte, in denen sich das Land im gegenwärtigen Augenblick befindet, zu erheblichen Sorgen Anlaß.

De Gaulle ist ein ungewöhnlicher Mann, dessen Charakter für den Beobachter schwer zu durchschauen ist. Sicher ist er einer der Meister der politischen Taktik. Sicher ist er ein Mann, der wie kein anderer sich der modernen Mittel der Massenmedien zu bedienen versteht. In dieser komplexen Figur überwiegen aber doch antiquierte Vorstellungen von Nation und Staat. Er gehört mit seinen Vorstellungen von den französischen Führungsansprüchen und von französischer Souveränität einer vergangenen Epoche an. Wenn er auch oft vom europäischen Zusammenschluß spricht, so ist Europa für ihn keine Herzenssache. Europa ist für ihn ein neues Gewand für das alte Staatenkonzert. Daß die moderne westliche Welt auf die Dauer ohne eine enge Verbindung mit den Vereinigten Staaten nicht lebensfähig ist, daß die großen europäischen Industrien einen wohlorganisierten, von Handelshemmnissen freien Markt brauchen und daß der enge Zusammenschluß allein die Möglichkeit bietet, die außerordentlichen Finanzmittel aufzubringen, die sie zur Behauptung ihrer

Konkurrenzfähigkeit dringend benötigen, all dies sind ihm keine rechten Vorstellungen. Manchmal habe ich den Eindruck, als ob er ein Kontinentaleuropa erstrebe, das gleichsam sich selbst genüge, sich auch von der Umwelt abschließe. Dabei finden solche Ideen bei der sachverständigen französischen Öffentlichkeit, vor allem bei der französischen Industrie, keine Zustimmung. Wenn ihre Kritik im französischen Volk nur wenig gehört wird, so liegt es an der Tatsache, daß dieses sich in seiner großen Masse um politische Fragen nur wenig kümmert. Hier zeigt sich, wie vielerorts in Europa, die Tendenz, sich im materiellen Aufschwung zu verlieren und sich immer weniger um die großen politischen Fragen zu kümmern. Man überläßt diese Dinge dem General und weil man sich mit Schaudern der Krisen der Vierten Republik entsinnt, wird man auch bei der nächsten sich bietenden Gelegenheit, spätestens 1965, den General für weitere sieben Jahren wiederwählen.

Für die Arbeit eines Botschafters in Frankreich ist diese Situation in vieler Hinsicht unbefriedigend. Denn die Außenpolitik ist heute ausschließliches Reservat des Generals, der seine Entschlüsse meist ohne Konsultation, sehr oft ohne Unterrichtung des Außenministeriums trifft. Da der Kontakt mit dem General engen protokollarischen Regeln unterliegt, so ist ein Gedankenaustausch mit Einwirkungsmöglichkeiten nur selten gegeben. Das gilt auch für die Zusammenarbeit mit dem Quai d'Orsay. Zweifellos ist Couve de Murville ein Minister von großer Qualität. Er ist der typische Repräsentant der vorbildlichen Ausbildung, dem beneidenswerten Training, das die französischen Hohen Schulen, auch die Inspection des Finances, mit sich bringen. Er gehört zu jenen, die ihr Dossier immer in vorbildlicher Weise beherrschen, die ihre Kenntnisse in den Verhandlungen in eindrucksvoller Weise zu präsentieren vermögen. Was ich an ihm vermißte, waren persönliche Wärme und Engagement für die Fragen des europäischen Zusammenschlusses; hier sah er alles, was in Brüssel, Luxemburg und Straßburg geschah, mit Skepsis und einer Kritik, die die europäischen Institutionen nicht verdienten. So wie die Dinge heute liegen, ist der Einfluß des Quai d'Orsay zurückgegangen. Man trifft dort oft Mißstimmung und Enttäuschung darüber, daß das traditionsreiche, immer vorzüglich unterrichtete und organisierte Ministerium nicht stärker zur Mitarbeit an den großen politischen Aufgaben herangezogen wird.

In den langen Jahren meines Aufenthaltes in Paris waren meine Beziehungen zu einzelnen führenden Beamten sehr eng. Die Gespräche mit so hochqualifizierten Männern wie Charles Lucet, Jean Laloy und Jean-Marie Soutou waren immer von hohem Wert. Es ist schwer, heute etwas über die Entwicklung Frankreichs in den kommenden Jahren vorauszusagen. Die Autorität des Generals ist unbestritten. Trotz aller wirtschaftlichen Schwierigkeiten, trotz der großen Preissteigerungen, trotz der ungelösten sozialen Probleme, wird der Durchschnittsfranzose heute eine Änderung des Regimes nicht wünschen. Der General kann also damit rechnen, daß er von der französischen Wählerschaft weiter getragen wird. Die Dauer des gaullistischen Regimes hängt aber auch wesentlich an der Person des Generals und an der Frage, ob er rein physisch in der Lage ist, das Amt weiterzuführen.

Das Verhältnis Frankreichs zu Deutschland hat sich zweifellos in den letzten Jahren stark entwickelt, und man kann wohl sagen, daß auch de Gaulle vieles dazu beigetragen hat, frühere Widerstände, die sich vor allem in den Kreisen der französischen Rechten zeigten, zu überwinden und damit auch seinerseits den Weg für ein engeres und vertrauensvolleres Verhältnis zu ebnen. Es ist ein großer Erfolg gewesen, daß es Bundeskanzler Adenauer gelungen ist, den General von der Notwendigkeit der Aufrechterhaltung des Gemeinsamen Marktes zu überzeugen, so daß sich die Römischen Verträge weiterentwickeln konnten. Es bleiben aber die tiefen Gegensätze übrig, die einen wirklich entscheidenden Fortschritt in der Zusammenarbeit der beiden Nationen behindern. Die Betonung der nationalen Eigenständigkeit, wie sie hundertfach in den Erklärungen der französischen Regierung erfolgte, trägt die Gefahr in sich, daß sie mit der Zeit den Gedanken des europäischen Zusammenschlusses mehr und mehr in den Hintergrund drängt und neuem Nationalismus den Platz räumt. Solche Überbetonung der eigenen Persönlichkeit muß zwangsläufig in den anderen europäischen Staaten auch nationale und nationalistische Tendenzen auf den Plan rufen, von denen wir hofften, daß sie im europäischen Zusammenschluß, wenn auch nicht endgültig überwunden, so doch allmählich gemindert werden könnten. Ich glaube, es ist dem General nie ganz bewußt gewesen, daß sich eine solche Entwicklung zwangsläufig auch zum Nachteil der französischen Interessen auswirkt. Es ist ihm auch nicht ganz bewußt, daß eine solche Desintegration auch die Position des deutschen Volkes notwendigerweise verändert. In dieser Situation wird das entscheidende Ziel der deutschen Außenpolitik sein müssen, die divergierenden Vorstellungen, Auffassungen und Interessen der Partnerstaaten innerhalb der Europäischen und Atlantischen Allianz auszugleichen und etwaige Gegensätze zu überwinden. Ausgleich und Zusammenführung ist unsere wesentliche Aufgabe. Dabei muß das deutsch-französische Verhältnis uns ganz besonders am Herzen liegen. Aber es darf keinen Anspruch auf Ausschließlichkeit erheben. Die kommenden Gespräche, die der neue Bundeskanzler Ludwig Erhard in Paris am 21. November führen wird, werden unter diesem Gesichtspunkt von Bedeutung sein. Sie müssen in großer Klarheit geführt werden und werden nur dann erfolgreich sein, wenn das, was in früheren Gesprächen zwischen Bundeskanzler Adenauer und General de Gaulle gelegentlich im Halbdunkel blieb, einmal mit der notwendigen Offenheit und Deutlichkeit ausgesprochen wird.

BOTSCHAFTER IN ROM
1963 bis 1965

November 1963 bis Mai 1965

Italiens politische, wirtschaftliche und soziale Probleme · Ein erstes Gespräch mit Fanfani · Gedankenaustausch mit Pietro Nenni · Vorbereitung der Romreise des Bundeskanzlers Erhard · Erhards Tage in Rom am 27. und 28. Januar 1964 · Ergebnisse der Reise · Besuch bei Alt-Bundeskanzler Adenauer in Loveno am Comer See, 3. Mai 1964 · Italienische Regierungskrise im Juli 1964; Moro neuer Ministerpräsident · Reise in den Mezzogiorno · Staatspräsident Segni erleidet einen Schlaganfall · Wahl Giuseppe Saragats zum Staatspräsidenten · Die italienische Parteienlandschaft nach der Wahl im Dezember 1964 · Die Verstärkung der deutsch-italienischen politischen Zusammenarbeit · Die kulturellen Beziehungen der beiden Nationen · Wirtschaftliche Probleme · Das Bild, das sich die Italiener von Deutschland und die Deutschen sich von Italien machen · Verbesserung durch verstärkten Kontakt und Austausch

Im November 1963 übergab ich Staatspräsident Segni mein Beglaubigungsschreiben. Italien befand sich in einer Phase großer gesellschaftlicher und wirtschaftlicher Transformationen. Kräfte der Beharrung rangen mit jenen der Veränderung, alte Privilegien wehrten sich gegen die Notwendigkeiten des modernen Lebens. Agrarstaat und Industriestaat, freie Wirtschaft und sozialistische Planung, die Stellung des Arbeiters und der Gewerkschaften innerhalb der Gesellschaft, Neuordnung einer veralteten, oft unzureichenden Verwaltung, das Problem der Regionen und die Überwindung der tiefgreifenden Unterschiede zwischen Nord- und Süditalien – alles dies stand zur Diskussion und wurde hart umkämpft. Neuer verstärkter Laizismus stand in Auseinandersetzungen mit dem Katholizismus und der Kurie, die ihrerseits auch nach der Linken tendierende Strömungen zeigte. Der Strukturwandel vom Agrarstaat zum Industriestaat hatte einen starken Wandel der Konsumbedürfnisse und Gewohnheiten zur Folge. Wanderungsbewegungen großen Ausmaßes vom Land in die Großstädte, vom Süden nach Norden, in die vom »miracolo economico« rasch expandierenden industriellen Zentren Turin und Mailand, aber auch in die neuen industrialisierten Regionen um Tarent, Bari und Brindisi im Süden, hatten die italienische politische, wirtschaftliche und soziale Landschaft in unerwarteten Ausmaßen verändert. Überall waren die nach Arbeit und Verbesserung ihres Lebensstandards drängenden Menschen auf teilweise völlig unzureichende oder in aller Eile aus dem Boden gestampfte Strukturen getroffen. Oft waren der Staat und auch die Wirtschaft diesen sich überstürzenden Veränderungen nicht gewachsen.

Als ich mein Amt in Rom übernahm, befand sich Italien in einer Phase politischer und wirtschaftlicher Schwierigkeiten. Der Wachstumsprozeß der Wirtschaft in den letzten zehn Jahren – jährlich etwa sieben Prozent – hatte in den Massen der industriellen Arbeiterschaft die Überzeugung gestärkt, daß nunmehr die Zeit für eine Neuverteilung des Sozialprodukts gekommen sei. Eine starke Lohnentwicklung, die schon 1961 einsetzte, wachsende Nachfrage nach Konsumgütern, Rückgang der privaten Investitionstätigkeit, Minderung des Exports bei gleichzeitiger Steigerung des Imports an Verbrauchsgütern hatte die Zahlungsbilanz aus dem Gleichgewicht gebracht. Seit 1961 fühlte sich die führende Partei, die Democrazia Cristiana, nicht in der Lage, die schweren Probleme allein zu meistern. Unter dem Druck der rasch anwachsenden kommunistischen Partei hatte Fanfani innerhalb seiner Partei den Gedanken durchgesetzt, durch Öffnung nach links, die sogenannte Appertura a sinistra, durch Einbeziehung der Sozialdemokraten Saragats und der Sozialisten Nennis in die Regierung, die Abwanderung der arbeitenden Massen ins kommunistische Lager zu bremsen und der Regierung für die Lösung der großen strukturellen Probleme eine breitere Grundlage zu geben. In den Wahlen vom April 1963 war dieses Konzept bestätigt worden. Der neue Ministerpräsident Aldo Moro versuchte nun in Zusammenarbeit mit den Sozialdemokraten und den Nenni-Sozialisten, mittels starker staatlicher Interventionen, der Probleme Herr zu werden.

Die deutsch-italienischen Beziehungen waren gut. In vielen wesentlichen Fragen bestand Übereinstimmung der Auffassungen, vor allem auch dank der festen europäischen und atlantischen Grundsätze, von denen sich der Außenminister Saragat leiten ließ. Seit den Tagen de Gasperis gehörte der Zusammenschluß der sechs europäischen Staaten zu einem der festen Elemente der italienischen Außenpolitik. Für de Gasperi, wie für alle seine Nachfolger, war das gemeinsame Europa gleichsam eine Garantie für eine gesicherte Demokratie in Italien. So war die italienische Regierung immer bereit und mit uns einig, wenn es sich darum handelte, die Europäische Gemeinschaft zu verstärken und die in den Römischen Verträgen vorgesehene schrittweise Entwicklung zu einer europäischen Wirtschaftsunion mit allen den sich daraus für die Partnerstaaten ergebenden Konsequenzen zum Ziel zu führen. Die italienische Regierung war mit uns auch der Überzeugung, daß der Weg zur Wirtschaftsunion seine Ergänzung in einer sich allmählich aufbauenden politischen Union finden müsse, und daß eine verstärkte Kontrolle der Institutionen durch ein europäisches Parlament erfolgen solle, das aus unmittelbaren Wahlen der europäischen Völker hervorgehen und mit echten Kompetenzen ausgestattet sein würde. Das europäische Einigungswerk sollte in italienischer Sicht nicht auf die sechs Signatarstaaten der Römischen Verträge beschränkt bleiben, sondern schon heute das Tor für den Beitritt Großbritanniens und anderer europäischer Staaten öffnen. Die plötzliche Entscheidung de Gaulles, die Verhandlungen über den Beitritt Großbritanniens einzustellen, haben auf Regierung und öffentliche Meinung Italiens wie ein Schock gewirkt. Auch der deutsch-französische Vertrag – vor allem in Verbindung mit der Absage an das mit Italien eng befreundete Großbritannien – trafen auf Ablehnung und Kritik. Man sah hierin Abkehr von der auf gleichberechtigter Partnerschaft beruhenden Europäischen Gemeinschaft, Ansätze zu einem deutsch-französischen Condominium in Europa. Ja, man ging sogar so weit, den deutsch-französischen Vertrag als deutsches Vormachtstreben zu interpretieren. Alte Ressentiments begannen sich wieder zu regen, die sich nicht so sehr gegen Frankreich richteten, das man nicht gar so ernst nahm, als vielmehr gegen die Bundesrepublik, deren wirtschaftliches und militärisches Potential sehr hoch, vielleicht zu hoch eingeschätzt wurde.

Man hat gelegentlich in Bonn die Bedeutung der italienischen Zusammenarbeit im europäischen Spiel unterschätzt und die italienische Regierung nicht immer so an der Willensbildung der Gemeinschaft beteiligt, wie es notwendig gewesen wäre. Hier empfand ich es als eine besonders wichtige Aufgabe, Italien stärker in das Blickfeld unserer außenpolitischen Bemühungen zu stellen und damit dem Wunsch unserer italienischen Freunde zu entsprechen, die wie Außenminister Saragat geradezu daraufhin drängten, von der Bonner Regierung stärker in das europäische außenpolitische Geschehen einbezogen zu werden.

Ich brauche nicht besonders zu betonen, daß für meine Familie und mich Rom ein besonderes Erlebnis war. Das Botschafterhaus, die von meinem Vorgänger, Botschafter Klaiber, erworbene Villa Almone, unmittelbar an der Aurelianischen Mauer in der Nähe der Via Appia Antica, mit einem herrlichen Blick hinüber zu den Albaner Bergen und dem schönsten Vulkan des Altertums, dem Monte Cavo, war ein geeigneter Treffpunkt für die vielen Deutschen, die die Ewige Stadt besuchten, und die vielen Italiener aus allen Kreisen, die mit Deutschland in Verbindung standen.

Die Römer sind freundliche und gastliche Menschen. Man kann aber wohl von einer natürlich gewachsenen, das römische Leben formenden Gesellschaft kaum noch sprechen. Denn diese hatte durch die wechselvolle

Geschichte stark an Bedeutung verloren. Gewiß gab es noch manch prachtvolle Häuser und Paläste mit einer großen Geschichte und unendlichen Kunstschätzen, die gelegentlich ihre Tore für das gesellschaftliche Rom öffneten. Mir schienen sie aber wirklichen Lebens zu entbehren. Ihre Besitzer lebten meist im Ausland, wohin sie, immer besorgt um die innere Entwicklung Italiens, ein gut Teil ihrer Vermögen »in Sicherheit« gebracht hatten.

Ich fand auch, daß das Interesse der Römer an weltpolitischen Vorgängen geringer war als ich erwartet hatte. Im Parlament erschöpfte sich die politische Tätigkeit oft in Taktik und persönlicher Intrige, die dazu beitrugen, die Geltung der Parteien zu mindern. Mir wollte es oft scheinen, daß das Rom unserer Tage von einem Provinzialismus beherrscht war, das keinen rechten Boden für die Entwicklung profilierter politischer Persönlichkeiten bietet. Das Schwergewicht des politischen, wirtschaftlichen, wissenschaftlichen und künstlerischen Lebens des Landes liegt nun einmal in Mailand. Hier wirken die großen Verlage, Zeitungen, Theater, hier die industriellen Unternehmungen und akademischen Institute von Rang. Ich habe diese Stadt, die faszinierend ist, oft besucht und aus den Kontakten mit ihren Menschen für die Verstärkung der deutsch-italienischen Beziehungen wertvolle Anregungen gewonnen.

Rom, den 16. Januar 1964

Hatte heute ein interessantes Gespräch mit Fanfani über die innere Lage Italiens. Fanfani wollte mir einleitend zu verstehen geben, daß er über sein Ausscheiden aus dem Amt glücklich sei und daß er zunächst nicht beabsichtige, in der italienischen Politik aktiv zu werden. Über die Chancen der Regierung Moro ließ er sich sehr vorsichtig aus. Moro sei zwar kein aktiver Mann, der seine Ziele mit Energie durchsetze, er verfüge aber über große Zähigkeit und außerordentliches taktisches Geschick. In der Regel schweige er. Es sei ihm, Fanfani, passiert, daß er mehrere Monate hindurch nicht habe erfahren können, was Moro über gewisse Probleme denke.

Die Spaltung der sozialistischen Partei sei bedauerlich, weil damit ihre politische Handlungsfreiheit eingeschränkt sei. Auch würde dadurch Ziel und Sinn der Apertura a sinistra, die Sozialisten vom Kommunismus zu trennen, stark beeinträchtigt.

Die kommunistische Gefahr sei groß. Der Kommunismus verfüge in Italien über eine einheitlich gesteuerte, vorzüglich organisierte, machtvolle

Partei. Dagegen sei die Democrazia Cristiana im Augenblick hoffnungslos gespalten, besitze keine gute Organisation und verliere im Lande ständig an Boden. Was ihn beunruhige, seien Interventionen gewisser kirchlicher Kreise. Die Autorität des Vatikans verliere an Wirkung, wenn sie im politischen Feld immer wieder und zu oft in Erscheinung trete. Wie Italien aus der Krise herausfinde, sei heute noch nicht zu übersehen. Man müsse abwarten.

Fanfani macht den Eindruck eines Mannes von hellem Verstand, von Ideenreichtum, von hohem politischen Ehrgeiz, der ihn immer wieder in die Arena des politischen Tageskampfes zurückkehren lassen wird.

17. Januar 1964

Ich sprach heute länger mit dem Führer der sozialistischen Partei Nenni. Er spricht ein ausgezeichnetes Französisch und versteht, seine Auffassungen in überzeugender, klarer Weise darzulegen. Wir sprachen über den Zusammenschluß der europäischen Staaten und die Möglichkeiten eines direkt gewählten Europäischen Parlaments. Er teile nicht die Auffassung mancher, daß das Erscheinen der Kommunisten in einem solchen Europaparlament gefährliche Folgen haben könne. Die bürgerliche und die sozialistische Welt sei stark genug, um sie in den notwendigen Auseinandersetzungen in Schranken zu halten. Nenni brachte dann von sich aus die Sprache auf den Plan einer multilateralen atomaren Streitkraft, den er im Prinzip ablehne, ohne schon eine engültige Haltung einzunehmen. Ich versuchte, ihm unseren Standpunkt zu erklären, indem ich unter anderem auch darauf hinwies, daß die Beteiligung der Bundesrepublik an einer solchen internationalen Streitkraft eine Garantie gegen etwaige neue nationalistische Tendenzen sei. Es sei für ein großes Volk schwer, sich mit der Tatsache abzufinden, nur konventionelle Waffen zu besitzen und die Entscheidung über den Einsatz der modernsten Waffen seinen Verbündeten zu überlassen. Die geplante multilaterale Kraft sei ein bedeutsames Mittel, um die Atlantische Verteidigungsgemeinschaft, das integrierte Bündnis und in ihm die Bundesrepublik »integriert« zu halten.

Bonn, 18. bis 22. Januar 1964

Zur Vorbereitung des Besuches Erhards in Rom war ich in diesen Tagen in Bonn. In Rom werden die politische Organisation Europas, die multilaterale Streitkraft innerhalb des NATO-Bündnisses, das Ost-West-Verhältnis und die Stabilisierung der italienischen Wirtschaft hauptsächliche Gesprächsthemen sein.

Der Bundeskanzler sieht seinen Besuch in Rom in der Reihe seiner anderen internationalen Besuche, die dem Zweck dienen, die Allianz im europäischen und atlantischen Raum zu verstärken, Dissonanzen zu überwinden und die Partner zueinander zu führen. Wie weit er konkrete Vorstellungen über den Weg zu einer politischen Organisation Europas besitzt, blieb unklar. Er sprach von der zu erstrebenden Konföderation, von der Schaffung einer verstärkten Kontrolle der ihm offensichtlich nicht willkommenen Technokratien in Brüssel, und von der Mitwirkung Großbritanniens, ohne daß eine klare und präzise Auffassung über das Ziel und den einzuschlagenden Weg deutlich wurde. Ich hatte das Gefühl, daß der Kanzler, vielleicht etwas erstaunt über die positiven Ergebnisse seiner bisherigen außenpolitischen Tätigkeit, an Selbstbewußtsein gewonnen hat. Nun hat sicher der von ihm ausströmende Optimismus, seine Offenheit, sein Wille zur Zusammenarbeit in den Ländern, die er in seiner neuen Eigenschaft besuchte, Hoffnungen geweckt. Die Frage bleibt, ob es ihm auf die Dauer gelingen wird, diesen Erwartungen zu entsprechen.

Das sich daran anschließende Gespräch mit Außenminister Schröder schien mir in vielerlei Hinsicht konkreter und realistischer. Schröder verfügt über einen klaren, logischen Verstand und sieht mit Realismus die Möglichkeiten, die sich unserer Politik heute bieten. Er glaubt – und meiner Ansicht nach mit Recht –, daß die Zeit für eine neue europäische Initiative nicht gekommen ist. Für ihn bleiben Fernziele das politisch organisierte Europa, ein direkt gewähltes Parlament, das über stärkere Kontrollrechte verfügt, zugleich aber auch ein Europa, das Großbritannien mit einschließt. Da das heute nicht zu erreichen ist, sind die Fusion der Europäischen Behörden, die Kennedyrunde und andere wirtschaftliche Probleme die nächstliegenden, der Lösung harrenden Aufgaben.

In diesen Tagen traf ich in Köln Monnet und seinen Mitarbeiter Kohnstamm, die beide der Auffassung waren, daß die Schrödersche Beurteilung der Lage richtig sei und daß man im gegenwärtigen Augenblick keine neue Initiative ergreifen könne. Monnet gab mir Kenntnis von seiner Arbeit an einer neuen Erklärung des Europäischen Aktionskomitées, das unter seiner Führung die Gedanken des Europäischen Zusammenschlusses wirkungsvoll fördert.

Rom, den 29. Januar 1964

Der offizielle Besuch des Bundeskanzlers in Rom ist gestern abend mit einem größeren Essen der italienischen Regierung in der Villa Madama abgeschlossen worden. Bei diesem Anlaß zeigte sich, wie stark Herr Erhard seine italienischen Verhandlungspartner beeindruckt hat. Die italienischen Gäste hatten durchweg den Eindruck, es mit einem deutschen Staatsmann zu tun zu haben, der in dem europäischen System Italien einen Platz einräumt, der sich durch völlige Gleichberechtigung und Gleichbewertung charakterisiert. Erhard hat seinen italienischen Gastgebern in den letzten zwei Tagen wiederholt gesagt, daß die deutsch-italienische Freundschaft für ihn den gleichen Stellenwert besitzt, wie die so wichtige und für die weitere europäische Einigung so unentbehrliche deutsch-französische Versöhnung. Es war in der Tat notwendig, daß bei diesem Besuch die Akzente neu gesetzt wurden. Denn, wenn auch die unmittelbaren negativen Auswirkungen des deutsch-französischen Vertrages vom Januar 1963 seit längerem überwunden sind, so war doch noch unter den italienischen Freunden ein gutes Stück Skepsis übriggeblieben.

In der Frage des europäischen Zusammenschlusses hat Erhard den Standpunkt eingenommen, daß es falsch sein würde, wegen der gegebenen und nicht gering einzuschätzenden Schwierigkeiten zu resignieren und die ganze Frage auf ungewisse Zeit zu verschieben. Man dürfe die politische Einigung Europas unter keinen Umständen aus dem Gedankenkreis der europäischen Völker verbannen. Im Gegenteil, man müsse den Willen für die Schaffung eines politischen Europas immer wieder neu durch Erörterungen, Gedankenaustausch und praktische Initiativen wachhalten. Dabei legte er den Akzent darauf, daß das Europa der Sechs nicht der Endzweck sein könne, sondern daß er an die Erweiterung des Sechsereuropas durch England, aber auch durch andere europäische Staaten denke. Hierzu habe er sich in zahlreichen Gesprächen verpflichtet und er glaube auch, daß Großbritannien, wenn einmal seine innerpolitische Situation durch die Neuwahlen geklärt sei, sich Europa wirtschaftlich und politisch anschließen werde. Der Gedanke, auf einer Gipfelkonferenz der Sechs neue Überlegungen anzustellen, ist als unrealisierbar zurückgestellt worden. Herrn Erhard lag es im besonderen daran, mit der italienischen Seite eine gemeinsame Linie zu beziehen, die während der in Paris Mitte Februar vorgesehenen deutsch-französischen und französisch-italienischen Besprechungen eingehalten werden soll und die darauf abzielt, die Franzosen zu bewegen, ihren Widerstand gegen den Beitritt Großbritanniens und gegen eine gewisse Verstärkung der Befugnisse der Europäischen Versammlung aufzugeben. Zur Freude der italienischen Gesprächspartner legte Herr Erhard besonderes Gewicht auf die Feststellung, daß die Bundesrepublik eine Hegemonie einer europäischen Macht nicht anerkennen werde, daß sie gleicherweise die Schaffung einer sogenannten dritten Kraft ablehne und daß die europäischen Einigungsbestrebungen sich in die größere atlantische Partnerschaft einbetten müßten, die durch ein gestärktes, einiges Europa eine wesentliche Belebung erfahren solle.

Auf der Linie der Stärkung des Atlantischen Bündnisses lagen dann auch die Besprechungen Erhards über die Schaffung einer multilateralen Kraft, die er als notwendig bezeichnete. Er hob hierbei hervor, daß er weder an einer rein deutsch-amerikanischen noch aber an einer rein deutsch-französischen atomaren Verteidigungskraft mitzuwirken bereit sei. Für Deutschland könne es sich in dieser Frage nur um eine breitgelagerte multilaterale Kraft handeln, an der eine ganze Anzahl anderer europäischer Staaten teilnehmen und in der Italien einen maßgebenden Platz einnehme. Diese Auffassungen sind von Herrn Saragat in vollem Umfang geteilt worden. Man gab zu erkennen, daß eine unmittelbare Entscheidung schwer sei, da noch innerpolitische, sprich sozialistische Hemmungen zu überwinden seien, was aber nach Auffassung von Saragat mit einiger Geduld zu erreichen sein werde.

Auf dem Gebiet der deutsch-italienischen Beziehungen spielt die Frage der Stabilisierung der italienischen wirtschaftlichen und finanziellen Verhältnisse, die Überwindung des großen Außenhandels- und Zahlungsbilanzdefizites, die schwierige Situation der italienischen Gastarbeiter in Deutschland und der Wunsch einer verstärkten kulturellen Zusammenarbeit eine große Rolle. Man hat diese Probleme nicht vertieft, sondern hat im wesentlichen Kommissionen damit beauftragt, praktische Vorschläge auszuarbeiten. So soll eine Wirtschaftskommission in regelmäßigen Zeitabständen sich mit solchen Fragen befassen, soll die bestehende deutsch-italienische Kulturkommission Vorschläge erarbeiten und soll auch die bestehende soziale Kommission sich mit dem Arbeiterproblem beschäftigen.

Was der ganzen Situation in diesen beiden Tagen einen besonderen Charakter gab, war das zweimalige Zusammentreffen des Bundeskanzlers mit dem Stellvertretenden Ministerpräsidenten Nenni. Hier war von Bedeutung das über eine Stunde dauernde Gespräch in der Villa Almone, das dem Abendessen zu Ehren der italienischen Regierung vorausgegangen war. In diesem Gespräch versuchte der Bundeskanzler – ich glaube mit Erfolg –, Nenni den Nachweis zu erbringen, daß er, Erhard, unter vielen Gesichtspunkten falsch gesehen worden sei und daß die freie Wirtschaft nach seinen Auffassungen nur dann Erfolg haben könne, wenn sie zugleich mit einer umfassenden Lösung der sozialen Probleme verbunden sei. Auf eine Frage von Erhard untersuchte man im Gespräch die Gründe für das starke Anwachsen des Kommunismus in Italien. Nenni wies auf die großen, von der schnell wachsenden Industrie in Mailand, Turin und Genua ausgelösten Wanderbewegung vom Süden nach dem Norden hin, die einen Nährboden für kommunistische Einflüsse darstellt. Die bestehenden sozialen und wirtschaftlichen Strukturen Norditaliens hätten einfach nicht gereicht, den hereinströmenden Massen ein menschenwürdiges Dasein zu bieten. Ob es nun der neuen Regierung Moro gelingen werde, die Probleme zu überwinden, bleibe dahingestellt. Erhard unterstrich, daß nach seiner Auffassung die so notwendigen Reformen ihre Lösung nur auf einer breiten, auch die sozialistischen Parteien umfassenden Grundlage finden könnten. Insofern sei die Centro-Sinistra eine Möglichkeit, von der er sich Fortschritte verspreche.

Beide Männer, so verschieden in ihren Grundauffassungen, hatten sich in diesem Gespräch gefunden.

Loveno, Sonntag, den 3. Mai 1964

Heute war ich bei Konrad Adenauer in Loveno am Comer See. Es war der erste Urlaub, den der Kanzler nach seinem Ausscheiden aus dem Amt in dieser von ihm geliebten Gegend Oberitaliens verbrachte. Der frühere niederländische Außenminister Dirk Stikker, jetzt Generalsekretär der NATO, hatte ihm sein schönes Haus unweit Cadenabbia für einige Wochen zur Verfügung gestellt. Keine leichten Wochen für den Mann, der Jahre hindurch im Zentrum der politischen Entwicklung seines Landes, oft im Mittelpunkt internationaler Ereignisse und Krisen gestanden. Nun war er zwar soeben in Hannover wieder mit großer Mehrheit zum Ersten Vorsitzenden seiner Partei gewählt worden. Entwicklung und Führung dieser, seiner von ihm geprägten großen Partei boten ein weites Feld für Sorgen, neue Ideen und Pläne. Aber es war eben doch nicht das gleiche wie früher bei solchen Urlauben am Comer See, in denen neben manchen beschaulichen Stunden die Motoren des politischen Lebens zu Hause und draußen in der Welt jeden Tag spürbar waren, jeden Tag wichtige Nachrichten brachten und oft Entscheidungen forderten. Es waren für den so aktiven, so in allen Fasern seines Lebens von leidenschaftlichen politischen Interessen erfüllten Mann wirklich keine leichten Tage, in denen er sich daran gewöhnen mußte, alles aus einer gewissen Distanz zu betrachten. In dieser Zeit betreuten ihn abwechselnd seine Töchter Lotte, Libet und Ria, wie so oft auf den vielen Auslandsreisen. Ihre Präsenz, ihr

Gespräch waren notwendig, heitere Ablenkung und auch wieder Auftrieb zu neuer Aktivität. In diesem kleinen Kreis gab es aber auch Anneliese Poppinga, die langjährige, unermüdliche Mitarbeiterin, ja Mitstreiterin. Wie in der Kanzlerzeit, so auch jetzt wichtiges Bindeglied zur Außenwelt, in früherer Zeit oft ruhige und ausgleichende Mittlerin zwischen dem Kanzler und all den Vielen, die ihn sehen und sprechen wollten. Wenn es sein mußte, energische und unerbittliche Betreuerin seiner Gesundheit und der Schonung seiner Kräfte.

Der Kanzler wollte in diesen Wochen mit der Abfassung seiner Erinnerungen beginnen. Viel Material war ihm nach Loveno vorausgereist. Und doch war er innerlich hierzu noch nicht bereit, noch zu sehr in den Spannungen und Konflikten des politischen Alltags verhaftet. Anneliese Poppinga fühlte sich verpflichtet, oft leise mahnend an diese Pläne zu erinnern, vorsichtig, beharrlich, auch wenn die Reaktionen des alten Mannes hier und da ärgerlich klangen.

Unser Gespräch an jenem Sonntag im Mai auf der Terrasse des Stikkerschen Hauses in Loveno kreiste um jene Erinnerungen. Ich bemühte mich, Adenauer – ein wenig an der Hand der Memoiren des Kardinals Richelieu – zu empfehlen, in seinem Buch die Grundsätze seines Handelns, die Maximen seiner Politik, gleichsam als seinen Rat, sein Vermächtnis für die Zukunft niederzulegen. Auch meinte ich, daß er nicht zögern sollte, Persönlichkeiten seiner Zeit zu schildern, Freunde und Gegner, die für sein politisches Handeln bestimmend gewesen sind. Es war ein langes und gutes Gespräch.

Rom, im Juli 1964

Wir haben in Rom wieder einmal eine Regierungskrise, und es ist nicht abzusehen, wie und wann sie enden wird. Der Grund der Krise liegt in der sehr heterogen zusammengesetzten Centro-Sinistra-Regierung, in der offen oder versteckt zwischen den Vertretern der Democrazia Cristiana und den Sozialisten um die Politik sowohl hinsichtlich der dringend notwendigen konjunkturellen Maßnahmen als auch hinsichtlich der Reform der Strukturen gerungen wird. Dabei ist es vor allem die sozialistische Partei unter Führung Nennis, die die Lage mehr und mehr kompliziert hat. Zwar wäre Nenni persönlich bereit, in vertrauensvoller Weise mit der Democrazia Cristiana zusammenzuarbeiten und seine eigenen sozialistischen Programme den Notwendigkeiten der Lage anzupassen. Vor allem wäre er bereit, einen Teil der Reformmaßnahmen, die von der äußersten Linken mit so viel Stimmaufwand gefordert werden, zu verschieben, jedenfalls so lange, als die Unstabilität der italienischen Wirtschaft nicht überwunden ist. Aber er selbst ist nicht Herr im eigenen Lager. Seine Partei ist gespalten. Ihr linker Flügel unter Leitung von Lombardi, Chefredakteur des »Avanti«, besteht auf beschleunigter Inangriffnahme aller Reformen und verweigert die Zusammenarbeit, wenn es sich darum handelt, das Verhältnis von Preisen und Löhnen vernünftig zu ordnen und die Einschränkungen des Verbrauchs durchzusetzen.

Überwiegend gilt die Meinung, daß man die Centro-Sinistra-Lösung weiter fortsetzen muß. Viele in den Regierungsparteien wünschen eine neue Beauftragung Moros mit der Regierungsführung. Auch die Sozialisten sind bereit, in eine neue Regierung Moro wieder einzutreten. Zu welchen Bedingungen, läßt sich heute noch nicht übersehen. Wir können wohl annehmen, daß Herr Moro nach langwierigen, über Wochen sich hinziehenden Verhandlungen eine neue Centro-Sinistra-Regierung zustande bringen wird. Ob es ihm allerdings gelingen wird, jetzt positivere Ergebnisse zu erzielen, bleibt fraglich. Er ist ein schwacher Mann. Ein Mann des vorsichtigen Abtastens und Aushandelns. Ein Mann, der dem offenen Kampf gern ausweicht und mit taktischen Zügen durch die Schwierigkeiten hindurchlavieren möchte. Es fehlt deshalb auch nicht an Stimmen, die eine andere Persönlichkeit für den Posten des Regierungschefs fordern. Manche möchten es noch einmal mit Herrn Fanfani versuchen, der in letzter Zeit Herrn Moro hier und da deutlich angegriffen hat, sich, ohne die Centro-Sinistra-Idee aufzugeben, für einen neuen, noch nicht eindeutig definierten Kurs erklärt und sich durch seine Freunde als »Retter des Vaterlandes« anpreisen läßt.

Sollte der Versuch der Centro-Sinistra-Lösung mit Moro oder einem anderen Kandidaten der Democrazia Cristiana scheitern, so bleiben nur wenig Möglichkeiten. Als erste die Bildung eines Übergangskabinetts, etwa unter der Leitung von Leone, mit dem Ziel, zu Neuwahlen zu kommen. Vor diesen schrecken aber, mit Ausnahme der Kommunisten, alle Parteien zurück, weil Neuwahlen mit Sicherheit einen erneuten, erheblichen Stimmenzuwachs der kommunistischen Partei zur Folge haben würden. Eine allein von der Democrazia Cristiana gebildete Regierung ist wenig aussichtsreich, da sie von der Linken nicht ausreichend gestützt würde. Eine Rechtsregierung scheidet mangels entsprechender Persönlichkeiten aus, vor allem auch mangels der nötigen Stimmenzahl im Parlament.

Es bleibt also eine Centro-Sinistra-Regierung. Das Land bedarf dringend der Reformen auf allen Gebieten. Ich sehe nicht, wie solche durchgeführt werden können, ohne eine Beteiligung der Arbeiterschaft, wie sie in der sozialdemokratischen Partei Saragats und der sozialistischen Partei Nennis repräsentiert ist.

Für uns in Deutschland ist es notwendig, den Italienern gegenüber Geduld zu zeigen. Belehrungen, wie sie von prominenten Regierungsmitgliedern kürzlich ausgesprochen wurden, wirken in Rom negativ und schaden unseren guten Beziehungen. Wenn wir hier Einfluß nehmen wollen, so geschieht dies am besten über die Gremien der Europäischen Gemeinschaft. Es kommt dabei nicht so sehr darauf an, daß wir immer wieder mit unserem Geldbeutel winken und finanzielle Hilfe in Aussicht stellen. Es kommt vielmehr darauf an, im Geist echter Kooperation mit den verantwortlichen Italienern – und da kann ich in erster Linie immer nur den hochqualifizierten Emilio Colombo nennen – einen engen Gedankenaustausch zu pflegen. In dieser Regierung der Centro-Sinistra sitzen ausgesprochene Freunde Deutschlands, wie Colombo, Saragat und Andreotti. Selbst Nenni hat in letzter Zeit viele Ressentiments überwunden und zeigt sich an den deutschen Problemen stärker interessiert als bisher. Ich halte es deshalb für gut, wenn wir in Zukunft mit ihm und seinem Freundeskreis engere Fühlung halten, um damit in der sozialistischen Partei die Kreise zu stärken, die europäisch denken.

1. bis 7. Oktober 1964

Niemand kann sich dem Charme dieses Landes und seiner Bewohner entziehen. Auf meinen vielen Reisen, die mich in alle Zentren führten, war der unmittelbare Kontakt mit Politikern, Journalisten, Vertretern von Landwirtschaft und Industrie und den Gewerkschaften von großem Gewinn. Ich fand überall jüngere, moderne Menschen, die voller Initiativen, die im Streben nach neuen Arbeitsformen, von großem Fleiß und Energie erfüllt waren. Das »dolce far niente« gehört offensichtlich der Vergangenheit an.

Unter diesen Reisen war meine in diesen Tagen stattfindende Fahrt nach Apulien und in die industriellen Zentren Bari, Brindisi und Tarent eindrucksvoll. Ich fand hier eine positive Einstellung der Bevölkerung zu unserem Land, die wohl daher rührt, daß man sich in der Aktivität, dem Fleiß, dem Reichtum an neuen Initiativen uns Deutschen verwandt fühlt. Hier war ein ausgesprochener Wille spürbar, alte Rückständigkeit in Industrie und Landwirtschaft zu überwinden und alles daran zu setzen, das Ungleichgewicht mit dem übermächtigen Norden des Landes, so weit irgend möglich, auszugleichen. Das, was heute auf industriellem Gebiet in

Bari, Brindisi und Tarent geschieht, kann man wirklich als revolutionär bezeichnen. Der Aufbau der Stahlwerke in Tarent, die großen petrochemischen Anlagen der Montecattini in Brindisi und viele kleine Industriebetriebe in der Umgebung von Bari, haben das Bild der Landschaft und die Lebensbedingungen der Menschen verändert. Noch richtet sich heute der Absatz dieser Industrien auf den inneren italienischen Markt. Aber bald wird die Zeit kommen, wenn sie dank ihres günstigen Standortes unmittelbar am Meer und in der Nähe des Nahen, des Mittleren Ostens und Afrikas im italienischen Außenhandel eine wichtige Rolle spielen werden. Schon heute bietet der natürliche Hafen von Brindisi ausgezeichnete Voraussetzungen für den Import von Rohöl aus dem Vorderen Orient und für den Export der daraus geschaffenen Verarbeitungsprodukte.

Die Lage der Landwirtschaft hat sich in diesem vom Klima so begünstigten Gebiet in den letzten Jahren durch große staatliche Investitionen verbessert, zumal es gelungen ist, durch entsprechende Staudämme die Voraussetzung für eine Bewässerung weiter Gebiete zu schaffen. So ist der Metaponte zu einem »zweiten Kalifornien« geworden, dank einer Arbeitsenergie der Bevölkerung, die alles übertrifft, was ich in dieser Hinsicht in anderen Regionen Italiens erlebt habe. Ich fand auch wohl in keiner anderen Landschaft Italiens ein so ausgesprochenes Interesse an der historischen Vergangenheit und ihren künstlerischen Werken. Die bedeutenden Kirchen der Stauferzeit, die Schlösser und Burgen eines Friedrich II. werden überall erneuert und man versucht, in zum Teil sehr gelungenen Ausstellungen die Menschen der Gegenwart mit ihrer Vergangenheit zu verbinden.

6. Dezember 1964

Der Staatspräsident Segni erlitt heute einen Schlaganfall, der ihn zwang, von seinem Amt zurückzutreten. Segni, der das Amt seit Mai 1962 innehatte, gehört zu den sympathischsten Figuren des italienischen politischen Lebens. Von großer Zurückhaltung und Bescheidenheit, war dieser Professor der Rechtswissenschaft aus Sardinien einer jener, die sich immer wieder, wenn der Ruf an ihn erging, in den Dienst der Gemeinschaft stellte. Er war fest in seinen Anschauungen, ein überzeugter Europäer, von Sachlichkeit und Verantwortungsbewußtsein erfüllt und frei von jeglicher Phrase.

16. Dezember 1964

Der Außenminister im Kabinett Moro Guiseppe Saragat ist heute nach einundzwanzig Wahlgängen zum Staatspräsidenten gewählt worden. Die Wahl ist von allen, die in Parteien und öffentlicher Meinung über politisches Urteil verfügen, als positiv begrüßt worden. Der neue Präsident bringt für sein Amt ausgezeichnete Voraussetzungen mit. Er ist ein überzeugter Demokrat, eine Persönlichkeit von absoluter Integrität, ein Verfechter sozialer Gerechtigkeit und sozialen Fortschritts. Wie so viele Piemontesen ist er von einem tiefen Verantwortungsgefühl gegenüber dem Staat erfüllt. Er erklärte in seiner ersten Botschaft an das Parlament, daß er der oberste Moderator der Parteien und Wächter der demokratischen Institutionen sein werde. Als Außenminister hat er seine Überzeugung hinsichtlich der atlantischen Verteidigung und dem europäischen Einigungswerk mit Klarheit und Folgerichtigkeit vertreten. Er besitzt große Erfahrung auf außenpolitischem Gebiet, kennt Frankreich aus eigener Anschauung und hegt für unser Land hohe Achtung, mit dessen philosophischen und literarischen Werken er vertraut ist. Er wird seine hauptsächliche Aufgabe wohl darin sehen, den Ministerpräsidenten Moro, mit dem ihn ein enges freundschaftliches Verhältnis verbindet, bei seinen Bemühungen um die Erhaltung der Mitte-Links-Regierung (Centro-Sinistra) zu stützen. Saragat sieht in Moro eine Persönlichkeit, die wegen ihrer großen Vorsicht, ihrem gelegentlichen Zögern und ihrer Kompromißbereitschaft in der Lage ist, die heterogenen Elemente der gegenwärtigen Regierung immer wieder zusammenzuführen. Er hofft, zusammen mit Moro, die so dringend notwendigen Reformen möglichst schnell in Angriff nehmen zu können, und damit die allgemeine Enttäuschung über die bisherigen Leistungen der Centro-Sinistra und die Ungeduld der Massen aufzufangen.

In den schweren Wahlauseinandersetzungen um die Präsidentschaft sind in der italienischen Parteienlandschaft Veränderungen deutlich geworden, die sowohl für die Zukunft der Regierung Moro, vielleicht aber auch für das politische Schicksal Italiens von bestimmendem Einfluß sein können. An erster Stelle steht die Zerrissenheit der Democrazia Cristiana. Sie datiert schon aus der Zeit des Parteikongresses im Frühjahr 1962, in dem es sich darum handelte, die Centro-Sinistra-Regierung zu entwickeln. Die Notwendigkeit, das alte christliche und soziale Gedankengut den stürmischen Veränderungen der wirtschaftlichen Strukturen des Landes anzupassen, hat zu großen grundsätzlichen Meinungsverschiedenheiten und damit zu Gruppenbildungen geführt, die sich heute aufs heftigste untereinander befehden. Die langen Jahre, in denen nun schon die Cristiana die Regierungsverantwortung trägt, hat einen Verschleiß der alten führenden Schicht zur Folge mit all den bekannten Erosionserscheinungen wie Gleichgültigkeit, Selbstsucht, Gedankenarmut und Disziplinlosigkeit. Dem Direktorium der Partei sind diese Dinge wohl bewußt, es ist aber machtlos, den Mißständen zu begegnen. So stehen sich heute im Nationalrat der Partei vier Parteien (Correnti) gegenüber. Jede dieser Gruppen besitzt einen eigenen Apparat, eigene Presseorgane, eigene Programme und eigene Führungsgremien mit all ihren persönlichen Ambitionen und Egoismen. Jede dieser Gruppen hat ihre eigenen Vorstellungen von den Aufgaben und Zielen einer Centro-Sinistra-Regierung. Vor jeder Abstimmung im Parlament gab es im Laufe des letzten Jahres krisenhafte Auseinandersetzungen.

So war es nur natürlich, daß es bei den Wahlen zum Staatspräsidenten zu Divergenzen kommen mußte, über denen die Partei auseinandergebrochen ist. Niemand weiß heute noch, ob und wie die Leitung der Cristiana die gegenwärtige Situation überwinden wird. Inzwischen versucht der Generalsekretär der Partei Rumor, die Gegensätze zu überbrücken und noch einmal eine einheitliche, sich aus allen Correnti zusammensetzende Leitung auf der Grundlage eines gemeinsamen, Centro-Sinistra bejahenden Programmes zu bilden. Es ist möglich, daß ihm dies noch einmal gelingt. Wenn es gelingen sollte, so erhebt sich aber die Frage, ob diese so mühsam hergestellte Einheit Aktionsfähigkeit bedeutet, oder ob die nur künstlich »überkleisterten« Gegensätze bei der nächsten Gelegenheit, so bei der ersten Abstimmung im Parlament über eines der bevorstehenden bedeutenderen Gesetze, erneut aufbrechen.

Die Wiederherstellung der Einheit wird heute nicht so sehr vom linken Flügel der Cristiana, den Forze Nuove, erschwert, die von planwirtschaftlichen Vorstellungen erfüllt den Dialog mit den Kommunisten wünschen. Sie würden wohl unter dem Einfluß Moros zur Annahme eines Kompromisses bereit sein. Die Hauptschwierigkeiten einer dauerhaften Einigung liegt in der Person Fanfanis. Seine Enttäuschung über das Scheitern seiner Wahl, er war auch einer der Kandidaten für die Präsidentschaft, sein Opportunismus, sein taktisches Spiel mit allen und gegen alle sind Elemente, welche ein geschlossenes Handeln der Cristiana erschweren. Es ist sicher etwas Wahres daran, wenn ein führender Cristiana-Abgeordneter mir kürzlich sagte, daß Fanfani die Auflösung der Partei so weit treiben wolle, bis nichts anderes mehr verbleibe, als ihm als Retter aus äußerster Not die Führung der Partei anzuvertrauen.

Sollte es in der Cristiana zu keiner Einigung kommen, sollte vor allem aber auch in ihr keine eindeutige Entscheidung zugunsten einer beschleunigten Durchführung des Reformprogrammes fallen, so würde auch die sozialistische Partei in ihrer Einstellung zur Centro-Sinistra-Regierung unsicher werden. Schon jetzt sind dort Stimmen laut, die eine Aufgabe der Centro-Sinistra-Lösung verlangen und einen Zusammenschluß der gesamten Linken, von den Forze Nuove der Cristiana über die Republikaner, die Saragat-Sozialdemokraten und die Nenni-Sozialisten, fordern und dabei eine Stützung durch die kommunistische Partei in ihre Berechnungen einbeziehen. Mit anderen Worten, es werden deutliche Ansätze zur Volksfront sichtbar. Ich glaube allerdings, daß Nenni heute noch genügend Einfluß in seiner Partei hat, um dies zu verhindern. Bei einer unklaren Haltung der Cristiana könnte er aber mit der Zeit leicht von den radikalen Gruppen in seinen eigenen Reihen überspielt werden. Der Parteikongreß der Sozialisten, der gegen Ende April zusammentreten soll, wird über diese Fragen zu erheblichen Auseinandersetzungen führen. Aus der sozialdemokratischen Partei konnte man in letzter Zeit wiederholt den Ruf nach einer Vereinigung der beiden sozialistischen Parteien hören. Es ist sicher, daß Saragat hieran besonders interessiert ist. In der Tat hat die sozialdemokratische Partei mit der Wahl ihres Vorsitzenden zum Staatspräsidenten, der der Partei ihr eigentliches Gesicht gab, ihre wesentliche Anziehungskraft verloren. Auch Nenni würde einer Verschmelzung der beiden Parteien unter seiner Führung positiv gegenüberstehen. Anders jedoch verhält es sich mit seiner Anhängerschaft, die heute noch stark von marxistischem Gedankengut erfüllt ist und die »verbürgerlichte« Saragat-Partei als nicht gleichwertig betrachtet. Herr Lombardi, der präsumtive Nachfolger Nennis, fühlt sich jedenfalls eher zu Verbindungen mit der äußersten Linken hingezogen.

Der große Gewinner aus den Präsidentenwahlen ist die Kommunistische Partei. Ihre seit dem Organisationskongreß in Neapel vom März 1964 mit Stetigkeit verfolgte Politik, sich als verfassungstreue, den demokratischen Spielregeln ergebene, zum Dialog mit allen bereite Partei darzustellen, hat nützliche Ergebnisse erzielt. Ihre Stimmen haben entscheidend zur Wahl des Präsidenten beigetragen. Sie hat sich damit erneut als »staatstragende« Partei legitimiert. Sie hat damit die Isolierung, die das wesentliche Ziel der Centro-Sinistra-Lösung war, durchbrochen. Es wird heute sehr schwer, ja vielleicht unmöglich sein, das Prinzip der »delimitatione della maggioranza« noch anzuwenden, nach welchem die Parteien der Regierungskoalition sich verpflichtet hatten, keine Gesetze im Parlament durchzubringen, deren Annahme nur mit Stimmen der kommunistischen Partei erzielt werden könnte. Auch ist heute wohl nicht mehr zu erwarten, daß die Sozialisten, gemäß den von ihnen bei Bildung der Regierung Moro eingegangenen Verpflichtungen, sich aus den Arbeitsgemeinschaften mit den Kommunisten auf Ebene der Gemeinden, Provinzen und

Regionen lösen und ihre Zusammenarbeit mit der kommunistischen CGIL, der stärksten italienischen Gewerkschaft, aufgeben.

In konsequenter Befolgung des am 5. September 1964 veröffentlichten politischen Testamentes Togliattis wird die Kommunistische Partei auf Grund der Vorgänge bei den Präsidentenwahlen in Zukunft noch stärker als bisher ihren Eintritt in eine bürgerliche Regierung fordern, wird sich noch deutlicher als bisher von ihrer atheistischen Propaganda distanzieren, um den Zugang zu den katholischen Massen zu erweitern; sie wird sich noch stärker als bisher als Sprecher der intellektuellen Freiheit, des freien künstlerischen Schaffens und des wissenschaftlichen Fortschritts ausgeben und wird schließlich ihre Autonomie gegenüber dem Weltkommunismus betonen, mit der indirekten bestechenden Schlußfolgerung, daß der italienische Kommunismus etwas anderes sei als alle anderen kommunistischen Parteien.

Rom, den 31. Dezember 1964

Ich bin glücklich, daß sich im Laufe dieses nun zu Ende gehenden Jahres die Beziehungen zwischen Italien und Deutschland verstärkt haben. Hierzu hat der ständige Gedankenaustausch der Regierungen, der sich auf alle politischen, wirtschaftlichen und kulturellen Fragen bezieht, beigetragen. Er hat in den meisten Fragen eine Übereinstimmung der Meinungen ergeben. Dies gilt für unsere Ziele auf dem Wege zur Europäischen Gemeinschaft, die Entwicklung der Römischen Verträge, dies gilt für das zu schaffende Europäische Parlament und auch für die Tatsache, daß das europäische Einigungswerk nicht auf die sechs Signatarstaaten der Römischen Verträge beschränkt bleiben darf. Gleiche Übereinstimmung des Weges und der Ziele besteht auch, was das Atlantische Bündnis, die Sicherung des europäischen Kontinents, das Verhältnis zum Ostblock und eine ausgewogene Politik der Entspannung anlangt.

Ein wichtiges Kapitel ist die Verstärkung der kulturellen Beziehung der beiden Länder. Es hat in den letzten Jahren verstärkten Austausch von Gelehrten und Studenten, eine intensive Förderung der Institute und Lehrstühle gegeben, die der Verbreitung der Kenntnis der Sprachen der beiden Länder dienen, so die in Italien wirkenden sieben Goethe-Institute, die – abgesehen von ihren sprachlichen Leistungen – ein Bild der Bundesrepublik, ihrer geistigen und künstlerischen Leistungen, ihrer sozialen und politischen Aufgaben und Ziele vermitteln.

Nicht minder eng und bedeutsam sind die wirtschaftlichen Beziehungen der beiden Länder. Auf zahlreichen Reisen, die mich durch Italien geführt haben, bin ich immer wieder von der wirtschaftlichen Leistungskraft der Italiener beeindruckt worden. Gleichgültig ob im Norden, den großen Industriegebieten der Poebene, in Sardinien oder in dem sich neu entwickelnden industriellen Dreieck von Brindisi, Tarent und Bari, überall konnte ich den Fleiß und die Arbeitsintensität des italienischen Arbeiters, aber auch – und nicht zuletzt – die Initiative und Schaffenskraft der italienischen Ingenieure und Industriellen erleben. Ich bin überzeugt, daß das italienische Volk die gegenwärtigen Schwierigkeiten, die sich weitgehend aus der so raschen, teilweise sich überstürzenden Entwicklung vom Agrar- zum Industriestaat ergeben, mit der Zeit aus eigener Kraft wird überwinden können. Die Frage bleibt, ob es gelingt, den Geist gemeinsamer Verantwortung für das Ganze zu entwickeln, der unter dem ewigen Parteiengezänk, dem persönlichen Ehrgeiz und der hemmungslosen Selbstüberschätzung Einzelner und der vielfachen Neigung zu politischer Intrige so stark leidet.

Wenn wir uns heute die Frage stellen, wie sieht denn das Bild aus, das der Deutsche von Italien und der Italiener von Deutschland besitzt, so können wir immer nur feststellen, daß die Vorstellungen auf beiden Seiten unvollkommen und mangelhaft sind. So bleiben auf deutscher Seite immer noch Reste einer Vorstellung von Italien als eines Landes des »dolce far niente«, des Italieners, der den Genuß der Sonne und des blauen Himmels der Arbeit vorzieht. Und so besteht auf italienischer Seite oft die Vorstellung eines Deutschlands, das ausschließlich dem »Wirtschaftswunder« frönt, eines Deutschlands, das stark restaurative Züge trägt und das in seiner militärischen Kraft revisionistischen Gedanken verfallen könnte. Wir wissen, daß beide Vorstellungen falsch sind. Den meisten Deutschen ist der ungewöhnliche Aufstieg des neuen italienischen Industriestaates nicht bewußt, und unsere italienischen Freunde sehen zwar wohl die in Deutschland bestehende große Prosperität, wissen aber nicht, daß die Deutschen mit zweihundertzwanzig Menschen auf einem Quadratkilometer äußerste Anstrengungen unternehmen müssen, um durch ihrer Hände Arbeit ihr Leben zu sichern. Sie kennen auch nicht unsere Bemühungen der letzten fünfzehn Jahre um eine soziale Ordnung, in der für eine gerechtere Verteilung der Einkommen, eine wachsende Sicherung des einzelnen gegen Not und Alter gesorgt wird und in welcher der Arbeiter eine Stellung besitzt, die ihn vielfach an der Verantwortung für die Leitung der Betriebe und auch an ihrem Gewinn beteiligt. Mich beschäftigt immer wieder der Gedanke, wie wir dieses immer noch reichlich unzulängliche Bild korrigieren können, das beide Völker in breiten Schichten noch voneinander haben. Sicher trägt der

Tourismus zu einem besseren Verständnis bei. Ich bin aber nicht sicher, ob die vielen Millionen Deutscher, die an den Stränden Italiens Erholung suchen, auch wirklich etwas von den Problemen des Landes mit nach Hause nehmen. Ich glaube, es bleibt nichts anderes, als immer wieder Menschen aller Altersklassen und aller Berufe, Unternehmer und Arbeiter, Gelehrte, Politiker und Journalisten den Besuch unserer beiden Länder zu ermöglichen und sie mit qualifizierten Menschen zusammenzubringen, die etwas Konkretes über ihr Land aussagen können.

MEINE MISSION IN GROSSBRITANNIEN
MAI 1965 bis JANUAR 1970

Aus dem Jahre 1965

Vorbereitung meiner Aufgabe in London · Großbritannien heute – Beharrung und Veränderung · Die Probleme der Regierung Wilson · Das Verhältnis der Labourregierung zu Europa · Übergabe meines Beglaubigungsschreibens in Buckingham Palace · Staatsbesuch der Königin in der Bundesrepublik · Hundertfünfzigster Jahrestag der Schlacht von Waterloo · Verstärkung der britisch-deutschen Zusammenarbeit · Gespräch mit Lord Hood über die NATO · Regierungsbildung in Bonn nach den Bundestagswahlen vom 19. September · Versuch einer Formulierung der Grundlinien unserer Außenpolitik · Verstärkung der deutsch-britischen Konsultationen · Jahresessen der deutsch-englischen Gesellschaft · Zusammenarbeit auf nuklearem Gebiet

Im Mai 1965 wurde ich mit der Leitung unserer Botschaft in London beauftragt. Dem Außenminister im Kabinett Erhard, Gerhard Schröder, lag an einer Verstärkung der deutsch-britischen Beziehungen, in denen er ein notwendiges Gegengewicht gegen die Bemühungen um eine französische Vormachtstellung in Europa sah. Er wollte die Leitung unserer Botschaft in den Händen eines Mannes wissen, der antibritische gaullistische Auffassungen nicht teilte und die Einbeziehung Großbritanniens in die Europäische Gemeinschaft von jeher als eines der wesentlichen Ziele deutscher Außenpolitik betrachtete.

Für mich bedeutete die neue Aufgabe die Erfüllung eines alten Wunsches. Sie bedeutete Rückkehr in eine Stadt, in der ich – es war in den zwanziger Jahren – an der London School of Economics studiert hatte. Mit Freude, ja mit Enthusiasmus, hatte ich mich von dem Lehrer wie Schüler gleichermaßen beherrschenden progressiven Geist erfüllen lassen. Es war die Zeit der Hugh Daltons, Harold Laskis, Gregorys und Mac Nairs, deren Lehre den Zielen sozialer Gerechtigkeit und internationaler Zusammenarbeit diente. Mich hat das Leben an dieser Universität, ihre Freiheit, das enge Zusammenleben mit Lehrern wie Schülern, die aktive Teilnahme an allem, was diese Gemeinschaft bewegte, fasziniert. Meine englischen Freunde beeindruckten mich mit ihrem Sinn für Unabhängigkeit, ihrer Selbstsicherheit, ihrer Fairneß, der Unbekümmertheit und Gewandtheit in ihrem Ausdruck, der kritischen Einstellung gegenüber Staat und Gesellschaft und dem »understatement« in der Darstellung ihrer eigenen Person, ihrer Eigenschaften, Pläne und Ziele, und nicht zuletzt der natürlichen Rücksicht auf die persönliche Sphäre der Mitmenschen.

Ich war mir wohl bewußt, daß das Land in all den langen Jahrzehnten seit meiner Studienzeit große Veränderungen durchlaufen hatte. Und doch – trotz des Verlustes des Empire, trotz der großen menschlichen und wirtschaftlichen Opfer des Zweiten Weltkrieges und der außerordentlichen psychologischen und materiellen Schwierigkeiten des Neuaufbaus – fand ich in den fünf Jahren meiner Tätigkeit in London immer wieder in allen Schichten der Bevölkerung Menschen, die die ausgezeichneten menschlichen Qualitäten besaßen, die meinen Mitschülern in der London School of Economics eigen waren.

In der Tat – die Jahrzehnte seit dem Ende des Zweiten Weltkrieges haben auf allen Gebieten für Großbritannien ungewöhnlich große Veränderungen mit sich gebracht. Der Verlust des Empire, die Verselbständigung so vieler Länder in Afrika und Asien, die unter britischer kolonialer Herrschaft standen, die Preisgabe bedeutender überseeischer Investitionen, die Konfrontation mit einer äußerst leistungsfähigen ausländischen Konkurrenz auf Märkten, die England früher geradezu traditionell beherrschte, all dies stellte Staat und Wirtschaft vor schier unlösbare Aufgaben. Sie verlangten einen Anpassungsprozeß an neue Arbeits- und Lebensbedingungen, der in jedem Land schwierig gewesen wäre, doppelt schwierig aber in einem Volk, das so konservativ ist und sich so schwer Neuerungen öffnet. In den nahezu fünf Jahren meiner Amtszeit in London waren Unsicherheit, Skepsis, ja sogar Depression oft der Grund dafür, daß es nicht gelang – vor allem in der mittleren und kleinen Industrie – mittels neuer Investitionen moderne Produktionsmethoden durchzusetzen. Mangelnde Arbeitsintensität, eine ständig passive Handelsbilanz, negative Zahlungsbilanzen – in ihrem Gefolge mittel- und langfristige Verschuldung – waren die Zeichen der Zeit. Der Prozeß der Transformation hat vor keiner Gruppe der britischen Gesellschaft haltgemacht. Die Stellung des Arbeiters in Staat und Gesellschaft, seine Lebensweise, das Verhältnis Arbeitnehmer–Arbeitgeber, die wachsende Macht der Gewerkschaften warfen Probleme auf, die trotz aller Versuche der Regierungen – seien sie Labour oder Konservative – bis heute eine endgültige Lösung noch nicht gefunden haben. Die Veränderungen sind auch in vollem Gange, soweit es die sogenannten führenden Schichten betrifft. Vielleicht gibt es in England heute mehr als in irgendeinem anderen Land noch so etwas wie eine Klassengesellschaft, in der sozialer Stand, familiäre Beziehungen und Protektion Geltung haben. Von dieser Klassengesellschaft ist aber in der modernen Massengesellschaft Englands, vor allem auch dank der modernen Medien und dank der kritischen Haltung der jungen Generation nur wenig verblieben. Sachliche Qualität geht heute vorwiegend vor gesellschaftlichem Standing; äußere Manieren allein reichen nicht aus, wo berufliche Leistung gefordert wird. Bis auf den heutigen Tag gibt es aber noch Kreise, die sich dank ihrer »klassischen« Bildung, ihrem Studium der »humanities«, ihrer Rolle als »Geistesarbeiter« besser dünken als die, die mit ihren Händen schaffen und seien es Naturwissenschaftler oder Ingenieure. Erst vor kurzem hat eine der großen Fernsehgesellschaften darauf hingewiesen, daß der Industrie statt der jährlich dringend benötigten tausenfünfhundert Ingenieure nur dreihundert nach Abschluß des Hochschulexamens zur Verfügung stehen. Hier haben offensichtlich die Veränderungen noch einen weiten Weg zu gehen. Dies gilt auch für das Management vieler mittlerer und kleiner Industrien, das in mancher Hinsicht noch arg paternalistische, um nicht zu sagen reaktionäre Züge trägt. Darüber sollte man aber die eminente Leistungsfähigkeit der großen englischen Industrie nicht vergessen. Die Großchemie, die Leistungen auf dem zivilen atomaren Gebiet, die Luftfahrtindustrie, Computer und Electronics sichern der britischen Wirtschaft in der Welt einen führenden Platz.

Aus den Wahlen des Oktober 1964 war die Labourpartei unter Führung Harold Wilsons mit der äußerst knappen Mehrheit von vier Sitzen hervorgegangen. Der neue Premier fand sich bei einem jährlichen Defizit der britischen Zahlungsbilanz von achthundert Millionen Pfund einer äußerst schwierigen Krise gegenüber. Seine Politik, die weniger radikal war, als es die äußerste Linke erhoffte, konzentrierte sich auf die Stärkung der britischen Wirtschaftskraft, Modernisierung durch erhöhte Entwicklung der Technologie und durch ein maßvolles sozialpolitisches Programm. Unter seiner Initiative gelang es George Brown, dem Minister des neugegründeten Department of Economic Affairs, die Gewerkschaften wie die Arbeitgeberorganisationen davon zu überzeugen, daß Preise und Löhne nicht schneller steigen dürfen als die Produktivität. Beide Seiten akzeptierten damals, daß Erhöhungen von Löhnen und Preisen einem Price und Income Board zur Prüfung unterbreitet werden.

Harold Wilson hat in jener Zeit eine initiativreiche, äußerst dynamische Tätigkeit entfaltet, die manchmal zu sich geradezu überstürzenden Ergebnissen führte. Glänzender Taktiker, gelang es ihm – was nicht immer leicht war –, seine eigene Partei auf dem von ihm als richtig erkannten Kurs zu einigen. Als geschickter parlamentarischer Redner beherrschte er die Debatten im House of Commons, in dem ihm auf seiten der Opposition nur wenige gewachsen waren.

Es war begreiflich, daß in jener Zeit die Überwindung der wirtschaftlichen Schwierigkeiten, Stabilisierung von Preisen und Löhnen, die sozialen Probleme, die Regierung Wilson so stark in Anspruch nahmen, daß für die außenpolitischen Probleme nur ein relativ bescheidener Raum verblieb. So hat er sich auf außenpolitischem Gebiet von einer engen Solidarität mit den Vereinigten Staaten leiten lassen. Es entsprach seiner Überzeugung, daß die schwache Stellung Englands in Ostasien und die starken Spannungen innerhalb des Commonwealth Anlehnung an die Vereinigten Staaten verlangen.

So hat Wilson in der Vietnamfrage die amerikanische Intervention auch dann unterstützt – vielleicht sogar gegen eigene Überzeugung –, obwohl ihm dies auf dem linken Flügel seiner Partei Schwierigkeiten bereitete. So hat er im indisch-pakistanischen Konflikt, der Schwäche Englands und des Commonwealth wohl bewußt, die Initiative der amerikanischen Regierung überlassen und damit einen nicht geringen Gesichtsverlust in New Delhi und Karatschi in Kauf genommen.

Von Anbeginn seiner Amtsführung an hatte Wilson die Überzeugung und diese in öffentlichen Reden immer wieder ausgesprochen, daß England die in Südostasien, in Afrika und im Vorderen Orient verbliebene Position erhalten und seine Verpflichtung als Friedens- und Ordnungsmacht östlich Suez ernst nehmen und dafür auch Opfer bringen müsse. In dieser Politik hat er erhebliche Rückschläge hinnehmen und sie infolge der wirtschaftlichen Schwäche seines Landes und der wachsenden kritischen Einstellung der öffentlichen Meinung allmählich liquidieren müssen.

In klarer Einschätzung der gegebenen Realitäten ist die Haltung Wilsons gegenüber dem Atlantischen Bündnis ohne Einschränkung positiv geblieben. Für ihn ist NATO, und insbesondere die Integrationsform der Allianz, alleinige Garantie für die amerikanische Präsenz in Europa und damit auch für die Sicherheit Großbritanniens. Für Wilson ist ein Ersatz der NATO etwa durch ein europäisches Bündnissystem unannehmbar, weil weder die militärische Stärke der europäischen Staaten noch die Qualität ihrer Ausrüstung ausreichen würde, der aus dem Osten drohenden Gefahr wirksam zu begegnen. NATO ist für die Labourregierung die Gewißheit, daß die enge Verbindung zu den Vereinigten Staaten nicht abreißt. Diese Überzeugung wird von allen Parteien, nicht zuletzt von der Labourpartei selbst, geteilt, die die NATO als ihr eigenes Kind betrachtet, an deren Entstehung seinerzeit der Außenminister der Labourregierung Bevin verantwortlich mitgewirkt hatte.

Der Rückgang der britischen Weltstellung, die Auflösungserscheinungen im Commonwealth, die wachsenden Schwierigkeiten der Erhaltung politischer und militärischer Positionen in Ostasien, Orient und Afrika, all dies hat innerhalb der britischen Parteien und innerhalb der öffentlichen Meinung zu einer Überprüfung der Stellung Großbritanniens in

Europa geführt. Wie mir ein prominentes Mitglied der Konservativen Partei einmal sagte, treibe der Liquidationsprozeß des Empire Großbritannien zwangsläufig dazu, im Beitritt zum Gemeinsamen Markt einen politischen und wirtschaftlichen Ausgleich zu suchen. Nach meinen Beobachtungen ist die Überzeugung der Notwendigkeit des Beitritts im Laufe der letzten Jahre gewachsen. Die meisten führenden Persönlichkeiten der Wirtschaft halten ihn für unerläßlich, wenn Großbritannien mit der Zeit nicht in die Rolle eines zwar prosperierenden, aber doch kleinen Landes wie Dänemark oder Schweden verfallen soll. So sind denn auch Liberale wie Konservative in ihrer überwiegenden Mehrheit für den Beitritt. Beide Parteien haben eindeutige »declarations of intent« abgegeben.

Wilson und seine Regierung haben dagegen in dieser Frage mit großer Zurückhaltung operiert. Der Premierminister hielt noch Anfang 1965 einen Beitritt nicht für praktikabel. Für seine Haltung sind eine Reihe von Gründen von Bedeutung. Einmal hat er selbst zum Gedanken des europäischen Zusammenschlusses kein besonders starkes inneres Verhältnis, denn er kann sich, wie mancher seiner Parteifreunde, von gewissen insularen Gefühlen und Vorstellungen nur schwer trennen. Zum anderen glaubt er, daß der seinerzeitige Ausschluß Großbritanniens (1963) aus den Brüsseler Verhandlungen und die gegenwärtigen Auseinandersetzungen Frankreichs mit seinen Partnern über das Schicksal des Gemeinsamen Marktes schnelle Entschlüsse der britischen Regierung nicht erfordern. Er hat deshalb auf dem Labour-Parteikongreß (Herbst 1964) mit dürren Worten eine britische Bereitschaftserklärung als unrealistisch abgelehnt. Sicher hat bei dieser Haltung auch etwas die Überlegung mitgespielt, daß die eigene Partei noch längere Zeit braucht, um sich dem Gedanken des Beitritts in vollem Umfang zu erschließen. Denn es gilt, hier noch manche Widerstände zu überwinden, vor allem innerhalb der britischen Gewerkschaften, die sich mit dem Gedanken einer Teilnahme an einem großen europäischen Arbeitsmarkt mit weitgehender Freizügigkeit noch nicht befreunden wollen.

Bonn, Anfang April 1965

In diesen Tagen bereite ich mich auf meine neue Aufgabe vor. Ich sehe sie im wesentlichen darin, die Arbeit meiner beiden Vorgänger von Herwarth und von Etzdorf fortzusetzen, die sich um die Entwicklung guter deutsch-britischer Beziehungen außerordentlich verdient gemacht haben. Das bedeutet erhöhte Zusammenarbeit auf allen Gebieten, Ausräumung von Mißverständnissen, Zusammenführung von jungen Unternehmern, Verstärkung des Jugendaustauschs, wobei Initiative und Durchführung weitgehend den Gemeinden und privaten Organisationen überlassen bleiben sollen. Seit ihrer Regierungsübernahme hat die Labourregierung vieles dazu beigetragen, die Beziehungen zu Deutschland zu vertiefen. Wilsons früher Besuch in Berlin, der in Bonn als eine wertvolle Unterstützung gewertet wird, seine vorsichtige Haltung in den west-östlichen Entspannungsfragen und seine maßvolle Behandlung der Stationierungskosten für die britischen Truppen in der Bundesrepublik haben gute Voraussetzungen für konstruktive Zusammenarbeit geschaffen. Die deutschen Leistungen für die Stationierung der britischen Truppen werden noch lange ein schwieriges Problem bleiben, denn die Engländer erhoffen sich erhebliche industrielle Bestellungen zur Entlastung ihrer stark negativen Devisenbilanz. Es bleiben aber noch andere Probleme, wie die von uns gewünschte Beteiligung an einer multilateralen atomaren Verteidigungskraft und nicht zuletzt immer wieder der britische Beitritt zur Europäischen Gemeinschaft.

London, 6. Mai 1965

Heute ist der Tag der Übergabe meines Beglaubigungsschreibens an die Königin. Vor unserer Botschaft am Belgrave Square hatten sich die Männer des deutschen und britischen Fernsehens mit ihren Apparaten, vor allem aber die Kinder der Botschaftsangehörigen, versammelt, um an dem Schauspiel der Auffahrt der traditionellen Staatskarossen teilzunehmen, die den neuen Botschafter und seine Mitarbeiter nach Buckingham Palace bringen sollten. Aber welche Enttäuschung! Statt der bunten Staatskutschen und ihren Kutschern in Trachten des 18. Jahrhunderts erschienen nur drei schwarze Daimler Limousinen, deren erster der Marshal of the Diplomatic Corps Lord Cairns entstieg, um mit trauriger Miene mitzuteilen, daß die Königin zu ihrem Bedauern die Karossen nicht senden könne, weil die Rosse vom Husten befallen seien.

Die Königin empfing mich in Gegenwart des Unterstaatssekretärs im Foreign Office Sir Geoffroy Harrison. Sie strahlte den großen Charme und die Sicherheit aus, die ich später noch so oft bewundern konnte. Im Gespräch, das sich in erster Linie um ihre bevorstehende Reise durch die Bundesrepublik bewegte, war sie gelöst, in ihrem Urteil über Menschen und Dinge ruhig und ausgewogen. Wir sprachen auch über Frankreich, das sie gut kennt und schätzt, auch über General de Gaulle, der kürzlich in London war und der, wie sie mit einem leisen Lächeln sagte, ungewöhnlich »benign«, das heißt freundlich und nachsichtig gewesen sei.

18. bis 28. Mai 1965

In der Geschichte der deutsch-britischen Beziehungen ist der Staatsbesuch der Königin und des Herzogs von Edinburgh sicher ein Ereignis von besonderer Bedeutung. Die Bundesregierung und die Regierungen der Länder hatten sich bemüht, der Reise festlichen Glanz zu verleihen und alles in ihren Kräften stehende zu tun, um der Öffentlichkeit beider Länder, der Bundesrepublik und Großbritannien, deutlich zu machen, daß nun, zwanzig Jahre nach Ende des Krieges, eine wahrhaft neue Phase verständnisvoller Zusammenarbeit begonnen hat. Die Bürger der Bundesrepublik haben überall, wo die Königin sich zeigte, mit freudigem Interesse teilgenommen. Es gab viele Zeichen warmer Anteilnahme; es fehlte – und das war gut – jede Überschwenglichkeit und jedes falsche Pathos. Ich glaube, dies hat auch seinen Eindruck auf die Menschen in Großbritannien nicht verfehlt, die von Natur kühler und reservierter sind als wir und die Vergangenes nicht so schnell vergessen wie wir. In der älteren Generation, die beide Weltkriege und die unendlichen Verluste an Menschen bewußt erlebt hat, sind heute noch viel Ressentiment, viele Abneigungen lebendig. Da wird mit diesen, von einer guten Atmosphäre getragenen, festlichen Tagen in Bonn, in Koblenz, Wiesbaden, München, Stuttgart, Berlin, Hannover und Hamburg ein langsamer Prozeß des Umdenkens einsetzen, der schließlich zur Aussöhnung der beiden Völker beiträgt, die wir auch im Interesse der Europäischen Gemeinschaft erhoffen. Die Königin hat in ihrer natürlichen und würdigen Haltung die Herzen der Menschen schnell gewonnen. Wer wollte leugnen, daß unter den Tausenden, die zu ihrer Begrüßung kamen, viele begierig waren, einmal eine wahrhafte Königin zu sehen. Sie sind sicher dank dieser so menschlichen und unprätentiösen Persönlichkeit auf ihre Kosten gekommen.

London, 12. Juni 1965

Aus Anlaß des hundertfünfzigsten Jahrestages der Schlacht von Waterloo gab die britische Armee heute in Gegenwart der Königin und des Herzogs von Edinburgh ein Bankett, an dem führende Persönlichkeiten des britischen Lebens, der Streitkräfte und neben mir auch andere Vertreter befreundeter Staaten teilnahmen. Dem französischen Botschafter war es versagt, an dieser festlichen Veranstaltung teilzunehmen.

2. Juli 1965

Bei meinem heutigen Besuch beim britischen Verteidigungsminister Denis Healey stimmten wir beide darin überein, daß die britisch-deutschen Beziehungen sich zur Zeit in einer guten Phase befinden, die für die Zukunft Möglichkeiten der Intensivierung und Stabilität bieten. Der Besuch der Königin in Deutschland, der Abschluß des neuen Devisenhilfsabkommens haben dazu beigetragen, diese Phase einzuleiten.

So günstig diese Elemente das gegenwärtige Bild der deutsch-englischen Beziehungen beeinflussen, so würde es doch ein Fehler sein, hieraus etwa zu schließen, daß man die weitere Entwicklung der Beziehungen sich selbst überlassen könnte. Es bedürfe, so Healey, vielmehr einer erheblichen Bemühung, auf den verschiedenen Gebieten die Zusammenarbeit zu intensivieren. Dabei ergäben sich folgende Möglichkeiten:

Auf politischem Gebiet könnte man daran denken, den persönlichen Kontakt und den Meinungsaustausch zwischen den verantwortlichen Kräften beider Länder zu verstärken. Ich persönlich denke hierbei nicht an einen Konsultationsvertrag, so wie er mit Frankreich besteht. Ein solcher würde auf britischer Seite keine Gegenliebe finden, weil sich die britische Regierung mit Rücksicht auf ihr Verhältnis zu den Vereinigten Staaten, ihre Stellung innerhalb des NATO-Bündnisses und ihre Verpflichtungen gegenüber den Commonwealthländern außerstande sehen würde, ein solches Sonderabkommen einzugehen.

Wir sollten aber versuchen, in informeller Weise Kontakte herzustellen, um von Fall zu Fall die Meinungen abzustimmen und damit jene Atmosphäre des Vertrauens und der gegenseitigen Loyalität zu schaffen, die wir nun einmal brauchen. Es war gut, daß Minister Schröder anläßlich der letzten WEU-Konferenz in Luxemburg Außenminister Stewart gegenüber sein Interesse an derartigen laufenden Kontakten bekundete. Was das politische Verhältnis der beiden Länder in den Nachkriegsjahren gelegentlich belastete, war das Schwanken der Politik des Kanzlers Adenauer, die sich von Bekundungen ausgesprochener Wärme zu Skepsis und Mißtrauen hin und her bewegte und oft aus geringfügigen Gründen zu Krisen führte, die das gegenseitige Verständnis und die Bereitschaft zur Zusammenarbeit beeinträchtigten. Es ist ein großes Plus, daß wir heute auf deutscher Seite eine Regierung haben, die sich in ihrem Verhältnis zu Großbritannien und in ihrer Bemühung um Verständnis und Verständigung konsequent verhält und daß sich die Opposition hierin von der Regierung nicht unterscheidet. Männer wie Erhard, Schröder, Strauß und von Hassel auf der einen, Erler, Wehner und Helmut Schmidt auf der anderen Seite, sind geradezu eine Garantie dafür, daß wir eine gewisse Unstetigkeit mit Stabilität vertauscht haben.

Meine Beobachtungen, die ich hier in den ersten Monaten meiner Anwesenheit in London auf wirtschaftlichem Gebiet habe machen können, zwingen mich zu dem Schluß, daß zwischen deutschen industriellen Persönlichkeiten und Organisationen und ihren britischen Partnern nicht der enge Kontakt besteht, wie wir ihn mit den Mitgliedern des französischen Patronats seit vielen Jahren besitzen. Die Gründe liegen zum Teil auf deutscher, zum Teil auf britischer Seite. Auf britischer Seite, weil hier die industriellen Kräfte eher dahin tendieren, ein Eigenleben zu führen und vielleicht noch nicht ganz begriffen haben, daß in einer gründlichen Analyse der fremden Märkte – und so vor allem auch des deutschen – Erfolgschancen liegen, über deren Ausmaß man noch keine rechte Vorstellung besitzt. Auf deutscher Seite ist man dagegen durch ungewöhnliche Prosperität etwas zu sehr mit sich selbst beschäftigt, um noch die notwendige Zeit aufzubringen, sich mit der eigenwilligen Psychologie der Engländer auseinanderzusetzen. Hier muß ein Wandel eintreten, wenn wir das deutsch-englische Verhältnis auf eine dauerhafte Grundlage stellen wollen.

Wie weit wir auf militärischem Gebiet zu einem stärkeren Kontakt kommen können, vermag ich heute noch nicht zu übersehen. Ansätze sind sicher vorhanden, wenn auch nicht in ausreichendem Maße. Hier wird es vor allem auch auf britischer Seite darauf ankommen, nach Projekten Ausschau zu halten, die die deutsche Industrie und Rüstungswirtschaft wirklich interessieren und die so nützlich sind, daß sie sich auch gegenüber der erheblichen amerikanischen Konkurrenz durchsetzen können. Unser Verhältnis zu NATO ist, wie ich im letzten Gespräch mit Healey feststellen konnte, genauso eng wie das britische. Wir halten beide die NATO für unerläßlich und sind entschlossen, an den Grundprinzipien des Bündnisses, nämlich dem der Integration und vor allem dem des gemeinsamen, unter amerikanischer Führung schon in Friedenszeiten bestehenden Oberkommandos festzuhalten. Healey sagte mit großer Deutlichkeit, daß man jetzt nicht mit Reformplänen herauskommen sollte, um nicht das Bündnis zu schwächen.

Ich habe in Gesprächen mit verantwortlichen britischen Persönlichkeiten immer wieder Bereitschaft gefunden, den Jugendaustausch zu stärken. Ich möchte aber davor warnen, etwa das deutsch-französische Jugendwerk zu kopieren. Es entspricht dem angelsächsischen Charakter besser, den Austausch der freien Initiative von Kommunen, Schulen und Universitäten zu überlassen. Es wäre deshalb wohl zweckmäßiger, einen gemeinsamen britisch-deutschen Fonds zu schaffen, aus dem die Austauschvorhaben gefördert werden könnten, die aus irgendwelchen Gründen Not leiden.

7. Juli 1965

Heute traf ich in meiner Botschaft meinen alten Freund Lord Hood, der sich im Foreign Office in leitender Stellung mit NATO und Ost-West-Fragen beschäftigt. Ich schätze besonders seine großen sachlichen Kenntnisse und sein sicheres politisches Urteil. Gegenstand unseres Gesprächs war das Schicksal des NATO-Bündnisses und die Haltung Frankreichs. Eine unmittelbare Gefährdung der Existenz des Bündnisses – so Lord Hood – sei wohl heute noch nicht gegeben. Man müsse aber mit allen Eventualitäten rechnen. Keinesfalls dürfe man dem General Anlaß bieten, seine an sich schon negative Haltung weiter zu vertiefen. Aus Washington vernehme er gelegentlich Stimmen, die den Wunsch erkennen ließen, den General mit einer sofortigen Entscheidung für oder gegen NATO zu konfrontieren. Dies wäre ein großer Fehler.

Ich teilte diese Auffassung. Man müsse die Arbeit in NATO mit Geduld und Umsicht weiterführen und sie durch zunehmende Verbesserung und Vertiefung der Konsultationen für alle Partnerstaaten so attraktiv wie möglich machen. Ich habe bei einem gesellschaftlichen Anlaß der letzten Tage einem Gespräch mit dem Schwiegersohn Churchills, dem früheren Minister Christopher Soames, entnommen, daß im konservativen Lager die Absicht bestehe, die Idee einer Europäischen Verteidigungsgemeinschaft ohne supranationale Elemente zu lancieren und diese neue Verteidigungsgemeinschaft der NATO zu unterstellen. Auf diese Weise hoffe man, de Gaulle dafür zu gewinnen, die NATO zu erhalten. Nach meiner Meinung seien solche Pläne aussichtslos, ja auch gefährlich, weil der General damit veranlaßt werden könnte, sich des Bündnisses zu entledigen. Hood teilte diese Auffassung. Es sei eine Illusion anzunehmen, de Gaulle werde sich jemals dazu bereitfinden, eine Europäische Verteidigungsgemeinschaft der NATO und damit einem integrierten Oberkommando unter amerikanischer Führung zu unterstellen. Großbritannien denke aber nicht daran, das bestehende integrierte Kommando und den amerikanischen Oberbefehl aufzugeben, dessen Bedeutung auch in Friedenszeiten nicht unterschätzt werden dürfe.

4. September 1965

Die Sorgen, die uns seit vielen Monaten hinsichtlich der Zukunft des europäischen Zusammenschlusses und der atlantischen Partnerschaft in der NATO beschäftigen, haben sich in den letzten Wochen weiter verstärkt. In der französischen Haltung sind keine Anzeichen vorhanden, die darauf schließen lassen, daß der General seine Ziele etwa geändert hat. Er wird in seiner bevorstehenden Pressekonferenz am 9. September vielleicht in der Taktik hier und dort mildernde Töne anklingen lassen, um kurz vor den Präsidentschaftswahlen in den Vereinigten Staaten die eigentlichen Ziele zu verschleiern und diejenigen zu beruhigen, die eine drohende Auflösung der Gemeinschaften und eine damit verbundene Isolierung Frankreichs erschrecken könnte. Er will dies vielleicht auch tun, um vor den Bundestagswahlen des 19. September gewisse kritische Stimmen in der Bundesrepublik zu beruhigen.

Angesichts dieser Entwicklung ist die Passivität des Westens unverständlich, der merkwürdigerweise wie fasziniert auf solche Daten, wie das des 9. September, das Datum der Pressekonferenz des Generals, starrt, und sich dabei nicht aufzuraffen vermag, die eigene Lethargie zu überwinden. Auch die britische Außenpolitik ist augenblicklich so gut wie nicht vorhanden. Zweifellos sind die wirtschaftlichen und politischen Schwierigkeiten Labours groß und verlangen sehr viel Aufmerksamkeit. Das dürfte aber nicht dazu führen, daß man ohne Konzept und ohne Willen die Dinge auf dem europäischen Kontinent sich selbst überläßt. Ja, ich gehe noch weiter: daß man auch durch eigene Maßnahmen geradezu dazu beiträgt, die Erscheinungen der allgemeinen Desintegration zu fördern. So erweckt die geplante Umrüstung der britischen Rheinarmee den Eindruck, als ob auch Großbritannien dazu beitrage, die Stärke der NATO zu mindern. Es ist verwunderlich, daß die britische Regierung trotz der in letzter Zeit deutlich gewordenen Bereitschaft der Bundesrepublik, die Kooperation zu verstärken, dies nicht zu ihren Gunsten nutzt.

Ich habe in vielen Gesprächen in den letzten Tagen versucht, meinen britischen Gesprächspartnern, so Lord Robens, den führenden Herren der einflußreichen Warburgbank und dem britischen Heeresminister Mulley die deutsche Lage zu erklären. Für uns Deutsche ist doch das entscheidend Neue an der Nachkriegssituation die Tatsache unserer Einordnung in die westliche Welt. Sie bedeutet, daß das deutsche Volk zum ersten Mal in seiner Geschichte in einer eng organisierten Zusammenarbeit mit den Völkern des freien Westens seinen Platz gefunden hat und diesen als angemessen und seinen praktischen und politischen Interessen und Zielen dienend empfindet. Ja mehr: Die Tatsache der organisatorischen Einfügung in Europa und Atlantik ist geradezu eine Garantie dafür, daß in Deutschland selbst die demokratischen Freiheiten gewährleistet bleiben. Jedenfalls hat sie sich bis heute dahin ausgewirkt, daß Vernunft und Maß die politischen Überlegungen und Stimmungen der großen Masse des deutschen Volkes leiten. Desintegriert man diese so gefügte Ordnung, so wird das deutsche Volk – vielleicht nicht die Generationen, für die die Katastrophe von 1945 ein schweres persönliches Erlebnis bedeutet, wohl aber die kommenden Generationen, die diese Vergangenheit nicht erlebt haben und deshalb zu ihr kein inneres Verhältnis besitzen – sich plötzlich im Vakuum fühlen und seine Zuflucht zu neuen Egoismen und Nationalismen suchen, die dann zu politischen Folgen führen, die niemand in der westlichen Welt voraussehen kann. Ob es mir gelingt, für diese Auffassungen hier Verständnis zu finden, bleibt fraglich. Praktisch würde es jedenfalls bedeuten, daß die britische Regierung zunächst alles unterläßt, was etwa einer Schwächung der Abwehrkraft der NATO gleich käme und daß sie auch stärker als bisher versucht, eine engere wirtschaftliche Zusammenarbeit mit der Bundesrepublik herzustellen.

Ich hatte neulich ein Gespräch mit Alexander Menne, der als führender deutscher Industrieller England gut kennt und für wirtschaftliche Zusammenhänge großes Verständnis besitzt. Wir dachten daran, daß man eine kleine Gruppe führender Industrieller beider Länder zusammenbringen sollte, einmal um das Offset-Agreement wirtschaftlich zu nutzen, und um in Kontakten zwischen deutschen und britischen Industriellen die praktischen Möglichkeiten einer Einbeziehung Großbritanniens in den Gemeinsamen Markt zu prüfen. Was würde es schaden, wenn Großbritannien ganz unabhängig von dem, was in Paris passiert, seine Entschlossenheit erklärte, dem Gemeinsamen Markt beizutreten? Es würde für alle die Europäer, die heute voll Sorge sind, eine große Stärkung bedeuten. Der Gedanke, daß man nach der von General de Gaulle ausgesprochenen Ablehnung aus Prestigegründen erst einmal warten müsse, bis der Beitritt von den anderen Partnern des Gemeinsamen Marktes Großbritannien angeboten werde, überzeugt nicht. Solche Prestigepolitik würde ein

Armutszeugnis sein und nur zu dem Schluß führen, daß Großbritannien seine Rolle auf dem Kontinent nicht zu spielen bereit ist.

In diesen Tagen erscheint das Buch von Franz Joseph Strauß »The grand Design« in englischer Sprache. Der Zeitpunkt des Erscheinens ist psychologisch gut gewählt. Der Inhalt des Buches ist in vieler Hinsicht bemerkenswert. Es zeigt Selbständigkeit der Gedanken, vor allem auch kritische Haltung gegenüber der französischen Europapolitik. Seine Aufnahme in der britischen Presse wird zweifellos positiv sein: Erste Anzeichen, eine Stellungnahme des »Manchester Guardian« und eine Besprechung, die Lord Gladwyn verfaßte und mir gestern zeigte, sind Beweise dafür. Man rechnet mit Strauß für die Zukunft. Man freut sich über Klarheit und Unabhängigkeit seines Urteils. Man ist nur unsicher, ob dieser so vielfach begabte Mann in all den Jahren hinzugelernt hat und ob es ihm gelingt, die Unberechenbarkeit und Heftigkeit seines Temperaments zu zügeln und in Behandlung von Menschen und Dingen das Maß aufzubringen, das nun einmal allein den wirklichen Staatsmann ausmacht.

Bonn, Ende September 1965

Nach den Bundestagswahlen vom 19. September ist die Regierungsbildung ein besonders mühseliges Geschäft gewesen. Das Ergebnis der Wahlen – zwar günstiger als erwartet – hatte eine Koalition CDU/CSU mit der FDP notwendig gemacht. Das Schauspiel, das die Parteien in dem Hin und Her und dem Gegeneinander boten, war unerfreulich. Bundeskanzler Erhard bald dem Druck der Freien Demokraten, bald harten Forderungen der CSU ausgesetzt, die einen Bundesaußenminister Gerhard Schröder nicht wünschte, zeigte nicht die Stärke, die notwendig gewesen wäre, um schnell die schädlichen inneren Spannungen zwischen den Koalitionsparteien zu überwinden. Er hat jedenfalls die große Autorität, die das Grundgesetz dem Kanzler bietet, nicht ausreichend genutzt. Der Kampf um Ämter und Positionen, von allen Seiten mit unerbittlicher Härte geführt, hat nicht dazu beigetragen, das Ansehen unserer demokratischen Institutionen zu festigen. Man kann nur hoffen, daß sich nicht alle vier Jahre Auseinandersetzungen dieser Art wiederholen.

Man versucht nun, das große Kabinett zu verkleinern. Die Zusammenlegung der folgenden Ministerien ist in Diskussion: Gesundheits- und Familienministerium, Wissenschaft und Entwicklungshilfe, Flüchtlings- und Gesamtdeutsches Ministerium. Das Bundesratsministerium soll ganz gestrichen werden. Ob solche Sparmaßnahmen die Geschäftsführung der Bundesregierung erleichtern, ob sie von den Bürgern positiv aufgenommen werden, ob sie vor allem verwirklicht werden, bleibt abzuwarten, da die personellen Wünsche von Ländern, politischen Gruppen und Konfessionen erheblich sind. Eine besonders schwierige Frage ist die Besetzung des Außenministeriums. Gegnerschaft gegen Schröder findet sich beim Bundespräsidenten Lübke, der sich in letzter Zeit durch mangelhafte Unterrichtung über außenpolitische Fragen vernachlässigt fühlt. Auch beim Altbundeskanzler Adenauer und bei Strauß, die Schröders Politik gegenüber Frankreich als unzureichend kritisieren. Man wird aber um Schröder nicht herumkommen. Einmal gibt es unter den führenden Persönlichkeiten der CDU keine Alternative, zum andern würde sein Ausscheiden aus der Bundesregierung innerhalb der Koalitionsparteien als ein zu großes Entgegenkommen gegenüber Paris gewertet und auch in Washington und London als ein unerwünschter Kurswechsel der Bundesregierung angesehen. Es bleibt die Frage, wie weit Schröders Handlungsspielraum nicht durch die aufgetretenen Widerstände eingeschränkt wird.

Man macht sich innerhalb der neuen Bundesregierung Gedanken über eine neue Ostpolitik. Der Besuch Staatssekretär Carstens in Moskau hat aber eher Ernüchterung zur Folge gehabt. Es bleibt die Tatsache, daß dort unter den gegebenen Umständen noch keine spürbare Konzessionsbereitschaft besteht.

London, im Herbst 1965

Um mir selbst Rechenschaft zu geben, habe ich in diesen Tagen einmal den Versuch gemacht, die Grundlinien einer deutschen Außenpolitik zu formulieren. Ich ging dabei von dem folgenden Grundgedanken aus:

Unbedingte Erhaltung des Friedens
Hier hat die Bundesrepublik seit ihrem Bestehen konstruktive Beiträge geleistet, die nicht nur erhalten, sondern fortentwickelt werden müssen.

Ich denke hierbei an die Ausschaltung aller revisionistischen und revanchistischen Tendenzen, wie sie in den zahlreichen Wahlvorgängen seit 1949 zum Ausdruck kam und sich zuletzt im Ergebnis der Bundestagswahlen im Herbst dieses Jahres dokumentierte.

Ein weiterer, sehr entscheidender Beitrag zur Erhaltung des Friedens ist die Integration unserer gesamten Streitkräfte im Atlantischen Bündnis und damit die Bindung der Bundesrepublik an den Gemeinschaftswillen der Allianz. Ein deutscher militärischer Alleingang ist durch diese Bindungen ausgeschlossen.

Nicht minder bedeutungsvoll in diesem Zusammenhang ist der in den Londoner Abmachungen vom Jahre 1954 festgelegte Verzicht der Bundesrepublik auf die Produktion eigener atomarer Waffen, sowie die von der Bundesregierung wiederholt in letzter Zeit immer wieder gegebene Versicherung, daß sie auf Besitz und Erwerb eigener atomarer Waffen und Streitkräfte verzichtet.

Gewaltverzicht bei der Lösung aller außenpolitischen Probleme
Was den Verzicht von Anwendung von Gewalt in unseren außenpolitischen Beziehungen angeht, so ist er in einer ganzen Reihe von Verträgen und Erklärungen immer wieder ausgesprochen worden. Hierher gehören der Verzicht auf eine Erzwingung der Wiedervereinigung mit Mitteln der Gewalt, die wiederholt erfolgte Anerkennung der Grundsätze der UNO-Charta, der Beitritt zum Internationalen Atomversuchsstop-Abkommen und unsere wiederholt erklärte Absicht, unter gewissen Voraussetzungen die Verhandlungen für ein »non proliferation-Abkommen« zu unterstützen.

Selbstbestimmung als entscheidende Voraussetzung des freiheitlichen Zusammenlebens der Völker
Was die Selbstbestimmung angeht, so hat die Bundesregierung dieses Recht als ein Grundrecht aller Völker anerkannt und gefordert und an seiner praktischen Verwirklichung bei der Entstehung der neuen Staaten des afrikanischen und asiatischen Raumes mitgewirkt. Selbstverständlich fordert sie die Verwirklichung dieses Rechtes auch für die von ihr getrennte, unter sowjetischer Gewalt lebende deutsche Bevölkerung in Mitteldeutschland.

Ausgleich der Interessen innerhalb der Gemeinschaften, denen wir angehören, zugleich aber auch in unseren Beziehungen zu der gegnerischen Welt
Die Außenpolitik der Bundesrepublik war innerhalb der freien westlichen Welt immer auf einen vernünftigen Ausgleich der Interessen gerichtet. Weder unsere wachsende militärische Kraft noch unser wirtschaftlich starkes Gewicht haben die Bundesrepublik dazu verleitet, Führungsansprüche zu erheben. Sie hat sich von der Überzeugung leiten lassen, daß die enge Verflechtung mit den Partnerstaaten für Methoden des früheren Staatenkonzertes keinen Raum läßt. Moderne Politik verlangt maßvolle Abstimmung der gegenseitigen Interessen, gegenseitige Rücksicht nicht

zuletzt auch in der Behandlung der kleineren Staaten, wenn man nicht in den Dschungel früherer nationalistischer Egoismen verfallen will.

Alle diese Grundsätze hinsichtlich der Ziele, wie der Methoden unserer Außenpolitik sind der Welt nicht genug bekannt. Ihre werbende Kraft, vor allem aber in der nichtgebundenen und in Entwicklung befindlichen Welt, ist uns nicht immer ausreichend bewußt. Wir sollten uns öfter und kräftiger auf sie berufen. Wir werden in der Zukunft darauf achten müssen, daß sie beachtet und weiterentwickelt werden, wenn es uns gelingen soll, unsere Partner mit unserem wachsenden wirtschaftlichen Einfluß zu befreunden, ihr in uns gesetztes Vertrauen zu erhalten, das Mißtrauen und die Feindschaft unserer Gegner, vor allem im Ostblock, zu überwinden und in der ungebundenen Welt das Maß an Verständnis zu schaffen, das wir für die Förderung einer friedlichen Entwicklung benötigen.

Die Entscheidung der Bundesrepublik für den Westen

Die bedeutungsvolle Entscheidung der ersten Regierung Adenauer war, die Bundesrepublik in einer möglichst engen und dauerhaften Weise mit den Staaten des freien Westens zu verbinden. Sicherung gegenüber der Bedrohung durch Sowjetrußland, der wirtschaftliche Wiederaufbau unseres zerstörten Landes, die Überwindung der Teilung Deutschlands waren aus eigener Kraft nicht zu erreichen. Sie bestimmten die Bundesregierung zu ihrer engen Verbindung mit den Westmächten. Das Atlantische Bündnis, der europäische Zusammenschluß, die Westeuropäische Union sind die Formen, unter denen sich die Verbindung vollzog. Diese Zusammenschlüsse haben sich bewährt. Sie bestimmen heute wesentlich das innere und äußere Leben der Bundesrepublik. Wenn auch gewisse Veränderungen in den Weltverhältnissen eine Anpassung und Verbesserung der verschiedenen Organisationen verlangen, so wird die Bundesrepublik nicht bereit sein, ihrer Auflösung zuzustimmen.

NATO

Das NATO-Bündnis ist, so wie die Dinge heute liegen, die zuverlässige Garantie unserer Sicherheit. Die Präsenz der rund dreihunderttausend Amerikaner auf deutschem Boden ist der einzige wirksame Schutz gegenüber der nach wie vor bestehenden Bedrohung durch Sowjetrußland. Will man diesen Schutz erhalten, muß man die integrierte Form des Atlantischen Bündnisses unter einem bereits in Friedenszeiten bestehenden amerikanischen Oberbefehl akzeptieren. Denn ohne sie sind die Vereinigten Staaten nicht bereit, ihre Truppen auf dem europäischen Kontinent zu belassen. NATO ist das Gewand für das deutsch-amerikanische Bündnis, das rein bilateral, ohne die Teilnahme der übrigen dreizehn Staaten, psychologisch weder für unsere europäischen Partner noch für unsere Gegner erträglich wäre.

NATO ist weit mehr als ein rein technisches, militärisches Bündnis. NATO ist für uns die Gewähr, daß die Partnerstaaten – und an erster Stelle die Vereinigten Staaten – der Bundesrepublik diejenige politische Unterstützung leihen, die sie in der Auseinandersetzung um die Wiedervereinigung dringend braucht. Es wäre ein schwerer Rückschritt und würde den Anforderungen moderner Verteidigung widersprechen, wenn man daran ginge, das Bündnis in ein System bilateraler Verteidigungsabsprachen aufzulösen. Jedenfalls entspräche ein solches System der Koordination nationaler Verteidigungsanstrengungen nicht den Interessen der Bundesrepublik, der an der Sicherung durch integrierte Streitkräfte gelegen sein muß. Eine europäische Verteidigungsorganisation unter französischer Führung ist kein Ersatz. Kontinentaleuropa wäre militärisch nicht in der Lage, sich ausreichend zu verteidigen. Es wäre auch politisch zu schwach, unsere politischen Anliegen wirksam zu unterstützen. Eine deutsche Außenpolitik wird auch mit derartigen Gedanken nicht spielen, weil sie bei unseren außereuropäischen Partnern, wie vor allem bei unseren schwächeren europäischen Partnern, leicht zu der Vermutung führen könnten, daß wir uns im Fahrwasser Frankreichs hegemonialen Ambitionen hingeben.

Man spricht so viel von Reform der NATO. Sehr oft versteckt sich hinter dieser Frage der Wunsch, den »lästigen« Einfluß der Vereinigten Staaten loszuwerden. NATO hat sich in seinen Institutionen bewährt und würde sich noch besser bewähren, wenn man von ihnen stärkeren Gebrauch machte. Das bedeutet nicht, daß die Allianz in ihrer Kommandostruktur keine Verbesserung vertrüge. Wichtiger Teil einer Reform bleibt die Frage der Beteiligung der nicht nuklear ausgerüsteten Partnerstaaten an der atomaren Verteidigung. Hier wird man Formen der Zusammenarbeit finden müssen, die den Unterschied zwischen nuklear und nicht nuklear gerüsteten Staaten verringern.

Europa
Es wird Aufgabe der Bundesregierung sein, den europäischen Zusammenschluß der Sechs so weit wie irgend möglich zu erhalten. Er ist eine wichtige erste Phase für einen weiteren wirtschaftlichen Zusammenschluß der europäischen Völker. Erhaltung der bestehenden Verträge, ihrer Institutionen, weitere Vollendung der angestrebten Wirtschaftsunion unter allen ihren Aspekten muß unser Ziel bleiben. Wenn wir diese Politik befolgen, binden wir damit die Partnerstaaten und machen den Beitritt zur Gemeinschaft selbst für Staaten wie Großbritannien attraktiv.

Der Sinn des europäischen wirtschaftlichen Zusammenschlusses ist, daß wir mit ihm die europäischen politischen Gegensätze, insbesondere den historischen Konflikt zwischen Deutschland und Frankreich endgültig bannen und das Verhältnis der beiden Völker auf die Grundlage loyaler und freundschaftlicher Zusammenarbeit stellen wollen. Im Sinne unserer Politik des Ausgleichs werden wir deshalb bis an die Grenzen des Möglichen gehen müssen, um Frankreich von einem Ausscheiden aus der Wirtschaftsgemeinschaft abzuhalten. Dies bedeutet nicht, daß wir Tür und Tor für Veränderungen der Verträge öffnen, die die Wirtschaftsgemeinschaft arbeitsunfähig machen, ja der Auflösung entgegenführen würden. Sollte Frankreich zu unserem Bedauern zu keinen Konzessionen bereit sein – was ich heute noch nicht zu glauben vermag –, so bliebe nur, die Europäische Gemeinschaft zu Fünft weiterzuführen. Wie weit in einer solchen verkleinerten Gemeinschaft das deutsche wirtschaftliche Übergewicht den anderen erträglich ist, bleibt zweifelhaft. Es besteht aber begründete Aussicht, daß ein Beitritt Großbritanniens, Dänemarks, Norwegens und Irlands in die Gemeinschaft nicht lange auf sich warten ließe.

Da es bei der Verschiedenheit der Vorstellungen über eine politische Organisation der Europäischen Gemeinschaft schwer sein wird, zu einer praktischen Lösung zu kommen, gewinnt die Westeuropäische Union erneute Bedeutung. Sie hat sich sowohl in den Konsultationen des Ministerrats als auch in den Debatten der Versammlung bewährt. Es wird nicht ausgeschlossen sein, den Rat und seine Zuständigkeiten weiter auszubauen. Die Versammlung ist ein Forum, vor dem die Abgeordneten der Parlamente der Mitgliedstaaten in freimütiger Weise die europäischen Fragen behandeln können und die sich auch – nach Eintritt Großbritanniens – als Kontrollorgan der Institutionen der Wirtschaftsgemeinschaft eignen würde.

Verhältnis zur Sowjetunion und den osteuropäischen Staaten – Das Problem der Wiedervereinigung

Es ist uns bisher nicht gelungen, unser Verhältnis zu Sowjetrußland und zu den osteuropäischen Staaten auf eine neue Grundlage zu stellen. Die sowjetische Bedrohung in all den Jahren seit Bestehen der Bundesrepublik ist hierfür der maßgebliche Grund. Man könnte sich fragen, ob die Bundesrepublik in den vergangenen Jahren alle Gelegenheiten ausgeschöpft hat, um zur Normalisierung der Beziehungen wirksam beizutragen und vor allem, um zu einer vernünftigen Erörterung des Teilungsproblems zu kommen. Heute sind jedenfalls das Problem der Teilung und die geringen Aussichten seiner Lösung für unser Verhältnis zu Sowjetrußland bestimmend. Jede realistische Betrachtung zur Lage wird zu dem Schluß kommen, daß die gegenwärtige sowjetische Politik nicht die geringsten Anzeichen einer Änderung ihrer negativen Haltung zeigt.

Für Sowjetrußland bleibt die Zone ein wesentliches Pfand seiner eigenen Sicherheit. Für die kommunistischen Weltrevolutionäre, die trotz aller gaullistischen gegenteiligen Prognosen in Moskau nun einmal das Heft in der Hand haben, wäre die Aufgabe ihrer kommunistischen Musterprovinz geradezu Preisgabe ihres kommunistischen Programms. Die Zone bleibt daneben wichtiges militärisches Glacis für die Erhaltung sowjetisch-kommunistischen Einflusses in den Satellitenstaaten und Sprungbrett für Interventionen in mitteleuropäische Verhältnisse.

Die sowjetische Politik erschöpft sich gegenwärtig in dem Bestreben, die Bundesrepublik mittels des gewohnten Feldzuges von Kritik und Verdächtigungen zu isolieren. Gewisse Desintegrationserscheinungen des Westens ermutigen die Sowjetrussen zu weiterer Isolierung der Bundesrepublik. Wir sollten diese sowjetischen Bemühungen in ihrer Wirkung auf die öffentliche Meinung gewisser anfälliger europäischer Staaten und die Völker der ungebundenen Welt nicht unterschätzen.

Die im Laufe der Jahre immer wieder von uns angestellten Versuche, eine Entspannung mit Sowjetrußland herbeizuführen und damit die Voraussetzungen für die Überwindung der deutschen Teilung zu schaffen, haben bisher keinen Erfolg gehabt. Ein Preis für die Wiedervereinigung, der nicht der Selbstaufgabe der Bundesrepublik gleichkäme, ist nicht sichtbar geworden. Man kann sogar zweifeln, ob heute eine Wiedervereinigung auf der Grundlage der kommunistischen Gleichschaltung beider Deutschlands den Wünschen der sowjetischen Machthaber entsprechen würde. Gelegentliche französische Träume eines Europa vom Atlantik zum Ural, die zugleich die Wiedervereinigung Deutschlands erleichtern sollen, werden sich nicht erfüllen.

Die Welt ist aber in ständiger Entwicklung. Das Erscheinen Rotchinas als einer neuen Weltmacht könnte dazu beitragen, die gegenwärtige Erstarrung in den Ost-West-Beziehungen zu lösen. Es verdient unsere ganze Aufmerksamkeit, die hier und dort sichtbar werdende Parallelität der sowjetischen und der amerikanischen Politik mit dem Ziel eines containments Rotchinas zu beobachten. Sein Vordringen im Südpazifik, die Gefahr seines Übergreifens auf Südvietnam und Indonesien, die Bedrohung Indiens, sein Einfluß in Pakistan und seine Versuche, im Mittleren Osten und in Afrika Boden zu gewinnen, all dies stößt heute schon auf amerikanische, wie auch sowjetische Abwehr. Es könnte der Zeitpunkt kommen, wo die Gegensätze im Fernen Osten auch für Sowjetrußland eine solche zusätzliche Belastung militärischer und rüstungswirtschaftlicher Art darstellen, daß sich die militärische Konfrontation mit den Vereinigten

Staaten in Europa nicht mehr aufrechterhalten läßt. Vielleicht bietet sich dann die Gelegenheit, daß Sowjetunion und Vereinigte Staaten in einem weltumfassenden Sicherheitssystem ihre gegenseitigen Beziehungen neu ordnen und dabei zugleich das Problem der Wiedervereinigung lösen.

In der Zwischenzeit bleibt nichts anderes als der Versuch, unsere Beziehungen zu den osteuropäischen Ländern durch stärkere wirtschaftliche und kulturelle Beziehungen weiter zu entspannen. Anknüpfend an historische Traditionen und Bindungen sollten wir den europäischen Charakter der osteuropäischen Staaten stärker betonen. Vielleicht könnten wir auch gelegentlich darlegen, daß der Gemeinsame Markt kein »closed shop« ist, sondern auf die Dauer auch den osteuropäischen Staaten offenstehen würde, vorausgesetzt, daß sie sich noch stärker als bisher ihrer europäischen Aufgabe bewußt werden.

Verhältnis zu den Staaten der nichtgebundenen Welt

Wir werden uns weiter darum bemühen müssen, die Länder der nichtgebundenen Welt unmittelbar anzusprechen. Es erscheint mir notwendig, bei allen sich bietenden Gelegenheiten in geeigneter Weise unsere grundsätzlichen außenpolitischen Ideen und Ziele der Erhaltung des Friedens, des Verzichts auf Gewalt, des Rechts der Selbstbestimmung der Völker und des friedlichen Ausgleichs deutlich auszusprechen. Gerade in dieser Welt bestehen irrige Vorstellungen über unsere Politik, die gelegentlich von der gegnerischen Propaganda genutzt werden. Wir werden aber auch darüber die Entwicklungshilfe nicht vernachlässigen dürfen, wobei wir stärker als bisher die Staaten berücksichtigen sollten, die für unsere besonderen Anliegen aktives Interesse zeigen. Ich frage mich, ob die Stellung der Bundesrepublik nicht auch dadurch in der afrikanischen und asiatischen Welt psychologisch befestigt werden könnte, daß das deutsche Volk gelegentlich zu erkennen gebe, daß es sich seiner humanitären Verpflichtungen den Notstandsgebieten der Welt gegenüber bewußt ist. So schiene es mir gut, wenn in der Bundesrepublik von Bund, Ländern und Gemeinden eine Hilfskampagne zur Bekämpfung des Hungers in der Welt in Gang gesetzt würde, deren Ergebnis der UNO zur Verteilung in besonderen Notstandsgebieten zur Verfügung gestellt würde. Entwicklungshilfe und praktisch wirksame Hilfsaktionen können mit der Zeit die Beziehungen zu den in der Entwicklung befindlichen Ländern auf eine Grundlage der Zusammenarbeit und Partnerschaft stellen. Sie schaffen Verständnis, mit der Zeit vielleicht sogar politische Unterstützung, die wir in den großen internationalen Zusammenschlüssen, an erster Stelle der UNO, dringend benötigen.

London, den 18. Oktober 1965

Besprechungen mit Sir Paul Gore-Booth, dem Ständigen Unterstaatssekretär im Foreign Office, sind von großem Nutzen. Sir Paul verfügt über einen reichen Schatz diplomatischer Erfahrungen. Er versteht, schwierige Probleme sorgfältig und realistisch zu sehen. Die Unterhaltung ist immer anregend. Sie findet in einer gelösten Weise statt, die die Arbeit außerordentlich erleichtert. Heute besprachen wir die von uns gewünschte Verstärkung der britisch-deutschen Konsultationen. Er empfand unsere Vorstellungen auf diesem Gebiet als ein beglückendes Zeichen der engen deutsch-britischen Beziehungen. Ihm erscheint es nützlich, daß vor internationalen Konferenzen eine formlose Abstimmung der Auffassungen beider Regierungen erfolgt. Auch soll der bereits stattfindende regelmäßige Gedankenaustausch auf der Ebene der leitenden Beamten und Sachverständigen, der sich immer als fruchtbar erwiesen hat, fortgesetzt und intensiviert werden. Er denke nicht an eine Institutionalisierung von Konsultationen und gebe einer pragmatischen Ausweitung den Vorzug vor formellen Absprachen.

Ein Test für die kommende deutsch-britische Zusammenarbeit werden die gemeinsame Nuklearpolitik der NATO und ihr Verhältnis zu der Nichtverbreitung atomarer Waffen sein. London ist offenbar an einem Sperrvertrag mit Moskau stärker interessiert als an einer nuklearen Gemeinschaftslösung innerhalb NATO. Sir Paul brachte die Sprache auf die von den Amerikanern ausgehenden Pläne einer multilateralen atomaren Verteidigungskraft, das heißt die Einführung eines Waffensystems von Überwasserschiffen mit integrierter Besatzung bei gemeinsamer atomarer Kontrolle (MLF) und britischen Vorstellungen einer Atlantischen Nuklearen Streitmacht (ANF), in welche die Partnerstaaten die Waffen einbringen. Die Bundesrepublik sollte hierzu ihre taktischen nuklearen Waffenträger – F 104-Jagdbomber und Pershing Raketen – zur Verfügung stellen. Hinsichtlich der MLF-Pläne beständen auf britischer Seite gewichtige Bedenken, die um so größer seien, als die französische Regierung keine Bereitschaft zeige, an diesen Plänen mitzuwirken und auch Washington zögere, solche Pläne zu verwirklichen.

16. November 1965

Heute sprach ich auf dem Jahresessen der deutsch-englischen Gesellschaft, bei dem sich – wie gewohnt – zahlreiche in London lebende Deutsche mit ihren britischen Freunden vereinten. Thema der Rede war die deutsch-britische Zusammenarbeit auf wirtschaftlichem und technologischem Gebiet, die notwendigen Bemühungen um den Beitritt Großbritanniens zur Europäischen Gemeinschaft, die Stellung der Jugend in unserer modernen Gesellschaft und die Verstärkung des gegenseitigen Austauschs. Ich erinnerte an Zeiten unserer beiderseitigen Geschichte, in denen bereits sehr viel geschah, um auf Reisen in beiden Ländern sich kennenzulernen und gegenseitig zu verstehen. Und ich zitierte die Stelle der Gespräche mit Eckermann, in der sich Goethe ausführlich über die zahlreichen jungen Engländer äußert, die ihn damals in Weimar besuchten:

»Es ist ein eigenes Ding«, sagte Goethe, »liegt es in der Abstammung, liegt es im Boden, liegt es in der freien Verfassung, liegt es in der gesunden Erziehung – genug! Die Engländer überhaupt scheinen vor vielen anderen etwas voraus zu haben. – Wir sehen hier in Weimar ja nur ein Minimum von ihnen und wahrscheinlich keineswegs die besten; aber was sind das alles für tüchtige hübsche Leute! – Und so jung und siebzehnjährig sie hier auch ankommen, so fühlen sie sich in dieser deutschen Fremde keineswegs fremd und verlegen; vielmehr ist ihr Auftreten und ihr Benehmen in der Gesellschaft so voller Zuversicht und so bequem, als wären sie überall die Herren und als gehöre die Welt überall ihnen. Das ist es denn auch, was unseren Weibern gefällt und wodurch sie in den Herzen unserer jungen Dämchen so viele Verwüstungen anrichten. Als deutscher Hausvater, dem die Ruhe der Seinigen lieb ist, empfinde ich oft ein kleines Grauen, wenn meine Schwiegertochter mir die erwartete baldige Ankunft irgendeines neuen jungen Insulaners ankündigt. Ich sehe im Geiste immer schon die Tränen, die ihm dereinst bei seinem Abgang fließen werden. – Es sind gefährliche junge Leute; aber freilich, daß sie gefährlich sind, das ist eben ihre Tugend . . .

Es liegt nicht an der Geburt und im Reichtum. Sondern es liegt darin, daß sie eben die Courage haben, das zu sein, wozu die Natur sie gemacht hat. Es ist an ihnen nichts verbildet und verbogen, es sind an ihnen keine Halbheiten und Schiefheiten, sondern, wie sie auch sind, es sind immer durchaus komplette Menschen. Auch komplette Narren mitunter, das gebe ich von Herzen zu . . .«[1]

19. November 1965

Das britisch-deutsche Konsultationsgespräch auf der Ebene der Außenminister hat in mancher Hinsicht Klarheit gebracht. Die Engländer sind gegen eine multilaterale atomare Verteidigungskraft, halten sie militärisch für nicht erforderlich, zudem für zu kostspielig. Außenminister Stewart zeigte besonderes Interesse an der Schaffung eines von den Amerikanern vorgeschlagenen Select Committees der NATO, das folgende Aufgaben zu lösen hätte und an dessen Arbeiten auch die Bundesrepublik mitwirken solle: Zusammenarbeit der Partnerstaaten im Falle einer Krise, Planung der Ziele und Überprüfung der Verteidigungssysteme.

Im übrigen beharrte die britische Seite auf ihrem ANF-Projekt unter deutscher Beteiligung. Es war jedoch spürbar, daß sie der Einrichtung des genannten Select Committees den Vorzug gibt.

Schröder empfindet das ANF-Projekt als eine ausreichende Basis, um auch unsere Wünsche zu befriedigen. Er hat erkannt, daß MLF gegen Engländer und Franzosen nicht durchzusetzen ist und hofft, daß ein gemeinsames britisch-deutsches Vorgehen unter der Flagge ANF die Situation der Bundesrepublik im Inneren und im Äußeren erleichtert und schließlich auch die Amerikaner veranlassen wird, sich positiv einzustellen, zumal diese wiederholt darauf hingewiesen haben, daß sie einen gemeinsamen britisch-deutschen Vorschlag honorieren würden.

Ich bin zufrieden, daß man so die Klippen des britischen Widerstandes gegen MLF umgehen kann und daß wir uns heute auf einer Linie befinden, die auch in der britischen Öffentlichkeit ohne allzu große Schwierigkeiten durchgesetzt werden könnte. Der Realismus, den Schröder bereits in einem Gespräch mit mir in Den Haag erkennen ließ, hat sich erneut bewährt.

Aus dem Jahre 1966

Schwierigkeiten der Regierung Erhard · Gespräch mit dem neunzigjährigen Altbundeskanzler Adenauer · Ausscheiden Frankreichs aus der militärisch integrierten Bündnisgemeinschaft der NATO · Neuwahlen zum Unterhaus – großer Erfolg der Regierung Wilson · Staatsbesuch Bundeskanzler Erhards in London · Empfang durch die Königin · Verleihung des Großen Verdienstkreuzes an den Provost der Kathedrale von Coventry Harold Williams · Tod des ehemaligen französischen Ministerpräsidenten Paul Reynaud

London, den 10. Januar 1966

Die Tage vom 5. bis 8. Januar, die ich in Bonn verbrachte, waren mit Gesprächen gefüllt, die sich auf die Lage in der Bundesrepublik bezogen. Meine Eindrücke waren recht negativ. Zu meinen Gesprächspartnern gehörten Barzel, Gerstenmaier, Schröder, Lahr und auch Altbundeskanzler Adenauer. Alle, wenn auch in den Nuancen verschieden, waren der Auffassung, daß diese ersten Monate der Regierung Erhard gleichsam zu einem Vakuum der Macht geführt haben, in dem sich die verschiedensten Persönlichkeiten und Tendenzen tummeln, ohne daß man schon absehen könnte, ob und wann die Bundesregierung wieder über die Autorität verfügt, die nun einmal notwendig ist, um die Probleme mit Erfolg zu lösen. Trotz des Votums der Wähler, die sich mit einer beträchtlichen Mehrheit für Ludwig Erhard und die kleine Koalition ausgesprochen hatten, erheben sich überall Stimmen, die nach der großen Koalition rufen. Auch Herr Barzel als Fraktionsführer der Union im Bundestag war nicht ganz sicher, ob es ihm gelingen würde, Herrn Erhard auf die Dauer an der Macht zu halten. Innerhalb der CDU ist die Bereitschaft, Erhard zu folgen, stark zurückgegangen; manche sagen, daß jeder andere Kanzler besser sei als der gegenwärtige, zwar so gutwillige, aber letzten Endes doch schwache Mann im Palais Schaumburg. So hervorragend sich Erhard als Wirtschaftsminister bewährt hat, so gering ist seine innere Beziehung zu den großen politischen Fragen. Die Aufgaben auf diesem weiten Feld kann ihm aber nun einmal niemand abnehmen.

Diese Phase der Unsicherheit darf nicht lange anhalten. Der Autoritätsschwund der Regierung in den Ämtern, aber auch im Lande, ist spürbar.

Das Vakuum trägt dazu bei, die starken Animositäten, die zwischen den »Großen« bestehen, zu verstärken.

Erstaunlich war meine Begegnung mit dem alten Herrn, der gerade seinen neunzigsten Geburtstag feierlich begangen hatte. Ich hatte ihn seit Mai vergangenen Jahres nicht gesehen. Ich fand mich einem Mann gegenüber, der sich mit großer Leichtigkeit bewegte und in dem eineinhalbstündigen Gespräch Gedanken an Gedanken reihte, ohne sich zu wiederholen, ohne sich zu versprechen oder zu widersprechen und der im ganzen eine Gelassenheit und Heiterkeit ausstrahlte, die, wie mir schien, etwas im Widerspruch zu seiner Jahreszahl neunzig stand. Er empfing mich mit einer Herzlichkeit, wie ich sie nach all unseren kritischen Unterredungen der Vergangenheit nicht erwartet hatte. In seinen Meinungen hielt er nicht hinter dem Berg zurück. Etwas Sorge bereitete ihm seine Reise nach Paris und seine Begegnung mit de Gaulle. Der zu erwartende Gang des Gesprächs mit ihm schien ihm unklar. Er befürchtete, daß ihm de Gaulle manche bittere Kritik an der deutschen Haltung der letzten Monate nicht ersparen würde. Im übrigen wiederholten sich die mir aus früherer Zeit bekannten abwertenden Äußerungen über das Auswärtige Amt, die »unverläßlichen« Amerikaner, die »gefährlichen« Russen und die »noch gefährlicheren« Chinesen. Er strahlte so viel Energie und Gestaltungswillen aus, daß manche versucht sind, sich seine Wiederkehr an die Macht neu vorzustellen. Wenn der alte Herr sich in dem Marasmus unserer Zeit entschließen könnte, dem deutschen Volk noch einmal für ein Jahr seine Führung anzubieten, würde er sicher mit Jubel und unter Strömen von Blumen ins Palais Schaumburg zurückgeleitet werden. All dies wird nicht eintreten. So denkt er heute, daß wohl Ende dieses Jahres eine große Koalition zustandekommt, in der alle zusammenwirken, um der politischen Entwicklung neue Kraft zu geben.

Der erste Band seiner Erinnerungen ist fertig und allein in der Bundesrepublik mit zweihundertfünfzigtausend Bänden gut verkauft worden. Der zweite Band soll nun in Angriff genommen werden. Er wird, wie er einem Journalisten neulich sagte, am Ende dieses Bandes eingehender über seine Freunde und – wie er spitz hinzufügte – auch über seine Feinde sprechen.

17. März 1966

Die Entscheidung de Gaulles, Frankreich einseitig und ohne Konsultation mit seinen Bündnispartnern aus der militärischen Organisation der NATO zu lösen, kam nicht unerwartet. Überraschend war die Form, der Zeitpunkt und die Befristung der nun zu treffenden militärischen Maßnahmen. Die Reaktion der britischen Regierung war klar und eindeutig. Sie ergriff in der NATO wie auch in der Westeuropäischen Union die Initiative, um das integrierte Bündnis unter den verbleibenden vierzehn Partnerstaaten aufrechtzuerhalten. In der WEU haben sich unsere sechs Partner in überzeugenden Erklärungen für die Erhaltung des integrierten Bündnisses ausgesprochen. In der NATO ist es bis heute noch nicht möglich gewesen, alle vierzehn Partner auf eine gemeinsame Linie zu einigen. Mangelnde Regierung in Rom, Hemmungen in den nordischen Ländern, starke Zurückhaltung in Portugal, wo man die französischen Waffenlieferungen für die Kampfhandlungen in Angola nicht verlieren möchte, sind hierfür mancherlei Gründe.

Wie soll die Neuordnung des Bündnisses nun vor sich gehen? Soll alles beim alten bleiben, soll man unverändert im Rahmen der vierzehn Partnerstaaten weiterarbeiten? Wohin sollen die verschiedenen militärischen Hauptquartiere verlegt werden? Was soll mit den beiden französischen Divisionen geschehen, die auf deutschem Boden stehen und für die de Gaulle zweiseitig einen besonderen Status mit der Bundesrepublik aushandeln möchte. Politisch wie militärisch bewerte ich diesen Schritt Frankreichs als eine Beeinträchtigung der Einheit des Westens. Die drohende Minderung der militärischen und politischen Kohärenz muß die Aktionsfähigkeit der westeuropäischen Staaten schwächen, kann unter Umständen die amerikanische Bindung an den europäischen Kontinent lockern.

Die französischen Argumente, die mir während eines Essens im Haus des britischen Außenministers der Europadirektor des Quai d'Orsay Puaux entwickelte, sind: Der Kalte Krieg ist beendet, die sowjetische Politik hat sich geändert, NATO hat keine Berechtigung mehr. Wenn wir Deutsche unsere Interessen richtig sähen, würden wir uns von den Vereinigten Staaten lösen und zusammen mit Frankreich die europäischen Fragen neu zu ordnen versuchen. Dies würde in erster Linie bedingen, daß wir die Oder-Neiße-Linie anerkennen, auf alle territorialen Forderungen verzichten und damit allmählich die Atmosphäre für eine Lokkerung der sowjetischen Haltung in der Deutschlandfrage bereiten. Auf meine Frage, ob in seinen Augen die Kraft der westeuropäischen Staaten ausreiche, um Sowjetrußland in Verhandlungen zu einer Änderung seiner Grundhaltung zu bewegen, blieb er eine Antwort schuldig.

So wie die Dinge liegen, können wir nichts anderes tun, als die bestehende militärisch integrierte Bündnisgemeinschaft der vierzehn Staaten und unser darin einbegriffenes enges Verhältnis zu den angelsächsischen Mächten aufrechterhalten. Das bedeutet nicht, daß wir unser Verhältnis zu Frankreich vernachlässigen. Nein, im Gegenteil, wir sollten immer wieder, sei es durch enge Kontakte unserer Regierung, sei es durch Zusammenarbeit führender Deutscher aus Politik, Wirtschaft und dem kulturellen Leben deutlich zeigen, daß wir die Kooperation mit dem französischen Volk, an der wir nun seit dem Bestehen der Bundesrepublik mit Erfolg gearbeitet haben, erhalten und weiterentwickeln wollen.

Mit einem leisen Lächeln quittierten die Mitglieder des Ständigen Rats der Westeuropäischen Union in London die Erklärung des französischen Ratsmitgliedes de Broglie, daß Frankreich den Zeitpunkt für den Beitritt Großbritanniens zum Gemeinsamen Markt unter gewissen Voraussetzungen nun für gekommen halte. Es wird etwas die Methode sichtbar, die in Unordnung geratene Welt durch die Ankündigung einer grundlegenden Veränderung der französischen Politik in einer entscheidenden Frage von der eigentlichen Krise abzulenken.

Dabei ist es für jeden, der die letzten Äußerungen des Generals zur Frage des englischen Beitritts aus dem Februar dieses Jahres kennt, klar, daß er nicht daran denkt, diesen Beitritt jetzt zu beschleunigen oder wesentlich zu erleichtern.

2. April 1966

Die britischen Wahlen zum Unterhaus sind mit einem großen Erfolg für die Regierung Wilson ausgegangen. Labour verfügt von nun an über eine Mehrheit von sechsundneunzig Sitzen im Unterhaus.

Herr Wilson hat den richtigen Wahltermin gewählt. Zwar hatten die siebzehn Monate seiner ersten Regierung noch nicht zu spektakulären Ergebnissen geführt. Immerhin war das Pfund annähernd stabilisiert, das Handelsdefizit im wesentlichen ausgeglichen, die Vollbeschäftigung erhalten. Wenn es dem Minister George Brown nicht gelungen war, das Ansteigen von Preisen und Löhnen zu stoppen, so hat die Bevölkerung das Gefühl, eine Regierung zu besitzen, die die Probleme mit Energie anpackt und die, wenn sie weiter an der Macht bleibt, schließlich doch die ernsten wirtschaftlichen Probleme lösen wird. Hinzu kommt, daß die Autorität des Premierministers dank seiner Dynamik und ungewöhnlichen taktischen Gewandtheit in den letzten Monaten stark gewachsen ist.

Für den Oppositionsführer Heath und die Konservative Partei lag der Wahltermin ungleich ungünstiger. Heath, erst vor kurzer Zeit von der konservativen Fraktion im Unterhaus zum Führer gewählt, hatte nicht genügend Zeit, seine Partei mit einem wirklich modernen Wirtschafts- und Sozialprogramm in den Wahlkampf zu führen. So bot seine Partei im wesentlichen das Bild der Beharrung und des Festhaltens an alten Vorstellungen, Gebräuchen und Besitzverhältnissen.

Auch war die Taktik Wilsons im Wahlkampf besser den Erwartungen und Bedürfnissen der breiten Wählermasse angepaßt. Da sich nun einmal die Menschen mehr für die praktischen, den Lebensstandard des einzelnen berührende Dinge interessieren, hat Wilson in seinen Wahlreden von den kommunalen Abgaben, dem Wohnungsbau, der wirtschaftlichen Sicherung der Bürger, den agrarischen Tagesproblemen gesprochen und sich relativ wenig mit großen, in die Zukunft weisenden Reformen abgegeben.

Der Eintritt in die Europäische Gemeinschaft, den Heath immer wieder in den Vordergrund seiner Reden stellte, hat die Massen der britischen Wähler nicht sonderlich bewegt. Für die große Masse bedeutet der Beitritt eine Veränderung des britischen Lebens, die ihr nicht ganz geheuer ist und die nach ihrem Gefühl nicht nur das Leben verteuern, sondern auch die wirtschaftliche Selbständigkeit des Landes beeinträchtigen könnte.

Es wird Wilson in den kommenden Jahren darauf ankommen, die immer noch ungelösten wirtschaftlichen Probleme zu bewältigen und die britische Wirtschaft in seinem Sinn, einem gemäßigten sozialistischen Sinn, zu ordnen. Das wird jetzt ungleich viel schwerer sein als in den vergangenen Monaten, in denen die eigene Partei bei einer Mehrheit von drei oder vier Sitzen im Unterhaus zusammenhalten mußte. Die neue große Mehrheit wird nun die radikalen Kräfte Labours auf den Plan rufen, die eine betont sozialistische Gesellschaftsform erstreben. Es wird des ganzen taktischen Geschicks des Premiers bedürfen, um die Gegensätze innerhalb seiner Partei auszugleichen und vor allem auch die Gewerkschaften, die in der Unterhausfraktion stark vertreten sind, auf einer mittleren Linie zu halten.

Auf außenpolitischem Gebiet wird er in der Frage der Nichtverbreitung atomarer Waffen und in den Bemühungen um eine Entspannung mit Sowjetrußland eine noch aktivere Haltung einnehmen.

22. bis 25. Mai 1966

Der Staatsbesuch, den Bundeskanzler Ludwig Erhard in Begleitung des Bundesaußenministers Gerhard Schröder in diesen Tagen in London machte, war ein Erfolg. Die Besprechungen erstreckten sich auf die Erhaltung der NATO, den Beitritt Großbritanniens zur Europäischen Gemeinschaft, das Ost-West-Verhältnis, den Vietnamkrieg, den Stand der Kennedy-Runde und die Rhodesienfrage. Wilson ist ein kühler Mann, der seinen Gesprächen gern einen nüchternen Charakter gibt. Trotzdem war die Atmosphäre freundschaftlich und von dem Bewußtsein getragen, daß beide Länder in diesen schwierigen Zeiten mehr denn je aufeinander angewiesen sind. Eine Wolke am sonst so blauen Himmel der deutsch-britischen Übereinstimmung in nahezu allen großen politischen Fragen war das Problem der Devisenkosten der Rheinarmee. Dem Bundeskanzler erschien die Forderung des Schatzkanzlers Callaghan, für 1966 fünfzig Millionen Pfund zur Entlastung des britischen Devisenhaushalts zu leisten, überhöht. Eine Einigung war nicht möglich. Man überließ die Lösung dieses Problems den Verhandlungen der Sachverständigen.

Schröder nahm in einem sehr sachlich gehaltenen Gespräch mit seinem britischen Kollegen Stewart den Gedanken einer deutschen Teilhabe an der atomaren Bewaffnung wieder auf. Entsprechend der grundsätzlich negativen britischen Haltung zeigte Stewart keine Bereitschaft, hierauf positiv einzugehen, sprach sich aber erneut für die von McNamara vorgeschlagene Mitwirkung an gemeinsamer Planung und Strategie innerhalb des NATO-Bündnisses aus.

Dienstag gegen zwölf Uhr Empfang des Bundeskanzlers durch die Königin in Buckingham Palace. Auf der Fahrt bat ich Herrn Erhard – ich sollte seine Ausführungen verdolmetschen –, in kurzen Abschnitten zu sprechen, wohl wissend, daß er bei solchen Gelegenheiten gern aus der Tiefe seiner wirtschaftlichen Philosophie schöpfte.

Die Königin empfing uns, reizend wie immer, in ihren in elegantem französischen Stil eingerichteten persönlichen Gemächern in Gegenwart eines ihrer Mitarbeiter. Wie ich es erwartet hatte, sprach Ludwig Erhard mit viel Temperament über seine wirtschaftspolitische Grundauffassung, in einer zum Teil äußerst komplizierten, von Fachausdrücken angefüllten Darstellung. Der Strom der Worte ließ nicht nach, bis er plötzlich innehielt, mich mit leicht erschrockenen, großen Augen ansah und um Übersetzung bat. Da griff die Königin ein: »Well, Mr. Ambassador, this is a very heavy piece.«[1] So gut es eben ging, übersetzte ich in möglichster Kürze die Quintessenz des Vortrages.

Die Königin sprach von ihrer so erfolgreichen Reise durch die Bundesrepublik. Besonders stark beeindruckend sei für sie die Tatsache gewesen, daß in allen Teilen des Landes, ob im Norden oder im Süden, der Wohlstand so gleichmäßig verteilt sei. Dies könne sie von ihrem Land nicht sagen, wo doch regional große Unterschiede beständen.

7. Juni 1966

Heute habe ich in der Botschaft im Auftrag des Bundespräsidenten dem Provost der Kathedrale von Coventry das Große Verdienstkreuz verliehen. Harold Williams, der Provost, ist ein außerordentlicher Mann, dessen Lebenswerk ganz im Zeichen der Versöhnung steht: Versöhnung durch praktische Wiederaufbauarbeit an zerstörten Häusern und Kirchen; Versöhnung auch durch Zusammenführen der jungen Menschen der Völker, die sich im Kriege feindlich gegenüberstanden; Zusammenführen auch von jungen Menschen der verschiedensten Glaubensgemeinschaften. So hat er mit aktiver Hilfe junger Deutscher und junger Engländer in Coventry das internationale Jugendzentrum geschaffen, das zugleich mit der Fertigstellung der im Zweiten Weltkrieg völlig zerstörten Kathedrale im Jahre 1962 eingeweiht wurde. Dank seiner sind ständige Verbindungen mit Berlin und Dresden hergestellt worden. Dank seiner haben junge Freiwillige aus England am Wiederaufbau eines Flügels eines in Dresden zerstörten Krankenhauses mitgewirkt.

Er ist ein Mann mit einem weiten und offenen Herzen für alle Bemühungen um eine friedliche Ordnung in unserer Welt. Sein Leitwort: »Peace demands more than good will, it calls for a constant awareness of the power of evil.« »Frieden verlangt mehr als guten Willen, er fordert ständiges Bewußtsein der Macht des Bösen.«

22. September 1966

Heute ist der ehemalige französische Ministerpräsident Paul Reynaud gestorben. Ich fühle mich mit diesem ungewöhnlichen Mann, großen Anwalt und Politiker, innerlich sehr verbunden. In seinem schönen, ruhigen Haus an der Place du Palais Bourbon, in unmittelbarer Nähe der französischen Nationalversammlung, hatten wir in den beiden letzten Jahren meiner Mission in Paris manche sorgenerfüllte Unterhaltung über das deutsch-französische Verhältnis, die Erhaltung der Europäischen Wirtschaftsgemeinschaft und die atlantische Krise. Er war ein klarer, heller, trotz seines Alters ungewöhnlich vitaler Mann. Ein Mann des parlamentarischen Kampfes. Ministerpräsident im Jahre 1940 in der schwersten Stunde der französischen Geschichte, trotz aller Niederlagen und Rückschläge unbeirrt in seinem Willen zum Widerstand. Nach dem Krieg unermüdlicher Vorkämpfer für das vereinte Europa. Durch eine blendende Rednergabe und eine überzeugende Präsentation der politischen Probleme wußte er immer wieder das Parlament zu fesseln.

Ich habe Paul Reynaud zuletzt mit seiner von mir hochgeschätzten Frau in Rom gesehen, wo sie bei mir in der Villa Almone zu Abend aßen. Das war das letzte Gespräch, das wir zusammen führen konnten.

Aus dem Jahre 1967

Außenminister Brandt in London · Gespräch mit Premierminister Wilson · Tod Konrad Adenauers (19. April) · Trauerfeierlichkeiten in Bonn und Köln · Jean Monnet bei mir in London · Das Unterhaus beschließt mit großer Mehrheit einen Antrag auf Aufnahme in die Europäische Gemeinschaft · Ministerrat der Westeuropäischen Union im Haag · Rede des britischen Außenministers George Brown über den britischen Beitritt zur Europäischen Gemeinschaft · Bemühungen Außenminister Browns um eine Intensivierung der britisch-sowjetischen Beziehungen · Malaise in Bonn – Vorbereitung des Besuches Bundeskanzler Kiesingers in London · Parlamentseröffnung durch die Königin · Die Stellung der Königin · Bundeskanzler Kiesinger in London (23. bis 25. Oktober) · Abwertung des britischen Pfundes · Brüsseler Konferenz

London, den 13. April 1967

Heute mittag fand in kleinem Kreis zu Ehren unseres Außenministers Willy Brandt ein Frühstück in Downing Street 10 statt. Auf britischer Seite waren der Premierminister, Schatzkanzler Callaghan und Außenminister Brown sowie Botschafter Frank Roberts anwesend. Man sprach natürlicherweise viel von den mit dem britischen Beitritt zum Gemeinsamen Markt verknüpften Fragen und Problemen. Wilson vermittelte uns den Eindruck, daß er so gut wie entschlossen sei, einen entsprechenden Antrag auf Aufnahme bald zu stellen, immer vorausgesetzt, daß die Beratungen im britischen Kabinett und im Unterhaus die notwendige positive Mehrheit ergeben. Er schien an dem Zustandekommen einer eindrucksvollen Mehrheit nicht zu zweifeln.

Für ihn, Wilson, sei die wirtschaftliche Bedeutung des Beitritts nicht entscheidend. Nach seiner Auffassung könne Großbritannien auch ohne diese auf längere Sicht wirtschaftlich in Ordnung kommen und sich den Notwendigkeiten der heutigen Zeit entsprechend modernisieren. Für ihn sei wichtiger der politische Aspekt des Beitritts. Großbritannien könne in der heutigen Welt nicht am Rande Europas verbleiben. Es müsse seinen Platz innerhalb Europas einnehmen. Es werde innerhalb der Gemeinschaft mit der Zeit das rührigste Element werden, das in mancher Hinsicht, vielleicht mehr noch als die Partnerstaaten, den Ausbau der Gemeinschaft vorantreiben werde und zwar auch mit Rücksicht auf eine viel stärkere Demokratisierung der im Gemeinsamen Markt wirkenden Institutionen. Durch den britischen Beitritt erhalte Europa die notwendige Einheit, die allein der friedlichen Auseinandersetzung mit dem Ostblock zu wirklich dauerhaften Ergebnissen verhelfen werde. In diesem Zusammenhang sei von Bedeutung das gegenwärtig gute Verhältnis der britischen Regierung zur sowjetischen Regierung. Er selbst verfüge infolge seiner häufigen Besuche in Moskau in den letzten zehn bis zwölf Jahren über eine gute Kenntnis der verantwortlichen Persönlichkeiten und über großen persönlichen Kredit. Bezeichnend für das gute Verhältnis der beiden Regierungen sei ein Gespräch, das er mit Kossygin während seines Aufenthaltes in London im Februar dieses Jahres geführt habe. Kossygin habe seine großen Sorgen hinsichtlich des chinesisch-sowjetischen Verhältnisses zu erkennen gegeben. Die negative, ja gefährliche Entwicklung mit China veranlasse Moskau, die Entspannung mit den Vereinigten Staaten voranzutreiben. Dies sei auf direktem Wege schwierig, da derartige sowjetisch-amerikanische Bemühungen von China mit Mißtrauen begleitet würden. Er, Kossygin, lege deshalb Wert darauf, Großbritannien als Mittler zu nutzen. Da es nicht unmittelbar in den Vietnamkonflikt verwikkelt sei, könne es nützlich zu der so notwendigen sowjetisch-amerikanischen Entspannung beitragen. Gerade dieser sowjetische Gedanke zeige, wie wertvoll eine britische Teilnahme an der Europäischen Gemeinschaft sei und welche Möglichkeiten sich hier für die Zukunft ergeben.

19. April 1967

Konrad Adenauer ist heute mittag in Rhöndorf gestorben. Ich hatte gehofft, daß es seiner zähen Natur noch einmal gelingen könnte, der Krankheit Herr zu werden. Er ist nun nicht mehr unter uns. Eine bedeutsame Phase deutscher und europäischer Geschichte ist abgeschlossen.

Mich haben in diesen Stunden viele Erinnerungen an diesen Mann, dem ich so viel verdanke, tief bewegt.

21. April 1967

Heute versammelte ich die Mitglieder der Botschaft zu einer Gedenkstunde. Aus meiner Rede die folgenden Worte:

»Es ist schwer, die Persönlichkeit Dr. Adenauers in ihrer ganzen Bedeutung zu werten. Mir scheint seine hauptsächliche Leistung darin bestanden zu haben, daß er für das durch Niederlage und Zusammenbruch so isolierte Deutschland einen neuen, angesehenen Platz in der Völkergemeinschaft geschaffen hat. Wenn wir uns an die Zeiten von 1946, 1947, ja bis tief in den Anfang der fünfziger Jahre erinnern, so wird es uns wieder bewußt, wie schwer diese Aufgabe zu lösen war. Wir alle – und ich glaube er selbst mit am stärksten – hatten es damals nicht für möglich gehalten, daß es gelingen würde, in einer relativ so kurzen Zeit das Vertrauen der Welt wiederzugewinnen und dem deutschen Volk auf allen Gebieten die Stellung wiederzugeben, die es auf Grund seiner geschichtlichen Leistungen, seiner großen Qualitäten und seines Fleißes beanspruchen darf.

Dr. Adenauer war es von der ersten Stunde an bewußt, daß der Weg aus der Isolierung nur über den der engen und loyalen Zusammenarbeit mit den Mächten hinausführte, die hierzu sich bereit finden würden. Er war davon überzeugt, daß im Gegensatz zu früheren Phasen unserer Geschichte das deutsche Volk nur dann wieder gesunden könnte, wenn es den Ideen und Tendenzen der Vorherrschaft oder des nationalen Ressentiments entsagen und sich zu einer überzeugten Politik der guten Nachbarschaft bekennen würde.

Es war natürlich, daß für den Rheinländer, der Dr. Adenauer nun einmal war, der Blick in erster Linie über den Rhein nach Frankreich hinüberging und daß er glaubte, das Vertrauen in dieses neue Deutschland nur dann herstellen und sichern zu können, wenn es gelang, die Feindschaft dieser beiden westlichen Völker endgültig zu überwinden und damit der Periode der europäischen Bürgerkriege ein Ende zu setzen. So wichtig in der Auseinandersetzung des Kalten Krieges die politische, militärische und wirtschaftliche Stützung der Bundesrepublik durch die angelsächsischen Mächte, insbesondere die Vereinigten Staaten, war, so schienen dem Kanzler des Endes der vierziger und des Anfangs der fünfziger Jahre eine wirkliche Befriedigung Europas und eine echte Sicherung der Stellung Deutschlands innerhalb dieses Europas nur dann gegeben, wenn es gelang, die deutsch-französische Verständigung aus den Wolken schöner Redensarten in die Realität des politischen Alltags zu projizieren und zu einer echten Wirklichkeit werden zu lassen. Schon ein gutes Jahr vor dem Schumanplan hat er sich immer wieder mit dem Gedanken einer engen wirtschaftlichen Verbindung Deutschlands und Frankreichs beschäftigt, und es gibt aus der ersten Zeit der Bundesregierung, zu Beginn des Jahres 1950, Überlegungen des Kanzlers, wie man durch eine Beteiligung der französischen Industrie an der Industrie des Ruhrgebietes in Frankreich nicht nur ein Gefühl erhöhter Sicherheit, sondern darüber hinaus Grundlagen einer positiven, den Beginn einer größeren europäischen Gemeinschaft vorbereitenden Zusammenarbeit schaffen könnte.

Von der Erklärung Schumans vom 9. Mai 1950 über die Pariser Verträge hin zu den Römischen Verträgen zieht sich der lange, mühevolle Weg, den der Kanzler in Zusammenarbeit mit seinen großen europäischen Freunden Schuman und de Gasperi unternahm. Auf diesem Weg hat er, wie Sie wissen, viele Erfolge, aber auch viele Rückschläge erlebt...

Und auch der Gemeinsame Markt, der im kommenden Monat dieses Jahres sein zehnjähriges Bestehen feierlich begeht, hat in den letzten Jahren schwere Krisen durchgemacht. Neue Probleme und Gefahren zeichnen sich heute schon am Horizont ab.

In all den langen Jahren, in denen der Bundeskanzler Adenauer die Linie der deutschen Außenpolitik verantwortlich bestimmte, war ihm durchaus bewußt, daß die westliche Politik der Bundesrepublik in den Formen der Europäischen und Atlantischen Gemeinschaft einer Ergänzung durch eine entsprechende Ostpolitik bedarf. Der Kanzler hat diese so notwendige Ostpolitik eingeleitet. Ihr erster Anlauf, der im September 1955 zur Aufnahme der Beziehungen mit der Sowjetunion führte, war zweifellos ein beträchtlicher Erfolg. Leider ist sie dann aber ein Torso geblieben. Vielleicht wird eine spätere Geschichtsschreibung kritisch die Frage stellen, warum auf diesen ersten großen Versuch einer friedlichen Auseinandersetzung mit Sowjetrußland unter der Regierung des Kanzlers keine weiteren Versuche mehr gefolgt sind. Ich glaube, daß die große Zurückhaltung Adenauers in der aktiven Fortführung einer konstruktiven Ostpolitik auf seine in den sechziger Jahren immer stärker werdende Sorge zurückzuführen ist, auf keinen Fall die eine oder andere der gegebenen Positionen durch voreilige Konzessionen an die Sowjetunion und ihre osteuropäischen Partner zu gefährden. Er war sich wohl auch nicht in vollem Umfange seiner großen Autorität bewußt, mittels derer er vom deutschen Volk Opfer hätte verlangen können, die für eine Neuordnung unseres Verhältnisses zu Sowjetrußland nun einmal unerläßlich sind. Noch zu seinen Lebzeiten haben sich nun neue Kräfte gerührt; alte Anschauungen und Formeln wurden neu überprüft. So hat noch vor seinem Tode eine neue Phase begonnen, die nun doch erneut den Versuch macht, mit den osteuropäischen Staaten, nicht zuletzt mit der Sowjetunion selbst, zu einer Lösung der so dringenden Probleme zu gelangen...

Wenn Sie mich fragen, welche politische Eigenschaft des Kanzlers die bedeutendste sei, so ist es wohl der Sinn für Maß, der alle seine Entscheidungen bestimmte. Dieser Sinn für Maß ließ ihn nur dann handeln, wenn die Wirklichkeit die entsprechenden Möglichkeiten bot. Realismus und Nüchternheit, richtige psychologische Einschätzung seiner Verhandlungspartner haben ihm in den internationalen Gremien hohes Ansehen verschafft. Er war frei von Illusionen, aber erfüllt von weitgesteckten Zielen. Er war einfach in seinen Worten und versuchte das, was er zu sagen hatte, immer auf die einfachste und klarste Weise zu sagen. Ihm waren pompöse Ausdrücke verhaßt...

Die Quelle seiner Kraft war sein Haus, sein Garten, seine Rosen, seine Kinder und seine Enkel, zu denen er ein so enges Verhältnis hatte.

So rundet sich das Bild dieses Mannes, der mit seinem ganzen Leben, seinem spannungsgeladenen Charakter, all dem Licht und all dem Schatten in den Mitteln seiner Politik Grundlagen gelegt hat, auf denen wir weiterbauen können. Künftige Generationen, Politiker wie Historiker, werden aus dem so reichen Leben dieses Mannes viel Wissenswertes und Schöpferisches entnehmen. Es wird immer schwer bleiben, ihn ganz zu erfassen. All das, was er gewollt und nicht erreicht hat und all das, was er mit Erfolg vollbrachte, werden erst spätere Generationen ganz würdigen können.«

Bonn, 23. bis 28. April 1967

Ich fuhr zu den Trauerfeierlichkeiten für Bundeskanzler Adenauer nach Bonn. Die Feierlichkeiten im Bundestag waren würdig. Die Reden des Bundespräsidenten, des Bundeskanzlers Kiesinger waren eindrucksvoll. Hervorragend jene des Bundestagspräsidenten Gerstenmaier, der vielleicht am stärksten mit Verstand und Herz seine Aufgabe meisterte. Die Zahl der Trauergäste war groß, man sah viele bekannte Gesichter aus allen Kreisen; Freunde, Weggefährten des alten Mannes aus Bund, Ländern, Städten, der Wirtschaft, der Parteien. Der Trauergottesdienst im Kölner Dom feierlich, ergreifend. Zum Heimgang dieses deutschen Kanzlers hatten sich so gut wie alle führenden Staatsmänner des freien Westens versammelt, an ihrer Spitze de Gaulle, der amerikanische Präsident Johnson, der britische Premier Wilson und viele andere, in Freundschaft für den Menschen und in hoher Achtung für sein Werk.

Abends saß ich lange im Haus des Bundestagspräsidenten mit dem Hausherrn selbst, mit Carlo Schmid, Ben Gurion, dem israelischen Botschafter Ben Nathan, seinem Außenminister Abba Eban, Nahum Goldmann und Shinnar zusammen. Man sprach von den Ereignissen des Tages und vom Verstorbenen. Und dann unvergeßlich, Ben Gurion und Eugen Gerstenmaier, Carlo Schmid und Goldmann bei der Erörterung des Alten Testamentes zu sehen. Ben Gurion mit seinem lohend weißen Haar und seinem sprühenden Geist wirkte wie einer der Propheten. Das leidenschaftlich geführte Gespräch ging um die Frage, ob Israel das auserwählte Volk sei. Hebräische, lateinische und deutsche Bibeltexte dienten der Interpretation bis tief in die Nacht hinein. Was die israelischen Freunde auch bewegte war, daß die Redner der Trauerfeier im Bundestag nicht des deutsch-israelischen Vertrages gedacht hatten. Sie hätten gewünscht, daß dieser große Versuch einer Aussöhnung mit dem Judentum in einer Darstellung des Lebens Adenauers den ihm gebührenden Platz gefunden hätte. Gerstenmaier konnte sich das nicht recht erklären, warum er, der ja selbst so stark an dieser Versöhnung mitwirkte, ihrer nicht gedacht hatte.

London, den 9. Mai 1967

Heute besuchte mich Jean Monnet. Er war nach London gekommen, um die große Debatte im Unterhaus über den Beitritt Großbritanniens zur Europäischen Gemeinschaft mitzuerleben. Er ist überzeugt, daß der Europagedanke in Regierung, Parteien und öffentlicher Meinung des Landes an Boden gewonnen hat und daß man mit nahezu einstimmiger Annahme der Europapolitik Wilsons morgen abend rechnen könne.

Monnet hält eine beschleunigte Aufnahme der Verhandlungen in Brüssel für zweckmäßig. Nach den Römischen Verträgen wird die britische Regierung ihren Antrag an den Ministerrat der Wirtschaftsgemeinschaft zu stellen haben, der dann zunächst eine gutachtliche Stellungnahme der Kommission einholen muß. Dann können die Verhandlungen beginnen.

Über die Haltung des Generals war er im Ungewissen. Er glaubt nicht, daß de Gaulle noch einmal ein Veto aussprechen werde. Man werde in Paris versuchen, Schwierigkeiten zu machen, andere Probleme, wie die Fusion der Gemeinschaften in den Vordergrund zu schieben. Monnet glaubt auch nicht, daß es demnächst wieder zu einer Erörterung der politischen Organisation unter den sechs Partnerstaaten kommen werde. Diese sei ohne die Mitwirkung Englands nicht denkbar und passe auch nicht in die gegenwärtig dem General besonders am Herzen liegende Entspannungspolitik mit dem Ostblock. Eine andere Frage sei, ob de Gaulle nicht die britische finanzielle Situation als noch so unausgeglichen betrachtet, daß er deshalb eine weitere Verschiebung des britischen Beitritts für notwendig hält.

Es komme ganz wesentlich auf die deutsche Haltung an. Seine Hoffnung konzentrierte sich in dieser Frage im wesentlichen auf Brandt und Strauß. Brandt habe sich in der Frage des Beitritts sehr entschieden gezeigt und auch Strauß habe sich immer wieder, auch in Gesprächen mit ihm, Monnet, für den Beitritt ausgesprochen.

Die gegenwärtige Lage in Frankreich sei recht schwierig. Die Idee, wirtschaftliche und soziale Schwierigkeiten mittels »Verordnungen« (ordonnances) zu lösen, sei ein Fehler, der nur auf die nachlassende Spannkraft des Generals zurückzuführen sei. Er, Monnet, habe das Gefühl, daß sich Frankreich in einer ausklingenden Phase des gaullistischen Regimes befinde. Sollte der General ausscheiden, so werde die gaullistische Partei in mehrere Gruppen verschiedenster Prägung auseinanderfallen. Es werde sich dann mit der Zeit um Giscard aus den Parteien des Centre eine tragfähige Regierungsmehrheit bilden. Mit diesem wirklich begabten Mann sei er früher in freundschaftlicher Beziehung gestanden. An seiner Bereitschaft, den Weg des europäischen Zusammenschlusses zu gehen, sei nicht zu zweifeln.

Wir erinnerten uns der Unterzeichnung des deutsch-französischen Vertrages im Jahre 1963 und des Vorabends in meiner Wohnung in der Avenue Foch, als Monnet und ich vergeblich versuchten, den Kanzler von der Notwendigkeit zu überzeugen, die Unterzeichnung des Vertrages mit der Forderung nach Fortsetzung der Beitrittsverhandlungen in Brüssel zu verbinden.

Hallstein hat nun sein Amt als Präsident der Europäischen Wirtschaftsgemeinschaft niedergelegt. Monnet und ich empfanden dies als einen sehr großen Verlust und nicht nur für die Kommission, deren Autorität er geprägt hat, sondern auch für die europäische Entwicklung im ganzen. Wir waren beide der Auffassung, daß damit »la bonne conscience« der europäischen Organisation ausscheidet und neuen Entwicklungen Platz macht.

12. Mai 1967

Die vom Unterhaus nach einer langen ausführlichen Debatte mit der eindrucksvollen Mehrheit von vierhundertachtundachtzig gegen zweiundsechzig Stimmen bei vierzig Enthaltungen getroffene Entscheidung, die Aufnahme Großbritanniens in die Europäische Wirtschaftsgemeinschaft,

44 (vorhergehende Seite, oben). Zusammentreffen des Bundeskanzlers mit dem französischen Ministerpräsidenten Georges Pompidou in der damaligen Residenz des deutschen Botschafters in der Avenue Foch, 1963.

45 (vorhergehende Seite, unten). Erster Konsultationsbesuch der französischen Regierung im Rahmen des deutsch-französischen Vertrags in Bonn am 4./5. Juli 1963; von links: Erhard, Adenauer, Schröder, Schwarz, Kiesinger, Heck, Carstens, Blankenhorn; gegenüber von rechts: Couve de Murville, de Gaulle, Pompidou, Messmer, Herzog, Burin des Roziers.

46. Am Sarkophag Kaiser Friedrichs II. im Dom zu Palermo; von links: Pressereferent Diether Heumann, Generalkonsul Hubert Krier und der Verfasser, Oktober 1964.

47. Als Botschafter in Großbritannien: Abfahrt von der Botschaft am Belgrave Square zur Übergabe seines Beglaubigungsschreibens im Buckingham Palace am 6. Mai 1955; der Verfasser und Lord Cairns, Marshal of the Diplomatic Corps.

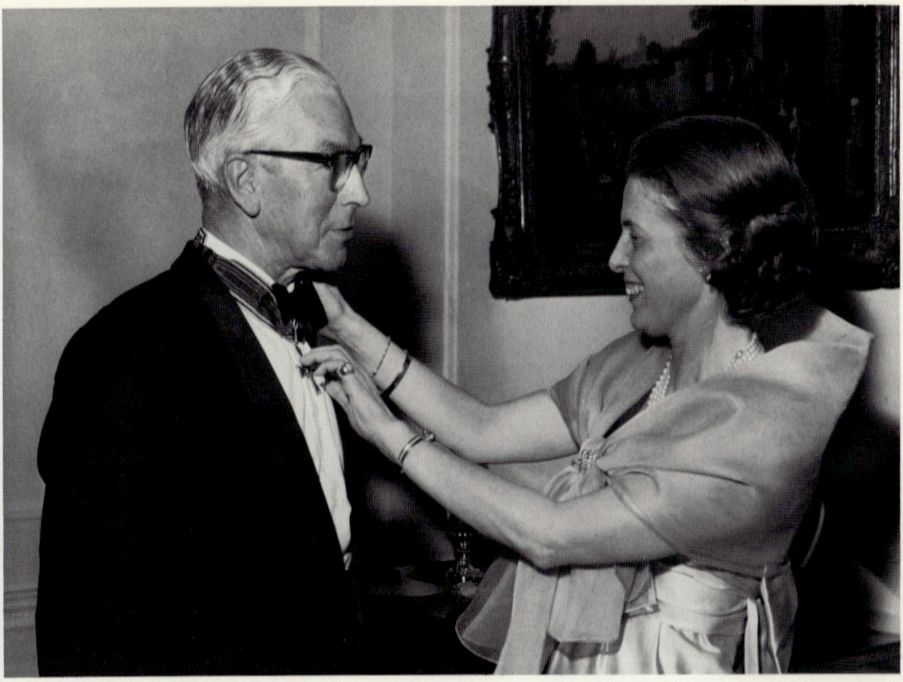

48 (links oben). Staatsbesuch Königin Elisabeths II. und Herzog Philipps von Edinburgh in der Bundesrepublik: Empfang der Königin auf dem Petersberg am 11. Mai 1965: neben der Königin Protokollchef Botschafter Werner von Holleben (links), Chefdolmetscher Heinz Weber, Frau Lübke, Bundespräsident Heinrich Lübke, Herzog Philipp von Edinburgh.

49 (links unten). Verleihung des Bundesverdienstkreuzes an den Provost der Coventry Cathedral Harold Williams in der Botschaft in London am 7. Juni 1966.

50. Ordensüberreichung durch Frau Blankenhorn an den President of the Chamber of Shipping of the United Kingdom, Philip K. Gorick, in der Botschaft in London am 26. Januar 1967.

51. *Besuch des britischen Premierministers Harold Wilson in Bonn; von links: der britische Botschafter in Bonn Sir Roger Jackling, Außenminister Willy Brandt, Chefdolmetscher Heinz Weber, Bundeskanzler Kurt Georg Kiesinger und Harold Wilson, 11. Februar 1969.*

52. *Die Vorsitzenden des Exekutivrats und der Generaldirektor der UNESCO in Paris; vordere Reihe von links: Léon Boissier-Palun (Dahomey), Ranema (Iran), Mahtar M'Bow (Generaldirektor), Hector Wynter (Jamaica), Frau Sida Marjanovic (Jugoslawien); dahinter: Keitaro Hironaga (Japan), El Borolossy (Ägypten), der Verfasser, Twum-Barima (Ghana), Leonard C. J. Martin (United Kingdon), 1976.*

53 (*folgende Seite*). *Der sorgenvolle Kanzler im letzten Jahr seines Lebens.*

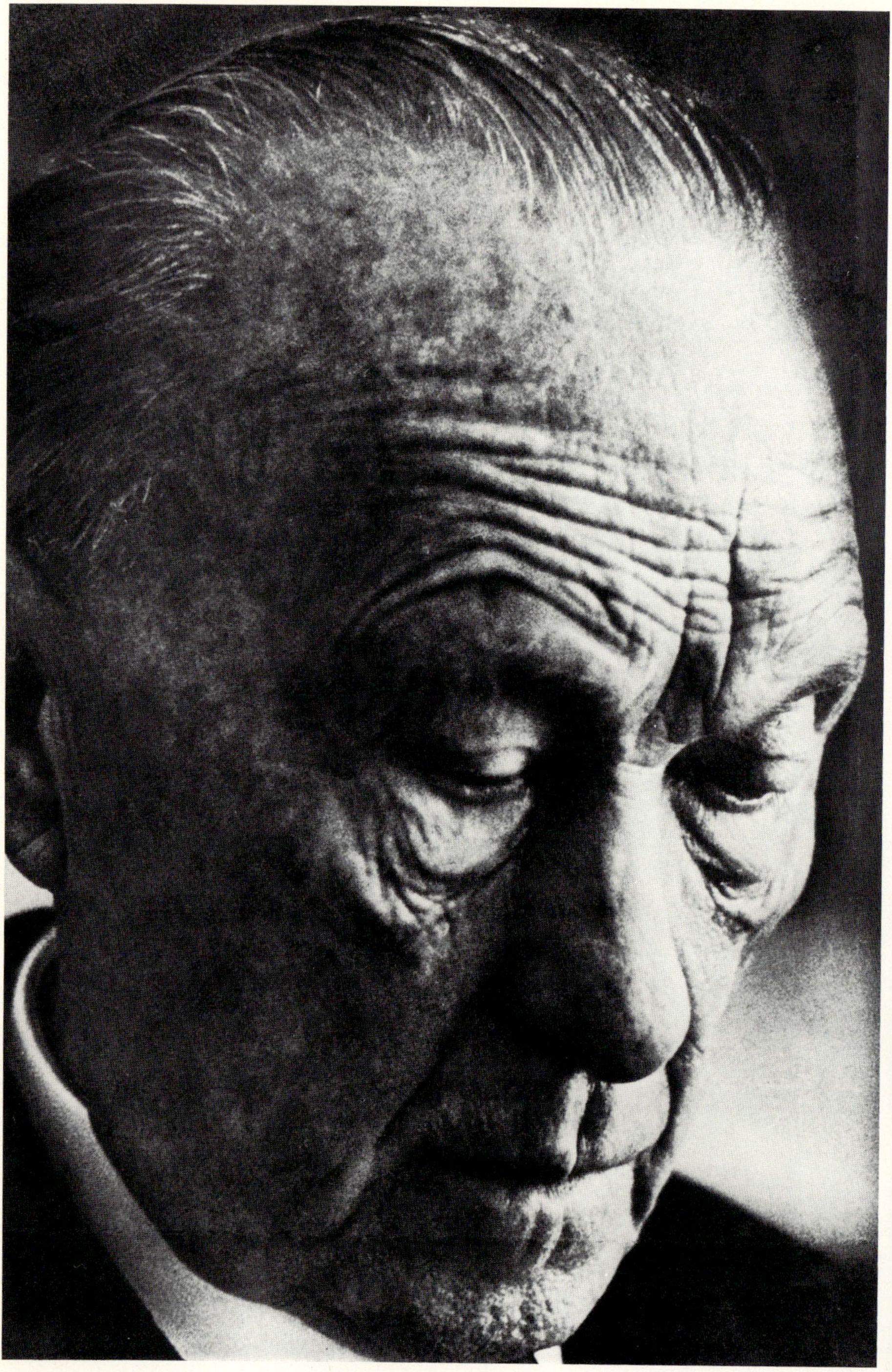

in die Europäische Gemeinschaft für Kohle und Stahl sowie in Euratom zu beantragen, sind Ausdruck dafür, daß die Labourregierung nunmehr mit Entschlossenheit und Konsequenz den Weg nach Europa zu gehen gewillt ist und hierfür auch die notwendige breite Grundlage in der eigenen öffentlichen Meinung besitzt.

Im Gegensatz zur ersten Zeit seiner Regierung ist Wilson heute davon überzeugt, daß, wenn Großbritannien überhaupt noch eine seiner Geschichte und seiner Bevölkerungszahl entsprechende politische Rolle spielen will, es dies nur im europäischen Verband erreichen kann. Neben der politischen Notwendigkeit bestehen für Wilson nicht minder wichtige wirtschaftliche Gründe. Er ist, und dies gilt auch für die große Zahl der Anhänger der europäischen Idee in der Liberalen und in der Konservativen Partei, der Überzeugung, daß nur der größere europäische Markt für die moderne, auf wissenschaftlicher Forschung basierende Industrie die Möglichkeiten bietet, den Erfordernissen der kommenden Zeit zu entsprechen. Man ist sich der Lasten bewußt, die in einer langen Anlaufzeit von der Landwirtschaft, der Industrie und dem Handel zu tragen sein werden. Man glaubt, ja man hofft, in der Zusammenarbeit mit den anderen europäischen Partnerstaaten und nicht zuletzt in der Konkurrenz mit ihnen, den Antrieb zu finden, der für die so dringend erforderliche Modernisierung vieler Teile des britischen wirtschaftlichen Lebens nun einmal notwendig ist. Die Regierung ist in der Frage des Beitritts zum Durchhalten entschlossen. Sie hofft auf eine entschiedene Haltung der fünf den britischen Beitritt begrüßenden Mitgliedstaaten des Gemeinsamen Marktes. Sie rechnet stark mit einer energischen Unterstützung ihres Antrages durch die Bundesregierung. Aus den guten deutschbritischen Beziehungen, der Übereinstimmung in Fragen der Ost-West-Auseinandersetzung, aus den gemeinsamen Bemühungen um die Erhaltung des Atlantischen Bündnisses und aus dem in beiden Nationen bestehenden Wunsch nach engen Beziehungen zu den Vereinigten Staaten, möchte die britische Regierung geradezu den Anspruch herleiten, nun auch in dieser, für Großbritannien so wichtigen Frage nicht im Stich gelassen zu werden. Eine hier und da vorgeschlagene, zeitlich begrenzte »Assoziation« Großbritanniens mit der Europäischen Gemeinschaft ist von Wilson und Brown wiederholt abgelehnt worden, weil sie die Möglichkeiten eines politischen Mitspracherechts ausschließen würden. Auch eine sogenannte Atlantische Freihandelszone wäre nach allgemeiner Auffassung keine Alternative, da in der Verbindung mit der so ungleich stärkeren amerikanischen Wirtschaftsmacht Großbritannien nur die Rolle eines untergeordneten Juniorpartners spielen und schnell seine wirtschaftliche Selbständigkeit verlieren müßte. Nach der Liquidation seiner politischen und militärischen Position im Fernen und Nahen Osten und der sich zunehmend lockernden Bindungen im Commonwealth, kann Großbritannien auf die Dauer nicht in einem Vakuum verharren, wenn es nicht auf den Platz einer drittklassigen Macht absinken will.

London, im Juli 1967

Die Bemühungen des britischen Außenministers George Brown, im Ost-West-Spannungsfeld größere Aktivität zu entfalten und im direkten Gespräch mit der sowjetischen Regierung zu neuen Lösungen zu kommen, haben zu keinem Ergebnis geführt. Noch in der Euphorie des Kossygin-Besuches in London im Februar dieses Jahres, in welcher Wilson den russischen Gast als »einen der Unseren« gefeiert hatte, glaubte man, daß eine neue Phase der sowjetisch-britischen Beziehungen sich anbahnen würde, in welcher sich die Sowjetunion der Unterstützung der britischen Regierung bei einer Neuregelung der Ost-Westbeziehungen bedienen würde, und daß damit Großbritannien eine besondere, auch im Interesse der europäischen Bemühungen, wichtige Rolle spielen könnte. Der unmittelbare Kontakt der beiden Weltmächte in Glassboro und die sowjetisch-amerikanischen Verhandlungen über den Nichtverbreitungsvertrag haben gezeigt, daß in sowjetischen Augen für eine britische Mittlerrolle kein besonderes Interesse besteht.

Auch die Besprechungen, die Außenminister Brown im vergangenen Mai in Moskau geführt hat, zeigten, daß die Sowjetunion nicht bereit ist, ihre bisherige Politik in Europa zu ändern. Nach sowjetischer Auffassung ist die Sicherheit in Europa nur gewährleistet, wenn die gegenwärtigen Grenzen – Ergebnis des Zweiten Weltkrieges – wie die »fast zwanzigjährige Existenz der souveränen DDR« als unverändert hingenommen werden. Brown hat demgegenüber an dem Standpunkt festgehalten, daß Deutschland als ein Land betrachtet und daß die endgültige Fixierung der Oder-Neiße-Linie einem Friedensvertrag mit Gesamtdeutschland vorbehalten bleiben müsse – mit der Qualifizierung, daß dabei die Meinung der Bevölkerung in den betroffenen Gebieten zu berücksichtigen sei.

Es ist schwer zu sagen, welches die Gründe für diese abwartende und eher negative Haltung der sowjetischen Regierung sind. Es ist wohl möglich, daß die Sowjetunion in diesem Zeitpunkt ihre Position im Vorderen Orient nicht durch ein betont enges Verhältnis zu Großbritannien belasten möchte. Vielleicht kann man aber auch aus der Haltung der sowjetischen Regierung schließen, daß sie des Weges über London nicht bedarf, um mit den Vereinigten Staaten zu sprechen. Die britische Regierung wird aber trotz der Rückschläge und vor allem unter dem doch erheblichen Druck der linksradikalen Opposition in der Labourpartei weiter versuchen, ihrerseits zur Überwindung der Spannungen beizutragen. Hier wählt sie zunächst den Weg der bilateralen Kontakte mit den Ostblockstaaten, indem sie versucht, durch Abschluß von Kulturabkommen, technologischen und wirtschaftlichen Vereinbarungen die Atmosphäre zu bessern.

6. Juli 1967

Die WEU-Ministerratssitzung, die am 4. und 5. Juli 1967 im Haag stattfand, war durch die Erklärungen des britischen Außenministers George Brown über den Beitritt Großbritanniens zum Gemeinsamen Markt von Bedeutung. Da man innerhalb der Wirtschaftsgemeinschaft sich nicht entschließen konnte, Großbritannien zu seinem Antrag auf Aufnahme zu hören, war die britische Regierung genötigt, den Weg über die WEU zu nehmen. Das ausführliche Statement Browns war eindrucksvoll, weil die europäischen Gesichtspunkte, Notwendigkeiten und Interessen des britischen Beitritts ganz im Vordergrund standen. Diese Darlegung, die offensichtlich unter Mitwirkung von Con O'Neill verfaßt war, und die in einer dreistündigen Sitzung im britischen Kabinett am Montag, den 3. Juli, in allen Einzelheiten beraten worden war, zeigt, wie weit Großbritannien sich heute schon auf den Gemeinsamen Markt hin entwickelt. In der Tat bleiben nur relativ wenig Punkte, die in den kommenden Verhandlungen Schwierigkeiten bereiten könnten. Im übrigen nimmt Großbritannien nicht nur den Vertrag in seinem vollen Wortlaut an, sondern erklärt sich auch bereit, alle in den Jahren seit dem Bestehen der Wirtschaftsunion ergangenen Entscheidungen, Wirtschaftsordnungen und so weiter anzunehmen.

Vor der Sitzung war zwischen Brown und Brandt vereinbart worden, daß Brown anschließend an seine Rede und die darauffolgende Diskussion das Schriftstück Brandt in seiner Eigenschaft als gegenwärtigem Präsidenten der Wirtschaftsgemeinschaft übergibt und daß damit das Papier als offizielles Dokument der Gemeinschaft behandelt wird. Gleichzeitig sollte das Dokument dem niederländischen Außenminister als gegenwärtigem Präsidenten des Ministerrats übergeben und noch am selben Tage veröffentlicht werden.

Die Reaktionen auf die Erklärung Browns im Rat waren eindeutig positiv. Besonders eindrucksvoll waren die Reden Brandts und Fanfanis.

Aber nicht minder eindrucksvoll die des luxemburgischen Außenministers Grégoire, der mit besonderer Befriedigigung den europäischen Charakter der Rede Browns hervorhob. Von französischer Seite war keine positive Stellungnahme zu erwarten. Der französische Vertreter Minister Bettencourt enthielt sich jedes negativen Urteils.

Dieser Nachmittagssitzung ging ein Gespräch Brandts mit Brown über die Ost-West-Beziehungen voraus. In diesem Gespräch betonte Brandt die Absicht, nun nach Möglichkeit mit Moskau selbst in ein Gespräch zu kommen. Es lägen gewisse Anzeichen vor, die auf ein sowjetisches Interesse schließen lassen. Natürlich mache man sich deutscherseits keine Illusionen über die positiven Resultate solcher Fühlungnahmen.

Gleichzeitig sollten die Bemühungen um die Normalisierung der Beziehungen zu den osteuropäischen Staaten erfolgen. Hier rechnet Brandt zunächst mit einer Handelsmission in Prag. Vielleicht auch sogar mit einer Normalisierung der Beziehungen zu Belgrad.

Brown war der Auffassung, daß man deutscherseits ein unmittelbares Gespräch mit Moskau zunächst nicht suchen sollte, da es doch zu keinen Ergebnissen führen werde, sondern daß man die Normalisierungsbemühungen im osteuropäischen Raum beschleunigen sollte. »It is necessary to outflank Moscow.« Chalfont und ich widersprachen diesen Thesen, weil sie notwendigerweise in Moskau falsche Vorstellungen über unsere Absichten auslösen könnten und dort Tendenzen verstärkten, die uns Desintegration des Ostblocks, Revanchismus und Gewaltanwendung unterschieben möchten. Der Minister scheint – wie ich auf einem anschließenden Spaziergang feststellen konnte – meine Auffassung zu billigen. Mir scheint in der Tat, daß schon allein »to be on speaking terms with Moscow« unsere Position im ganzen Ostraum, vor allem auch in Warschau und Ost-Berlin, verbessern würde. All das ist ein langwieriger und schwieriger Prozeß. Ich sagte Herrn Brandt, daß sein Deutschlandfunk-Interview vom 2. Juli viele neue Elemente und Nuancen enthalte, die dazu beitragen könnten, das Gespräch in Bewegung zu bringen.

London, 15. Oktober 1967

Ich fahre morgen nach Bonn, um nach Möglichkeit Bundeskanzler Kiesinger wegen der Vorbereitungen seines Besuches in London zu sprechen. Bis jetzt ist es mir nicht gelungen, einen Termin zu erhalten. Ich möchte ihm aber, wenn irgend möglich, noch einmal ein Bild der gegenwärtigen psychologischen Lage dieses Landes geben und ihn bitten, in seinen veröffentlichten und vertraulichen Besprechungen die Linie einzunehmen, daß die Bundesregierung alles in ihren Kräften stehende tun werde, um ihre französischen Freunde zu überzeugen, alsbald die Aufnahmeverhandlungen in die Wege zu leiten. Daß Großbritannien entschlossen ist, Mitglied der Europäischen Gemeinschaft zu werden, hat der Labour-Parteitag in Scarborough gezeigt, wo eine große Mehrheit sich in dieser Frage hinter die Regierung gestellt hat. Ebenso klar ist aber auch, daß der Widerstand Frankreichs keinerlei Anzeichen einer Änderung erkennen läßt. Die Gespräche, die General de Gaulle mit dem deutschen und dem britischen Botschafter geführt hat und auch sonst eine ganze Reihe von Erklärungen Debrés und anderer zeigen deutlich, daß, was auch immer die britische Regierung vorschlagen werde, Frankreich in erster Linie aus politischen Gründen die Erweiterung des Gemeinsamen Marktes nicht wünscht. Unsere englischen Freunde haben gelegentlich in den letzten Tagen, so vor allem auch Lord Chalfont in seinem Gespräch mit Staatssekretär Lahr vom Auswärtigen Amt, an uns den Wunsch gerichtet, entschiedener für das britische Beitrittsgesuch einzutreten. Wir seien nun einmal die einzige Macht, die hierzu die Möglichkeit besäße und wenn wir nicht energisch den britischen Wunsch unterstützten, müsse man mit einem Fehlschlag rechnen. Herr Lahr hat mit großer Deutlichkeit und Geschick seine britischen Gesprächspartner davon zu überzeugen versucht, daß Pressionen irgendwelcher Art keine Aussicht auf Erfolg haben. Die französische Verhandlungsposition sei stark. Die Erfahrungen, die er als jahrelanger Unterhändler der Bundesrepublik in seinen Besprechungen mit Frankreich gesammelt habe, zeigten, daß man nur Schritt für Schritt, in mühsamen und zähflüssigen Aussprachen die französische Haltung beeinflussen oder verändern könnte. Er führte hier vor allem das Beispiel der Saarverhandlungen an, in denen Frankreich ursprünglich eine völlig negative Haltung eingenommen habe, in denen es aber schließlich doch zu der von der Bundesregierung erstrebten Rückgliederung der Saar gekommen sei. Man müsse zunächst einmal im Kreise der Sechs das Gutachten der Kommission erörtern. Es sei damit zu rechnen, daß man am 23. und 24. Oktober in Luxemburg, sicherlich aber auch noch einmal Ende November in Brüssel, die Dinge erörtere. Ob es dann gelinge, die Franzosen dazu zu bringen, die Engländer wenigstens anzuhören, müsse abgewartet werden. Der WEU-Ministerrat, der am Donnerstag und Freitag tagte, hat in seiner Freitagsitzung mit erfreulicher Deutlichkeit die Bereitschaft der Fünf zur Aufnahme Großbritanniens gezeigt. Alle fünf sprachen sich für eine unmittelbare Aufnahme der Verhandlungen aus. Der französische Vertreter Bettencourt, der in seiner Isolierung eine schwierige Aufgabe hatte, verhielt sich zurückhaltend.

31. Oktober 1967

Heute ist das Parlament von der Königin wie üblich in feierlicher Weise eröffnet worden. Die Hermelinmäntel der Lords und die Brillantdiademe ihrer Frauen scheinen in unserer so nüchternen Welt nur noch ein recht künstliches Überbleibsel des Glanzes vergangener Jahrhunderte. Und doch ist auch das House of Lords ein Stück britischen politischen Lebens, das man in seiner Bedeutung nicht unterschätzen sollte. Zwar hat die eine oder andere Regierung, so auch die gegenwärtige Labourregierung, seine Zusammensetzung, seine Rechte ändern wollen. Es hat auch an Stimmen nicht gefehlt, die es gänzlich beseitigen wollten. Am Beharrungsvermögen und Traditionsbewußtsein des britischen Volkes ist dies immer wieder, so auch dieses Mal, gescheitert. Ich habe gelegentlich den Debatten im House of Lords zugehört. Ihr Niveau ist im allgemeinen hoch, da sie in äußerst sachlicher Atmosphäre stattfinden. Sie bilden in schwierigen außen- und innenpolitischen Fragen eine wertvolle Ergänzung der sehr viel bewegteren, von parteipolitischen Konfrontationen erfüllten Diskussionen im Unterhaus.

Die Institution des Königtums ist in allen Schichten des britischen Volkes fest verankert. Es gehört zu den Verdiensten der britischen Monarchen unseres Jahrhunderts, daß sie durch gesundes politisches Urteil und durch eine große Anpassungsfähigkeit an die Erfordernisse der modernen Welt, auch durch eine weise Auswahl guter Ratgeber sich eine Stellung geschaffen haben, deren Autorität unbestritten ist. In England wird die Königin nicht in den politischen Tageskampf hineingezogen. Sie bleibt der ruhende Pol in der Erscheinungen Flucht. Sie berät, ermuntert, warnt. Durch ihre lange Amtszeit und ihre gründliche Unterrichtung in allen außen- und innenpolitischen Fragen, die in der Regel vom Premierminister selbst wahrgenommen wird, kann sie zu einem einflußreichen Faktor werden. Wenn etwas – und ich greife hier voraus – die starke Verbundenheit der Königin mit den Bürgern ihres Landes zeigte, so waren es die Feierlichkeiten ihres fünfundzwanzigjährigen Regierungsjubiläums im Jahre 1977. In allen Schichten, nicht zuletzt auch in der arbeitenden Bevölkerung, war neben der Achtung ihrer politischen Leistung, Bewunderung und Anerkennung ihrer menschlichen Eigenschaften spürbar. Sie versteht es, nicht in den Aufgaben der Repräsentation unterzugehen. Eine gute Ergänzung ist der Herzog von Edinburgh, dessen manchmal etwas rauhe Seemannsart den Hof mit der notwendigen Frische erfüllt und der sich auch nicht scheut, gelegentlich in öffentlichen Reden Rückständigkeiten und mangelnde Leistungsfähigkeit der einen oder anderen mit deutlichen Worten zu kritisieren.

31. Oktober 1967

Der Besuch, den Bundeskanzler Kiesinger in der Zeit vom 23. bis 25. Oktober der britischen Regierung abstattete, ist als ein Erfolg für die deutsch-britischen Beziehungen zu werten. Zunächst hat der Kanzler in diesen Tagen über seine eigene Person, sein Verhältnis zu Großbritannien und seine Einstellung zum britischen Aufnahmegesuch in den Gemeinsamen Markt volle Klarheit geschaffen. Vor diesem Besuch hat es viele gegeben, die infolge der stark profranzösisch nuancierten Politik des Kanzlers das Gefühl, ja die Überzeugung hatten, daß er letzten Endes am britischen Beitritt nicht interessiert und sein inneres Verhältnis zu diesem Lande, gelinde gesagt, ohne besondere Wärme sei. Schon bei der ›Panorama-Sendung‹, die am Sonntag, dem 22. Oktober, im hiesigen Fernsehen gegeben wurde, ist es dem Kanzler gelungen, dieses Bild erheblich zu korrigieren. Wesentlich dazu beigetragen hat seine vorzügliche Beherrschung der englischen Sprache. Auch konnte er nachweisen, daß er in einer früheren Zeit, als er noch Mitglied des Europarats war, sich immer wieder in Straßburg, aber auch auf Reisen durch Großbritannien, vor konservativen Versammlungen dazu bekannt hat, daß Großbritannien zu Europa gehöre und an der Europäischen Gemeinschaft als voller Partner teilnehmen müsse. Er pflegte immer wieder scherzend zu sagen, lange bevor die öffentliche Meinung Großbritanniens zur Teilnahme an der europäischen Institution bereit war, habe er seine Überzeugung von der Notwendigkeit des Beitritts dokumentiert.

Der Zeitpunkt des Besuchs lag ungünstig, denn die Luxemburger Verhandlungen der Sechs über die weitere Behandlung des britischen Beitrittsgesuchs führten wegen des Widerstandes Frankreichs nahezu zwangsläufig zu einem Mißerfolg. Die wenig kompromißbereite Haltung Couves de Murvilles in Luxemburg hat dann aber auch dazu beigetragen, den Ton der Äußerungen des Bundeskanzlers in diesen Fragen nicht unerheblich zu erwärmen. Besondere Erfolge seines öffentlichen Auftretens waren die Rede und Diskussion der unter den Auspizien der »European Atlantic Group« im House of Commons stattfindenden Nachmittagssitzung, an der viele Mitglieder des Ober- und Unterhauses und führende Vertreter der Anglo-German Association teilnahmen, sowie das Essen der ausländischen Presse, das kurz vor seinem Abflug nach Bonn im Carlton Tower Hotel stattfand. Das Bild, das der Kanzler vermittelte, war das eines überzeugten Europäers, der die Erweiterung des Europas der Sechs wirtschaftlich und politisch für unerläßlich hält, der aber jeden politischen Druck auf Frankreich als der Sache undienlich von sich wies. Sowohl in den Verhandlungen mit Wilson, als auch in den öffentlichen Kundgebungen hat er hierin Zustimmung gefunden. Im Blick der Engländer stellte sich Kiesinger als ein Mann des Ausgleichs dar, der alles vermeiden will, was zu einer weiteren Spaltung Europas führen könnte und was vor allem das bestehende gute Verhältnis zum französischen Volk oder auch das gute Verhältnis zu Großbritannien belasten könnte. Er hat seine Gesprächspartner nicht darüber im unklaren gelassen, daß die Bundesregierung mit Nachdruck in Paris für den britischen Beitritt werben werde. Er hat sich allen Prophezeiungen einer etwa zu Beginn des kommenden Jahres entstehenden Krise versagt. Im Unterton war aber spürbar, daß er bei einer weiteren Versteifung der französischen Haltung eine Zuspitzung der Situation nicht von vornherein ausschließt. Er hat mit Eindringlichkeit immer wieder darauf hingewiesen, daß auch General de Gaulle sich auf die Dauer einer so einmütigen öffentlichen Meinung der europäischen Länder nicht werde widersetzen können.

Sicher ist der Bundeskanzler eine komplizierte und komplexe Persönlichkeit. Sicher ist es nicht leicht, diesen so rhetorisch und stilbegabten Mann zufriedenzustellen. Mir fiel aber auf, daß seine Umgebung in recht übertriebener Weise Angst vor ihm hat, was negative Wirkungen für den Kanzler selbst, aber natürlich auch für die Mitarbeiter zur Folge hat. Eine Ausnahme macht Herr von Hase, der wirklich mit zu den sympathischsten Erscheinungen des gegenwärtigen Bonner »Tableaus« zählt, und der seine Meinung dem Kanzler gegenüber auch dann, wenn es schwierig ist, mit Geschick und Freimut zu vertreten versteht.

Wie mir der Kanzler sagte, lese er sehr viel englische Bücher, hauptsächlich geschichtliche Darstellungen aller Art. Ganz besonders hat er sich in letzter Zeit mit Disraeli beschäftigt.

22. November 1967

Durch die Abwertung des Pfundes sind eine Reihe von Unsicherheitsfaktoren im britischen politischen Bild entstanden. Zwar überwiegt die Auffassung derer, die die Abwertung als eine notwendige Folge der Pfundkrise betrachten und die sich von den verstärkten Möglichkeiten des Exports eine Besserung der allgemeinen Lage versprechen. Aber die Zahl derer ist nicht minder groß, die befürchten, daß die britische Industrie wohl nicht in der Lage sein werde, die gegebene Chance rechtzeitig zu nutzen, weil sie nicht über die ausreichende Außenhandelsorganisation, vor allen Dingen den nötigen Kundendienst im Ausland, verfügt. Auch bestehen berechtigte Zweifel, ob es der Regierung gelingen wird, ein starkes Anziehen der Preise und damit eine neue Lohnwelle zu verhindern. Ein Anziehen der Preise um drei bis vier Prozent wird heute schon als unerläßlich angesehen. Sollten aber hier massive Lohnerhöhungen hinzutreten, so würde sich die durch die Abwertung gegebene Exportmarge von vierzehn bis fünfzehn Prozent schnell wieder so stark reduzieren, daß der Erfolg der Abwertung in Frage gestellt würde.

Es ist zwar Herrn Wilson noch einmal gelungen, die Labour-Partei in den Debatten um die Abwertung auf eine Linie zu bringen und einen gewissen Abstimmungserfolg zu erzielen, seine Autorität hat aber sowohl innerhalb der Partei als auch im Lande erheblich gelitten. Die Diskussion um seine Nachfolge füllt die Zeitungen. Ob wir in der Weihnachtspause mit einer Regierungsumbildung rechnen müssen, bleibt abzuwarten. Man spricht viel davon, daß Callaghan aus der Treasury ausscheidet. Ich halte es für zweifelhaft, ob Wilson ihm das Außenministerium anbieten wird, zumal George Brown an dieser Aufgabe festhält und über nicht unerheblichen Anhang in der Partei verfügt, der Herrn Wilson im Falle seiner Entfernung aus dem Foreign Office höchst unbequem werden könnte.

Im ganzen ist die Unsicherheit groß, und es zeigt sich, daß weder innerhalb der Regierung noch auch in der Arbeiterschaft und Industrie klare Vorstellungen und energischer Wille bestehen, praktisch die Konsequenzen zu ziehen und nun mit der entsprechend gebotenen Energie die so lange verzögerten Reformen anzupacken.

Die Tatsache, daß die Bundesregierung, vor allem die Bundesbank, in diesen Tagen der Pfundabwertung eine positive und hilfsbereite Haltung eingenommen hat, wurde in der britischen Öffentlichkeit als positiv gewertet. In der Tat waren die Erklärungen Otmar Emmingers im britischen Fernsehen für Großbritannien von Wert, denn hier hat der deutsche Finanzexperte bescheinigt, daß »in der Geschichte der Abwertung noch niemals ein solcher Vorgang mit so viel Fairneß und Rücksicht auf die Partnerstaaten durchgeführt worden ist«. Im übrigen hat Emminger sich für die britische Abwertung ausgesprochen und für die Zukunft wertvolle Folgen vorausgesagt.

Natürlich beschäftigt die britische Regierung die Beitrittsfrage unverändert stark. Man erwartet von der Pressekonferenz des Generals eine erneute scharfe Absage. Con O'Neill, den ich heute sprach, stellte mir offen die Frage, ob die Bundesregierung zur Ministerratssitzung am 20. Dezember, vielleicht auch erst im Laufe des Januar, die Experten der sechs Partnerstaaten und Großbritanniens nach Rom einladen werde, um das Terrain für die späteren Verhandlungen vorzubereiten. Sollte die französische Regierung sich einer solchen Initiative widersetzen, so könnte man daran denken, daß die fünf Mitgliedstaaten die Besprechungen unter Hinweis darauf aufnehmen, daß sie ihren außenpolitischen Kredit nicht durch weitere Brüskierungen der britischen Regierung aufs Spiel setzen wollten, daß sie aber bereit seien, jederzeit Frankreich über den Fortschritt der Verhandlungen zu unterrichten. Eine solche Initiative ist natürlich nur dann von Erfolg, wenn die fünf Partnerstaaten entschlossen sind, diesen Weg bis ans Ende zu gehen. Ob die italienische Regierung, ob vor allem Fanfani bereit ist, dies gegen den französischen Widerstand durchzusetzen, bleibt eine Frage, die man nicht ohne weiteres beantworten kann.

27. November 1967

Ich war zwei Tage in Bonn und habe mich im wesentlichen auf Besprechungen mit Staatssekretär Duckwitz beschränkt. Ich fand ihn bei bester Gesundheit. Die neue Aufgabe scheint ihn ganz erheblich zu erfrischen. Er ist jedenfalls gewillt, aus dem Auswärtigen Amt wieder eine gut organisierte Behörde zu machen, in welcher der einzelne sich dem Gemeinschaftsinteresse unterordnet und sich nicht ausschließlich auf seine persönlichen Wünsche konzentriert.

12. Dezember 1967

Am Vorabend der Brüsseler Konferenz, die über die Frage der Aufnahme der Verhandlungen mit Großbritannien entscheiden soll, zeigt sich nur wenig, was zu Optimismus berechtigt. Die französische Haltung ist unverändert, wie sie General de Gaulle in seiner so umstrittenen Pressekonferenz vom 28. November festgelegt hat. Frankreich will den Beitritt nicht. Es schiebt wirtschaftliche Gründe vor. Wesentlicher ist aber die Überzeugung, daß ein britischer Beitritt eine Verschiebung des Kräfteverhältnisses innerhalb des politischen Europas zur Folge haben würde. Auf der kommenden Konferenz am 18. Dezember wird deshalb Couve de Murville mit dem ihm angeborenen Geschick viele Gründe wirtschaftlicher Art aufführen, die eine Aufnahme von Beitrittsverhandlungen im gegenwärtigen Moment als inopportun erscheinen lassen. Wenn auch die fünf Partnerstaaten sich sicherlich geschlossen für die Eröffnung der Beitrittsverhandlungen erklären, so erscheint es mir heute schon als nahezu ausgeschlossen, daß sie in einheitlicher Front durch entsprechenden Druck

Frankreich zu zwingen versuchen, dem britischen Begehren stattzugeben. Daran ändert nichts die dezidierte Haltung, die die Abgeordneten der fünf Staaten in der WEU-Versammlung eingenommen haben. Daran ändert auch nichts, daß anläßlich der Konferenz der sozialistischen Parteien, die am vergangenen Wochenende unter dem Vorsitz von Wilson in Chequers stattgefunden hat, alle Anwesenden zum Teil mit großer Lautstärke die Aufnahme der Verhandlungen forderten. Niemand wird – und ich glaube, ich prophezeie nichts Falsches – die bisherigen Errungenschaften des Gemeinsamen Marktes durch eine Kampfansage an General de Gaulle in Frage stellen und das bisher Erzielte mit einer Verhandlung mit Großbritannien vertauschen, das in den letzten Wochen noch nicht gezeigt hat, daß es seiner großen wirtschaftlichen Schwierigkeiten in absehbarer Zeit Herr werden könnte. Das gegenwärtige Malaise in Großbritannien, das sich weitgehend auch daraus erklärt, daß die britische Regierung sich selbst noch nicht ganz schlüssig ist, welche Wege sie einschlagen muß, um die mit der Abwertung des Pfundes gegebenen verstärkten Exportmöglichkeiten in der richtigen Form zu nutzen, trägt dazu bei, die Bereitschaft für Aufnahmeverhandlungen auf seiten der fünf Partnerstaaten zu dämpfen.

Als ich am Sonntagvormittag Außenminister Brandt aus Chequers abholte, war für ihn, wie er mir sagte, der stärkste Eindruck doch der, daß die britische Regierung nicht bereit sei, irgendwelche Lösungen zu akzeptieren, die eine befristete Vormitgliedschaft, eine irgendwie geartete Assoziation zum Inhalt haben würde. Er sagte mir, er sei erstaunt, daß die doch immer pragmatisch gestimmten Briten dieses Mal keinerlei Neigung zeigten, schrittweise der Lösung der Probleme entgegenzugehen. Man habe gelegentlich von Alternativen gesprochen, ohne genauer zu präzisieren, wie diese Alternativen im Falle der Ablehnung aussehen sollten. Er persönlich glaube an keine Alternativen. Es sei denn, daß Großbritannien in einer tiefen Verstimmung über die Haltung seiner europäischen Partnerstaaten langsam dem Neutralismus verfalle. Ich bestätigte das. Auch nach meiner Auffassung dürfe die Gefahr, daß die britische öffentliche Meinung – weniger die Regierung – ihr Heil in einer neuen, andersgearteten Stellung außerhalb Europas suchen werde, nicht unterschätzt werden. Es könnte leicht möglich sein, daß dann die Kreise an Einfluß gewinnen, die eine unabhängigere, auf ein engeres Verhältnis mit der Sowjetunion zielende Politik erstreben und daß das schließlich zu einem britischen Nationalismus führen könnte, der unseren Interessen nicht dienlich ist.

Daß eine Ablehnung des britischen Wunsches, oder auch nur seine Verzögerung, trotz allem negative Wirkungen auf die Aktivität des Gemeinsamen Marktes haben wird, erscheint mir außer Zweifel. Denn wenn es auch nicht zum spektakulären Bruch kommen kann, so werden sich die einzelnen Regierungen bemüht fühlen, durch passive Resistenz, durch Verweigerung ihrer Zustimmung zu gewissen dringlichen Entscheidungen auf anderen Gebieten, ihren Unwillen zu bekunden. Ein interessanter Beweis hierfür ist die vor ganz kurzem ergangene Entscheidung der niederländischen Regierung, ihre Zustimmung zu einem Teil des Budgets der Kommission zu verweigern in dem offensichtlichen Bestreben, damit eine Warnung an die französische Regierung auszusprechen.

Dieses Jahr 1967 endet aber auch sonst mit einer Reihe von negativen Ergebnissen, die wir nicht gering bewerten sollten. Zwar hat sich NATO notdürftig gehalten. Die nach dem Ausscheiden Frankreichs aus der militärischen Organisation verbleibenden Partnerstaaten beurteilen im wesentlichen die sowjetische Gefahr in gleich ernster Weise, und damit wird es auf der gerade im Gange befindlichen Konferenz sicher dazu kommen, auf die wertvolle Harmelstudie[1] mit einer Erklärung zu reagieren, in welcher man sich verpflichtet, den politischen Charakter des Bündnisses erneut zu beleben und verstärkte Konsultationen in den Dienst der ostwestlichen Entspannung zu stellen. Es bleibt die Unsicherheit, ob das Bündnis bis zum Jahre 1969 mit Einschluß Frankreichs erhalten werden kann. Zwar hat die französische Regierung bis jetzt noch keine negative Entscheidung publiziert; es gibt aber manche Anzeichen, die darauf hindeuten, daß es General de Gaulle unter Umständen darauf ankommen könnte, im Jahre 1969 auch die verbleibende Mitgliedschaft im politischen Bündnis aufzuheben.

In der Entspannung Ost-West hat sich nichts wesentlich Neues ereignet. Die Versuche der deutschen Regierung, mit Sowjetrußland in ein Gespräch zu kommen, haben bis jetzt keinen nennenswerten Erfolg gezeigt. Die letzte Note, die die sowjetrussische Regierung am 8. Dezember an die Bundesregierung und die Regierungen Frankreichs, Großbritanniens und die Vereinigten Staaten gerichtet hat, zeigt erneut, daß wir aus der Phase des Kalten Krieges noch nicht heraus sind. Sowjetrußland knüpft einen gegenseitigen Gewaltverzicht an die Bedingung, daß die Bundesrepublik den territorialen und politischen Status quo in Osteuropa unbeschränkt anerkennt. Natürlich bleibt uns nichts anderes, als auch diesen Rückschlag mit Geduld und Zähigkeit, unter Fortsetzung unserer Bemühungen zu überwinden. Ein kleines Anzeichen für eine Verbesserung des Verhältnisses zur Sowjetunion ist der Wunsch der Russen, mit uns im Lauf des kommenden Jahres in Handelsvertragsverhandlungen einzutreten, in denen auch für Berlin eine für die deutsche Seite annehmbare Lösung gefunden werden sollte. Inwieweit der eben im Gang befindliche Besuch

Ulbrichts in Moskau die russische Haltung weiter verhärtet, bleibt abzuwarten.

18. Dezember 1967

Die ›Sunday Times‹ vom 17. Dezember gibt eine historische Stunde des französischen Fernsehens wieder, in welcher eine Reihe von französischen Historikern, ein früherer französischer Botschafter in London und auch Lady Asquith, Tochter des früheren Premierministers und Verfasserin des ausgezeichneten Buches ›Churchill as I knew him‹[2], die französisch-britische Entente Cordiale in ihren Ursprüngen, in ihrer Entwicklung über die Weltkriege hinweg schildern. Lady Asquith, die trotz ihrer achtzig Jahre zu den aktivsten Mitgliedern der Liberalen Partei gehört, benutzte diesen Anlaß zu Angriffen gegen den General, die sicherlich alles in den Schatten stellen, was bisher vor dem französischen, staatlich kontrollierten Fernsehen verlautete.

Aus dem Jahre 1968

Besuch George Browns in Rom – sein gespanntes Verhältnis zu Wilson · Sowjetische Politik im Mittelmeerraum · Gespräch mit dem britischen Erziehungsminister Gordon Walker · Britische Zweifel an der deutschen Haltung in der Beitrittsfrage – Gespräch mit Con O'Neill · Mangelnde Einigkeit im Westen · Rücktritt Außenminister George Browns · James Stewart wieder Außenminister · Kritische Lage der Regierung Wilson · Wilson: Charakter und Persönlichkeit · Britische wirtschaftliche Lage · Kein Fortschritt in der Beitrittsfrage · Britische Haltung in der Tschechenkrise · Deutsch-britische Zusammenarbeit auf technologischem und rüstungswirtschaftlichem Gebiet als praktische Zwischenlösung auf dem Weg zur Aufnahme Großbritanniens in die Europäische Gemeinschaft · Nächtliches Gespräch in Downing Street über die Notwendigkeit einer Aufwertung der D-Mark

London, Anfang Januar 1968

Der Besuch George Browns in Rom, der über die Festtage erfolgte, hat offensichtlich nicht sehr viel an positiven Ergebnissen erbracht. Es war George Brown daran gelegen, mit Fanfani zu überlegen, wie die fünf dem britischen Beitrittsgesuch gegenüber positiv eingestellten Partner mit Großbritannien neue Grundlagen für eine Zusammenarbeit finden könnten. In Rom ist George Brown auf die Initiative des belgischen Außenministers Harmel gestoßen, der für die kommende WEU-Ministerratssitzung am 29. und 30. Januar in Brüssel ein Treffen der Fünf mit Großbritannien vorgeschlagen hat. Auf diesem Treffen sollen Möglichkeiten einer zukünftigen wirtschaftlichen, technologischen, auch politischen Zusammenarbeit erörtert werden. Die Italiener haben sich an dieser belgischen Initiative interessiert gezeigt. Man hofft in London, daß auch die übrigen Partnerstaaten, vor allem die Bundesrepublik, dieser Initiative zustimmen werden.

Nach britischer Auffassung ist eine gemeinsame Überlegung der Fünf mit Großbritannien notwendig, um die gegenwärtige Situation zu klären. Man kann die Dinge nun nicht einfach so laufen lassen. Großbritannien muß Klarheit darüber gewinnen, welcher gemeinsame Weg in Zukunft eingeschlagen werden kann. Regierung und öffentliche Meinung haben auf die Absage aus Paris mit Mäßigung reagiert. Man hat keine Absicht, den Gemeinsamen Markt zu sprengen oder eine besondere Front der Fünf gegen Frankreich aufzubauen. Man kann aber, wie mir neulich Paul Gore-Booth einmal sagte, »den Mann, dem man die Tür gewiesen hat, nun nicht einfach auf der Straße stehen lassen, ohne mit ihm noch zu sprechen«.

Die innere Lage in Großbritannien wird in der nächsten Zeit von den großen Einsparungen bestimmt, die die Regierung bis Mitte dieses Monats beschließen muß, um der Abwertung zum Erfolg zu verhelfen. Über diese Einsparungen wird es zweifellos im Kabinett und in der Labour-Fraktion zu heftigen Auseinandersetzungen kommen, die um so schwieriger sein werden, als es schon vor Weihnachten in der Behandlung der Frage der Waffenlieferungen an Südafrika zu scharfen, oft ins Persönliche gehenden Zusammenstößen zwischen Brown und Wilson gekommen ist. Es ist deshalb nicht mit Sicherheit zu sagen, ob George Brown als Außenminister im Kabinett verbleiben wird. Es ist allerdings fraglich, ob es Wilson daran gelegen sein kann, in einem Zeitpunkt, in welchem die Position der Labour-Partei an sich schon geschwächt ist, George Brown aus dem Foreign Office zu entfernen. Denn nur eine Demonstration der Geschlossenheit und Einheit der Partei kann einen weiteren, ernsten Kräfteverlust verhindern.

Die Hoffnung aller gemäßigten Elemente der Labour-Partei konzentrieren sich auf den neuen Schatzkanzler Roy Jenkins, der die so dringend notwendigen Einsparungen durchsetzen muß und der, wenn er richtig operiert, allein noch in der Lage ist, die stark geminderte Autorität des Premierministers wiederherzustellen.

8. Januar 1968

Die sowjetische Politik im Mittelmeerraum verdient unsere Aufmerksamkeit. Seit 1955, als im Herbst die ersten Waffenlieferungen aus dem Ostblock nach Ägypten einsetzten, hat die sowjetische Politik in der »friedlichen« Durchdringung dieses Raumes erhebliche Fortschritte gemacht. Zweifellos war der israelisch-arabische Krieg der sowjetischen Regierung unerwünscht, weil er leicht zu einer Konfrontation der sowjetischen und amerikanischen Kräfte hätte führen können. Aber die Anzeichen, daß Sowjetrußland seine Position erheblich verstärkt, sind vielfältig: Basen für die sowjetische Flotte in Syrien und Ägypten und am Rande der nordafrikanischen Küste, starke Waffenlieferungen an Syrien und Ägypten als Ersatz für die Verluste im Sechstagekrieg, Entsendung einer Rüstungsexpertendelegation nach Aman, unmittelbar nachdem die Vereinigten Staaten Waffenlieferungen nach Jordanien abgelehnt hatten, Einmischung in die ungeklärte Lage im Jemen, wo die Russen offensichtlich die Hauptstadt Sana gegen die monarchistischen Angriffe stützen. Was geschieht mit Aden? Werden wir auch dort mit sowjetischen Einflüssen zu rechnen haben? Wenn man dies mit den Versuchen der Russen, ihre Beziehungen zum Iran und zur Türkei zu verbessern, gleichsam eine Landbrücke zum südöstlichen Mittelmeer herzustellen, zusammennimmt, so gewinnt das Bild an Klarheit. Wenn diese Dinge fortschreiten, ist dann überhaupt noch die amerikanische Position im Mittelmeer haltbar? Wie wird sich das auf die arabische Welt auswirken? Erhebliche Verschiebungen im Gefüge der NATO-Allianz, ich denke hierbei an die Stellung Griechenlands und der Türkei, sind auf die Dauer wohl schwer zu vermeiden. Wir wollen uns in diesen Tagen mit den Engländern über die Beurteilung der sich langsam verändernden Situation abstimmen.

10. Januar 1968

Gespräch mit dem britischen Erziehungsminister Gordon Walker, den ich mir oft als britischen Außenminister gewünscht hätte und der wie wenige andere in der Labour Partei in nationalen wie internationalen Fragen ein sachlich fundiertes Urteil hat. Nach seinen Worten ist die britische Regierung zu erheblichen Einsparungen entschlossen, die alle Gebiete des öffentlichen Lebens hart treffen. Man ist sich bewußt, daß, wenn man jetzt nicht energisch die Ausgaben drosselt, die Abwertung des Pfundes keinen Erfolg haben wird. Entschließt man sich dagegen zu harten Maßnahmen, so hofft man, spätestens Ende 1969/Anfang 1970, also noch rechtzeitig vor den 1971 in Aussicht stehenden Generalwahlen, einen erheblichen wirtschaftlichen Aufschwung in die Wege zu leiten. Was der Bundesrepublik in dieser Hinsicht geglückt ist, sollte auch Großbritannien glücken.

Gordon Walker gab zu, daß das Prestige des Premierministers in letzter Zeit gelitten hat. Man habe eine ganze Anzahl von Stimmen verloren und werde voraussichtlich noch einige dazu verlieren. Das könne aber nicht darüber hinwegtäuschen, daß Labour vor allem in der bürgerlichen Intelligenzschicht einen festen Rückhalt habe. Diesen zu erhalten, sei schwerer, als die arbeitenden Massen wieder an sich zu fesseln, die sowieso keine andere Wahl als Labour hätten. Hinzu komme, daß die Konservative Partei weder in ihrem Führer noch im Programm attraktiv sei. Heath sei kein Parteiführer, Douglas Home lediglich ein guter Außenminister. Maudling, nach seiner Auffassung der Begabteste, sei zu sehr mit seinen eigenen Bankgeschäften befaßt. Die Zeit sei für Großbritannien schwierig. Bei Einigkeit innerhalb der Labour Partei seien die Probleme aber zu meistern.

Die Ablehnung des britischen Beitrittsgesuches sei, wie ich zugeben müsse, maßvoll beurteilt worden. Um aber das Interesse der britischen Öffentlichkeit an dem Beitritt nicht völlig schwinden zu lassen, sei die Regierung bemüht, in Verhandlungen mit den fünf EWG-Partnerstaaten Wege zu suchen, die den Boden für einen späteren Beitritt bereiten. Das Stufenprogramm der Bundesregierung sei unannehmbar, weil man damit Gefahr laufe, in einem der Anfangsstadien hängen zu bleiben. Es gehe auch nicht an, daß Großbritannien auf die weitere Gestaltung des Gemeinsamen Marktes keinerlei Einfluß besitze. Gordon Walker war recht kritisch an die Adresse unserer großen Koalition. Vielleicht sei sie ein notwendiges Übel gewesen. Er sehe aber nicht, daß irgendwelche Probleme gelöst würden. Die Sozialdemokratie würde voraussichtlich mit Rückschlägen aus diesem Konnubium ausscheiden.

Er vertraue sehr stark auf seinen Freund Willy Brandt, sei aber über dessen Politik der letzten Monate enttäuscht. Er sehe auch nicht, wie eine Radikalisierung der sozialistischen Anhängerschaft in Deutschland auf die Dauer vermieden werden könnte. Gordon Walker gehört zu den Leuten, die sich vielleicht am stärksten zu Deutschland hingezogen fühlen, die über gute Beziehungen zu Deutschen aus allen politischen Kreisen verfügen und denen es am Herzen liegt, daß das britisch-deutsche Verhältnis nicht Schaden leidet. Auch er ist wie ich der Überzeugung, daß wir auf diesem Gebiet gute Fortschritte gemacht haben, daß man aber nicht die Haltbarkeit dieser gegenwärtig guten Beziehungen überschätzen sollte. Es bedarf einer ständigen Arbeit und Bemühung und der größten Wachsamkeit, daß nicht wieder falsche Interpretationen unserer deutschen Politik Ressentiments und Mißtrauen auslösen. Man kann in England nur schwer verstehen, daß die Bundesrepublik in der Frage des Beitritts in Paris nicht eine entschiedenere Haltung einnehmen kann. Mit dieser Frage werden wir uns in der Zukunft noch oft auseinandersetzen müssen.

11. Januar 1968

Hatte heute mittag längeres Gespräch mit Con O'Neill: Die Reise, die Lord Chalfont und er am 8. Januar nach Bonn unternommen haben, hätte kein positives Ergebnis gebracht. Die Gespräche seien zunächst mit dem Außenminister und dann in kleinerem Kreise mit Staatssekretär Lahr und Ministerialdirektor Harkort erfolgt. Die britische Seite habe versucht, die deutschen Gesprächspartner davon zu überzeugen, daß man bei der unnachgiebigen, negativen Haltung Frankreichs in irgendeiner Form die Zusammenarbeit der Fünf und Großbritanniens in die Wege leiten sollte. Diese Zusammenarbeit könne sich natürlich auf Probleme der Wirtschaftsgemeinschaft erstrecken. Britischerseits sei gemeinsame Außenpolitik, gemeinsame Verteidigungspolitik, technologische Zusammenarbeit und ähnliches vorgeschlagen worden. Die deutsche Seite habe hierauf negativ reagiert und ihrerseits angeregt, daß man zunächst einmal in Fühlungnahme mit der französischen Regierung gewisse »Denkmodelle« gemeinsam prüfen und dann im Kreise der Sechs erörtern sollte. Ohne daß die deutsche Seite schon klare Vorstellungen über diese »Denkmodelle« mitgeteilt habe, bezögen sie sich offensichtlich auf eine stufenweise Annäherung Großbritanniens und der übrigen, zum Eintritt bereiten europäischen Staaten an den Gemeinsamen Markt; wohl etwa – und dies sei noch nicht völlig klar – in der Form einer größeren Freihandelszone. Selbstverständlich würde sich die britische Regierung mit solchen Lösungen nicht befreunden können, da in den kommenden Jahren der Gemeinsame Markt Fortschritte machen werde, auf die schließlich Großbritannien keinerlei Einfluß habe und die seinen späteren Eintritt erschweren würden.

Er, Con O'Neill, verstehe nicht, warum die deutsche Politik derart auf die Haltung Frankreichs Rücksicht nehme, zumal diese Haltung sowohl den deutschen Interessen als auch den Interessen der anderen fünf Partnerstaaten des Gemeinsamen Marktes zuwider laufe. Er verstehe durchaus, daß man Frankreich nicht provozieren wolle und auch nicht provozieren könne. Hier werde aber von britischer Seite etwas vorgeschlagen, was in keiner Weise als »ganging up« gegen Frankreich ausgelegt werden könne. Die von britischer Seite ins Auge gefaßte Kooperation richte sich nicht gegen Frankreich, sondern stelle eine Klammer dar, die Großbritannien und Europa zusammenhalten solle. Denn für die britische Regierung bestehe die große Sorge, daß, wenn nach der Entscheidung des Unterhauses vom 12. Mai 1967 in der Frage des europäischen Zusammenschlusses nichts mehr erfolgt, die britische Öffentlichkeit und die Parteien sich an Europa desinteressieren und Schritt für Schritt einer neutralistischen

Haltung, etwa im Sinne Schwedens, anheim fallen würden. Dies sei nicht das Interesse Europas, sei nicht das Interesse Deutschlands und letzten Endes auch nicht das Interesse Frankreichs. Sollte eine Zusammenarbeit der Fünf mit Großbritannien nicht durchführbar sein, so denke die britische Regierung auch an einen Zusammenschluß Italiens, Benelux und Großbritanniens. Das sei bedauerlich, aber sei besser als nichts.

Ich widersprach dieser Auffassung und betonte, daß so, wie die Dinge nun einmal in Deutschland liegen, wir sicherlich nicht dafür gewonnen werden könnten, auf dem Gebiet der Verteidigung und der Außenpolitik einen besonderen Zusammenschluß der Fünf plus Großbritannien zu akzeptieren. Dies würde in Paris – was immer wir auch täten – falsch ausgelegt werden und führe nicht weit. Gleichermaßen hielte ich einen Zusammenschluß der Vier plus Großbritannien für eine ausgesprochen schlechte Idee. Es sei ungewiß, ob Italien in diesem Zusammenspiel ein verläßlicher Partner sei. Die gleichen Bedenken hätte ich auch an die belgische Adresse. Ich hielte es für besser, wenn Großbritannien für den Augenblick nicht auf einer Verfolgung seines Beitrittsgesuches – das selbstverständlich auf der Tagesordnung der Gemeinschaft bleiben müsse – insistiere, sondern sich auf seine inneren wirtschaftlichen Reformen konzentriere. Wenn in ein oder eineinhalb Jahren Großbritannien wieder wirtschaftlich erstarkt sei, seien die Voraussetzungen für neue Beitrittsverhandlungen ungleich besser.

26. Februar 1968

Die Woche zwischen dem 19. und 23. Februar hat wieder einmal gezeigt, wie stark die Beziehungen der westeuropäischen Länder von gegenseitigem Mißtrauen, Skepsis und mit welchem Grad der Uneinigkeit die so oft gepriesene Zusammenarbeit erfüllt sind. Es ist den beiden Staatssekretären Duckwitz und Lahr nicht gelungen, die britischen negativen Auffassungen, die gegenüber den deutsch-französischen Gesprächen in Paris bestehen, zu zerstreuen. Ganz besonders schwierig war hier die Rolle, die Duckwitz in seinem Gespräch mit dem britischen Außenminister George Brown zu spielen hatte. George Brown hat in stark emotional geprägten Worten Zweifel an der Glaubwürdigkeit der deutschen Auffassungen hinsichtlich des Pariser Ergebnisses geäußert. Die gemeinsame Erklärung enthalte nach seiner Auffassung überhaupt nichts Neues. Das von den beiden Gesprächspartnern ins Auge gefaßte, handelspolitische Arrangement entbehre jeder Substanz und diene nur dazu, die deutsche öffentliche

Meinung zu beruhigen. Es enthalte keinerlei positive Fortschritte auf dem Wege Großbritanniens und der anderen beitrittswilligen europäischen Staaten in den Gemeinsamen Markt. Die britische Regierung sei nicht bereit und auch nicht in der Lage, sich auf längere Zeit durch unübersichtliche und schwierige handelspolitische Verhandlungen von dem eigentlichen Ziel abbringen zu lassen. Sollte die bevorstehende Konferenz der sechs Partnerstaaten des Gemeinsamen Marktes am 29. dieses Monats keine Vorschläge erbringen, die von den sechs Partnerstaaten gemeinsam vorgelegt würden, so sei er, Brown, mit seiner Europapolitik am Ende. Und er ließ durchblicken, daß er auch dann nicht in der Lage sein werde, sein Amt weiterzuführen.

Es gelang erst in den Gesprächen Lahrs mit Chalfont, die am Tage nach der Brown-Duckwitz-Besprechung stattfanden, mit einiger Klarheit darzustellen, was die deutsche Seite unter einem »commercial arrangement« verstehe, nämlich in erster Linie Handelskonzessionen und auch landwirtschaftliche Vereinbarungen, die GATT-konform[1] sein müssen, das heißt die notwendigerweise zu einer Freihandelszone oder Zollunion führen würden. Lahr betonte dabei, daß die Änderung in der Haltung des Generals darin bestehe, daß er Großbritannien nicht mehr wie bisher eigenen Anstrengungen zur Verbesserung seiner Wirtschaftslage überlasse, sondern daß er es durch gewisse handelspolitische Maßnahmen hierbei unterstützen wolle. Völlige Klarheit konnte aber auch von Herrn Lahr nicht darüber gegeben werden, ob General de Gaulle die Gründung einer Freihandelszone ernst meine und sie, aller Konsequenzen bewußt, in seine Erwägungen einbeziehe oder nicht.

Es wird also ganz wesentlich vom Ergebnis der Besprechungen des 29. Februar abhängen, ob es der deutschen Seite gelingt, eine einheitliche Front der Sechs herzustellen und dabei französische Widerstände zu überwinden.

Sollte dies geschehen, so würden wir einen nicht unerheblichen Schritt in der Vorbereitung des späteren Beitritts Großbritanniens tun. Denn in den Verhandlungen über die Freihandelszone, die notwendigerweise auch die Einrichtung gewisser Institutionen erfordert, würde eine ganze Zahl von Problemen geregelt werden können, die sowieso auch Gegenstand der Beitrittsverhandlungen sind. Die Zahl der zur Durchführung des Beitritts zu lösenden Probleme würde sich also nicht unerheblich verringern.

Bemerkenswert ist auch, daß die deutsche Seite meint – und auch hier glaubte sie sich des französischen Einverständnisses sicher zu sein –, die Probleme der technologischen Zusammenarbeit, des europäischen Firmen- und Patentrechts in die anzustrebende Zwischenlösung mit einbeziehen zu können.

Ich hoffe, wir täuschen uns nicht über die französische Bereitschaft. Ich hoffe, daß die Pariser Gespräche, die vielleicht doch einen versteckten Dissens enthalten, nicht im Ergebnis erneut zu einem offenen deutsch-französischen Gegensatz führen.

Auf alle Fälle wird es notwendig sein, daß wir am 29. Februar ein klares, die britische Regierung interessierendes Projekt auf den Tisch legen.

15. März 1968

Mit dem Ausscheiden George Browns hat die Labour-Regierung eine ihrer begabtesten, initiativreichsten, aber auch umstrittensten Persönlichkeiten verloren. Dieser eigenwillige Mann stand eigentlich immer in Gegensatz zum Premierminister. In der Wirtschaftskrise des Jahres 1966 war er zusammen mit anderen für die Abwertung des Pfundes eingetreten, hatte sich deshalb den Zorn Wilsons zugezogen, war aus seinen wirtschaftspolitischen Aufgaben ausgeschieden und mit der Leitung des Foreign Office betraut worden, das, wie Wilson in seinen Erinnerungen schrieb, ein wenig Auffrischung vertragen konnte. Zwischen den beiden Männern wuchsen aber Spannungen und Gegensätze mit den Jahren. Brown hatte sich Bevin, den starken Außenminister der Attlee-Regierung zum Vorbild genommen und betrachtete sein Amt als die Schaltstelle der Außenpolitik. Dies hat den Premier gestört, der alle wichtigen Entscheidungen auf diesem Gebiet zu seiner Domäne rechnete und oft den Außenminister nicht rechtzeitig oder nicht vollständig unterrichtete. Die latente Krise führte nun schließlich zum Bruch.

Brown lag daran, sein Amt mit neuem Geist zu erfüllen. Manche seiner Ideen waren nützlich, so die besondere Bedeutung, die er der wirtschaftspolitischen Arbeit der Zentrale und den Missionen im Ausland zumaß. In den großen politischen Fragen trat er mit Leidenschaft und Überzeugungskraft – er war ein guter parlamentarischer Redner – für den Beitritt Großbritanniens zur Europäischen Gemeinschaft ein. Seine ursprünglichen Vorstellungen einer machtpolitischen Rolle seines Landes »East of Suez«, östlich des Suezkanals, hat er allmählich den durch die großen wirtschaftlichen Schwierigkeiten gebotenen Realitäten angepaßt.

Es gibt manche im Foreign Office, die seinen Weggang bedauern, weil sein Wille, einmal als richtig erkannte politische Ziele innerhalb der Regierung und im Parlament mit Zähigkeit und Nachdruck zu vertreten, dem Foreign Office einen erheblichen Einfluß geschaffen hat. Andere hat der stürmische, oft explosive, von Vorurteilen und Ressentiments erfüllte Drang des Ministers an übereilten Entscheidungen mit Unbehagen erfüllt.

Mit dem neuen Außenminister Michael Stewart, mit dem mich schon in seiner ersten Zeit als Außenminister in den Jahren 1965/66 gute, vertrauensvolle Beziehungen verbanden, ist nun wieder mehr Ruhe in die tägliche Arbeit des Foreign Office eingezogen. Stewart ist der Mann sachlicher Arbeit, von ausgewogenem, ruhigen Urteil, überaus verläßlicher Gesprächspartner für die in London akkreditierten Leiter der diplomatischen Missionen. Aber auch ein mutiger Mann, der sich in schwierigen Situationen – ich denke dabei an die konfliktgeladenen Debatten um die britische Haltung im Vietnamkrieg im Parlament – innerhalb seiner Partei, ja auch in den Universitäten gut zu behaupten weiß.

14. Mai 1968

Wir befinden uns gegenwärtig in einer Phase des Tiefstandes der Labour Regierung. Die Kommunalwahlen vom 9. Mai haben einen Erdrutsch von Labour zu den Konservativen gebracht. Zahlreiche Sitze der Labour gingen an Konservative verloren. Darunter waren Hochburgen wie Sheffield, Nottingham und andere. Dieser Erdrutsch kam nicht unerwartet. Schon die letzten Ersatzwahlen zum Unterhaus zeigten ein Übergewicht der Konservativen. Wenn man nach den Gründen dieser Entwicklung forscht, so stehen zweifellos die wirtschaftlichen an erster Stelle. Mit der Abwertung, mit dem besonders strengen deflationären Budget des neuen Schatzkanzlers Roy Jenkins, mit der Bemühung der Regierung, Löhne und Preise festzuhalten, haben sich zweifellos Belastungen für weite Kreise der minder bemittelten britischen Bevölkerung ergeben, deren negative Reaktion sich in diesen Wahlergebnissen ausspricht. Hinzu kommt die Arbeitslosigkeit, die sich nach wie vor in einer Größenordnung von rund fünf bis sechs Prozent bewegt. Und dies im Frühjahr, wo der Arbeitsmarkt in der Regel größere Arbeitsmöglichkeiten bietet. Die Regierung ist sich des Ernstes der Situation bewußt. Sie hat aber die Hoffnung, daß sich die Abwertung, verbunden mit einer erheblichen Steigerung des Exports bei gleichzeitiger Einschränkung des inneren Verbrauchs, mit der Zeit günstig auswirken wird. Dies sollte am Ende dieses Jahres, vor allem aber zu Beginn des Jahres 1969 fühlbar werden und dann eine Lockerung der scharfen restriktiven Maßnahmen ermöglichen.

Die Schwenkung zahlreicher Labourstimmen zu den Konservativen hat aber nun die Diskussion innerhalb der Labour Partei über die Zweckmäßigkeit der wirtschaftlichen Maßnahmen stark anwachsen lassen, und es hat nicht an Personen gefehlt, die eine Ersetzung Wilsons durch eine andere Figur, etwa durch Jenkins, betrieben haben.

Zugespitzt wurde diese latente Krise durch die Veröffentlichungen von Cecil King, des einflußreichen Leiters des in Labour-Kreisen weitverbreiteten ›Daily Mirror‹. In seinen Angriffen warf er der Regierung hinsichtlich ihrer Devisenplanung und der Stellung des Pfundes Verschleierungstendenzen vor und bezichtigte die Regierung, vor allem den Premierminister, der Unfähigkeit, ja geradezu der Unlauterkeit. »Wir stehen vor einer Finanzkatastrophe.« Dieser Satz hat nicht nur international äußerst nachteilige Wirkungen auf den Kurs des Pfundes gehabt. Denn ein Mann wie Cecil King, der bis vor kurzem noch Direktor der Bank of England gewesen war, schien besonders berufen, über klare Vorstellungen der wirklichen Lage zu verfügen.

Gerade diese überlauten Angriffe Kings, die sich aus der Natur dieses äußerst selbstbewußten Mannes erklären, hatten aber immerhin doch das Ergebnis, die auseinanderstrebenden Tendenzen in der Labour Partei wieder zu einigen, sodaß für den Zeitraum der nächsten sechs bis sieben Monate ein Rücktritt des Premierministers nicht zu erwarten ist. Ob das so bleibt, wenn etwa die Handelsbilanz infolge der sehr starken konsumtiven Tendenzen im Lande sich weiter verschlechtert; wenn etwa das Pfund unter dem Druck der Spekulation wieder an Gewicht verlieren sollte; wenn etwa im Herbst die Dinge sich so weit verschlechtern, daß eine zweite Abwertung notwendig würde, dann könnte sich allerdings auch das Schicksal von Harold Wilson wenden, und man würde dann mit erheblichen Änderungen in der Führung der Labour Partei rechnen müssen. Daß Labour jetzt Generalwahlen zuläßt, ist angesichts der großen Verluste bei den Kommunalwahlen unvorstellbar. Der große Nimbus, den der Premierminister im Jahre 1966 zur Zeit seines eklatanten Wahlsieges hatte, als alle Welt von ihm die Bewältigung der von der Konservativen Partei ungelösten wirtschaftlichen Probleme und echte Reformen des britischen wirtschaftlichen und sozialen Lebens erwartete, ist geschwunden. Zweifel an den Führungsqualitäten des Premierministers sind in aller Munde. Freunde wie Feinde werfen ihm vor allem vor, daß er versäume, das britische Volk über die schwierige Lage ungeschminkt zu unterrichten.

Was man seit den erfolgreichen Jahren der Regierung Wilson 1964 bis 1966 erwartete, waren ein langfristiges Konzept und seine Verwirklichung. Heute beschränkt sich die Tätigkeit des Premierministers im wesentlichen nur auf taktische Bemühungen, um die Erhaltung der Einheit seiner Partei und die Bewahrung ihrer Mehrheit im Parlament. Im Taktischen beweist er Meisterschaft. In der Labour Fraktion im Unterhaus, in der Parteileitung, im »Transporthouse« oder auf den jährlichen Labour Kongressen gelingt es ihm immer wieder, Widerstände zu überwinden und durch das Ausspielen der einen gegen die anderen wenigstens nach außen die Einheit zu wahren. Und das ist schwierig bei der Kritik seines linken Flügels, der ursprünglich gewohnt war, ihn zu den Seinen zu rechnen, der aber jetzt seine Meinung ändert und ihm die Gefolgschaft aufzukündigen droht. Auch auf außenpolitischem Gebiet hat Wilson kein geschlossenes Konzept. Auch hier läßt er sich oft von Überlegungen rein innerpolitischer Zweckmäßigkeit leiten. In seinem Urteil überschätzt er oft die Möglichkeiten seines eigenen Landes. Beispiel hierfür, der Glaube, daß er im Vietnamkonflikt zwischen der Sowjetunion und den USA eine Mittlerrolle spielen könne. Keine der beiden Weltmächte, vor allem Sowjetrußland, haben daran gedacht. Auch hinsichtlich der europäischen Einigung und der Teilnahme Großbritanniens an der Europäischen Gemeinschaft ist er – im Gegensatz zu George Brown – nicht von festen Überzeugungen getragen. Seine Entscheidung im Jahr 1967 war aus rein wirtschaftlicher Zweckmäßigkeit geboren.

Er ist ein guter Redner, in Debatten gefürchtet, seinen konservativen Gegnern, die er oft mit Hohn und Spott übergießt, überlegen. Schnelle Reaktion und Präsenz eines geschulten, in Wirtschaftsfragen erfahrenen Kopfes, gewinnen ihm die Aufmerksamkeit des Parlaments. In großen Reden macht er oft neue interessante Vorschläge. Dann fehlt aber der Wille, den vorgezeichneten Weg auch wirklich zu Ende zu gehen und die angekündigten Pläne durchzusetzen. Seine Aktivität, ja seine Geschäftigkeit sind ohne Ende. Das Bedürfnis, sein Bild in der Öffentlichkeit durch Presse, Rundfunk und Fernsehen darzustellen, ungemessen. Und doch kann er nach anfänglichen großen Erfolgen nicht hindern, daß Opportunismus und Widersprüche mit sich selbst das Verhältnis zu den Medien verschlechtern. Mißtrauen und notdürftig verdeckte innere Unsicherheit sind die Folge und führen zu unnötigen, die Atmosphäre belastenden Konflikten.

Zum Malaise der wirtschaftlichen Verhältnisse kommen nun auch außenpolitische Gründe, die die Position von Labour erschweren. Die Liquidation der britischen Stellung im Fernen und Nahen Osten, die doch von vielen national empfindenden Briten als eine Niederlage angesehen wird, Mißerfolge in der Rhodesienpolitik, Stagnation der britisch-russischen Beziehungen, auch die relativ geringe Rolle, die Großbritannien in der Frage der Entspannung Ost-West spielt, all dies hat dazu beigetragen, das Ansehen der Regierung zu schwächen. Dazu die leidige Frage des

Beitritts zur Europäischen Gemeinschaft. Zwar läßt man den Antrag auf Aufnahme in den Gemeinsamen Markt auf dem Verhandlungstisch in Brüssel. Man macht sich aber keine Illusionen darüber, daß der Beitritt auf viele Jahre verschoben werden muß. Nicht zuletzt auch wegen der unübersehbaren wirtschaftlichen Situation des Landes. Man glaubt nicht, daß die deutschen Bemühungen um ein »commercial arrangement« erfolgreich sein werden. Man ist auch nicht so sehr davon überzeugt, daß ein commercial arrangement Großbritannien die Erleichterungen bringt, die erforderlich wären, zumal die französische Forderung auf Öffnung des britischen Marktes für den Absatz französischer landwirtschaftlicher Produkte in London keine Freude auslöst. Man hofft, daß es gelingt, eine Art von politischer Konsultation der sechs Mitgliedsländer und der vier beitrittswilligen Länder zustandezubringen, um der eigenen Bevölkerung damit wenigstens den Eindruck zu vermitteln, daß Großbritannien an den europäischen Fragen unmittelbar beteiligt bleibt. Aber auch hier ist die französische Haltung so negativ und die deutsche so abwartend und passiv, daß man keine rechten Hoffnungen besitzt. Was bleibt als Alternative? Gelegentlich spricht man von einer nordatlantischen Freihandelszone, in die Großbritannien und seine EFTA-Partner eintreten würden. Aber bei der gegenwärtigen schwierigen nordamerikanischen Wirtschaftslage sieht man hierin auch keine Lösung. Die Gefahr bleibt, daß, wenn der Zustand, in dem sich Großbritannien jetzt befindet, lange anhält und es nicht den dringend notwendigen Standort in Europa finden kann, es dann teils in reine Passivität, teils in einen Neutralismus oder britischen Gaullismus verfällt, der für uns neue Sorgen mit sich bringen wird.

26. Juli 1968

Bei meinem heutigen Gespräch mit Sir Paul Gore-Booth stellte ich die Frage, ob sich in der britischen Haltung in der Krise um die Tschechoslowakei in den letzten Tagen etwas geändert hätte. Ich hätte den Eindruck, daß die britische Regierung weiterhin große Zurückhaltung übe. Sir Paul Gore-Booth sagte, daß in der Tat die britische Politik nach wie vor alles vermeiden wolle, was zu einer Verschärfung des Konflikts beitragen könne. Maßgebend sei die Stellungnahme, die Außenminister Stewart am 18. Juli vor dem House of Commons abgegeben habe und die sich in dem Satz zusammenfasse: »Es ist nicht unsere Sache, die internen Angelegenheiten der Tschechoslowakei zu ordnen. Nicht unsere Sache, aber auch nicht die Sache irgendeines anderen, es sei denn, des tschechischen Volkes selbst.« Er habe in einem Gespräch dem sowjetischen Botschafter diesen Satz erläutert und ihn darauf hingewiesen, daß dies die klare und feste Überzeugung der britischen Regierung sei. Die Prager Regierung habe diese Erklärung begrüßt und die britische Regierung wissen lassen, daß dies im gegenwärtigen Zeitpunkt alles sei, was sie nützlicherweise tun könne.

Die britische Regierung sei deshalb gegen jede voreiligen Maßnahmen, wie die Befassung des Sicherheitsrates der UNO oder Erklärungen der NATO. Natürlich ändere sich diese Haltung, falls sowjetische Gewaltmaßnahmen erfolgen sollten. Dann müsse man die notwendige Reaktion des Westens schnell und sorgfältig prüfen.

Auf meine Frage, ob ihm amerikanische bilaterale Schritte in Moskau bekannt geworden seien, antwortete Sir Paul Gore-Booth, daß er nur die entschiedene amerikanische Reaktion auf die sowjetischen Anschuldigungen hinsichtlich amerikanischer Einmischung in der Tschechoslowakei kenne. Andere Schritte seien ihm bisher nicht bekannt geworden.

Die sowjetischen Ziele seien bis heute noch nicht klar zu erkennen. Eines stehe fest, daß die sowjetische Regierung durch die Entwicklung in der Tschechoslowakei zutiefst getroffen worden sei. Es sei für sie geradezu unbegreiflich, daß der in all den Jahren so verläßliche Bundesgenosse nun plötzlich im Namen des Kommunismus neue umstürzlerische Wege einschlage. Dementsprechend sei die sowjetische Haltung durch Unsicherheit gekennzeichnet, und er möchte annehmen, daß auf russischer Seite die Meinungsbildung auch bis heute noch nicht abgeschlossen sei.

Es sei Spekulation, wenn er jetzt als mögliche russische Ziele die Beseitigung Dubčeks, die Wiederherstellung der Pressezensur und die stellenweise Besetzung gewisser Punkte an der Westgrenze der Tschechoslowakei anführe. Noch vermöchte er nicht zu glauben, daß die Sowjetunion entschlossen sei, das Land zu besetzen, denn dies würde bei der Haltung der Bevölkerung, die eindeutig hinter Dubček stehe, erhebliche Schwierigkeiten mit sich bringen. Aber so wie die Russen nun einmal beschaffen seien, könne man dies nicht ausschließen.

Das Foreign Office hätte sich heute eingehend mit der Analyse der Versetzung des Generals Prchlik aus seiner gegenwärtigen Funktion als politischer Kommissar der tschechischen Verteidigungskräfte beschäftigt. Es teile nicht die Auffassung, die in der Presse gebracht worden sei, daß dies als Konzession an die Sowjetunion bewertet werden müsse. Sicher sei diese Maßnahme erfolgt, um den General, der sich in den letzten Wochen mit seinen Forderungen nach Revision der militärischen Organisation des Warschauer Paktes stark exponiert habe, aus der Schußlinie zu ziehen.

Aber die Tatsache, daß damit zugleich die Institution der parteipolitischen Überwachung der Armee aufgehoben worden sei, sei ein weiteres Indiz für die fortschreitende Liberalisierung.

23. Oktober 1968

Nichts zeigt den Tiefstand der europäischen Zusammenarbeit besser als die Sitzung des Ministerrats der Westeuropäischen Union, die am 21. und 22. Oktober in Rom stattgefunden hat. Es ist so, als ob die Ereignisse in der Tschechoslowakei mit allen ihren möglichen Folgen für Westeuropa überhaupt nicht gewesen wären. Man kann aber andererseits die Haltung de Gaulles nicht mit so kleinen und unzulänglichen Mitteln wie etwa dem Harmel-Plan um- und überspielen wollen. Es ist ein großer Fehler, die Stärkung der politischen und militärischen Einheit des Westens zugleich mit der Frage des britischen Beitritts zu verknüpfen, der nun einmal für Frankreich unannehmbar ist und der auch im gegenwärtigen Augenblick angesichts der großen britischen wirtschaftlichen Schwierigkeiten selbst von Großbritannien nicht verwirklicht werden könnte.

Von einer deutschen Politik können wir in diesem Augenblick nicht sprechen. Heute, wo es notwendig wäre, die Prioritäten richtig zu setzen und zunächst einmal sich darum zu bemühen, die unzulängliche Einigung Westeuropas wieder instand zu setzen, begnügen wir uns damit abzuwarten, ob die anderen auch etwas zu tun bereit sind. Dabei wäre es – als das unmittelbar bedrohte Land – an uns, durch eigene Initiativen die anderen Partnerstaaten zu bewegen, sich mit einer ganz anderen Intensität und Aufmerksamkeit als bisher diesen Anstrengungen zu widmen. Es hat gar keinen Zweck, innerhalb oder außerhalb der Westeuropäischen Union neue Institutionen zu Sieben, zu Sechs oder zu Fünf zu schaffen, wenn niemand weiß, was eigentlich das Ziel, der Geist und der Sinn der in diesen Institutionen zu leistenden Arbeiten sein sollen. Man spricht von obligatorischen Konsultationen und weiß genau, daß es so etwas unter souveränen Staaten nun einmal nicht geben kann. Man spricht von einer militärischen und politischen Zusammenarbeit der Sechs und weiß sehr wohl, daß eine Verteidigung Westeuropas ohne das französische Hinterland eine Illusion ist. Anstelle all dieser verkrampften Versuche bleibt nichts anderes, als innerhalb des NATO-Bündnisses in pragmatischer Weise eine Zusammenarbeit auf politischem und militärischem, vielleicht auch auf rüstungswirtschaftlichem Gebiet herbeizuführen, die keine neuen Institutionen erfordert, sondern die lediglich von einer klaren politischen Konzeption und einem Willen zur Durchsetzung dieser Konzeption erfüllt sein muß.

Man hat eine »informelle« Sitzung der Sechs gehalten, auf welcher Großbritannien, Italien und die Niederlande die Konstituierung der Sechsergruppe erhofften. Wir hatten kein Mandat und haben das auch sehr deutlich gesagt. Aber auch die Luxemburger und Belgier waren gegen eine so ostentative Isolierung der Franzosen, in dem vollen Bewußtsein, daß all dies ein weiterer Schritt auf dem Wege zur Auflösung Europas sein würde.

Es wird in Bonn sicher zu heftigen Auseinandersetzungen zwischen der einen und der anderen Seite und nicht zuletzt auch im Bundestag kommen. Es werden sich diejenigen, die für ein Handeln ohne Frankreich und gegen Frankreich sind, nicht durchsetzen, weil dies unseren, den deutschen Interessen, zuwiderläuft. Ich gehöre weiß Gott nicht zu jenen, die gaullistisch eingestellt sind, und ich hatte in der Vergangenheit oft gewünscht, daß man Frankreich gegenüber eine dezidiertere Haltung eingenommen hätte. Aber so wie jetzt die Dinge nach der tschechischen Krise liegen, halte ich es für unverantwortlich, daß wir so tun, als ob nichts passiert wäre und uns immer mehr in kleinere und größere Gruppen aufspalten, die Gegensätze erhalten und damit nur die Gefahr einer sowjetischen Fehleinschätzung der westlichen Welt vergrößern.

Rom war schön wie immer. Es strahlte die Sonne und ein blauer Himmel ließ alle Farben der Stadt, die braunen Häuser, Paläste, Kirchen und Gärten in unbeschreiblichem Glanz erscheinen. Es hat etwas Unwirkliches. Etwas unwirklich Schönes. Aber all das konnte nicht die schweren Sorgen und die bedrückende Angst erleichtern, daß dieses Europa seinen Aufgaben nicht gewachsen ist.

London und Bonn, 13. bis 19. November 1968

Ich war in diesen Tagen in Bonn, um einmal wieder mit den verschiedenen zuständigen Abteilungen des Auswärtigen Amts, mit parlamentarischen Persönlichkeiten Fühlung zu nehmen und über die britisch-deutschen Beziehungen zu sprechen. Ich fand im allgemeinen im Vergleich zu früher eine positivere Einstellung Großbritannien gegenüber. Bei Verteidigungsminister Schröder, seinem Staatssekretär von Hase, bei dem Abgeordneten Helmut Schmidt, wie auch innerhalb des Auswärtigen Amts war die Bemühung fühlbar, mit Großbritannien auf gewissen technologischen Gebieten zu einer Zusammenarbeit zu kommen. Wenn man Großbritannien nicht schon in den Gemeinsamen Markt einbeziehen könne, so wolle man doch versuchen, vor allem auf zwei Gebieten eine enge Zusammenarbeit zu entwickeln und damit Großbritannien stärker mit dem Kontinent zu verbinden: die Gaszentrifuge zur Anreicherung des Uraniums und das Kampfflugzeug. Beides Objekte in einer Größenordnung von mehreren Milliarden Mark. Ministerialdirektor Paul Frank glaubte, daß die Zusammenarbeit auf dem Gebiet der Zentrifuge begründete Aussichten habe. Das Kampfflugzeug sei noch umstritten und zwar einmal hinsichtlich des Typus und zum anderen des industriellen Management. Offensichtlich wollen die deutschen Luftfahrtindustriellen (Bölkow, München) eine Zusammenarbeit mit Großbritannien nur insoweit, als dies Lieferung des britischen »know how« bedeute, ohne eine echte Verzahnung britischer und deutscher industrieller Leistung und Finanzierung. Wie weit beide Projekte zusätzlich noch durch französische Einsprüche in Frage gestellt werden, bleibt abzuwarten. Ich fand vor allem bei Minister Schröder für eine Verwirklichung des Projektes des Kampfflugzeugs Interesse. Schröder hat wie wenige Deutsche in Bonn erkannt, daß die Bundesrepublik es sich nicht leisten kann, erneut ein britisches Angebot auf Zusammenarbeit auszuschlagen. Die Frage ist eine politische und keine rein wirtschaftliche Entscheidung. Denn eine solche Zusammenarbeit garantiert besser als alles andere für die Zukunft ein britisches Interesse an der Verteidigung der Bundesrepublik.

Am ersten Tag traf ich mit Eugen Gerstenmaier zusammen, mit dem ich die Frage der Wahl des Bundespräsidenten besprach. Zeit und Ort der Wahl, die vom Bundestagspräsidenten zu bestimmen sind, liegen noch nicht fest. Gerstenmaier ist offensichtlich für Berlin und will auf eine Entscheidung für Berlin nur dann verzichten, wenn alle drei Alliierten der Bundesrepublik den Rat geben, die Versammlung diesmal nicht nach Berlin einzuberufen.

In den ersten beiden Tagen meines Aufenthaltes stand noch nicht fest, wen die CDU/CSU als Gegenkandidaten für Heinemann aufstellen werde. Diese Frage wurde dann endgültig am Freitag, den 15. November, geklärt. Trotz Kiesingers Widerstreben hat die CDU/CSU Schröder benannt. Seine Wahl wird wesentlich davon abhängen, ob er in der Bundesversammlung die Stimmen der FDP geschlossen auf sich vereinigen kann. So viel ich bisher hören konnte, liegt die Tendenz innerhalb der FDP mehr auf der Linie, Heinemann den Vorzug zu geben.

Mit dem Abgeordneten Guttenberg besprach ich die amerikanische Situation, die er ähnlich ernst beurteilt wie ich. Ich sagte ihm, daß ich eine beschleunigte Fühlungnahme der Bundesregierung mit Nixon für unerläßlich halte und daß es gut wäre, einen Mann wie Helmut Schmidt in die Vereinigten Staaten zu entsenden, damit Nixon und seine Ratgeber im ersten Stadium ihrer politischen Willensbildung klare Vorstellungen von unseren Wünschen und Zielen erhalten.

Am Montag, dem 18. November, hatte ich ein ausführliches Gespräch mit Staatssekretär Duckwitz, der sich auf eine mehrwöchige Reise durch Südamerika vorbereitete. Er will zusammen mit Minister Willy Brandt Mitte Januar nach London kommen, um ein Gespräch über das deutschbritische Verhältnis zu führen. Duckwitz liegt es besonders daran, seinem aus dem Amt scheidenden Freund Paul Gore-Booth noch einmal die Hand zu drücken.

Was die verschiedenen Zwischenlösungen anlangt, die die Zeit bis zur Aufnahme Großbritanniens in den Gemeinsamen Markt überbrücken sollen, so hat wohl keine der bisher zur Diskussion gestellten viel Aussicht auf Erfolg. Das commercial arrangement ist nicht weitergediehen. Wir haben uns zunächst mit heftigem Widerspruch der amerikanischen Regierung auseinanderzusetzen, die das commercial arrangement ohne eine klare Verknüpfung mit dem britischen Beitritt als im Widerspruch mit den GATT-Regeln betrachtet. Der Harmel-Plan, der noch auf der Ministerratssitzung der WEU in Rom von Harmel in extenso dargelegt wurde, hat ebenfalls keine Aussicht auf Erfolg. Niemand möchte, den englischen Wünschen entsprechend, eine neue Form der politischen Konsultation mit neuen Institutionen aufbauen. Selbst die belgische Regierung hält an diesem Gedanken nicht fest, weil sie ähnlich wie wir den französischen Widerspruch nicht erneut provozieren will.

Auch der europäische »Caucus«, der am Rande der NATO-Konferenz in Brüssel stattfand, hat keine besonderen Fortschritte gemacht. Wir lehnen eine europäische Institution innerhalb der NATO aus Rücksicht auf die Vereinigten Staaten aber auch deshalb ab, weil Frankreich dem nicht zustimmen würde. Was uns vorschwebt, ist eine von Fall zu Fall erfolgende praktische Zusammenarbeit der europäischen Partnerstaaten innerhalb der NATO auf gewissen rüstungswirtschaftlichen, vielleicht auch sonstigen organisatorischen Gebieten. Der Gedanke des »Caucus« wird lediglich von Großbritannien aufrecht erhalten. Die Erörterungen hierüber werden bilateral, vor allem zwischen London und Bonn, weitergeführt werden.

London, den 20. November 1968

Am 19., vormittags, kam ich mit reichlicher Verspätung aus Bonn zurück, da der Lufthafen in Bonn wegen Nebels geschlossen war und wir zunächst nach Frankfurt transportiert wurden. Abends hatte ich ein größeres Essen für den württemberg-badischen Ministerpräsidenten Filbinger und seine Frau. Unter den Gästen befand sich auch der Minister in der Treasury Jack Diamond, mit dem ich mich kurz über die deutschen Maßnahmen zur Erleichterung des Imports britischer Waren nach Deutschland und zur Erschwerung des Exports deutscher Waren nach Großbritannien unterhielt. Diamond war der Auffassung, daß die in Aussicht genommenen Maßnahmen nicht ausreichen würden, um den weiteren Ansturm auf die Deutsche Mark wirkungsvoll zu verhindern.

Nach dem Essen, gegen halbein Uhr nachts, erhielt ich den Anruf von Palliser aus Downing Street 10, daß der Premierminister mich so schnell wie möglich sehen möchte, um mit mir die kritische internationale Währungssituation zu besprechen. Beim Eintreffen in dem mir wohlbekannten Kabinettsaal in Downing Street fand ich mich dem Premierminister, Herrn Stewart und Herrn Jenkins gegenüber, die von ihren Sachverständigen begleitet waren. Nach kurzer Begrüßung eröffnete Wilson das Gespräch in folgender Weise: Die deutschen Maßnahmen seien unzureichend, sie lösten unerträgliche Wirkungen aus, die die britische Regierung auf währungspolitischem Gebiet in große Bedrängnis versetzten. Soweit ihm die Maßnahmen bekannt seien, würden sie das bestehende Ungleichgewicht nicht verändern. Im Gegenteil, man müsse mit einer weiteren erheblichen Zuspitzung der Lage rechnen. Die Maßnahmen seien nach seiner Auffassung »irresponsible«. In der freien westlichen Welt könne man sie nicht als endgültig hinnehmen. Die britische Regierung habe, wie der Bundesregierung bewußt sei, anläßlich der NATO-Konferenz in Brüssel, alles getan, um eine der bedrohlichen Lage entsprechende, wirksame Verteidigung der westlichen Welt aufzubauen. Es gebe aber keine wirksame militärische Verteidigung ohne adäquate wirtschaftliche Grundlagen. Er sehe sich zu einer grundsätzlichen Überprüfung der Stellung Großbritanniens gezwungen, aber dies sei in Wahrheit nicht sein Wunsch. Schatzkanzler Roy Jenkins erklärte seinerseits, daß er heute nach Bonn eile, um am Nachmittag an der Konferenz der »Zehn«, der an der Bereinigung der Währungsfragen beteiligten Länder, teilzunehmen. Wenn diese Konferenz keine Ergebnisse erziele, dann sei Gefahr im Verzug. Es sei dann wahrscheinlich, daß die britische Regierung den Wechselkurs des Pfundes nicht aufrecht erhalten könne. Wenn sie einen gleitenden Wechselkurs des Pfundes einführen müsse (to float the Pound), würde das schwerwiegende Konsequenzen für den Dollar auslösen. Die Hauptaufgabe der heutigen Konferenz in Bonn sei eine neue Fixierung der deutschen Position. Dies bedeute Aufwertung der D-Mark, Abwertung des französischen Franc und Aufrechterhaltung der bestehenden anderen Wechselkurse. Die angekündigte Erhöhung der »boarder taxes« sei unzureichend. Sollte die Konferenz scheitern, so würde das zu einer ernsten Lage führen, die auch für die Bundesregierung schwerwiegende Folgen mit sich bringen würde.

Das Gespräch, das eine halbe Stunde dauerte, endete in urbanen Formen. Ich begab mich in die Botschaft zurück, wo Graf Brühl auf mich wartete, dem ich einen ausführlichen Drahtbericht diktierte.

21. November 1968

Die Währungskonferenz der Zehn findet in Bonn statt. Über den Gang der Handlungen erfahren wir zunächst wenig. Wir hören nur, daß es zu heftigen Auseinandersetzungen zwischen Finanzminister Strauß und Schatzkanzler Jenkins gekommen sei, der offenbar die gleichen Besorgnisse, die Wilson mir in der Nacht mitgeteilt hatte, nun auch am Konferenztisch aussprach. Die Aufregung der britischen Minister ist nur aus ihrer Sorge zu erklären, daß ihnen eine neue Abwertung des britischen Pfundes nur vermeidbar erscheint, wenn die Bundesregierung dezidierte Maßnahmen zur Beruhigung der monetären Krise ergreifen werde. Im übrigen hat ein gleicher Druck, mit dem Ziel uns zur Aufwertung zu veranlassen, von amerikanischer wie von französischer Seite stattgefunden.

Aus den Jahren 1969 und 1970

Negative britische Wirtschaftsbilanz am Anfang des Jahres 1969 · Das Scheitern der Gewerkschaftsreform · Niederlage Wilsons · Wahl Gustav Heinemanns zum Bundespräsidenten · Reisen in Schottland · General de Gaulle scheidet aus dem Amt · Staatsbesuch des italienischen Staatspräsidenten Saragat und des italienischen Außenministers Nenni in Großbritannien · Fernsehprogramm der BBC über Franz Joseph Strauß · Immer noch die leidige Beitrittsfrage · Der sowjetisch-chinesische Konflikt · Bildung der Regierung Bundeskanzler Brandt – Außenminister Scheel · Haager Konferenz und Beschluß der Aufnahme der Verhandlungen über den britischen Beitritt · Beendigung meiner Londoner Mission · Abschied der »Diplomatic Writers Association« · Britische innere und äußere Probleme – Januar 1970 · Charakter und Persönlichkeit des Führers der Konservativen Edward Heath · Entschlossenheit der britischen Regierung, Verhandlungen über den Beitritt zur Europäischen Gemeinschaft aufzunehmen · Wachsende britische Sorgen über die Kosten des Beitritts · Rückkehr in die Heimat

London, Anfang 1969

Das Jahr 1968 endet für Großbritannien mit einer wirtschaftlich äußerst negativen Bilanz. Alle Hoffnungen der Labour Regierung, daß es möglich sein werde, dank der Vorteile der Abwertung, die Ausfuhr erheblich zu steigern, den hohen inneren Konsum zu drosseln und langsam zu einem Zahlungsbilanzüberschuß zu kommen, die Abzahlung der hohen mittelfristigen Schulden zu beginnen und damit das internationale Vertrauen in das Pfund wieder herzustellen, haben sich nicht erfüllt. Das Jahr endet mit einem Defizit in der Handelsbilanz von nahezu achthundert Millionen Pfund. Der Passivsaldo der Grundbilanz beläuft sich auf vierhundertachtundfünfzig Millionen Pfund. Dabei war die Regierung im Laufe des Jahres 1968 nicht untätig gewesen. Sie hat im März die öffentlichen Ausgaben um rund dreihundert Millionen Pfund gekürzt, die Steuern um rund achthundert Millionen Pfund erhöht. Sie hat im November weitere restriktive Maßnahmen ergriffen, indem sie die Ratenkäufe erschwerte, die indirekten Steuern um zehn Prozent erhöhte und das Importdepotverfahren einführte, auf Grund dessen fünfzig Prozent des Importwertes für Fertig- und Halbfertigerzeugnisse hinterlegt werden müssen. Dies alles kam zu spät oder war unzureichend. Der innere Konsum nahm weiter stark zu, hier und da in einem Ausmaß, wie es die britische Wirtschaft bisher nicht gekannt hatte. Die Ursachen hierfür lagen in Lohnsteigerungen, die über das von der Regierung gesetzte Ziel von 3,5 Prozent weit hinausgingen, in einer hohen Inanspruchnahme von Bankkrediten durch Privatpersonen, in einem Rückgang der Sparquoten von 7,6 Prozent auf 5,8 Prozent. Dem steigenden Konsum entsprach eine bedrohliche Zunahme der Einfuhren.

Die negative Entwicklung der britischen Wirtschaft ist auch eine Folge der Unordnung auf gewerkschaftlichem Gebiet. Einmal bedarf das Verhältnis zwischen Arbeitgebern und Arbeitnehmern, das in vielen Teilen der Industrie altmodische, paternalistische Züge trägt, der Reform. Dann aber auch die Gewerkschaften selbst, die sich – über sechshundert an der Zahl – oft untereinander über die Zuständigkeiten in den Betrieben streiten, sich gegenseitig blockieren und oft die Produktion paralysieren. Streitigkeiten der Gewerkschaften untereinander, Streitigkeiten mit den Arbeitgebern über Löhne und Arbeitsbedingungen, mangelnde Autorität der zentralen Gewerkschaftsverbände führen gelegentlich zu chaotischen Zuständen. So hat das Jahr 1968 allein zweitausendreihundertfünfzig Streiks erlebt. Die Zahl der durch Streiks verlorenen Arbeitstage beträgt für dieses Jahr rund viereinhalb Millionen Tage. Fünfundneunzig Prozent dieser Streiks sind wilde Streiks, das heißt, sie entbehren der Sanktionierung durch die führenden Gewerkschaften und verletzen bestehende Vereinbarungen. Die Häfen, der Schiffsbau, die Automobilindustrie, die alle für den Export von Bedeutung sind, haben dabei am meisten gelitten.

Es ist sicher ein Verdienst der Regierung Wilson, die Überwindung dieser unhaltbaren Zustände anzupacken und den Versuch zu machen, in einer gesetzlichen Regelung die gröbsten Mißstände auszuräumen.

Wünsche und Ideen der Regierung finden ihren Niederschlag in einem im wesentlichen von Barbara Castle, dem Minister of Employment and Productivity (Minister für Arbeitsbeschaffung und Produktivität) verfaßten Weißbuch »In Place of Strife« (»An Stelle des Kampfes«). Zentraler Gedanke: Überwindung der zahllosen illegalen Streiks durch eine »cooling off period« von achtundzwanzig Tagen, wobei ein Bruch dieser Pause durch Strafmaßnahmen geahndet werden soll. Dieser Plan, der bis in die Mitte von 1969 in der Arbeiterpartei, in den Gewerkschaften, im Parlament und in der öffentlichen Meinung lebhaft erörtert wurde, ist auf eine entschiedene Ablehnung der Gewerkschaften gestoßen, die staatliche Zwangsmaßnahmen als Eingriffe in ihre Autonomie ablehnen. Vor der kompromißlosen Gegnerschaft der Gewerkschaften ist

Wilson zurückgewichen, da auch sein Kabinett ihm die Gefolgschaft versagte. Es blieb schließlich eine das Gesicht der beiden Seiten gerade noch wahrende leere Formel, in welcher sich die Zentrale der Gewerkschaften (TUC) verpflichtete, bei Arbeitskämpfen vermittelnd einzugreifen und Arbeitseinstellungen zu vermeiden. Für den Premierminister war dies wohl die schwerste politische Niederlage seiner ganzen Regierungszeit.

London, den 6. März 1969

Die gestrige Wahl des Bundespräsidenten in Berlin, in welcher im dritten Wahlgang Heinemann mit einer knappen Mehrheit von sechs Stimmen gewählt wurde, hat in Großbritannien eine äußerst positive Resonanz gehabt. Dies gilt ganz allgemein auch für die Resonanz der öffentlichen Meinung in anderen Ländern. In der Tat ist auch nach meiner Auffassung, die ich immer wieder in Gesprächen dargelegt hatte, die Person Heinemanns für dieses wichtige Amt sehr geeignet. Er verfügt über den Ruf großer Integrität, hat mit dem Naziregime nichts zu tun gehabt, besitzt eine weite Bildung und einen großzügigen, von der Lust an protokollarischen Formalitäten völlig freien Charakter und findet innerhalb der jüngeren Generation durch seine vernünftige, den modernen Ideen gegenüber aufgeschlossene Haltung positive Reaktionen. Da er nicht mit den Stimmen der NPD gewählt worden ist, kann auch die sowjetische Propaganda ihn nicht zur Zielscheibe ihrer Vorwürfe und Anklagen machen.

Bemerkenswert ist, daß die in letzter Zeit von der sowjetischen Regierung oft ausgesprochenen Drohungen, bei einer Wahl des Bundespräsidenten in Berlin, die Zufahrtswege der Stadt zu Lande und in der Luft zu sperren, nachgelassen haben und daß man von einer Zuspitzung der Lage um Berlin gegenwärtig nicht sprechen kann. Es ist schwer, diese Änderung der sowjetischen Politik zu interpretieren. Ich möchte annehmen, daß es innerhalb des Kreml zu Meinungsverschiedenheiten gekommen ist und daß das Interesse an der baldigen Aufnahme des sowjetisch-amerikanischen Gesprächs über die viel weitergehenden Fragen schließlich zum Siege der gemäßigten Gruppe innerhalb der sowjetischen Regierung geführt hat.

Aber die Wolken, die wir am europäischen politischen Horizont sehen, sind nicht geringer geworden. Die Probleme der Westeuropäischen Union sind nicht gelöst, die Entwicklung in der EWG ist durch die negative französische Haltung blockiert. Ob es gelingt, in den mit Debré am 10. März und mit de Gaulle am 14. März bevorstehenden Konsultationsgesprächen die Probleme zu lösen, erscheint fraglich. Daß unsere Regierung versuchen wird, in einem Kompromiß das Wohlwollen Frankreichs zu erneuern, ist wohl unausweichlich. Ich hoffe nur, daß wir in unserer Konzessionsbereitschaft nicht eine Menge von dem wieder preisgeben, für das wir uns in den letzten Wochen, insbesondere hinsichtlich der Verstärkung der Konsultationen innerhalb der Westeuropäischen Union, nachdrücklich eingesetzt haben.

Der Nixonbesuch in Europa hat wohl überall gut gewirkt. Die Entspannung im amerikanisch-französischen Verhältnis ist für Europa von Nutzen. Es bleibt fraglich, ob der General die sehr liberale Haltung Nixons – alles hinzunehmen und zu fördern, was die Europäer unter sich vereinbaren können – dazu benutzt, nun sein Konzept Europas, wie es in dem Gespräch mit Botschafter Soames noch einmal klar zum Ausdruck kam, schrittweise der Verwirklichung näherzubringen. Wir Deutsche müssen uns hüten, bei einem zu großen Entgegenkommen bei unseren Partnern an Glaubwürdigkeit zu verlieren. Man kann nur hoffen, daß durch die intransigente französische Politik sich auch im Bundeskanzler die Überzeugung stärkt, daß uns in unserer Konzessionsbereitschaft Grenzen gesetzt sind, die wir beim besten Willen nicht überschreiten können.

Im April 1969

In all diesen Jahren war ich oft in Schottland, wo ich manche gute Freunde gefunden habe. Fast jedes Jahr nahm ich in Edinburgh an den Festspielen teil, für die die an schöner Architektur, an Geschichte und Tradition so reiche Stadt einen eindrucksvollen Hintergrund bildet.

Niemand wird sich dem Zauber der schottischen Landschaft entziehen. Manche werden es beklagen, daß vor allem weiter im Norden die modernen Strukturen des Tourismus noch fehlen, daß die Straßen für den Autoverkehr zu schmal, die Hotels und Gasthäuser – mit wenigen Ausnahmen – überaus einfach, daß das Essen unseren übertriebenen gastronomischen Ansprüchen nur wenig entspricht und daß hier und da die Heißwasserflaschen, die man zur Erwärmung in den Betten findet, in ihren breiten, eisernen Formen aus den Zeiten der Königin Viktoria stammen. Man wird sich wohl öfters damit abfinden müssen, daß das Land mehr als andere Landschaften Europas von Regenwolken verhängt ist. Wenn sich aber die Sonne zeigt, und es gibt Zeiten, wo sie mit ihrer Präsenz nicht geizt, strahlen die Berge, Buchten und Seen in Farben von seltener Intensität, die man nicht vergißt. Was die Bewohner dieses Landes besonders auszeichnet, ist ihre große Natürlichkeit, ihre Lebensfreude, ihr Heimatgefühl und ihr Humor. Der ihnen so gern nachgesagte Ruf des Geizes ist weit übertrieben, denn nirgends wird man auch von denen, die wenig besitzen, so gastlich aufgenommen. Gewiß können die Schotten gut und vielleicht besser rechnen als andere Bewohner der britischen Inseln. Vielleicht ist dies sogar ein Grund, daß wir sie so oft in der Londoner Finanz- und Bankwelt in leitenden Positionen finden.

Vielen unbewußt, verbinden Ähnlichkeiten des Charakters, des Lebensrhythmus, Schotten und Deutsche. Es ist deshalb nur natürlich, wenn der deutsche Reisende in dieser eindrucksvollen schottischen Bergwelt viel Interesse an einer Intensivierung der menschlichen Beziehungen zwischen beiden Völkern findet. Es gehört auch zu den Merkwürdigkeiten der Schotten, daß die Art, wie sie die englische Sprache intonieren, sehr der deutschen Weise entspricht. All dies schafft, und ich habe es immer wieder empfunden, eine Atmosphäre, in der wir Deutsche uns vielleicht noch mehr zu Hause fühlen, als in anderen Teilen der britischen Inseln. Seit vielen Jahren wirkt in Glasgow unter schottischer Initiative und aktiver Mitarbeit ein kleines, sehr lebendiges Kulturzentrum, das sich der Intensivierung der geistigen und künstlerischen Beziehungen zwischen beiden Ländern widmet. Hier treffen sich Menschen aus allen Kreisen und Altersklassen, um im Dialog mit deutschen Wissenschaftlern, Künstlern, Politikern Meinungen auszutauschen. Wenn dieser dem Verständnis und der Verständigung dienende Dialog in den letzten zehn Jahren so geglückt ist, so ist dies in erster Linie das Verdienst des Vorstandes der deutsch-schottischen Gesellschaft (Scottish-German Society) Stewart Mackintosh, dem damaligen Leiter des Erziehungswesens der Stadt Glasgow und vor allem auch Professor W. Chambers, Leiter des germanistischen Instituts der Glasgower Universität, nicht zuletzt aber auch, und vor allem in den Jahren 1957 bis 1969, der mit der Geschäftsführung und Leitung des Kulturzentrums betrauten Dozentin Dr. Karin Hillebrand, die es dank einer großen Liebe zu Schottland und seinen Menschen versteht, eine wahrhafte Mittlerin zwischen unseren beiden Völkern zu sein.

28. April 1969

Unsere gegenwärtige europäische Entwicklung unterliegt immer neuen Wechseln und Veränderungen. Es gibt nun einmal in der Geschichte nichts Endgültiges. Das Ausscheiden de Gaulles bedeutet in vieler Hinsicht eine große Veränderung unserer politischen Gegenwart.

Niemand wird die großen staatsmännischen Leistungen de Gaulles bestreiten. Er hat Frankreich sein Selbstbewußtsein wieder gegeben. Die Verselbständigung der frankophonen Länder Afrikas ist sein Verdienst. Die Lösung der algerischen Frage, die Frankreich hart an den Rand der Staatskrise führte, ist seine historische Leistung. Daß der wirtschaftliche Zusammenschluß der sechs europäischen Staaten trotz der großen inneren Reserven des Generals eine Realität werden konnte, ist ein bedeutendes Positivum seiner Regierungszeit. Man wird aber nur schwer leugnen können, daß die Idee eines gemeinsamen Europas infolge seiner Vorstellungen vom Übergewicht des Willens der Einzelstaaten viel von ihrer ursprünglichen Überzeugungskraft, viel von ihrem die Völker, vor allem auch die Jugend bewegenden Schwung, verloren hat.

Nun kann Europa hoffen, daß Frankreich allzu enge, nationalistische Vorstellungen der vergangenen Jahre überprüft und neue Wege zur Belebung und Erweiterung der Europäischen Gemeinschaft findet.

Unter allen potentiellen Nachfolgern hat Georges Pompidou die größten Aussichten. Sicherlich teilt Pompidou grundsätzlich die Auffassungen des Generals hinsichtlich der NATO und der Organisation Europas. Seine Politik wird jedoch in vielem andere Wege gehen. Er wird hier und da die Dinge neu bewerten, moderner sehen. Es bleibt unsicher, ob er unmittelbar die europäischen Tore für Großbritannien öffnet und ob er zur militärischen Integration Frankreichs in die NATO zurückkehrt. Er ist ein geschickter Taktiker, ein Mann, der viel von Wirtschaft versteht. Wie weit er die gaullistische Partei zusammenhalten kann, oder wie weit die in ihr sichtbaren Spannungen nach Ausscheiden des Generals zu Spaltungen führen, vermag man nicht zu übersehen.

Auf der Linken und in der Mitte gibt es kaum wirkliche Konkurrenten. Weder der Führer der Kommunisten, Duclos, trotz seiner zahlreichen Anhängerschaft, noch Mitterand, Mollet, Deferre, noch Mendès-France, noch auch Pinay oder Lecanuet haben Aussichten. Auch wenn die Mitte sich entschließen sollte, den Übergangspräsidenten Poher auf den Schild zu heben, so ist hier ein Erfolg nicht sicher. Ich kenne Poher aus vielen Gesprächen. Er ist ein Mann mit Common sense, großer politischer Erfahrung, ein echter Europäer und vielen wegen seiner praktischen Vernunft und seines großen Sinnes für Maß willkommen. Da er aber als

Präsident des Senats bis zum 1. Juni die Geschäfte des Präsidenten der Republik führt, ist es unwahrscheinlich, daß er sich im Wahlkampf für seine Kandidatur erfolgreich einsetzen kann.

Mit Zurückhaltung, Respekt und ohne die geringste Spur von Ressentiment haben die Londoner Zeitungen den Rücktritt de Gaulles aufgenommen. Die meisten Blätter würdigen das geschichtliche und menschliche Format des Generals mit großer Fairneß. Die Kommentare erinnern an 1940 und unterstreichen die Verdienste, die er sich um sein Land und besonders bei der Beilegung des Algerienkonfliktes erworben hat. Selbst die Kritik an seiner Europapolitik klingt nur verhalten und gedämpft. Übereinstimmend gehen die Blätter davon aus, daß die gaullistische Außenpolitik zunächst fortgesetzt werden wird. Zum Thema der europäischen Einigung veröffentlichen die Zeitungen zahlreiche Beiträge ihrer diplomatischen Korrespondenten. Ihre Meinung geht im allgemeinen dahin, daß mit einer plötzlichen Wendung der französischen Europapolitik nicht zu rechnen ist. Der diplomatische Korrespondent der ›Times‹ schreibt, das neue französische Regime werde zunächst vor allem damit zu tun haben, die inneren Probleme zu lösen. In der Außenpolitik werde es sich möglicherweise gaullistischer als der General selbst gebärden. Auf längere Sicht werde sich jedoch die Erkenntnis durchsetzen, daß man aus einer britischen Mitgliedschaft außenpolitischen Nutzen ziehen könne. Man werde vielleicht fühlen, daß Großbritannien als Gegengewicht gegen die wachsende wirtschaftliche Kraft Westdeutschlands gebraucht werde. Deshalb werde auf lange Sicht eher die Opposition der Rechten in Deutschland als die Haltung der französischen Regierung die Einigung verzögern.

Terence Prittie schreibt im ›Guardian‹, bei den Gaullisten sei immer noch die Meinung verbreitet, der britische Beitritt könne den französischen Interessen nur schaden. In Whitehall werde man die nächsten Schritte sorgfältig abwägen. Vieles spreche dafür, daß die Regierung zunächst versuchen werde, sich Frankreichs Mitarbeit auf einer Reihe anderer Gebiete zu sichern, bevor sie ihren Beitrittsantrag erneuere. Man hoffe, daß Frankreich seine Opposition gegen politische Konsultationen in der WEU aufgebe, daß eine neue Regierung die Notwendigkeit einer Koordinierung der Verteidigung anerkenne und daß sie den Benelux-Vorschlägen für eine engere Zusammenarbeit außerhalb der EWG positiver gegenüberstehe.

Der britischen Regierung war daran gelegen, den schon seit einiger Zeit geplanten Staatsbesuch des italienischen Staatspräsidenten zu einer eindrucksvollen Demonstration britisch-italienischer Freundschaft zu machen und dabei Übereinstimmung und Ziele beider Regierungen zum Ausdruck zu bringen. Das Programm des Besuches war groß aufgemacht. Präsident Saragat und Außenminister Nenni, der eine in Begleitung seiner Tochter, der andere in Begleitung seiner Enkelin, waren Gäste der Königin in Schloß Windsor. Diese Ehrung ist seit über einem Jahrhundert zum ersten Mal wieder einem ausländischen Staatsoberhaupt zuteil geworden.

Die Königin hat im großen Festsaal des Schlosses Windsor einhundertfünfzig Personen zu einem Bankett versammelt, an dem neben ihrer Familie die meisten Persönlichkeiten des britischen öffentlichen Lebens teilnahmen. Die musikalischen Darbietungen während des Essens wurden durch einen Aufmarsch der schottischen Dudelsackpfeifer beendet, die die Königin bei solchen Anlässen besonders gern auftreten läßt.

Saragat würdigte in einer eindrucksvollen Rede die britisch-italienische Zusammenarbeit in den Vereinten Nationen, in der Atlantischen Verteidigungsgemeinschaft und der Westeuropäischen Union und endete in einem Bekenntnis zu einem vereinten Europa, Hoffnung und Erwartung der jungen Generation. Italien habe sich seit zwanzig Jahren den fundamentalen Aufgaben des Zusammenschlusses gewidmet. Er freue sich, daß das Vereinigte Königreich mit Entschiedenheit den Weg zur europäischen Einheit beschreite.

Die britische Regierung gab Präsident Saragat die Möglichkeit, vor den versammelten Mitgliedern des Unterhauses und des Oberhauses zu sprechen. Diese Ehrung, die im Laufe der Jahre nach dem Krieg nur General de Gaulle zuteil wurde, hat Saragat sehr bewegt. Er bekannte sich zur vollen Teilnahme Großbritanniens am europäischen Zusammenschluß. Großbritanniens Institutionen und seine demokratischen Traditionen gehörten zum besonderen Erbe europäischer Geschichte, Quellen der Kraft in Gegenwart und Zukunft.

Nenni und Stewart, die beiden Außenminister, unterzeichneten eine gemeinsame Erklärung, in der sie sich für die wirtschaftliche und politische Integration, die Erweiterung der Gemeinschaft und die Teilnahme Großbritanniens aussprachen. Dieses Europa solle in demokratischen Institutionen sein Fundament haben. Die Gemeinschaft solle in ihrer Arbeit durch ein direkt gewähltes Parlament gefördert und kontrolliert werden, wie es in den Römischen Verträgen vorgesehen sei. Beide Minister erstreben die Entwicklung einer gemeinsamen europäischen

Außenpolitik, beide unterstreichen den Wert der Westeuropäischen Union, die sich für eine Harmonisierung der außenpolitischen Meinungen und Ziele anbiete. Es fehlt auch nicht an einem Hinweis auf das Atlantische Bündnis und eine in ihm zu entwickelnde »Europäische Identität«.

20. Mai 1969

Unter dem Motto »The Man who said no« brachte das erste Fernsehprogramm der BBC gestern eine Vierzigminutensendung über den Politiker Franz Joseph Strauß. Im einleitenden Kommentar wurde hervorgehoben, daß der CSU-Vorsitzende sich stets zu einem Vereinigten Europa bekannt habe. Es hieß, er sei Europas starker Mann und möglicherweise der nächste Kanzler der Bundesrepublik. Er sei der wichtigste Politiker nach de Gaulle und er unterstütze den britischen Beitritt. Er werde eine entscheidende Rolle in der zweiten Runde der europäischen Einigungsbestrebungen spielen.

Dann wurde ein Interview mit Strauß eingeblendet, in dem er zunächst darlegte, warum seine Eltern entschiedene Gegner des Nationalsozialismus, aber auch des Kommunismus gewesen seien. Seine eigene Feindschaft gegen die Kommunisten habe sich in den Nachkriegsjahren entwickelt.

Anschließend Bilder vom industriellen Wiederaufbau in der Bundesrepublik. Strauß wurde im Begleittext Symbol für die wirtschaftliche Kraft Deutschlands. Gleichzeitig wurden demonstrierende Studenten gezeigt, deren Protest sich unter anderem auch gegen den Politiker Strauß richtete, in dem sie die Verkörperung des technisierten »Wirtschaftswunderstaates« sehen. Strauß sprach dann selber von der Frustration der jungen Generation.

In diesem Zusammenhang wurde die Spiegelaffäre erwähnt. Die Rolle, die Strauß dabei gespielt hatte, wurde als Zeichen dafür gewertet, daß er gelegentlich zu Rücksichtslosigkeit neige. Diese Bemerkung wurde durch Bilder seiner Familie wieder ausgeglichen, wobei der mäßigende Einfluß seiner Frau besonders betont wurde.

Man hatte Günter Grass, einen der Kritiker des CSU-Vorsitzenden, bemüht; nach seinen Worten sei Strauß ein aufrichtiger Demokrat, aber sein Hang zur Macht werde ihn immer wieder in Versuchung führen. Er sei eine »gefährliche Mischung aus Bajuwarentum und hoher Intelligenz«. Auf den Einwand des Interviewers, Strauß sei doch aber ein überzeugter Europäer, erwiderte Grass, daß dies nichts über sein Verhältnis zur Macht besage. In einem eingeblendeten Interview sagte Strauß, er sei dafür, daß Deutschland auf gewisse Souveränitätsrechte, vor allem in der Außen- und Verteidigungspolitik, zugunsten eines Vereinigten Europas verzichte. Er erstrebe nicht deutsche atomare Streitkräfte. Bei dem Versuch, einer Annäherung an die Staaten des Warschauer Paktes, müsse man viel Geduld aufbringen. Auf die Wiedervereinigung könne Deutschland nicht verzichten. Es sei aber unklug, unlösbare Probleme in den Vordergrund zu rücken. Was den britischen Beitritt betreffe, so könne man beim besten Willen nicht verlangen, daß Großbritannien sein Haus zunächst einmal in Ordnung bringe. Die landwirtschaftlichen und Währungsprobleme müßten allerdings gelöst werden. Zur Frage der deutschen Aufwertung: Die großen Industrienationen müßten lernen, ihre Wirtschafts- und Fiskalpolitik besser aufeinander abzustimmen.

Am Schluß der Sendung wurde Strauß nach seinen Fehlern gefragt. Antwort: Er hoffe, aus seinem bisherigen Leben etwas gelernt zu haben. Manchmal wünschte er, bei der Auswahl seiner Freunde vorsichtiger gewesen zu sein. Sicher sei er auch gelegentlich in seinen Entscheidungen etwas voreilig gewesen. Die Zeitungen kennten im übrigen seine Fehler wohl besser, dafür werde man bei seiner Grabrede mehr über seine Vorzüge hören.

21. Juli 1969

Die europäische Situation, die Lage in EWG und WEU ist lange nicht so unklar gewesen wie in diesen Tagen. Die Versuche, in bilateralen Kontakten mit der französischen Regierung Klarheit über die französische Haltung zu gewinnen, haben keine sehr eindrucksvollen Ergebnisse gehabt. Die französische Regierung spricht immer wieder vom Ausbau der Gemeinschaft und ihrer inneren Entwicklung und erst in dritter Linie von der Erweiterung, wobei sie an diese die Bedingung knüpft, daß sie die Gemeinschaft nicht schwächen dürfe. Was bedeutet dies? Offensichtlich will die gegenwärtige französische Regierung das abrupte Veto ihrer Vorgängerin nicht aufrecht erhalten. Das will aber nicht heißen, daß sie etwa mehr oder stärker als diese an der Erweiterung interessiert wäre. Ich persönlich habe die Auffassung, daß für die französische Regierung gegenwärtig die inneren Probleme, die Lösung der schweren wirtschaftlichen Aufgaben, Probleme der Erziehungsreform und des Verhältnisses zwischen Arbeitgebern und Arbeitnehmern den ersten Platz einnehmen und daß sie die an sich schon schwierige Situation nicht durch vorschnelle Entscheidungen über die Erweiterung der Gemeinschaft erschweren möchte. Für Herrn Pompidou kommt es jetzt zunächst darauf an, das Problem der Agrarfinanzierung, an dem Frankreich in vitaler Weise interessiert ist, möglichst definitiv zu lösen. Eine definitive Lösung im französischen Sinne bedeutet aber, so wie die Dinge liegen, eine Lösung ohne Beteiligung Großbritanniens, dessen Präsenz im Gemeinsamen Markt die finanziellen Vorteile einer Agrarlösung unter den Sechs notwendigerweise schmälern würde.

Frankreich hat sich deshalb dem Lunsschen Gedanken einer neuen Europainitiative gegenüber reserviert, wenn nicht gar ablehnend gezeigt. Außenminister Maurice Schumann hat für eine Konferenz der Regierungschefs der Sechs im November plädiert. Was diese Konferenz erbringen soll, bleibt aber weiterhin unklar. Vor allem bleibt unklar, wie sich Frankreich die politische Organisation der Gemeinschaft, inklusive der neu beitretenden Staaten vorstellt. Ob wir hier schon bald etwas Näheres hören können, bleibt zweifelhaft. Ob die Regierungschefskonferenz der Sechs im November nicht vielmehr dazu dienen soll, die Partnerstaaten von den außerordentlichen Schwierigkeiten des britischen Beitritts zu überzeugen und diesen erneut auf unbestimmte Zeit hinauszuschieben, kann nicht ausgeschlossen werden, denn es wird Herrn Pompidou darauf ankommen, der französischen öffentlichen Meinung und vor allem der gaullistischen Mehrheit in der Nationalversammlung zu zeigen, in wie vorbildlicher Weise er die nationalen Interessen der französischen Nation wahrt.

Für uns Deutsche bleibt die Agrarfinanzierung der einzige Hebel, mit dem wir Frankreich dazu bewegen könnten, seinen Widerstand gegen die Aufnahme von Beitrittsverhandlungen aufzugeben. Für mein Gefühl sind alle diese Fragen noch so wenig durchdiskutiert, daß es gefährlich wäre, sie bereits auf Außenminister- oder Regierungschefsebene zu verhandeln, wo das Prestige eine so große Rolle spielt. Ich hielte es für besser, wenn man viel intensiver als bisher bilateral mit Frankreich die Probleme erörtert. Weder die Gespräche von Willy Brandt in Paris noch die kürzlichen Erörterungen von Herrn Luns und Herrn Schumann haben Anhaltspunkte dafür gegeben, daß wir mit einer grundsätzlichen Änderung der französischen Politik rechnen können. Nach den Berichten unseres Botschafters in Paris hat sich auch die Stimmung innerhalb Frankreichs über die Aufnahme Großbritanniens nachteilig verändert. Die französische Industrie gehört heute nicht mehr zu den überzeugten Anhängern eines solchen Beitritts. Auch in der Frage der Rückkehr Frankreichs in die WEU ergeben sich keine positiven Anzeichen. Man erklärt sich zwar französischerseits bereit, am Ratstisch der WEU wieder mitzuwirken, falls der frühere Zustand wieder hergestellt würde und den französischen Wünschen in vollem Umfang Rechnung getragen würde. Niemand ist aber hierzu bereit. Dagegen wünschen die verbleibenden sechs Partnerregierungen die Fortsetzung der politischen Konsultationen, die sich in letzter Zeit besonders bewährt haben. Man wird aber nicht um die Frage herumkommen, ob bei einem längeren Ausbleiben der Franzosen der Rat nicht in all den Fragen, die Entscheidungen erfordern, auch ohne Anwesenheit Frankreichs solche treffen kann. Dies wird ein Problem sein, das der für Ende Oktober vorgesehene Ministerrat auf seiner Sitzung in Brüssel prüfen muß.

Bei aller Auflockerung der Form ist eine eigentliche Veränderung der Substanz der französischen Politik nicht zu sehen.

London, im September 1969

Im Vordergrund des sowjetischen Interesses steht nach allen Beobachtungen, die ich von London aus machen kann, der sowjetisch-chinesische Konflikt. In der Auseinandersetzung mit China kämpft die Sowjetunion um die Aufrechterhaltung ihres Führungsanspruchs im kommunistischen Lager, um die Wahrung ihrer Position in Ostasien und um die militärische Sicherung ihrer Grenzen.

Dieser Konflikt wird auf verschiedenen Ebenen ausgetragen:

Als ideologischer Kampf um die Führungsrolle in der kommunistischen Welt; auf der kommunistischen Weltkonferenz in Moskau konnten die Sowjets zwar ihre Führungsposition behaupten, jedoch eine Verurteilung oder den Ausschluß der KP China nicht durchsetzen.

Als politisch-militärische Konfrontation an der chinesisch-sowjetischen Grenze (zahlreiche Grenzkonflikte, ständige Auseinandersetzungen um Grenzverhandlungen).

Als politisch-diplomatische Rivalität um den Einfluß in Asien; den sowjetischen politischen Aktionen in Vorder-, Süd- und Ostasien (Flottenpräsenz im Indischen Ozean, Versuche um den Aufbau regionaler wirtschaftlicher Zusammenarbeit in Südasien, Initiative für ein asiatisches Sicherheitssystem) begegnen die Chinesen mit der Intensivierung ihrer politischen Beziehungen – zum Beispiel zu Pakistan und Nepal sowie mit einer scharfen Propaganda gegen Moskau, das sie der Aggression und der Verfolgung imperialistischer Ziele in Asien bezichtigen.

In dieser Auseinandersetzung mit China, deren Ausmaß, Intensität und Fernziele heute noch nicht übersehen werden können, ist die Sowjetunion zunächst darum bemüht, im eigenen Lager alle Kräfte zu aktivieren und zusammenzufassen. Hier liegen wesentliche Gründe für die sowjetische Politik im Raume des Warschauer Pakts, in dem Liberalisierungstendenzen nicht geduldet werden und in dem die sowjetische Herrschaft eindeutig gesichert werden soll. Damit gewinnt auch die Stellung der DDR als wichtiger Sicherungsfaktor des osteuropäischen Herrschaftsraums besondere Bedeutung. Ihre Erhaltung und Aufwertung durch internationale Anerkennung ist und bleibt ein wichtiges Ziel der sowjetischen Politik.

Zugleich mit diesen Bemühungen um die Stabilisierung der sowjetischen Herrschaft in Osteuropa gehen die deutlichen Bemühungen um ein »containment« Rotchinas. Hierzu gehört der sowjetische Versuch der Errichtung eines kollektiven asiatischen Sicherheitssystems, das die derzeitigen Machtverhältnisse in Asien unter sowjetischer Schirmherrschaft fixieren soll. Bis jetzt ist dieser Versuch am Widerstand der asiatischen Länder gescheitert, die zwar nichts gegen ein kollektives Sicherheitssystem an sich haben, denen aber die sowjetische Führung und ihre antichinesischen Ziele unerwünscht sind.

Die Auseinandersetzung mit Peking und die Gefahr eines kriegerischen Konflikts haben die sowjetische Regierung veranlaßt, ihr Verhältnis zu den Vereinigten Staaten auf der Grundlage des Status quo zu überprüfen. Denn nichts wäre der Sowjetunion unwillkommener, als eine Normalisierung der chinesisch-amerikanischen Beziehungen. Es hat deshalb nicht an Versuchen gefehlt, die USA an dem erwähnten asiatischen Sicherheitssystem zu beteiligen. In diesen Zusammenhang gehören auch die sowjetischen Versuche, zusammen mit Washington eine Ausweitung des Nahostkonflikts zu verhindern, ja nicht zuletzt auch die seit längerem in Aussicht genommenen sowjetisch-amerikanischen Gespräche über die Begrenzung strategischer Waffen (SALT). Auch in Europa überwiegt der Eindruck, daß die sowjetische Regierung zur Zeit in erster Linie an der Erhaltung des Status quo interessiert ist und daß sie in der Gestaltung ihrer Außenpolitik über nur geringe Flexibilität verfügt. Das Festhalten am Status quo wird deutlich, wenn man sich an die Beschlüsse von Bukarest und Budapest oder an die neueste sowjetische Note in der Gewaltverzichtsfrage erinnert. Aus diesen Dokumenten ergibt sich, daß die sowjetische Regierung an den »gegebenen Realitäten« nicht rühren lassen will (Anerkennung der Grenzen in Osteuropa und Anerkennung der DDR). Diese Politik ist aus sowjetischer Sicht verständlich. Denn jede Veränderung im westlichen Teil des sowjetischen Machtgebietes würde für die Sowjetunion Unsicherheiten und Schwächungen mit sich bringen, die sie in ihren Auseinandersetzungen in Ostasien nicht ertragen könnte.

Eine Betrachtung der gegenwärtigen amerikanischen Politik ergibt folgende politische Prioritäten:

Der Versuch einer Friedensregelung in Vietnam. Die amerikanische Regierung steht unter starkem Druck ihrer öffentlichen Meinung, ihre Truppen aus Vietnam spätestens bis Ende 1970 abzuziehen. Gleichzeitig ist die Tendenz erkennbar, auch in den übrigen ostasiatischen Ländern die amerikanische Militärpräsenz zu verringern und sich im wesentlichen auf Wirtschaftshilfe und technische Zusammenarbeit zu beschränken.

Angesichts des sowjetisch-chinesischen Konflikts bemühen sich die Vereinigten Staaten, ihr Verhältnis zu Rotchina vorsichtig zu verbessern. Einen interessanten Hinweis enthält die Rede, die Präsident Nixon vor wenigen Tagen vor der UNO gehalten hat. Die amerikanische Regierung ist, wie der Berater Nixons Kissinger vor der NATO und in London wiederholt erklärt hat, an einem asiatischen Sicherheitssystem unter sowjetischer Führung nicht interessiert. Sowjetische Fühler mit dem Ziel eines amerikanisch-sowjetischen Kondominiums über Teile Asiens und Mitwirkung an einer gegen China gerichteten gemeinsamen Politik des »containment« Chinas sind eindeutig abgelehnt worden. So hat Präsident Nixon am 3. August 1969 bei der Rückkehr von seiner Asienreise Herrn Wilson in London erklärt, daß ein Zusammenwirken der USA mit Sowjetrußland in asiatischen Fragen nicht in Betracht gezogen werden kann. Niemand in Asien habe für das Sicherheitssystem Breschnewscher Prägung Enthusiasmus gezeigt.

Im übrigen zeigt die amerikanische NATO- und Europapolitik keine wesentlich neuen Aspekte. Es ist sicher, daß die Amerikaner mit Sowjetrußland Gespräche über Fragen der atomaren Rüstungsbegrenzung führen möchten. Bis jetzt haben die Gespräche noch nicht begonnen. Ob sie von den Amerikanern dazu benutzt werden, auch über Fragen der politischen Neuordnung in Europa zu reden, erscheint mir nicht sicher. Ich neige eher zu der Ansicht, daß auch die amerikanische Regierung im gegenwärtigen Zeitpunkt an dem Status quo in Europa nicht rühren möchte. Aus diesen Überlegungen ergibt sich, daß keine der beiden Weltmächte zur Zeit an einer Lösung der europäischen Fragen vordringlich interessiert ist. Für die Sowjetunion steht die Auseinandersetzung mit China und das Bestreben, die Vorherrschaft im kommunistischen Lager zu erhalten, im Vordergrund. Sie braucht Ruhe in Osteuropa und ist gegen jede Änderung des gegebenen Kräfteverhältnisses.

Eine Wiedervereinigung beider Teile Deutschlands würde der Sowjetunion keinen Gewinn bringen. Ein neutralisiertes oder gar im westlichen Lager integriertes wiedervereinigtes Deutschland bedeutet in sowjetischer Sicht eine unerträgliche Schwächung der sowjetischen Position. Aber auch ein wiedervereinigtes Deutschland unter »kommunistischem Vorzeichen« ist nicht im Sinn der Sowjetunion. Denn ein wirtschaftlich und politisch starkes, kommunistisch orientiertes Deutschland würde die sowjetische Vormachtstellung im Warschauer Pakt erheblich belasten. Unter diesen Gesichtspunkten entspricht die gegenwärtige Lage in Europa am besten den sowjetischen Interessen. Das Interesse der Vereinigten Staaten richtet sich heute in erster Linie auf die Konsolidierung der Situation im eigenen Hause und auf die Neuordnung der politischen Verhältnisse im asiatischen Raum nach dem angestrebten amerikanischen Truppenabzug. Eine neue Deutschlandinitiative, die zwangsläufig zu einer Konfrontation mit der Sowjetunion in Europa führen müßte, wäre den Vereinigten Staaten im gegenwärtigen Augenblick nicht erwünscht.

Was die sowjetische Bereitschaft anlangt, mit uns konstruktiv über die Deutschlandfrage zu sprechen, sollten wir uns keinen Illusionen hingeben. Wir müssen die Situation realistisch sehen. Das will aber nicht heißen, daß wir in Zukunft nicht in entsprechenden Kontakten immer wieder das Problem zur Diskussion stellen und unsere Bereitschaft zeigen, für entsprechende Gegenleistungen angemessene Opfer zu bringen.

6. Oktober 1969

Die Bildung der neuen Regierung Bundeskanzler Brandt–Außenminister Scheel ist so gut wie abgeschlossen. Vom außenpolitischen Standpunkt hat das Wahlergebnis vom 28. September günstig gewirkt. In den Augen der Welt hat es gezeigt, daß die deutsche Demokratie stabil und daß sie in der Lage ist, nun eine völlig neue Phase zu eröffnen. Die Adenauer-Ära ist beendet. Es wird an der neuen Regierung sein, für die siebziger und achtziger Jahre den Staat so zu entwickeln, daß er den auf allen Gebieten zu erwartenden Anforderungen gewachsen ist. Es ist bezeichnend, daß eine große Zahl der Jugendlichen sich diesmal für die Sozialdemokratische Partei erklärt hat. Weder die äußerste Rechte noch vor allem die äußerste Linke haben irgendwelche Erfolge für sich verbuchen können. Ob die neue Regierung sich trotz ihrer geringen Mehrheit auf die Dauer halten wird, hängt in erster Linie von der Qualität ihrer Führung ab. Sollte sie wirklich nennenswerte neue Gedanken verwirklichen, so ist nicht ausgeschlossen, daß in einem vielleicht in zwei Jahren stattfindenden neuen Wahlkampf die um weitere Millionen von jugendlichen Wählern zusammengesetzte Wahlbürgerschaft der SPD die absolute Mehrheit gibt. Aber das hängt wesentlich von der Kraft und Phantasie der Regierung ab. Nicht zuletzt auch von ihrer Möglichkeit, sich dem Volk verständlich zu machen.

Die CDU/CSU geht zum ersten Mal in die Opposition, was ihr nach meiner Auffassung nur gut tun kann. Sie war zu lange an der Macht und kann eine Phase der Neuordnung und Überprüfung ihrer Taktik und Ziele gut gebrauchen. Es ist nicht uninteressant, daß zu gleicher Zeit sich auch die innere Position von Labour in Großbritannien wieder verstärkt hat. Der Parteitag in Brighton hat der Partei neuen Auftrieb gegeben. Wenn die wirtschaftliche Entwicklung weiter positiv anhält, so glaube ich, daß sie im Wahlkampf im Herbst des kommenden Jahres keine geringen Chancen hat, sich an der Macht zu halten.

In der Europafrage haben sich in Großbritannien die europafreundlichen Elemente durchgesetzt. Die Ernennung George Thomsons zum Stellvertreter Stewarts und zum Europaminister ist ein Zeichen für die beharrliche und konsequente Haltung Wilsons auf diesem Gebiet.

3. Dezember 1969

Die Haager Konferenz der Staats- und Regierungschefs der EWG-Staaten ist nach dem ersten enttäuschenden Tag nun doch mit einem positiven Ergebnis zu Ende gegangen. Pompidou hat sich bereit erklärt, Ende Juni 1970 die Verhandlungen mit Großbritannien über den Beitritt zu den Europäischen Gemeinschaften zu eröffnen. In den ersten sechs Monaten des kommenden Jahres sollen die sechs Mitgliedstaaten der Gemeinschaft eine gemeinsame Verhandlungsgrundlage erarbeiten. Dies geht mit dieser Deutlichkeit aus dem Communiqué nicht hervor, weil Pompidou auf seine innerpolitische Situation Rücksicht nehmen muß. Er hat Bundeskanzler Brandt das Wort gegeben, daß Frankreich im kommenden Jahr die Verhandlungen eröffnen werde und zwar, ohne daß es noch eines besonderen Beschlusses der sechs Partnerregierungen der Gemeinschaft bedarf.

In den Fragen der Agrarfinanzierung haben wir – und das ist der Preis für die Zusage der Eröffnung der Verhandlungen – eine definitive Regelung entsprechend den französischen Wünschen bis Ende dieses Jahres versprechen müssen. Offensichtlich haben wir darauf hingewiesen, daß eine solche Vereinbarung die Ratifikation durch den Bundestag erfordere, diese aber nicht durchgesetzt werden könne, wenn Frankreich sich gegen Aufnahmeverhandlungen sperre.

Auch auf politischem Gebiet haben die sechs Mitgliedstaaten gewisse vorbereitende Arbeiten in Aussicht genommen, die aber noch nicht zu definitiven Beschlüssen führen sollten. In diese vorbereitenden Arbeiten sollen auch die neuen beitrittswilligen Staaten mit einbezogen werden, sobald die Verhandlungen im Juli 1970 aufgenommen werden. Es kann damit nicht der Fall eintreten, daß Großbritannien auf diesem so wichtigen Gebiet vor vollendete Tatsachen gestellt wird.

Umfang und Inhalt der politischen Zusammenarbeit sind wohl im einzelnen nicht erörtert worden. Auf deutscher Seite neigt man zu den Vorschlägen des »Fouché Planes 2« mit einem Generalsekretär und hohen Beamten der verschiedenen Außenministerien, die regelmäßig zu den außenpolitischen Problemen Optionen ausarbeiten, die den Regierungschefs, beziehungsweise Außenministern der Mitgliedstaaten zu gemeinsamer Beratung und Entscheidung vorgelegt werden.

Von der direkten Wahl eines Europäischen Parlaments hat man dieses Mal nicht gesprochen. Die Franzosen sind nach wie vor dagegen. Es wird dabei bleiben, die Kontrollfunktionen des Europäischen Parlaments in Straßburg zu verstärken.

Bundeskanzler Brandt hat heute Ministerialdirektor Frank zur Unterrichtung der britischen Regierung nach London gesandt. Diese Geste ist von der britischen Regierung mit großer Befriedigung aufgenommen worden.

Ich selbst bin glücklich, daß nach all den langen Jahren der Enttäuschung nun der Weg zur Aufnahme Großbritanniens in den Gemeinsamen Markt frei ist, und daß mit diesem wichtigen positiven Ereignis meine Aufgabe in London endet.

10. Januar 1970

Die wirtschaftliche Lage Englands hat sich in der zweiten Hälfte des Jahres 1969 gebessert. Die bisher vorliegenden Zahlen für 1969 lassen den Schluß zu, daß Großbritannien einen Grundbilanzüberschuß von etwa dreihundert Millionen Pfund nicht nur erreichen, sondern aller Voraussicht nach sogar überschreiten wird. Es ist der Regierung gelungen, alte und neue, kurz- und mittelfristige Schulden, die noch im April 1969 den Betrag von sieben Milliarden Dollar erreicht hatten, zu einem beträchtlichen Teil zurückzuzahlen. Die Werte der Exporte sind gestiegen, die Importe haben nur in einem relativ geringen Umfang zugenommen.

All dies ist Folge harter, restriktiver Maßnahmen. Quantifiziert man den Drosselungseffekt der Restriktionspolitik 1968/69 unter Berücksichtigung der sehr zurückhaltenden Geld- und Kreditschöpfung, so ergibt sich ein Betrag von zwei Milliarden Pfund, die der Inlandsnachfrage entzogen und zu einem großen Teil der so dringend notwendigen Steigerung der Exporte zugewiesen wurden. Sicherlich haben zur Verbesserung der Exportbilanz die günstige Welthandelssituation und die mit der deutschen Aufwertung verbundenen Vorteile beigetragen.

Es bleiben aber große wirtschaftliche Sorgen. Wie kann man den infolge der Restriktion eingetretenen Mangel an Investitionen, vor allem in der privaten Industrie, überwinden? Wie die sechshunderttausend Arbeitslosen wieder in den Arbeitsprozeß zurückführen? Wie will man die so dringend notwendigen großen Strukturveränderungen der britischen Wirtschaft durchsetzen, die gerade erst begonnen haben und viele Jahre beanspruchen?

14. Januar 1970

Meine Zeit in London geht ihrem Ende entgegen. Heute gab mir die »Diplomatic Writers Association« ein Abschiedsessen. Ich hatte in all den Londoner Jahren immer ein enges Verhältnis zu den Diplomatic Writers; manche zähle ich zu meinen Freunden. Die Stimmung des Essens war heiter und dementsprechend auch meine kleine Abschiedsrede, die ich hier anführe:

»Mr. Chairman,
Ladies and Gentlemen,

Im am very sensitive to the great honour you have bestoved upon me by offering me this farewell-luncheon. Your kind and flattering remarks are a welcome and timely support for my self-esteem.

For Ambassadors, these days, have no easy life. If they have children at home – and I have two sons of the right age – they are a sitting target for their children, disapproval or, worse still, even pity. The new generation abhors ambassadorial splendour. For them, father with his short hair, dull cloth and neatly pressed trousers is the very image of the Establishment they reject and despise. If he opens his mouth, his utterances are out of place, old fashioned and far removed from the realities of modern life. After a life's work in promoting better relations between countries – if you'll forgive this commonplace definition of an Ambassador's job – in my retirement I will have to do something to restore good relations with my offspring. May be I'll start growing my hair.

But even the older generation at times disapprove of Ambassadors. I cannot even except my journalist friends. If he is wrapped in silence, if he keeps evading forthcoming questions, or, in case he answers, if he sticks to more or less empty instructions from his authorities he will soon detect the embarrassing signs of pity in the eyes of his friends or even of suspicion, that long diplomatic practice may have impaired his mental capacities.

The Embassy in the minds of the Ambassador's fellow-countrymen is but a ›Four-Star-Hotel‹ with free board and lodging. He is expected to go shopping with his friends to Harrods and Marks & Spencer. The shopping, too, must be free of charge. Such, in short, is the drama of a modern Ambassador's life.

If I were to start life again, I would like to be diplomatic writer. The name alone suggests an ideal combination of both diplomacy and journalism. I envy you your freedom of speech and writing. I envy you the luxury of indulging in political forecasts, for which if they turn out to be wrong, you will not be sacked. On the contrary, a solid dementi is a good thing for a journalist. It is an opportunity for a new story. For us, the ambassadors, it is the very end of the story.

During the five years I have had the honour to represent my country in the United Kingdom we have had many good contacts, for which I should like to thank you warmly. The constant dialogue with members of your association has been an invaluable help in discharging my duties as Ambassador. Such dialogues on all levels will, I believe, do much more than official statements to avoid misunderstandings between our two countries. It will create the habit of trying to understand instead of falling back on preconceived ideas. It will in the long run create the right political climate for solving more intricate problems.

To-day relations between our two countries are very good. I return home convinced that they will remain so, as long as there are people in both countries who will not tire to seek the kind of dialogue, which will create understanding and good-will.

But we must not delude ourselves. Relations like the one between Britain and Germany have to be continuously cultivated in order to flourish. We must see to it, that what we have achieved, is not endangered by new resentment, national egoism, lack of knowledge and misunderstanding. To ensure, that things will move on, it will above all be necessary to intensify the exchange of our younger generation.«[1]

15. Januar 1970

Wir bewegen uns in Großbritannien auf Neuwahlen zu. Nichts kennzeichnet dies besser als die Rede, die Wilson am 10. Januar dieses Jahres in Swansea gehalten hat, in der er in scharfen Angriffen auf die Konservativen die wirtschaftlichen Erfolge seiner Regierung und die verbesserte soziale Lage der minderbemittelten Massen herausgestellt hat. Manche glauben, daß es im Interesse der Regierung liege, den wirtschaftlichen Aufschwung zu nutzen und die Wahlen noch in diesem Frühjahr zu veranstalten; jedenfalls noch bevor die in den Vereinigten Staaten erwartete Rezession den wirtschaftlichen Horizont neu bewölkt. In der öffentlichen Meinung rechnet man mit Wahlen eher im Herbst dieses Jahres, spätestens im Frühjahr 1971. Es ist schwer, heute schon eine Prognose für den Ausgang der Wahlen zu stellen. Alle bedeutenderen Nachwahlen der letzten Zeit sind zu Gunsten der Konservativen ausgegangen. Auch führen die Konservativen in den demoskopischen Umfragen mit zehn Prozent vor Labour. Trotz mancher Rückschläge bleibt für Labour als ein Positivum, daß die Regierung sich auf sozialem Gebiet mit Erfolg um eine Verbesserung der Lage der großen Massen bemüht hat. Allerdings hat sie das Verhältnis der Gewerkschaften zu Staat und Gesellschaft nicht neu zu ordnen vermocht. Auch hat sie keine wirksame Methode für die Beilegung von Lohnkonflikten gefunden. Die Zahl der Streiks mit ihren schädlichen Folgen für die Wirtschaft ist unverändert groß.

In vielen Kreisen der Bevölkerung ist die Tendenz spürbar, nach sechsjähriger Regierung Wilson einen Wechsel vorzunehmen. Ob dieser Trend sich durchsetzt, ob es der konservativen Partei gelingt, sich als eine echte Alternative darzustellen und ein Programm zu entwickeln, das für die breiten Massen attraktiv und glaubwürdig ist, bleibt fraglich.

Entscheidend wird es dabei auf den Führer der Konservativen Edward Heath ankommen. Im Gegensatz zu den Traditionen der Konservativen Partei ist seine Laufbahn nicht bestimmt von Beziehungen zu Reichtum und sozialem Einfluß alter Familien. Er stammt aus sehr bescheidenen Verhältnissen. Sein Vater war ursprünglich Maurer, später kleiner Bauunternehmer. Heath ist der erste Führer der Konservativen, der im Jahre 1965 von der parlamentarischen Fraktion des Unterhauses gewählt wurde. Dies war eine revolutionäre Neuerung, da früher die Führer aus Abreden und Vereinbarungen der repäsentativen Gruppen der Partei hervorgingen. Heath ist ein Mann, der sich vielleicht am besten mit den Worten »not words, but action« umschreiben läßt. Kein brillanter Redner, keine Führungspersönlichkeit, die etwa wie ein Winston Churchill dem Volk in eindrucksvollen Formulierungen Ziele und Aufgaben weist.

Auch kein großer Taktiker und Meister des parteipolitischen, des parlamentarischen Spiels, wie Harold Macmillan. Ein großer Arbeiter, der seine Dossiers beherrscht. Kein Mann spektakulärer, sensationeller Entschlüsse; kein Mann publizistischer Erfolge. Zurückhaltend, oft einsilbig, kein Freund der Preisgabe seiner Gefühle, seiner Ansichten, Pläne und Ziele. Er ist nur mit knapper Mehrheit von seiner Partei gewählt worden, Skepsis und Zweifel begleiteten ihn unter seinen Anhängern von Anfang an, und er hat manche Krise durchstehen müssen. Heath ist frei von Bindungen an alte Vorstellungen eines veralteten Establishments. Er ist nicht an Theorien gebunden, wohl aber an Vorstellungen von politischer und wirtschaftlicher Freiheit, von Gegnerschaft gegen zu starken staatlichen Interventionismus, ohne jedoch diesen gänzlich auszuschließen. Also freie Marktwirtschaft, wo und soweit nur irgend möglich. Stärkung der Unternehmerinitiative und ihres Risikos, Lösung von bürokratischer Verkrustung, Modernisierung von Staat und Wirtschaft. Für ihn ist die Reform der Gewerkschaften ein zentrales Problem. Er ist überzeugter Anhänger eines Beitritts Großbritanniens zum Gemeinsamen Markt, in seinen Augen der wichtigste Motor für die Modernisierung und Aktivierung der britischen Wirtschaft.

Auf dem Gebiet der Außenpolitik bekennt er sich zu nationaler Selbstsicherheit und Selbstbewußtsein. Deshalb Betonung der Unabhängigkeit gegenüber den Vereinigten Staaten und der Sowjetunion. Aufrechterhaltung des NATO-Bündnisses, bei Steigerung der eigenen Verteidigung und gleichzeitige Bereitschaft zur Förderung der Entspannung.

Tedd Heath ist in Deutschland gereist, er kennt also unser Land. Seine große musikalische Begabung verbindet ihn in besonderem Maß mit deutscher Musik. Sein stärkstes Charakteristikum ist seine Verläßlichkeit, sein Sinn für Realitäten, sein Mut und seine Ausdauer.

An der Entschlossenheit der Regierung und der Parteien in der Frage des Beitritts zur Europäischen Wirtschaftsgemeinschaft, möglichst bald in Verhandlungen einzutreten, kann kein Zweifel bestehen. Außenminister Stewart und Staatsminister Thomson haben dies auf der Sitzung des Ministerrats der Westeuropäischen Union am 9./10. dieses Monats in Brüssel erneut bestätigt. Sie haben aber auch mit Nachdruck darauf hingewiesen, daß für Großbritannien der Beitritt nicht nur ein eminent wirtschaftliches, sondern auch ein politisches Problem ist. Die britische Regierung wünscht von Anbeginn an, an einer politischen Organisation der Europäischen Gemeinschaft, wie immer sie nun aussehen mag, mitzuwirken. Die von den sechs Außenministern der Partnerstaaten zu erarbeitenden Entwürfe für eine solche politische Organisation, sollen in die Beitrittsverhandlungen mit einbezogen werden. Über Form und Inhalt einer solchen Organisation besitzt man hier in London noch keine Vorstellungen. Föderation oder Konföderation? Schwierige Fragen, mit denen man die Diskussionen um den Beitritt nicht beschweren will. Es entspricht nun einmal dem britischen Naturell, zunächst praktische Wege zu gehen und aus den Erfahrungen der praktischen Zusammenarbeit für die Zukunft Lösungen zu entwickeln.

Jetzt aber, wo die Möglichkeit des Beitritts in greifbare Nähe rückt, beginnt man sich in der öffentlichen Meinung über die Schwierigkeiten des Beitritts Sorgen zu machen. So spielt die Kostenfrage des Beitritts, die Anpassung der Wirtschaft an die Erfordernisse des Gemeinsamen Marktes, die zu erwartende Konkurrenz der kontinentalen Partner eine große Rolle. Das Parlament hat von der Regierung einen eingehenden Bericht über die Höhe der Großbritannien treffenden Kosten gefordert und damit eine Übersicht der zu erwartenden Belastungen und Vorteile verlangt, die naturgemäß äußerst schwierig ist. Mit der Debatte dieses Berichtes, die wir bald erwarten müssen, werden all die Stimmen – vor allem im Lager der Labour Partei – wieder laut werden, die in letzter Zeit mit erheblicher Lautstärke vor dem Beitritt gewarnt haben.

Ende Januar 1970

In den ersten Wochen des Jahres hatte ich die Altersgrenze erreicht. Die Stunde der Heimkehr in die badische Heimat war gekommen. Für mich besaß immer der Gedanke, aus dem diplomatischen Getriebe in Paris, Rom und London in das kleine, von meinen Eltern gebaute Haus in der Hinteren Au an den Hängen des Blauens zurückzukehren, starke Anziehungskraft. Wie oft war ich aus allen Himmelsrichtungen dem das Markgräfler Land beherrschenden Berg entgegengefahren, in den verschiedensten Stimmungen, bald in der Sorge um die Eltern, in der Wiedersehensfreude, bald in Gefühlen der Freiheit von den Fesseln eines doch oft alle Kräfte beanspruchenden Berufs. Und wie meine Stimmungen, so waren die Stimmungen des Berges immer verschieden. Bald lag er heiter da im zarten Blau eines Sommertages, bald dunkel drohend in schwarzen Wolkenwänden, bald rosig leuchtend im Schein der untergehenden Sonne.

Und nun war es soweit. Die aus Anlaß des Abschieds notwendigen unzähligen Essen, Empfänge, Besuche und die unerläßlichen Reden waren glücklich überstanden. Die zahlreichen Mitarbeiter, unter ihnen die treue Sekretärin, die unübertreffliche Gräfin Seilern, waren noch einmal zu einem vom vorzüglichen italienischen Koch Emilio bereiteten Abendessen versammelt gewesen; die Möbelwagen, gefüllt mit vielen Büchern und so manchen Erinnerungen aus vielen Ländern, standen vor der Tür, und die Reise ging der Heimat zu, die uns im winterlichen Kleid empfing.

Altersgrenze bedeutet einen Einschnitt im Leben, der doch schwerer ist als ich es erwartet hatte. Plötzlich ist der gewohnte Rhythmus der Tagesarbeit abgebrochen. Die Mitarbeiter, die Entscheidungen verlangen, die Sekretärinnen, wichtige Stützen des eigenen Gedächtnisses, Chauffeure, Diener, Köche, aber auch die Welt außerhalb des Botschafterhauses sind mit einem Schlag verschwunden. Aber noch wichtiger: Die zahllosen Telegramme und Nachrichtenquellen, die das Weltbild täglich verändern und bereichern, sind versiegt. Man ist allein und ganz auf sich gestellt. Man beginnt ein neues Leben mit all den kleinen und großen Pflichten des Alltags. Man fängt geradezu von vorne an, und zwar ganz einfach, indem man seinen Kugelschreiber nimmt und mit der Hand all die Korrespondenzen erledigt, die der Tag von einem fordert. In dieser Zeit des Anfangs haben der Garten, die Bäume, der Wald die notwendige Kraft zur Konzentration gegeben. Die Bücher, all die guten Freunde an den Wänden, die ich aus Zeitmangel nie gelesen hatte, boten sich jetzt zu besinnlicher Betrachtung.

Noch war ich aber zu sehr der Gegenwart, ihren Spannungen und Aufgaben verhaftet, noch reizte mich die aufregende Arbeit an den brennenden Problemen unserer Welt, noch war es mir nicht darum zu tun, mich in die Vergangenheit zu versenken und meine Erinnerungen zu schreiben. So nahm ich den Vorschlag des Leiters der Kulturabteilung des Auswärtigen Amts an, mich als Kandidaten für die Wahlen zum Exekutivrat der UNESCO zur Verfügung zu stellen, die anläßlich der Generalkonferenz der UNESCO im November 1970 in Paris stattfinden sollten.

Mitarbeit im Exekutivrat der UNESCO,
Organisation der Vereinten Nationen
für Erziehung, Wissenschaft und Kultur,
1970 bis 1976

Mitarbeit im Exekutivrat der UNESCO
Organisation der Vereinten Nationen
für Erziehung, Wissenschaft und Kultur,
1970 bis 1976

Als ich während der sechzehnten Generalkonferenz der UNESCO[1] im November 1970 zum Mitglied des Exekutivrats gewählt wurde, war diese wichtige Sonderorganisation der Vereinten Nationen wie so oft seit ihrem Bestehen in Wandlung begriffen und stand vor einer Fülle von Aufgaben, die den Neuankömmling im Exekutivrat zu erdrücken schienen. Dies war nur natürlich, angesichts des universalen Charakters der Organisation, den vielen neuen Mitgliedstaaten unterschiedlicher Entwicklung, einer sich ständig in Wandlung befindlichen Welt, die an die Organisation der UNESCO, ihr Sekretariat, ihre Generalkonferenz und nicht zuletzt ihren Exekutivrat immer neue Anforderungen stellte.

Das zentrale Grundziel der Organisation, unverändert im Wandel der Zeit und unbeeinflußt von den ständigen Veränderungen, ist politisch: Erziehung, Kultur, Wissenschaft und Kommunikation, die vier Hauptgebiete dienen nach dem Wortlaut und Geist der Verfassung, der Entwicklung, Stärkung und Sicherung des Friedens: »The purpose of the Organisation is to contribute to peace and security by promoting collaboration among the Nations through Education, Science and Culture in order to further universal respect for justice, for the rule of law and for the human rights and fundamental freedom, which are affirmed for the peoples of the world without distinction of race, sex, language or religion, by the Charter of the United Nations.«[2]

UNESCOs Aktivität zielt darauf, die internationalen Beziehungen in der geistigen, wissenschaftlichen und kulturellen Sphäre in einer von strikter Beachtung der Menschenrechte gekennzeichneten, dauerhaften Friedensordnung zu entwickeln. Dabei war es den Vätern der Organisation bewußt, daß der Erfolg der Bemühungen nur dann gesichert werde, wenn man eine solche Friedensordnung in sinnvoller Zusammenarbeit aller Nationen an gemeinsamen Aufgaben und in einigen dem Interesse aller dienender Institutionen organisierte.

Als ich im Jahre 1970 meine Arbeit im Exekutivrat der UNESCO begann, hatte diese Weltorganisation bereits eine Anzahl wichtiger Etappen durchlaufen. Die ursprünglich rein westlich, von amerikanischem Einfluß beherrschte Organisation, hatte im Jahre 1954 mit der Aufnahme der Sowjetunion, der Tschechoslowakei, Ungarns und Polens einen wichtigen Schritt in Richtung auf die erstrebte Universalität getan. Damit wurde aber auch die Zweiteilung der Welt mit ihren Auseinandersetzungen zu einem unabänderlichen Element der UNESCO. Dann erfolgte Ende der fünfziger, Anfang der sechziger Jahre die Aufnahme einer großen Zahl von Ländern der Entwicklungswelt, vornehmlich Afrikas, die ihre politische Selbständigkeit gewonnen hatten, und die die Entwicklung zur zentralen Aufgabe UNESCOs machten.

Nach der noch weit in die fünfziger und sechziger Jahre hinein geltenden allgemeinen Auffassung sollte Entwicklungshilfe in erster Linie, wenn nicht ausschließlich, dem »wirtschaftlichen Wachstum« der in Entwicklung befindlichen Länder dienen. Dabei nahm Erziehung als Anerkennung eines fundamentalen Menschenrechts von Anbeginn an einen absoluten Vorrang in den Aktivitäten der Organisation ein. Sie war aber in jener Zeit noch in den Augen vieler führender Persönlichkeiten im wesentlichen ein Instrument zur Förderung ökonomischen, das heißt wirtschaftlichen Fortschritts. Auf der Generalkonferenz im Jahre 1964 erfolgte dann ein weiterer wesentlicher Schritt dadurch, daß den Naturwissenschaften eine Priorität eingeräumt wurde, die jener der Erziehung gleich kam. Man hatte erkannt, daß politische Unabhängigkeit und wirtschaftlicher Fortschritt nur auf der Basis wissenschaftlicher und technologischer Strukturen gesichert werde. Und es wurde damals die Forderung erhoben, daß jedes Entwicklungsland mit Hilfe UNESCOs, soweit irgend möglich, eine eigene »science policy« auf der Grundlage eigenständiger, wissenschaftlicher Kader entwickeln sollte.

Zugleich verstärkte sich die Arbeit UNESCOs auf vielen wissenschaftlichen Gebieten in Zusammenarbeit mit den großen staatlich unabhängigen wissenschaftlichen Organisationen (non governmental organizations). Mathematik, Geologie, Biologie, Meeresforschung, Zell- und Molekular-Biologie, Ökologie, Biosphäre, Probleme der Entsalzung des Meerwassers, der Wüsten, der Dürre, der Wasserwirtschaft gewannen großes Gewicht und führten zu den internationalen Programmen, die heute mit zum Kernstück der Arbeit der UNESCO gehören. So Ozeanographie, Hydrologie, Mensch und Umwelt und die Organisation von UNISIST, die für alle Mitglieder UNESCOs so wichtige Institution zum Austausch naturwissenschaftlicher Erfahrungen, Erkenntnisse und Erfindungen. Ich brauche nicht auf die Bedeutung der Ozeanographie hinzuweisen, möchte nur an die unter der Schirmherrschaft der UNESCO durchgeführte Untersuchung des Indischen Ozeans erinnern, an der vierundzwanzig Länder mit etwa sechzig Schiffen teilnahmen und die zum ersten Mal eine vollständige biologische Untersuchung dieses für die Anliegerstaaten und ihre Ernährung so bedeutsamen Meeres erbrachte. Das hydrologische Programm, das bereits in den Jahren 1962 und 1963 gestartet wurde, leitete die heute aus der wissenschaftlichen Zusammenarbeit aller Völker nicht mehr hinwegzudenkenden Anstrengungen ein, der entsetzlichen Dürrekatastrophen und Überschwemmungen in so vielen Teilen der Welt Herr zu werden. Das so vielgestaltige Programm »Mensch und Umwelt«, das dem Kampf gegen die Verschwendung der nationalen Bodenschätze, der Reinhaltung der Atmosphäre, der Bewahrung unserer Natur gewidmet ist, nimmt einen nicht minder wichtigen Platz ein. Diese großen internationalen Programme, die UNESCO weder personell noch finanziell allein durchführen kann, haben die Aufgabe, die Welt von der Notwendigkeit und Dringlichkeit dieser Probleme zu überzeugen, gleichsam als Motor das Interesse und die Aktion der verschiedenen Staaten zu mobilisieren, und die Tätigkeiten in den verschiedenen Partnerstaaten zu koordinieren. Gleichzeitig sollte UNESCO besonders darauf dringen, auch die Entwicklungsländer an diesen Programmen zu beteiligen.

Mit den wachsenden praktischen Erfahrungen begann Anfang der siebziger Jahre sich der Gedanke durchzusetzen, daß Entwicklung nicht nur wirtschaftliches Wachstum, Erhöhung der Produktivität und Steigerung des Sozialprodukts, sondern – und besonders – sozialen und kulturellen Wandel bedeutet. Man wurde sich bewußt – und das bestimmt seither im wesentlichen das Programm UNESCOs –, daß der soziale Fortschritt nur durch Entwicklung der eigenen Identität der Entwicklungsländer durch die Entwicklung des eigenen kulturellen Bewußtseins bedingt ist. Unabhängigkeit eines jeden Staates, seinen Weg der Entwicklung frei zu wählen, sollte respektiert werden. Als geistiger Nachfolger des seinerzeit im Rahmen des Völkerbundes wirkenden Institute of Intellectual Cooperation hatte UNESCO sich in ihrer Verfassung die Förderung des kulturellen Austauschs zwischen den Völkern und Stärkung ihres kulturellen Bewußtseins zur Aufgabe gestellt. Nun nahm dies in der praktischen Arbeit der UNESCO in doppelter Weise einen wichtigen Platz ein: Einmal im Sinne der Erhaltung und Förderung einer eigenen kulturellen Identität da, wo die jungen, eben zur Selbständigkeit erwachten Völker sich aus kolonialer Abhängigkeit befreiten und anknüpfend an alten, oft verschütteten Traditionen und Überlieferungen eine eigene Persönlichkeit zu gewinnen suchten. Zum anderen Förderung und Stärkung der Erkenntnis in allen Ländern, aber vor allem in den Entwicklungsländern, daß man Teil der Menschheit im Ganzen, daß die eigene Identität nicht etwas sich von der Umwelt Abschließendes, sondern durch kulturellen Austausch die Völker Verbindendes und zu gegenseitiger Achtung Verpflichtendes darstelle.

Teil dieser Arbeit ist die von führenden Historikern in Angriff genommene, umfassende Geschichte der afrikanischen Welt, von prähistorischer bis zur heutigen Zeit, die mannigfachen Studien zur Entwicklung der afrikanischen lokalen Sprachen und die Bemühungen um die Bewahrung der für die Erneuerung der kulturellen Identität der afrikanischen Völker so wichtigen mündlichen Überlieferung.

Teil dieser Arbeit sind auch die großen internationalen Aktionen, die UNESCO zur Erhaltung des kulturellen Erbes der Welt eingeleitet hat und durchführt. Die Tempel Nubiens – Abu Simbel, die Verlagerung von Philae –, das große buddhistische Heiligtum von Borobodur auf Java (Indonesien), Mohenjo Daro in Pakistan, das Tal von Katmandou, das vom Meer in seinem Bestand gefährdete Venedig und nicht zuletzt die Akropolis in Athen sind Kulturdenkmäler, die der Welt gehören. Sie zu erhalten und vor der Zerstörung zu retten, ist ein Werk wahrer internationaler Solidarität, das wesentlich dazu beigetragen hat und beiträgt, UNESCOs Ansehen und Geltung zu stärken.

Ich möchte das für die Beziehungen der Völker in unserer modernen Welt und für den Frieden so bedeutsame Feld der Kommunikation, das heißt der Massenmedien und des freien und ungehinderten Flusses der Information nicht übergehen. Dieses Thema beschäftigt UNESCO verstärkt seit der achtzehnten Generalkonferenz im Jahre 1975 und hat auf Grund der großen, bestehenden weltanschaulichen Gegensätze unter den Partnerstaaten natürlicherweise zu erheblichen Konfrontationen geführt. Wer könnte bestreiten, daß auf diesem Gebiet zwischen industrialisierten und in Entwicklung befindlichen Ländern wegen der großen Unterschiede in den finanziellen und technischen Möglichkeiten Ungleichheiten und Einseitigkeiten bestehen, die nach einer Korrektur verlangen, wenn wir von einer ausgeglichenen und gerechten neuen Ordnung in der Welt sprechen wollen. Den Entwicklungsländern bei dem Aufbau eigener Strukturen der Kommunikation zu helfen, um den Nachrichtenfluß auf die Dauer von seiner Einseitigkeit, von der Abhängigkeit von den industrialisierten Ländern zu befreien, ist eine vordringliche Aufgabe, für die die UNESCO und ihre Partnerstaaten trotz vieler Schwierigkeiten angemessene Lösungen finden müssen. Ich ziehe das Fazit aus den dargestellten mannigfachen Aufgaben und den die Arbeit der UNESCO im Lauf der Jahre immer wieder verändernden und erneuernden Tendenzen:

Die zentrale Aufgabe der Organisation ist »Entwicklung«. Diese ist vieldimensional und nicht nur beschränkt auf wirtschaftliches Wachstum. Erziehung, Kultur, Wissenschaft, Technologie und Kommunikation sind Teilgebiete, die ein Ganzes bilden, sich gegenseitig ergänzen und voneinander untrennbar sind. Entwicklung ist weltweit. Sie betrifft gleichermaßen entwickelte und in Entwicklung befindliche Nationen. Bei der gegebenen Interdependenz ist das Schicksal der armen und der reichen Nationen eng verbunden. Entwicklung hat keine »raison d'être«, wenn bestehende Ungleichheiten erhalten oder gar vergrößert werden. Entwicklung kann ihr Ziel nur erreichen, wenn sie die Kräfte der einzelnen Länder mobilisiert und wenn sie sich dabei in ihrer Planung und Aktion von den Wünschen, den Möglichkeiten und der Begabung der Bewohner der Länder leiten läßt.

Aufgaben dieser Bedeutung verlangen Persönlichkeiten, die sich innerlich den Idealen und Zielen der Weltorganisation verpflichtet fühlen. Wenn in Zukunft einmal die Geschichte der UNESCO geschrieben wird, so wird man feststellen, daß wohl nur wenige internationale Organisationen über einen solchen Reichtum an wissenschaftlich, kulturell, ja auch politisch hochqualifizierten Persönlichkeiten verfügen. Männer wie Julian Huxley, Torres Bodet, Luther H. Evans, Vittorio Veronese, Paulo de Berrêdo Carneiro, Fuad Sarruf, Frauen wie Jeanne Hersch, haben – sei es als Präsidenten der Generalkonferenz, Mitglieder des Exekutivrats oder Generaldirektoren des Sekretariats – das Gesicht der Organisation geprägt und durch große eigene Beiträge ihre Wirkung bereichert. Unter den Generaldirektoren, die während meiner Zeit als Mitglied des Exekutivrats das Sekretariat geleitet haben, hat der Franzose René Maheu eine bedeutende Stellung eingenommen. Nie ermüdende Arbeitskraft, umfassende Bildung, großer Reichtum an Ideen und ein starker Wille, die angestrebten Ziele durchzusetzen, zeichneten ihn aus. Er vereinigte große intellektuelle und administrative Fähigkeiten. Sein politisches Geltungsbedürfnis, sein Hang zu recht autoritärer Geschäftsführung und seine persönlich reichlich großen Vorurteile machten die Zusammenarbeit mit ihm nicht immer leicht und beeinträchtigten oft die menschliche Atmosphäre im Sekretariat. Innerhalb der Organisation besaß er eine nahezu unbeschränkte Machtstellung. Widerspruch liebte er nicht. Auch im Exekutivrat gab es nur wenige, die sich seinem Willen widersetzten. Er übersah gelegentlich, daß sein Einfluß über die Grenzen der UNESCO nicht hinausreichte, und daß man ihm im Bereich der UNO-Institutionen mit Reserve und Skepsis begegnete. Sein Abgang im November 1974 ist von manchen mit einer gewissen Erleichterung aufgenommen worden.

Seinen Nachfolger Mahtar M'Bow, den jetzigen Generaldirektor, hatte ich schon im Jahre 1970 anläßlich meiner Wahl zum Mitglied des Exekutivrats kennengelernt. Er war damals Leiter der Abteilung für Erziehung der UNESCO. Ich schätze die Unabhängigkeit seines Urteils, seine ungewöhnliche Arbeitskraft und seine Gabe, kontroverse Probleme in sachlicher Weise zu erörtern. Als ich im Januar 1974 meine Reise nach Afrika vorbereitete, die mich im Auftrag der UNESCO nach dem Senegal, Mali, Elfenbeinküste, Kamerun, Äthiopien, Tansania und Kenia führte und über die ich an anderer Stelle einiges mitteilen möchte, war er als Afrikaner der beste Ratgeber, mich in die Probleme, Schwierigkeiten und die Erwartungen seiner Welt einzuführen. Mit Begeisterung sprach er mir von dem deutschen Forscher Frobenius, der in seinen Werken über die afrikanische Frühzeit Verständnis für die afrikanischen Kulturen, ihre Gleichwertigkeit mit den anderen Kulturen der Welt forderte, in einer Zeit, in der die Menschheit noch von kolonialen Herrschaftsvorstellungen und dem Gedanken der Superiorität des weißen Mannes beherrscht war.

M'Bow übernahm gegen Ende der achtzehnten Generalkonferenz im November 1974 nach einer nahezu einstimmigen Wahl das Amt des Generaldirektors in einer besonders schwierigen Phase der Geschichte der Organisation. Die Ölkrise, die Auseinandersetzungen Israels mit den arabischen Staaten, die von den Entwicklungsländern, der sogenannten Gruppe der Siebenundsiebzig mit Nachdruck vorgetragenen, zum Teil sehr extremen Forderungen nach einer neuen Weltwirtschaftsordnung, beherrschten die Verhandlungen der Generalkonferenz. Unruhe und Spannungen waren verstärkt durch die Dürrekatastrophe im Sahel, das Fortschreiten der Wüste nach Süden, wo die Dürrezone bereits den Norden von Kenia erreichte, das zunehmende Gefühl in den Entwicklungsländern, daß man der eigenen Probleme nicht Herr wird, daß die Kluft zwischen reichen und armen Ländern sich ständig erweitert. Dies alles führte zwangsläufig zur Konfrontation. Die Industrieländer zeigten sich dieser Situation nicht gewachsen. Die Vereinigten Staaten besaßen keine klare Konzeption, die europäischen Länder waren, wie so oft, uneinig. Sie führten keine einheitliche Sprache und nahmen oft nur eigene Interessen wahr. Hinzu kam die zweideutige Haltung der Länder des Ostblocks, die mit Reserve den radikalen Ideen einer neuen Weltwirtschaftsordnung gegenüberstanden, doch ihre negative Haltung nur undeutlich kundtaten, um ihre eigene Position in der Dritten Welt nicht zu beeinträchtigen. In dieser Situation wurde es den Vertretern Algeriens leicht, die Führung der Länder der afrikanischen und asiatischen Welt an sich zu reißen und das ihnen bereits auf der Tagung der Generalversammlung der Vereinten Nationen in New York geglückte Spiel auch in den Verhandlungen der achtzehnten Generalkonferenz der UNESCO in Paris zu wiederholen. So kam es im letzten Teil der Konferenz zu dem unerfreulichen Schauspiel, daß unter großem Zeitdruck, oft ohne ausreichende sachliche Vorbereitung in emotionsgeladenen Abstimmungen Minderheiten von Staaten vergewaltigt wurden, die durch konstruktive Mitarbeit und erhebliche finanzielle Beiträge wesentliche Leistungen für UNESCO erbrachten und ohne die die Organisation in der Zukunft keinen Bestand haben konnte.

Aus dieser ernsten Situation hat der neue Generaldirektor mit Entschlossenheit die notwendigen Folgerungen gezogen und schon in seiner die achtzehnte Generalkonferenz abschließenden Rede für die Lösung bedeutender politischer Probleme eine Prozedur gefordert, die unter Ausschluß überflüssiger Publizität nach gründlicher sachlicher Vorbereitung, in entsprechend ruhiger Verhandlung zu einem, alle Seiten befriedigenden Consensus führen sollte.

Exekutivrat und Sekretariat haben sich bei der Vorbereitung und Durchführung der in Nairobi (Kenia) vom 22. Oktober bis zum 2. Dezember 1976 stattfindenden neunzehnten Generalkonferenz von diesem Gedanken leiten lassen. Die auch hier zu bewältigenden, äußerst schwierigen Probleme wurden in der viel ruhigeren Atmosphäre einer aus den Delegationsleitern von fünfundzwanzig Partnerstaaten bestehenden Verhandlungsgruppe, ohne Öffentlichkeit, ohne zeitlichen Druck, vor allem ohne überflüssige Emotionen mit dem Ziel eines vernünftigen Consensus geprüft. Das Ergebnis wurde dem Plenum zur Entscheidung vorgelegt. In vielen Fragen wurde Einigung erzielt, in manchen blieb die Einigung aus. Großes Verdienst um den Erfolg der Konferenz erwarb sich Léon Boissier-Palun, Chefdelegierter der Delegation von Benin (Dahomey), der mit glänzender, auf einer langjährigen Anwaltserfahrung beruhenden Taktik und brillanten Formulierungsgabe die ihm gestellte Aufgabe erfüllte.

Man hat gelegentlich den Vorwurf erhoben, daß die Behandlung politischer Probleme nicht zu den Aufgaben einer Organisation gehöre, deren Zuständigkeit auf den Gebieten der Erziehung, Wissenschaft und Kultur liege. Nun, in einer Welt, in der weltanschauliche Gegensätze unser Leben in allen seinen Erscheinungsformen so entscheidend bestimmen, haben nahezu alle Themen in irgendeiner Weise auch politische Bedeutung. Fragen des Friedens, der Grund- und Freiheitsrechte, der Kultur, der Erziehung, des freien und ungehinderten Flusses der Kommunikation haben natürlich auch politischen Charakter. UNESCO ist nun einmal nach den Bestimmungen seiner Verfassung auch ein Forum, auf dem politische und weltanschauliche Probleme zur Diskussion stehen. Dies wird man nicht ändern können. Die hundertsechsundvierzig Mitgliedstaaten und nicht zuletzt die Entwicklungsländer, für die die UNESCO eine wichtige Bühne ist, um sich selbst und ihre Wünsche zur Geltung zu bringen, werden es sich nicht nehmen lassen, auch politisch zu den Problemen Stellung zu nehmen, zumal da die Länder der kommunistisch orientierten Welt dies bei jedem Anlaß tun. Auch für uns sollte UNESCO ein Forum sein, das wir immer wieder zu Darstellung unserer weltanschaulichen und politischen Auffassungen benutzen und um uns mit den Meinungen der Anderen auseinanderzusetzen.

Gerade in den kommenden Jahren wird dies besonders wichtig sein, wenn die Bemühungen um eine neue Weltwirtschaftsordnung und die damit verbundenen in die Zuständigkeit der UNESCO fallenden Aufgaben sowie die Normen hinsichtlich des Friedens, der Grundrechte, der Rasse und Apartheid, der Probleme des freien und ungehinderten Flusses der Kommunikation und Information zur Diskussion stehen. Man erwartet von der Bundesrepublik auch auf diesen Gebieten nützliche und progressive Beiträge.

Die Bundesrepublik ist seit 1951 Mitglied der UNESCO. In all den Jahren war unsere Mitarbeit konstruktiv. Unser Ruf als hochentwickeltes Industrieland, als Land hoher wissenschaftlicher Qualität ist unbestritten. In allen wichtigen, von der UNESCO eingeleiteten und durchgeführten internationalen Programmen der Ozeanographie, des Umweltschutzes, der Hydrologie, der Ökologie und in der Erhaltung der gefährdeten Kulturgüter der Welt, haben wir immer mit Erfolg unser wissenschaftliches Können und umfangreiche finanzielle Mittel zur Verfügung gestellt. Ich wollte, unsere öffentliche Meinung wäre sich dieser großen Leistungen bewußter.

Dies alles muß auch in Zukunft so bleiben, wenn wir nicht unseren Platz in der Welt verlieren wollen. Die Interdependenz der Völker und Staaten unserer Welt ist heute so groß, daß man sich nicht ausschließen kann, ohne in bedeutungslose Kleinstaaterei und engen, unfruchtbaren Provinzialismus zu versinken. Die Zukunft der UNESCO hängt davon ab, was die Mitgliedstaaten aus ihr machen. Die aus Not und Armut sich stellenden Probleme sind schier unbegrenzt. Hier sind Aufgaben, die in den kommenden Jahren vielen jungen Menschen lohnende Arbeit bieten. Dazu gehört aber, daß wir in unserem eigenen Land, in unserer eigenen öffentlichen Meinung, auf einer breiteren Grundlage als bisher die Kenntnis der Sorgen und Nöte der Entwicklungswelt vermitteln und uns unserer Verpflichtung zur Solidarität bewußter werden.

Eine Reise nach Ländern West- und Ostafrikas Januar bis März 1974

Die Reise, die ich als Mitglied des Exekutivrats der UNESCO im Januar, Februar und März 1974 nach West- und Ostafrika unternahm, war meine erste Begegnung mit der afrikanischen Welt. Ein großes Erlebnis nicht nur wegen der landschaftlichen Schönheit, der unendlichen Weite, der mit den Tageszeiten ständig wechselnden Farben, sondern natürlich auch und vor allem wegen der Begegnung mit den Bewohnern dieser Welt, ihrer großen Verschiedenartigkeit, ihren Problemen, ihren Sorgen, der harten, oft unergiebigen Arbeit, ihrer großen Gastfreundschaft und menschlichen Wärme. Ich besuchte in dieser Zeit sieben afrikanische Länder: Senegal, Mali, Elfenbeinküste, Kamerun, Äthiopien, Tansania und Kenia. Allen diesen Ländern war gemeinsam der Ackerbau als dominierendes Element ihrer Wirtschaft. Die große Mehrheit der Bewohner lebt auf dem Land von den Erzeugnissen der landwirtschaftlichen Produktion, oft in den ärmlichsten Verhältnissen. Der Holzpflug ist immer noch das meistgebrauchte Werkzeug. Alte Stammestraditionen und Vorurteile erschweren in vielen Gegenden Veränderung und Verbesserung des Lebens. Ich werde nicht so leicht die Bemerkung einer führenden afrikanischen Persönlichkeit vergessen, die mir sagte: Als erste Priorität sollten Rinder, Karren und eiserne Pflüge in den afrikanischen Produktionsprozeß eingeführt werden, um endlich zu verhindern, daß die Frau den Pflug durch den steinharten Boden zieht.

Dies alles wird durch die im Sahel, im Nord-Senegal, in Mali, in Äthiopien und im nördlichen Kenia schon seit vielen Jahren herrschende und sich ständig verschlimmernde Dürre außerordentlich erschwert, die in manchen Gegenden die Existenzgrundlage der Bevölkerung, Viehherden und Landwirtschaft vernichtet und tausende von Kindern und alten Leuten dem Tod ausliefert. Noch zeigen sich nur wenige ermutigende Anzeichen für wirksame Lösungen der Bewässerungsprobleme. In zahlreichen Gesprächen mit Afrikanern jener Länder konnte ich auch keine Solidarität unter den afrikanischen Staaten jener Regionen zur Überwindung dieser Probleme feststellen. Der Niger, dessen Wasermenge viel zur Beseitigung der Notstände beitragen könnte, wartet schon lange auf eine Regulierung, weil die Anliegerstaaten sich auf gemeinsame Planung und Aktion nicht einigen können. Der Besucher konnte sich dem Eindruck nicht entziehen, daß Solidarität der afrikanischen Staaten nur dann deutlich wird, wenn es sich um ihr Verhältnis zu außerafrikanischen Ländern handelt. Die Gegensätze innerhalb der afrikanischen Staatenwelt sind sehr groß. Einmal bedingt durch die Machtverhältnisse in den einzelnen

Staaten, die Verschiedenheit der Anschauungen und Ziele der führenden Persönlichkeiten und zum anderen wegen ihrer immer noch bestehenden wirtschaftlichen und kulturellen Bindungen an ihre früheren Kolonialherren. Die Ölkrise hat die Situation des einen oder anderen Landes besonders hart getroffen. In Senegal und Tansania haben sich die außenwirtschaftlichen Defizite erheblich verstärkt. Die Verteuerung der aus den Industrienationen eingeführten Erzeugnisse, vor allem der so notwendigen Düngemittel, hat die Not sehr vergrößert.

Die klassische Erziehung, Erbe der kolonialen Epoche, in manchen Ländern noch maßgebend, hat nur wenig dazu beigetragen, die dringend notwendige Modernisierung zu fördern. Im Gegenteil. Sie weckte bei den Eltern und Kindern in den Dörfern die Illusion, daß das Erlernen von Lesen, Schreiben und Rechnen nach den alten Methoden genüge, um für ihre Kinder in den städtischen Zentren Arbeitsmöglichkeiten als Angestellte zu gewinnen. So strömten tausende junger Menschen mit knapper Vorschulbildung vom Land in die Stadt auf der Suche nach einem leichteren und besseren Leben. Da die staatlichen Behörden und die wirtschaftlichen Unternehmen nur relativ sehr wenige Menschen aufnehmen konnten, traf ich in allen besuchten Ländern auf erschreckend hohe Zahlen arbeitsloser Jugendlicher, die das auf den Schulen Gelernte rasch vergaßen und aus Frustration zu Elementen der politischen Unruhen wurden.

In allen Ländern fand ich die für die Erziehung verantwortlichen Kreise von der Notwendigkeit überzeugt, die Erziehung dem Milieu anzupassen, das heißt auf dem Land wie in den Städten den Grundunterricht mit dem Erlernen von praktischen Kenntnissen zu verbinden. Das hauptsächliche Ziel der Erziehungsreform auf dem so wichtigen Gebiet der Landwirtschaft ist, den jungen Menschen von Anfang an die Lösung praktischer Tagesprobleme, den Gebrauch von Werkzeugen und verbesserte Methoden der Erzeugung zu lehren. Da nahezu achtzig Prozent der Jungen nach Absolvierung der Primarschulen keine Aussichten haben, Sekundarschulen zu besuchen, will man sie mit Kenntnissen einer landwirtschaftlichen Arbeitsweise ausrüsten, die erhöhte Produktion und damit erhöhte Subsistenzmöglichkeiten sichert. Hand in Hand mit dieser arbeitsorientierten Erziehung der Jungen gehen Erziehung und praktisches Training der Eltern, die, wenn man Konflikte innerhalb der Familien vermeiden will, auch von der Notwendigkeit und Zweckmäßigkeit der modernen Erzeugungsmethoden überzeugt werden müssen. Nur so kann sich mit der Zeit die Hoffnung erfüllen, daß die Jungen nicht in die Städte abwandern, daß Familien und Dörfer sich nicht auflösen und daß die Erzeugung verbessert wird. Ein langer Prozeß, bei dem es zunächst darauf ankommt, gute Werkzeuge – keine hochentwickelten Maschinen! – zu beschaffen und die Grundelemente einer modernen landwirtschaftlichen Produktion zu vermitteln. Ich fand in dieser Hinsicht Mali und Tansania besonders fortgeschritten.

Mali, das unsagbar arm ist und besonders durch die Dürre der letzten Jahre leidet, hat in großem Umfang über das Land verstreute lokale Gemeinschaften aufgebaut, die als Zentren einer funktionalen Erziehung für Jung und Alt dienen.

Tansania, unter ganz anderen sozialen und wirtschaftlichen Bedingungen, hat Dorfgemeinschaften entwickelt, in denen die Schulen der Mittelpunkt des Lebens der Landbevölkerung, Zentren für die Grundschulerziehung, die Gesundheitspflege und die kulturelle Entwicklung sind. Eine der ländlichen Umwelt angepaßte Erziehung, das Lernen um zu lernen, Improvisation und Neuerung im praktischen Leben des Alltags sind Inhalte einer von der Regierung maßgeblich beeinflußten Entwicklung. Die Schwierigkeiten, denen solche neuen Wege in psychologischer und technischer Hinsicht begegnen, sind sehr groß. Da ist die Opposition der Eltern, der älteren Generationen, auch der Lehrer, die an alte Traditionen, Vorurteile, Unverständnis gebunden, die Zusammenarbeit in der Durchführung der neuen Reformen verweigern.

Da sind, wie ich es in Kamerun erlebte, die großen Entfernungen, der Mangel an Transportmöglichkeiten, an Straßen, an Klassenräumen, an geeigneten Lagerungsmöglichkeiten für Bücher und Lehrmaterial, die die Durchführung der Programme erschweren.

In der Elfenbeinküste erlebte ich mit großem Interesse den Schulunterricht in den Anfangsklassen mittels Fernsehen und das für Planung und Training der Lehrer zuständige Zentrum in Bouake unter der bemerkenswerten Leitung des Afrikaners Kolo Touré. Zweitausendfünfhundert Grundschulklassen sind heute im Land mit Fernsehgeräten ausgerüstet. Ich habe am Rand des Urwalds in kleinen Dörfern am Unterricht teilgenommen. Es war eindrucksvoll, die fünf- bis siebenjährigen Afrikaner zu erleben, wie sie hellwach der Fernsehdarbietung folgten, die ihren Unterricht einleitete und sich meist auf die Ereignisse ihres alltäglichen Lebens bezieht. Das sich anschließende Frage- und Antwortspiel zwischen Lehrern und Schülern war lebhaft. Ich hatte den Eindruck, daß dieser audiovisuelle Unterricht es den Kindern leichter machte, sich auszudrükken. Es ist schwer, sich ein Urteil über die Ergebnisse und auch über die Möglichkeiten einer Fortführung dieser Art des Unterrichts in die Sekundarstufe zu bilden. Sicher sind große Zweifel berechtigt, und verantwortliche Politiker der Elfenbeinküste fragen sich mit Recht, ob die sehr erheblichen Kosten nicht die Leistungskraft des Landes übersteigen. Jedenfalls ist dies ein mutiger Versuch in der Primarerziehung, um den die Elfenbeinküste von manchem ihrer afrikanischen Nachbarn beneidet wird.

In nahezu allen besuchten afrikanischen Ländern fand ich Institutionen höherer Bildung, Universitäten und Technische Hochschulen, oft hochqualifizierte Zentren der Zusammenarbeit afrikanischer und ausländischer Wissenschaftler. Universitäten wie die in Nairobi, in Addis Abeba, technische Schulen wie in Bamako, Dar es Salaam sind vorbildlich organisiert und bemühen sich auch um die Schaffung naturwissenschaftlicher und technologischer Strukturen, an denen es in allen afrikanischen Ländern fehlt. Wie in manchen europäischen Ländern, so ist es auch in Afrika schwierig, junge Menschen in ausreichendem Maß für das Studium der Mathematik, Physik und Technologie zu gewinnen. Der Drang nach Unabhängigkeit und Selbständigkeit, der so oft und laut verkündete Wunsch nach dem Technologie-Transfer aus der industrialisierten Welt, verlangt aber dringend den Aufbau eigener wissenschaftlicher Strukturen. Die Zeiten, in denen man sich von industrialisierten Ländern Maschinen als sogenannte Hilfe aufdrängen ließ, und die bald als »Entwicklungsruinen« still standen, weil man über den notwendigen »know how« eigener technischer Kräfte nicht verfügte, sind vorüber. Man will heute – und mit Recht – keine »Hilfe«, sondern auf dem Wege über Partnerschaft und Zusammenarbeit die Entwicklung von Kapazitäten, die auf den im Land gegebenen endogenen Kräften aufbauen.

Eng damit verbunden ist der in allen besuchten afrikanischen Ländern immer deutlicher werdende Drang nach Gewinnung der eigenen Identität, des eigenen nationalen Charakters. Ob arm oder reich, und in den armen Ländern manches Mal sogar mehr als in den reichen, fand ich ein stark entwickeltes Bewußtsein der eigenen Werte, der nationalen Tradition, der Geschichte, einer eigenen nationalen Kunst, die so viel Wertvolles, uns Europäern oft Unbekanntes geschaffen hat. Sich von den früheren Herren zu unterscheiden, sich von deren importierten Lebens- und Kulturformen zu lösen, von den ausländischen wirtschaftlichen Interessen – so stark sie auch hier und da noch sein mögen – unabhängig zu werden, dies sind wohl verständliche Tendenzen, die in Zukunft vieles in dieser in so starker Bewegung lebenden afrikanischen Welt verändern werden. Dieses Streben nach einer eigenen Identität findet seinen Ausdruck in der Entwicklung der nationalen Sprachen. In Mali, wo der gesamte Grundschulunterricht in Bamara erfolgt, wird Bamara – unter Verdrängung des Französischen – mehr und mehr zur beherrschenden Nationalsprache. In Äthiopien ist es das Amharic, in Tansania und Kenia das Suaheli. Das schließt nicht aus, daß Englisch und Französisch im täglichen Leben noch eine wichtige Rolle spielen, vor allem in Ländern, in denen, wie in der Elfenbeinküste und Kamerun, infolge der großen Zahl von Stammessprachen und Dialekten, Französisch und Englisch die einzige Möglichkeit allgemeiner Verständigung bleiben. Die Erhaltung kulturellen Lebens, die Entwicklung geistiger und künstlerischer Ausdrucksformen, auch die Erhaltung der eigenen Umwelt in Natur und Landschaft, dienen der Schaffung einer nationalen, afrikanischen Identität. Eindrucksvolle Beispiele sind das bedeutende Museum Afrikanischer Kunst und Kultur und die Dauerausstellung moderner afrikanischer Kunst in Dakar. In gleiche Richtung zielen die zum Teil sehr erfreulichen Bestrebungen zur Pflege und Erhaltung der afrikanischen Landschaft in den ausgedehnten Nationalparks mit ihrer Tier- und Pflanzenwelt. Zugleich mit diesen Bemühungen um die eigene Identität entwickelt sich, wenn auch nur langsam, das Bewußtsein der afrikanischen Einheit. Der Weg dahin ist nicht einfach. Die Nöte des Alltags, die Unterschiede der Interessen in dem riesigen afrikanischen Kontinent erschweren Solidarität und Zusammenarbeit. Besonders auffällig ist der tiefgreifende Unterschied zwischen den ost- und westafrikanischen Ländern. Die Entfernungen, die sprachlichen Schwierigkeiten, mangelnde Vorstellungen von den Interessen, Problemen und Nöten der anderen, machen Verständigung und Kenntnis sehr, sehr schwer. Es wird Jahrzehnte brauchen, bis sich ein allgemeines afrikanisches Verständnis bildet, das zur Grundlage für eine enge Zusammenarbeit auf allen Gebieten werden kann.

Mit der stärkste Eindruck, den ich von dieser Reise mitbrachte, ist, daß sich alle diese Länder in einer Phase des Übergangs befinden. Gegenwärtig herrschende Gruppen werden beim Ausscheiden ihrer Führer durch neue abgelöst werden. Dies wird bei den bestehenden Stammesgegensätzen, ja Feindschaften, nicht ohne heftige Krisen vor sich gehen. Wie weit diese Veränderungen von feindlichen Tendenzen gegenüber den Weißen begleitet sein werden, vermag man nicht vorauszusehen. Unter den europäischen Kaufleuten und Wissenschaftlern waren in allen von mir bereisten Ländern Sorge und Unsicherheit über ihr zukünftiges Schicksal sehr spürbar.

Diplomatie, Aufgaben und Voraussetzungen

Sinn und Wesen des diplomatischen Berufs haben zu allen Zeiten die Vorstellungswelt der Menschen in höchst unterschiedlicher Weise beschäftigt. Es hat Zeiten gegeben, wo den Beruf des Diplomaten ein seltsamer Mythos umschwebte, und vielleicht ist auch hin und wieder unsere Gegenwart nicht ganz frei davon. Man sieht in diesen Menschen gern eine Mischung von müder Resignation, Oberflächlichkeit, Eitelkeit, gesellschaftlicher Ambition und einen erstaunlichen Mangel an Verstand und Urteil. Lässig in dicke Fauteuils amerikanischer Filmpaläste gelehnt, in gestreiften Hosen, die dem Rayonchef eines Warenhauses Ehre machen, das unvermeidliche Glas Whisky in der Hand, so stellt sich voll Spott und doch auch stiller Bewunderung der durchschnittliche Bürger diese Menschen vor. Ich erinnere mich mit einer gewissen Heiterkeit und Betrübnis des Wortes, das der Kulturhistoriker Egon Friedell über die Diplomatie fällte: Es sei der Beruf der Schurkerei, betrieben von Angehörigen einer trüben Schicht von Nichtstuern und Hasardspielern. Diplomaten seien die Meister der Lüge, und ihre bemerkenswerteste Lüge sei zu behaupten, daß die Lüge ein unentbehrliches Instrument des diplomatischen Geschäfts darstelle.[1]

Diese umstrittenen Kenntnisse Friedells haben heute einer anderen, den diplomatischen Beruf in anderer Weise abwertenden Fama Platz gemacht. In einer Zeit, in der sich Regierungschefs und Außenminister im Flugzeug in wenigen Stunden besuchen und in der Telegraph und Telephon Weisungen in wenigen Minuten übermitteln, sei der Diplomat eigentlich nur ein Agent, dessen Tätigkeit sich bestenfalls mit der eines Vermittlers für Hotelbetten, einem Reisebüro oder einem Briefträger vergleichen lasse. Ich brauche nicht zu sagen, daß alle diese Urteile und Meinungen mit der Wirklichkeit so gut wie nichts gemein haben und dem Reich der Illusion entstammen.

Wenn man mich fragen würde, was ich als die wesentliche Aufgabe der

Diplomatie ansehe, so würde ich antworten, daß die primäre, alle anderen Aufgaben überschattende, die Schaffung von Vertrauen schlechthin ist. Denn ohne Vertrauen ist die friedliche Entwicklung der Beziehungen der Völker in unserer Welt undenkbar. Dies ist in der heutigen Zeit, in der der Kreis der Menschen, die in einem Land Einfluß auf die außenpolitische Willensbildung haben, so viel größer geworden, ungleich schwieriger als früher, wo nur der Souverän unbeschränkt und oft in völliger Abgeschlossenheit die Beziehungen zum Ausland gestaltete. In den modernen Demokratien, wo neben den politischen Parteien, Gewerkschaften, Industrieunternehmen, Finanzorganisationen, die Gewaltigen der Presse großen und verschiedenartigen Einfluß ausüben, muß der moderne Diplomat, wenn er auch nur einigermaßen erfolgreiche Arbeit leisten will, eine sehr viel größere Zahl von politischen Faktoren berücksichtigen und deshalb eine sehr viel mehr in die Breite gehende Aktivität entfalten. Hohe Kontaktfähigkeit wird ihm hierbei eine wichtige Hilfe sein.

Aber dies ist nur die eine Seite seiner komplexen Aufgabe. Denn es obliegt ihm, in einer ständigen, ich möchte sagen, täglichen Analyse der politischen Ereignisse, der wirtschaftlichen Vorgänge, der sozialen Tendenzen und Strömungen des Gastlandes seiner eigenen Regierung ein ebenso umfassendes wie wahrheitsgetreues Bild zu vermitteln, auf das sich deren politische Willensbildung aufbauen kann. Dies verlangt gründliche Kenntnisse der Fakten und Faktoren, umfassendes Studium einer großen Menge von Detailfragen und sorgfältige Bearbeitung der öffentlichen Meinung. Es verlangt vor allem aber auch ein sicheres und ausgeglichenes Urteil.

In diese Reihe der großen Aufgaben fügt sich als dritte die Vertretung der Interessen des eigenen Landes, wie sie sich in den fast täglich erforderlichen Besprechungen und Verhandlungen mit der Regierung ergibt. Hier kommt es darauf an, nicht Ausführungen über die Kunst der diplomatischen Verhandlungen zu machen. Mir liegt nur daran, hervorzuheben, daß für dieses große Aufgabengebiet nicht nur eine gründliche Kenntnis der Interessen, Probleme und Möglichkeiten des eigenen Landes erforderlich ist, sondern ebenso eine gute Einfühlungsgabe in die Psychologie des Verhandlungspartners, ein ausgesprochener Sinn für Maß und eine völlige Beherrschung der Verhandlungstechnik.

In all dem ist kein Raum für Lüge und Intrige, und es gibt keinen Diplomaten von Rang, der nicht, wie mein eminenter Kollege und Freund André François-Poncet bei seiner Aufnahme in die Académie française im Jahre 1953 die Auffassung vertritt, »que le diplomatie la plus franche était la meilleure et la plus droite la plus adroite«[2]. Wenn wir Persönlichkeit, Qualitäten und Aufgaben eines erfolgreichen Diplomaten charakterisieren wollen, müssen wir schon dem berühmten Wort von Alexis Léger folgen – einst Generalsekretär im französischen Außenministerium und heute der literarischen Welt als Dichter Saint John Perse bekannt –, wenn er sagt: »La diplomatie cest l'imagination la prévoyance, l'impulsion, la représentation et l'exécution. Le diplomate est le maître de l'analyse critique et le créateur de grand projets. Il doit avoir du courage, de la patience, et pouvoir admettre humblement les limites du possible.«[3] Das ist alles sehr viel, und doch werden wir immer wieder finden, daß zu allen Zeiten jene Diplomaten besonders erfolgreich waren, die im wesentlichen diese Grundforderungen erfüllten. Natürliche Begabung und jahrelange berufliche Formung, beide sind entscheidend, beide müssen sich ergänzen. Denn alle Begabung ersetzt nicht die in jahrzehntelanger Arbeit gewonnene Erfahrung; aber auch alle technische Routine für sich reicht nicht aus, wenn es an der inneren Berufung für die Aufgaben mangelt.

Man wird von den jungen Menschen, die den diplomatischen Dienst zu ihrem Beruf wählen, ein großes Maß von Allgemeinbildung fordern müssen. Denn wie kann ein Diplomat sein Land überzeugend vertreten, wenn er mit den großen geistigen Strömungen seiner Zeit nicht vertraut ist, wenn er kein inneres Verhältnis zu historischen Zusammenhängen, keine Kenntnis der sozialen Probleme, keine Freude an Musik, Kunst und Wissenschaft besitzt. Will der Diplomat sein Land mit Erfolg vertreten, muß er die Geschichte, die geistige Vergangenheit und Gegenwart seiner Heimat sein eigen nennen. Er muß vor allem jenen »esprit de curiosité« besitzen, der sein Herz und seinen Verstand allen Vorgängen geistiger und künstlerischer Art im fremden Land erschließt. Es bedarf keiner besonderen Worte, daß der moderne Diplomat sich mit Sicherheit, Einfühlungsgabe und nie versagendem Interesse in allen Kreisen des Gastlandes bewegen wird. Er wird die sogenannte mondäne Gesellschaft nicht vernachlässigen, sie aber auch nicht überschätzen. Er wird seine politischen Freunde in Kreisen der Regierung ebenso suchen wie in jenen der Opposition, nicht zuletzt auch unter den führenden Persönlichkeiten der Arbeiterschaft ohne deren Kenntnis sein Urteil über das Land höchst unvollständig wäre. Im übrigen gilt das Wort von Jules Cambon aus seinem noch heute lesenswerten Büchlein der zwanziger Jahre ›Le Diplomate‹: »L'ambassadeur ne se contentera pas de s'entretenir avec les ministres et les hommes politiques. Souvent des conversations en apparence frivoles lui apprennent beaucoup plus que des discussions d'affaires: la sympathie même des femmes distinguées qu'il rencontrera dans le monde lui sera précieuse.«[4]

Alle, die in diesem Beruf tätig waren, werden mir zugeben, daß die Frauen der Diplomaten ihre wichtigsten Mitarbeiter sind. Ihre Stellung und Bedeutung im diplomatischen Alltag wird oft unterschätzt. Es ist zu wenig, wenn man gelegentlich nur eine hausfrauliche Rolle, eine gute Führung des Haushalts, angenehmes und elegantes Äußeres und Gewandtheit in der Erfüllung repräsentativer Pflichten fordert. Gewiß ist dies alles wichtig. Ich glaube aber, die Aufgaben einer Botschafterin unserer Zeit gehen viel weiter, sind viel umfassender. Sie kann, ja sie sollte eine Mittlerstellung zu der Frauenwelt des fremden Landes erstreben und, wo immer nur möglich, sich für die vielen Probleme interessieren, die heute in allen Ländern die Frauen auf sozialem, pädagogischem und caritativem Gebiet beschäftigen. Voraussetzung hierfür ist Kenntnis der gleichen Probleme in der Heimat, die allein einen nützlichen Gedankenaustausch ermöglicht. Sie ist aber auch Partnerin des Botschafters in seinen Beziehungen zur künstlerischen, literarischen, musikalischen Welt des fremden Landes und wird mit ihm jene »curiosité d'esprit« teilen, mit der man sich ein Land und seine Menschen in ihrer ganzen Vielgestalt und ihrem kulturellen Reichtum erschließen kann. Ein unvergeßliches Vorbild einer solchen Botschafterin ist mir Frau François-Poncet gewesen, die die Eigenschaften einer eleganten, menschlich sehr natürlichen Frau mit großen Interessen auf allen Gebieten des modernen Lebens verband. Auf Schloß Ernich in Bonn, wie später in ihrem Haus in der Rue Ranelagh in Paris waren viele, sehr viele Deutsche aus allen Kreisen und Berufen zu Gast, die hier Verständnis, Interesse, guten Rat und Hilfsbereitschaft fanden.

Die alles überragende und beherrschende Aufgabe des Botschafters ist der ständige, ich möchte sagen, tägliche Dialog mit der Regierung des Gastlandes, insbesondere dem Außenministerium. Der Themenkreis ist da unbegrenzt und reicht von den großen politischen Problemen bis zu Detailfragen, die sich auf Probleme und Sorgen der eigenen Staatsangehörigen beziehen. In allen diesen Besprechungen und Verhandlungen wird das Wort des Botschafters nur dann Gewicht haben, und das gilt auch für kleinere Probleme, wenn er das Vertrauen seiner Gesprächspartner besitzt, wenn diese aus vielen Kontakten offizieller und vor allem auch persönlicher Natur die Überzeugung gewonnen haben, daß das, was er zu sagen hat, sachlich fundiert ist.

Der Botschafter ist, mir sei der Vergleich erlaubt, ein Seismograph, der aus einer gegebenen politischen Situation, aus Reaktionen der öffentlichen Meinung, Äußerungen aus wirtschaftlichen und kulturellen Kreisen, aus der Arbeiterschaft positive oder negative Tendenzen, Stimmungen so frühzeitig spürt, daß er aus ihnen für sein Urteil und seine Reaktion die entsprechenden Konsequenzen ziehen kann. Alle seine Aktivität steht im Dienste der Herstellung möglichst enger, beständiger, vertrauensvoller Beziehungen zur fremden Regierung unter Ausschaltung möglicher Differenzen, Ausräumung von falschen Vorstellungen über Ziele und Absichten der eigenen Regierung, Schaffung immer neuer und erweiterter Kooperation auf den verschiedensten Gebieten – welch große, faszinierende Aufgaben! Da Beziehungen von Staaten nicht statisch sind, sondern und nicht zuletzt in unserer heutigen sich so rasch verändernden Welt ständigem Wechsel, positiven und negativen Faktoren und Krisen ausgesetzt sind, und da es heute dank der so engen Verflechtungen aller Länder dieser Erde kein wesentliches Ereignis gibt, das sich nicht in irgendeiner Form auf jedes Land auswirkt, in jedem Land Reaktionen auslöst, die Gegenstand eines Austausches von Meinungen und Entschlüssen sind, so können wir in etwa den Umfang und die Bedeutung moderner diplomatischer Tätigkeit ermessen.

Der Erfolg der Arbeit eines Botschafters wird entscheidend von der Außenpolitik der Regierung des eigenen Landes bestimmt. Diese wird nicht vom Botschafter gemacht. Dieser wird jedoch für die außenpolitische Willensbildung seiner Regierung wichtige Elemente liefern. Dabei wird es maßgeblich darauf ankommen, ob es ihm gelingt, durch seine Arbeit, seine Erfahrung, sein politisches Urteil ein echtes und enges Vertrauensverhältnis zur eigenen Regierung zu gewinnen. Dieses Verhältnis ist bestimmt durch Freiheit und Loyalität. Freiheit und Freimut im mündlichen und schriftlichen Dialog, der mit den verantwortlichen Leitern der Außenpolitik in der Heimat erfolgt und Loyalität in der Durchführung der als Folge des Dialogs von der Regierung getroffenen außenpolitischen Entscheidungen.

Die Regierung wird großen, ja entscheidenden Wert auf eine wirklich gute Unterrichtung durch eine entsprechende Berichterstattung legen. Diese wird umfassend, gründlich und vor allem wahrheitsgetreu sein. Natürlich ist sie heute schwieriger als früher, weil in den modernen Ländern die Nachrichtenquellen so viel vielgestaltiger, reichhaltiger und weitläufiger sind. Die Missionen werden in der Weitergabe von Nachrichten natürlich nicht mit den schnell arbeitenden Nachrichtenagenturen in Konkurrenz treten. Wohl aber wird es ihre Aufgabe sein, schnell und für die Urteilsbildung der eigenen Regierung so gründlich wie möglich neue Tatsachen und Entwicklungen zu erläutern und zu bewerten. In seiner Berichterstattung wird sich der Diplomat jedes Sensationsbedürfnisses enthalten. Persönliche Eitelkeit ist ein schlechter Motor für alle diplomatische Tätigkeit. So wertvoll es ist, daß Berichte wirkungsvoll geschrieben werden, so sollten sie doch keine literarischen Bravourstücke sein, mit denen der sachlichen Betrachtung der politischen und wirtschaftlichen Vorgänge nicht gedient ist.

Seit Ende des letzten Weltkrieges ist es zu einem allgemeinen Usus geworden, daß Regierungschefs und Außenminister sich gegenseitig besuchen und damit persönlich in den diplomatischen Dialog einschalten. Ich habe solche Treffen in meiner Laufbahn sehr oft erlebt und halte sie für außerordentlich nützlich. Denn nichts kann dem Verständnis und der Verständigung, da wo notwendig der Entspannung, der Kooperation und damit dem Frieden besser dienen, als wenn jene, die die Verantwortung tragen, sich persönlich kennenlernen, einen unmittelbaren Eindruck von der Problematik des anderen Landes gewinnen und ihre eigene Haltung in freier Aussprache erklären. Wir wollen aber die Schwierigkeiten solcher »Gipfelgespräche« nicht unterschätzen. Denn wie oft sprechen nicht die Männer aneinander vorbei, wie oft glaubt man, sich verständigt oder geeinigt zu haben, um nicht viel später zu erkennen, daß man sich doch nicht oder nicht ganz oder anders verstanden hat. Daraus können sich gelegentlich recht nachteilige Wirkungen auf die persönlichen Beziehungen der Gesprächspartner und auf das Verhältnis der durch sie vertretenen Staaten ergeben. Solche Situationen können nur dadurch vermieden werden, daß solche Gipfeltreffen, deren grundsätzlichen Wert ich immer wieder nur unterstreichen kann, durch die diplomatischen Vertretungen sorgfältig bis ins Einzelne vorbereitet werden. Hier bedarf es der engen Zusammenarbeit des Botschafters mit seiner Zentrale und vor allem auch eingehender Vorgespräche mit denen, die die Gipfelgespräche führen, also dem Regierungschef und dem Außenminister.

Der moderne Diplomat muß ein besonders enges Verhältnis zur Presse, zum Rundfunk und zum Fernsehen haben. Die Zeiten sind vorbei, in denen der Diplomat aus Bequemlichkeit oder aus Scheu den Kontakt mit den Vertretern der Presse mied. Die Redakteure und Korrespondenten der führenden Zeitungen sind unschätzbare Quellen der eigenen Unterrichtung. Man wird das Gespräch mit ihnen suchen, um die eigene Meinung auf ihren Gehalt und ihre Richtigkeit zu prüfen, aber auch um ihnen ein Bild der Absichten, Ziele und Wünsche des eigenen Landes zu vermitteln.

Wenn ich dieses kurze Kapitel überschaue, in dem ich versucht habe, einige Erfahrungen niederzuschreiben, die sich aus einer langen Kette von Jahren im Dienst meines Landes ergeben, so glaube ich, die Rolle des Diplomaten auch in der modernen Staatenwelt nicht besser zu charakterisieren als die eines Mittlers, der sich, wo immer er tätig ist, bemüht, im Dienst des Friedens alles auszuschalten, nach besten Kräften zu mildern, was die Beziehungen seines Landes und des Gastlandes erschweren und beeinträchtigen könnte. Seine Arbeit wird vorwiegend durch die Bemühungen um Ausgleich und Kompromiß gekennzeichnet sein. Sie wird Erfolg haben, wenn es ihm – wie ich schon sagte – gelingt, sich auf Grund seines Charakters, seines Maßes, seines Urteils Vertrauen im eigenen wie im fremden Land zu schaffen.

Mir ist wohl bewußt, daß dieser Beruf in vieler Hinsicht große Risiken mit sich bringt und daß auf längere Sicht gesehen, Erfolge und Ergebnisse, gemessen an dem Maß an Arbeit und dem Aufwand an Zeit und Kraft für die so vielfachen Kontakte mit der Welt, immer nur begrenzt sein können.

Mir scheint der Ausspruch des britischen Premierministers der Jahrhundertwende, des dritten Marquess of Salisbury, eine Analyse des diplomatischen Berufs zu geben, die auch heute volle Gültigkeit besitzt:

»There is nothing dramatic in the success of a Diplomatist. Hisvictories are made up of a series of microscopic advantages: of a judicious suggestion here, of an opportune civility there, of a wise concession at one moment and a far-sighted persistance at another, of sleepless tact, immovable calmness, and patience that no folly, no provocation, no blunders can shake.«[5]

Auf unserem Weg in kommenden Jahren

Aus der Fülle der Erfahrungen und Erlebnisse des langen Zeitraumes, in dem ich in vielerlei Weise an außenpolitischer Arbeit beteiligt war, möchte ich ein paar Folgerungen ziehen, die mir auch unter Berücksichtigung der großen Veränderungen in der Welt für unseren Weg in die Zukunft wichtig scheinen. Unser Land hat in den drei Jahrzehnten nach dem Ende des Zweiten Weltkrieges dank einer folgerichtigen Politik der verschiedenen Bundesregierungen und einer außerordentlichen Arbeitsleistung aller Schichten unseres Volkes auf allen Gebieten einen Aufschwung genommen, den in den Jahren der Katastrophe niemand auch nur in seinen kühnsten Träumen erwarten konnte. Das darf uns aber nicht über die Schwierigkeiten, ja die Gefahren hinwegtäuschen, mit denen wir, mit denen jede deutsche Politik, heute und in Zukunft, konfrontiert sind. Unsere geographische Lage in der Mitte unseres europäischen Kontinents, die Teilung unseres Landes, unsere unmittelbare Berührung mit der kommunistischen Welt stellen uns vor Aufgaben, die wir nur mit einer richtigen Selbsteinschätzung, mit einem ausgesprochenen Sinn für Maß und Wirklichkeit, mit einem hochentwickelten Verständnis für unsere Umwelt und ihre Probleme und einem sehr ernsthaften Willen zu praktischer Zusammenarbeit bewältigen können. Wir sind nach den außerordentlichen Verlusten an Land und Menschen – Folgen eines verbrecherischen Krieges – zu einem Land mittlerer Größe geworden, das sich nur erhalten kann, wenn es im Innern in einer Ordnung der Freiheit, der Rechtsstaatlichkeit und der sozialen Gerechtigkeit und im Äußern in einer stabilen, von Ausgleich und Verständigungsbereitschaft getragenen Friedensordnung lebt.

So wie die Verhältnisse in unserer von Mißtrauen, Furcht und Gewalt erfüllten Welt nun einmal sind, werden wir auf den engen Zusammenschluß in der Europäischen Gemeinschaft und im Atlantischen Verteidigungsbündnis unter keinen Umständen verzichten können. Die Europäische Gemeinschaft hat sich, nicht zuletzt dank mancher Initiativen der Bundesregierung, mit neuem Leben erfüllt. Der Europäische Rat hat wesentlich dazu beigetragen, die außenpolitischen Interessen der Partnerstaaten zu koordinieren. Europa hat begonnen, mit einer Stimme zu sprechen. Deutliche Zeichen hierfür sind die gemeinsamen Stellungnahmen »der Neun« in den Vereinten Nationen, die gemeinsame Haltung im israelisch-arabischen Konflikt und der Versuch des Aufbaus eines europäischen Währungssystems. In unmittelbarer Zukunft wird sich diese Zusammenarbeit auf weitere lebenswichtige Gebiete ausdehnen, so die Fragen der europäischen Sicherheitspolitik und der kontrollierten Abrüstung, insbesondere die Mitwirkung an einem zukünftigen SALT III. Die Konstituierung des direkt gewählten Europäischen Parlaments wird, wie wir Europäer hoffen, das Seine zur Überwindung der Lethargie und des mangelnden Interesses beitragen, die in den Völkern der Partnerstaaten in den letzten Jahren fühlbar wurden. Es wird die vordringliche Aufgabe des Parlaments sein, in Debatten, die von Sachkenntnis und gesundem Urteil getragen sind, bei den Bürgern Vertrauen zu gewinnen. Die Zahl der Themen ist groß. Die Europäer erwarten, daß ihr Parlament in einer in Umformung und Neuordnung befindlichen Welt Grundlagen für Lösungen erarbeitet, die Freiheit und Sicherheit, eine sinnvolle wirtschaftliche Zusammenarbeit mit der in der Entwicklung befindlichen Welt und den Schutz der Qualität unseres Lebens garantieren.

In dieser Gemeinschaft wird es uns auf ein enges und vertrauensvolles Verhältnis zu Frankreich ankommen, das nach den Wahlen des März 1978 eine Phase der Stabilität einzuleiten versucht und sich trotz vieler Hemmungen auf seiten der äußersten Rechten wie der äußersten Linken stärker als bisher wieder dem Weg der europäischen Zusammenarbeit zuwendet. Hier hat das freundschaftliche Verhältnis des deutschen Bundeskanzlers Helmut Schmidt und des französischen Staatspräsidenten Valéry Giscard d'Estaing eine neue europäische Atmosphäre geschaffen, die trotz großer Schwierigkeiten zu Hoffnungen berechtigt. Diese beiden Persönlichkeiten, die offensichtlich Gefühl und Sachkunde verbinden, sind auch eine Garantie dafür, daß aus den momentanen wirtschaftlichen Erfolgen des einen Volkes und den momentanen wirtschaftlichen Schwierigkeiten des anderen keine Animositäten, gar Ressentiments entstehen, die die für beide Völker unerläßliche, schicksalhaft notwendige Solidarität beeinträchtigen.

Dies gilt auch für unser Verhältnis zu Großbritannien, das um die

Jahreswende 1978/79 eine besonders schwere Phase seiner modernen Geschichte durchlebte. Nach einer Reihe von Jahren Opfer verlangender Selbstbeschränkung der Arbeiterschaft, die der Labour Regierung die Möglichkeit gab, die Inflationsrate auf acht Prozent zu senken, kam es zu einer Explosion, in der die große Masse der Arbeiterschaft nicht nur der Regierung, sondern auch den Gewerkschaftsführungen mit Forderungen von Lohnerhöhungen entglitten ist, die die Produktivität der Betriebe in Frage stellten und neue Inflationsraten von fünfzehn Prozent, von zwanzig Prozent und mehr heraufbeschworen. Für uns Deutsche war diese Entwicklung Anlaß zu großer Sorge, denn wir mußten erwarten, daß unter dem Druck der Krise die britische Zurückhaltung, ja Gegnerschaft gegen eine verstärkte europäische Zusammenarbeit, die seit dem Beitritt Englands zum Gemeinsamen Markt spürbar ist, erheblich zunimmt. Noch ernster sind für mich die psychologischen Wirkungen einer andauernden britischen Krise, weil sie leicht zu Unsicherheit und Ressentiments führen können, die unsere in Europa und in der Atlantischen Gemeinschaft so wichtige Partnerschaft beeinträchtigen. Inzwischen haben die Unterhauswahlen im Mai dieses Jahres den Weg für einen Wandel geöffnet. Die Konservativen, die mit einer beträchtlichen Mehrheit im Unterhaus eingezogen sind, werden den Versuch machen, der stagnierenden Wirtschaft neuen Auftrieb zu geben und sie von der bestehenden starken bürokratischen Bevormundung zu befreien. Es wird darauf ankommen, ob es der Regierung gelingt, Gleichgültigkeit, Indolenz und Passivität der Bürger zu überwinden und sie mit neuem, initiativereicheren Unternehmungsgeist zu erfüllen. Im Mittelpunkt aller Probleme steht aber die so dringende Reform der Gewerkschaften, die die Regierung mit großen Schwierigkeiten konfrontieren wird. Was die britische Teilnahme in der Europäischen Gemeinschaft angeht, so wird die neue Regierung – wie wir Europäer hoffen – aktiver und überzeugter mitwirken als ihre Vorgängerin, die nur halben Herzens dabei war.

Das zentrale Element unserer westlichen Politik bleibt nach wie vor unser Verhältnis zu den Vereinigten Staaten. Initiativen des Präsidenten Carter und des Bundeskanzlers Schmidt haben die Beziehungen verdichtet. Es ist zweifellos ein Verdienst des gegenwärtigen amerikanischen Präsidenten, daß er sich für den Ausbau der NATO auf politischem wie militärischem Gebiet einsetzt, daß er der Berlinfrage einen hohen Stellenwert einräumt und daß er eine positive Haltung gegenüber den europäischen Einigungsbestrebungen auf politischem, auf wirtschaftlichem und monetärem Gebiet einnimmt. Die wechselnden Stimmungen in den Vereinigten Staaten, die starken Schwankungen der Popularitätskurve des Präsidenten in der öffentlichen Meinung, seine nicht endenden Schwierigkeiten mit einem Kongreß, der seit der Zeit Nixons und der Watergate-Krise viel weniger bereit ist, den politischen Absichten und Zielen des Weißen Hauses zu folgen, so notwendig und vernünftig diese auch immer sein mögen, haben im Laufe des Jahres 1979 manche Rätsel aufgegeben. Wir sollten aber die Energie und Beharrlichkeit dieses Mannes nicht unterschätzen. Bei der Interpretation seiner und seiner Mitarbeiter außenpolitischen Ziele ist davon auszugehen, daß sie von der Notwendigkeit einer echten Entspannung und einer sich allmählich entwickelnden Kooperation zwischen West und Ost, vor allem auch auf dem Gebiet der Abrüstung, ehrlich überzeugt sind. In der großen, in den letzten Wochen des Jahres 1979 die Welt erschütternden Krise im Iran und in Afghanistan, hat der Präsident ein großes Maß an kühler Überlegung bewiesen. In diesen, während eines Wahljahres für einen amerikanischen Präsidenten besonders schwierigen Zeiten, hat er trotz mancher Rückschläge eine Politik verfolgt, die nach Kräften die verständlichen Emotionen seiner öffentlichen Meinung dämpft und den Weg für neue Gespräche mit der Sowjetunion nicht völlig blockiert.

Die Stellung unseres Landes innerhalb der Europäischen Gemeinschaft und des Atlantischen Bündnisses muß ihre Ergänzung in einer weltoffenen Zusammenarbeit mit allen Völkern, vor allem auch mit unseren Nachbarn im europäischen Osten finden. Hier steht unser Verhältnis zur Sowjetunion an erster Stelle. Dies erfordert sorgfältige Kenntnis der Menschen, ihrer Anschauungen und Probleme, die sich von den unseren in vielem so grundlegend unterscheiden. Wenn auch die letzten Jahre im Verhältnis zur Sowjetunion den Beginn eines Abbaus der Verkrampfung und des Mißtrauens und Ansätze zu einer Entspannung gebracht haben, so bleibt es immer noch fraglich, ob wir damit schon wirklich haltbare Fundamente für ein von Sorgen und Furcht freies Verhältnis der beiden Völker zueinander geschaffen haben. Manchmal will es uns scheinen, als ob die Sowjetunion unter Entspannung lediglich eine politische Taktik, besser eine vorübergehende Phase sieht, die ihre weltrevolutionären und imperialen Ziele für eine gewisse Zeit verschleiern, abschirmen und sichern sollen. Während nach unseren Vorstellungen Entspannung die Schaffung von Grundlagen gegenseitigen Verständnisses und sich darauf aufbauender Koexistenz bedeutet, die durch volle gegenseitige Achtung der territorialen Integrität, der Souveränität und der Verschiedenheit der politischen, wirtschaftlichen und sozialen Ordnung gekennzeichnet ist. Und dies überall in der Welt, wo Spannungsfelder bestehen.

Eine realistische Entspannung zwischen West und Ost ist aber nur denkbar, wenn sie auf einem annähernden Gleichgewicht der militärischen Kräfte beruht. Sie wird zu gefährlicher Illusion, wenn die eine oder andere Seite ein solches militärisches Übergewicht besitzt, wie wir das zur Zeit in Mitteleuropa erleben. Es gibt keine wahrhafte Entspannung, wenn die eine Seite durch ihr Übergewicht ihre Nachbarn unter einen, ihre Existenz bedrohenden politischen Druck setzen kann.

Wir haben in den letzten Jahren erlebt, wie die Weltmacht im Osten ihre Rüstungsanstrengungen auf allen Gebieten weit über das für ihre Verteidigung erforderliche Maß hinaus forciert. Wir haben zugleich mit Sorge erlebt, wie sie in Afrika, in Asien und im Mittleren Osten meist mittelbar durch militärische Interventionen ihr verbündeter Länder unter Nutzung innerpolitischer Krisen ihr Herrschaftssystem ausdehnt und damit neue Spannungsfelder schafft.

Der in den letzten Tagen des Jahres 1979 erfolgte Einmarsch sowjetischer Truppen in Afghanistan hat zu einer ernsten Krise geführt. Zu den Gründen für diese ungewöhnliche Aktion gehört sicher die sowjetische Furcht, daß islamische nationalrevolutionäre Kräfte im Land die Oberhand gewinnen und auf die im Süden der Sowjetunion lebenden großen islamischen Völkergruppen übergreifen könnten. Da sich in den Motiven sowjetischer Politik oft weltrevolutionäre mit imperialistischen Tendenzen und Zielen vermischen, gehört zu den Gründen des sowjetischen Einmarsches wohl auch der Versuch, in einem Zeitpunkt, in dem die Vereinigten Staaten durch das Geiseldrama in Teheran und die ganze Welt durch die Ölkrise in Anspruch genommen sind, die große, den Nahen Osten umfassende strategische Linie Afghanistan-Südjemen-Äthiopien fest in die Hand zu nehmen, den Zugang zum Persischen Golf zu kontrollieren und in Zukunft den Einflußbereich auf die Ölgebiete Arabiens und des Irans auszudehnen. Die starke negative Reaktion der »ungebundenen« Völker dieser Region zeigt mit Deutlichkeit, daß man sich dieser Gefahr bewußt ist.

Auch sonst haben Regierungen und öffentliche Meinungen in allen Teilen der Welt mit eindrucksvoller Einmütigkeit diese Aktion verurteilt. Der entstandene psychologische Schaden ist außerordentlich. Überall ist die Furcht vor weiteren sowjetischen Unternehmungen sehr groß. Wenn überhaupt, wird es langer allseitiger intensiver Bemühungen bedürfen, um zu einer Normalisierung der Lage zurückzuführen. Zu den schwierigsten politischen Aufgaben gehört die Aufrechterhaltung der Stabilität um den Persischen Golf und damit der Ölquellen der westlichen Welt. Dies ist nicht allein mit Demonstrationen militärischer Macht getan.

Von uns im freien Westen verlangt die Krise ein erhöhtes Maß an Solidarität und Verteidigungsbereitschaft. Das bedeutet in erster Linie eine ganz erhebliche Verstärkung unseres Willens, die uns gegebene freiheitliche Lebensordnung gegen jede Art von politischem oder militärischem Druck zu verteidigen. Im Bündnis müssen nationale Empfindlichkeiten der einen oder der anderen nun endlich hinter der Bereitschaft einer täglichen, wenn nicht sogar stündlichen gegenseitigen Abstimmung der politischen und militärischen Aktionen zurücktreten. Dies gilt für die Führungsmacht des Westens ebenso wie für ihre Partner in Europa. Nur eine geschlossene Haltung des Westens und eine alle Zweifel ausschließende, einheitliche und deutliche Sprache kann die Führung der Sowjetunion schließlich dahin bringen, auf den Weg einer Entspannungspolitik zurückzufinden, die nur auf einem Gleichgewicht der militärischen Kräfte beruhen kann und neue gewaltsame unmittelbare oder mittelbare Angriffe auf die territoriale Integrität dritter Staaten ausschließt. Hierzu ist es notwendig, ja im Sinn der Erhaltung des Friedens unerläßlich, den abgerissenen Dialog – bilateral oder multilateral – nicht zuletzt auf der in Madrid geplanten Konferenz für Sicherheit und Zusammenarbeit wieder aufzunehmen.

Es bleibt auch in Zukunft unsere selbstverständliche Pflicht, den Kontakt mit den Bürgern der DDR zu pflegen und ihnen, wo immer nur möglich, zu helfen. Wir wissen, daß so, wie die Dinge heute liegen, eine Wiedervereinigung der beiden Teile Deutschlands nicht möglich ist. Das Bewußtsein aller Deutscher, zu einer Nation zusammenzugehören, ist eine Realität, an der niemand vorbeigehen kann. Niemand kann uns verwehren, das Bewußtsein der gemeinsamen Nation zu pflegen und es in wachsendem Austausch menschlicher, kultureller und wirtschaftlicher Beziehungen zu fördern und zu stärken.

Wenn wir, die Bürger der Bundesrepublik, die Welt von unserem Willen zu praktischer Solidarität überzeugen wollen, so müssen wir unsere Zusammenarbeit mit den Ländern der in der Entwicklung befindlichen Welt in jeder nur denkbaren Weise verstärken.

Hier steht unser Verhältnis zu China mit an erster Stelle. Es muß uns ganz besonders daran gelegen sein, mit diesem gewaltigen Land, das sich der westlichen Welt geöffnet hat, in eine enge, seine Entwicklung wo immer nur möglich fördernde Partnerschaft zu gelangen. Hierzu bedarf es zunächst eines vielseitigen Austausches von Sachverständigen auf wissenschaftlichem und technologischem Gebiet.

In diesen Zusammenhang gehört auch der Kontakt mit der muselmanischen Welt, die neu erwacht ist und in ihrem neuen Selbstbewußtsein große Veränderungen mit sich bringen wird.

Wir haben in der Vergangenheit – in öffentlicher und privater Hilfe – manches Nützliche geleistet. In unserer öffentlichen Entwicklungshilfe bleiben wir aber immer noch weit hinter unseren, in den Vereinten Nationen gegebenen Zusagen zurück. Wir sind uns dessen, wie der letzte Kirchenkongreß in Bad Godesberg gezeigt hat, durchaus bewußt. Trotzdem haben wir entsprechende Mittel zur Erfüllung unserer Verpflichtungen noch nicht mobilisieren können. All dies bedeutet nicht – wie wir es in den fünfziger Jahren glaubten – finanzielle Geschenke an die Armen, es bedeutet eine Hilfe zur Entwicklung der eigenen Kräfte der in der Entwicklung befindlichen Länder. Es bedeutet Entwicklung ihrer Agrarwirtschaft, ihrer technisch-wissenschaftlichen Fähigkeiten und Leistungen. Es heißt Übermittlung von Erfahrungen zum Bau von Häusern, Krankenhäusern, Schulen und Straßen, die diesen Ländern, ihrem Klima und ihren Menschen entsprechen. Es bedeutet Förderung und Beratung auf kulturellem Gebiet, Verständnis und Zusammenwirken bei ihren Bemühungen um die Schaffung eines eigenen Selbstverständnisses, um die Bewahrung und Pflege der mündlichen Überlieferung und der Kunst. Ich weiß, daß die Bundesregierung, daß viele Organisationen und Stiftungen sehr viel getan haben und tun, um in zahlreichen Reisen, persönlichen Kontakten und Meinungsaustauschen ein Bild von den Notwendigkeiten und den Bedürfnissen der Entwicklungswelt zu gewinnen und darauf aufbauend die praktische Zusammenarbeit auf allen nur denkbaren Gebieten zu fördern. Ist dies aber genug? Unser Verhältnis zur Entwicklungswelt und ihren Problemen leidet unter der Tatsache, daß wir unter der Last der eigenen Probleme nie ausreichend Zeit gefunden haben, unsere eigene öffentliche Meinung in einer anhaltenden, wirklich gründlichen Weise damit vertraut zu machen. Gelegentliche Erörterungen im Bundestag, Erklärungen des einen oder anderen Ministers, ein paar Darstellungen in der Presse und im Fernsehen reichen nicht aus. Die Not der ärmsten Völker – das ist eine Tatsache, die wir nicht leugnen können – läßt uns leider in unseren stark auf uns selbst konzentrierten Interessen recht unberührt. Es bedarf schon viel umfassenderer und intensiverer Anstrengungen, um uns der Größe und Dringlichkeit der gestellten Aufgaben bewußt zu werden. Wir alle sind gefordert, Opfer zu bringen. Schulen, Universitäten, die großen Medien der öffentlichen Meinung, nicht zuletzt die Kirchen, die auf diesem Gebiet schon viel tun, müssen so früh wie möglich und so intensiv wie möglich die notwendigen Kenntnisse vermitteln, um die Verantwortung zur Hilfe im Bewußtsein der Nation zu verstärken. Entwicklungshilfe gibt berufliche Möglichkeiten für junge Menschen, die ihren Horizont erweitern und ihm einen über die engen Verhältnisse der Heimat hinausreichenden Inhalt geben wollen. Wir wollen nicht übersehen, daß unsere jungen Menschen – diese Tendenz ist in den letzten Jahren stärker geworden – gern zu Hause bleiben, weil sie fürchten, in einem risikoreicheren, schwierigeren Leben draußen in der Welt Berufschancen im Inland zu verlieren. Hier wird die Regierung helfend eingreifen müssen, um denen, die draußen mit Erfolg gearbeitet haben, bei ihrer Rückkehr eine bevorzugte Stellung einzuräumen, weil wir ihre in der Entwicklungswelt gemachten Erfahrungen und Kenntnisse in der Heimat dringend benötigen.

Nur unser aktives Interesse am Schicksal der Völker draußen sichert uns auf die Dauer das Interesse der Welt an unserer eigenen Existenz. Ein ständiger, vertiefter Kontakt mit unserer Umwelt verlangt, daß wir unsere jungen Menschen mit guten, mit besseren Sprachkenntnissen ausrüsten. Die Brücke zu den Herzen der Menschen und zu ihrem Verständnis ist nun einmal die Sprache. Bei dem ausgeprägten Selbstbewußtsein der Völker Asiens, Afrikas und Südamerikas ist – mehr denn je – die Kenntnis ihrer Sprache eine Voraussetzung für jede Art von Zusammenarbeit und Partnerschaft. In diesen Rahmen stellt sich auch die deutsche Mitarbeit in den großen Weltorganisationen, an deren Spitze die Vereinten Nationen und deren Hilfsorganisationen. Man kann sicher an ihnen manche Kritik üben. In der Vergangenheit haben sie nicht immer ihre Aufgaben voll erfüllt. Wir werden dies auch in Zukunft wieder erleben. Es bleibt aber, daß sie wichtige Foren internationaler Diskussion sind, in welcher die brennenden Probleme unserer Zeit zur Sprache kommen, wo man Verständnis und Verständigung, wo man Lösungen sucht, wo der Dialog mehr und mehr die Konfrontation ersetzt und wo man mit der entsprechenden Geduld und Ausdauer schließlich zu einem Kompromiß kommt, der die friedliche Zusammenarbeit aufrecht erhält.

Hier hat unser Land in den letzten Jahren wichtige Beiträge leisten können und wird es dank seiner Erfahrungen und seiner Leistungsfähigkeit auch in Zukunft tun. Wenn überhaupt, werden wir den Egoismus und den selbstgefälligen engen Nationalismus nur durch praktische gegenseitige Hilfsbereitschaft und Solidarität überwinden. Das bedeutet aber auch, daß wir in unseren Anstrengungen nicht nachlassen, wenn Unverständnis, Krisen und Rückschläge unsere Hoffnungen und Erwartungen enttäuschen. Unser Weg in die Zukunft wird um so sicherer sein, je mehr wir uns in unserer täglichen politischen Arbeit von dem Gedanken der Hilfsbereitschaft, des Ausgleichs, der Verständigung und der wirksamen politischen Zusammenarbeit bei der Lösung der in unserer Zeit gestellten so dringenden Aufgaben leiten lassen.

Badenweiler, im Dezember 1979

Anhang

Anmerkungen

Vorwort, Seite 13

1 »Man muß über das Leben predigen, nicht über den Tod; Hoffnung verbreiten, aber nicht Furcht; gemeinsam die Freude pflegen, den wahrhaften Schatz der Menschheit. Das ist das Geheimnis der Weisen und dies wird das Licht der Zukunft sein. Die Leidenschaften sind traurig. Der Haß ist traurig. Die Freude wird die Leidenschaft und den Haß überwinden. Aber beginnen wir doch indem wir uns sagen, daß das Trauern niemals erhebend, niemals schön, niemals hilfreich ist.« (Alain, Propos sur le bonheur)

Europa und die Welt im Sommer 1977, Seite 18-24

1 Leo Tindemans, Die Europäische Union, Brüssel 1976 (Bulletin der Europäischen Gemeinschaft, Supplement 1976, Nr. 1).
2 Tatsächlich wurde das Europäische Parlament von den Völkern der Europäischen Gemeinschaft am 10. Juni 1979 gewählt.
3 Die Versuche, den Entspannungsprozeß mittels einer institutionellen Grundlage zu sichern, gipfelten in der Konferenz über Sicherheit und Zusammenarbeit in Europa (KSZE). Am 1. August 1975 unterzeichneten die Teilnehmer der Konferenz die Schlußakte von Helsinki; die Themen der Konferenz sind in »Körbe« eingeteilt und zusammengefaßt.

Heimat, Familie, Vorbereitung für den Beruf, Seite 41

1 »Ich sah, wie das Gottlose auf Erden angebetet wird. Gleich dem Zederbaum verbarg es in den Wolken seine freche Stirn. Trat mit Füßen seine besiegten Feinde. Es schien nach Lust und Laune den Donner zu lenken. Ich ging nur vorüber und es war nicht mehr.« (Racine, Esther 3. Akt)

Konrad Adenauer, Seite 46

1 K. Adenauer, Reden 1917-1967, Eine Auswahl, Hrsg. von H.-P. Schwarz, Stuttgart 1975, S. 85 f.

Die ersten Monate der Bundesrepublik, September bis Dezember 1949, Seite 58-82

1 Verhandlungen des Deutschen Bundestages, Stenographische Berichte, Bonn 1949: Sitzung am Montag, den 12. September 1949.
2 K. Adenauer, Reden 1917-1967, Eine Auswahl, Hrsg. von H.-P. Schwarz, Stuttgart 1975, S. 153-169.
3 Die Sitzungsberichte der Bundestagsdebatten im September 1949 finden sich in den Sitzungsprotokollen des Bundestages: 5. Sitzung am 20. September 1949; 6. Sitzung am 21. September 1949; 7. Sitzung am 22. September 1949; 7. Sitzung 2. Tag am 23. September 1949.
4 Die Zeit vom 3. November 1949.
5 »Wenn ich nicht die Maschinen zurückgehalten hätte, wenn ich nicht mit aller Kraft insistiert hätte, nichts wäre geblieben. Ich bin der Roland von Berlin.«

Aus dem Jahre 1950, Seite 106-118

1 J. Monnet, Mémoires, Paris 1976, S. 97: »Es kommt darauf an, dafür zu sorgen, daß Regierungen und Völker sich besser kennen, damit sie die Probleme, die sich ihnen stellen, nicht immer nur unter dem Gesichtspunkt ihrer eigenen Interessen sehen. Ohne Zweifel findet der Egoismus der Menschen und der Nationen sehr oft seinen Ursprung in der unvollständigen Kenntnis der gestellten Probleme, wobei jeder dazu neigt, nur seine ihn unmittelbar berührenden Interessen zu sehen.«
2 Ibid. S. 263: »Es wird keinen Frieden in Europa geben, wenn sich die Staaten auf der Grundlage nationaler Souveränität und die damit verbundene Politik des Prestiges und des wirtschaftlichen Protektionismus wieder aufbauen. Wenn sich die Länder Europas zu ihrem Schutz gegeneinander abriegeln, wird die Aufstellung großer Armeen wieder notwendig werden. Einige werden das auf Grund der Friedensverträge tun können, anderen wird es verboten werden. Wir haben diese Diskriminierung im Jahre 1919 erlebt und kennen ihre Folgen. Zwischenstaatliche Bündnisse werden geschlossen: wir kennen ihren Wert. Soziale Reformen werden verhindert oder durch das Übergewicht der militärischen Ausgaben verzögert werden. Europa entsteht wieder einmal in der Furcht.
Die Länder Europas sind zu eng, um ihren Völkern den Wohlstand zu schaffen, der nach den gegebenen Bedingungen möglich und deshalb notwendig ist. Sie brauchen größere Märkte ... Dieser Wohlstand und die unerläßliche soziale Entwicklung fordern den Zusammenschluß der Staaten Europas zu einer wirtschaftlichen Einheit.«
3 »Unsere größte Aufgabe heute ist eine Welt von freien Nationen und freien Menschen zu bauen, die in Frieden zusammen leben und arbeiten. Die Völker der

freien Welt sind dieser Aufgabe verpflichtet. Die Verantwortung hierfür trifft jeden von uns.
Es erfüllt mich mit großem Stolz, Ihnen zu sagen, daß Millionen meiner Landsleute – Männer, Frauen und Kinder, überall in Amerika – diese Verantwortung übernommen haben und am großen Kreuzzug für die Freiheit teilnehmen. Sie haben ihre Namen unter eine Freiheitserklärung gezeichnet und diese hierher gesandt, zusammen mit der Freiheitsglocke als Zeugnis ihres Glaubens. Die Worte dieser Erklärung sagen, was uns in unseren Herzen bewegt: Ich glaube an die Unverletzlichkeit und Würde des Menschen. Ich glaube, daß Gott allen Menschen gleicherweise ihre Freiheitsrechte gewährt. Ich verpflichte mich, Aggression und Tyrannei Widerstand zu leisten, wo immer auf Erden sie sich zeigen und daß diese Welt im Zeichen Gottes neu in Freiheit ersteht. Im Geist der Ehrfurcht weihen wir heute die Freiheitsglocke. Wir weihen sie der ewigen Ehre aller derer, die ihr Leben für die Freiheit hingegeben haben. Möge ihre Stimme die Herzen der Freiheit liebenden Menschen überall erheben. Von heute an möge ihr Geläut alle die Unterdrücker warnen und denen Mut und Teilnahme spenden, die in Sklaverei leben.
Wenn auch Teile der Welt sich ihr versperren, ihre Stimme wird nicht zum Schweigen gebracht. Sie wird gehört werden. Sie wird gehört werden, wo immer es Menschen gibt, die sich nach Leben, nach Arbeit und nach der Verehrung Gottes in Freiheit sehnen.
Im Augenblick wird diese Freiheitsglocke ertönen. Wenn sie ihre Botschaft der Freiheit und des Glaubens sendet, mögen wir alle, wo auch immer, uns erneut verpflichten und in stillem Gebet vereinen, daß diese Welt im Zeichen Gottes frei sein möge.«

4 Zum Pleven-Plan vgl. auch P. W. Wenger, Schuman und Adenauer, in: Konrad Adenauer und seine Zeit, Stuttgart 1976.

Aus dem Jahre 1951, Seite 130-131

1 »Ich freue mich auf die Zeit, wenn deutsche und französische Soldaten zusammen marschieren, die einen unter dem Lied der Marseillaise und die anderen unter jenem der Wacht am Rhein.«

2 K. Adenauer, Reden 1917-1967, Eine Auswahl, Hrsg. von H.-P. Schwarz, Stuttgart 1975, S. 235/236.

Aus dem Jahre 1952, Seite 139-142

1 Verhandlungen des Deutschen Bundestages, Stenographische Berichte, Bonn 1951: Sitzung am 27. September 1951.

2 N. Goldmann, Où va Israël, Paris 1975.

Aus dem Jahre 1953, Seite 151-167

1 »Nun, Kanzler, das letzte Mal, daß ich einige Zigarren von einem Deutschen erhielt, war, glaube ich, vom Kaiser.«

2 Über diese ungewöhnliche Frau, ihr Leben mit Churchill, ihre große Aktivität auf politischem und sozialem Gebiet, gibt das äußerst lesenswerte Buch ihrer Tochter, Mary Soames, ›Clementine Churchill‹, Aufschluß.
3 Bulletin des Presse- und Informationsamtes der Bundesregierung, Bonn 1953, S. 1190.
4 A. Stevenson, Major Campaign speeches, 1952, New York 1953.
5 J. McCloy, The Challenge to American Foreign Policy, Cambridge, Mass. 1953; deutsche Ausgabe: Zivilisten oder Militärs, Die USA in der Weltpolitik, Frankfurt am Main 1953.

Aus dem Jahre 1954, Seite 201-203

1 »Dies ist in der Tat ein wunderschönes Geschenk. Heute abend habe ich einige Freunde bei mir. Ich werde diese schöne Schale in die Mitte des Tisches stellen, als Ehrenplatz für das Geschenk des Kanzlers Adenauer.«
2 »Ich war niemals einverstanden mit dem, was Viele von mir freundlicherweise sagten, nämlich, daß ich die Nation begeistert habe. Ihr Wille war entschlossen, hart und – wie es sich zeigte – unbeugsam. Mir fiel es zu, dem Ausdruck zu geben – – – Es war die Nation und die Rasse, die rund um den Erdball wohnt, die das Löwenherz in sich trug. Ich hatte das Glück aufgerufen zu sein, zu brüllen.«
3 Lieber Dr. Adenauer,

ich bin glücklich über das prächtige Geburtstagsgeschenk, das Sie mir in Ihrer großzügigen Weise gemacht haben und das Herr Blankenhorn heute nachmittag überbrachte. Es ist ein eindrucksvolles Stück moderner deutscher Handwerkskunst. Ich bin stolz es zu besitzen. Bitte nehmen Sie meinen aufrichtigen und herzlichen Dank entgegen.

Der Brief, der Ihr Geschenk begleitete, hat mich tief bewegt. Ich hoffe, Sie wissen, daß ich ganz obenan auf der Liste Ihrer Bewunderer stehe, Ihrer Bewunderer als Staatsmann und Patriot. So ist es in der Tat eine Freude, von Ihnen zu hören, daß die Deutschen mich hoch in ihrer Achtung halten. Ich hoffe, daß ich lange genug lebe, um zu sehen, daß sich Deutschlands friedvoller und stabilisierender Einfluß in Europa – wahrhafte Mission seiner Existenz – bestätigt, aber auch, um zu erleben, wie unter Ihrer klugen Führung im Innern Gerechtigkeit, Wohlstand und Zufriedenheit herrschen.

Ihr ergebener
(gez.) Winston S. Churchill

4 MRP: Mouvement Républicain Populaire.

Aus dem Jahre 1956, Seite 245-251

1 Die Rundfunkrede des Bundespräsidenten Heuss zum achtzigsten Geburtstag Adenauers findet sich im Archiv der Gegenwart des Jahres 1956, Seite 55/54.
2 »NATO ist ein eindrucksvolles Werk und der Ausdruck einer Welt, die der Kriege leid ist und die entschlossen ist, ihre eigene Organisation in solcher Kraft und Stärke zu schaffen, daß künftig Friede herrscht. Wir alle reichen uns die Hand und sind verschworen, dem Angreifer zu wehren, wer immer es auch

sein mag. Eine neue Frage stellt sich mit der sowjetischen Verurteilung Stalins. Ist diese echt, haben wir ein neues Rußland, mit dem wir handeln. Ich persönlich sehe nicht, daß wenn dies so ist, das neue Rußland sich nicht mit dem Geist dieses feierlichen Vertrages verbinden sollte.«

Aus dem Jahre 1957, Seite 267-274

1 »Unser Ehrgeiz muß viel größer, unser Wille viel effektiver sein. Man muß an die Quelle des Übels herangehen, die Idee des Krieges muß zerstört werden. Es ist der Krieg selbst, den man unmöglich machen muß.« Und weiter: »... was wir wollen müssen, ist die allgemeine Abrüstung, es ist die kontrollierte Abrüstung, was wir aber auch klar herausstellen müssen ist, daß Abrüstung nicht möglich ist, wenn die Prinzipien der internationalen Gerechtigkeit nicht respektiert werden.«

2 M. Djilas, The new Class, An Analysis of the Communist System, New York 1957; deutsche Ausgabe: Die neue Klasse, Eine Analyse des kommunistischen Systems, Wien und München 1958.

Aus dem Jahre 1958, Seite 294

1 »Du übler Bursche, ich habe gestern abend Dich futtern sehen. Du hast Dir den Bauch vollgeladen und bald wirst Du einen guten Schlaganfall nicht mehr vermeiden können ...«

Aus dem Jahre 1958 (Herbst 1958), Seite 318-338

1 »Was die militärische Führung betrifft, die die unvergleichliche Verantwortung trägt, auf dem Schlachtfeld zu befehlen, d. h. dort das Schicksal des Landes zu bewahren, wenn diese Führung aufhört, dieser Ehre und dieser Aufgabe gerecht zu werden, wenn sie nichts anderes als ein Teilstück einer Hierarchie wäre, die nicht die unsere ist, so würde sie schnell ihre Autorität, ihre Würde, ihr Prestige in der Nation und damit auch in der Armee verlieren. Deshalb ist die Vorstellung eines Krieges, ja selbst einer Schlacht, in welcher Frankreich nicht es selbst wäre und nicht auf seine Rechnung, mit seiner eigenen Leistung und gemäß seinem eigenen Willen handelte, unannehmbar. Das System, das man »Integration« genannt hat und das eingeführt und selbst in gewissem Maß nach den großen Prüfungen, die wir durchlaufen, praktiziert wurde, damals, als man noch glauben konnte, daß die freie Welt einer unmittelbaren und unbegrenzten Bedrohung ausgesetzt war und wir noch nicht unsere nationale Identität wiedergewonnen hatten, dieses System der Integration hat sich überlebt. Es ist selbstverständlich, daß unsere Verteidigung, der Einsatz unserer Mittel, die Planung der Kriegsführung mit jenen anderer Länder kombiniert werden müssen. Unsere Strategie muß mit der Strategie der anderen verbunden werden. Auf den Schlachtfeldern ist es höchstwahrscheinlich, daß wir uns Seite an Seite von Verbündeten finden werden. Aber jeder trägt seinen Anteil für sich.«

2 »Es gibt ein Atlantisches Bündnis. Es besteht. Solange die Sowjets die freie Welt bedrohen, muß es aufrecht erhalten werden. Frankreich bildet einen wesentlichen Teil. Wenn die freie Welt angegriffen würde, auch innerhalb des neuen Kontinents, würde Frankreich an der gemeinsamen Verteidigung an der Seite der Verbündeten mit allen seinen Mitteln teilnehmen.«

3 Archiv der Gegenwart, 1962, S. 98/61.

4 Ch. de Gaulle, Le Fil de l'Épée, Paris 1932, S. 71; deutsche Ausgabe: Des Schwertes Scheide, Düsseldorf 1961: »Nichts stärkt die Autorität mehr als das Schweigen, Glanz der Starken und Zuflucht der Schwachen, Zurückhaltung der Stolzen und Stolz der Bescheidenen, Klugheit der Weisen und Geist der Toren.«

5 Ibid. S. 77/78: »Der Befehl des Führers muß infolgedessen den Charakter des Erhabenen tragen. Es ist ihm aufgegeben, hoch zu zielen, das Große zu schauen, weit zu urteilen, sich so vom Gemeinen trennend, das sich in engen Grenzen verzehrt.«

6 Ibid. S. 79: »Der starke Mann begreift sich nicht ohne ein starkes Maß von Egoismus, von Stolz, Härte und List. Aber man verzeiht ihm dies alles, ja er gewinnt sogar hierdurch an Bedeutung, wenn er daraus die Mittel schöpft, große Dinge zu verwirklichen. Indem er sich von den anderen fern hält, beraubt sich der Führer all dessen, was Entspannung, Intimität, selbst Freundschaft an Annehmlichkeiten bringen. Er weiht sich diesem Gefühl der Einsamkeit, die nach Emile Faguet das Leid der Großen ist.«

7 Glückwunschbrief von André François-Poncet (29. September 1958):
»Lieber Freund, man sagt mir, daß Sie Maltzan ersetzen werden. Wenn es wahr ist, freue ich mich. Es ist die Wahl, die sich bietet. Man könnte keine bessere treffen –
Herzlichst
François-Poncet
Die Zusammenkunft in Colombey hat meine Voraussagungen verwirklicht und meine Wünsche übertroffen. Ich war darüber sehr glücklich –«

8 »... Als wir uns zum ersten Mal zusammenfanden und heute wieder, hatten wir das Gefühl, von einem Strom getragen zu werden, der die Geschichte unserer beiden Völker mit sich reißt. Daran haben Männer Anteil und es ist gewiß, daß Sie, Herr Bundeskanzler, die erste Rolle gespielt haben. Es ist mir darum, Ihnen, dem großen Mann, dem großen Europäer, dem großen Deutschen, sehr freundschaftlich und einfach meine Verehrung zu bezeugen. Gewiß ist unsere heutige Zusammenkunft für die Welt von beträchtlicher Bedeutung. Es gab keine besseren Umstände, um der Welt deutlich zu machen, wie sehr unsere Zusammenarbeit etwas Natürliches, etwas Wesentliches geworden ist, für unsere beiden Länder und für die übrige Welt.«

Aus dem Jahre 1960, Seite 362

1 Tournoux, Secrets d'Etat, Paris 1960.

2 Ch. de Gaulle, Mémoires d'espoir, Paris 1970, Bd. 1: Le renouveau 1958-1962; deutsche Ausgabe: Memoiren, Wien und München 1971.

Aus dem Jahre 1962, Seite 429-431

1 Am 22. August 1962 hatten Terroristen auf Ch. de Gaulle und seine Gemahlin, die auf dem Weg nach Colombey-les-Deux Égliss waren, ein Attentat verübt; das Präsidentenpaar blieb unverletzt.

2 »Ja, es ist sehr schön, aber dennoch nicht ganz das gleiche.«

3 ». . . Schließlich, was wir im Begriff sind zu vollenden: Es ist die Entwicklung unseres Landes; die Veränderung der Lebensbedingungen in allen Zweigen ihrer Aktivität; die fortschreitende Verbindung der wirtschaftlichen und sozialen Gruppen mit den nationalen Aufgaben; die Erneuerung unserer Verteidigung; die Vereinigung Europas für den Fortschritt und den Frieden; die Hilfe für die Länder, die sich der Zivilisation öffnen; eines Tages, vielleicht, wichtiger Beitrag Frankreichs für die Entspannung, dann für die Verständigung zwischen den Völkern des Ostens und des Westens; das immense Werk verlangt, daß Frankreich auf dem Weg in die Zukunft die Möglichkeit besitzt, die selbst zu wählen, die an seiner Spitze nacheinander seine Einheit vertreten und für sein Schicksal die Verantwortung tragen.«

Aus dem Jahre 1963, Seite 437-440

1 Brief von Charles de Gaulle (16. Januar 1963):
»Mein lieber Botschafter,
mit Trauer höre ich die Nachricht von dem großen Leid, das Sie getroffen hat. Lassen Sie mich Ihnen sagen, daß ich von ganzem Herzen Anteil nehme.
Herr Burin des Roziers sagt mir, daß Sie trotz Ihres Schmerzes die gestellten Aufgaben erfüllen wollen. Ich kann Ihnen hierfür nur danken.
Meine Frau schließt sich mir an, verehrter Herr Botschafter, um Sie und Frau Blankenhorn unserer von tiefer Trauer erfüllten Gefühle zu versichern.
Charles de Gaulle«

2 »Ich umarme Sie nicht, aber meine Gefühle sind dieselben.«

3 »Die Politik Frankreichs ist Europa zu machen. Ein Europa, das aus sich selbst besteht; auf der politischen, der wirtschaftlichen Ebene, auf jener der Verteidigung und der Kultur. Europa darf nicht in ein atlantisches System versinken, in welchem es seine wahre Persönlichkeit verlöre. Die Geburt Europas verlangt, daß sich die Europäer ihrer Gemeinsamkeit ebenso bewußt werden, wie all dessen, was sie von den anderen unterscheidet.«

Aus dem Jahre 1965, Seite 496

1 J. P. Eckermann, Gespräche mit Goethe in den letzten Jahren seines Lebens, 18. Aufl., Leipzig 1921, S. 546.

Aus dem Jahre 1966, Seite 503

1 »Nun, Herr Botschafter, das ist ein schweres Stück.«

Aus dem Jahre 1967, Seite 524-525

1 Plan des belgischen Außenministers Pierre Harmel zur Anpassung der NATO an die Aufgaben der Gegenwart.
2 H. V. Bonham Carter, Winston Churchill as I knew him, London 1965.

Aus dem Jahre 1968, Seite 532

1 GATT: General Agreement on Tariffs and Trade; diesem Allgemeinen Zoll- und Handelsabkommen vom 30. April 1947 trat die Bundesrepublik 1951 bei.

Aus den Jahren 1969 bis 1970, Seite 563

1 Herr Vorsitzender,
meine Damen und Herren,
ich bin sehr von der großen Ehre beeindruckt, die Sie mir mit diesem Abschiedsessen erweisen. Ihre freundlichen und schmeichelhaften Worte sind mir willkommen und eine zeitgemäße Stützung meines Selbstbewußtseins.
Denn Botschafter haben heute kein leichtes Leben. Haben sie Kinder zu Hause – und ich habe zwei Söhne im richtigen Alter – so sind sie ein Ziel des Tadels oder schlimmer, des Mitleids. Die neue Generation verabscheut »botschafterlichen Glanz«. Für sie ist der Vater mit seinen kurzen Haaren, langweiligen Anzügen und gut gebügelten Hosen das wahre Abbild des Establishments, das sie ablehnen, ja verurteilen. Wenn er seinen Mund aufmacht, so ist das, was er sagt deplaciert, altmodisch und weit entfernt von den Realitäten des modernen Lebens. Nach einem arbeitsreichen Leben zur Förderung besserer Beziehungen zwischen Ländern – wenn Sie mir diesen Gemeinplatz einer Definition der Aufgaben eines Botschafters verzeihen wollen – werde ich im Ruhestand etwas tun müssen, um gute Beziehungen mit meinen Nachkommen wieder herzustellen. Vielleicht werde ich beginnen, meine Haare wachsen zu lassen.
Aber selbst ältere Generationen sind zeitweise nicht mit den Botschaftern einverstanden. Ich kann da auch meine journalistischen Freunde nicht ausnehmen. Wenn nämlich der Botschafter sich in Schweigen hüllt, wenn er Fragen ausweicht, oder wenn er sich bei seinen Antworten an mehr oder weniger leere Instruktionen seiner Behörden hält, wird er in den Augen seiner Freunde bald ihn peinlich berührende Zeichen des Mitleids oder gar des Verdachtes bemerken, daß lange diplomatische Bemühung seine geistigen Fähigkeiten reduziert habe.
In den Augen der eigenen Landsleute ist eine Botschaft im wesentlichen ein Vier-Stern-Hotel mit freier Unterkunft und Verpflegung. Vom Botschafter erwartet man, daß er mit seinen Freunden bei Harrod's und Marks & Spencer einkauft. Auch der Einkauf sollte nach Möglichkeit kostenfrei erfolgen.
Wenn ich mein Leben neu beginne, so würde ich gern diplomatischer Korrespondent werden. Der Name allein verrät eine ideale Verbindung von beidem – Diplomatie und Journalismus. Ich beneide sie um ihre Freiheit in Schrift und Rede. Ich beneide sie um ihre unbeschränkte Möglichkeit der politischen

Prophezeiungen, die, wenn sie sich als falsch herausstellen, nicht mit ihrer Entlassung enden. Im Gegenteil, ein solides Dementi ist für den Journalisten eine gute Sache. Es gibt Gelegenheit zu einer neuen Geschichte. Für uns Botschafter ist aber das das wirkliche Ende der Geschichte.
Während der fünf Jahre, die ich die Ehre hatte, mein Land im Vereinigten Königreich zu vertreten, hatten wir viele gute Kontakte, für die ich Ihnen wärmstens danken möchte. Der ständige Dialog mit den Mitgliedern Ihrer Vereinigung war eine unschätzbare Hilfe bei der Erfüllung meiner Aufgaben. Solche Dialoge auf allen Ebenen tragen mehr als offizielle Verlautbarungen dazu bei, Mißverständnisse zwischen unseren Ländern zu vermeiden. Es wird die Gewohnheit fördern, sich zu verstehen, anstatt in alte Vorurteile zurückzufallen. Es wird auf lange Sicht das richtige Klima schaffen, in dem sich schwierigere Probleme lösen lassen.
Heute sind die Beziehungen zwischen unseren beiden Ländern sehr gut. Ich kehre in der Überzeugung heim, daß dies so bleiben wird, solange, als es in beiden Ländern Menschen gibt, die nicht müde werden, den Dialog zu suchen, der Verständigung und guten Willen schafft.
Aber wir dürfen uns nicht irre führen lassen. Beziehungen wie die zwischen Großbritannien und Deutschland bedürfen der ständigen Sorgfalt und Pflege, wenn sie florieren sollen. Wir müssen dafür sorgen, daß das, was wir erreicht haben, nicht durch neue Ressentiments, nationalistischen Egoismus, Mangel an Kenntnis und Mißverständnis gefährdet wird. Um den Fortschritt zu sichern, wird es vor allem darauf ankommen, den Austausch unserer jungen Menschen zu verstärken.

Mitarbeit im Exekutivrat der UNESCO 1970 bis 1976, Seite 571

1 UNESCO: United Nations Educational, Scientific and Cultural Organization, gegründet 1945.
2 »Ziel der Organisation ist es, durch Förderung der Zusammenarbeit zwischen den Völkern auf den Gebieten der Erziehung, Wissenschaft und Kultur zur Wahrung des Friedens und der Sicherheit beizutragen, um in der ganzen Welt die Achtung vor Recht und Gerechtigkeit, vor den Menschenrechten und Grundfreiheiten zu stärken, die den Völkern der Welt ohne Unterschied der Rasse, des Geschlechts, der Sprache oder Religion durch die Charta der Vereinten Nationen bestätigt worden sind.«

Diplomatie – Aufgaben und Voraussetzungen, Seite 587–593

1 E. Friedell, Kulturgeschichte der Neuzeit, München 1974, S. 1479/80.
2 »Die freimütige Diplomatie ist die Beste und die Aufrichtigste die Geschickteste.«
3 »Die Diplomatie ist Phantasie, Voraussicht, Initiative, Darstellung und Ausführung. Der Diplomat ist Meister der kritischen Analyse und Schöpfer großer Projekte. Er muß Mut haben, Geduld und die Gabe, in Demut die Grenzen des Möglichen anzuerkennen.«
4 »Der Botschafter wird sich nicht damit zufrieden geben, mit den Ministern und

den Politikern zu sprechen. Oft bringen ihm Gespräche scheinbar leichter Natur mehr, als die Erörterungen des politischen Geschäfts. Die Sympathie kluger Frauen, denen er begegnet, ist für ihn von Wert.«

»Es gibt nichts dramatisches im Erfolg eines Diplomaten. Seine Siege bestehen in einer Reihe von mikroskopischen Erfolgen; aus einer sinnvollen Anregung hier, einer passenden Gefälligkeit dort, aus einer klugen Konzession zu einer Zeit und vorausschauender Beharrlichkeit zu einer anderen, aus unendlichem Takt, Ruhe und Geduld, die keine Torheit, keine Provokation, keine törichten Fehler zu erschüttern vermögen.«

Quellenverzeichnis der Abbildungen

Agence France-Presse, Paris: 42 · Agence de Presse Dalmas, Paris: 44 · Agenzia Giornalfoto, Palermo: 46 · Bundesbildstelle, Bonn: 45, 51 · Central Press Photo, London: 47 · Deutsche Presse-Agentur GmbH. (dpa), Berlin und Frankfurt/Main: 7, 14, 20, 23 · Eschen-Studio, Berlin: 5 · H. E. Köhler (Frankfurter Allgemeine Zeitung, Frankfurt/Main: 40 · Publifoto, Rom: 13 · Politischer Bilderdienst, Bonn: 4 · Star Copyright Picture: 19 · Time & Life Picture: 24 · Ullstein Bilderdienst GmbH., Berlin: 3, 18, 26 · Die Welt, Bonn (M. Szewczuk): 32 · Archiv des Autors: 1, 2, 6, 8, 9, 10, 11, 12, 15, 17, 20, 21, 25, 27, 28, 29, 30, 31, 33, 34, 35, 36, 37, 38, 39, 41, 43, 48, 49, 50, 52, 53; Schriftdokumente Seite 84-87, 323, 435-436.

Personenregister

Der Name Konrad Adenauer wurde nicht in das Register aufgenommen